普通高等教育"十三五"规划教材
普通高等教育机电类规划教材

工程图学

第3版

主　编　鲁屏宇
副主编　徐立群　刘道标
参　编　杨小兰　薛小雯　乔忠云　顾　锋
　　　　王跃进　蔡召冲　钱　瑜

机械工业出版社

本书是在 2010 年出版的第 2 版的基础上，根据教育部工程图学教学指导委员会制订的"普通高等院校工程图学课程教学基本要求"，为适应地方工科院校机械设计制造及自动化专业教学改革的特点，立足培养 21 世纪高级工程技术应用型人才而编写的。

全书分画法几何、制图基础和机械图三部分。其主要特点：精练画法几何内容，加强组合体与视图表达；采用现行国家标准，引入部分国外制图标准；充实零件图与装配图，强化手工绘图。

本书配有鲁屏宇主编的《工程图学习题集》（第 3 版），由机械工业出版社同时出版，可供读者选用。

本书可供高等工科学校机械类、近机类专业学生使用，也可供高等职业教育、成人高等教育等相近专业学生使用，并可供工程技术人员参考。

图书在版编目（CIP）数据

工程图学/鲁屏宇主编. —3 版. —北京：机械工业出版社，2015.7（2022.6 重印）
普通高等教育"十三五"规划教材　普通高等教育机电类规划教材
ISBN 978-7-111-50420-7

Ⅰ. ①工…　Ⅱ. ①鲁…　Ⅲ. ①工程制图—高等学校—教材　Ⅳ. ①TB23

中国版本图书馆 CIP 数据核字（2015）第 141838 号

机械工业出版社（北京市百万庄大街 22 号　邮政编码 100037）
策划编辑：刘小慧　责任编辑：刘小慧　章承林　舒　恬　徐鲁融
版式设计：赵颖喆　责任校对：刘怡丹
封面设计：张　静　责任印制：常天培
天津翔远印刷有限公司印刷
2022 年 6 月第 3 版第 7 次印刷
184mm×260mm·22.5 印张·554 千字
标准书号：ISBN 978-7-111-50420-7
定价：46.00 元

凡购本书，如有缺页、倒页、脱页，由本社发行部调换

电话服务　　　　　　　　　　网络服务
服务咨询热线：010-88379833　机 工 官 网：www.cmpbook.com
读者购书热线：010-88379649　机 工 官 博：weibo.com/cmp1952
　　　　　　　　　　　　　　教育服务网：www.cmpedu.com
封底无防伪标均为盗版　　　金　书　网：www.golden-book.com

普通高等教育机电类规划教材编审委员会

主 任 委 员 邱坤荣
副主任委员 左健民　周骥平
　　　　　　 林　松　戴国洪
　　　　　　 王晓天　丁　坤
秘 书 长 秦永法
委　　　员（排名不分先后）
　　　　　　 朱龙英　余　皞
　　　　　　 叶鸿蔚　李纪明
　　　　　　 左晓明　郭兰中
　　　　　　 乔　斌　刘春节
　　　　　　 王　辉　高成冲
　　　　　　 侯志伟　杨龙兴
　　　　　　 张　杰　舒　恬
　　　　　　 赵占西　黄明宇

序

　　进入 21 世纪以来，在社会主义经济建设、社会进步和科技飞速发展的推动下，在经济全球化、科技创新国际化、人才争夺白热化的挑战下，我国高等教育迅猛发展，胜利跨入了高等教育大众化阶段，使高等教育理念、定位、目标和思路等发生了革命性变化，逐步形成了以科学发展观和终身教育思想为指导的新的高等教育体系和人才培养工作体系。本套书第 1 版就是在大批应用型本科院校和高等职业技术院校异军突起、超常发展之际，组织扬州大学、南京工程学院、河海大学常州校区、淮海工学院、南通大学、盐城工学院、淮阴工学院、常州工学院、江南大学等 12 所高校规划出版的。据调查，用户反映良好，并反映本系列教材基本上体现了我在序言中提出的四个特点，符合地方应用型工科本科院校的教学实际，较好地满足了一般应用型工科本科院校的教学需要。用户的评价使我们很高兴，但更是对我们的鞭策和鼓励。我们应当为过去取得的进步和成绩而感到高兴。同样，我们更应为今后这些进步和成绩的进一步发展而正视自己。我们并不需要刻意去忧患，但确实存在值得忧患的现实而不去忧患，就很难有更美好的明天。因此，我们在总结前一阶段经验教训的新起点上，坚持以国家新时期教育方针和科学发展观为指导，坚持"质量第一、多样发展、打造精品、服务教学"的方针，坚持高标准、严要求，把下一轮机电类教材修订、编写、出版工作做大、做优、做精、做强，为建设有中国特色的高水平的地方工科应用型本科院校作出新的更大贡献。

一、坚持用科学发展观指导教材修订、编写和出版工作

　　应用型本科院校是我国高等教育在推进大众化过程中崛起的一种重要的办学类型，它除应恪守大学教育的一般办学基准外，还应有自己的个性和特色，就是要在培养具有创新精神、创业意识和创造能力的工程、生产、管理、服务一线需要的高级技术应用型人才方面办出自己的特色和水平。应用型本科院校人才的培养既不能简单"克隆"现有的本科院校，也不能是原有专科培养体系的相似放大。应用型人才的培养，重点仍要思考如何与社会需求对接，既要从学生的角度考虑，以人为本，以素质教育的思想贯穿教育教学的每一个环节，实现人的全面发展，又要从经济建设的实际需求考虑，多类型、多样化地培养人才，但最根本的一条还是坚持面向工程实际，面向岗位实务，按照"本科学历+岗位技术"的双重标准，有针对性地进行人才培养。根据这样的要求，"强化理论基础，提升实践能力，突出创新精神，优化综合素质"应当是工作在一线的本科应用型人才的基本特征，也是对本科应用型人才的总体质量要求。

培养应用型人才的关键在于建立应用型人才的培养模式。而培养模式的核心是课程体系与教学内容。应用型人才培养必须依靠应用型的课程和内容，用学科型的教材难以保证培养目标的实现。课程体系与教学内容要与应用型人才的知识、能力、素质结构相适应。在知识结构上，科学文化基础知识、专业基础知识、专业知识、相关学科知识等四类知识在纵向上应向应用前沿拓展，在横向上应注重知识的交叉、联系和衔接。在能力结构上，要强化学生运用专业理论解决实际问题的实践能力、组织管理能力和社会活动能力，还要注重思维能力和创造能力的培养，使学生思路清晰、条理分明，有条不紊地处理头绪纷繁的各项工作，创造性地工作。能力培养要贯彻到教学的整个过程之中。如何引导学生去发现问题、分析问题和解决问题，应成为应用型本科教学的根本。

探讨课程体系、教学内容和培养方法，还必须服从和服务于大学生全面素质的培养。要通过形成新的知识体系和能力延伸，来促进学生思想道德素质、文化素质、专业素质和心理素质的全面提高。因此，要在素质教育的思想指导下，对原有的教学计划和课程设置进行新的调整和组合，使学生能够适应社会主义现代化建设的需要。我们强调培养"三创"人才，就应当用"三创教育"、人文教育与科学教育的融合等适应时代的教育理念，选择一些新的课程内容和新的教学形式来实现。

研究课程体系，必须看到经济全球化与我国加入世界贸易组织以及高等教育的国际化对人才培养的影响。如果我们的课程内容缺乏国际性，那么我们所培养的人才就不可能具备参与国际事务、国际交流和国际竞争的能力。应当研究课程的国际性问题，增设具有国际意义的课程，加快与国外同类院校的课程接轨。要努力借鉴国外同类应用型本科院校的办学理念和培养模式、做法来优化我们的教学。

在教材编、修、审全过程中，必须始终坚持以人的全面发展为本，紧紧围绕培养目标和基本规格进行活生生的"人"的教育。一所大学使得师生获得自由的范围和程度，往往是这所大学成功和水平的标志。同样，我们修订和编写教材，提供教学用书，最终是为了把知识转化为能力和智慧，使学生获得谋生的手段和发展的能力。因此，在教材修订、编写过程中，必须始终把师生的需要和追求放在首位，努力提供好教、好学的教材，努力为教师和学生留下充分展示自己教和学的风格与特色的空间，使他们游刃有余，得心应手，还能激发他们的科学精神和创造热情，为教和学的持续发展服务。教师是课堂教学的组织者、合作者、引导者、参与者，而不应是教学的权威。教学过程是教师引导学生，和学生共同学习、共同发展的双向互促过程。因此，修订、编写教材对于主编和参加编写的教师来说，也是一个重新学习和思想水平、学术水平不断提高的过程，决不能丢失自我，决不能将"枷锁"移嫁别人，这里"关键在自己战胜自己"，关键在自己的理念、学识、经验和水平。

二、坚持质量第一，努力打造精品教材

教材是教学之本。大学教材不同于学术专著，它既是学术专著，又是教学经验之理性总结，必须经得起实践和时间的考验。学术专著的错误充其量只会贻笑大方，而教材之错误则会贻害一代青年学子。有人说："时间是真理之母。"时间是对我们所编写教材的最严厉的

考官。教材的再次修订，我们坚持高标准、严要求，用航天人员"一丝不苟""一秒不差"的精神严格要求自己，确保教材质量和特色。为此，必须采取以下措施：第一，高等教育的核心资源是一支优秀的教师队伍，必须重新明确主编和参加编写教师的标准和要求，实行主编负责制，把好质量第一关；第二，教材要从一般工科本科应用型院校实际出发，强调实际、实用、实践，加强技能培养，突出工程实践，内容适度简练，跟踪科技前沿，合理反映时代要求，这就要求我们必须严格把好教材修订计划的评审关，择优而用；第三，加强教材修订的规范管理，确保参编、主编、主审以及交付出版社等各个环节的质量和要求，实行环节负责制和责任追究制；第四，确保出版质量；第五，建立教材评价制度，奖优罚劣。对经过实践使用，用户反映好的教材要进行不断修订再版，切实培育一批名师编写的精品教材。出版的精品教材必须配有多媒体课件，并逐步建立在线学习网站。

三、坚持"立足江苏、面向全国、服务教学"的原则，努力扩大教材使用范围，不断提高社会效益

下一轮教材修订工作，必须加快吸收有条件、有积极性的外省市同类院校、民办本科院校、独立学院和有关企业参加，以集中更多的力量，建设好应用型本科教材。同时，要相应调整编审委员会的人员组成，特别要注意充实省内外的优秀的"双师型"教师和有关企业专家。

四、建立健全用户评价制度

要在使用这套教材的省市有关高校进行教材使用质量跟踪调查，并建立网站，以便快速、便捷、实时地听取各方面的意见，不断修改、充实和完善教材编写和出版工作，实实在在地为培养高质量的应用型本科人才服务，同时也努力为造就一批工科应用型本科院校高素质、高水平的教师提供优良服务。

本套教材的编审和出版一直得到机械工业出版社、江苏省教育厅和各主编、主审及参加编写人员所在高校的大力支持和配合，在此，一并表示衷心感谢。今后，我们应一如既往地更加紧密地合作，共同为工科应用型本科院校教材建设作出新的贡献，为培养高质量的应用型本科人才作出新的贡献，为建设有中国特色社会主义的应用型本科教育作出新的努力。

普通高等教育机电类规划教材编审委员会

主任委员　教授　邱坤荣

前　　言

本书是在2010年出版的第2版的基础上，根据教育部工程图学教学指导委员会制订的"普通高等院校工程图学课程教学基本要求"，充分调研各高校教学改革的现状，汲取许多院校教学改革和教材建设的成功经验，走访往届毕业生及用人单位，了解社会对机械类专业学生的制图知识和绘图能力的需求，对原教材进行了修订。

本书以培养学生创新能力和综合素质为出发点，把过去的工程图学教育"知识、技能"型培养模式转换成新世纪的"知识、技能、方法、能力、素质"型的综合培养模式。

这次修订仍保持以下特点：

1) 精练画法几何内容，适当降低点、线、面综合题和求立体表面交线的难度。
2) 加强组合体与视图表达，增加组合体图例分析和机件视图表达方案的对比，强化组合体读图和视图表达的训练。
3) 强化手工绘图，使学生掌握徒手绘图方法，以及构思和表达设计创意和思想。
4) 采用现行国家标准，与国内相关学科同步发展。
5) 引入部分国外制图标准，以利于国际间的技术交流。
6) 充实零件图与装配图，使理论紧密结合生产实际，反映最新设计产品。

由于多数高校已将计算机绘图的内容独立设课或增加学时，原来独立设章的计算机绘图内容已经不能满足教学要求，故本次修订教材时，没有纳入计算机绘图的章节。

由鲁屏宇主编的《工程图学习题集》（第3版）与本书同时再版，并与本书配套使用。

本书适合高等学校机械类和近机类专业使用，也适合高等职业教育、成人高等教育、函授大学相关专业使用，并可供工程技术人员参考。

参加本书修订的有：鲁屏宇、徐立群、刘道标、杨小兰、薛小雯、乔忠云、顾锋、王跃进、蔡召冲、钱瑜。本书由鲁屏宇任主编，徐立群、刘道标任副主编。全书由鲁屏宇统稿并定稿。

本书参考了部分同类教材的习题集（见书后的"参考文献"），在此谨向文献的作者表示诚挚的感谢。

本书在编写过程中，得到编写院校制图教研室老师们的关心和支持，在此表示真诚的谢意。

由于编者水平有限，书中不当之处在所难免，欢迎读者批评指正。

编　者

目　　录

序
前言
绪论 ··· 1
第一章　制图的基本知识和技能 ············ 2
第一节　国家标准《技术制图》
　　　　和《机械制图》的一般规定 ········ 2
第二节　制图的基本技能 ························ 12
第三节　几何作图 ··································· 17
第四节　平面图形画法及尺寸标注 ········ 20
第二章　点、直线和平面的投影 ············ 23
第一节　投影法的基本知识 ···················· 23
第二节　点的投影 ··································· 26
第三节　直线的投影 ······························· 32
第四节　平面的投影 ······························· 40
第三章　直线与平面及两平面的
　　　　相对位置 ·································· 47
第一节　平行问题 ··································· 47
第二节　相交问题 ··································· 49
第三节　垂直问题 ··································· 53
第四节　综合应用 ··································· 55
第四章　投影变换 ···································· 60
第一节　换面法 ······································· 61
第二节　旋转法 ······································· 70
第五章　曲线和曲面 ································ 75
第一节　曲线 ··· 75
第二节　曲面 ··· 78
第六章　基本立体的投影 ························ 83
第一节　平面立体的投影及其
　　　　表面取点、线 ···························· 83
第二节　曲面立体的投影及其
　　　　表面取点、线 ···························· 86
第三节　平面与立体表面相交 ················ 91

第四节　两曲面立体表面相交 ·············· 102
第七章　轴测投影 ·································· 113
第一节　概述 ··· 113
第二节　正等轴测图 ····························· 114
第三节　斜二轴测图 ····························· 121
第四节　轴测图的尺寸注法 ·················· 123
第五节　轴测剖视图的画法 ·················· 124
第八章　组合体的视图及尺寸注法 ······ 126
第一节　组合体的视图 ························· 126
第二节　组合体及其形体分析法 ·········· 127
第三节　组合体的三视图的画法 ·········· 130
第四节　组合体的尺寸标注 ·················· 133
第五节　看组合体视图 ························· 144
第九章　机件的表达方法 ······················ 156
第一节　视图 ··· 156
第二节　剖视图 ····································· 161
第三节　断面图 ····································· 172
第四节　其他表达方法 ························· 174
第五节　综合应用举例 ························· 180
第六节　第三角投影法简介 ·················· 184
第十章　标准件和常用件 ······················ 186
第一节　螺纹及螺纹紧固件 ·················· 186
第二节　键联接和销联接 ······················ 200
第三节　齿轮 ··· 202
第四节　滚动轴承 ································· 213
第五节　弹簧 ··· 215
第十一章　零件图 ·································· 218
第一节　零件图的作用与内容 ·············· 218
第二节　零件的构形分析 ······················ 219
第三节　零件的表达及尺寸标注 ·········· 225
第四节　零件图的技术要求 ·················· 237
第五节　读零件图 ································· 254
第六节　零件测绘 ································· 257

第十二章　装配图 ………………… 262
- 第一节　装配图的作用和内容 ……… 262
- 第二节　装配图的表达方法 ………… 264
- 第三节　装配图的尺寸标注和技术要求 …… ………………………………… 267
- 第四节　装配图中的零、部件序号及明细栏 ……………… 269
- 第五节　装配工艺结构的合理性 …… 270
- 第六节　部件测绘和装配图的画法 ……… 276
- 第七节　看装配图和由装配图拆画零件图 ……………… 282

第十三章　表面展开图和焊接图 ……… 294
- 第一节　立体表面的展开 …………… 294
- 第二节　可展曲面的展开 …………… 296
- 第三节　不可展曲面的近似展开 …… 298
- 第四节　展开图应用举例 …………… 300
- 第五节　焊接图 …………………… 302

附录 ………………………………… 308
- 附录 A　国外制图标准简介 ………… 308
- 附录 B　常用的机械加工一般规范和零件结构要素 ………… 313
- 附录 C　极限与配合 ………………… 316
- 附录 D　螺纹 ……………………… 323
- 附录 E　常用的标准件 ……………… 328
- 附录 F　金属材料与热处理 ………… 343

参考文献 …………………………… 348

绪　　论

一、本课程的研究对象、性质与任务

工程图学是研究工程图样的绘制、表达和阅读的一门应用学科。工程图样是工业生产中一项重要的技术文件，是进行技术交流必不可少的工具，是工程界共同的技术语言。每位工程技术人员都必须掌握这种语言，否则就无法从事技术工作。

工程图学是以几何学为基础，以投影理论为方法，研究几何形体的构成、表达及工程图样的绘制和阅读的一门技术基础课。

本课程的主要任务是：

1）学习正投影的基本理论及其应用。
2）培养学生空间思维能力、形体表达能力、空间几何问题的图解能力。
3）培养学生绘制和阅读机械图样的基本能力。
4）培养学生徒手绘图、尺规绘图和计算机绘图的综合能力。
5）培养学生查阅有关制图国家标准和设计资料的能力。
6）培养学生认真、负责的工作态度和严谨、细致的工作作风。

二、本课程的学习方法

本课程包括投影理论、工程制图等内容，它既有系统的理论，又有较强的实践性和技术性，各部分又各有特点，学习方法不尽相同。

1）学习投影理论时，应掌握基本概念、基本规律和基本作图方法。结合作业，将投影分析、几何作图同空间想象、逻辑推理和分析判断结合起来，通过从空间到平面、从平面到空间的反复研究，不断提高空间分析能力和构思能力。

2）学习工程制图时，应运用形体分析法、线面分析法等构形的理论和方法，不断地由物画图、由图想物，提高读图能力；并且自觉遵守有关制图国家标准，查阅和使用有关手册和标准。通过作业培养绘图和读图能力。制图作业应做到：投影正确、视图选择与配置恰当、图线分明、尺寸齐全、字体工整、图面整洁。

3）做作业时，能分析比较徒手绘图和尺规绘图的特点和要领，全面了解各种绘图方法的适用范围、绘图步骤，培养绘图综合能力。

由于工程图样是工程建设中重要的指导性技术文件，绘图和读图的差错不仅会带来经济损失，还要承担法律责任，所以在完成习题和作业的过程中，应该培养认真、负责的工作态度和严谨、细致的工作作风，为学好后续课程打下良好的基础。

本课程为学生的绘图和读图能力打下初步基础，绘图和读图能力需在后续课程、课程设计、生产实习、毕业设计和生产实践中进一步培养和提高。

第一章　制图的基本知识和技能

本章着重介绍中华人民共和国国家标准《技术制图》和《机械制图》中的基本内容，它是绘制图样的重要依据，同时介绍绘图的基本技能、几何作图方法、平面图形的尺寸分析及绘图步骤等内容。

第一节　国家标准《技术制图》和《机械制图》的一般规定

图样是现代工业生产中最基本的技术文件，是表达设计思想、交流技术、指导生产的工程语言。国家标准《技术制图》和《机械制图》规定了绘制和阅读机械图样应共同遵守的规则。《技术制图》适用于机械、电气、工程建筑等专业领域的制图，在技术上、内容上具有统一和通用的特点，是通用性和基础性的技术标准，而《机械制图》则是专业性技术标准。

国家标准简称"国标"，以代号"GB"表示。如 GB/T 14689—2008，其中"T"为推荐性标准，"14689"是标准顺序号，"2008"是标准颁布的年份。

一、图纸幅面和格式（GB/T 14689—2008）

1. 图纸幅面

绘制技术图样时应优先采用表 1-1 所规定的基本幅面。必要时，也允许加长幅面，即基本幅面长边尺寸不变，而短边尺寸成其整数倍增加。

表 1-1　图纸幅面及图框格式尺寸　　　　　　　　　　（单位：mm）

幅面代号	A0	A1	A2	A3	A4
$B \times L$	841×1 189	594×841	420×594	297×420	210×297
a	25				
c	10			5	
e	20			10	

2. 图框格式

在图纸上必须用粗实线画出图框，其格式分为不留装订边和留有装订边两种，但同一产品的图样只能采用一种格式。

不留装订边图纸的图框格式如图 1-1 所示；留有装订边图纸的图框格式如图 1-2 所示。为了使图样复制和缩微摄影时定位方便，应在图纸各边的中点处分别画出对中符号。

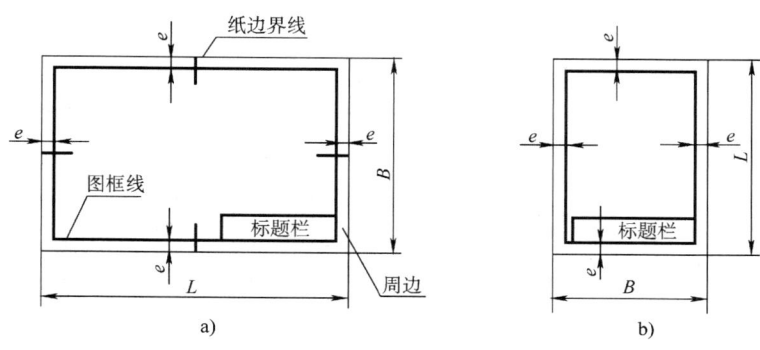

图 1-1　不留装订边图纸的图框格式

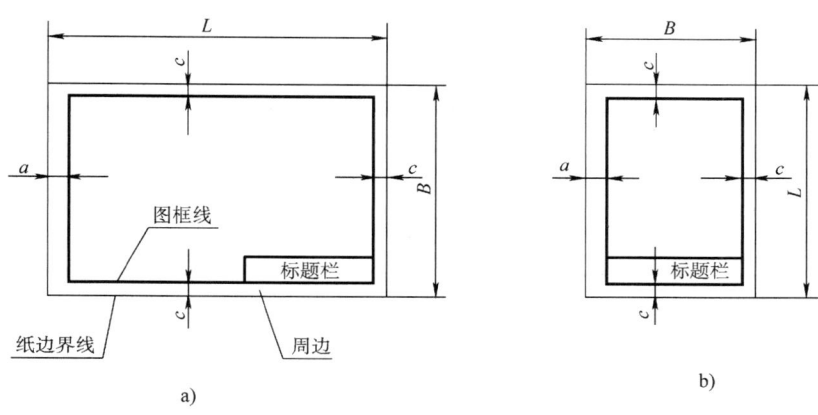

图 1-2　留有装订边图纸的图框格式

对中符号用粗实线绘制,线宽不小于 0.5mm,长度从纸边界线开始伸入图框内约 5mm,伸入标题栏部分省略不画,如图 1-1a 所示。

3. 标题栏

每张图纸上都必须有标题栏,标题栏中文字的方向就是看图的方向。标题栏的基本要求、内容、尺寸和格式在国家标准《技术制图　标题栏》(GB/T 10609.1—2008)中有详细规定,标准标题栏如图 1-3 所示。

在学校的制图作业中,标题栏可以采用图 1-4 所示的简化形式。

标题栏应位于图纸右下角,如图 1-1 和图 1-2 所示,标题栏的底边与下图框线重合,标题栏的右边与右图框线重合。标题栏内图样名称用 10 号字书写,图样代号、校名用 7 号字书写,其余都用 5 号字书写。

二、比例(GB/T 14690—1993)

比例是指图形与其实物相应要素的线性尺寸之比。

绘图时,首先应在表 1-2 规定的系列中选取适当的比例,优先选用不带括号的比例,并尽量采用 1∶1 的原值比例。

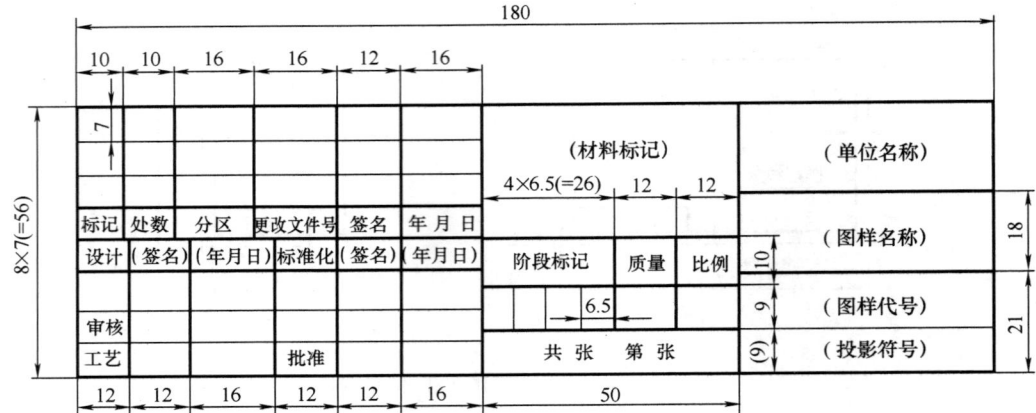

图 1-3　标准标题栏

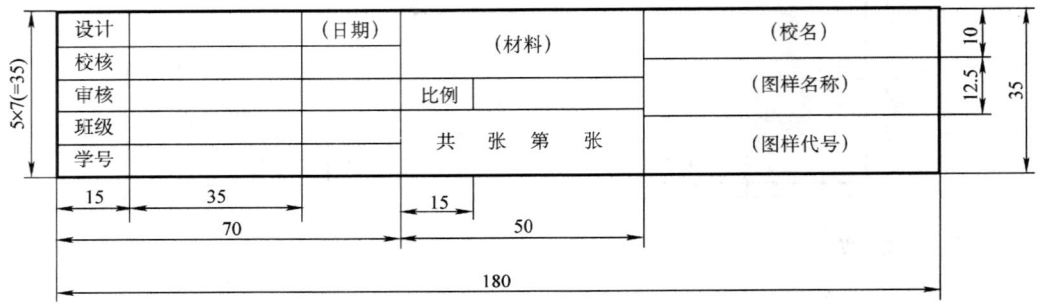

图 1-4　简化标题栏

表 1-2　绘图的比例

原值比例	1 : 1
缩小比例	(1 : 1.5)　1 : 2　(1 : 2.5)　(1 : 3)　(1 : 4)　1 : 5　(1 : 6)　1 : 10　$1 : 1×10^n$ $(1 : 1.5×10^n)$ $1 : 2×10^n$　$(1 : 2.5×10^n)$　$(1 : 3×10^n)$　$(1 : 4×10^n)$　$1 : 5×10^n$　$(1 : 6×10^n)$
放大比例	2 : 1　(2.5 : 1)　(4 : 1)　5 : 1 $1×10^n : 1$　$2×10^n : 1$　$(2.5×10^n : 1)$　$(4×10^n : 1)$　$5×10^n : 1$

注：n 为正整数。应优先选用不带括号的比例。

绘制同一机件的各个视图时，应尽可能采用相同的比例，并将其填入标题栏的"比例"项内。当某个视图必须采用不同比例时，可在该视图的上方另行标注比例。

不论绘制机件时所用的比例是多大，在标注尺寸时，均应按机件的实际尺寸标注，如图 1-5 所示。

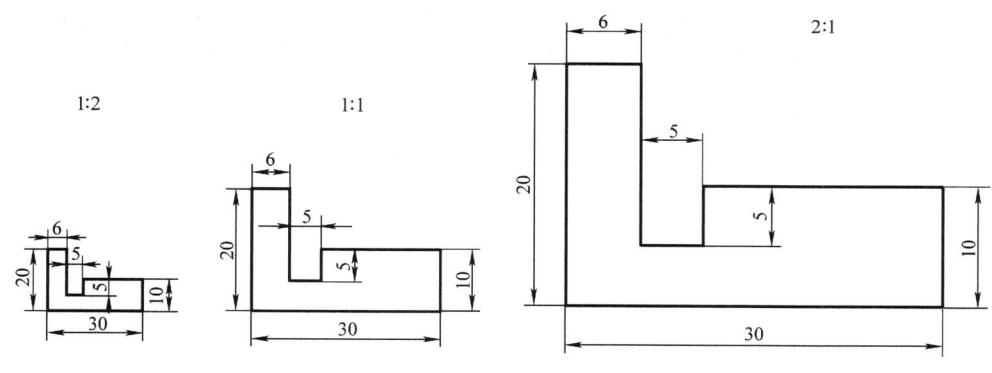

图 1-5 采用不同比例所画的视图

三、字体（GB/T 14691—1993）

GB/T 14691—1993 规定了在技术图样及有关技术文件中的汉字、字母和数字的结构形式及公称尺寸。在图样中书写文字或数字时，必须按国标规定书写，一般应遵循以下要求：

1) 书写字体必须做到：字体工整、笔画清楚、间隔均匀、排列整齐。

2) 字体的号数，即字体高度 h，其公称尺寸（单位为 mm）系列为：1.8，2.5，3.5，5，7，10，14，20。如需要书写更大的字，其字体高度应按 $\sqrt{2}$ 的比率递增。

3) 汉字应写成长仿宋体字，并采用国家正式公布推行的简化字。汉字的高度 h 不应小于 3.5mm，其字宽一般为 $h/\sqrt{2}$（约 $0.7h$）。汉字示例如图 1-6 所示。用作指数、分数、极限偏差的数字及字母，一般采用小一号的字体。

图 1-6 长仿宋汉字示例

4) 汉字书写的要点在于横平竖直，注意起落，结构均匀，填满方格。

5) 字母和数字分为 A 型和 B 型。A 型字体的笔画宽度（d）为字高（h）的 1/14，B 型字体的笔画宽度为字高的 1/10。在同一图样上只允许选用一种形式的字体。

6) 字母和数字可以写成斜体或直体，但全图要统一。斜体字字头向右倾斜，与水平基准线成 75°。

图 1-7 所示为 B 型斜体和直体字母、数字书写示例。

ABCDEFGHIJKLMN OPQRSTUVWXYZ

a)

abcdefghijklmn opqrstuvwxyz

b)

0123456789 0123456789

c)

Ⅰ Ⅱ Ⅲ Ⅳ Ⅴ Ⅵ Ⅶ Ⅷ Ⅸ Ⅹ Ⅺ Ⅻ

d)

α β γ θ λ μ π ρ φ ω α β γ θ λ μ π ρ φ ω

e)

R3　　　M24-6H　　Φ60H7　　Φ30g6
Φ20$^{+0.021}_{0}$　　Φ25$^{-0.007}_{-0.020}$　　Q235　　HT200

f)

图 1-7　B 型斜体和直体字母、数字书写示例

a) 大写拉丁字母（斜体、直体）　　b) 小写拉丁字母（斜体、直体）　　c) 阿拉伯数字（斜体、直体）
d) 罗马数字（斜体、直体）　　e) 小写希腊字母（斜体、直体）　　f) 字母和数字组合（斜体）

四、图线（GB/T 4457.4—2002）

1. 基本线型

机械制图中常用线型有实线、虚线、点画线、双点画线、波浪线、双折线等（见表 1-3）。

表 1-3　基本线型及应用

图线名称	图线形式	线宽	图线应用举例
粗实线	———————	d	可见轮廓线 相贯线
细虚线	- - - - - - - -		不可见轮廓线
细实线	———————	$d/2$	过渡线 尺寸线及尺寸界线 剖面线 重合断面的轮廓线 指引线 螺纹的牙底线及齿轮的齿根线

(续)

图线名称	图线形式	线 宽	图线应用举例
波浪线	～～～	$d/2$	断裂处的边界线 视图与剖视图的分界线
双折线	—⋀—⋀—	$d/2$	断裂处的边界线
细点画线	— · — · —	$d/2$	轴线 对称中心线
细双点画线	— ·· — ·· —	$d/2$	相邻辅助零件的轮廓线 可动零件极限位置的轮廓线 轨迹线
粗点画线	━ · ━ · ━	d	限定范围表示线

2. 图线的宽度

图线的宽度 d（单位为 mm）应根据图形的大小和复杂程度，在下列数系中选择：0.18，0.25，0.35，0.5，0.7，1，1.4，2。该数系的公比为 $1:\sqrt{2}$。

在机械图样上，图线一般只有两种宽度：粗线和细线，其宽度之比为 2：1。在通常情况下，粗线的宽度应按图的大小和复杂程度在 0.5～1mm 之间选择。

在同一图样中，同类图线的宽度应一致。

3. 图线的应用

图线的一般应用示例如图 1-8 所示。

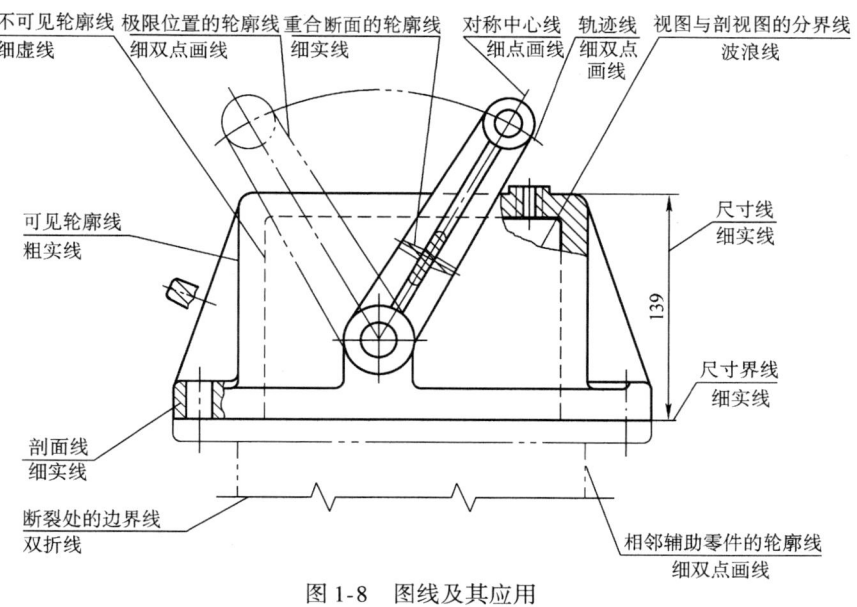

图 1-8　图线及其应用

4. 图线的画法

1）同一图样中，同类图线的宽度应基本一致，细虚线、细点画线及细双点画线的线段长度和间隔应各自大致相等，一般在图样中要显得匀称协调，建议采用图 1-9 的图线规格。

2）绘制圆的对称中心线时，圆心应为线段的交点。细点画线的首末两端应是长画而不是短画，且应超出图形外 2~5mm。在较小的图形上绘制细点画线或细双点画线有困难时，可用细实线代替。

3）细虚线的画法如图 1-10 所示。当细虚线与细虚线、细虚线与粗实线相交时，应该是线段相交。当细虚线是粗实线的延长线时，在连接处应断开。

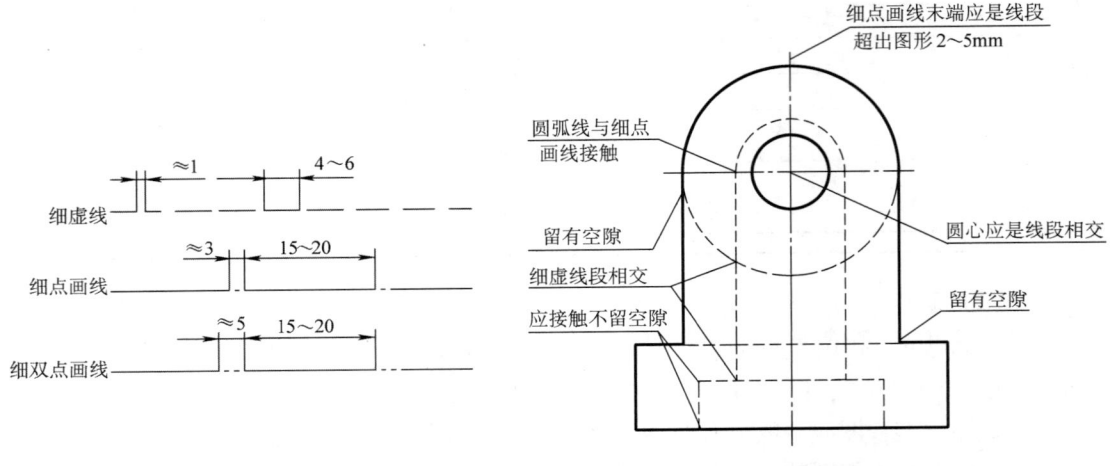

图 1-9　图线规格　　　　　　　　　图 1-10　细点画线与细虚线的画法

4）当各种线条重合时，应按粗实线、细虚线、细点画线的优先顺序画出。

五、尺寸注法（GB/T 4458.4—2003 和 GB/T 16675.2—2012）

1. 基本规则

1）机件的真实大小应以图样上标注的尺寸数值为依据，与图形的大小及绘图的准确程度无关。

2）图样中（包括技术要求和其他说明）的尺寸以毫米为单位时，不需标注单位的代号或名称。如采用其他单位时，则必须注明，如°（度）、cm（厘米）、m（米）等。

3）图样中所标注的尺寸，为该图样所示工件的最后完工尺寸，否则应加以说明。

4）机件的每一个尺寸，一般只标注一次，并应标注在反映该结构最清晰的图形上。

2. 尺寸的组成

一个完整的尺寸，由尺寸界线、尺寸线、尺寸线终端（箭头或斜线）和尺寸数字组成，如图 1-11 所示。

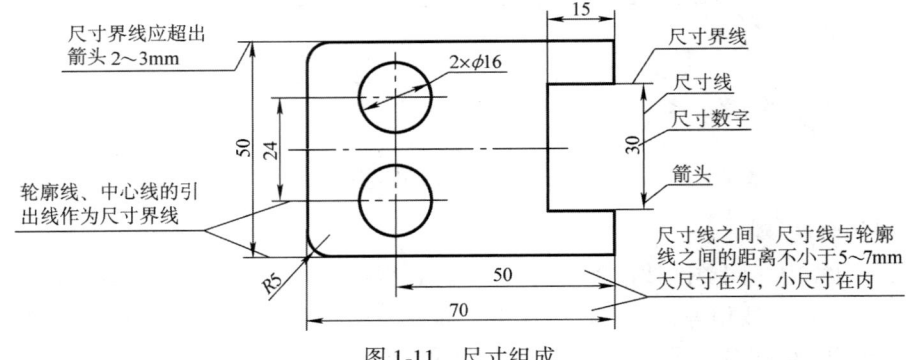

图 1-11　尺寸组成

1)尺寸界线表明所注尺寸的范围,用细实线绘制。尺寸界线应由图形的轮廓线、轴线或对称中心线处引出,也可利用轮廓线、轴线和对称中心线作尺寸界线。

尺寸界线一般应与尺寸线垂直,必要时允许倾斜(见图1-12)。

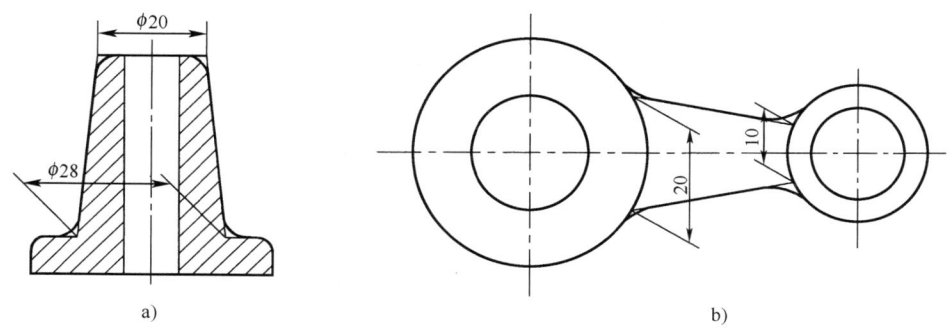

图1-12 必要时尺寸界线允许倾斜

2)尺寸线表明尺寸度量的方向,必须用细实线绘制,不得与其他图线重合或画在其延长线上。线性尺寸线必须与所标注的线段平行。

同一图样中,尺寸线与轮廓线以及尺寸线与尺寸线之间的距离应大致相当,一般以不小于5mm为宜。

3)尺寸线终端可以用两种形式:箭头或斜线,如图1-13所示。机械图一般用箭头,其尖端应与尺寸界线接触,箭头长度大于或等于粗实线宽度的6倍。土建图一般用45°斜线,斜线的高度应与尺寸数字的高度相等。

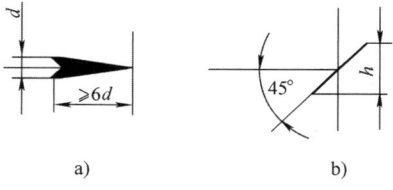

图1-13 尺寸线的终端
a)箭头 b)斜线

箭头应尽量画在尺寸界线的内侧。对于较小的尺寸,在没有足够的位置画箭头或注写数字时,也可将箭头或数字放在尺寸界线的外面。当遇到连续几个较小的尺寸时,允许用圆点或细斜线代替箭头,如图1-14所示。

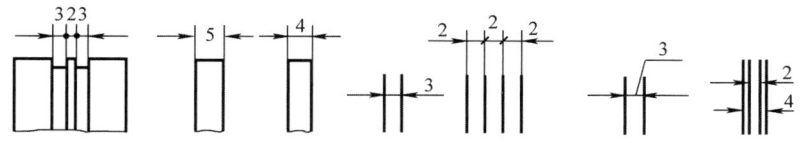

图1-14 箭头与数字的调整

4)尺寸数字是表示尺寸的数值,尺寸数字按标准字体书写。要求同一张图上的字高一致,一般为3.5号字,A0、A1幅面的图纸可用5号字。尺寸数字要保证清晰,不可被任何图线通过,否则必须将图线断开。线性尺寸的数字一般注写在尺寸线的上方,但也允许注写在尺寸线的中断处。

3. 基本标注

(1)线性尺寸的标注 线性尺寸数字的方向,一般应按图1-15a所示的方向注写,并尽可能避免在图示30°范围内标注尺寸。当无法避免时,可按图1-15b所示的形式标注。

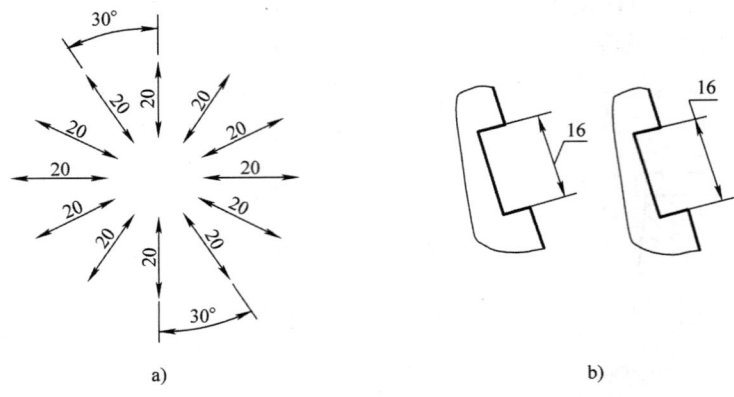

图 1-15 线性尺寸的注法

（2）圆的直径和圆弧半径的标注　通常，对圆或大于半圆的圆弧，标注直径；小于或等于半圆的圆弧，标注半径。标注直径时，尺寸线应通过圆心，尺寸线的两个终端应画成箭头，并在数字前加注符号"ϕ"。当图形中的圆只画出一半或略大于一半时，尺寸线应略超过圆心，此时仅在尺寸线一端画出箭头，如图 1-16 所示。

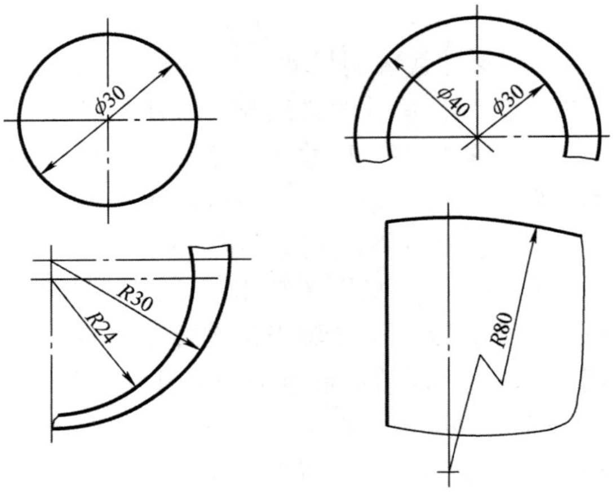

标注圆弧的半径时，尺寸线一端一般应画到圆心，另一端画成箭头，并在尺寸数字前加注符号"R"。

大圆弧的半径过大，或在图纸范围内无法标出其圆心位置时，可将尺寸线折断。

标注球面的直径和半径时，应在符号"ϕ"和"R"前加辅助符号"S"（见图 1-17）。但对于有些轴及手柄的端部等，在不致引起误解的情况下，可省略符号"S"。

图形上直径较小的圆或圆弧，在没有足够的位置画箭头和注写尺寸数字时，可按图 1-18 所示的形式标注。小圆弧半径的尺寸线，不论其是否画到圆心，其方向必须通过圆心。

图 1-16 圆的直径和圆弧半径的注法

（3）角度、弦长和弧长的标注　标注角度时，尺寸界线应沿径向引出，尺寸线应画成圆弧，其圆心是该角的顶点。角度的数字应一律按水平方向书写，一般注写在尺寸线的中断处，必要时也可以注写在尺寸线的上方和外面，也可引出标注。角度尺寸的标注如图 1-19a 所示。

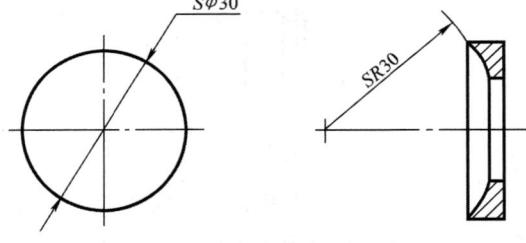

图 1-17 球面直径和半径的注法

标注弦长和弧长的尺寸界线应平行于该弦的垂直平分线；标注弧长尺寸时，尺寸线用圆弧，并在尺寸数字前加注符号"⌒"，如图 1-19b 所示。

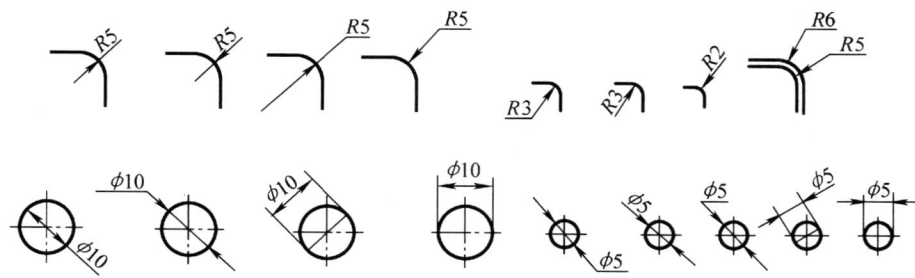

图 1-18 小圆或圆弧的注法

（4）其他注法

1）对称机件的图形只画一半或略大于一半时，尺寸线应略超过对称中心线或断裂处的边界线，此时仅在尺寸线的一端画出箭头，尺寸数字仍应按整体尺寸注出，如图 1-20 所示。

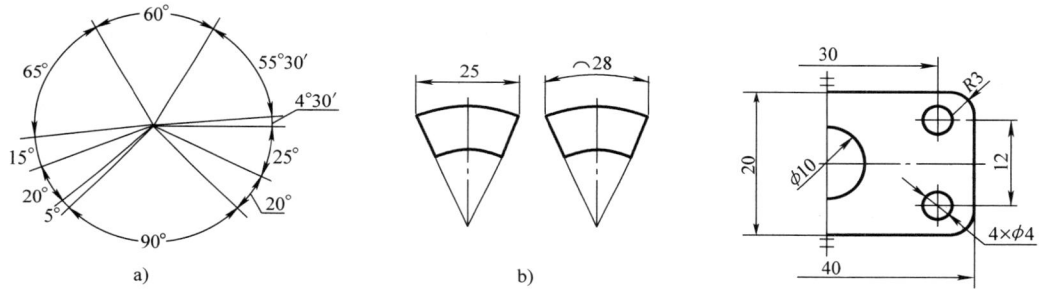

图 1-19 角度、弦长和弧长的注法
a) 角度的注法 b) 弦长和弧长的注法

图 1-20 对称尺寸的注法

2）标注尺寸时，应尽可能采用符号和缩写词。常用符号和缩写词见表 1-4。

表 1-4 常用的符号和缩写词

名　　称	符号或缩写词	名　　称	符号或缩写词
直径	ϕ	45°倒角	C
半径	R	深度	↓
球直径	$S\phi$	沉孔或锪平	⊔
球半径	SR	埋头孔	∨
厚度	t	均布	EQS
正方形	□		

符号标注示例如图 1-21 所示。

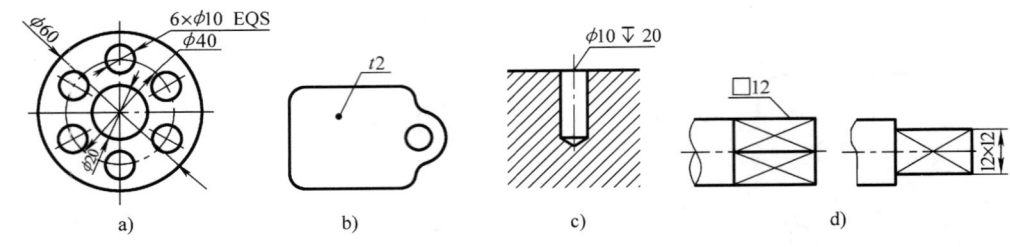

图 1-21　利用符号标注

图 1-22 用正误对比的方法，列出了标注尺寸时的常见错误，请读者辨析。

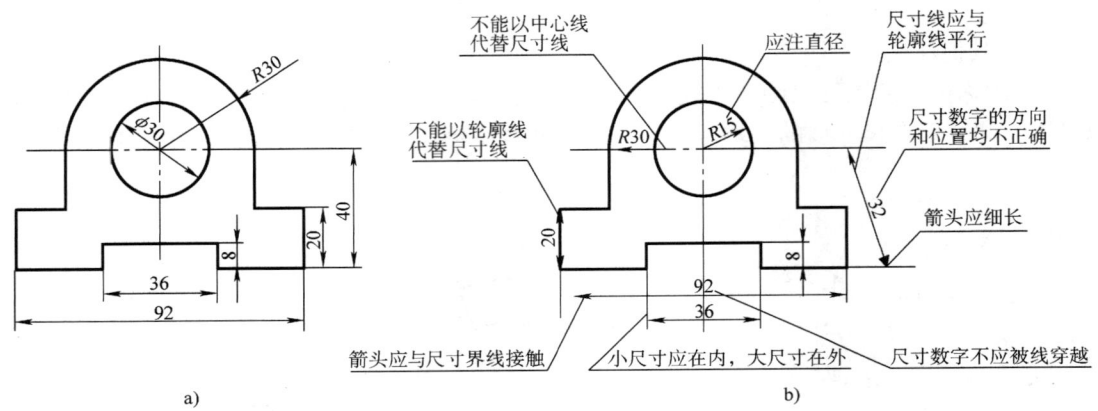

图 1-22　尺寸标注正误对照示例
a）正确　b）错误

第二节　制图的基本技能

绘图可分为尺规绘图和徒手绘图等。尺规绘图除了要掌握常用制图工具的使用外，还必须掌握正确的绘图步骤。工作中有时需要徒手绘制草图，因此需要掌握一些徒手绘图的基本方法。

一、尺规绘图

1. 制图工具及使用

正确使用制图工具，对提高制图速度和图面质量起着决定性的作用。常用的制图工具有：图板、丁字尺、三角板、圆规、分规、曲线板、量角器、擦图片、绘图铅笔、绘图橡皮、胶带纸、铅笔刀、砂纸板以及清除图面上橡皮屑的小刷等。

（1）图板、丁字尺和三角板　如图 1-23 所示，图板是用来铺放和固定图纸的，要求表面平整光洁，棱边光滑平整。左右两侧为工作导边，必须平直，以保证与丁

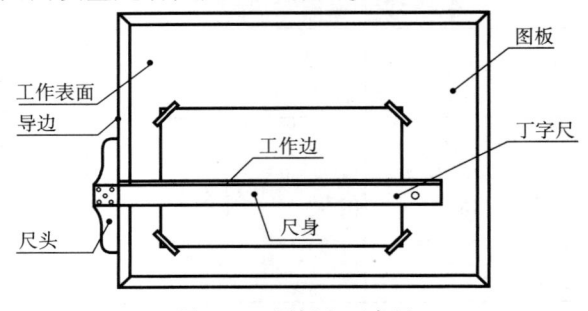

图 1-23　图板和丁字尺

字尺内侧边紧密接触。

丁字尺由尺头和尺身组成。尺身的上边为工作边，用来画水平线。工作时左手扶住尺头，使其内侧边紧靠图板的左侧导边上下移动，如图 1-24a 所示。沿尺身的上边便可以画出一系列水平线。画水平线时，左手压住尺身，右手从左向右画线，如图 1-24b 所示。

三角板配合丁字尺可以画垂直线及15°倍角的斜线。画垂直线时，三角板的一直角边紧靠丁字尺工作边，左手按住尺身和三角板，右手自下而上画线，如图 1-25 所示。用两块三角板配合，可以画任意角度的平行线或垂直线，如图 1-26 所示。

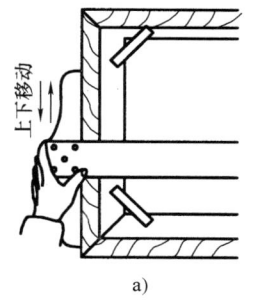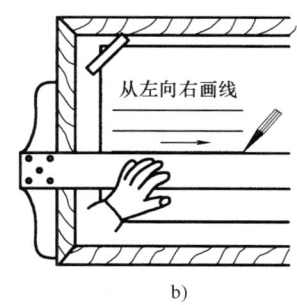

图 1-24　水平线的绘制

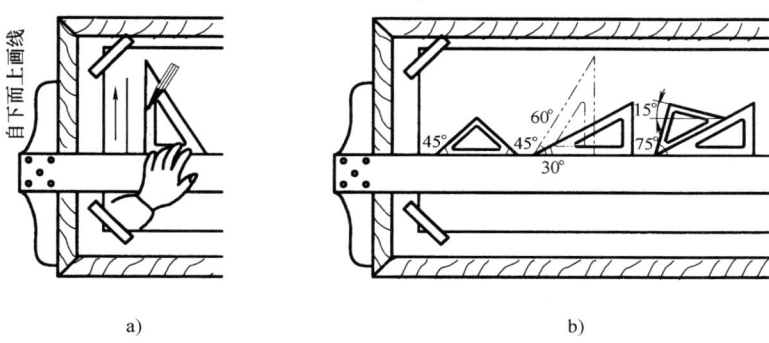

图 1-25　用三角板配合丁字尺画垂直线和倾斜线
a）画垂直线　b）画倾斜线

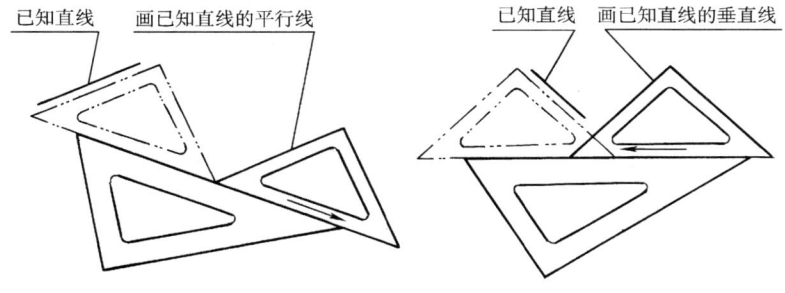

图 1-26　用三角板画已知直线的平行线和垂直线

（2）分规　分规用来量取线段长度和分割线段。分规合拢时两针尖应合为一点。分规等分线段如图 1-27 所示。

（3）圆规　圆规用来画圆。安装圆规针脚上的小针时，应使带支承面的小针尖向下，以避免针尖插入图板过深。针尖的支承面应与铅芯对齐，如图 1-28a 所示。当画大直径的圆或加深圆时，圆规的针脚和铅笔脚均应保持与纸面垂直，如图 1-28b 所示。

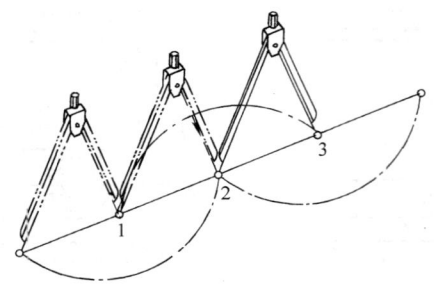
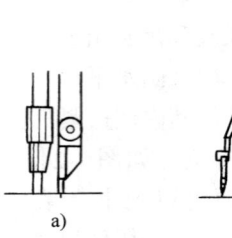

图 1-27　分规的用法　　　　　图 1-28　圆规针脚的使用方法

当画大圆时,可用延长杆来扩大所画圆的半径,其用法如图 1-29 所示。

画圆时,应当匀速前进,并注意用力均匀。圆规所在的平面应稍向前进方向倾斜,如图 1-30所示。

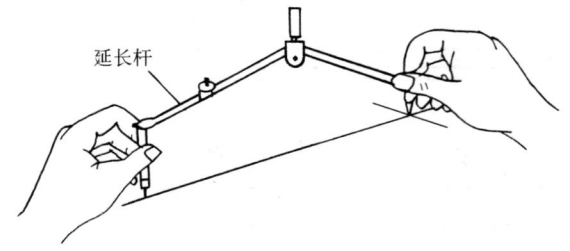
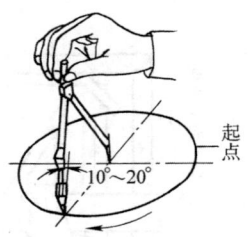

图 1-29　延长杆的用法　　　　　图 1-30　画圆方法

（4）铅笔　铅笔用于绘制图线及写字,是手工绘图必不可少的工具。绘图铅笔的一端有铅芯软硬程度的标记,H、2H、3H……表示硬铅芯,H 前的数字越大,铅芯越硬;B、2B、3B……表示软铅芯,B 前的数字越大,铅芯越软。HB 的铅芯软硬适中。H 或 2H 一般用来画底稿;HB 一般用来画细实线、细点画线、细双点画线、细虚线和写字;B 或 2B 一般用来画粗实线。圆规的铅芯应比铅笔的软一级。

用于画线的铅笔和铅芯应磨成扁平形（铲状）,其余的磨成圆锥形,如图 1-31 所示。

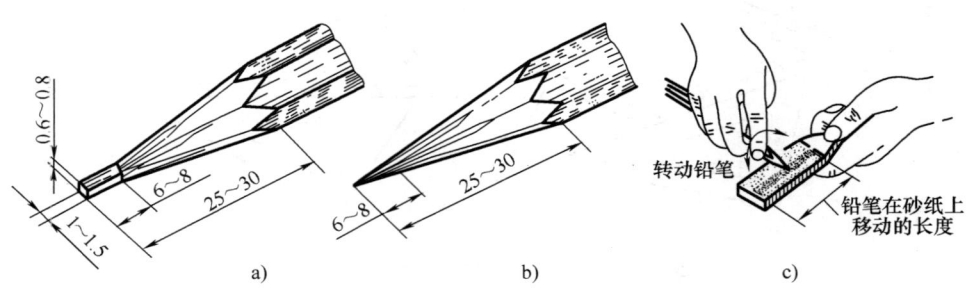

图 1-31　铅笔的削法
a) 磨成扁平形（铲状）　b) 磨成锥形　c) 铅笔的磨法

（5）曲线板　曲线板是用来画非圆曲线的工具,其轮廓线由多段不同曲率半径的曲线组成,如图 1-32 所示。

画图时,先徒手将已知曲线上的一系列点轻轻地连成曲线,如图 1-32a、b 所示;然后,从一端开始,选择曲线板上与所画曲线曲率相吻合的部位逐段描绘,如图1-32c所示,直到最后一段连成曲线,如图1-32d所示。为保证所描绘的曲线圆滑,描绘时,至少选四个已知点与曲线板上曲线重合,前后描绘的两段曲线应有一小段重复(不少于两点)。

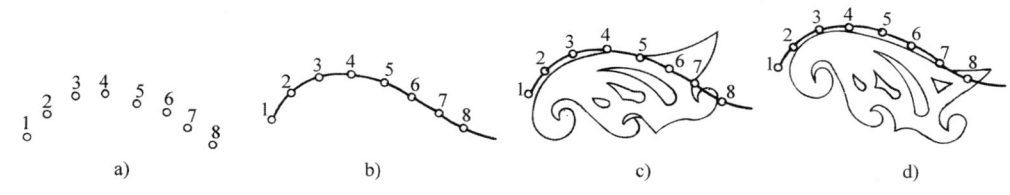

图1-32 曲线板及其使用

2. 绘图的方法和步骤

(1) 做好绘图前的准备工作 将铅笔和圆规铅芯按照绘制不同线型的要求削、磨好,并调整好圆规两脚的长度;图板、丁字尺和三角板等用干净的布或软纸擦拭干净;各种用具放在固定的位置,不用的物品不要放在图板上。

(2) 选择图幅、固定图纸 根据所绘图形大小和比例及所确定的图形分布情况,选择合适的图纸幅面。使丁字尺尺头紧靠图板左边,图纸的水平边框与丁字尺的工作边对齐后,用胶带纸将图纸固定在图板上。注意使图纸下边与图板下边之间保留1~2个丁字尺尺身宽度的距离。绘制较小幅面图样时,图纸尽量靠左固定,以充分利用丁字尺尺身根部,保证作图准确。

(3) 画图框及标题框 按表1-1及图1-4的要求画出图框及标题栏,注意不可急于将图框和标题栏中粗实线描黑,而应当留待与图形中的粗实线同时描黑(若采用的图纸已印制好图框和标题栏则跳过此步)。

(4) 布图及绘制底稿 布图时,要注意各图形分布均匀。图形之间要留有标注尺寸的余地,不要拥挤,也不能相距甚远。按所设想好的布图方案先画出各图形的基准线,如中心线、对称线和底线等,再画各图形的主要轮廓线,最后绘制细节,如小圆、圆角和标注尺寸等。绘制底稿时,铅笔用2H铅芯并磨成锥形,圆规用H铅芯。可用细而淡的细实线代替细点画线、细虚线等,以提高绘图速度并便于擦除和修改。

(5) 检查、修改和清理 底稿完成后进行检查,将图形、尺寸标注等方面的错误擦除、改正。将绘制底稿时的作图线擦掉,将图面掸扫干净。

(6) 加深、整理 加深是指将粗实线描粗、描黑,将细实线、细点画线和细虚线等描黑、成型。要注意线条的均匀和光滑,线型要符合国标规定。加深图线时,应先画圆弧和曲线,后画直线;按从上到下,从左到右,先水平线,再垂直线,后斜线的顺序加深直线。然后标注尺寸、填写标题栏等。经检查无误后签名。

二、徒手绘图

以目测比例,按一定的画法及要求,徒手绘制的图称为草图。绘制草图是高效、方便的绘图方式。在机器测绘、设计方案讨论、技术交流、现场参观时,受现场条件或时间限制,常采用绘制草图的方式来表达工程形体。

徒手绘图时,一般使用带方格的图纸,也称坐标纸,以保证绘图质量。徒手绘图所使用的铅笔,铅芯磨成圆锥形,用于画细线的磨得较尖,用于画粗线的磨得较钝。

徒手绘图的基本要求是快、准、好。即画图速度要快，目测比例要准，图面质量要好。要画好草图，必须掌握徒手画各种图线的手法。

1. 直线的画法

徒手绘图时，手指应握在铅笔上离笔尖约 35mm 处，手腕和小手指对纸面的压力不要太大。在画直线时，手腕不要转动，使铅笔与所画的线始终保持约 90°，眼睛看着画线的终点，轻轻移动手腕和手臂，依笔尖向着要画的方向做近似的直线运动。水平直线应自左向右画出，如图 1-33a 所示；铅垂线应自上而下画出，如图 1-33b 所示；斜线按图 1-33c 画出。

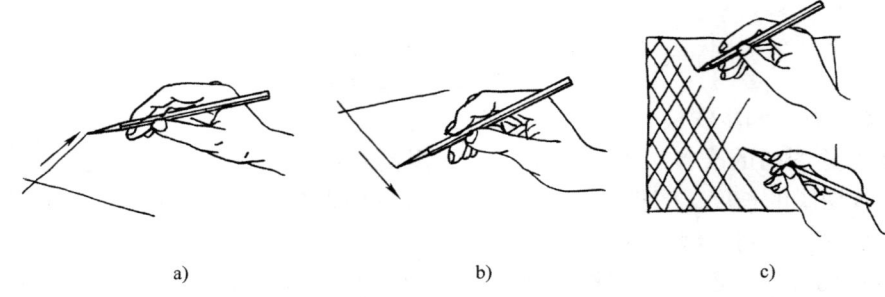

图 1-33　徒手画直线的方法

画长斜线时，为了运笔方便，可以将图纸旋转一适当角度，把斜线转成水平线来画。

画 30°、45°、60° 的直线时，可用直角三角形的近似比例定出端点后，连成直线，如图 1-34a、b、c 所示。

2. 圆及圆角的画法

徒手画小圆时，应先画中心线定圆心，再根据半径大小，在中心线上目测定出四点，然后过这四点画圆，如图 1-35a 所示。当圆的直径较大时，可过圆心增画两条 45° 的斜线，在线上再定出四点，然后过这八点画圆，如图 1-35b 所示。

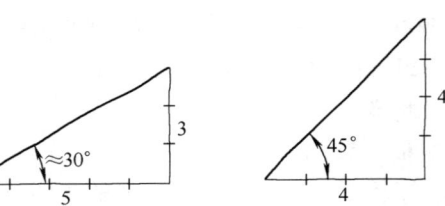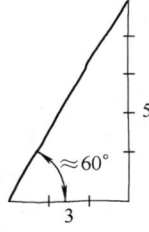

图 1-34　30°、45°、60° 的直线的画法

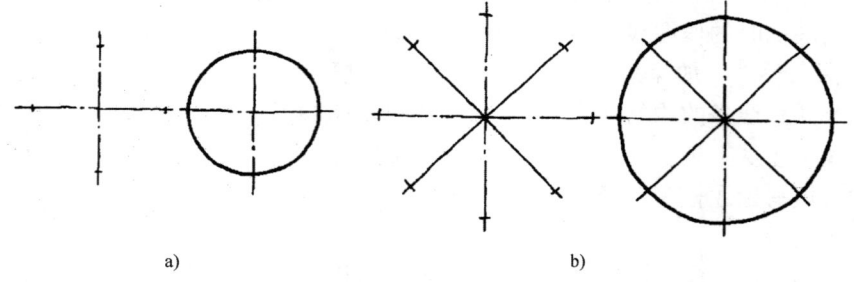

图 1-35　徒手画圆的方法

3. 椭圆的画法

如图 1-36 所示，先画出椭圆的长、短轴，并用目测定出其端点位置，过这四点画一矩形，然后徒手作椭圆与此矩形相切。

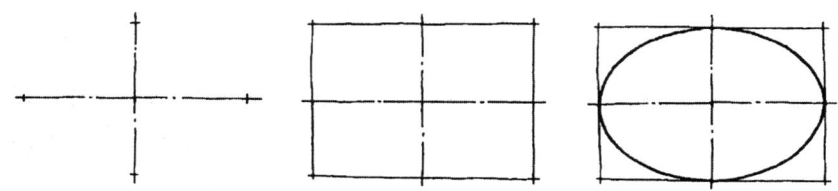

图 1-36　徒手画椭圆的方法

第三节　几 何 作 图

虽然机件的形状多种多样,但机件的图样基本是由直线、圆弧和其他一些曲线所组成的几何图形。因此在绘制图样时,必须掌握一些基本的几何作图方法。

一、正多边形画法

1. 正六边形

在机械图样中,常遇到的正多边形即为正六边形。在实际绘图时,人们习惯于使用30°、60°三角板与丁字尺配合,并根据已知条件直接作出正六边形,具体作法如图 1-37a 所示。其外接圆可省略不画。

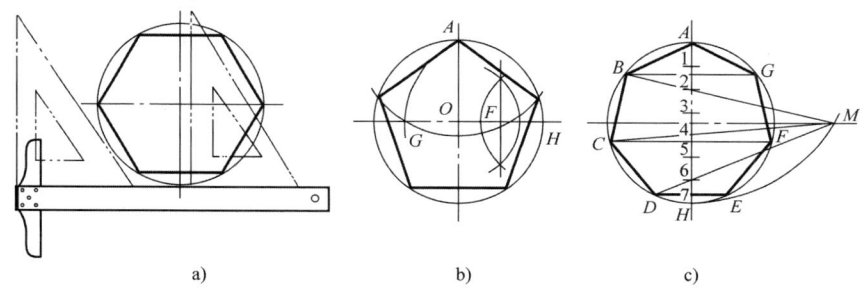

图 1-37　正多边形的画法

2. 正五边形

若已知外接圆直径求作正五边形,其作图步骤如图 1-37b 所示。

1）取外接圆半径 OH 的中点 F。

2）以 F 为圆心、FA 为半径画弧交水平直径于 G 点,AG 即为正五边形的边长。

3）以 A 为圆心、AG 为半径画弧,在圆周上对称地截取其余四个分点。

4）连接各分点即得正五边形。

3. 任意边数的正多边形

任意边数的正多边形的近似作法如图 1-37c 所示。以画正七边形为例,具体步骤是:

1）根据已知条件作正多边形的外接圆。

2）等分铅垂直径 AH 为七等份。

3）以 A 为圆心、AH 为半径画弧交水平直径延长线于 M。

4）延长 $M2$、$M4$、$M6$ 与外接圆分别交于 B、C、D 点。

5）分别过 B、C、D 点作水平线与外接圆分别交于 G、F、E 点。

6）顺次连接 A、B、C、D、E、F、G 各点即可。

二、斜度和锥度

1. 斜度

斜度是指一直线（或平面）对另一直线（或平面）的倾斜程度，其大小由两直线（或平面）间夹角的正切来表示，并将比值化为 $1:n$ 的形式，即斜度 $= \tan\alpha = H/L = 1:n$，如图 1-38a 所示。斜度用符号 ∠ 表示，其画法如图 1-38b 所示，图中 h 为数字的高度，符号的线宽为 $\frac{1}{10}h$。

斜度画法及标注如图 1-38c、d 所示。标注斜度时，符号方向应与实际倾斜方向一致。

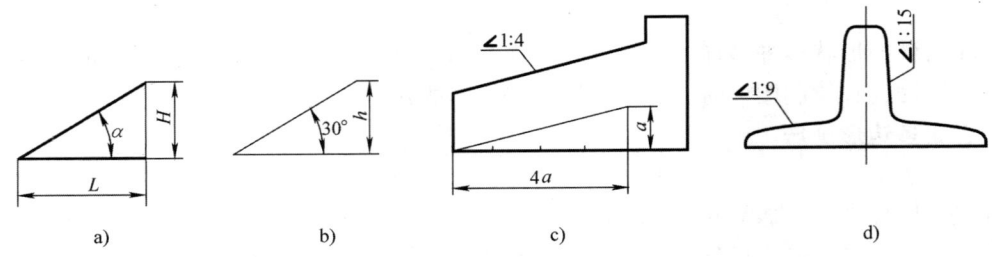

图 1-38 斜度及其标注

2. 锥度

锥度是指圆锥的底圆直径与高度之比。如果是圆台，则为两底圆直径之差与高度之比，也常将其化为 $1:n$ 的形式，即锥度 $= 2\tan\alpha = D/L = (D-d)/l = 1:n$，如图 1-39a 所示。锥度用符号 ◁ 表示，其画法如图 1-39b 所示，图中 h 为数字的高度。锥度画法及标注如图 1-39c 所示，标注锥度时，符号方向应与实际锥度方向一致。

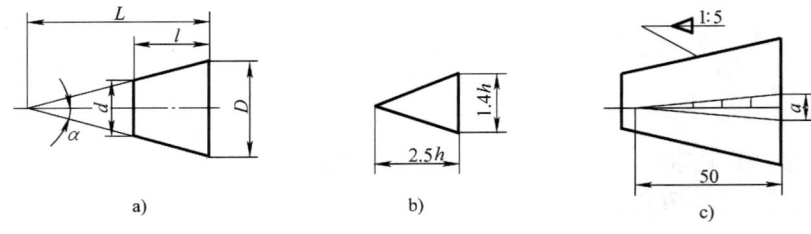

图 1-39 锥度及其标注

三、椭圆画法

图 1-40 所示为一种常用的椭圆近似画法。这种画法是根据椭圆的长、短轴，用四段圆弧代替椭圆，通常称之为四心圆法。其作图过程如下：

1) 画出两条正交的中心线，确定椭圆的中心 O，继而确定长轴的左端点 A、右端点 B 和短轴的上端点 C、下端点 D，然后连接 AC。

2) 以 O 点为圆心、OA 为半径画圆弧交 OC 的延长线于 E。

3) 以 C 为圆心、CE 为半径画圆弧交 AC 于 F。

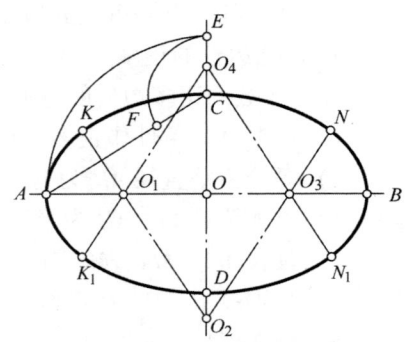

图 1-40 椭圆的近似画法

4）作 AF 的垂直平分线交 AB 于 O_1、交 CD 的延长线于 O_2，并分别找出对称点 O_3、O_4，即为四段圆弧的圆心。连接连心线 O_1O_2、O_2O_3、O_3O_4、O_1O_4 并延长，即得四段圆弧的分界线。

5）分别以 O_1、O_3、O_2、O_4 为圆心，以 O_1A 和 O_2C 之长为半径画圆弧至连心线，即连成一个近似的椭圆。

四、圆弧连接

在制图中，常将线与线的相切称为连接，切点称为连接点。常见的连接形式有：直线与圆弧连接、两圆弧连接。画圆弧连接的关键为：求连接圆弧的圆心和连接点（切点）的位置。下面分别介绍其作图方法。

1. 用圆弧连接两已知直线（见图 1-41）

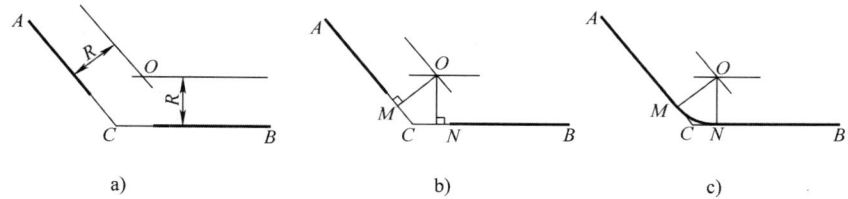

图 1-41 用圆弧连接两已知直线

作两辅助直线分别与 AC 及 BC 平行，并使两组平行线之间的距离都等于 R，两辅助直线的交点 O 就是所求连接圆弧的圆心。从点 O 向两已知直线作垂线，得两个交点 M、N，此即为切点。以点 O 为圆心、OM 或 ON 为半径画弧，与 AC 及 BC 切于 M、N 两点，即完成连接。

2. 用圆弧连接两已知圆弧

如图 1-42a 所示，$R_{外}$ 半径的圆弧与已知圆弧均外切，$R_{内}$ 半径的圆弧与已知圆弧均内切。

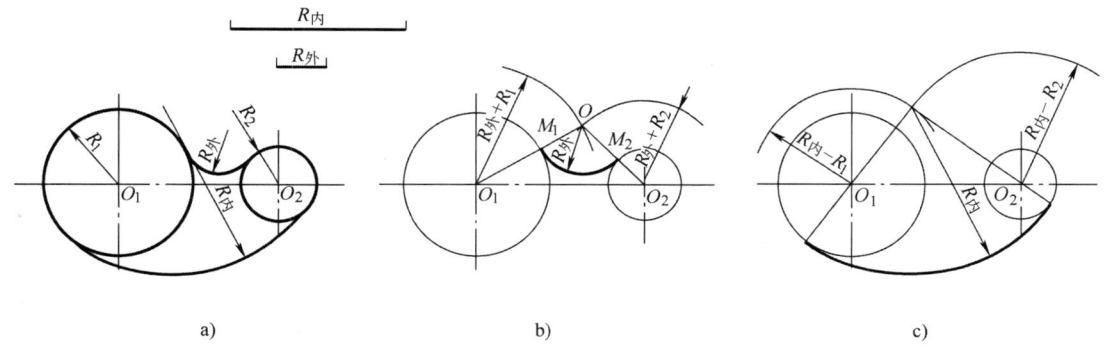

图 1-42 用圆弧连接两已知圆弧

外切圆弧的作图如图 1-42b 所示，分别以 O_1、O_2 为圆心、$(R_{外}+R_1)$ 和 $(R_{外}+R_2)$ 为半径画圆弧，并交于 O，即为连接弧的圆心。连接 O_1O 与 O_2O 与已知圆弧相交于 M_1 和 M_2 点，此即为切点。以 O 为圆心，OM_1（或 OM_2）为半径画圆弧于 M_1、M_2 之间，即为连接圆弧。

图 1-42c 所示为内切圆弧的作图，请读者自行分析。

第四节 平面图形画法及尺寸标注

平面图形由各种图线（直线、圆弧等）构成，图线的长短及位置由尺寸确定；平面图形能否正确画出，取决于尺寸标注是否正确和完整。

一、平面图形的尺寸分析

标注尺寸时，首先要确定水平方向（长度方向）和垂直方向（高度方向）的尺寸基准，即确定标注尺寸的起点。通常将对称图形的对称中心线、较大圆的中心线、较长的直线或重要的轮廓线作为尺寸基准，如图1-43所示。

按尺寸在平面图形中所起的作用，可分为定形尺寸和定位尺寸两类。现以图1-43为例进行分析。

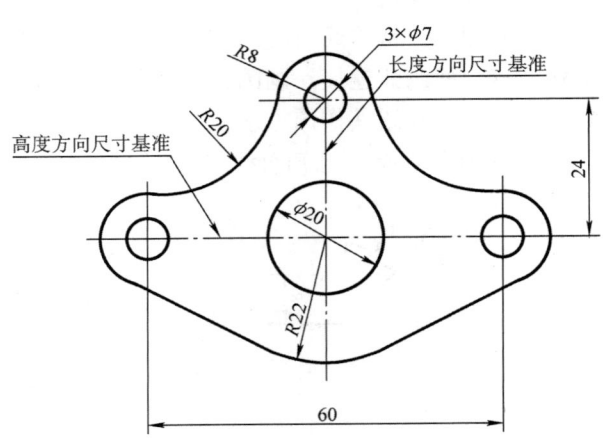

图1-43 平面图形的尺寸分析与标注

1. 定形尺寸

确定平面图形上几何元素形状和大小的尺寸称为定形尺寸，如直线的长短、圆弧的直径或半径，以及角度的大小等，如图1-43中的$\phi 7$、$\phi 20$、$R8$和$R22$。

2. 定位尺寸

确定平面图形上几何元素之间相对位置的尺寸称为定位尺寸，如图1-43中的24和60为定位尺寸。

注意：有时同一个尺寸对于不同的图形要素所起的作用不同，从而同时具有两种属性。

二、平面图形的线段分析

平面图形中的线段（直线或圆弧）根据所给尺寸的情况可分为以下三类：

1. 已知线段

有足够的定形尺寸和定位尺寸，能直接画出的线段为已知线段，如图1-44中的线段14、6和$R5.5$等。

2. 连接线段

连接线段是只有定形尺寸而无定位尺寸的线段。连接线段依靠其与相连线段的连接关系，可用几何作图的方法画出，如图1-44中的线段$R30$。

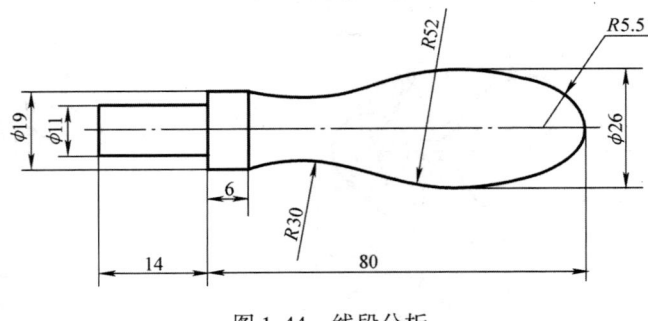

图1-44 线段分析

3. 中间线段

有定形尺寸但定位尺寸不全，或虽有定位尺寸而无定形尺寸的线段为中间线段。中间线段必须依靠其与一端相邻线段的连接关系才能画出，如图1-44中的线段$R52$。

三、平面图形的作图步骤

根据以上分析，画平面图形的步骤归纳如下：

1)画出图形的基准线。
2)画已知线段(见图1-45 a)。
3)画中间线段 R52(见图1-45 b)。
4)画连接线段 R30(见图1-45 c)。
5)擦去多余的作图线,按线型要求加深图线,完成全图(见图1-45d)。

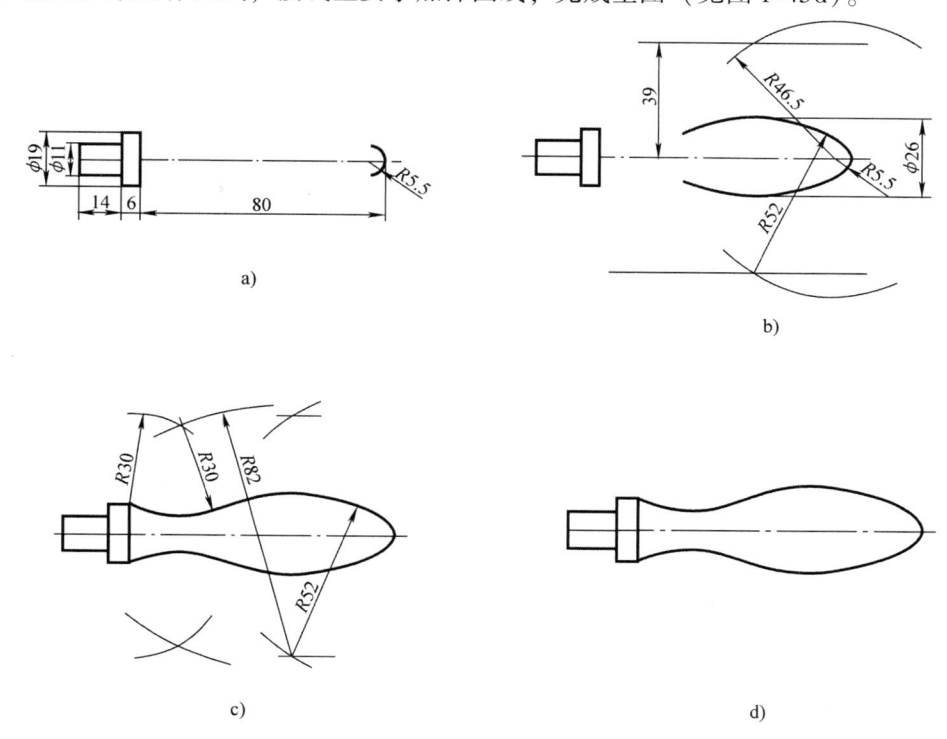

图1-45 手柄的画图步骤

四、平面图形的尺寸标注

标注平面图形的尺寸必须满足三个要求:正确、完整、清晰。

正确——尺寸标注要符合国家标准。

完整——尺寸必须注写齐全。不遗漏尺寸,即不能遗漏各组成部分的定形尺寸和定位尺寸;不重复标注尺寸,即不要标注通过已标注的尺寸计算能得到的尺寸,或通过几何连接关系可以作出的图线的尺寸。

清晰——尺寸标注的位置要安排在图形的明显处,布局要整齐、美观,便于阅读。

标注尺寸是一项重要而又细致的工作,应根据尺寸标注的要求,对平面图形进行分析,明确由哪些几何图形(圆、矩形等)、几何元素(直线、圆弧等)组成,选择合适的水平和垂直方向的尺寸基准。确定这些几何图形和几何元素所需的定形尺寸和定位尺寸,标注平面图形的全部定形尺寸和必要的定位尺寸,并做到尺寸不遗漏、不重复。

以图1-46为例,说明平面图形尺寸标注的一般步骤:

(1)分析图形各部分的构成,确定尺寸基准 由于这个平面图形左右对称,上下不对称,可选左右对称中心线为长度方向尺寸基准,φ22圆的水平中心线为高度方向尺寸基准。

(2)标注定形尺寸 标注图中φ22、φ32、R42、R4、R10、R18。

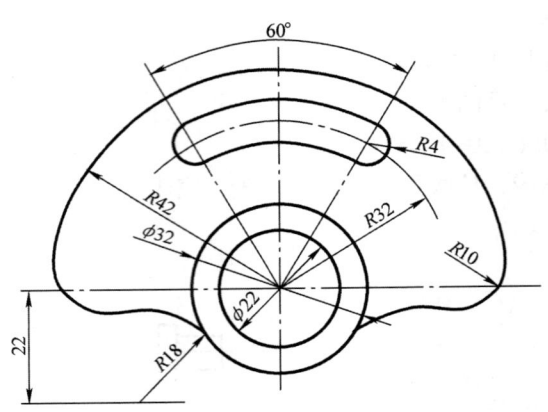

图 1-46 平面图形尺寸标注

（3）标注定位尺寸　标注 22 以确定 R18 的高度方向定位尺寸，R18 长度方向定位尺寸由其与 φ32 圆的连接关系确定。标注 R32 及 60°以确定 R4 所在连接圆弧的圆心位置。

（4）检查标注的尺寸是否完整　根据各线段的性质及尺寸标注要求，分析尺寸是否完整。已知线段要有足够的定形尺寸和定位尺寸；中间线段要有定形尺寸，其定位尺寸可以不全；而连接线段仅需一个尺寸（或不注）。

第二章 点、直线和平面的投影

构成物体的基本几何元素是点、直线和平面。掌握这些基本几何元素的正投影规律是学好本课程的基础。本章主要介绍正投影法的基本知识和点、直线、平面的投影特性、作图原理和方法。

第一节 投影法的基本知识

在日常生活中人们可以看到,当光线照射物体时,就会在墙壁或地面上出现物体的影子。人类在长期的生产实践中发现了物体和影子之间的几何关系,经过科学抽象、总结归类,逐步形成了将空间物体表示在平面上的各种投影法则。如图2-1所示,一束光线从光源中心 S 点出发,通过物体 $\triangle ABC$,在平面 P 上得到物体的影子 $\triangle abc$。光源 S 称为投射中心,光线 SA 称为投射线,平面 P 称为投影面, $\triangle abc$ 称为投影。这种用投射线通过物体,向选定的面投射,并在该面上得到图形的方法称为投影法。

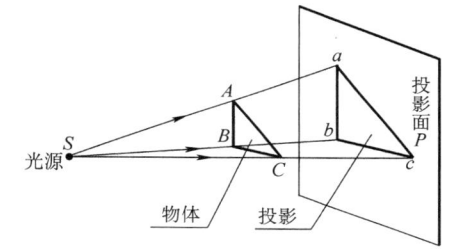

图 2-1 投影法

工程图样的绘制是以投影法为依据的。不同的工程图样所采用的投影法不同。工程上常用的投影法有中心投影法和平行投影法两种。

一、中心投影法

如图2-1所示,投射线交汇于一点的投影方法称为中心投影法,所得到的投影称为中心投影。

二、平行投影法

若将投射中心移至无穷远,则投射线可视为互相平行,投射线的方向称为投射方向。这种投射线互相平行的投影方法称为平行投影法,如图2-2所示,所得到的投影称为平行投影。

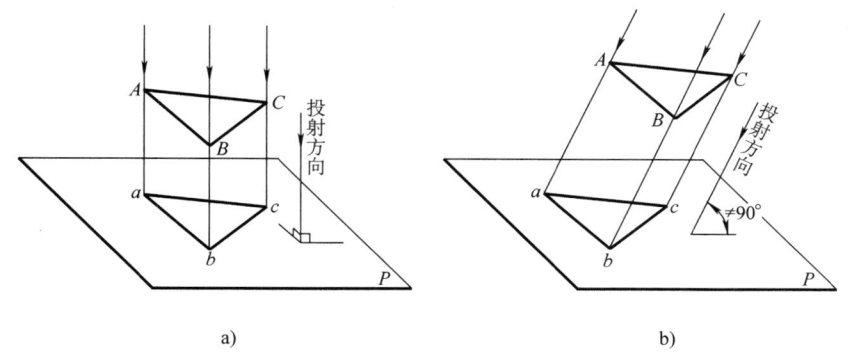

a)   b)

图 2-2 平行投影法种类
a) 正投影法 b) 斜投影法

平行投影法又可分为正投影法和斜投影法。

1. 正投影法

投射线与投影面相垂直的平行投影法，称为正投影法。根据正投影法所得到的图形称为正投影，如图 2-2a 所示。

2. 斜投影法

投射线与投影面相倾斜的平行投影法，称为斜投影法。根据斜投影法所得到的图形称为斜投影，如图 2-2b 所示。

三、正投影法的基本性质

1. 真实性

平面图形（或直线）与投影面平行时，其投影反映实形（或实长）的性质，称为真实性，如图2-3所示，$\triangle abc \cong \triangle ABC$，$ab = AB$。

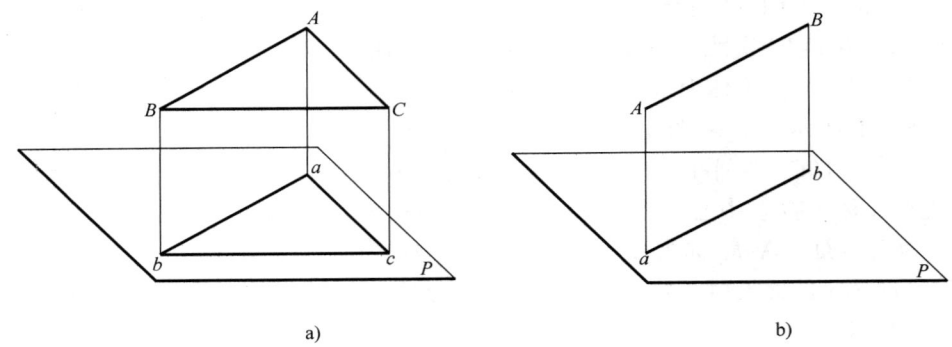

图 2-3　平行于投影面的平面、直线的投影
a）平面的投影　b）直线的投影

2. 积聚性

平面（或直线）与投影面垂直时，其投影积聚为一条直线（或一个点）的性质，称为积聚性，如图 2-4 所示。

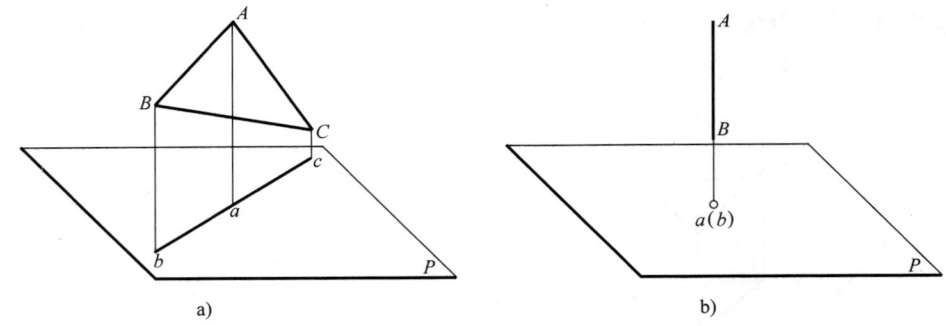

图 2-4　垂直于投影面的平面、直线的投影
a）平面的投影　b）直线的投影

3. 类似性

平面图形（或直线）与投影面倾斜时，其投影变小（或变短），但投影的形状仍与原来形状相类似的性质，称为类似性，如图 2-5 所示。

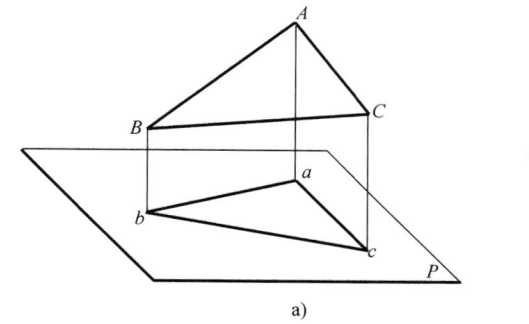 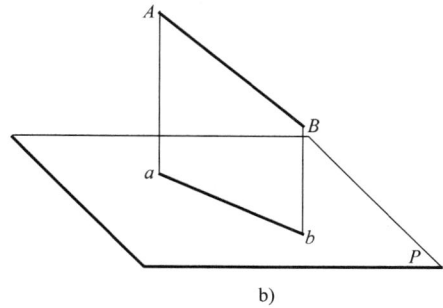

a)   b)

图 2-5 倾斜于投影面的平面、直线的投影
a）平面的投影   b）直线的投影

四、工程上常用的几种投影图

1. 透视图

用中心投影法绘制的单面投影图称为透视图。如图 2-6 所示，这种图立体感强，但不能表示真实形状和度量关系，适用于表达大型工程设计和房屋、桥梁等建筑物。

2. 轴测图

用平行投影法绘制的单面投影图称为轴测图。如图 2-7 所示，这种图具有一定的立体感和度量性，常用于工程中的辅助图样。

图 2-6 透视图

3. 正投影图

用正投影法绘制的多面（投影面相互垂直）正投影图称为正投影图。如图 2-8 所示，这种图能够准确表达物体的几何形状，度量性好，但立体感差，在工程上广泛应用。

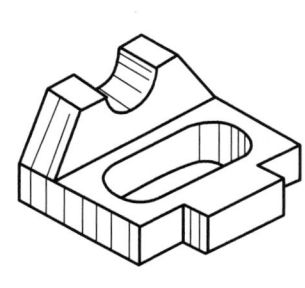 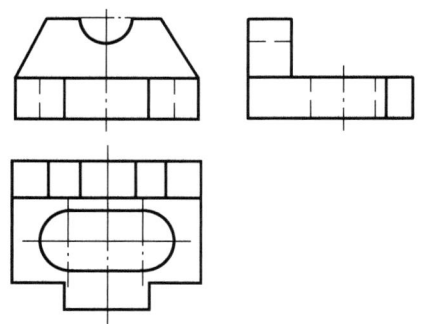

图 2-7 轴测图   图 2-8 多面正投影图

4. 标高投影图

用正投影法绘制的单面投影图称为标高投影图。如图 2-9 所示，它将不同高度的点或平面曲线投射到投影面上，并标出该点或曲线的高度坐标。标高投影图在地形图中广泛应用。

由于正投影法的投射线相互平行且垂直于投影面，所以，当空间的平面图形平行于投影面时，其投影将反映该平面图形的真实形状和大小，即使改变它与投影面之间的距离，其投

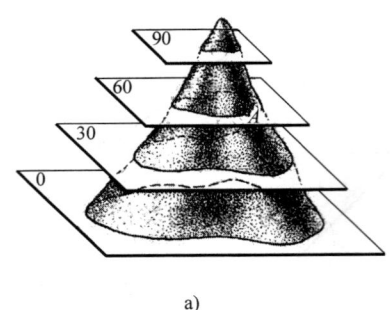
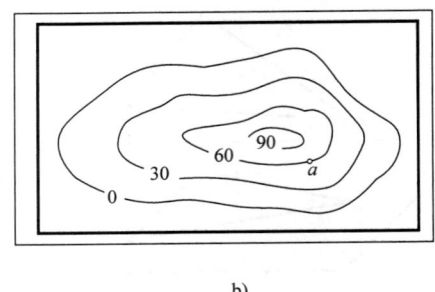

a)　　　　　　　　　　　　　　　b)

图 2-9　标高图
a）立体图　b）平面图

影形状和大小也不会改变，故在工程上广泛应用。

本书主要介绍多面正投影理论，在以后各章节中，如无特别说明，"投影"均指"正投影"。

第二节　点 的 投 影

如图 2-10 所示，给定空间点 A 和投影面 P，则过点 A 作垂直于投影面 P 的投射线，其交点 a 即为点 A 在投影面 P 上的唯一投影。反之，若已知点 A 的投影 a，由于从点 a 所作的投影面 P 的垂线上各点（如 A、A_0 等）的投影都位于 a，故 a 就不能唯一确定点 A 的空间位置。因此，常将几何形体放在相互垂直的两个或多个投影面之间，向这些投影面作投影，形成多面正投影，这样才能确定几何形体的空间位置。

一、点在两投影面体系中的投影

1. 两投影面体系的建立

如图 2-11 所示，设立互相垂直的正立投影面（简称正面或 V 面）和水平投影面（简称水平面或 H 面），组成两投影面体系，并将空间划分为四个分角：第一分角、第二分角、第三分角和第四分角，V 面与 H 面相交于投影轴 Ox（投影面的交线）。本书着重介绍在第一分角中几何形体的投影。

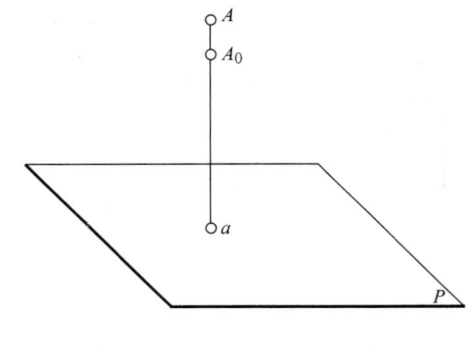
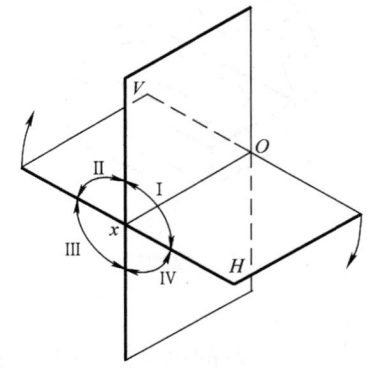

图 2-10　点的投影　　　　　　　　　　图 2-11　空间四个分角

2. 点在两投影面体系中的投影

如图 2-12a 所示，由第一分角中的点 A 作垂直于 V 面、H 面的投射线 Aa'、Aa，分别与

V面、H面交得点 a' 和 a。垂足 a' 称为点 A 的正面投影，垂足 a 称为点 A 的水平投影。

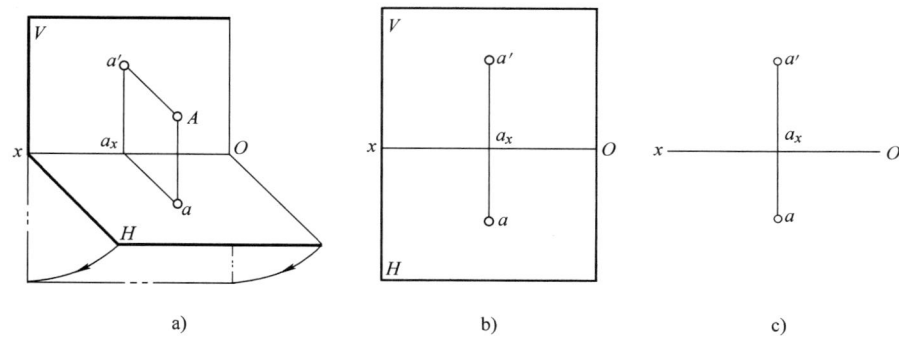

图 2-12 点在两投影面体系中的投影

在实际应用中，需要把投影面展开在同一平面上，为此，保持 V 面不动，将 H 面绕 Ox 轴向下旋转 90°，与 V 面重合，如图 2-12b 所示。由于投影面是没有边界的，故投影面的边框和字母 H、V 均可省略。用细实线表示投影轴 Ox 和投影连线 aa'，可得点的两面投影，如图 2-12c 所示。

3. 点在两投影面体系中的投影规律

由图 2-12a 可知，投射线 Aa、Aa' 为一对相交直线，由它们构成的平面 $Aa'a$ 分别与 H、V 面垂直。所以这三个相互垂直的平面必交于一点 a_x，且三条交线相互垂直，即 $a_xa' \perp a_xa \perp Ox$。当 a 随着 H 面旋转到与 V 面重合时，因为在同一平面上，过 Ox 轴上的点 a_x 只能作 Ox 轴的一条垂线，所以点 a'、a_x、a 共线，即 $a'a \perp Ox$。又因 Aaa_xa' 是矩形，则 $aa_x = Aa'$，$a'a_x = Aa$。

由此得出点的两面投影规律：
1) 点的两面投影连线垂直于投影轴，即 $a'a \perp Ox$。
2) 点的投影到投影轴的距离，等于该点到相邻投影面的距离，即 $aa_x = Aa'$，$a'a_x = Aa$。

二、点在三投影面体系中的投影

点的两个投影虽然可决定点的空间位置，但解决某些复杂的几何关系或欲表达清楚物体的形状，往往需要三个或更多的投影。

1. 三投影面体系的建立

在两投影面体系的基础上再加一个同时垂直于 H 面和 V 面的侧立投影面（简称侧面或 W 面），便构成三投影面体系。在图 2-13 中，三个投影面两两垂直并相交，形成三个投影轴，分别称为 Ox 轴、Oy 轴和 Oz 轴。三投影轴的交点 O 称为原点。相互垂直的三投影面把空间分为八个区域，每个区域称为一个分角。国家标准规定，我国"优先采用第一分角画法"，因此本书重点讨论第一分角的投影。

2. 点在三投影面体系中的投影

在图 2-14a 中，由空间点 A 分别作垂直于

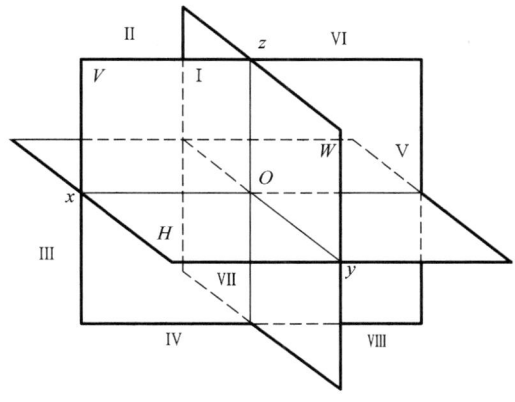

图 2-13 空间八个分角

H、V 和 W 面的投射线，其交点 a、a'、a'' 即为点 A 的三面投影。统一规定，空间点用大写字母表示，其水平投影用相应的小写字母表示，正面和侧面投影分别用相应的小写字母加一撇和两撇表示。为了把点的三面投影画在同一平面上，需将三个投影面展开，在两投影面展开的基础上，将 W 面绕 Oz 轴向右旋转 90°，与 V 面重合，这样就得到点的三面投影，如图 2-14b 所示。省去边框线，如图 2-14c 所示。

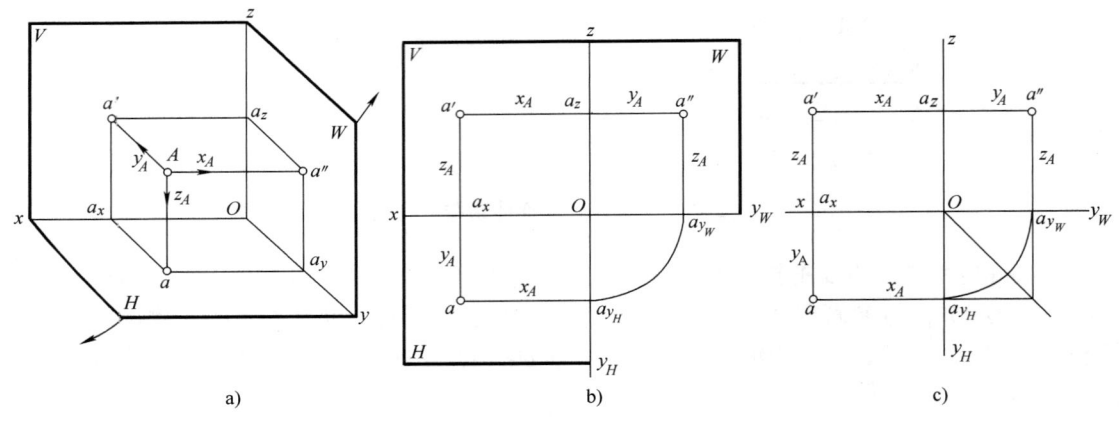

图 2-14 点的三面投影

3. 点在三投影面体系中的投影规律

从图 2-14a 可知，因 $Aa' \perp V$ 面，$Aa \perp H$ 面，则平面 $Aa'a_xa$ 分别与 V、H 面及 Ox 轴相垂直，故 $Ox \perp a'a_x$ 和 aa_x。同理可得 $Oy \perp a a_y$ 和 $a''a_y$、$Oz \perp a'a_z$ 和 $a''a_z$。当 H 面向下旋转 90° 与 V 面共面时，a'、a_x、a 三点共线，故得 $a'a \perp Ox$，如图 2-14b 所示；同理可得 $a'a'' \perp Oz$、$aa_{y_H} \perp Oy_H$、$a''a_{y_W} \perp Oy_W$。由此可得点在三投影面体系中的投影规律：

1) 点的正面投影与水平投影的连线 $a'a \perp Ox$ 轴。

2) 点的正面投影与侧面投影的连线 $a'a'' \perp Oz$ 轴。

3) 点的水平投影到 Ox 轴的距离和点的侧面投影到 Oz 轴的距离相等，即 $aa_x = a''a_z$

为了表示 $aa_x = a''a_z$ 的关系，常用过点 O 的 45° 斜线或以 O 为圆心的圆弧把点的水平投影和侧面投影之间的投影连线联系起来，如图 2-14c 所示。

4. 点的直角坐标

若把三投影面体系看作直角体系，则投影面、投影轴和投影原点分别为坐标面、坐标轴和坐标原点。从图 2-14 看出，点 A 到 W、V 和 H 面的距离，即为该点的三个直角坐标 x_A、y_A 和 z_A。在投影图中，它们的关系为：

$x_A = Oa_x = a'a_z = a\,a_{y_H}$

$y_A = Oa_{y_H} = Oa_{y_W} = aa_x = a''a_z$

$z_A = Oa_z = a'a_x = a''a_{y_W}$

点的一个投影由两个坐标确定，而点的任意两个投影已含有三个坐标，说明点的两个投影已经确定点的空间位置。所以，若已知点的三个坐标或任意两个投影，便可画出该点的三面投影图或求出第三个投影。

例 2-1 已知点 A (15, 10, 20)，求作其三面投影图（见图 2-15）。

作图：

1）在 Ox 轴上取 $Oa_x = 15$，得点 a_x。

2）过点 a_x 作 Ox 轴的垂线，取 $aa_x = 10$，得点 a；取 $a'a_x = 20$，得点 a'。

3）根据点的投影规律，利用 45°斜线，由 a'、a 可求出 a''。

5. 特殊位置点的投影

空间点在投影面上或投影轴上，称之为特殊位置点。如图 2-16 所示，点 A 位于 H 面上（$z_A = 0$），其三面投影为：A 与 a 重合，a' 在 Ox 轴上，a'' 在 Oy 轴上。点 B 位于 V 面上（$y_B = 0$），其三面投影为：b' 与 B 重合，b 在 Ox 轴上，b'' 在 Oz 轴上。点 D 在 Ox 轴上（$y_D = 0$、$z_D = 0$），其三面投影为：d 及 d' 与 D 重合，d'' 与原点 O 重合。综上所述，得出特殊位置点的投影为：

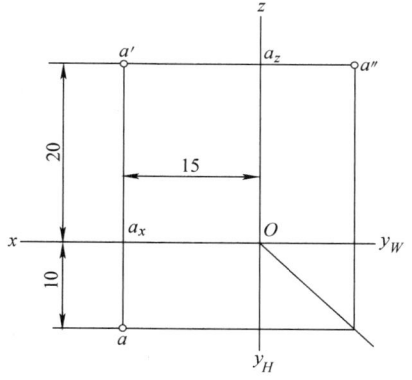

图 2-15 由点的坐标作点的三面投影

1）投影面上的点必有一个坐标为零，在该投影面上的投影与该点自身重合，其余两个投影分别在相应的投影轴上。

2）投影轴上的点必有两个坐标为零，在包含这条轴的两个投影面上的投影都与该点自身重合，另一投影则与原点 O 重合。

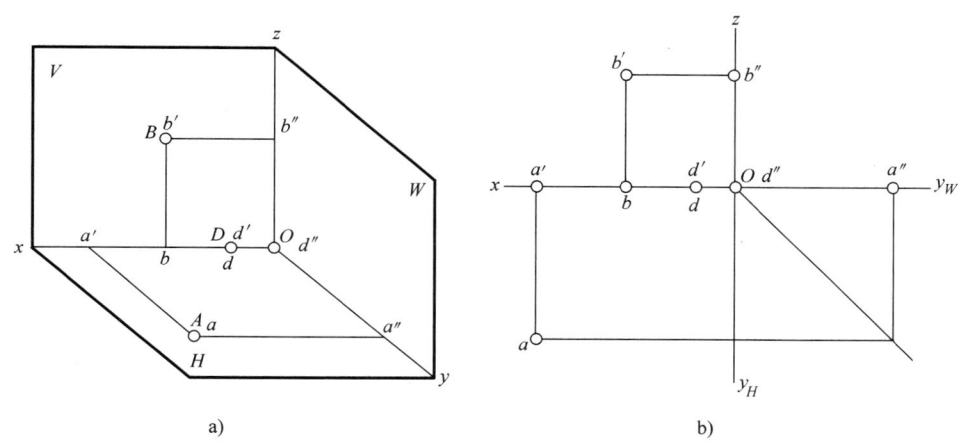

图 2-16 投影面和投影轴上的点

例 2-2 已知点 B 的两投影 b' 和 b，点 C 的两投影 c' 和 c''，试求其第三投影（见图2-17a）。

作图：

1）如图 2-17b 所示，过 b' 作 Oz 轴的垂线。

2）过 b 作 Oy_H 轴的垂线与 45°斜线相交，并自交点作 Oy_W 轴的垂线与上述 Oz 轴的垂线交于 b''。

3）过 c'' 作 Oy_W 的垂线与 45°斜线相交，并自交点作 Oy_H 轴的垂线，与 Oy_H 轴的交点即为 c。

因为点 C 的正面投影 c' 在 Oz 轴上，所以点 C 在 W 面上，其水平投影 c 应在 Oy_H 轴上，

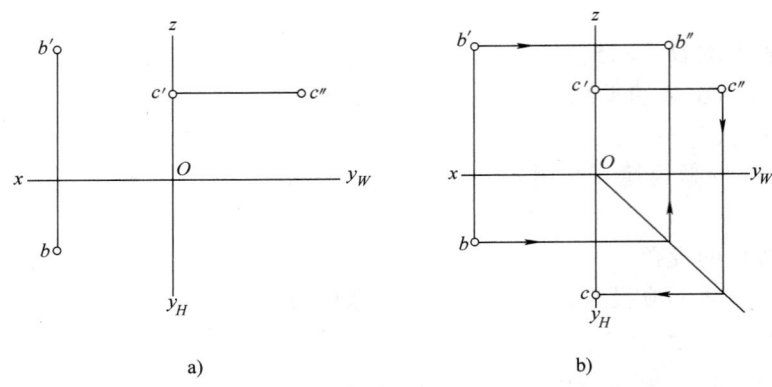

图 2-17 由点的两面投影求第三投影

而不在 Oy_W 轴上。

6. 点的立体图画法

求作点 A（50、30、35）的立体图。

1）作 Ox、Oy、Oz 轴的立体图，通常 x 轴画成水平位置，z 轴画成铅垂位置，y 轴与 x、z 轴呈 135°角；作 V、H、W 面的立体图，其边框线与相应投影轴平行。在三投影轴上从点 O 按 1∶1 截取点 A 的各个坐标（见图 2-18a）。

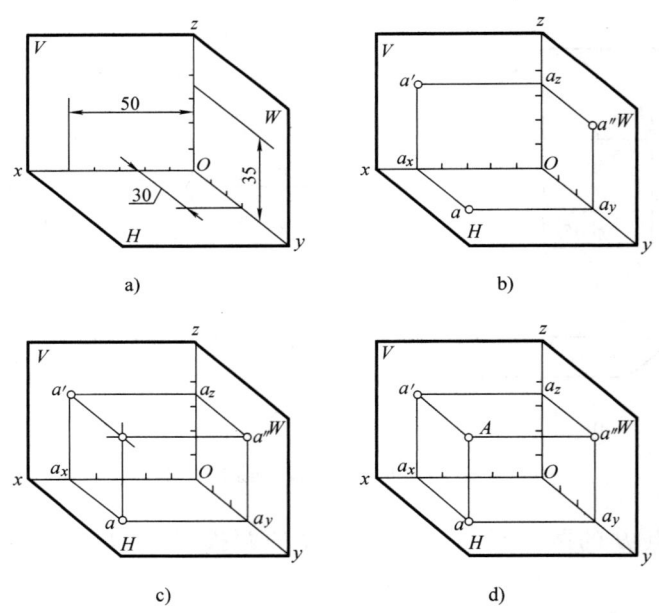

图 2-18 点的立体图画法

2）过上述截取点，在投影面内作投影轴的垂线，两垂线的交点即为点 A 的三面投影 a、a'、a'' 的立体图（见图 2-18b）。

3）过 a、a'、a'' 分别作 H、V、W 面的垂线（分别平行于 Oz、Oy、Ox 轴，见图 2-18c），交点即为点 A 的立体图（见图 2-18d）。

三、两点的相对位置

1. 两点的相对位置

空间两点左右、前后和上下的相对位置，分别由它们的三个坐标来确定。根据两点的各个同面投影（即在同一投影面上的投影）之间的坐标关系，可以判断空间两点的相对位置。在图 2-19 中，由于 $x_A > x_B$，$y_A < y_B$，$z_A < z_B$，则表示点 A 在点 B 的左方、后方和下方。利用两点的三个坐标差可以确定两点在三个方向的具体位置，如点 A 在点 B 的左方，其距离为 $x_A - x_B$。

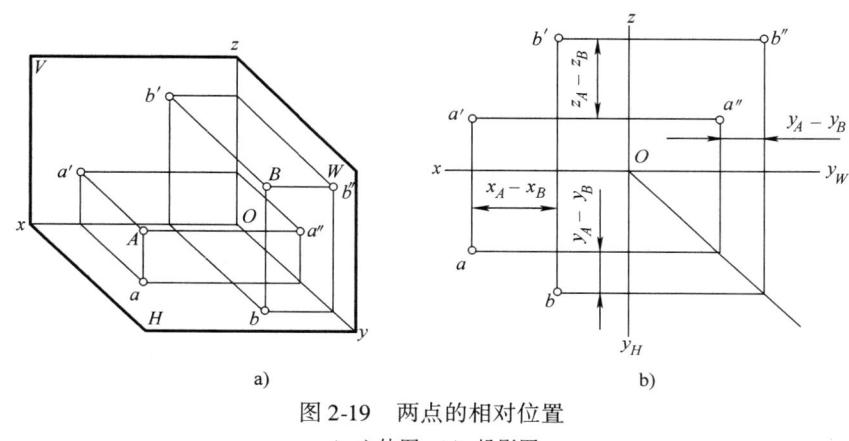

图 2-19 两点的相对位置
a）立体图　b）投影图

2. 重影点

位于同一投影线上的两点，由于它们在投影线所垂直的投影面上的投影是重合的，所以称为重影点。如图 2-20 所示，点 A 和点 B 为对 H 面的一对重影点。因 $x_A = x_B$、$y_A = y_B$，所以水平投影 a 和 b 重合为一点。同理，点 C 和点 D 称为对 V 面的重影点。

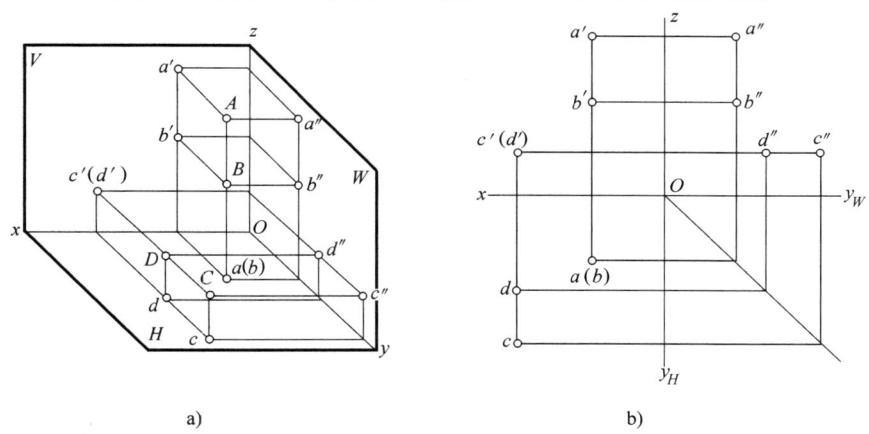

图 2-20 重影点及其可见性的判别

由于一对重影点有一个投影重合，在对该投影面投影时，存在一点遮住另一点的问题，即重合的投影存在着可见与不可见的问题。

点 A 和点 B 为对 H 面的重影点，由于点 A 的 z 坐标大于点 B 的 z 坐标，则点 A 遮住点 B。即点 A 的水平投影可见，点 B 的水平投影不可见（规定不可见投影的符号上加括号），

但点 B 的其他投影仍可见。

点 C 和点 D 为对 V 面的重影点,由于点 C 的 y 坐标大于点 D 的 y 坐标,所以点 C 遮住了点 D。即点 C 的正面投影可见,点 D 的正面投影不可见,但点 D 的其他投影仍可见。

例 2-3 已知点 D 两投影 d'、d,点 C 在点 D 的上方 15、后方 20,且 $x_C = x_D$,试求点 D 的第三投影和点 C 的三面投影(见图 2-21a)。

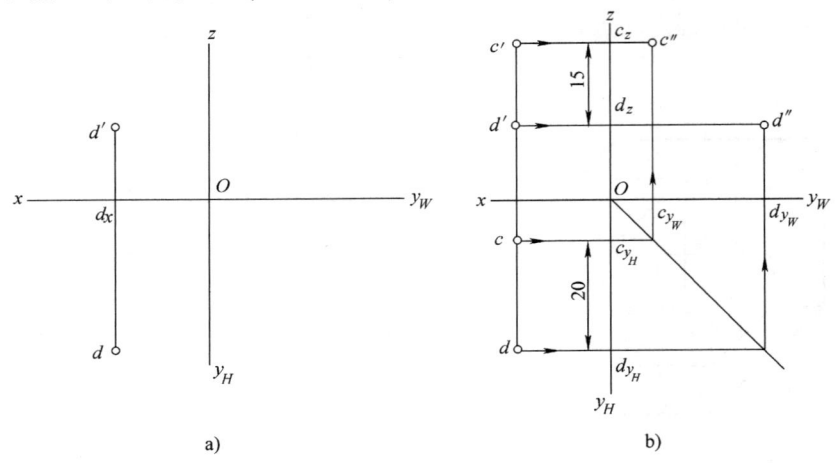

图 2-21 求 C 点的投影

作图:
1)如图 2-21b 所示,根据点的投影规律,由 d 和 d',可求出 d''。
2)在 Oy_H 轴上自 d_{y_H} 向后,取 $c_{y_H}d_{y_H} = 20$,得点 c_{y_H},过 c_{y_H} 作 Oy_H 的垂线与 dd' 交于 c。
3)在 Oz 轴上自 d_z 向上,取 $c_zd_z = 15$,得点 c_z,过 c_z 作 Oz 轴的垂线与 dd' 的延长线交于 c'。
4)由 c 和 c' 便可求出 c''。

第三节 直线的投影

直线的投影一般仍为直线。特殊情况下,直线的投影可积聚成一点。由于两点确定一直线,故作直线的投影时,可作出确定该直线的任意两点的投影,将这两点的同面投影连接,便可得到直线的投影。如图 2-22a 中,欲求直线 AB 的三面投影,可分别作出两端点 A、B 的三投影 a、a'、a'' 和 b、b'、b'',如图 2-22b 所示。然后用粗实线连接两点的各同面投影,则 ab、$a'b'$ 和 $a''b''$ 即为直线 AB 的三面投影,如图 2-22c 所示。

一、各类位置直线及其投影特性

根据直线相对投影面的位置不同,直线可分为三类:投影面平行线、投影面垂直线、一般位置直线,前两类统称为特殊位置直线。

直线与其水平投影的夹角、正面投影的夹角、侧面投影的夹角,分别称为该直线对投影面 H、V、W 的倾角,分别用 α、β、γ 表示。

1. 特殊位置直线及其投影特性

(1) 投影面平行线 只平行于一个投影面(与另两个投影面倾斜)的直线,称为投影

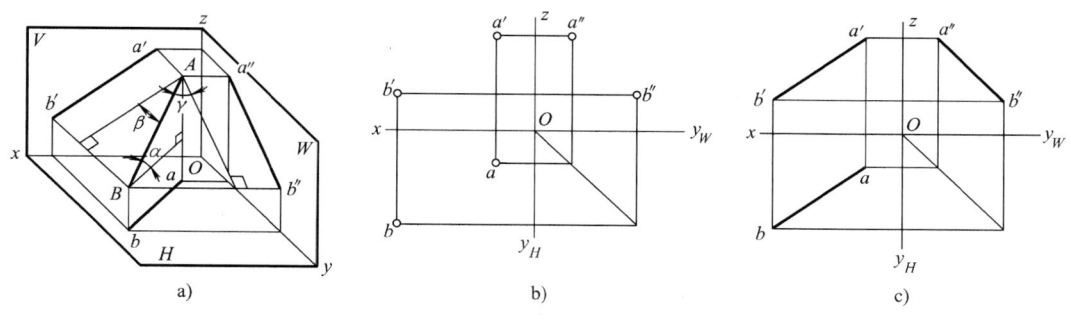

图 2-22 直线的三面投影

面平行线。其中，只平行于 H 面的直线，称为水平线；只平行于 V 面的直线，称为正平线；只平行于 W 面的直线，称为侧平线。

表 2-1 列出了三种投影面平行线的立体图、投影图及其投影特性。

表 2-1 投影面平行线的投影特性

名称	水平线（$/\!/H$、$\angle V$、$\angle W$）	正平线（$/\!/V$、$\angle H$、$\angle W$）	侧平线（$/\!/W$、$\angle H$、$\angle V$）
立体图			
投影图			
投影特性	1. 水平投影 $ab = AB$ 2. 正面投影 $a'b' /\!/ Ox$，侧面投影 $a''b'' /\!/ Oy_W$ 3. 水平投影反映 β、γ 的真实大小	1. 正面投影 $c'd' = CD$ 2. 水平投影 $cd /\!/ Ox$，侧面投影 $c''d'' /\!/ Oz$ 3. 正面投影反映 α、γ 的真实大小	1. 侧面投影 $e''f'' = EF$ 2. 水平投影 $ef /\!/ Oy_H$，正面投影 $e'f' /\!/ Oz$ 3. 侧面投影反映 α、β 的真实大小

由表 2-1 可概括出投影面平行线的投影特性：

1）在它所平行的投影面上的投影反映实长，投影与投影轴的夹角，分别反映该直线对另两投影面的真实倾角。

2）另两个投影面上的投影平行于相应的投影轴，长度缩短。

（2）投影面垂直线 垂直于一个投影面（平行于另外两个投影面）的直线，称为投影面垂直线。其中，垂直于 H 面的直线称为铅垂线；垂直于 V 面的直线称为正垂线；垂直于 W 面的直线称为侧垂线。

表 2-2 列出了三种投影面垂直线的立体图、投影图及其投影特性。

表 2-2 投影面垂直线的投影特性

名称	铅垂线（$\perp H$、$//V$、$//W$）	正垂线（$\perp V$、$//H$、$//W$）	侧垂线（$\perp W$、$//H$、$//V$）
立体图	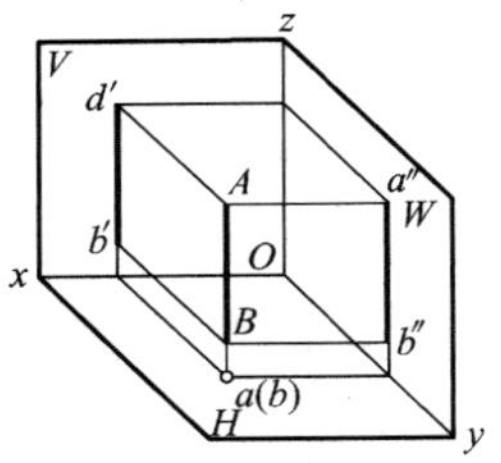	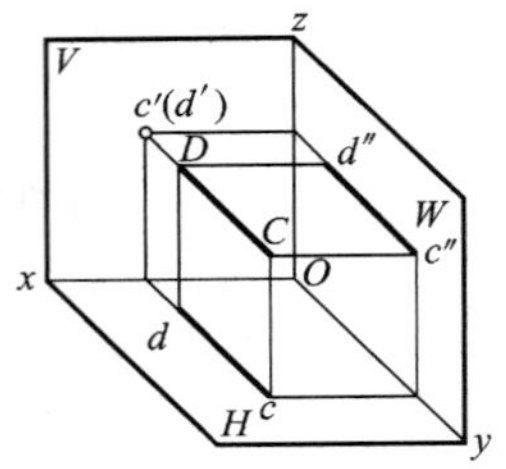	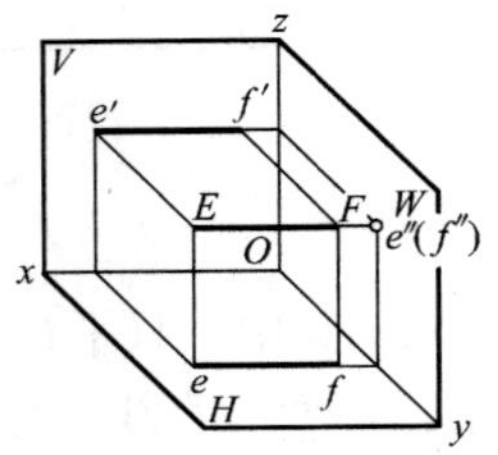
投影图	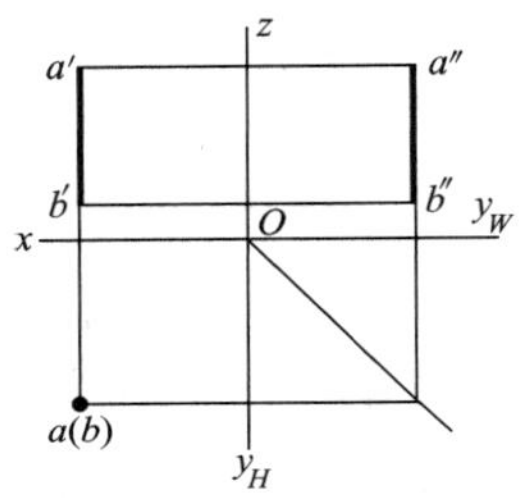	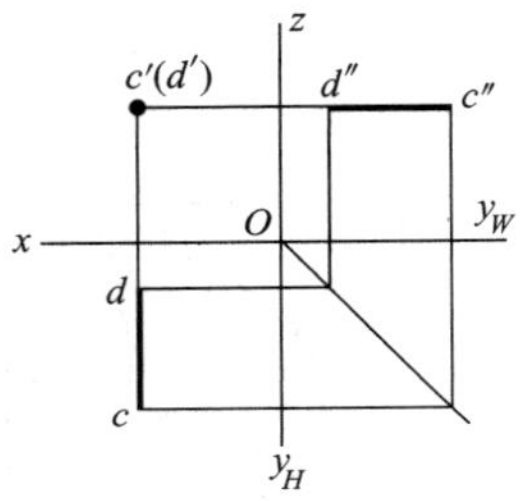	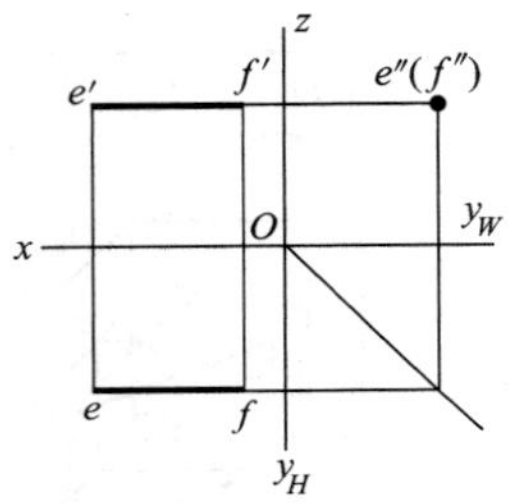
投影特性	1. 水平投影 ab 积聚为点 2. $a'b' = a''b'' = AB$ 3. $a'b' \perp Ox$，$a''b'' \perp Oy_W$	1. 正面投影 $c'd'$ 积聚为点 2. $cd = c''d'' = CD$ 3. $cd \perp Ox$，$c''d'' \perp Oz$	1. 侧面投影 $e''f''$ 积聚为点 2. $ef = e'f' = EF$ 3. $ef \perp Oy_H$，$e'f' \perp Oz$

由表 2-2 可概括出投影面垂直线的投影特性：

1) 在所垂直的投影面上的投影积聚为一点。

2) 另两个投影面上的投影垂直于相应的投影轴，且反映实长。

2. 一般位置直线及其投影特性

对三个投影面都倾斜的直线称为一般位置直线，如图 2-22 所示直线 AB 即为一般位置直线。由于一般位置直线对投影面 V、H、W 都倾斜，从直线两端点到三同面投影面的距离差都不等于零，所以一般位置直线的三个投影都倾斜于投影轴。

因为 α、β、γ 均不等于零，所以 $ab = AB\cos\alpha < AB$，$a'b' = AB\cos\beta < AB$，$a''b'' = AB\cos\gamma < AB$，且一般位置直线的投影与相应投影轴的夹角，都不反映该直线对投影面的倾角。

由上所述可知，一般位置直线的投影特性为：三个投影都倾斜于投影轴，且不反映该直线的实长；投影与投影轴的夹角，都不反映直线对投影面的倾角。

二、线段的实长及对投影面的倾角

特殊位置直线在三面投影中能直接显示线段的实长及对投影面的倾角，而一般位置直线则不能。解决这类问题的方法有多种，本书介绍广泛应用的直角三角形法、换面法和旋转法。本节仅介绍直角三角形法，换面法和旋转法在第四章中介绍。

1. 直角三角形法

如图 2-23a 所示，AB 为一般位置直线，ab、a'b' 为其两面投影。在过 AB 上各点向 H 面所引的投射线形成的平面 ABba 内，作 $AB_0 /\!/ ab$，交 Bb 于 B_0，得直角三角形 ABB_0，在这个直角三角形中：$AB_0 = ab$，$BB_0 = Bb - Aa = z_B - z_A$，即 BB_0 等于 a'、b' 到 x 轴的距离差；$\angle BAB_0 = \alpha$，即 AB 对 H 面的倾角；直角三角形的斜边 AB 即为实长。可见，作出这个直角三角形，就能确定一般位置直线 AB 的实长和倾角，故称直角三角形法。作法如图 2-23b 所示：

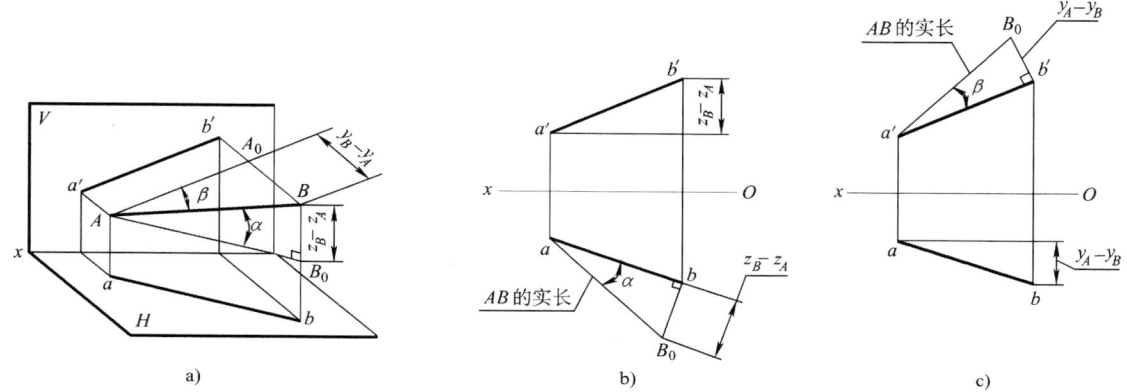

图 2-23 直角三角形法求实长和倾角

1）过 b 作 $B_0b \perp ab$，且令 $B_0b = z_B - z_A$。
2）连接 aB_0，则 $aB_0 = AB$，$\angle B_0ab = \alpha$。

图 2-23c 表示利用直角三角形 ABA_0 求实长 AB 及倾角 β 的作图方法。

2. 应用

例 2-4 已知线段 EF 长为 32mm、其水平投影 ef 及端点 E 的正面投影，试完成该线段的正面投影（见图 2-24a）。

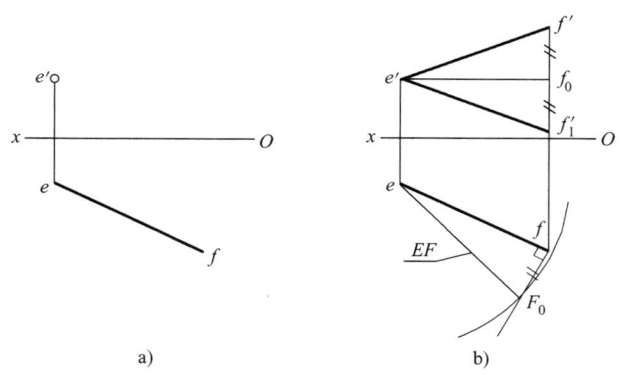

图 2-24 求线段实长

分析：根据线段 EF 的水平投影 ef 和 EF 实长，可用直角三角形法求出 E、F 两点的 z 坐标差，从而确定 f' 的位置。

作图：

1）如图 2-24b 所示，作直角三角形 efF_0，并使 $eF_0 = 32\text{mm}$，则 fF_0 即为 EF 的 z 坐标差。
2）自 e' 作直线平行于 Ox 轴，自 f 作直线垂直于 Ox 轴，两直线相交于 f_0 点。自 f_0 点在

直线 ff_0 上，向上或向下截取 $f_0f' = f_0f_1' = fF_0$ 得 f' 和 f_1' 点，则 $e'f'$ 和 $e'f_1'$ 均为所求线段 EF 的正面投影，本题有两解。

例 2-5 已知点 C 的两面投影 c 和 c'，CD 的实长为 28mm，$\alpha=45°$，$\beta=30°$，由 C 至 D 的方向为向右、向后、向下，求作 CD 的两面投影（见图 2-25a）。

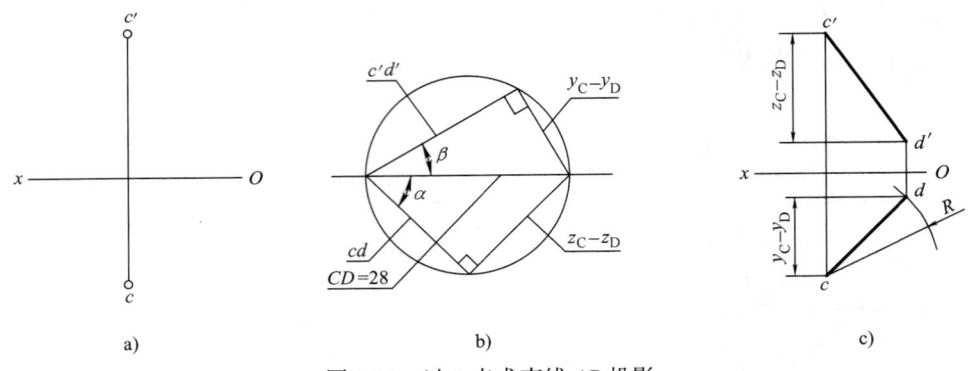

图 2-25 过 A 点求直线 AB 投影

分析：根据 CD 的实长和倾角，利用直角三角形法求直线的投影长度和两端点与投影面的距离差。

作图：

1）如图 2-25b 所示，以 CD 的实长 28mm 为直径作圆，从直径的一个端点分别作与直径成 $\alpha=45°$、$\beta=30°$ 的直线，并将它们与圆周的交点分别再与该直径的另一端点相连，就得到两个直角三角形，从而作出 cd、$c'd'$ 的长度以及 z_C-z_D、y_C-y_D 的长度。

2）如图 2-25c 所示，以 c 为圆心、cd 的长度为半径作圆弧；再在 cc' 投影连线上，由 c 向后量取 y_C-y_D，过量得的点作 Ox 的平行线，与已作的圆弧交得 d；连接 c 与 d，就得 cd。再在 cc' 上，由 c' 向下量取 z_C-z_D，从量得的点作 Ox 的平行线，再由 d 作 Ox 轴的垂线，两者交得 d'；连接 c' 与 d'。则 $c'd'$、cd 即为所求。

三、直线上的点

直线上的点，其投影具有从属性和定比性的特性。

1. 从属性

点在直线上，则点的投影必在该直线的各同面投影上，如图 2-26 所示。

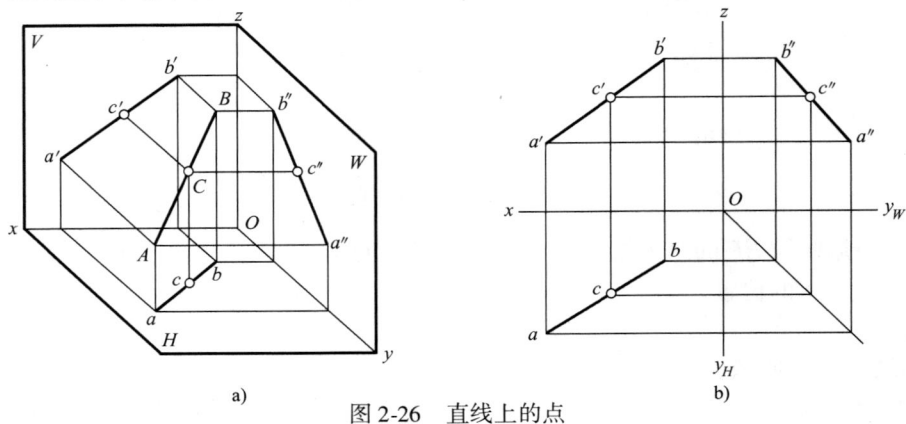

图 2-26 直线上的点

点 C 在直线 AB 上，则 c 在 ab 上，c' 在 $a'b'$ 上，c'' 在 $a''b''$ 上，且 c'、c、c'' 符合点的投影规律。

反之，若点的各投影均在直线的各同面投影上，则该点必在直线上；否则，点不在直线上。

2. 定比性

直线上的点分直线为两线段，两线段长度之比等于各投影长度之比。点 C 分直线 AB 为 AC 和 CB 两段，两段长度与其投影长度有如下关系：

$$AC : CB = ac : cb = a'c' : c'b' = a''c'' : c''b''$$

例 2-6 判断 M 点是否在直线 AB 上（见图 2-27a）。

判断方法有两种：

（1）用定比性判断 由于 $a'm' : m'b' = l_2 : l_1 \neq am : mb$，故点 M 不在直线 AB 上。

（2）求出它们的侧面投影 如图 2-27b 所示，由于 m'' 不在直线 $a''b''$ 上，故点 M 不在直线 AB 上。

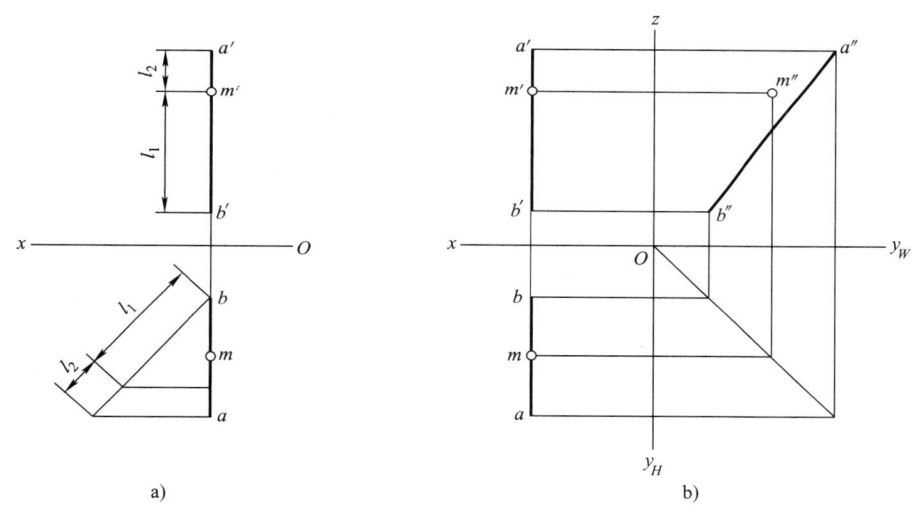

图 2-27 判断 M 点是否在直线上

四、两直线的相对位置

两直线的相对位置有三种情况：平行、相交、交叉。平行和相交两直线均属于同一平面（共面）的直线，而交叉两直线则不属于同一平面（异面）的直线。下面分别讨论它们的投影特性。

1. 两直线平行

若空间两直线相互平行，则其各同面投影必相互平行。如图 2-28 所示，直线 $AB/\!/CD$，则 $ab/\!/cd$，$a'b'/\!/c'd'$。反之，若两直线的各同面投影相互平行，则两直线在空间也必定相互平行。

2. 两直线相交

若空间两直线相交，则其各同面投影必相交，且其交点应符合点的投影规律。如图 2-29 所示，直线 AB、CD 相交于点 K，则 k 为 ab 与 cd 的交点的水平投影；同样，k' 为 $a'b'$ 与 $c'd'$

交点的正面投影，且 $kk' \perp Ox$ 轴。

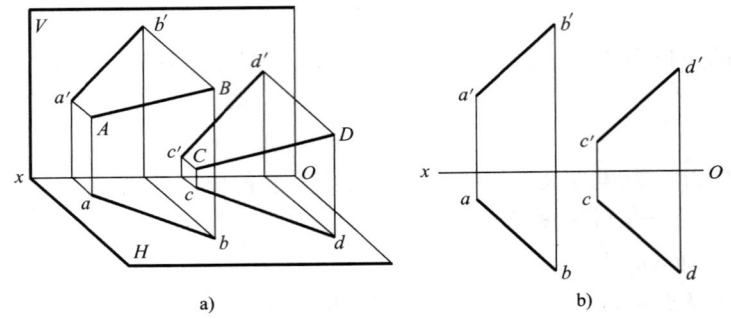

图 2-28 平行两直线

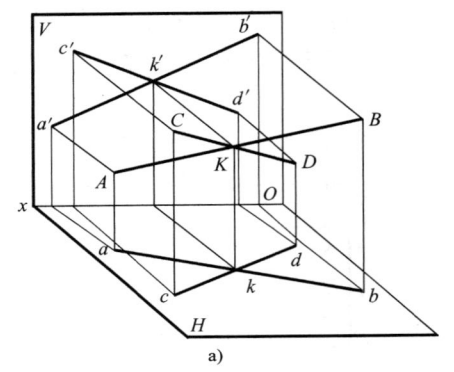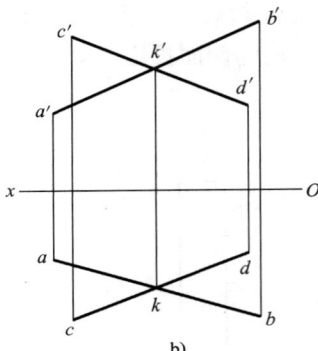

图 2-29 相交两直线

3. 两直线交叉

既不平行也不相交的空间两直线，称为交叉直线。其投影既不符合平行两直线又不符合相交两直线的投影。其同面投影若相交，但交点不符合点的投影规律，其仅为两直线在处于同一投射线上的两点（重影点）的投影。

如图 2-30 所示，水平投影 ab、cd 的"交点"实际上是空间直线 AB 上的点 I 和直线 CD 上的点 II 的投影，因为点 I 和点 II 位于向 H 面投影的同一条投射线上，所以它们的水平投影重合为一点 1（2）。从正面投影中可看出，点 I 比点 II 的 z 坐标大（$z_I > z_{II}$），所以点 I

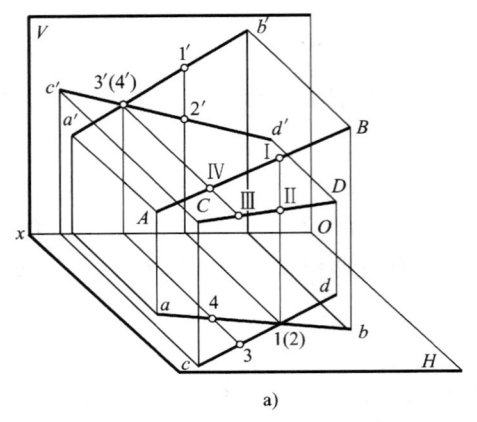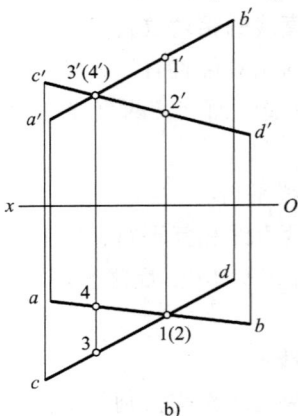

图 2-30 交叉两直线

的水平投影 1 可见，点Ⅱ的水平投影（2）不可见。同理可判断，点Ⅲ的正面投影 3′可见，点Ⅳ的正面投影（4′）不可见。

例 2-7 判断两侧平线的相对位置（见图 2-31a）。

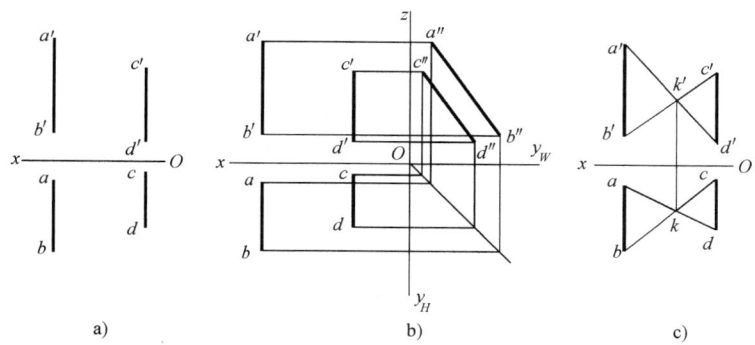

图 2-31 判断两侧平线的相对位置

有两种判断方法：

1) 补第三面投影如图 2-31b 所示，添加 W 面投影，作出 $a''b''$ 与 $c''d''$。判断 $a''b''$ 与 $c''d''$ 是否平行，若两投影平行，则 AB 平行于 CD；否则，不平行。该图中 $a''b''$//$c''d''$，则 AB//CD。

2) 共面法。

分析：两直线平行则两直线共面，因此两直线端点的同面投影连线的交点，必为共点。

作图：

1) 如图 2-31c 所示，连接 ad 与 bc，$a'd'$ 与 $b'c'$ 并分别交于 k、k′。
2) 连接 kk′，判断 kk′ 是否垂直 Ox 轴。

因 kk′⊥Ox，点 K 符合点的投影规律，故两侧平线 AB 与 CD 平行。

五、垂直两直线的投影

空间两直线垂直（相交或交叉），若两边都与某一投影面倾斜，则在该投影面上投影不反映直角；但若其中一直线为某投影面的平行线，则两直线在该投影面上的投影必定反映直角，此投影特性称为直角投影定理。

如图 2-32 所示，已知 BC//H 面，AB⊥BC，AB 倾斜于 H 面。因 BC//H 面，Bb⊥H 面，故 BC⊥Bb。又 AB⊥BC，则 BC⊥ABba 平面；又因 BC//bc，所以 bc⊥ABba 平面，因此 ab⊥bc。

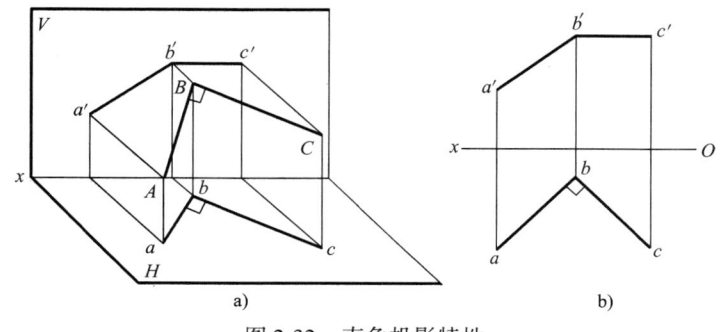

图 2-32 直角投影特性

反之，如两直线在某一投影面上的投影相互垂直，且其中有一直线为该投影面的平行线时，则两直线在空间必定相互垂直。

例 2-8 已知 $AB/\!/H$ 面，试过点 C 作一直线与 AB 垂直相交（见图 2-33a）。

分析：从直角投影特性得知，与水平线垂直的直线，其水平投影必定相互垂直。

作图：过 c 作 $ck \perp ab$，与 ab 交于 k；在 $a'b'$ 上求出 k'，连接 $c'k'$，则 ck、$c'k'$ 即为所求。

例 2-9 求作交叉两直线 AB 与 CD 的公垂线以及 AB、CD 之间的距离（见图 2-34a）。

分析：如图 2-34b 所示，两直线的公垂线是

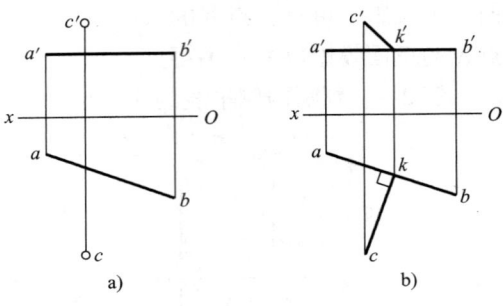

图 2-33 过点 C 作 $CK \perp AB$

与两直线都垂直相交的直线，因 CD 为铅垂线，AB 为一般位置直线，故公垂线必为水平线，AB、CD 之间的距离即为公垂线的实长。

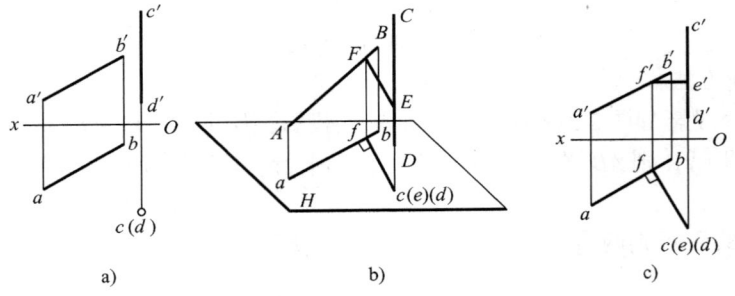

图 2-34 求 AB 与 CD 的公垂线

作图：

1) 如图 2-34c 所示，在 c（d）处取 e 点，过 e 作 $ef \perp ab$，与 ab 相交于 f。

2) 作 $ff' \perp Ox$ 交 $a'b'$ 于 f'，过 f' 作 $f'e'/\!/Ox$，并交 $c'd'$ 于 e'，则 ef、$e'f'$ 即为所求的公垂线 EF 的两面投影，ef 之长即为 AB、CD 之间的距离。

第四节 平面的投影

一、平面的表示法

平面通常用确定该平面的几何元素的投影表示。图 2-35 所示分别是不在同一直线上的三点、一直线和直线外一点、平行两直线、相交两直线、平面图形表示平面。

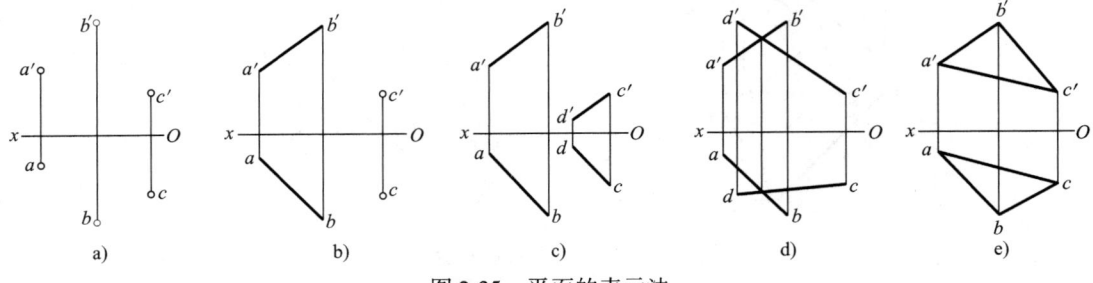

图 2-35 平面的表示法

也可以用迹线表示平面。用迹线表示的平面称为迹线平面。平面与 V 面、H 面、W 面的

交线，分别称为正面迹线（V面迹线）、水平迹线（H面迹线）、侧面迹线（W面迹线），并用 P_V、P_H、P_W 分别表示这三种迹线，如图2-36所示。

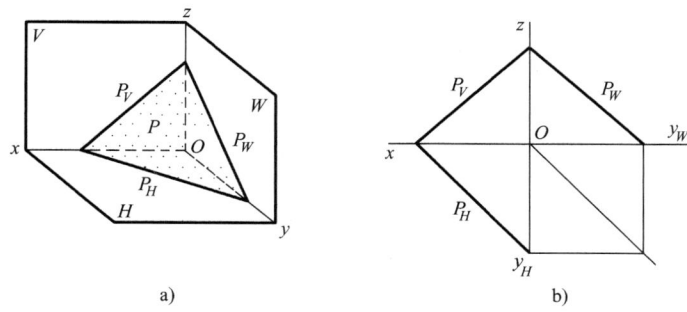

图2-36 用迹线表示平面
a）立体图 b）投影图

二、各类位置平面的投影特性

平面相对于投影面的位置可分为投影面垂直面、投影面平行面和一般位置平面三类，前两类称为特殊位置平面。

平面与 H、V、W 面的两面角，分别就是平面对 H、V、W 面的倾角 α、β、γ。

1. 投影面垂直面

垂直于某一投影面（倾斜于另两投影面）的平面称为投影面垂直面。垂直于 H 面的称为铅垂面，垂直于 V 面的称为正垂面，垂直于 W 面的称为侧垂面。表2-3列出了它们的立体图、投影图和投影特性。

表2-3 投影面垂直面的投影特性

名称	正垂面（⊥V、∠H、∠W）	铅垂面（⊥H、∠V、∠W）	侧垂面（⊥W、∠H、∠V）
立体图			
投影图			
投影特性	1. 正面投影积聚成直线段，并反映真实倾角 α、γ 2. 水平投影、侧面投影为平面形的类似形	1. 水平投影积聚成直线段，并反映真实倾角 β、γ 2. 正面投影、侧面投影为平面形的类似形	1. 侧面投影积聚成直线段，并反映真实倾角 α、β 2. 正面投影、水平投影为平面形的类似形

现归纳投影面垂直面的投影特性如下：

1) 平面在所垂直的投影面上的投影积聚为一直线段，该投影与投影轴的夹角分别反映平面对另两投影面的真实倾角。

2) 平面的另两投影均为缩小的类似形。

2. 投影面平行面

平行于某一投影面（必同时垂直于另两个投影面）的平面称为投影面平行面。平行于 H 面的称为水平面，平行于 V 面的称为正平面，平行于 W 面的称为侧平面。表2-4列出了它们的立体图、投影图和投影特性。

表2-4 投影面平行面的投影特性

名称	正平面（$//V$、$⊥H$、$⊥W$）	水平面（$//H$、$⊥V$、$⊥W$）	侧平面（$//W$、$⊥H$、$⊥V$）
立体图	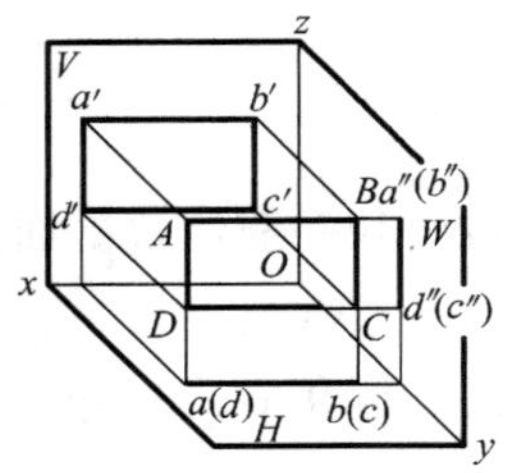	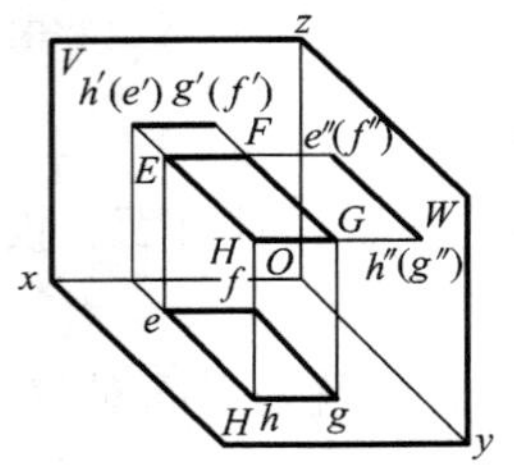	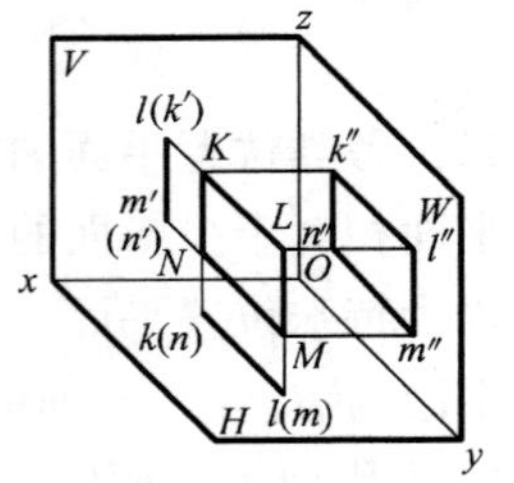
投影图	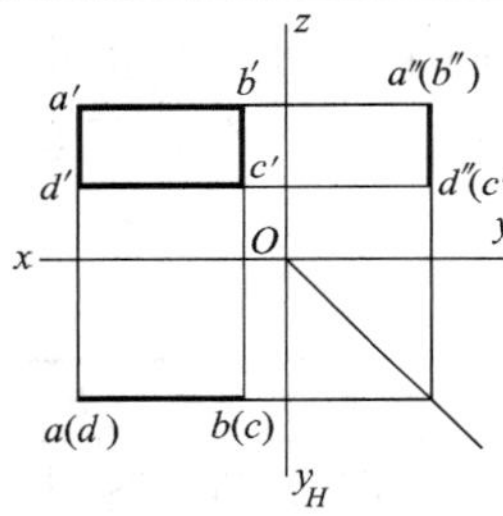	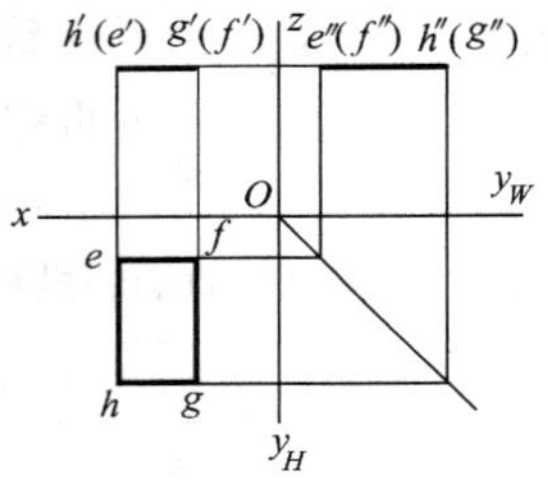	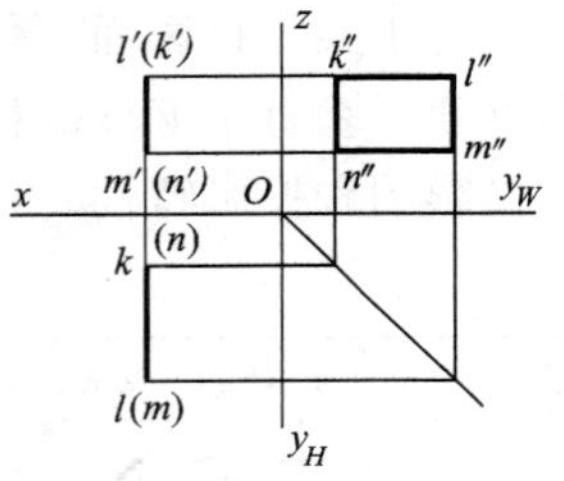
投影特性	1. 正面投影反映实形 2. 水平投影、侧面投影均积聚为直线段，且分别 $//Ox$、Oz	1. 水平投影反映实形 2. 正面投影、侧面投影均积聚为直线段，且分别 $//Ox$、Oy_W	1. 侧面投影反映实形 2. 正面投影、水平投影均积聚为直线段，且分别 $//Oz$、Oy_H

现归纳投影面平行面的投影特性如下：

1) 平面在所平行的投影面上的投影反映空间平面的实形。

2) 平面的另两投影均积聚为平行于相应投影轴的直线段。

3. 一般位置平面

对三个投影面都倾斜的平面称为一般位置平面（也称倾斜面）。如用平面图形表示时，它的三面投影均为空间形状缩小的类似形，且不反映该平面对投影面的倾角，如图2-37所示。

三、平面上的点和线

1. 在平面上取点

若在平面上取点，须取在该平面的已知直线上。如图2-38所示，已知相交两直线 AB 和 AC 给定的平面。因点 M、N 分别取自 AB 和 AC 上，所以点 M 和 N 必在由 AB 和 AC 确定的平面上。

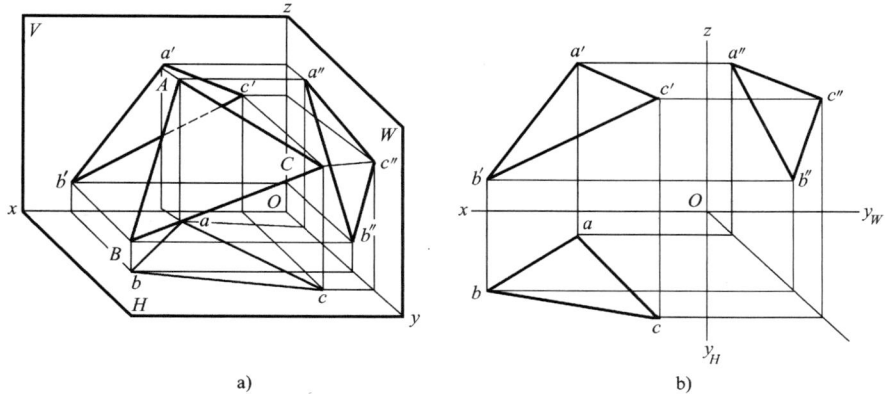

图 2-37 一般位置平面的投影

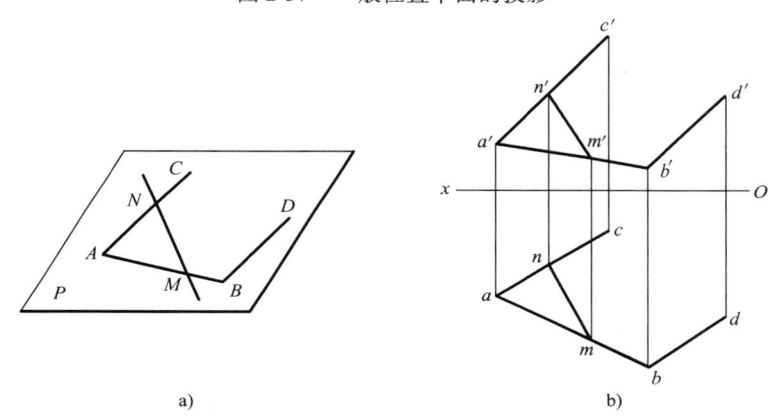

图 2-38 在平面上取点

2. 在平面上取直线

若在平面上取直线，须通过该平面上的两点，如图 2-38 中的直线 MN；或通过该平面内一点且平行于该平面上的一直线，如图 2-38 中的直线 BD（BD∥AC）。

作图时需利用点和直线相互关系，解决平面上取点、线的几何问题。

例 2-10 试判断点 D 是否在三角形 ABC 上（见图 2-39a）。

分析：若点 D 在三角形 ABC 内过 D 点的任一直线上，则点 D 在三角形 ABC 上。

作图：如图 2-39b 所示，连接 a′d′ 并延长和 b′c′ 相交于 e′，作 ee′⊥Ox，交 bc 于 e；连接 ae，判断 d 是否在 ae 上。该图中，因 d 不在 ae 上，故点 D 不在直线 AE 上，即点 D 不在三角形 ABC 上。

例 2-11 在平面四边形 ABCD 中，AB 为正平线，点 C 在水平投影

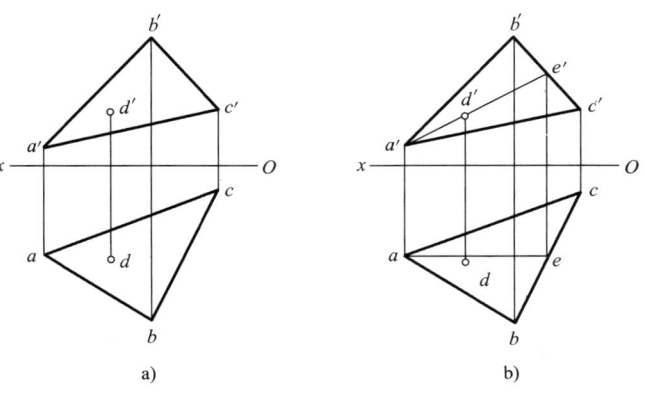

图 2-39 判断点 D 是否在三角形 ABC 上

面上，完成四边形 ABCD 的投影（见图 2-40a）。

分析：因 AB 为正平线，故其水平投影平行于 Ox 轴；点 C 在水平投影面上，故 c′ 在 Ox 轴上。又因 ABCD 是平面，则它的对角线必相交，据此即可作图。

作图：

1）如图 2-40b 所示，过 b 作 ab∥Ox，求出 a。
2）过 c 作 cc′⊥Ox，并交 Ox 轴于 c′。
3）连接 a′c′ 与 b′d′，设交点为 o′。
4）连接 ac，在 ac 上求出 o，并连接 ob。
5）据 d 在 ob 上求出 d，依次连接各点投影即得四边形投影。

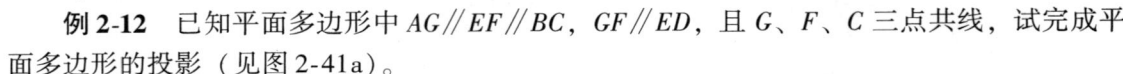

图 2-40　完成四边形 ABCD 的投影

例 2-12　已知平面多边形中 AG∥EF∥BC，GF∥ED，且 G、F、C 三点共线，试完成平面多边形的投影（见图 2-41a）。

分析：可利用空间两直线相互平行的投影特性作图。

作图：

1）如图 2-41b 所示，过 a′ 作 a′g′∥b′c′，求出 g′。
2）连接 g′c′，求出 f′。
3）过 f′ 作 e′f′∥b′c′，求出 e′。
4）过 e′ 作 e′d′∥g′f′，求出 d′，连接各边即得。

3. 平面上的投影面平行线

在平面上且平行于某一个投影面的直线，称为平面上的投影面平行线。它分为平面上的水平线、平面上的正平线和平面上的侧平线三种。它既具有投影面平行线的投影特性，又满足直线在平面上的几何条件。

在同一平面上，可以作无数条投影面平行线。平行于同一投影面的平行线都相互平行。

例 2-13　在平面 ABC 内包含点 A 作正平线（见图 2-42）。

作图：过 a 作 ad∥Ox，交 bc 于 d；作 dd′⊥Ox，交 b′c′ 于 d′，连接 ad、a′d′ 即得。

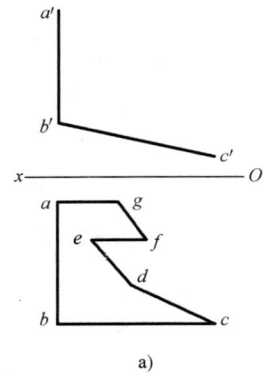
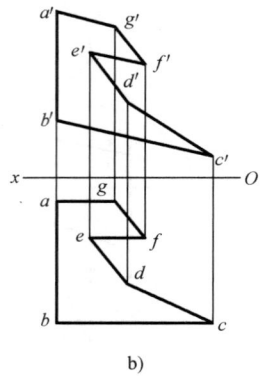
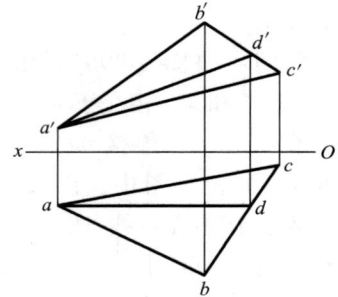

图 2-41　完成平面多边形的投影　　　　　图 2-42　平面内的投影面平行线

例 2-14 在四边形 $ABCD$ 上求一点 K，使其在 H 面之上 30mm，在 V 面之前 60mm（见图 2-43a）。

分析：所求 K 点应是平面内距 H 面为 30mm 的水平线与平面内距 V 面为 60mm 的正平线的交点。

作图（见图 2-43b）：

1) 在 Ox 轴之上 30mm 处作 $e'f'\mathbin{/\mkern-6mu/} Ox$，再由 $e'f'$ 作 ef。
2) 在 Ox 轴之下 60mm 处作平行线，该线与 ef 的交点为 k，作 $kk'\perp Ox$，交 $e'f'$ 于 k'，则点 K 即为所求。

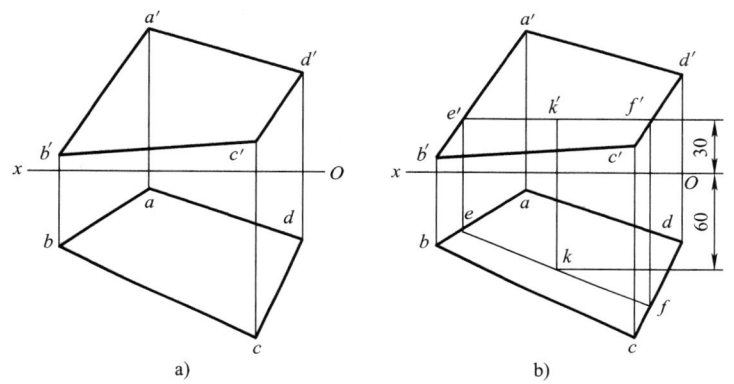

图 2-43 在平面 $ABCD$ 上取距两投影面为已知距离的点 K

4. 平面上对投影面的最大斜度线

平面上垂直于水平线的直线，称为平面上对 H 面的最大斜度线；垂直于正平线的直线，称为对 V 面的最大斜度线；垂直于侧平线的直线，称为对 W 面的最大斜度线。

在图 2-44a 中，$BE\mathbin{/\mkern-6mu/} H$ 面，$CN\perp BE$，则 CN 称为平面 P 对 H 面的最大斜度线。由直角投影定理知：$cn\perp be$，即 $cd\perp be$，如图 2-44b 所示。

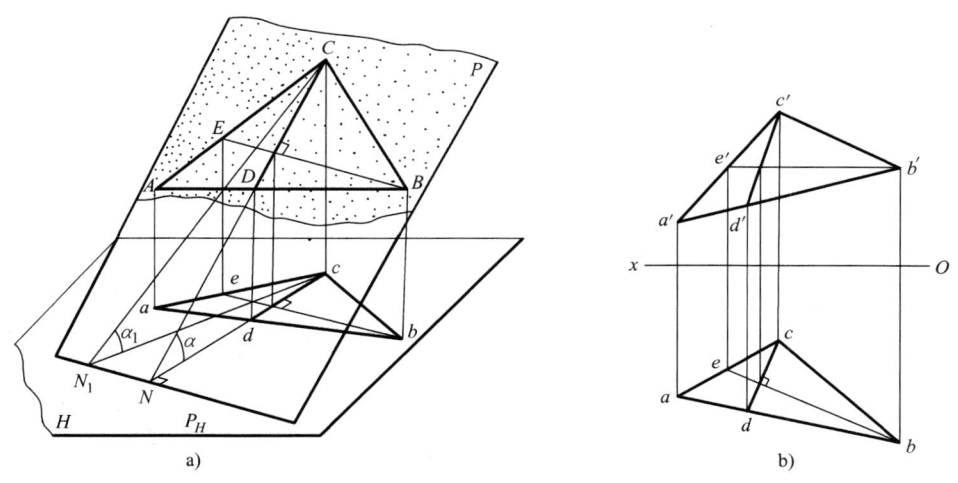

图 2-44 平面 P 上对 H 面的最大斜度线的投影特性

据两面角的定义可知，平面 P 对 H 面的最大斜度线与 H 面的倾角 α，即为平面 P 对 H

面的倾角。同理，平面 P 对 V 面的最大斜度线与 V 面的倾角，即平面 P 对 V 面的倾角。

例 2-15 求四边形 $ABCD$ 对 H 面的倾角 α（见图 2-45a）。

分析：求出平面对 H 面的最大斜度线，利用直角三角形法求最大斜度线对 H 面的倾角 α。

作图：

1）如图 2-45b 所示，过 D 作水平线 DF（$d'f'$、df）。

2）过 c 作 $ce \perp df$，交 df 于 e；作 $ee' \perp Ox$，交 $f'd'$ 于 e'，得出平面对 H 面的最大斜度线 CE。

3）利用直角三角形法求 α 角，如图 2-45c 所示。

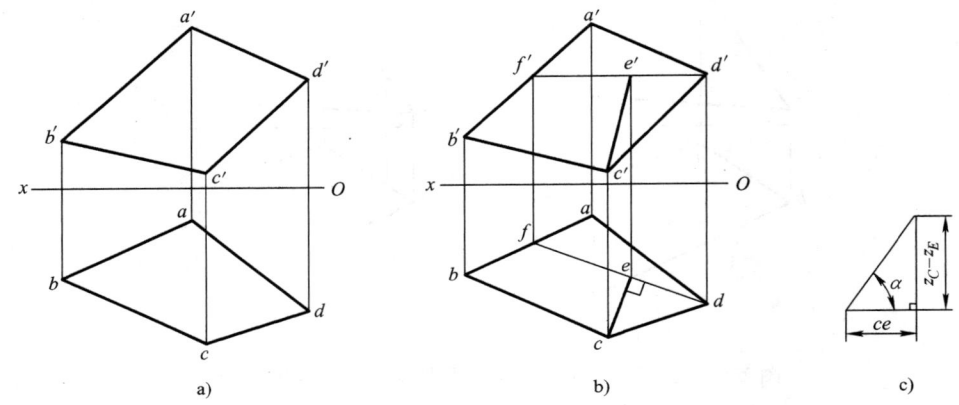

图 2-45 利用最大斜度线求平面对 H 面的夹角 α

第三章 直线与平面及两平面的相对位置

直线与平面、平面与平面之间的相对位置有平行、相交。垂直是相交的特殊情况。本章将重点讨论上述问题，并研究空间几何元素的定位和度量等综合问题的求解方法。

第一节 平行问题

一、直线与平面平行

如果空间一直线与平面上一直线平行，那么此直线与该平面平行。如图 3-1 所示，直线 AB 平行于平面 P 上的直线 CD，那么直线 AB 与平面 P 平行；反之，如果直线 AB 与平面 P 平行，则在平面 P 上可以找到与直线 AB 平行的直线 CD。

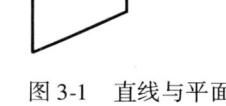

图 3-1 直线与平面平行的几何条件

利用上述原理可以解决如下问题：

1）判断直线与平面是否平行。
2）过已知点作直线平行已知平面。
3）过已知点作平面平行已知直线。

例 3-1 试判别直线 AB 是否平行于已知平面 CDE，如图 3-2 所示。

分析：在三角形 CDE 内找一条与 AB 直线平行的直线 CF，如作出 CF（$c'f'\,//\,a'b'$，$cf\,//\,ab$），则直线平行平面，如作不出，则不平行。

作图：在平面 CDE 上作直线 CF，使 $c'f'\,//\,a'b'$，据此作出 cf。因 cf 不平行于 ab，即 CF 不平行于 AB，所以直线 AB 与平面 CDE 不平行。

例 3-2 试过 M 点作一水平线与平面 ABC 平行（见图 3-3a）。

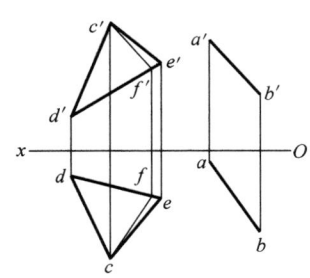

图 3-2 判别直线与平面是否平行

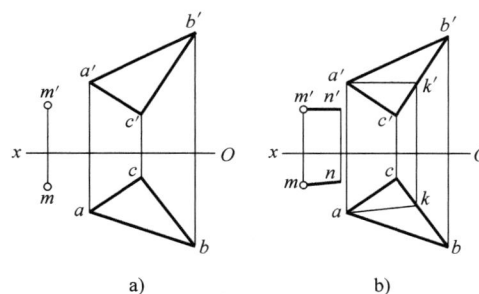

a)   b)

图 3-3 作直线平行已知平面

分析：过 M 点可作无数条直线平行平面 ABC，但其中只有一条为水平线，它必然平行于平面 ABC 内的水平线。

作图（见图 3-3b）：

1）作平面 ABC 内的水平线 AK（ak、$a'k'$）。
2）分别过 m、m' 作 $mn\,//\,ak$、$m'n'\,//\,a'k'$。MN 即为所求。

二、两平面平行

如果一平面的两相交直线分别与另一平面的两相交直线对应平行,那么这两平面平行。如图 3-4 所示,平面 P 上的一对相交直线 AB、BC 与平面 Q 上的一对相交直线 EF、FG 对应平行,即 AB∥EF,BC∥FG,那么平面 P 与 Q 平行。

利用上述几何关系,可以解决以下问题:

1)判别两平面是否平行。
2)过定点作平面平行已知平面。

例 3-3 试判断两已知平面 ABC 与 DEF 是否平行,如图 3-5 所示。

分析:根据两平面平行的几何条件,作其中一个平面的两相交直线,如果在另外的一个平面中能作出对应平行的两相交直线,则两平面平行。否则,两平面不平行。为此,可以作分别属于两平面的水平线和正平线,判别其是否对应平行。

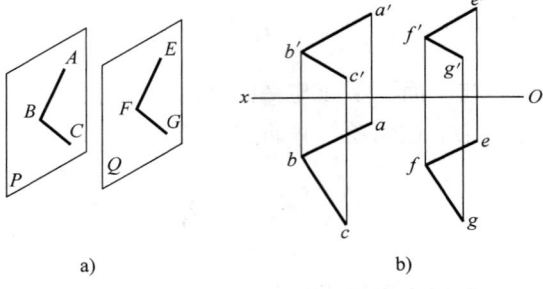

图 3-4 两平面平行

作图:

1)在平面 ABC 上作水平线 CM 和正平线 AN。
2)在平面 DEF 上作水平线 DK 和正平线 EL。
3)因 CM ∦ DK (c'm'∥d'k', cm ∦ dk),AN ∦ EL (a'n'∦ e'l', an∥el),所以平面 ABC 与平面 DEF 不平行。

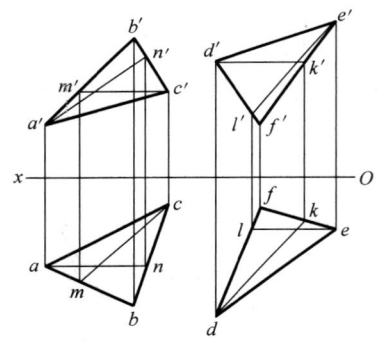

图 3-5 判断两平面平行

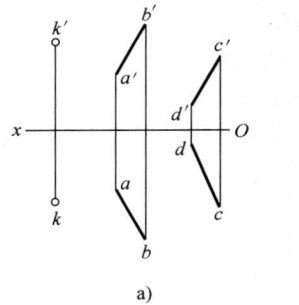

a)

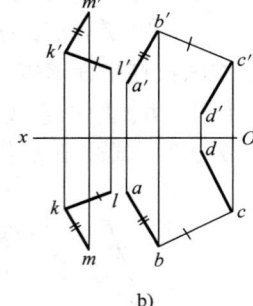

b)

图 3-6 过定点作平面平行已知平面

例 3-4 试过定点 K 作平面平行由平行直线 AB 和 CD 确定的平面(见图 3-6a)。

分析:根据两平面平行的几何条件,过已知点作两相交直线平行于已知平面的对应两相交直线。由平行直线 AB 和 CD 确定的平面,可转换成由相交直线 AB 和 BC 确定的平面。

作图(见图 3-6b):

1)连接 BC。
2)过 K 点作 KM∥AB (km∥ab, k'm'∥a'b')。
3)过 K 点作 KL∥BC (kl∥bc, k'l'∥b'c')。
4)由相交两直线 KM、KL 确定的平面即为所求。

第二节 相交问题

直线与平面及两平面如果不平行，则一定相交。

直线与平面相交，其交点只有一个，它是直线和平面的共有点，它既在直线上，也在平面上。

平面与平面相交，其交线为一条直线，它是两平面的共有线，交线上的点是两平面的共有点。求交线时，只要求出确定该直线的两点或一点和其方向，即可作出交线。

一、利用投影的积聚性求交点或交线

当直线或平面垂直于投影面时，因其投影具有积聚性，可以直接求得其交点或交线的一个投影，再利用直线上取点或平面内取线的作图方法，求出其他投影。

1. 一般位置直线与特殊位置平面相交

例 3-5 求直线 AB 与平面 CDE 的交点（见图 3-7a）。

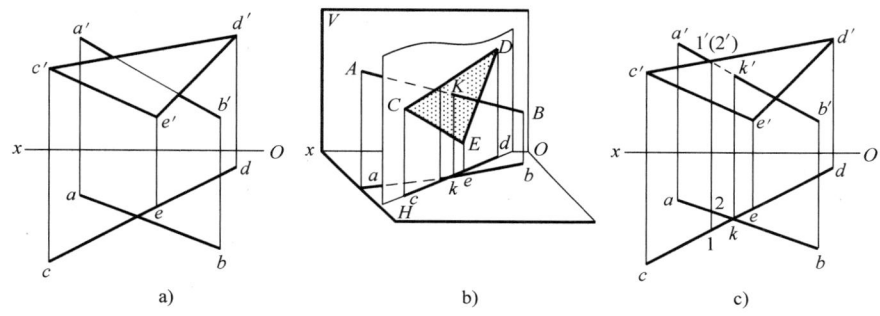

图 3-7 一般位置直线与特殊位置平面相交

分析：如图 3-7a、b 所示，平面 CDE 为铅垂面，其水平投影积聚为一条直线。由于交点是直线和平面的共有点，因而直线 AB 的水平投影和平面 CDE 的水平投影的交点即为它们的交点的投影。根据点在直线上的投影关系，可求出交点的正面投影。

为使图形清晰，需要在投影图上判别线段的可见性，把被平面遮住的部分画成细虚线。判断的方法是根据交叉直线的重影点判断。

作图（见图 3-7c）：

1）求交点 K 的水平投影 k（即 cde 和 ab 的交点）。

2）由 k 作直线垂直 Ox 轴与 a'b' 交于 k'，则点 K 即为所求交点。

3）判别可见性。正面投影中，c'd'e' 与 a'b' 有一段重叠，故取交叉直线 AB、CD（因 a'b' 与 c'd' 相交）对 V 面的一对重影点 Ⅰ（1，1'）、Ⅱ（2，2'），Ⅰ 在 CD 上，Ⅱ 在 AB 上。比较两点的水平投影的 y 坐标值，$y_Ⅰ > y_Ⅱ$，则 1' 可见，表示 CD 在前，CD 可见，c'd' 为粗实线；2' 不可见，表示 ⅡK 在平面之后，ⅡK 不可见，故 2'k' 为细虚线。水平投影中，由于平面积聚为一直线 cde，与直线 ab 不重叠（相交），故直线 ab 两部分均可见。

注意 1）只有同面投影重叠部分才要判别可见性，不重叠的部分是可见的。本题水平投影中的 ab 是可见的。

2）交点是可见和不可见的分界点。交点把直线分成两段，如一段可见，则另一段必不

可见。

2. 投影面垂直线与一般位置平面相交

例 3-6 求直线 DE 与平面 ABC 的交点（见图 3-8a）。

分析：如图 3-8a 所示，铅垂线 DE 的水平投影有积聚性，所以交点 K 的水平投影 k 与铅垂线 DE 的水平投影重合，可直接确定。并且交点 K 是平面 ABC 上的点，故可利用面上取点的方法，求得交点 K 的正面投影。

作图（见图 3-8b）：

1）在水平投影确定交点 K 的水平投影 k（即与铅垂线 DE 水平投影 de 重合的点）。

2）在平面 ABC 内过交点 K 作辅助线 A I，过 k 作 a1，再求出 a'1'。

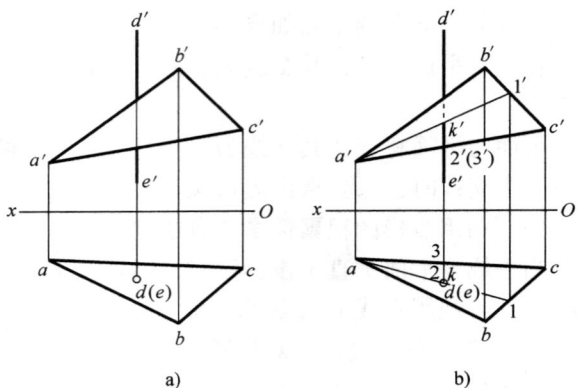

图 3-8 投影面垂直线与一般位置平面相交

3）由 k 作直线垂直 Ox 轴与 a'1'交于 k'，则交点 K（k, k'）即为所求；

4）利用重影点，判断可见性（读者自行分析）。

3. 特殊位置平面与一般位置平面相交

两平面相交，交线为直线。当其中一个平面为特殊位置平面（投影面垂直面或投影面平行面）时，可利用积聚性求出交线上的两个点，然后连成交线。

例 3-7 求平面 ABC 和平面 DEF 的交线（见图 3-9a）。

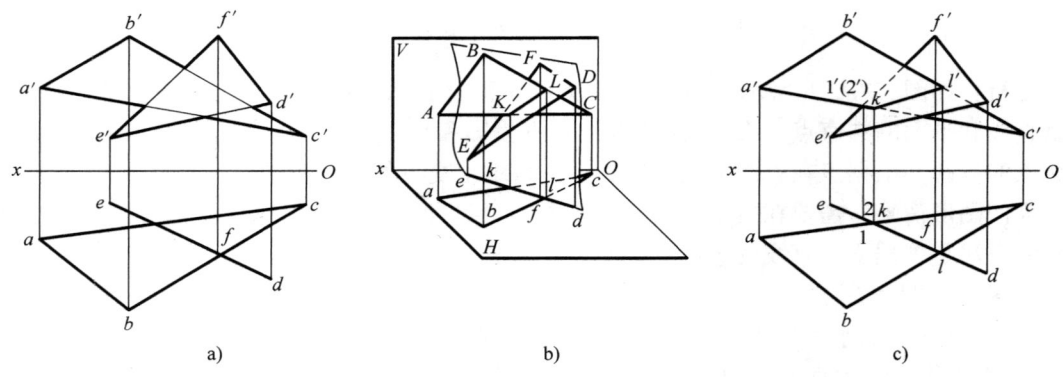

图 3-9 特殊位置平面与一般位置平面相交

分析：如图 3-9a、b 所示，平面 DEF 为铅垂面，其水平投影具有积聚性。故可在水平投影中直接确定交线 KL 的水平投影，再利用平面内取点、线的方法求出交线的正面投影。

作图（见图 3-9c）：

1）在水平投影中，利用铅垂面 DEF 的水平投影积聚为直线 def 的特点，直接求出交线 KL 的水平投影 kl。

2）由 k 作直线 kk'垂直 Ox 轴交 a'c'于 k'。

3) 由 l 作直线 $l'l$ 垂直 Ox 轴交 $b'c'$ 于 l'，则直线 KL 即为所求。

4) 根据重影点，判别可见性。正面投影中，$a'b'c'$ 与 $d'e'f'$ 有重叠，需判别可见性。

二、利用辅助平面求交点或交线

1. 一般位置直线与一般位置平面相交

当直线和平面均处于一般位置时，其交点一般采用辅助平面法求解。辅助平面一般采用特殊位置平面，以便利用投影的积聚性求解。如图 3-10 所示，其解题步骤如下：

1) 含已知直线 AB 作辅助平面 P，如图 3-10a 所示。
2) 求辅助平面 P 与已知平面 CDE 的交线 MN，如图 3-10b 所示。
3) 求交线 MN 与已知直线 AB 的交点 K，K 即为所求，如图 3-10c 所示。
4) 判别可见性。

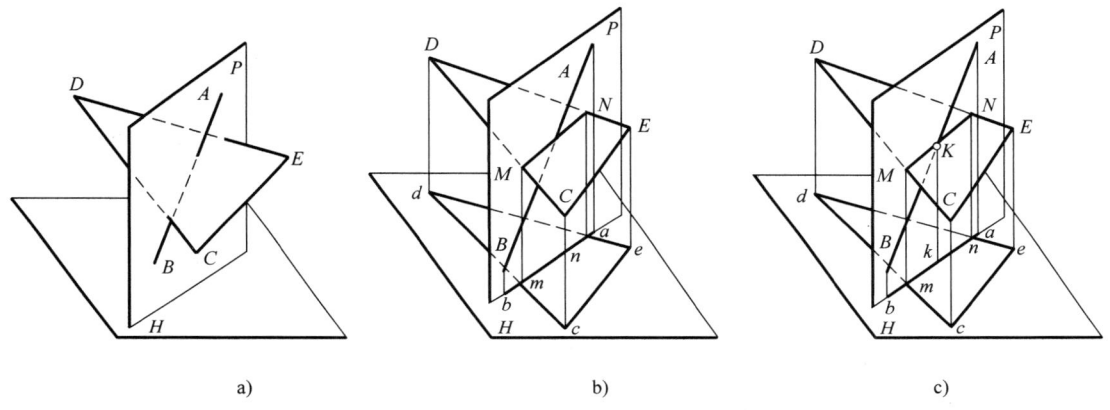

图 3-10 求直线与平面交点的一般方法和步骤
a) 含已知直线 AB 作辅助平面 P　b) 求平面 P 与平面 CDE 交线 MN
c) 求 AB 与 MN 的交点 K

例 3-8 求直线 DE 与平面 ABC 的交点（见图 3-11a）。

作图（见图 3-11b）：

1) 含直线 DE 作辅助平面 P（即 P_H）。
2) 求辅助平面 P 与平面 ABC 的交线 MN。
3) 求交线 MN 与直线 DE 的交点 K，K 即为直线 DE 与平面 ABC 的交点。
4) 判别可见性。由于直线和平面的两面投影均无积聚性，故两投影均需判断可见性。

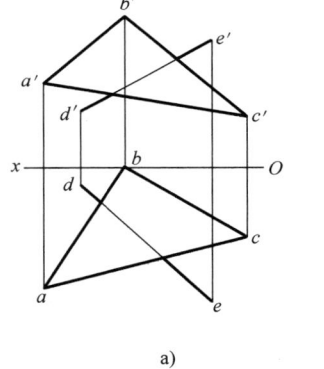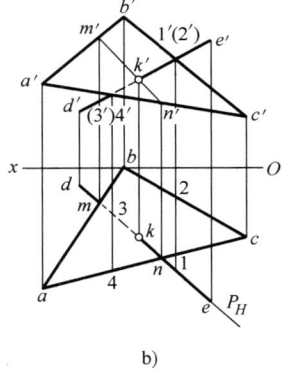

图 3-11 一般位置直线与一般位置平面相交

2. 两一般位置平面相交

求两一般位置平面交线的常用方法有：线面交点法和三面共点法。

（1）线面交点法　在一平面内任取两直线，分别作两直线与另一平面的交点，连接交点即为此两平面的交线。

例 3-9 求平面 ABC 和平面 DEF 的交线（见图 3-12）。

分析：选取平面 DEF 内两直线 DE 和 DF，分别作出它们与平面 ABC 的交点，连接后即为交线。

作图：

1）含 DE 作正垂面 Q，求出 DE 和平面 ABC 的交点 K，如图 3-12a 所示。

2）含 DF 作正垂面 R，求出 DF 和平面 ABC 的交点 L，如图 3-12b 所示。

3）连 KL（kl，k'l'），KL 即为所求。判别可见性，如图 3-12c 所示。

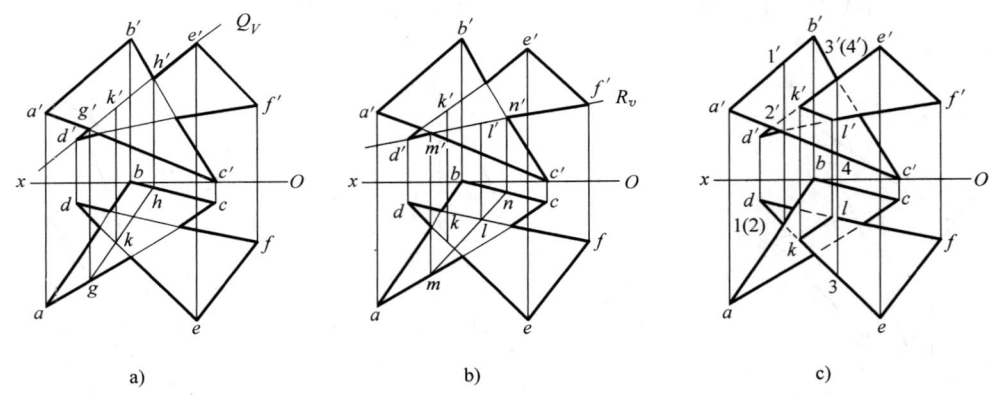

图 3-12 两一般位置平面相交

（2）**三面共点法** 分别作两个辅助平面（特殊位置平面），每个辅助平面与已知平面产生两交线，两交线相交得一交点，连接两交点，即为交线。

如图 3-13 所示，△ABC 和平行直线 DE、FG 各决定一个平面。为求它们的交线，作一个辅助平面 P（P 为水平面）。P 面与 △ABC 的交线为 Ⅰ Ⅱ，与 DE、FG 的交线为 Ⅲ Ⅳ，交线 Ⅰ Ⅱ 和 Ⅲ Ⅳ 相交于 K_1，K_1 即为两平面的共有点。同理，作另一辅助平面 Q（Q 也为水平面），求得第二个共有点 K_2。连接 K_1K_2，即为两平面的交线。

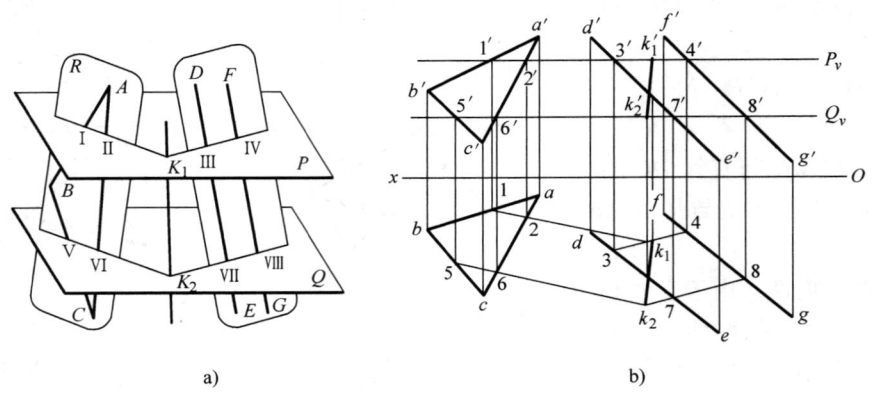

图 3-13 三面共点法求两平面的交线

辅助平面可以任意选取，但为作图方便，应选取特殊位置平面。

第三节 垂 直 问 题

一、直线与平面垂直

直线与平面垂直的几何条件是：如果一条直线和一个平面内的两条相交直线垂直，那么这条直线垂直这个平面。同时该直线也垂直于这个平面内所有直线。

设图 3-14 中的 $MN \perp \triangle ABC$，则 MN 必垂直于平面内的水平线 AD 和正平线 CE（不一定垂直相交）。由直角垂直定理可知：$mn \perp ad$，$m'n' \perp c'e'$。因此可知直线和平面垂直的投影特性，即直线的水平投影垂直于平面内的水平线的水平投影，直线的正面投影垂直于平面内的正平线的正面投影。反之，如直线、平面的投影具有上述投影特性，则直线与平面垂直。

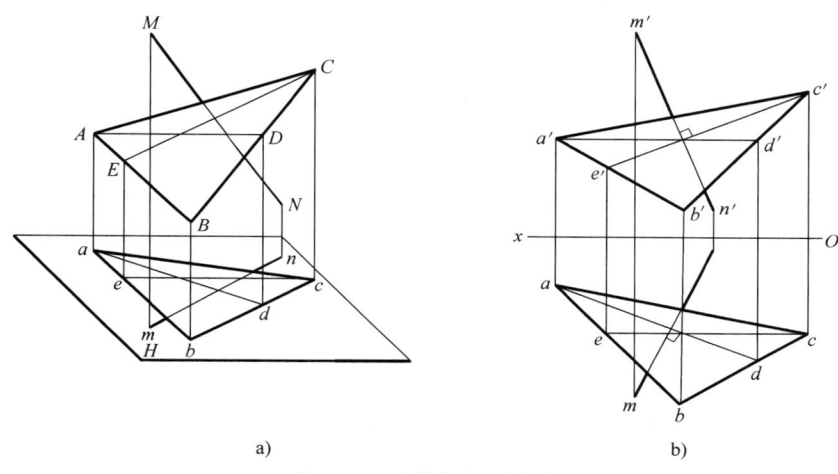

图 3-14 直线与平面垂直

例 3-10 过点 E 作直线垂直于平面 ABC，并求垂足（见图 3-15a）。

分析：先据直线与平面垂直的投影特性求平面的垂线，然后求垂线与平面的交点。

作图（见图 3-15b）：

1）作 $A\text{Ⅱ}/\!/H$ 面，作 $C\text{Ⅰ}/\!/V$ 面。

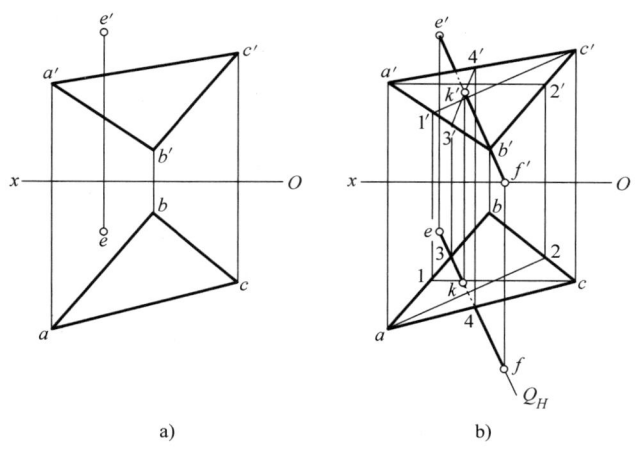

图 3-15 过点作直线垂直平面

2) 作 EF 同时垂直于 $A\text{Ⅱ}$ 和 $C\text{Ⅰ}$，即 $ef\perp a2$，$e'f'\perp c'1'$。

3) 含 EF 作平面 $Q\perp H$ 面，求 Q 面与平面 ABC 的交线 Ⅲ Ⅳ，Ⅲ Ⅳ 与 EF 的交点 K (k, k') 即为所求垂足。

4) 判别可见性。

例 3-11 已知直线 $AB\perp BC$，求 bc（见图 3-16a）。

分析：因直线 $AB\perp BC$，则直线 BC 必在过 B 点并与 AB 垂直的平面内。所以过 B 点构建一个与 AB 垂直的平面，然后在该平面内求 C 点。

作图（见图 3-16b）：

1) 含点 B 作水平线 $B\text{Ⅰ}\perp AB$，即 $b'1'\parallel Ox$ 轴、$b1\perp ab$；作正平线 $B\text{Ⅱ}\perp AB$，即 $b2\parallel Ox$ 轴、$b'2'\perp a'b'$。

2) 在 $B\text{Ⅰ}$ 和 $B\text{Ⅱ}$ 确定的平面内求 C，即含 c' 作 $3'4'$；在 $b2$ 上作出 3，$b1$ 上作出 4，即得 34，在 34 上求出 c。

3) 连接 bc 即为所求。

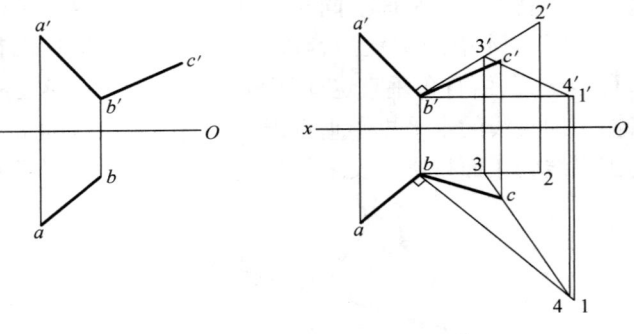

图 3-16 求直线的投影

二、两平面垂直

两平面垂直的几何条件是：如果一个平面经过另一个平面的一条垂线，那么这两个平面互相垂直。如图 3-17 所示，若直线 LK 垂直由直线 AB 和 KC 构成的平面 P，则包含直线 LK 的平面 Q 必定垂直平面 P。

显然，如果两个平面垂直，那么含第一个平面内一点所作垂直于第二个平面的直线一定在第一个平面内。

例 3-12 过已知点 M 作平面垂直于已知平面 ABC（见图 3-18a）。

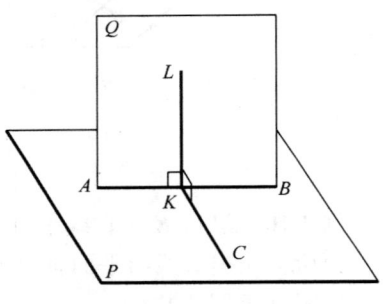

图 3-17 两平面垂直

分析：根据平面与平面垂直的几何条件，只需由 M 点向平面 ABC 作垂线，然后包含垂线任作一个平面即可。所以，本题有无穷解。

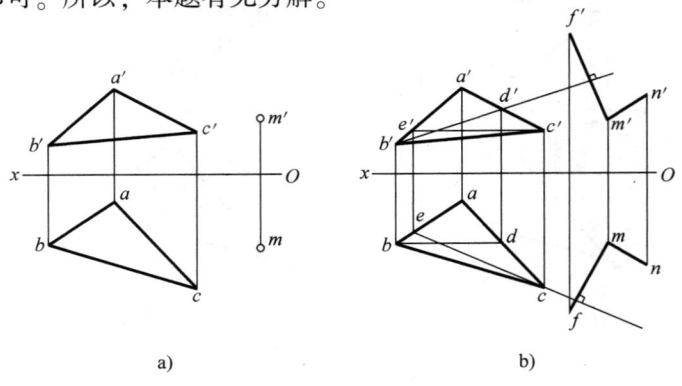

图 3-18 作平面垂直已知平面

作图（见图 3-18b）：

1) 在平面 ABC 内作水平线 CE，正平线 BD。
2) 过 M 点作直线 MF 垂直于水平线 CE 和正平线 BD，即 $mf \perp ce$，$m'f' \perp b'd'$。
3) 过点 M 任作一条直线 MN。
4) 由相交直线 MN 和 MF 确定的平面即为所求。

第四节　综合应用

前面讨论的平行、相交、垂直等问题，偏重于探求某一单个问题的投影特性、作图原理与方法。但实际求解空间几何元素的交点、交线和平面的定位问题以及求解某些元素的实长、实形、距离、角度等问题往往是综合性的，涉及多项内容，需要多种作图。求解此类问题时，需要综合应用点、线、面的基本概念和作图方法。

一、空间几何元素定位问题

解决空间几何元素的定位问题常常采用轨迹法和反推法。

所谓轨迹法，就是从形成空间几何元素的轨迹考虑求解相关的几何元素。如要求解某个点，只要找到满足其中一个条件的轨迹——直线，再根据已知条件就比较容易解题。

反推法是先假设求解结果已经得到，然后根据有关几何条件及基本作图方法进行分析，反过来推断求解该结果所必须具备的几何关系，从而得出解题思路和具体的作图步骤。

例 3-13　作直线 AB 使之与 GH 平行，并与两交叉直线 CD、EF 相交（见图 3-19a）。

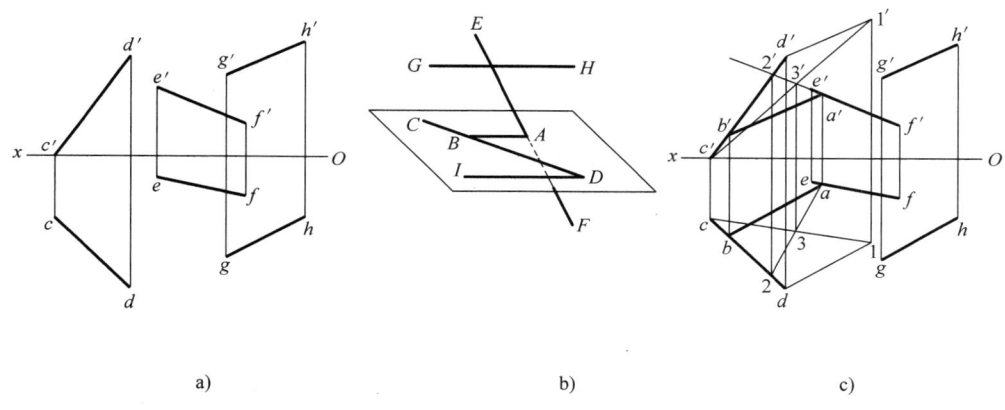

a)　　　　　　　　b)　　　　　　　　c)

图 3-19　作直线 AB 与直线 GH 平行，并与直线 CD、EF 相交

分析：若用轨迹法，分析如下：与 CD 相交且与 GH 平行的直线轨迹是一个与 GH 平行的平面。同理，与 EF 相交且与 GH 平行的直线轨迹也是一个与 GH 平行的平面。两平面的交线即为所求。若用反推法，分析如下（图 3-19b）：假设直线 AB 已作出，由于 AB∥GH，AB 必定在平行 GH 的某个平面上，又由于 AB 与直线 CD 相交，这个平面必定既平行于 GH，又通过 CD；AB 与直线 EF 相交，其交点即为该平面与直线 EF 的交点。据此可作出包含 CD 且平行于 GH 的平面，求出该平面和直线 EF 的交点，过该交点作直线平行 GH，所得直线即为所求。本例以反推法分析解题作图。

作图（见图 3-19c）：

1）过 D 点作 $D\mathrm{I}/\!/GH$，则平面 $CD\mathrm{I}/\!/GH$。
2）求直线 EF 和平面 $CD\mathrm{I}$ 的交点 A。
3）过 A 点作 $AB/\!/GH$，交 CD 于 B。
4）AB 即为所求。

例 3-14 已知矩形 $ABCD$ 的一边 AB 的投影，邻边 BC 平行 $\triangle EFG$ 所在的平面，且顶点 C 距 V 面 10mm。试完成该矩形的两面投影（见图 3-20a）。

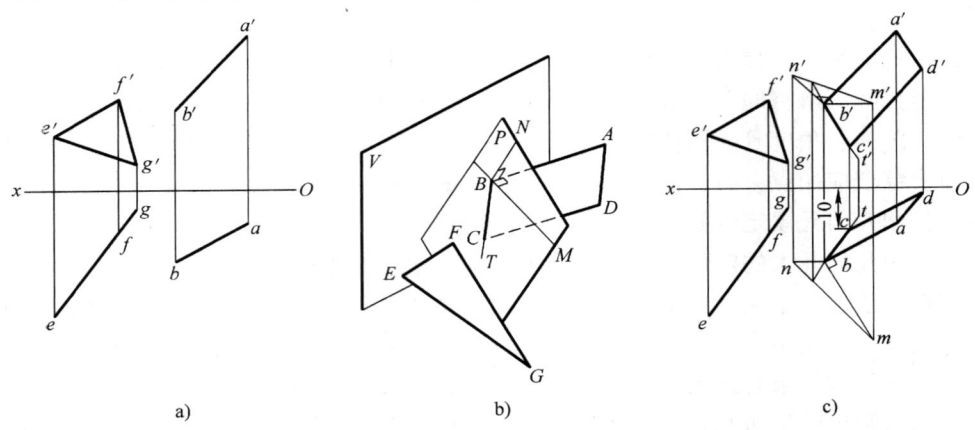

图 3-20 完成矩形 $ABCD$ 的两面投影

分析：如图 3-20a、b 所示，矩形 $ABCD$ 的一边 AB 已知，邻边 $BC \perp AB$，则 BC 必在过点 B 所作的垂直直线 AB 的平面 P 内。又因为 $BC/\!/\triangle EFG$（此处 $\triangle EFG$ 为铅垂面），并且点 C 距 V 面 10mm，根据这两个条件即可在平面 P 内确定点 C，则矩形投影即可完成。

作图（见图 3-20c）：

1）过点 B 作水平线 $BM \perp AB$，正平线 $BN \perp AB$。
2）在平面 MBN 内取直线 $BT/\!/$ 平面 EFG。作 $bt/\!/efg$，利用平面内取点、线的方法，求作 $b't'$。
3）根据点 C 距 V 面 10mm，在 bt 上确定 c 点，根据投影关系，找出对应的 c'。
4）作 $AD/\!/BC$（$ad/\!/bc$，$a'd'/\!/b'c'$），$DC/\!/AB$（$dc/\!/ab$，$d'c'/\!/a'b'$），求得矩形 $ABCD$ 的两面投影。

二、空间几何元素度量

空间几何元素的度量问题主要是几何元素的距离和角度的度量问题。解决这些问题的主要方法是过点作直线的垂直面或过点作平面的垂线，求直线与平面的交点，用直角三角形法求出实形。

1. 几何元素间的距离

几何元素间的距离有下列七种情况：

1）两点间距离。
2）点到直线的距离。
3）两平行线间距离。
4）点到平面的距离。

5）平行的线面间距离。
6）两平行平面间距离。
7）交叉两直线间距离。

以上几何元素间的距离中，1）的实质是求直线的实长，即连接两点并求其实长；2）、3）可以归结为点到直线间的距离求解作图问题；4）~ 7）都可以归结为点到平面间的距离求解作图问题。各种距离问题的空间几何关系如图 3-21 所示。

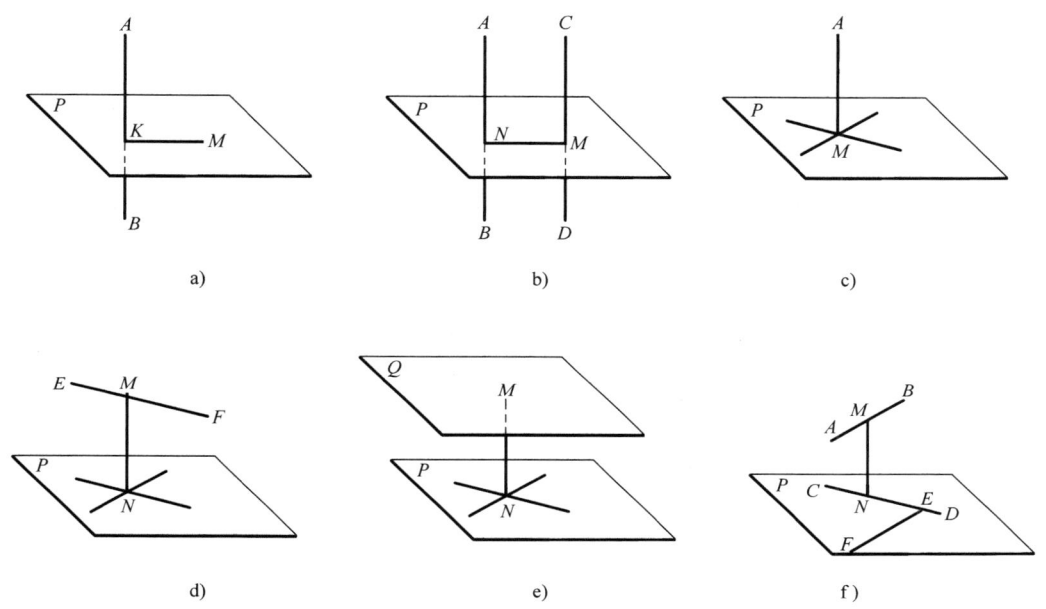

图 3-21　空间几何元素间的距离度量问题

a) 点到直线间的距离　思路：过 M 点作平面 P 垂直于直线 AB，求平面 P 与直线 AB 的交点 K，连接 MK 并求其实长，即为所求点到直线间距离

b) 两平行线间距离　思路：取 CD 上一点 M，点 M 到直线 AB 的距离即为所求两平行直线间距离

c) 点到平面间距离　思路：过 A 点作平面 P 的垂线，求出垂足 M，再求出 AM 的实长，即为所求点到平面间距离

d) 平行的线、平面间距离　思路：过直线 EF 上任一点 M 作平面 P 的垂线，求出垂足 N，再求出 MN 的实长，即为所求平行线面间距离

e) 两平行平面间距离　思路：过平面 Q 上任一点 M 作平面 P 的垂线，求出垂足 N，再求出 MN 的实长，即为所求两平行平面间距离

f) 交叉两直线间距离　思路：包含直线 CD 作一平面 P 平行于直线 AB，在直线 AB 上任取点 M 作平面 P 的垂线，求出垂足 N，再求出 MN 的实长，即为所求交叉两直线间的距离

2. 几何元素间的夹角

几何元素间的夹角主要有下列四种情况：

1）两相交直线间的夹角。
2）两交叉直线间的夹角。
3）直线和平面间的夹角。
4）两相交平面间的夹角。

以上的角度度量问题，最终可以归结为求相交两直线的夹角问题，即都可以转换为：求

由夹角两边组成的三角形的实形，从而求得夹角的真实大小。关于各种角度的度量问题及其求解思路如图 3-22 所示。

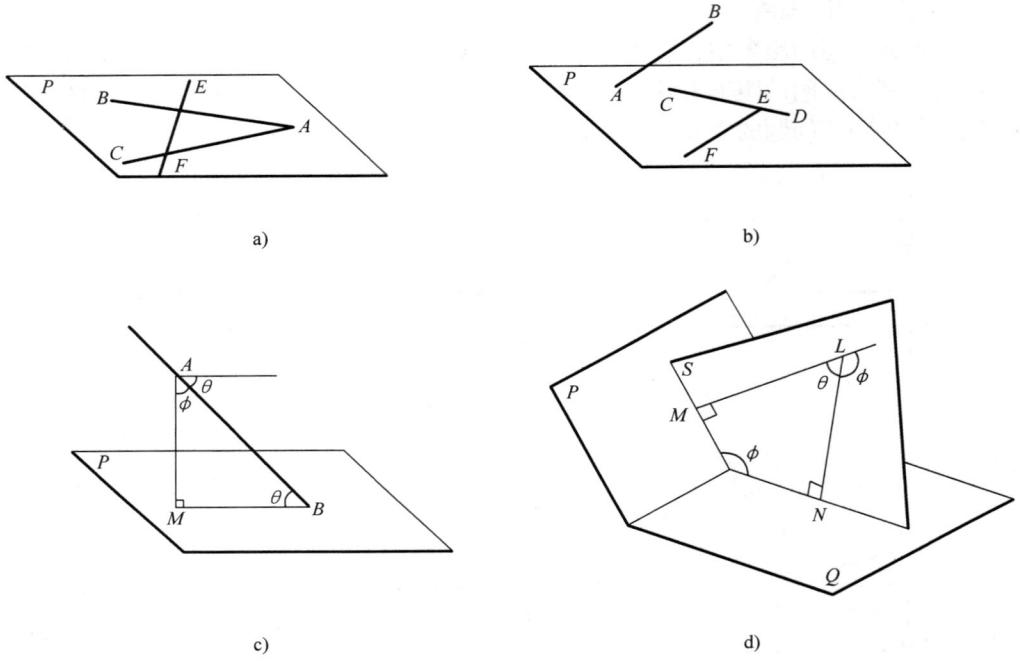

图 3-22 角度的度量问题

a）两相交直线间的夹角　思路：任作与两相交直线 AB、AC 相交的直线 EF，分别求出 △AEF 的三边实长，再作出 △AEF 的实形，△AEF 中的 ∠EAF 即为所求两相交直线间的夹角

b）两交叉直线间的夹角　思路：过直线 CD 上任一点 E 作直线 EF∥AB，直线 EF 和 CD 的夹角即为所求两交叉直线间的夹角

c）直线和平面间的夹角　思路：过直线 AB 上任一点 A 作平面的垂线，求出垂线和直线 AB 的夹角 ϕ，ϕ 的余角即为所求直线和平面间的夹角 θ

d）两相交平面间的夹角　思路：过空间任一点 L 分别作两平面的垂线 LM、LN，求出两相交直线 LM 和 LN 的夹角 θ，θ 的补角便是两平面的夹角 ϕ

例 3-15　求直线 HG 与平面 ABCD 的夹角 θ（见图 3-23a）。

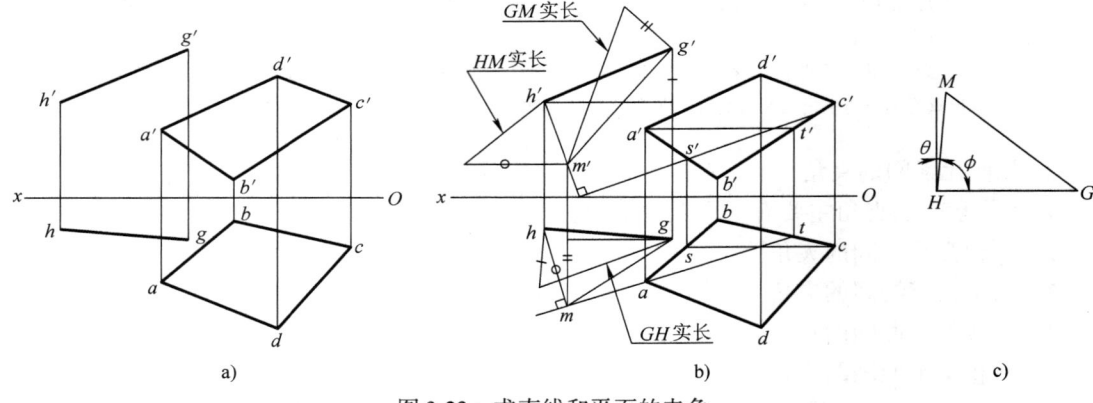

图 3-23　求直线和平面的夹角

分析：解题思路如图 3-22c 所示。

作图（见图 3-23b、c）：

1）过点 H 作直线 $HM \perp$ 水平线 AT，$HM \perp$ 正平线 CS。
2）连接点 H、G、M，得 $\triangle HGM$。
3）用直角三角形法分别求出 $\triangle HGM$ 三边的实长。
4）作 $\triangle HGM$ 实形，则 $\angle GHM$ 的余角即为所求夹角 θ。

第四章 投影变换

从前面的讨论可知，当空间几何元素对于投影面处于一般位置时，是不能从投影上直接得出它们的真实形状、距离和角度的。由表4-1可以看出，如果能使空间几何元素由一般位置变换成特殊位置，使它们的投影能够直接反映实形或具有积聚性，那么问题就容易解决了。由此，将使几何元素与投影面的相对位置变换成处于有利解题位置的方法称为投影变换。

表 4-1　求解几何元素的实长、实形、夹角和交点

	求距离	求实形	求夹角	求交点
一般位置	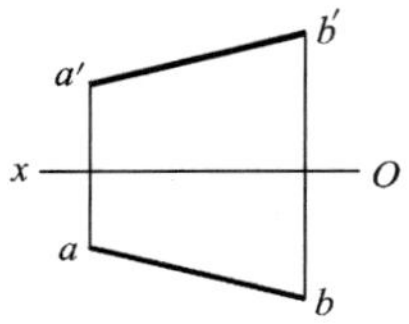	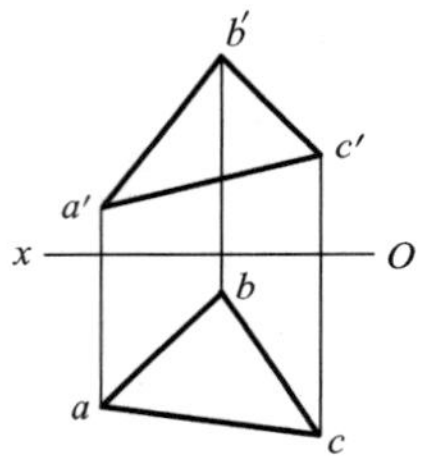	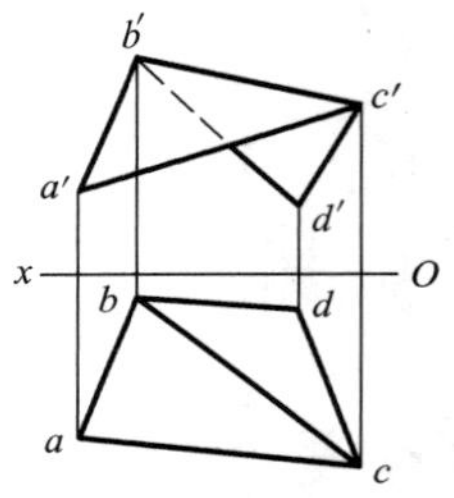	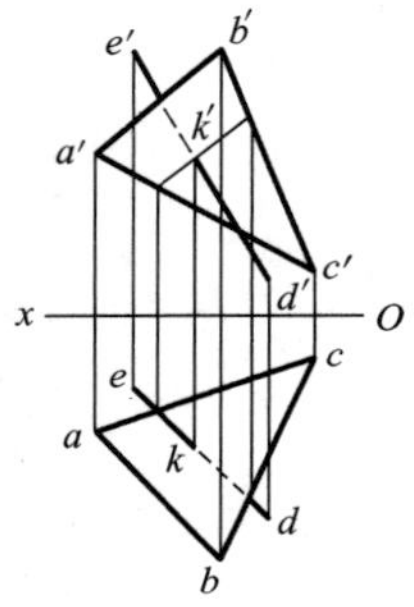
特殊位置	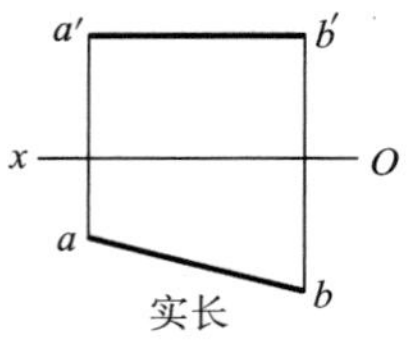	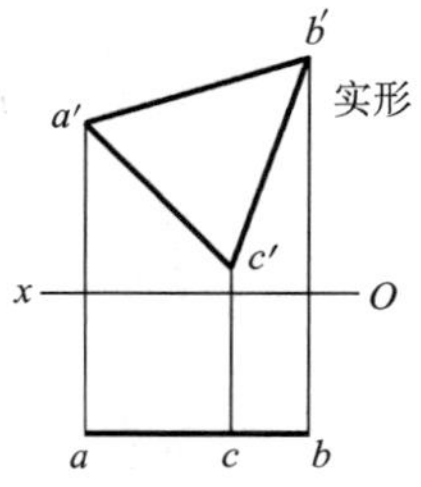	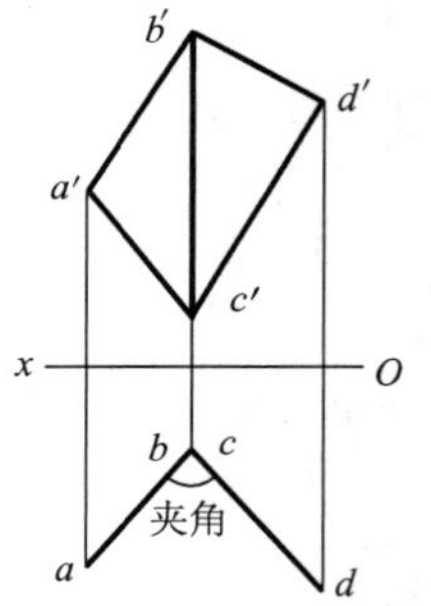	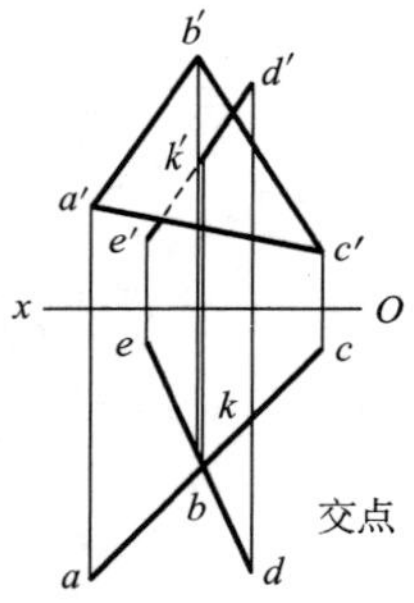

为了达到变换投影的目的，通常采用以下两种基本方法：

1) 空间几何元素的位置保持不动，用新的投影面代替旧的投影面，使空间几何元素对新投影面的相对位置变成有利于解题的位置，然后找出其在新投影面上的投影。这种方法称为变换投影面法（简称换面法）。

2) 投影面保持不动，使空间几何元素绕某一轴旋转到有利于解题的位置，然后找出其旋转后的新投影。这种方法称为旋转法。

第一节 换 面 法

一、换面法的基本概念

图 4-1 所示为一铅垂面 △ABC，该三角形在 V/H 两投影面体系中垂直于 H 面，正面投影和水平投影都不反映实形。为使新投影反映实形，取一个平行于三角形且垂直于 H 面的 V_1 面代替 V 面，则新的 V_1 面和 H 面构成一个新的两投影面体系 V_1/H。三角形在 V_1/H 体系中 V_1 面上的投影 △$a_1'b_1'c_1'$ 反映三角形的实形。

显然，新投影面 V_1 是不能任意选择的。首先要使空间几何元素在新投影面上的投影能够有利于解决问题，并且新投影面必须要和不变的 H 面构成一个直角两投影面体系，这样才能应用过去研究的正投影理论作出新的投影图。因此，新投影面的选择必须符合下列两个基本条件：

1）新投影面必须和空间几何元素处于有利于解题的特殊位置。

2）新投影面必须垂直于一个不变的投影面。

二、点的换面规律

点是一切几何形体的最基本元素。因此，必须首先研究换面法中点的投影变换规律。

1. 点的一次变换

图 4-2 所示为空间点 A 在 V/H 投影体系中，转换成 V_1/H 体系的投影分析及作图原理。

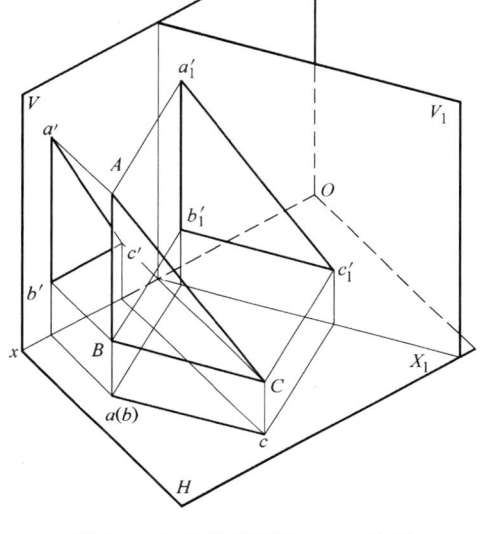

图 4-1　V/H 体系变为 V_1/H 体系

从图 4-2 中可见，水平投影面 H 保持不动，用一个与 H 面垂直的新投影面 V_1 代替 V 面，使之形成一个新投影体系 V_1/H。V_1 面与 H 面的交线 x_1 作为新的投影轴，空间点 A 在 V_1 面上的投影用 a_1' 表示。V_1 面绕 x_1 轴旋转到与 H 面重合，则空间点 A 的各个投影 a、a'、a_1' 之间的关系如下：

1）在新投影面体系中，不变投影 a 和新投影 a_1' 的连线垂直于新投影轴 x_1，即 $aa_1' \perp x_1$ 轴。

2）新投影 a_1' 到新投影轴 x_1 的距离，等于原来（即被代替的）投影 a' 到原来（即被代替的）投影轴 x 的距离。即 A 点的 z 坐标在变换 V 面时不变。

根据上述投影之间的关系，点的一次变换的作图步骤如下（见图 4-3）：

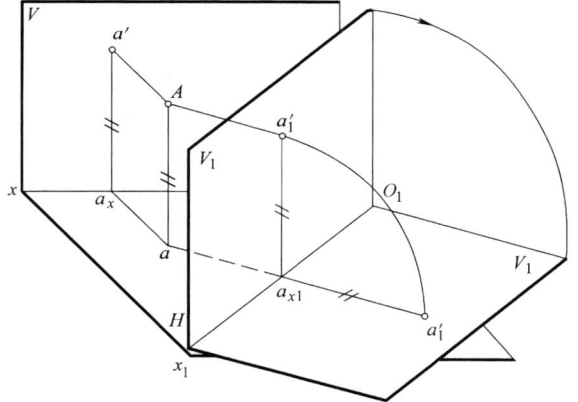

图 4-2　点在 V_1/H 体系中的投影

1）作新投影轴 x_1，表示以 V_1 面代替 V 面形成 V_1/H 体系（x_1 轴与 a 点的距离以及 x_1 轴的倾斜位置与 V_1 面对空间几何元素的相对位置有关，可根据作图需要确定）。

2) 过 a 点作新投影轴 x_1 的垂线,得交点 a_{x1}。

3) 在垂线 aa_{x1} 上截取 $a'_1a_{x1} = a'a_x$,即得 A 点在 V_1 面上的新投影 a'_1。

图 4-4 所示为更换水平面。用一个垂直于 V 面的新投影面 H_1 代替 H 面,即用新投影面体系 V/H_1 代替 V/H 体系;B 点在 V/H 体系中的投影为 b'、b,在 V/H_1 体系中的投影为 b'、b_1。同理,B 点的各个投影 b、b'、b_1 之间的关系如下:

1) $b_1b' \perp x_1$ 轴。

2) $b_1b_{x1} = bb_x = Bb'$。

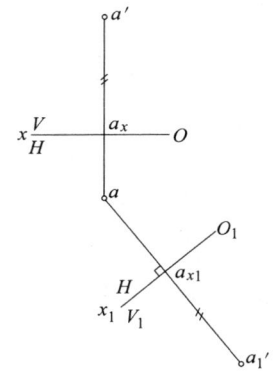

图 4-3 点在 V_1 面上的新投影作法

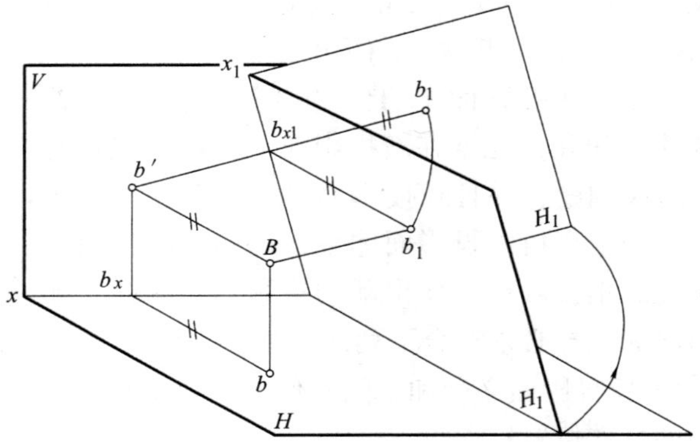

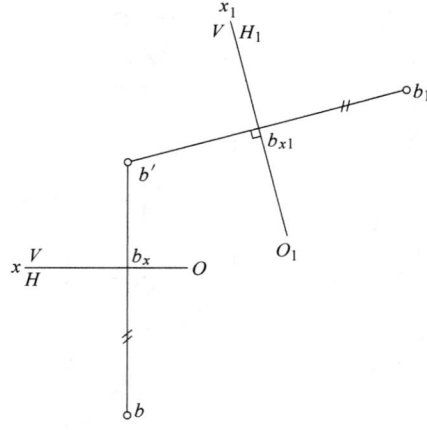

图 4-4 点在 V/H_1 体系的投影

其作图步骤与变换 V 面时相类似,作图结果如图 4-5 所示。

综上分析,点的换面法的基本规律可归纳如下:

1) 点的新投影和不变投影的连线,必垂直于新投影轴。

2) 点的新投影到新投影轴的距离等于被更换的旧投影到旧投影轴的距离。

图 4-5 点在 H_1 面上的新投影作法

2. 点的二次变换

在运用换面法解决问题时,往往更换一次投影面不足以解决问题,而必须更换二次或多次。图 4-6 和图 4-7 分别表示更换两次投影面的原理及求点的新投影的方法,其原理和更换一次投影面相同。表示第一次换面后的新投影面、新投影轴、新投影的符号，分别加注脚"1"；表示第二次换面后的符号则都加注脚"2"；依此类推。

但必须指出，在进行二次和多次变换时，由于新投影面的选择必须符合前述两个基本条件，因此不能同时变换两个投影面，而必须变换一个投影面后，在新的两投影体系中再变换另一个还未被替代的投影面。如图4-7中先由 V_1 面代替 V 面，构成新体系 V_1/H；再以这个体系为基础，取 H_2 面代替 H 面，又构成新体系 V_1/H_2。

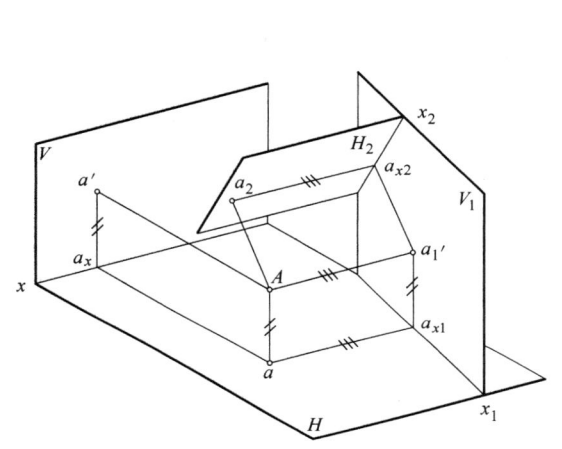

图 4-6　变换两次投影面

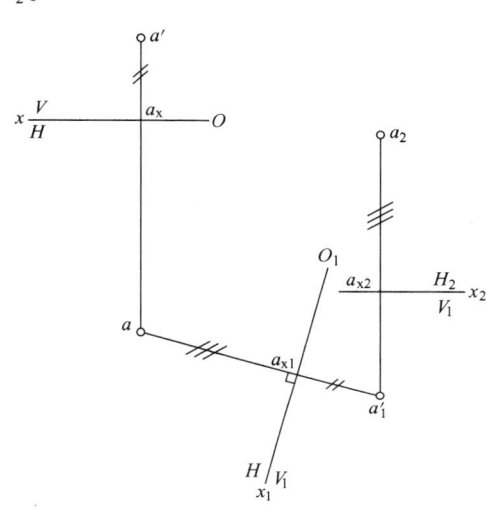

图 4-7　变换两次投影面点的新投影作法

三、换面法中六个基本问题

1. 把一般位置直线变换成投影面平行线

如图4-8所示，AB 为一般位置直线，如要变换成投影面平行线，则可以变换 V 面，使新投影面 V_1 平行直线 AB。这样，AB 在 V_1 面上的投影 $a_1'b_1'$ 将反映 AB 的实长，$a_1'b_1'$ 与 x_1 轴的夹角反映直线对 H 面的倾角 α。具体作图步骤如下（见图4-9）：

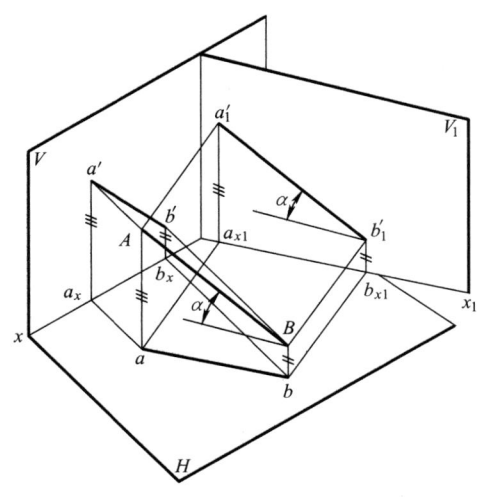

图 4-8　一般位置直线变换成投影面平行线

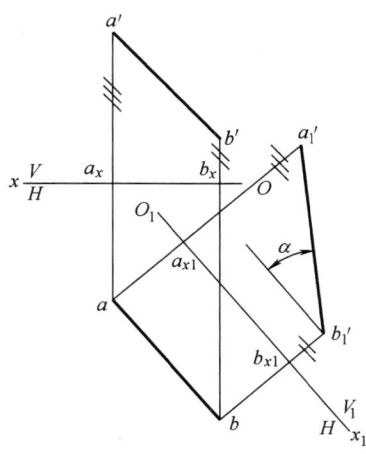

图 4-9　直线平行于 V_1 面（求 α 角）

1)作新投影轴 $x_1 // ab$。

2)分别由 a、b 两点作 x_1 轴的垂线,与 x_1 轴交于 a_{x1}、b_{x1},然后在垂线上量取 $a'_1 a_{x1} = a'a_x$,$b'_1 b_{x1} = b'b_x$,得到新投影 a'_1、b'_1。

3)连接 a'_1、b'_1 得到投影 $a'_1 b'_1$,它反映直线 AB 的实长,它与 x_1 轴的夹角反映直线 AB 对 H 面的倾角 α。

如求直线 AB 对 V 面的倾角 β,则要以新投影面 H_1 平行直线 AB,作图时以 x_1 轴 $// a'b'$,如图 4-10 所示。

2. 把投影面平行线变换成投影面垂直线

如图 4-11 所示,AB 为一水平线,要变换成投影面垂直线。根据投影面垂直线的投影特性,反映实长的投影必定为不变投影,只要变换正面投影,作新投影面 V_1 垂直 AB。即作图时作 x_1 轴 $\perp ab$,则 AB 在 V_1 面上的投影积聚为一点 a'_1(b'_1)。

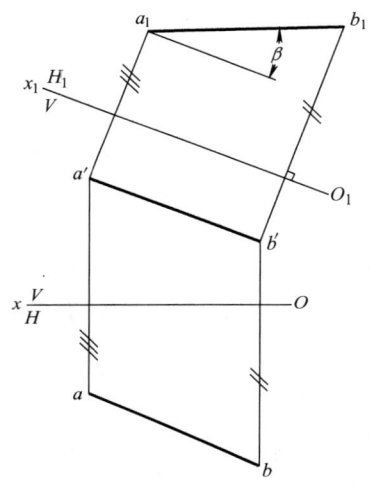

图 4-10 直线平行于 H_1 面(求 β 角)

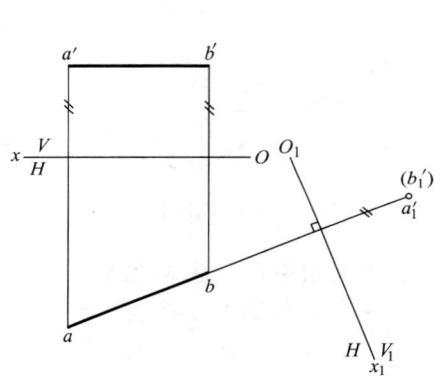

图 4-11 投影面平行线变换成投影面垂直线

3. 把一般位置直线变换成投影面垂直线

由上述两个基本问题可知,把一般位置直线变换成投影面垂直线,必须经过两次变换,第一次把一般位置直线变换成投影面平行线;第二次再把投影面平行线变换成投影面垂直线。如图 4-12 所示,CD 为一般位置直线,如先变换 V 面,使 V_1 面 $// CD$,则 CD 在 V_1/H 体系中为投影面平行线;再变换 H 面,作 H_2 面 $\perp CD$,则 CD 在 V_1/H_2 体系中为投影面垂直线。具体作图步骤如下:

1)先作 x_1 轴 $// cd$,求得 CD 在 V_1 面上的新投影 $c'_1 d'_1$。

2)再作 x_2 轴 $\perp c'_1 d'_1$,得出 CD 在 H_2 面上的投影 $c_2 d_2$,这时 c_2 与 d_2 积聚为一点。

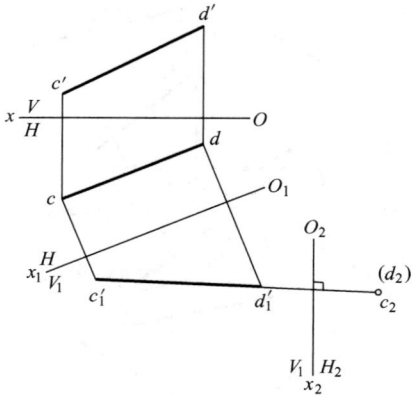

图 4-12 一般位置直线变换成投影面垂直线

4. 把一般位置平面变换成投影面垂直面

如图 4-13 所示，△ABC 为一般位置平面，如要变换为投影面垂直面，可取新投影面 V_1 代替 V 面，V_1 面垂直△ABC，又垂直 H 面。为此可在三角形上先作一水平线 CD，然后作 V_1 面与该水平线垂直，则它也一定垂直 H 面，其作图步骤如下：

1）在△ABC 上作水平线 CD，其投影为 $c'd'$ 和 cd。
2）作 x_1 轴 $\perp cd$。
3）作△ABC 在 V_1 面上的投影 $a_1'b_1'c_1'$，而 $a_1'b_1'c_1'$ 积聚为一直线，它与 x_1 轴的夹角即反映△ABC 对 H 面的倾角 α，具体作图方法如图 4-14 所示。

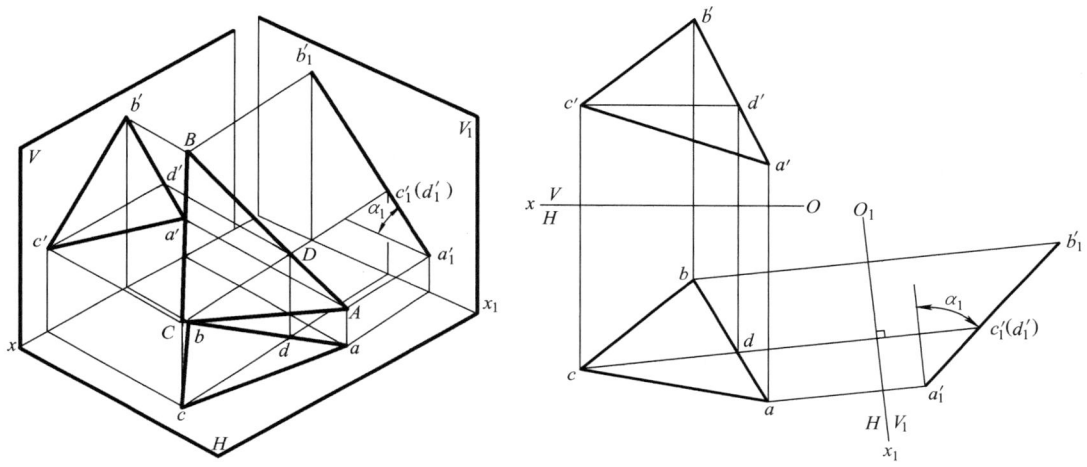

图 4-13 一般位置平面变换成投影面垂直面　　图 4-14 一般位置平面变换成投影面垂直面的作图方法（求 α）

如求△ABC 对 V 面的倾角 β，可在此平面上取一正平线 CE，作 H_1 面垂直 CE，则△ABC 在 H_1 面上的投影为一直线，它与 x_1 轴的夹角反映该平面对 V 面的倾角 β，具体作图方法如图 4-15 所示。

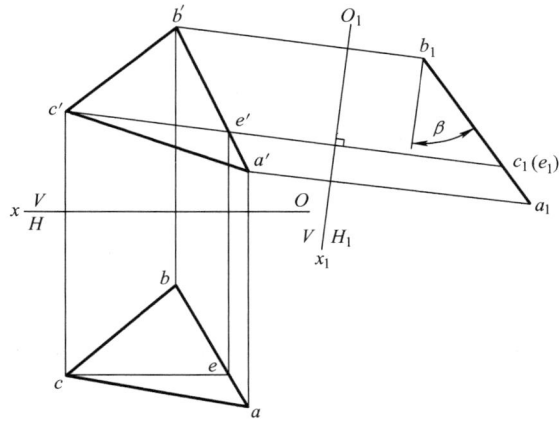

图 4-15 一般位置平面变换成投影面垂直面的作图方法（求 β）

5. 把投影面垂直面变换成投影面平行面

如图 4-16 所示，△ABC 为一铅垂面，要求变换成投影面平行面。根据投影面平行面的投影特性，积聚为一直线的投影必定为不变投影，因此必须变换 V 面，使新投影面 V_1 平行 △ABC。作图时取 x_1 轴 // abc，则 △ABC 在 V_1 面上的投影 $\triangle a'_1 b'_1 c'_1$ 反映实形。

6. 把一般位置平面变换成投影面平行面

由前两种变换可知，把一般位置平面变换成投影面平行面必须经过两次变换。即第一次把一般位置平面变换成投影面垂直面，第二次再把投影面垂直面变换成投影面平行面。如图 4-17 所示（方法之一），先把 △ABC 变换成垂直 H_1 面，再变换使 △ABC 平行 V_2 面。具体作图步骤如下：

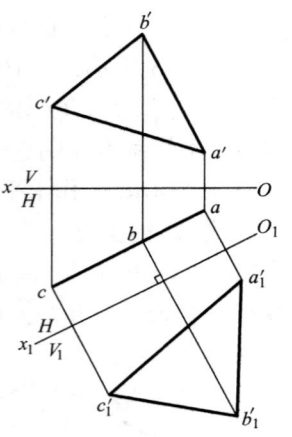

图 4-16　投影面垂直面变换成投影面平行面的作图方法

1）在 △ABC 上取正平线 AE，作新投影面 $H_1 \perp AE$，即作 x_1 轴 $\perp a'e'$，然后作出 △ABC 在 H_1 面上的新投影 $a_1 b_1 c_1$，它积聚成一直线。

2）作新投影面 V_2 平行 △ABC，即作 x_2 轴 // $a_1 b_1 c_1$，然后作出 △ABC 在 V_2 面上的新投影 $\triangle a'_2 b'_2 c'_2$。$\triangle a'_2 b'_2 c'_2$ 反映 △ABC 的实形。

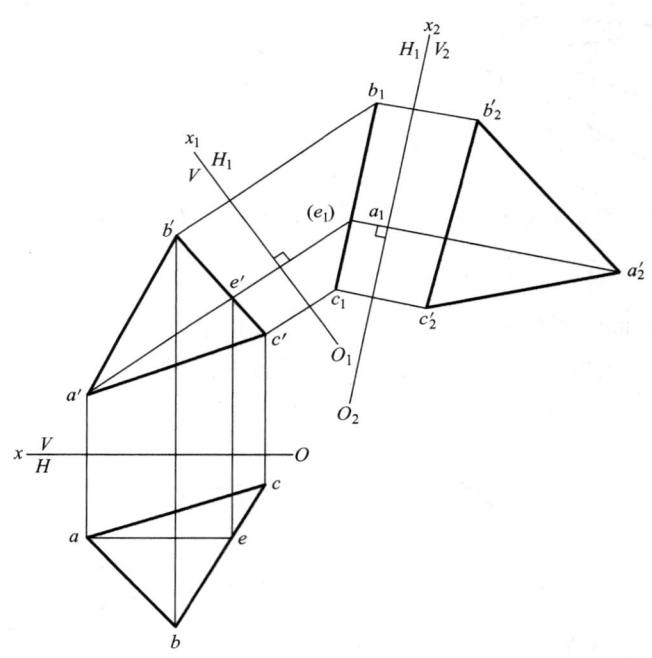

图 4-17　一般位置平面变换成投影面平行面的作图方法

四、换面法应用举例

当点、线、面在投影体系中处于某些特殊位置时，在投影图中反映真实的距离和夹角，如图 4-18 所示。

当点、线、面不处于上述位置时，可用换面法将几何元素变换成在新投影体系中处于上述位置，求解距离和夹角等度量问题。

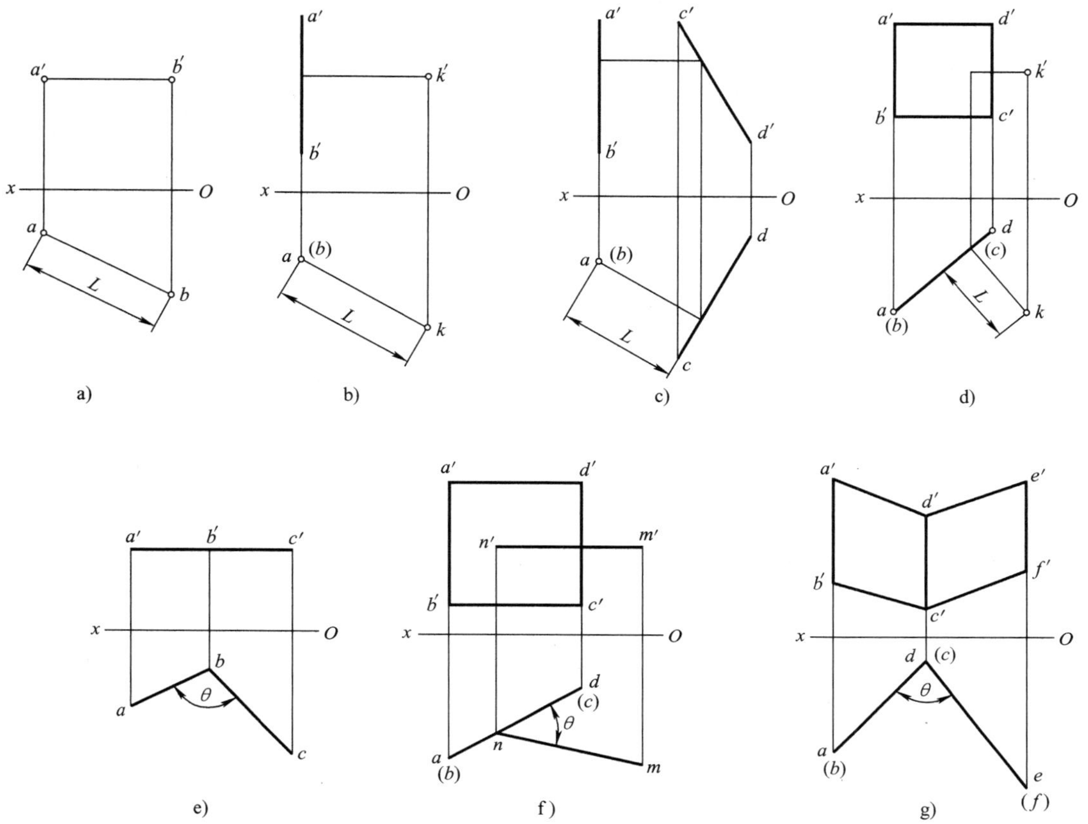

图 4-18 在投影图中反映点线面之间的真实距离和夹角
a）两点间的距离 b）点与直线的距离 c）两交叉直线的距离 d）点与平面的距离
e）两相交直线的夹角 f）直线与平面的夹角
g）两相交平面的夹角

例 4-1　求点 C 到直线 AB 的距离（见图 4-19）。

分析：点到直线的距离就是点到直线的垂线实长。如图 4-19 所示，为便于作图，可先把直线 AB 变成 H_1 投影面平行线，然后利用直角投影定理从 C 点向 AB 作垂线，得垂足 K，再求出 CK 的实长。也可把直线 AB 经二次变换成为投影面垂直线，此时，C 点到 AB 的垂线 CK 为投影面平行线，在投影图上反映实长。

作图（见图 4-20）：

1）先把直线 AB 变换成 H_1 面的平行线，点 C 在 H_1 面上的

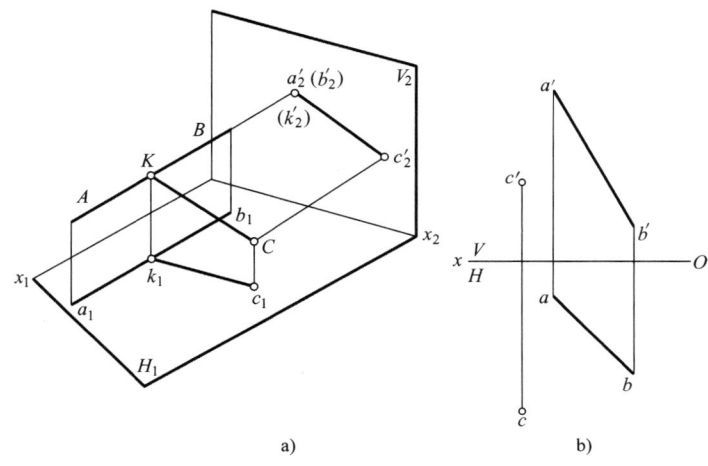

图 4-19　求点到直线的距离

投影为 c_1。

2) 再把直线 AB 变换成 V_2 面的垂直线，AB 在 V_2 面上的投影积聚为 a_2'（b_2'），点 C 在 V_2 面上的投影为 c_2'。

3) 过 c_1 作 $c_1k_1 \perp a_1b_1$（即 $c_1k_1 // x_2$ 轴）得 k_1，k_2' 与 $a_2'b_2'$ 重影，连接 c_2'、k_2'，$c_2'k_2'$ 即反映点 C 到直线 AB 的距离。

4) 根据 $c_2'k_2'$ 和 c_1k_1，返回在 V/H 体系中求得 $c'k'$ 和 ck。

例 4-2 求两交叉直线 AB 和 CD 的距离，并定出它们公垂线的位置（见图4-21）。

分析：两交叉直线间的距离即为它们公垂线的长度。若两交叉直线之一（如 AB）成为投影面的垂直线，则公垂线 KM 必平行于新投影面，在该投影面上的投影能反映实长，而且与另一直线在新投影面上的投影互相垂直。

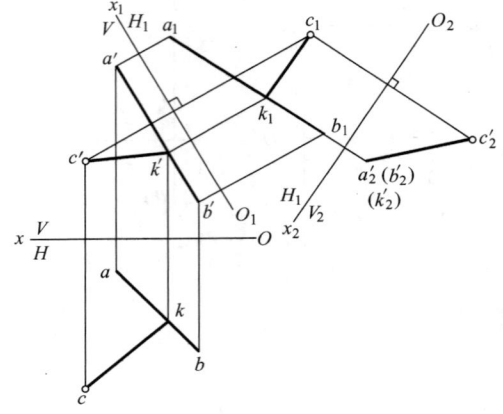

图 4-20 求点到直线距离的作图方法

作图（见图4-22）：

1) 把直线 AB 经过两次变换成为新投影面的垂直线，其在 H_2 面上的投影积聚为 a_2（b_2）。直线 CD 也随之变换，在 H_2 面上的投影为 c_2d_2。

2) 从 a_2（b_2）作 $m_2k_2 \perp c_2d_2$，m_2k_2 即为公垂线 MK 在 H_2 面上的投影，它反映 AB、CD 间的距离实长。

3) 由 k_2 求出 k_1'，过 k_1' 作 $k_1'm_1' // x_2$ 轴。

4) 由 $k_1'm_1'$ 求出 km 与 $k'm'$。

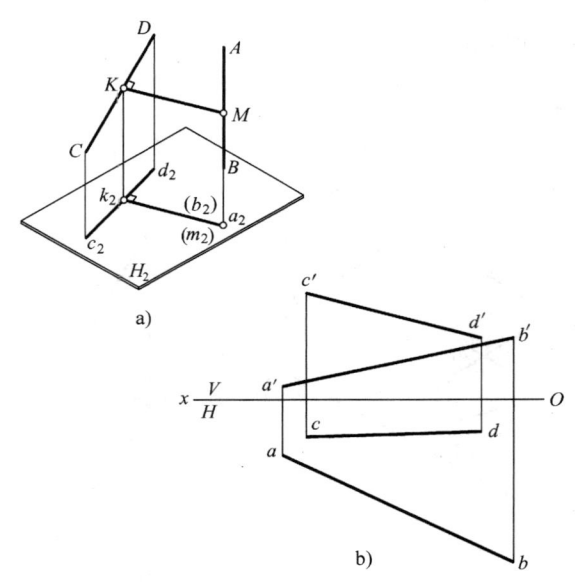

图 4-21 求两交叉直线间的距离及其公垂线

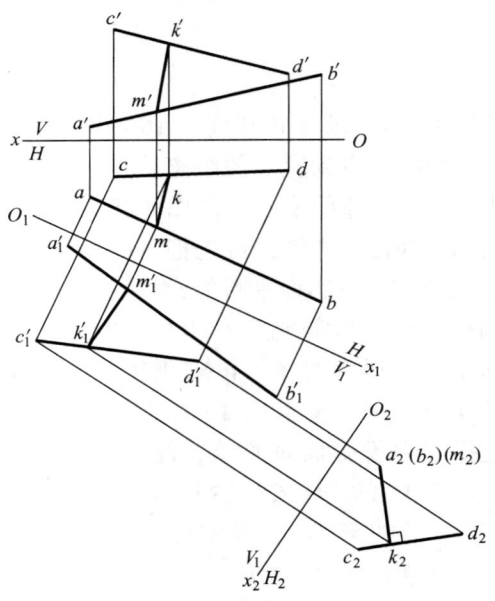

图 4-22 求两交叉直线间距离及其公垂线的作图方法

例 4-3 已知 K 点到 $\triangle ABC$ 平面的距离 KD 及 K 点的一个投影，求垂线 KD 的两投影（见图 4-23）。

分析：由图 4-18d 可知，若把平面变换成投影面垂直面，则点到平面的距离可在投影图中直接反映。

作图（见图 4-23b）：

1）把平面 ABC 经过一次变换成投影面垂直面 $a_1'b_1'c_1'$。

2）过 k 作 x_1 轴的垂线，使其与 $a_1'b_1'c_1'$ 相距为 KD 实长的平行直线交于 k_1'，过 k_1' 作 $a_1'b_1'c_1'$ 垂线交 d_1'，即 $k_1'd_1' = KD$。

3）由 $k_1'd_1'$ 返回到原投影体系中，则求得 KD 的两投影（$kd // x_1$ 轴）。

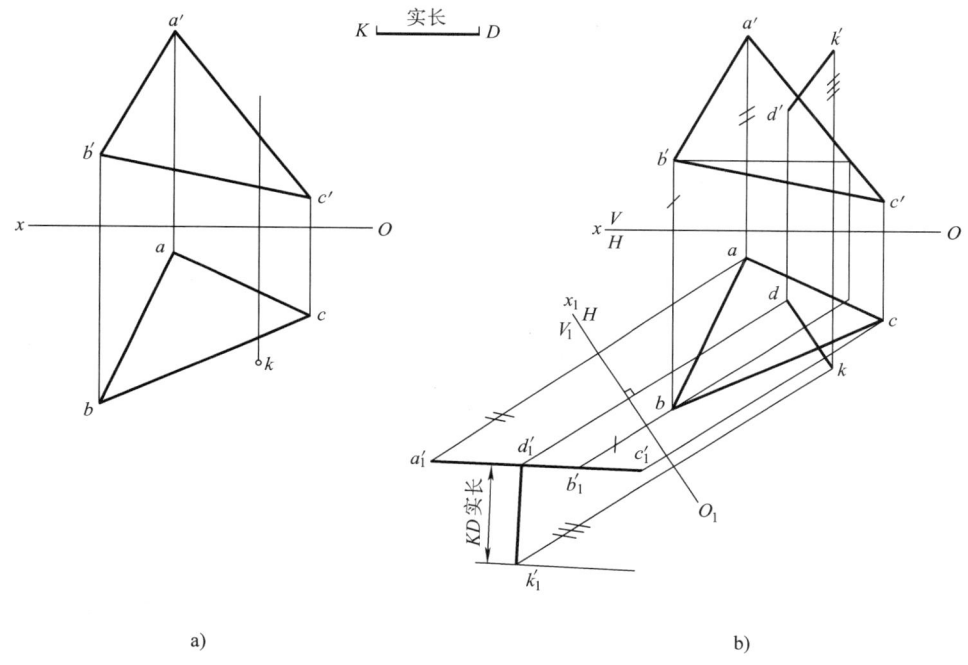

图 4-23 根据实长求点到平面垂线的投影
a）已知条件 b）作图过程及结果

例 4-4 求变形接头两侧面 $ABCD$ 和 $ABFE$ 之间的夹角（见图 4-24）。

分析：由图 4-18g 可知，若两平面的交线垂直于投影面时，则两平面在该投影面上的投影为两相交直线，它们之间的夹角即反映两平面间的夹角。

作图（见图 4-25）：

1）把平面 $ABCD$ 与 $ABFE$ 的交线 AB 经两次变换为对 V_2 面的垂直线。

2）平面 $ABCD$ 和 $ABFE$ 在 V_2 面上的投影分别积聚为直线段 $(a_2')b_2'c_2'd_2'$ 和 $(a_2')b_2'f_2'e_2'$。

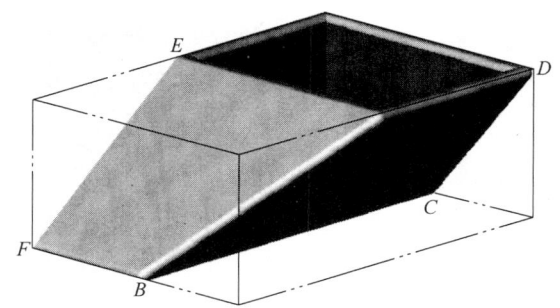

图 4-24 求变形接头两侧面间的夹角

3) $\angle e_2'a_2'c_2'$ 即为反映变形接头两侧面间的夹角 θ。

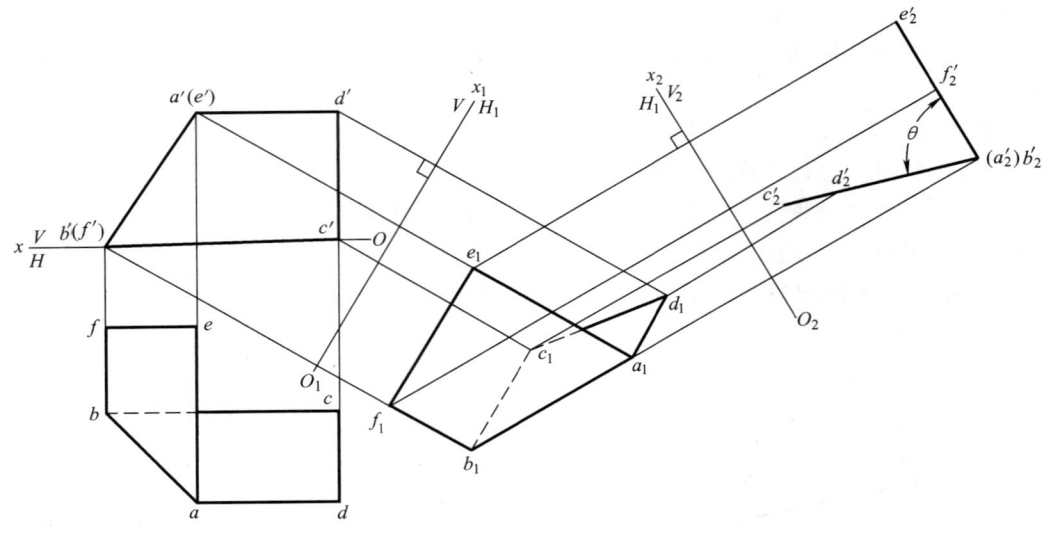

图 4-25 求变形接头两侧面间夹角的作图方法

第二节 旋 转 法

一、旋转法的基本规律

旋转法是投影面保持不动，使空间几何元素绕某一轴旋转，旋转到有利于解题的位置，然后求出旋转后的新投影。如图 4-26a 所示，A 点绕垂直 H 面的轴 OO 旋转，A 点的旋转轨迹为一圆。该圆所在的平面 P 垂直于轴 OO，由于轴线垂直于 H 面，所以 P 平面是水平面，A 点的轨迹在 V 面上的投影为一平行于 x 轴的直线，在 H 面上的投影反映实形，即以 O 为圆心、OA 为半径的一个圆。如果使 A 点转动某一角度 θ 到达新位置 A_1 时，则它的水平投影 a

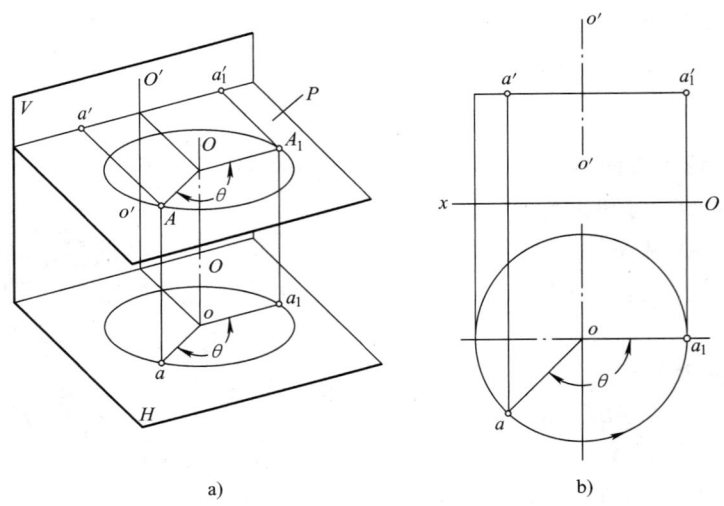

图 4-26 点绕垂直 H 面的轴旋转

也同样转过 θ 角而到达 a_1，其正面投影则平行于 x 轴方向移动，由 a' 移动到 a'_1 位置如图 4-26b 所示。

图 4-27 所示为 A 点绕垂直于 V 面的轴线旋转时的投影变化情况。它的运动轨迹在 V 面上的投影为一个圆，在 H 面上的投影为一平行于 x 轴的直线。

通过以上分析，点绕投影面垂直轴旋转的规律为：点在该投影面上的投影，做以旋转中心的投影为圆心、以旋转半径为半径的圆周运动；而在另一投影面上的投影，沿与旋转轴垂直的直线做往复移动。点在旋转过程中始终符合点的投影规律。

直线可由相距一定距离的两点所确定，平面可由若干个相距一定距离的点所确定。为了保证直线（或平面）之间的相对位置旋转时不变，必须遵循直线（或平面）上的点绕同一根轴、沿同一方向、旋转同一角度的"三同"原则。然后把上述各点旋转后的同面投影连接起来，便得到该直线（或平面）的新投影。

当直线旋转时，通常选取其旋转轴通过直线一端点。如图 4-28 所示，垂直于 H 面的旋转轴 OO 通过直线 AB 的端点 B，当直线 AB 转过 θ 角后到达 A_1B 位置时，可以看出，直线对 H 面的倾角 α 是不变的，同时，其水平投影 ab 的长度也不变，即 $a_1b = ab$。

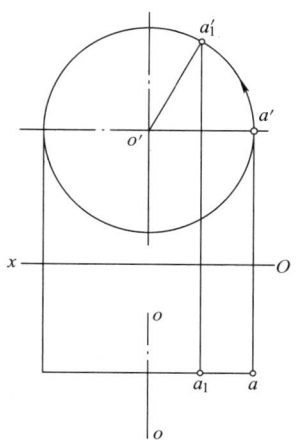

图 4-27 点绕垂直 V 面的轴旋转

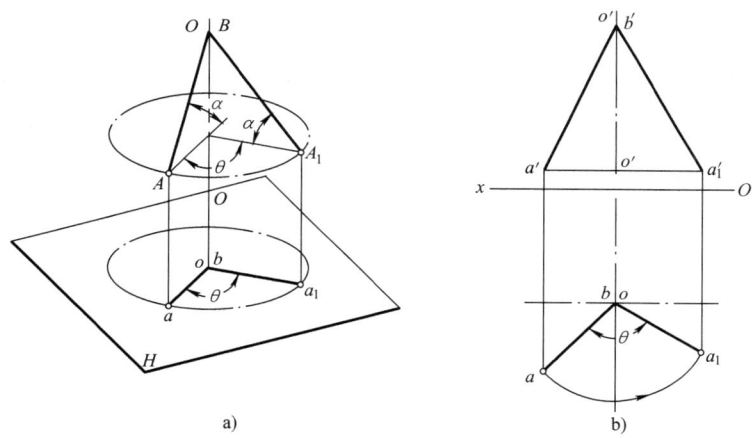

图 4-28 直线的旋转

同理，当直线绕过 B 点且垂直 V 面的旋转轴旋转时，直线 AB 对 V 面的倾角 β 是不变的，其正面投影的长度也一定保持不变。

当平面绕垂直某一投影面的轴旋转时，由于平面上的各点必定是绕同一轴、沿同一方向、旋转同一角度，因此平面对该投影面的倾角保持不变，平面在该投影面上的投影形状和大小也一定保持不变。

二、旋转法中的六个基本问题

1. 把一般位置直线旋转成投影面平行线

把一般位置直线旋转成投影面平行线，可以求出线段实长和对投影面的倾角。如图 4-29 所示，AB 为一般位置直线，要旋转成正平线，则其水平投影必须旋转到平行 x 轴的位置。

因此应选择垂直 H 面的轴作为旋转轴，如轴 OO 通过端点 B，旋转时 B 点不动，这样只要旋转另一端点 A 即可完成作图。具体作图步骤如下：

1）过 B（b、b'）作 OO 轴垂直 H 面。

2）以 o 为圆心、oa 为半径画圆弧（顺时针或逆时针方向都可以）。

3）由 b 作 x 轴的平行线与圆弧相交于 a_1，得 a_1b。

4）从 a_1 引投影连线，与从 a' 引出的 x 轴平行线相交，求出交点 a_1'，连线 $a_1'b'$ 即反映直线 AB 的实长，$a_1'b'$ 与 x 轴的夹角反映 AB 对 H 面的倾角 α。

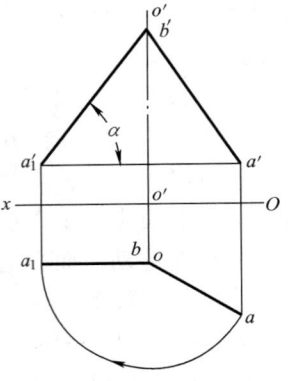

图 4-29　一般位置直线旋转成投影面平行线

2. 把投影面平行线旋转成投影面垂直线

如图 4-30 所示，AB 为一正平线，要旋转成投影面垂直线，则反映实长的正面投影 $a'b'$ 必须旋转成与 x 轴垂直，因此应选择垂直 V 面的轴为旋转轴。如 OO 轴通过 B 点，当旋转后的投影 $a_1'b'$ 垂直 x 轴时，水平投影积聚为一点 a_1（b）。$a_1'b'$ 和 a_1（b）即为铅垂线 A_1B 的两个投影。

3. 把一般位置直线旋转成投影面垂直线

由以上两个基本问题可知，要把一般位置直线旋转成投影面垂直线需要经过两次旋转。

如图 4-31 所示，AB 直线先绕过 B 点并垂直 V 面的轴（图中未画出此轴）旋转成水平线 A_1B，其水平投影 a_1b 与 x 轴的夹角即反映直线对 V 面的倾角 β。然后再绕过 A_1 点并垂直 H 面的轴旋转，使水平线 A_1B 成为正垂线 A_1B_2。由此可知，两次旋转时，必须交替选用垂直 H 面和 V 面的旋转轴，如同二次换面中必须交替变换 H 面和 V 面一样。

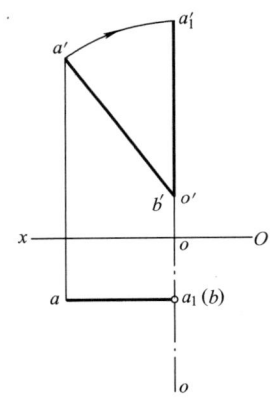

图 4-30　平行线旋转成投影面垂直线

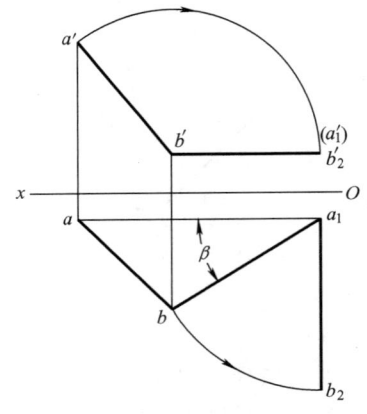

图 4-31　一般位置直线旋转成投影面垂直线

4. 把一般位置平面旋转成投影面垂直面

把一般位置平面旋转成投影面垂直面，可以求出平面对投影面的倾角。如图 4-32 所示，$\triangle ABC$ 为一般位置平面，要旋转成铅垂面并求出 β 角，则必须在平面上找一直线把它旋转成铅垂线。由前述可知，正平线经一次旋转即可旋转成铅垂线。因此先在平面上取一正平线 CM，以通过 C 点的正垂线为旋转轴，把它旋转成铅垂线 CM_1，再把 AB 绕同一轴、沿同一方向、旋转同一角度，此时 a_1cb_1 必定投影为一直线，$\triangle A_1B_1C$ 即为铅垂面。a_1cb_1 与 x 轴的

夹角即反映平面对 V 面的倾角 β。

5. 把投影面垂直面旋转成投影面平行面

如图 4-33 所示，$\triangle ABC$ 为一铅垂面要旋转成正平面。作图时，以过 B 点的铅垂线为旋转轴，旋转 $\triangle ABC$ 使其具有积聚性的投影 bc_1a_1 平行 x 轴，这时平面为正平面，其正面投影 $b'c_1'a_1'$ 反映实形。

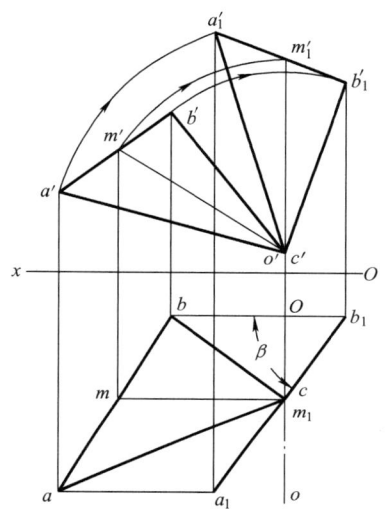

图 4-32　一般位置平面旋转成投影面垂直面

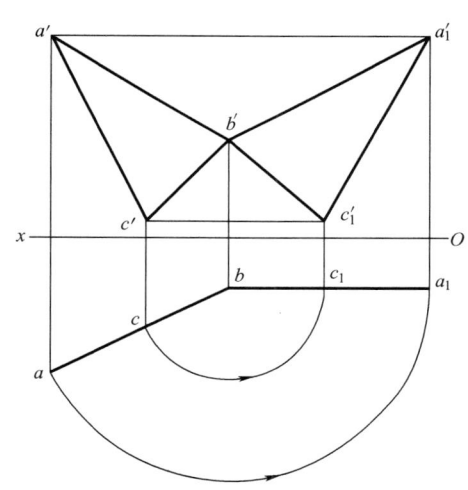

图 4-33　垂直面旋转成投影面平行面

6. 把一般位置平面旋转成投影面平行面

把一般位置平面旋转成投影面平行面，要经过两次旋转。如图 4-34 所示，先以过 C 点的正垂线为旋转轴，把一般位置平面 $\triangle ABC$ 旋转成铅垂面 $\triangle A_1B_1C$，a_1cb_1 与 x 轴的夹角即反映平面对 V 面的倾角 β，再以过 B_1 点的铅垂线为旋转轴，把铅垂面 $\triangle A_1B_1C$ 旋转成正平面 $\triangle A_2B_1C_2$，其正面投影 $\triangle a_2'b_1'c_2'$ 反映平面实形。

三、旋转法应用举例

例 4-5　已知直线 AB 的水平投影 ab 及点 A 的正面投影 a'，直线与 H 面的倾角为 $30°$（见图 4-35a），用旋转法求出直线 AB 的正面投影 $a'b'$。

分析：在投影中反映 α 角实形的直线为正平线，因此先把直线旋转成正平线，然后返回求出 b'。

作图（见图 4-35b）：

1）过 A 点作垂直 H 面的旋转轴 OO，把 ab 旋转至平行 x 轴的位置 ab_1。

2）从 b_1 向上引投影连线，再从 a' 作 $30°$ 斜线与之相交得 b_1'。

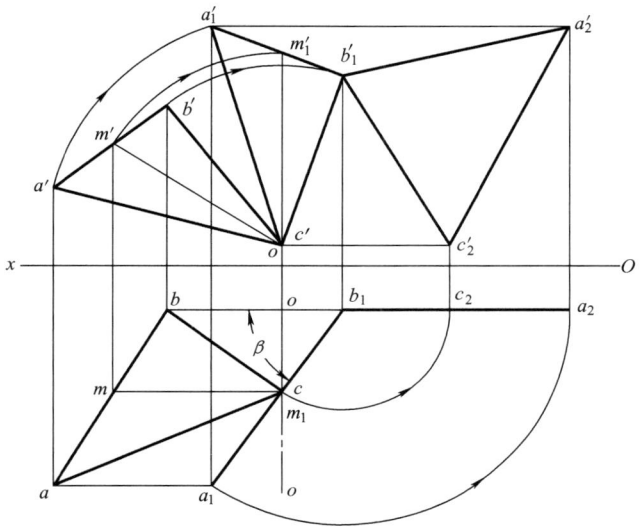

图 4-34　一般位置平面旋转成投影面平行面

3）返回求出 b'，连接 $a'b'$，即得所求直线的正面投影 $a'b'$。

例 4-6 △ABC 为等腰三角形，BC 为底边。已知正面投影 △$a'b'c'$ 及水平投影 bc（见图 4-36a），用旋转法作出其水平投影 △abc。

分析：绕垂直 V 面的轴旋转 △ABC，把 BC 旋转至水平线位置，然后利用等腰三角形特性，作出三角形 BC 的中垂线 DA，由此再确定 A 点的投影位置。

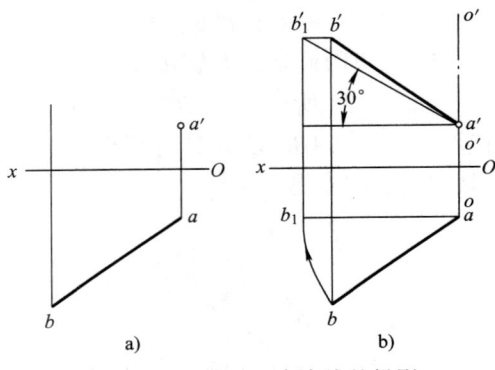

图 4-35 用旋转法求直线的投影

作图（见图 4-36b）：

1）过 B 点作垂直 V 面的旋转轴 OO，把 △$a'b'c'$ 旋转至 △$a_1'b'c_1'$，使 $b'c_1'$ ∥ x 轴。

2）作出水平投影 bc_1，然后作 bc_1 的中垂线 d_1a_1。

3）再返回作出 a 点，连接之，即得水平投影 △abc。

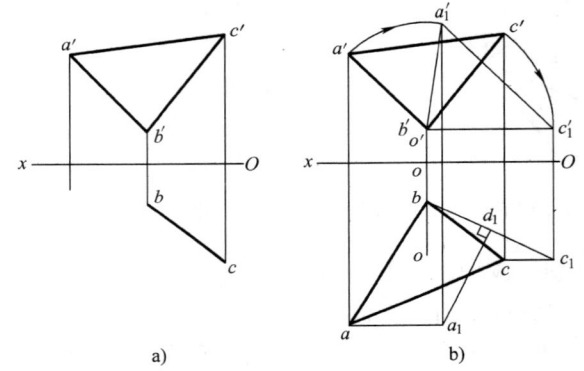

图 4-36 用旋转法求平面的投影

第五章 曲线和曲面

第一节 曲　　线

一、概述

曲线可看成是一个点连续运动的轨迹，如图 5-1a 所示；也可看成是两曲面或曲面与平面的交线，如图 5-1b 所示的交线 K。

（1）曲线的分类　根据曲线上点的相对位置，曲线可分为两类：

1）平面曲线。曲线上所有点都在同一平面上，如圆、椭圆、渐开线、抛物线、双曲线等二次曲线及曲面与平面的交线。

2）空间曲线。曲线上任意连续四个点不在同一平面上，如螺旋线等。

（2）曲线的投影性质

1）曲线的投影一般仍为曲线，如图 5-2 所示。但当平面曲线所在的平面处于特殊位置时，投影可能积聚成直线或者反映曲线的实形。

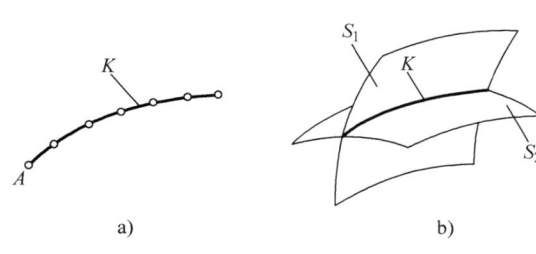

图 5-1　曲线形成

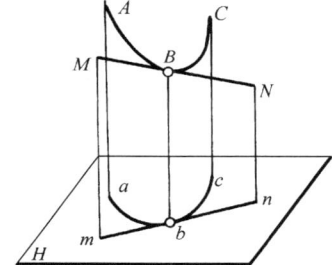

图 5-2　曲线的投影

2）曲线切线的投影仍为其投影的切线。在图 5-2 中，直线 MN 与曲线 ABC 在空间相切于点 B，则 H 投影面上 ABC 的投影 abc 与切线 MN 的投影 mn 相切于点 b。

3）属于曲线的点，其投影属于曲线的投影，即点与曲线的从属关系不变。

4）一般情况下，二次曲线的投影仍为二次曲线，在特殊情况下也可能是圆或直线。

曲线的这些投影特性，保证了曲线投影的正确性和准确性。

二、常用曲线的投影

1. 圆的投影

圆是最简单的平面曲线，根据圆所在的平面相对于投影面的位置不同，其投影有以下三种情况：

（1）平行于投影面的圆的投影　平行于投影面的圆在其所平行的投影面上的投影反映该圆的实形；其余投影为一直线，其长度等于圆的直径，如图 5-3 所示。

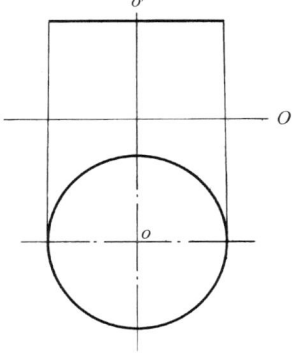

图 5-3　平行于投影面的圆的投影

（2）垂直于投影面的圆的投影　垂直于投影面的圆在其所垂直的投影面上的投影积聚为直线，其长度等于圆的直径；在其他投影面上的投影为椭圆。

当圆的投影为椭圆时，圆上只有一对互相垂直的直径在投影后为椭圆的长轴和短轴，圆上这对互相垂直的直径，一条为投影面的平行线，另一条为对该投影面的最大斜度线。如图 5-4a 所示，圆所在平面为正垂面，它在 V 面投影积聚为一直线，长度为圆的直径，在 H 面投影为椭圆，椭圆长短轴分别由 CD、AB 两条直径的 H 面投影所决定，其中 CD 平行于 H 面，cd 为椭圆长轴，AB 为圆平面对 H 面的最大斜度线，ab 为椭圆短轴，根据椭圆长短轴即可绘出椭圆（椭圆近似画法，可采用第一章介绍的四心圆法），如图 5-4b 所示。

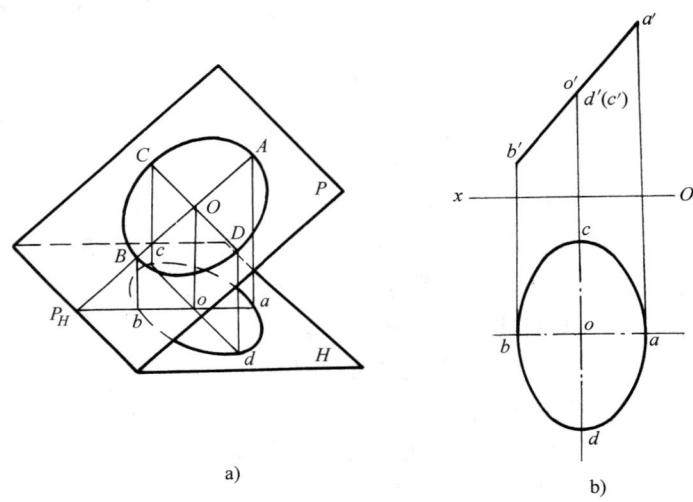

图 5-4　垂直于投影面的圆的投影

（3）倾斜于投影面的圆的投影　当圆所在的平面为倾斜面时，圆的投影均为椭圆。因此只要求出长、短轴即可作出椭圆。平行于投影面的直径的投影为椭圆的长轴，与长轴垂直的直径（投影面最大斜度线）的投影为椭圆的短轴。如图 5-5 所示，直径为定长 D 的圆在平面四边形 $ABCE$ 上，它在 H 面、V 面的投影均为椭圆。可利用换面法将平面变为投影面垂直面，求出长短轴的方向和大小。具体作图步骤如下：

1) 作水平线 Ⅰ Ⅱ，设定 V_1 投影面与其垂直，则四边形 $ABCE$ 与 V_1 面垂直，求出 H 面椭圆的长轴（gh）与短轴（lm）。

2) 根据 H 面椭圆长短轴画出椭圆。

3) 作正平线 Ⅲ Ⅳ，设定 H_1 投影面与其垂直，则四边形 $ABCE$ 与 H_1 面垂直，求出 V 面椭圆的长轴（$e'f'$）与短轴（$n'p'$）。

4) 根据 V 面椭圆长短轴画出椭圆。

2. 螺旋线的投影

一动点沿着圆柱面的直母线等速移动，同时该母线又绕轴线做等角速转动，该动点在空间的运动轨迹即为圆柱螺旋

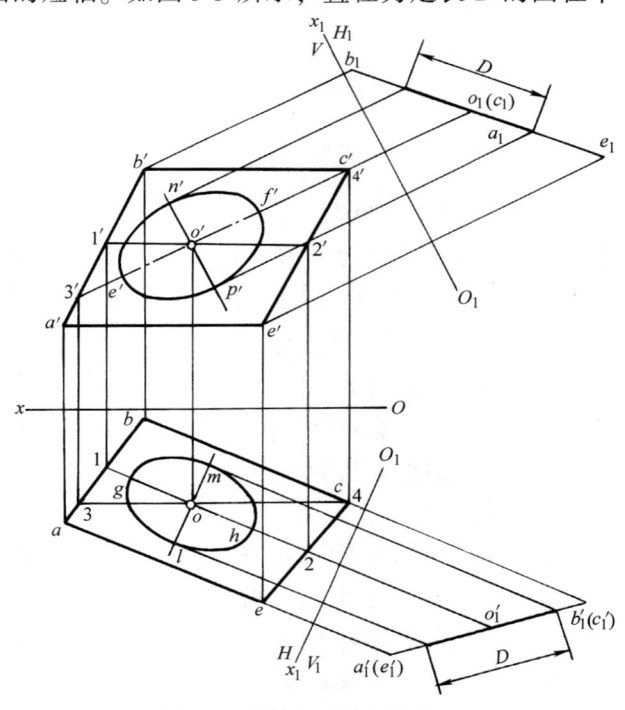

图 5-5　用换面法作圆的投影

线。如图 5-6 所示，母线所在的圆柱称为螺旋线的导圆柱，导圆柱直径用 D 表示。当母线旋转一周时，动点 A 沿母线移动的距离称为螺旋线的导程，用 P_h 表示。

根据圆柱母线绕轴线旋转方向的不同，螺旋线分为右旋和左旋。当圆柱轴线为铅垂线时，螺旋线的可见部分自左向右升高，则称右旋螺旋线，如图 5-6 所示。反之，为左旋螺旋线。

当导圆柱的直径 D、螺旋线的旋转方向和导程 P_h 大小一定时，螺旋线就确定了。所以直径 D、旋转方向和导程 P_h 是圆柱螺旋线的三个基本要素。

图 5-7 所示是根据圆柱螺旋线的三要素所画的右旋圆柱螺旋线的投影图。作图步骤如下：

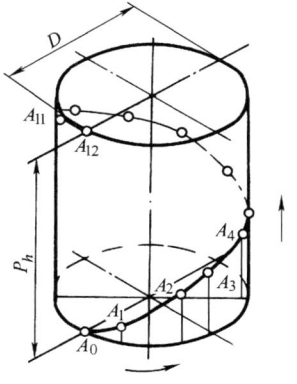

图 5-6 圆柱螺旋线的形成

1）根据直径 D 画出圆柱面的投影图；将其水平投影（圆周）分成 n 等份（图中 n 取 12），按逆时针方向注写 a_0、a_1、a_2、…、a_{12} 分点号。

2）在圆柱面的正面投影上取一导程 P_h，将导程 P_h 也分为 n 等份（12 等份），过各分点依次作水平线。

3）过水平投影圆周上各分点作 Ox 轴的垂线，分别与正面投影的相应水平线相交，得到相应交点 a'_0、a'_1、…、a'_{12}，即为圆柱螺旋线上若干点的正面投影。

4）将这些点顺次光滑连接成曲线，并区分可见性，即得圆柱螺旋线的正面投影。

圆柱螺旋线的水平投影与圆柱面的水平投影重合。

由于圆柱螺旋线在圆柱的表面上，将圆柱表面展开即可得到圆柱螺旋线的展开图。

根据圆柱螺旋线的形成规律，点在水平方向和垂直方向移动都是等速的，因此，圆柱螺旋线展开后为一条直线。它是以导圆柱的周长 πD 和导程 P_h 为两直角边的直角三角形的斜边。在一个导程 P_h 中，其展开长度 L 为

$$L = \sqrt{(\pi D)^2 + P_h^2}$$

螺旋线与圆柱面上任一素线的夹角 β 称为螺旋角，它的余角 α 称为螺旋升角，如图 5-7 所示。

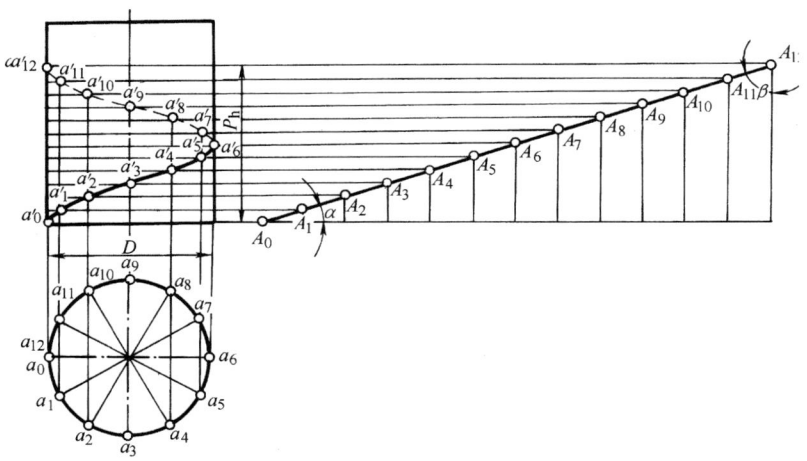

图 5-7 圆柱螺旋线的投影和展开

第二节 曲 面

一、概述

工程上常要设计各种曲面,如零件表面、飞机机身、汽车外壳以及船体表面等。为了表示这些曲面,必须了解它们是如何形成的。

曲面可以看作是一条动线(直线或曲线)在空间连续运动所形成的轨迹,形成曲面的动线称为母线。母线在曲面中的任一位置称为曲面的素线,用来控制母线运动的面、线和点称为导面、导线和导点。

同一曲面可以由多种方法形成。如图 5-8 所示圆柱面的形成,可以看成是直母线 AB 绕 OO_1 轴回转而成;也可以看成是圆柱面上任意曲线 M 绕 OO_1 轴回转而成,还可以由圆母线沿轴线方向平移而成。在具体应用时,应选取对该曲面图解最简便的一种。

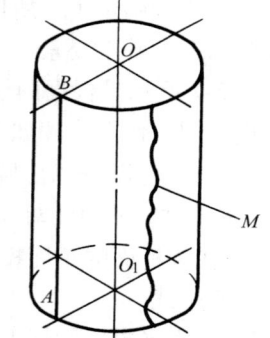

图 5-8 圆柱面的形成方法

根据不同分类标准,曲面有多种分类方法。按其形成的母线形状,可分为直线面与曲线面;按母线运动方式,可分为移动面和回转面;按母线运动是否有规律,可分为规则曲面和不规则曲面;按曲面能否无变形地展开成一平面,可分为可展曲面与不可展曲面。

二、常用曲面的表示

在投影图上表示曲面时,应当画出母线和导面或导线、导点的投影,并画出曲面的轮廓线。当曲面比较复杂时,还需画出曲面上的某些素线。

1. 柱面

一直母线沿曲导线运动且始终平行于另一直导线而形成的曲面称为柱面。在图 5-9a 中,母线 AA_1 沿着曲导线 ABC 移动,且始终平行于直导线 MN,AA_1 移动的轨迹即形成一柱面。曲导线可以是闭合的,也可以是不闭合的。

一般柱面的投影图要画出导线及曲面的外形轮廓线,必要时还要画出若干素线。如图 5-9b 所示,画出直导线 MN 的投影、曲导线 ABC 的投影和外形轮廓线 BB_1 的投影。由于 BB_1 的正面投影 $b'b_1'$ 是曲面正面投影可见与不可见部分的分界线,因此,边界线 CC_1 的正面投影 $c'c_1'$ 属于曲面的不可见部分,其正面投影画成细虚线。导线 MN 垂直于水平面,所有素线均为铅垂线,这个柱面的水平投影积聚为曲线 abc。属于柱面的全部点(如点 K)的水平投影 (k) 均属于曲线 abc。

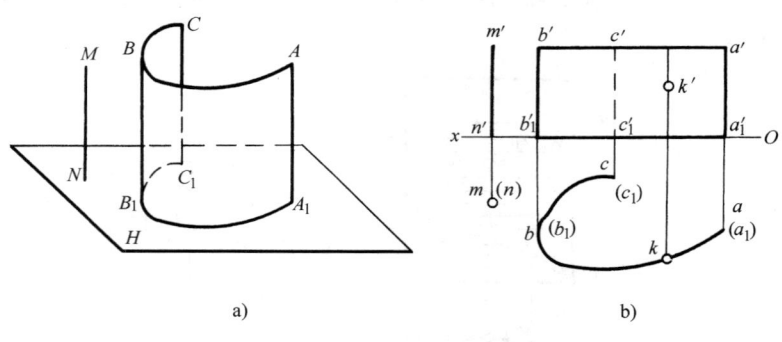

图 5-9 柱面的形成及投影

柱面通常是以垂直于柱面素线的截平面(正截面)截切曲面所得交线的形状来命名的,

若交线的形状为圆，称为圆柱面，如图 5-10a 所示；若交线为椭圆，称为椭圆柱面，如图 5-10b、c 所示。

图 5-11 所示是柱面的一个应用实例——平板凸轮，它的工作面是柱面。

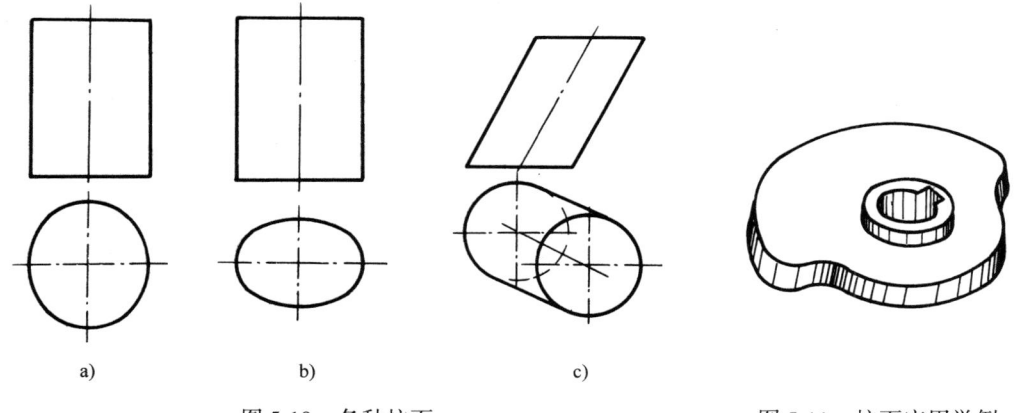

图 5-10　各种柱面　　　　图 5-11　柱面应用举例

2. 锥面

一直母线沿着曲导线运动，且始终通过定点（导点）时，所得曲面称为锥面。如图 5-12a 所示，定点 S 称为锥面的顶点，SI 为母线，底圆为导线。锥面的曲导线可以是闭合的，也可以是不闭合的。

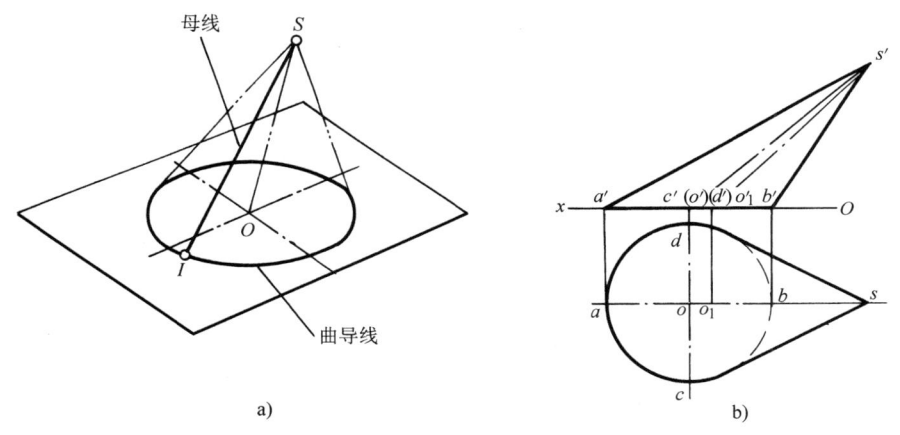

图 5-12　锥面的形成及投影

一般锥面的投影图只画出导点（锥顶）、导线以及曲面的外形轮廓线，必要时还要画出若干素线。如图 5-12b 所示，画出导点 S 的投影 s、s'；曲导线（为一水平圆）的投影 $acbd$、$a'c'b'd'$ 和曲面的转向轮廓线的投影，正面投影的转向轮廓线 $s'a'$、$s'b'$ 和水平投影的转向轮廓线 sc、sd，分别是曲面对 V 面和 H 面的可见和不可见部分的分界线。

与柱面相似，锥面是以垂直于轴线的正截面与锥面的交线形状来命名的。若交线的形状为圆，称为圆锥面，如图 5-13a 所示；若为椭圆，称为椭圆锥面，如图 5-13b、c 所示。

图 5-14 所示是用锥面连接圆柱管的实例。

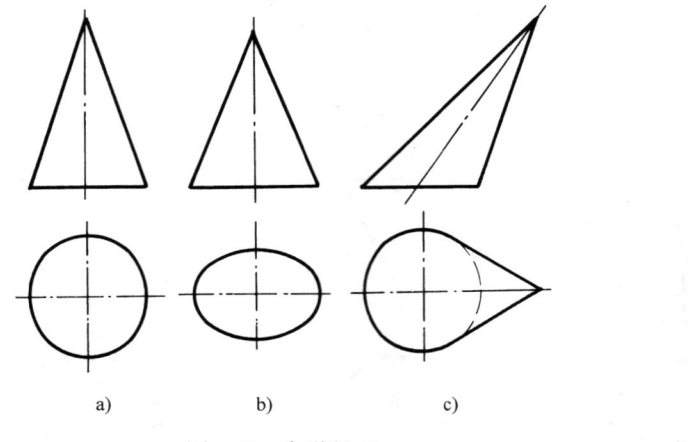
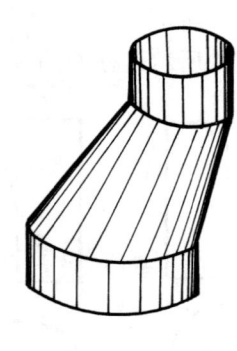

图 5-13　各种锥面　　　　图 5-14　锥面应用举例

3. 单叶双曲回转面

由一直线绕一根与它成交叉位置的轴线旋转而成的回转曲面，称为单叶双曲回转面，如图 5-15a 所示。其母线上距离轴线最近的一点回转形成的最小圆称为喉圆。用包含轴线的平面截切单叶双曲回转面，其截交线的形状为双曲线，因此，单叶双曲回转面也可看作是以双曲线为母线绕它的虚轴回转而成的。

单叶双曲回转面的投影如图 5-15b 所示。其正面投影的轮廓线为双曲线，水平投影的轮廓线为喉圆、顶圆和底圆。作图步骤如下：

1）作出回转轴 OO_1 及直导线 $A\mathrm{I}$ 的两面投影。

2）作出轮廓线顶圆和底圆的两面投影；过 O 作 $A\mathrm{I}$ 的垂线得喉圆半径，作出喉圆。

3）在水平投影面上，将母线端点 A、I 所在的圆周同样等分为 n 等份，对应地画出 B

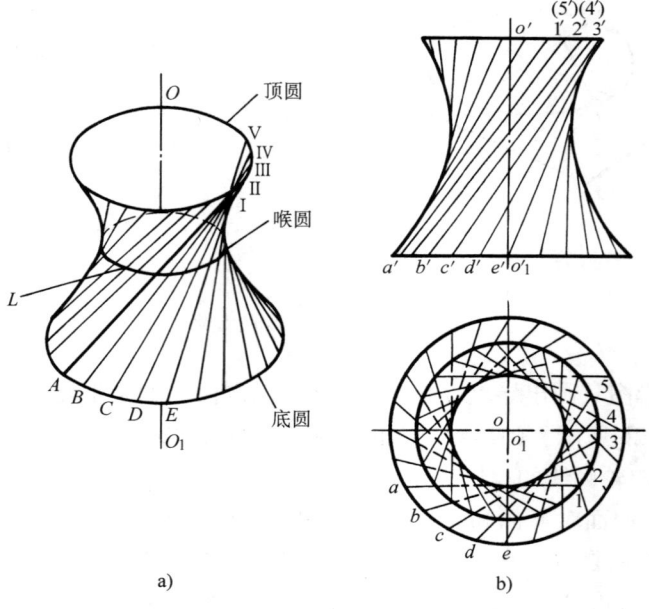

图 5-15　单叶双曲回转面的形成及投影

Ⅱ、CⅢ等各素线的两面投影，作出各素线正面投影的包络线，即得该曲面的正面投影，为一双曲线。

图 5-16 所示是单叶双曲回转面的应用实例，图中一对轴线交叉的单叶双曲回转面，两曲面沿直线 MN 相切。若两曲面上制出齿轮，可用于传递交叉两轴间的运动和动力，MN 则为两齿轮的啮合线。

4. 正螺旋面

一直母线沿着曲导线为圆柱螺旋线及直导线为圆柱轴线运动，且始终与圆柱的轴线相交成 90°角，这样形成的曲面称为正螺旋面。如图 5-17a 所示，圆柱轴线垂直 H 面，直母线平行 H 面，形成了正螺旋面。

正螺旋面的投影图画法如图 5-17c 所示。按照曲面的表示方法，画出了直导线及螺旋线的投影，为看图方便，同时画出了一些素线的投影。作图步骤如下：

1）作轴线 OO 及螺旋线的投影。

2）画出若干素线 OA_0、ⅠA_1、ⅡA_2、…的投影。

工程上常用的环形正螺旋面如图 5-17b 所示，该正螺旋面中心有一同轴圆柱面，其交线 $B_0B_1B_2\cdots$ 为另一圆柱螺旋线。作图时先作出 A、B 两点所形成的螺旋线投影，然后连接两圆柱螺旋线上对应点的同面投影，并判别可见性，就得环形螺旋面的投影，如图 5-17d 所示。

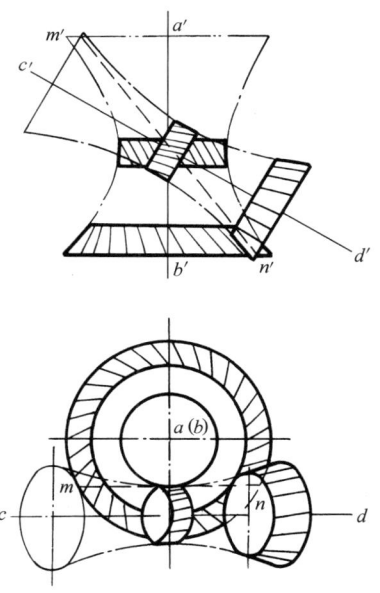

图 5-16 单叶双曲回转面应用举例

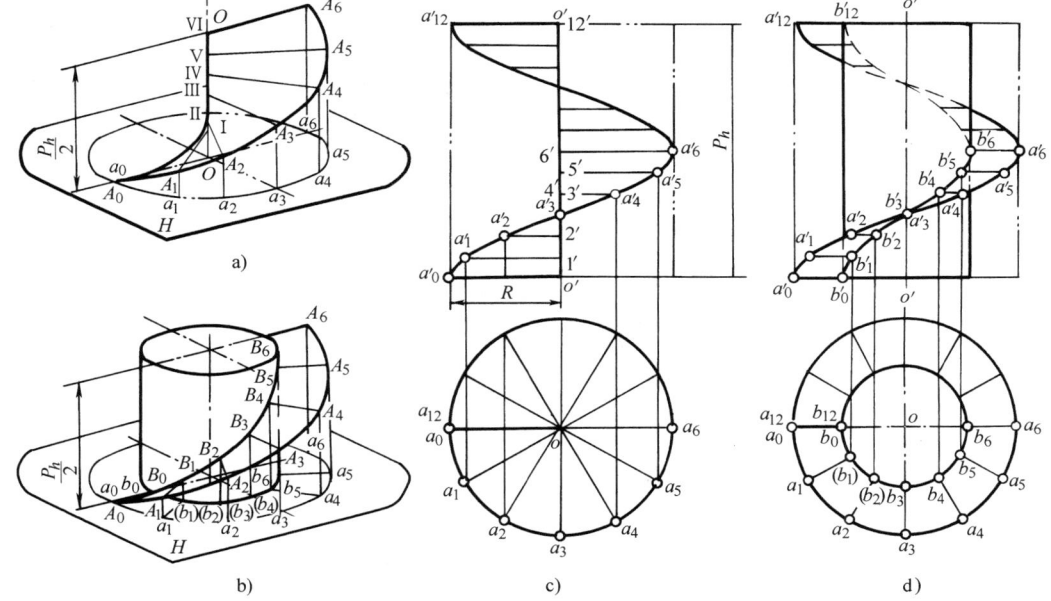

图 5-17 正螺旋面的形成及投影

正螺旋面常用于螺旋输送机的推进器上，如图 5-18 所示。

5. 曲面的切平面

如图 5-19 所示，点 A 属于曲面 S，过点 A 在曲面 S 上可任作两条曲线 AL_1、AL_2，相应地作出此两条曲线在点 A 的切线 AT_1、AT_2，这两条切线组成的平面 P 即为曲面上点 A 处的切平面。

曲面上某点的切平面具有下列性质：

1) 在曲面上过该点任作一曲线，它在该点处的切线一定在此平面上。如图 5-19 所示，在曲面 S 上过点 A 任作一曲线 AL_3，则它在点 A 的切线 AT_3 一定也在切平面 P 上。

2) 曲面上某点的法线垂直于该点的切平面。如图 5-19 所示，过点 A 作直线 AN 垂直切平面 P，则 AN 即为曲面 S 上点 A 处的法线。

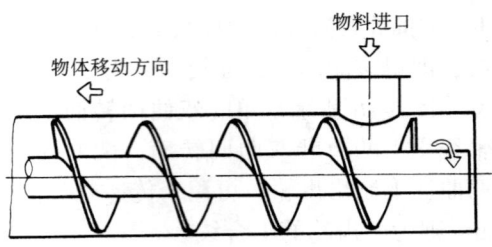

图 5-18　正螺旋面应用举例

根据切平面的定义和性质，即可求出曲面上某点的切平面。如图 5-20 所示，作出球面上 A 点的切平面，有以下两种方法：

1) 如图 5-20a 所示，过点 A 在球面上作两个圆，其中一个为平行 H 面的圆 K（k，k'），另一个为平行 V 面的圆 S（s，s'）。然后作此两圆在点 A 的切线 AB 及 AC，这两条切线所决定的平面，即为所求切平面。

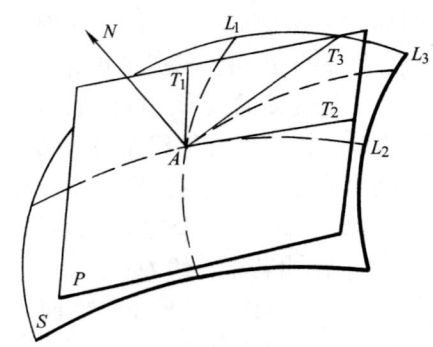

图 5-19　曲面的切平面

2) 因为球面上某点与球心的连线（球半径），即为该点的法线方向，该法线与球面垂直，并与切平面垂直。如图 5-20b 所示，过点 A 作水平线 AB 及正平线 AC 与半径 OA 垂直，则 AB 及 AC 两直线所决定的平面，即为所求的切平面。

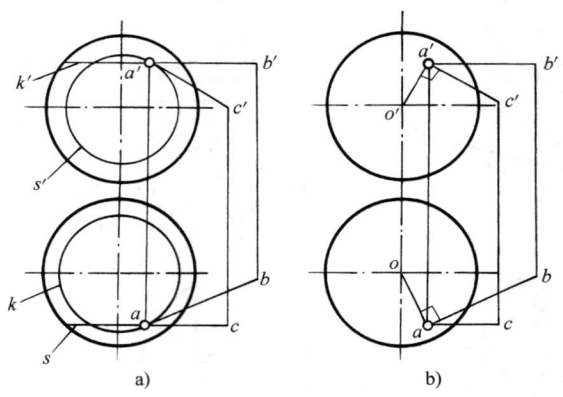

图 5-20　球面的切平面

第六章　基本立体的投影

不论机件（机器零件或部件）的形状多么复杂，都可以把它看作是由一些简单的基本立体组合而成的，如图6-1所示。常见的基本立体中，棱柱和棱锥的表面全部由若干个平面所围成，称之为平面立体；圆柱、圆锥、圆球和圆环的表面由曲面，或由部分曲面与平面所围成，称之为曲面立体。下面分别讨论它们的投影特性和画法。

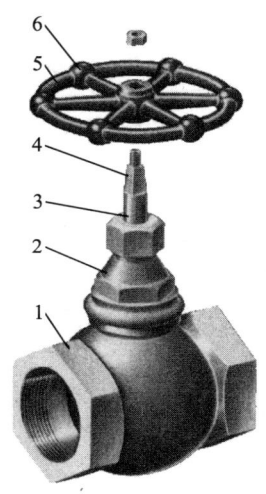

图 6-1　阀
1—六棱柱　2—圆台　3—圆柱　4—四棱台　5—圆环　6—球

第一节　平面立体的投影及其表面取点、线

平面立体主要由棱柱、棱锥等组成，在投影图上表示平面立体就是把组成立体的平面和棱线表示出来，并判别其可见性，把可见的棱线投影画成粗实线；把不可见的棱线投影画成细虚线。在平面立体表面上取点和线，其原理和方法与平面上取点和线的方法完全相同，但要明确所取的点位于哪个表面上，然后根据表面的可见性区分该点投影的可见性。

一、棱柱

1. 棱柱的投影

图6-2所示为一正六棱柱，其顶面、底面均为水平面，它们的水平投影反映实形，正面和侧面投影均积聚为一直线。棱柱有六个侧棱面，前后棱面为正平面，它们的正面投影反映实形，水平及侧面投影均积聚为一直线。棱柱的其他四个侧棱面均为铅垂面，其水平投影均积聚为直线，正面和侧面投影均为类似形。

棱线 AB 为铅垂线，水平投影 ab 积聚为一点，正面投影 $a'b'$ 和侧面投影 $a''b''$ 均反映实长。顶面的边 DE 为侧垂线，侧面投影 $d''e''$ 积聚为一点，水平投影 de 和正面投影 $d'e'$ 均反映

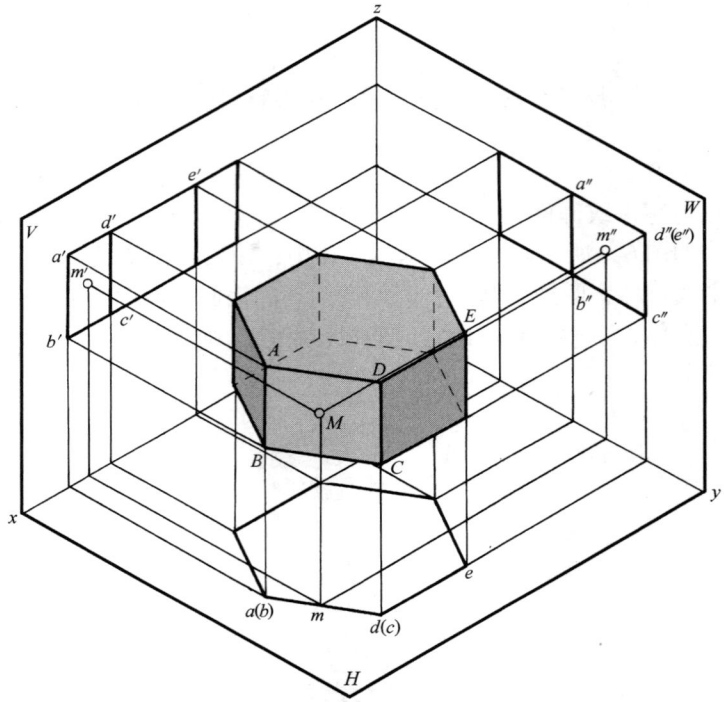

图 6-2 正六棱柱的投影及表面取点

实长，底边 BC 为水平线，水平投影 bc 反映实长，正面投影 $b'c'$ 和侧面投影 $b''c''$ 均小于实长。其余线段可进行类似地分析。

作图时可先画出正六棱柱的水平投影（正六边形），然后再根据投影规律作出其他两个投影。

2. 棱柱表面上取点、线

由于图 6-3 所示正六棱柱的各个表面都处于特殊位置，因此在表面上取点可利用积聚性

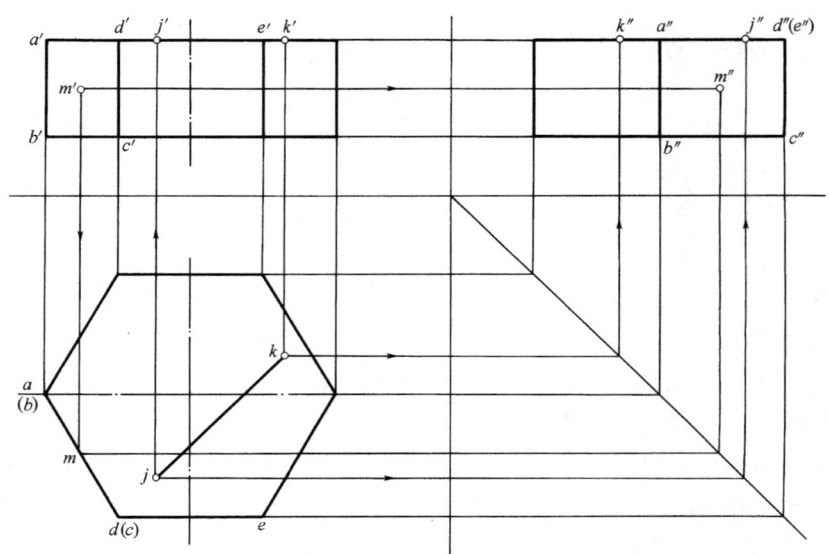

图 6-3 正六棱柱的三投影图

原理作图。如已知棱柱表面上 M 点的正面投影 m′，求其他两投影 m、m″。由于正面投影 m′ 为可见的，因此 M 点必定在 ABCD 棱面上。而 ABCD 棱面为铅垂面，水平投影 abcd 有积聚性，因此 m 必在 abcd 上，m 位于平面的积聚性投影上，作为可见，根据 m′ 和 m 即可求出 m″，m″位于棱柱的可见表面上，故可见。如已知棱柱表面上线段 JK 的水平投影 jk，求其他两个投影 j′k′、j″k″。由于线段 JK 的水平投影为可见，因此 JK 在六棱柱的顶面上，而顶面的正面和侧面投影都具有积聚性，因此 j′k′、j″k″必在顶面的同面投影上，根据点的投影特性分别求得 j′k′、j″k″，它们均为可见。

二、棱锥

1. 棱锥的投影

图 6-4 所示为一三棱锥，锥顶为 S，其底面为 △ABC，呈水平位置，水平投影 △abc 反映实形。棱面 △SAB、△SBC 是一般位置平面，它们的各个投影均为类似形。棱面 △SAC 为侧垂面，其侧面投影 s″a″c″积聚为一直线。底边 AB、BC 为水平线，CA 为侧垂线，棱线 SB 为侧平线，SA、SC 为一般位置线，它们的投影可根据不同位置直线的投影特性进行分析。

如图 6-5 所示，作图时先画出底面的 △ABC 的各个投影，再作出锥顶 S 的各个投影，然后连接各棱线即得三棱锥的三面投影。

2. 棱锥表面上取点、线

若已知 M 点的正面投影 m′，因 m′可见，则 M 点在棱面 SAB 上。过 M 点在 △SAB 上作 AB 的辅助平行线 IM，即作 1′m′ // a′b′ 和 1m // ab，求出 m，再根据 m、m′求出 m″。也可以过锥顶 S 和 M 点作一辅助线 SII，然后求出 M 的水平投影 m。又已知 N 点的水平投影 n，因 n 可见，则 N 点在侧垂面 △SAC 上，因此 n″必定在具有积聚性的 s″a″c″ 上，由 n、n″可求出 n′。

若已知三棱锥表面上线段 EF、FG 的正面投影，要求作出其余投影。从正面投影得知，e′f′可见，线段 EF 在 △SAB 上；f′g′也可见，线段 FG 在 △SBC 上，点 F 在 SB 棱上。作图时可按照上述求 M 点的方法分别求出 E、F、G 的水平投影和侧面投影，然后在 △SAB 内连接 EF 的同面投影 ef、e″f″，由于 △SAB 在三面投影中均为可见，故 ef、e″f″ 也为可见，画成粗实线，线段 FG 在 △SBC 上，故水平投影 fg 为可见，画成粗实线，侧面

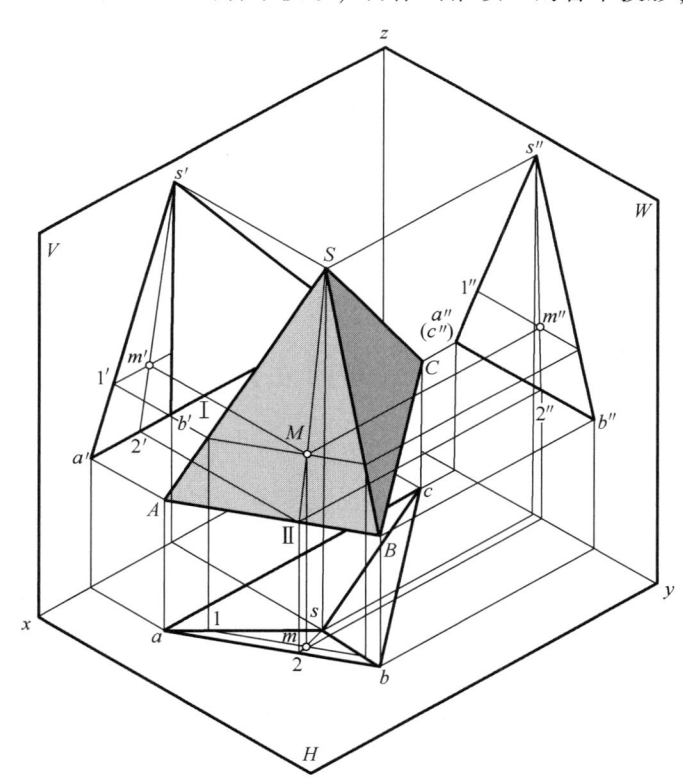

图 6-4 三棱锥及表面取点的立体图

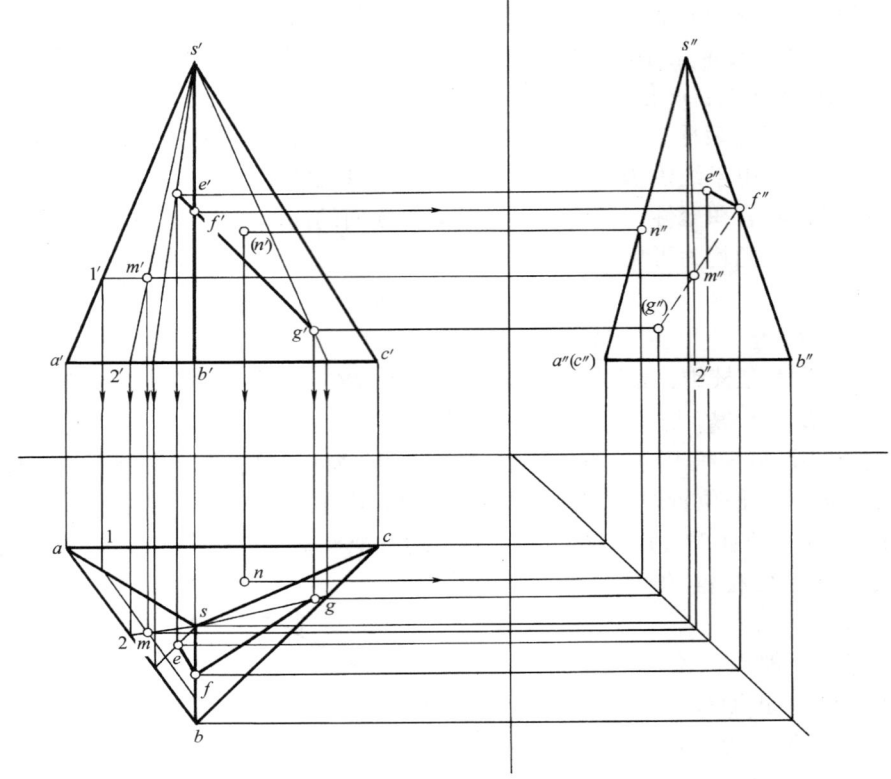

图 6-5 三棱锥的投影及表面取点

投影 $f''g''$ 为不可见，画成细虚线。

第二节　曲面立体的投影及其表面取点、线

曲面立体由曲面或曲面和平面围成，常见的曲面立体为回转体，如圆柱、圆锥、圆球、圆环以及由它们组合而成的组合回转体。绘制回转体的投影，就是绘制围成回转体表面的回转面和平面的投影，并用一细点画线表示其回转轴，用两条相互垂直的细点画线表示圆的中心线，如图 6-6 所示。若在回转面上取点，一般过此点在该曲面上作简单易画的辅助圆或直线。若在回转面上取线，通常在该曲面上作出确定此曲线的多个点的投影，然后将其光滑连接，并判断其可见性，可见的曲线段画成粗实线，不可见的曲线段画成细虚线。

一、圆柱

圆柱由圆柱面、顶面和底面围成。圆柱面由直线段绕与它平行的轴线旋转而成，如图 6-7a 所示。

1. 圆柱的投影

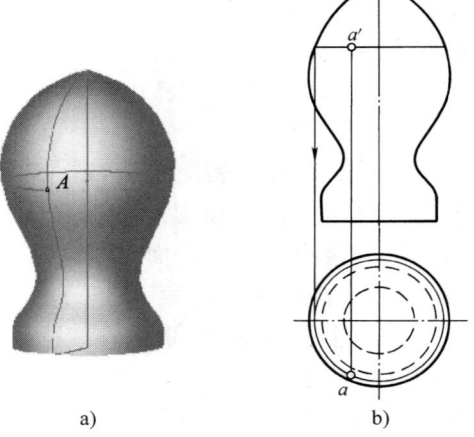

图 6-6 回转体的投影及表面取点

a）立体图　b）投影图

如图 6-7b 所示圆柱的轴线垂直于 H 面（铅垂线），则圆柱的水平投影为一圆，圆柱面上的所有点、线段的水平投影都积聚在这个圆周上；顶面和底面的所有点、线段的水平投影都包含在这个圆周内。圆柱的正面与侧面投影分别为两个相同的矩形，矩形的上、下两边分别为圆柱顶面、底面（水平面）的积聚性投影，长度等于圆柱的直径。正面投影中矩形的左、右两边 $a'a'$、$b'b'$ 分别是圆柱面上最左、最右素线 AA、BB 的正面投影。这两条素线把圆柱面分为前半和后半，前半圆柱面的正面投影可见，后半圆柱面的正面投影不可见，因此 $a'a'$、$b'b'$ 称为圆柱面在正面投影的转向轮廓线。这两条素线的水平投影积聚在圆周左、右两点 a、b 上，侧面投影 $a''a''$、$b''b''$ 与细点画线重合，由于圆柱面是光滑过渡的曲面，因此 $a''a''$、$b''b''$ 不需要画出。侧面投影中矩形的两边 $c''c''$、$d''d''$ 是圆柱面上最前、最后素线 CC、DD 的侧面投影，这两条素线把圆柱面分为左、右两半，在侧面投影中左半面可见，右半面不可见，因此 $c''c''$、d''

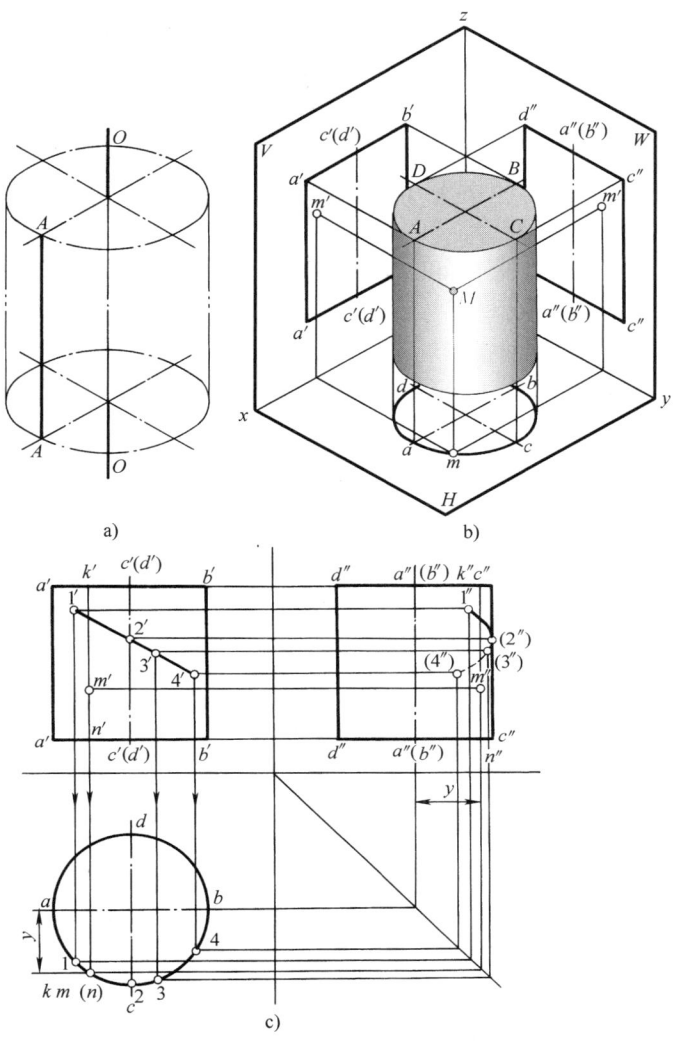

图 6-7 圆柱的投影及表面上取点、取线

d'' 称为圆柱面侧面投影的转向轮廓线。这两条素线的水平投影积聚在圆周前、后两点 c、d 上，正面投影与细点画线重合，同理 $c'c'$、$d'd'$ 不需要画出。作图时一般先画出回转轴线和中心线，再画出积聚性圆（水平投影的圆），最后画出其他两个投影（图 6-7c）。

2. 圆柱表面上取点、线

圆柱面上任一点，必在圆柱面的某一素线上。因此，只要求出该点所在素线的投影，点的投影就确定了。如图 6-7b、c 所示，已知 M 点的正面投影 m'，求 m，m''。可过 m' 作素线 $k'n'$，求得 kn、$k''n''$，便可作出 m 和 m''，这种方法称为辅助素线法。同时也可以通过水平投影的积聚性求得 m 和 m''。由于 m' 为可见，所以 M 点必在前半个圆柱面上，水平投影 m 必定在柱面具有积聚性的前半个圆上，由 m'、m 可求出 m''，由于 M 点在圆柱的左半面上，因此侧面投影 m'' 为可见。

若已知圆柱面上线段的正面投影，求其余两投影。根据圆柱面上线段 ⅠⅡⅢⅣ 的正面投影 $1'2'3'4'$ 判断，该线段为一条曲线（椭圆的一部分），由于 $1'2'3'4'$ 为可见，所以线段 ⅠⅡ

ⅢⅣ在圆柱的前半个面上，因此该线段的水平投影1、2、3、4落在圆柱积聚性圆的前半部分，且均为可见。根据1′、2′、3′、4′和1、2、3、4便可求得1″、2″、3″、4″，依次光滑连接各点的同面投影即得曲线的投影，由于Ⅱ点在圆柱侧面转向轮廓线上，所以2″是线段ⅠⅡⅢⅣ侧面投影的可见和不可见的分界点，线段ⅠⅡ部分在圆柱的左半面，则线段1″2″为可见画成粗实线，而线段ⅡⅢⅣ部分在圆柱的右半面，则线段2″3″4″为不可见，画成细虚线。

二、圆锥

圆锥由圆锥面和底面所围成。圆锥面是一直母线 SA 绕和它相交的轴线 OO 旋转而成的，如图 6-8a 所示。

1. 圆锥的投影

如图 6-8b 所示，圆锥轴线垂直于 H 面，底面为水平面，是一个圆。底面的水平投影反映实形（圆），其正面投影和侧面投影积聚为一直线。圆锥面的水平投影落在底面的圆投影内，它的正面、侧面投影只画出圆锥面对正面和侧面的转向轮廓线的投影，如图 6-8c 所示，正面投影转向轮廓线 s′a′、s′b′为圆锥面的最左、最右两条素线 SA、SB 的投影，侧面投影转向轮廓线 s″c″、s″d″为圆锥面的最前、最后的两条素线 SC、SD 的投影。作图时一般先画出回转轴线和中心线，再画出底面、锥顶的各个投影，然后分别画出其转向轮廓线。

2. 圆锥表面上取点、线

圆锥面上取点可根据圆锥面的形成特性来作图。如图 6-8b、c 所示，已知圆锥面上 M 点的正面投影 m′，可采用下列两种方法求出 M 点的水平投影 m 和侧面投影 m″。

方法一：辅助素线法

过锥顶 S 和 M 点作一辅助线 SⅠ，根据已知条件可以确定 SⅠ的正面投影 s′1′，然后求出它的水平投影 s1 和侧面投影 s″1″

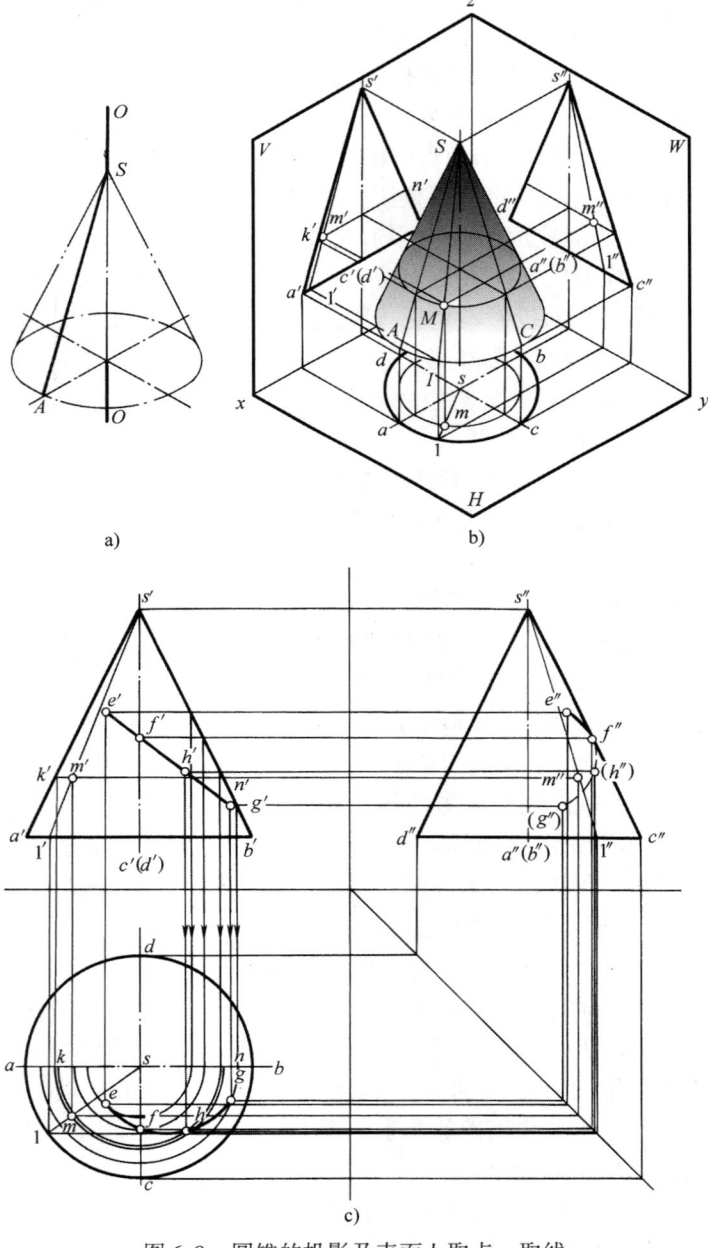

图 6-8 圆锥的投影及表面上取点、取线

$1''$,再根据点在直线上的投影特性由 m' 求出 m 和 m''。

方法二：辅助纬圆法

过 M 点作一平行于底圆的辅助纬圆，该圆的正面投影为过 m' 且平行于 $a'b'$ 的直线 $k'n'$，水平投影为一直径等于 $k'n'$ 的圆，m 必在该圆周上，由 m'、m 求出 m''。

圆锥面上取线，求该线段投影的步骤为：一般先求出该线段上的特殊点（即转向轮廓线上的点、最高点、最低点、最左点、最右点、最前点、最后点和分界点）的三个投影，然后求若干一般点的三个投影，最后根据该线段在曲面上的特性，判别可见性并依次光滑连接即可。如图 6-8c 所示，已知圆锥表面上线段 EG 的正面投影 $e'g'$，求其余两投影。根据已知条件判断，E 点为最高点和最左点，G 点为最低点和最右点，F 点为侧面投影可见与不可见的分界点（转向轮廓线上的点），利用辅助纬圆法（或辅助素线法）求出点 E、F、G 和一般点 H 的水平投影 e、f、g 和 h（f 也可先直接求出 f'' 后得到），依次光滑连接，由于整个圆锥面在水平投影上均为可见，则线段 $EFHG$ 的水平投影为可见，画粗实线。再根据点的投影规律求出点 E、G、F 和 H 的侧面投影 e''、g''、f'' 和 h''，由于 F 点是线段 EG 在侧面投影面上的可见和不可见的分界点，根据投影特性可知，$e''f''$ 曲线段为可见，用粗实线光滑连接，$f''h''g''$ 曲线段为不可见，用细虚线光滑连接。

三、圆球

球由球面围成。球面由圆母线绕其直径为轴线旋转而成，如图 6-9a 所示。

1. 球的投影

如图 6-9b 所示，球的三个投影均为圆，其直径与球的直径相等，但三个投影面上的圆是不同方向轮廓线的投影，正面投影上的圆是平行于 V 面的最大圆 E 的投影（区分球面前

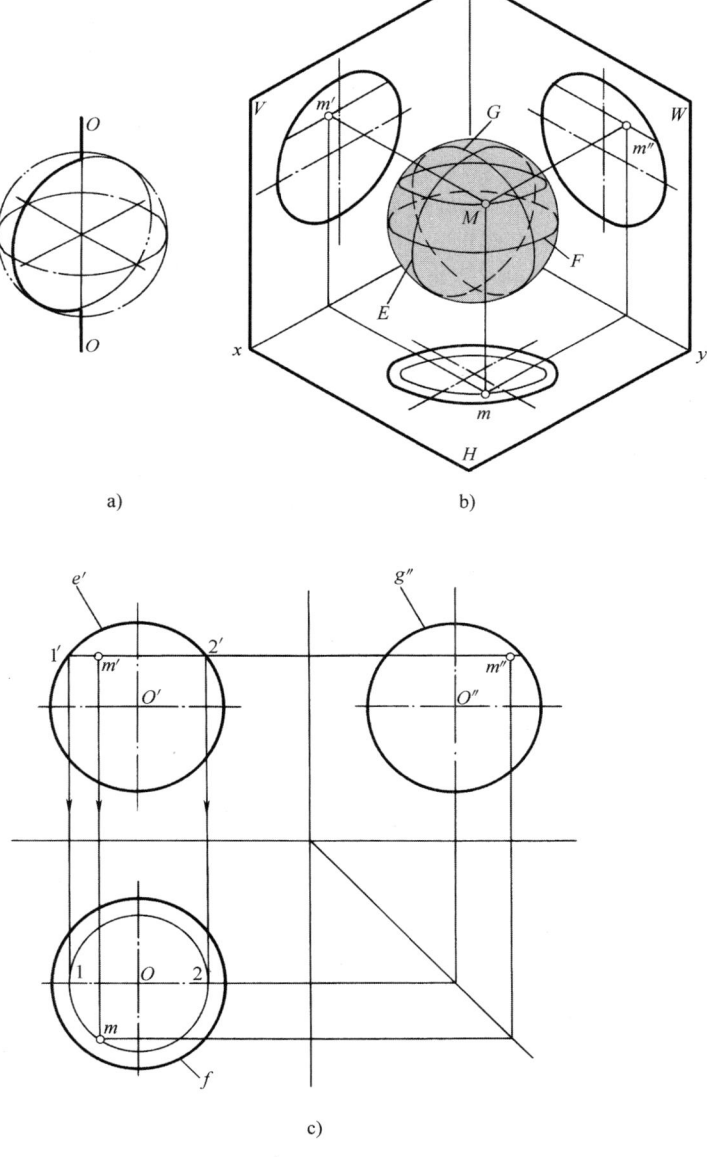

图 6-9 球的投影及表面上取点

后表面的转向轮廓线),水平投影上的圆是平行于 H 面的最大圆 F 的投影(区分球面上下表面的转向轮廓线),侧面投影上的圆是平行于 W 面的最大圆 G 的投影(区分球面左右表面的转向轮廓线)。作图时一般先画对称中心线确定球心的三个投影,然后画出三个与球等径的圆。

2. 球表面上取点、线

如图 6-9b、c 所示,已知球面上 M 点的正面投影 m',要求出其水平投影 m 和侧面投影 m''。可过 M 点作一平行于 H 面的辅助圆(纬圆),它的正面投影为 $1'2'$,水平投影为直径等于 $1'2'$ 的圆,m 必定在该圆上,由于 m' 为可见,所以 M 点在前半个球面上,由 m' 求得 m,然后再求得 m''。当然也可以作平行于 V 面或 W 面的辅助纬圆,由此求得的结果是相同的。

球面上取线的作图步骤与圆锥面上取线的作图步骤相同。

四、圆环

圆环由环面围成。环面是圆母线绕一条与之共面,但不在圆内的轴线旋转而成,如图 6-10a 所示。

1. 圆环的投影

如图 6-10b 所示,圆环轴线垂直 H 面。在正面投影中,左、右两圆是圆环面上平行于 V 面的两个素线圆的投影(区分前、后表面的转向轮廓线);上、下两直线是环面最高、最低圆的投影(区分内外表面的转向轮廓线);在侧面投影中,左、右两圆是平行于 W 面的两个素线圆的投影(区分左、右表面的转向轮廓线);上、下两直线是环面最高、最低圆的投影(区分内外表面的转向轮廓线);在水平投影中,最大和最小圆分别表示圆环上最大、最小纬圆的投影(区分上、下表面的转向轮廓线),其中的细点画线圆是母线圆心运动轨迹。

2. 圆环表面上取点、线

如图 6-10b、c 所示,已知圆环面上 M 点的正面投影 m',可采用过 M 点作平行于水平面的辅助圆(纬圆),求出水平投影 m 和侧面投影 m''。

圆环面上取线的作图步骤

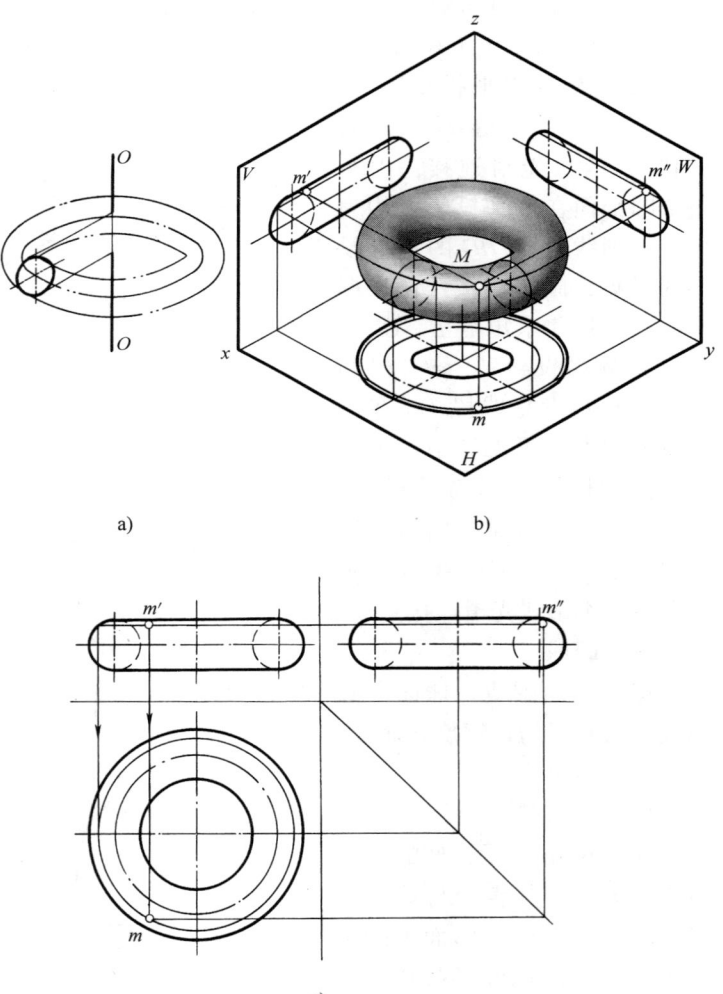

图 6-10 圆环的投影及表面上取点

与圆锥面上取线的作图步骤相同。

五、组合回转体

在工程实际中,有些零件往往由上述圆柱、圆锥、圆球、圆环等全部或部分组合而成。

图 6-11 所示为一阀杆,它的表面由圆柱面、圆环面、平面、圆锥面等组合而成。在画组合回转体时,在不同的投影面上要画出不同的转向轮廓线。对各形体光滑过渡处的轮廓线一般不需画出。

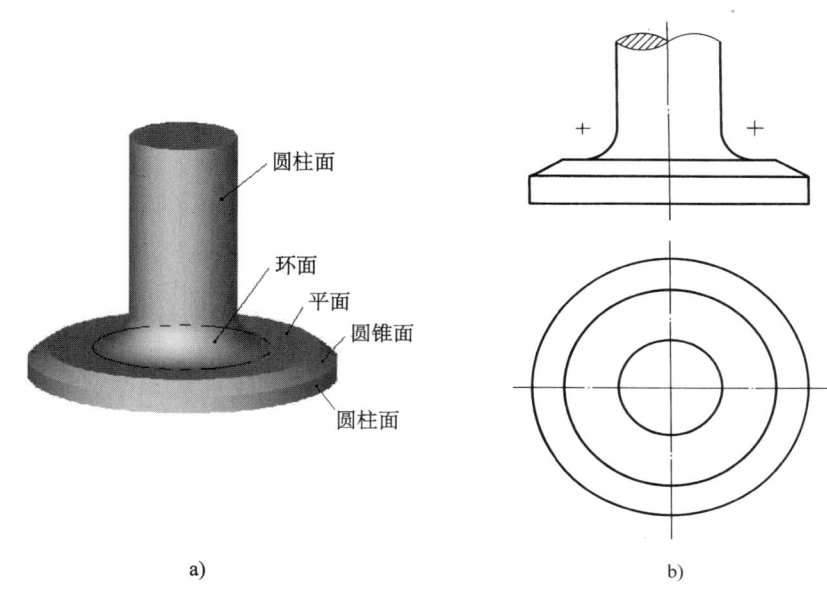

图 6-11 组合回转体(阀杆)的投影
a)立体图 b)投影图

第三节 平面与立体表面相交

平面与立体相交,可以认为是立体被平面截切。因此该平面通常称为截平面,截平面与立体表面的交线称为截交线,截交线围成的平面图形称为截断面,如图 6-12 所示。研究平面与立体相交,其目的是求截交线的投影和截断面的实形。

截交线具有如下的性质:

1) 截交线既在截平面上,又在立体表面上,因此截交线是截平面与立体表面的共有线。截交线上的点是截平面与立体表面的共有点。

2) 由于立体表面是封闭的,因此截交线必定是封闭的图线,截断面是封闭的平面图形。

3) 截交线的形状决定于立体表面的形状和截平面与立体的相对位置。

根据截交线的性质,求截交线可归纳为求截平

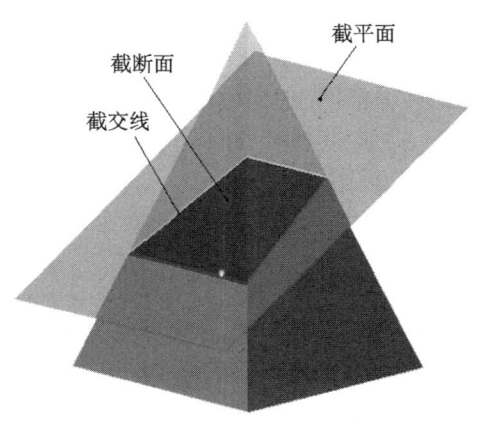

图 6-12 截交线与截断面

面与立体表面的共有点、线的问题。由于物体上绝大多数的截平面是特殊位置平面，因此可利用积聚性原理作出其共有点、线，如果截平面为一般位置平面，也可利用投影变换方法使截平面成为特殊位置平面，因此本章讨论的截平面是特殊位置平面。

一、平面与平面立体相交

平面与平面立体相交所得的截交线是由直线组成的封闭多边形，如图6-12所示。多边形的各边是截平面与立体各相关棱面的交线，多边形的顶点是截平面与立体各相关棱线的交点。求平面立体截交线，实质上是求平面与平面的交线或直线与平面的交点的问题。

例6-1 完成三棱锥截切后的投影并求截断面实形（见图6-13a）。

分析：三棱锥 $SABC$ 被一正垂面 P 所截切，由于 P_V 具有积聚性，所以交线的正面投影与 P_V 重影。

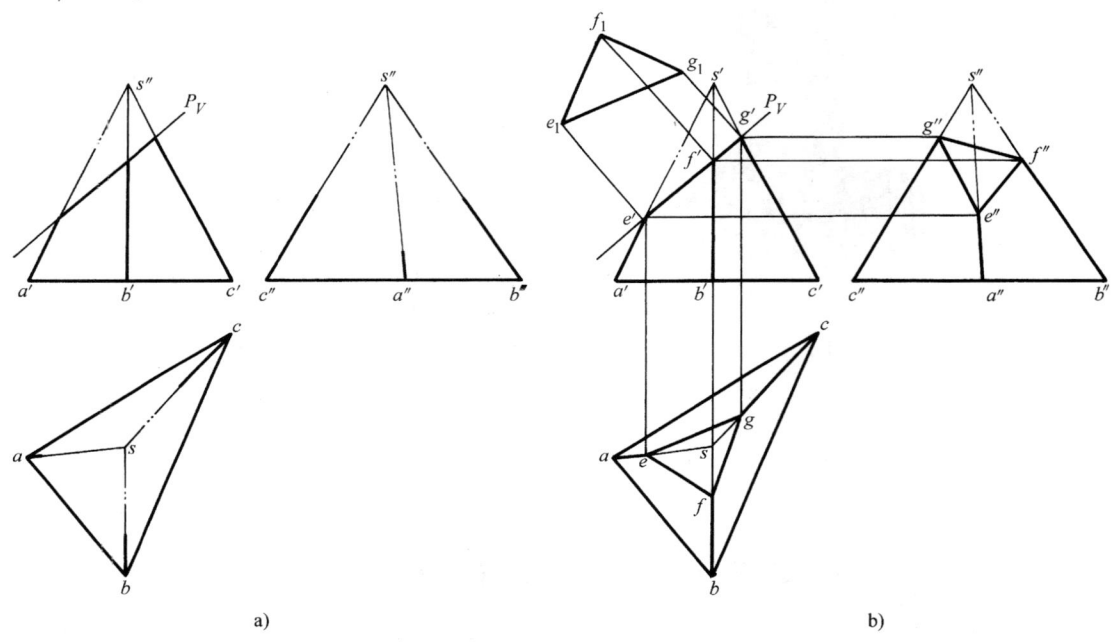

图6-13 平面截切三棱锥

作图（见图6-13b）：

1) P_V 与 $s'a'$、$s'b'$、$s'c'$的交点 e'、f'、g'为截平面与各棱线的交点 E、F、G 的正面投影。

2) 根据线上取点的方法作出其水平投影 e、f、g 及侧面投影 e''、f''、g''。

3) 连接各点的同面投影，这些投影均为可见，故连成粗实线 efg 和 $e''f''g''$，即得截交线的三个投影。

4) 用换面法求得截断面实形 $e_1f_1g_1$。

5) 整理图面，将三棱锥轮廓线分别画至 E、F 和 G 点，完成三棱锥被截切后的三面投影。

例6-2 完成带切口的三棱锥的水平投影和侧面投影（见图6-14a）。

分析：图6-14a所示为带切口的三棱锥，切口由水平截平面和正垂截平面组成，切口的正面投影有积聚性。如图6-14b所示，水平截平面与三棱锥的底面平行，因此它与△SAB棱面的交线ⅠⅡ必平行于底边 AB，与△SAC棱面的交线ⅠⅢ必平行于底边 AC。正垂面分别与△SAB、△SAC棱面交于ⅡⅣ和ⅢⅣ。由于组成切口的两个截平面都垂直于正立投影面，所以两截平面的交线ⅡⅢ一定是正垂线。画出这些交线的投影即完成切口的水平投影和侧面投影。

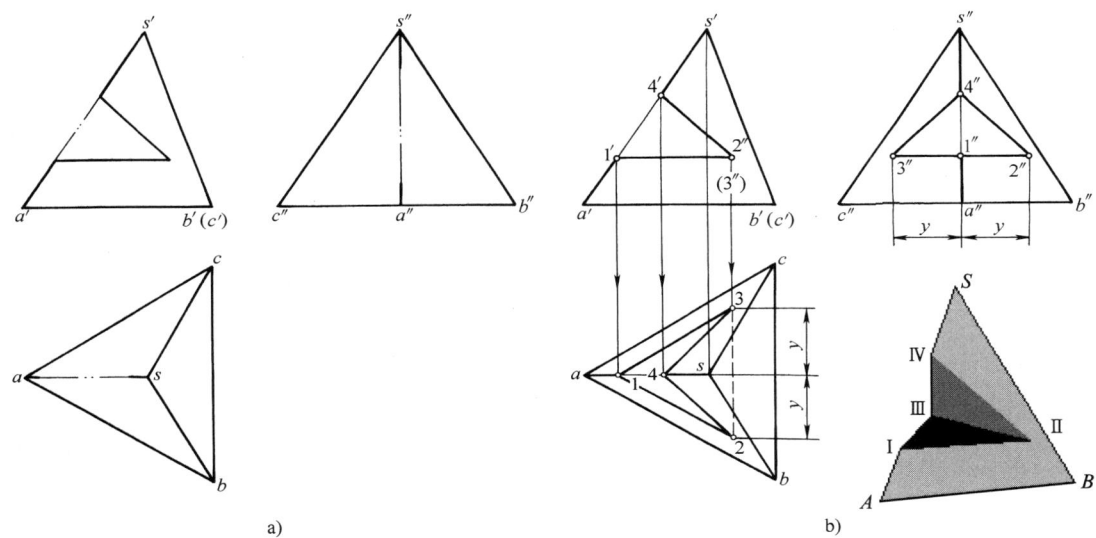

图 6-14 带切口的三棱锥

作图：

1）从 1′在 sa 上作出 1，作 12∥ab、13∥ac，再分别由 2′、3′在 12 和 13 上作出 2、3。由 1′2′和 12 作出 1″2″，1′3′和 13 作出 1″3″。1″2″和 1″3″重合在水平截平面的侧面投影上。

2）从 4′分别在 sa 和 $s″a″$ 上作出 4 和 4″，然后再分别与 2、3 和 2″、3″连成 42、43 和 4″2″、4″3″，即完成切口的水平投影和侧面投影。特别注意组成切口两截平面交线的水平投影 23 不可见，应连成细虚线。

3）整理图面，将 SA 轮廓线分别画至Ⅰ与Ⅳ点，完成三面投影图。

平面立体上的槽和孔，可看作是多个平面截切的结果。这时，只需逐一分析求出平面截切的截交线，即可得到槽与孔的投影。在图 6-15 中，四棱柱被开槽（见图 6-15a）与穿孔（见图 6-15b）的投影，读者可自行分析。

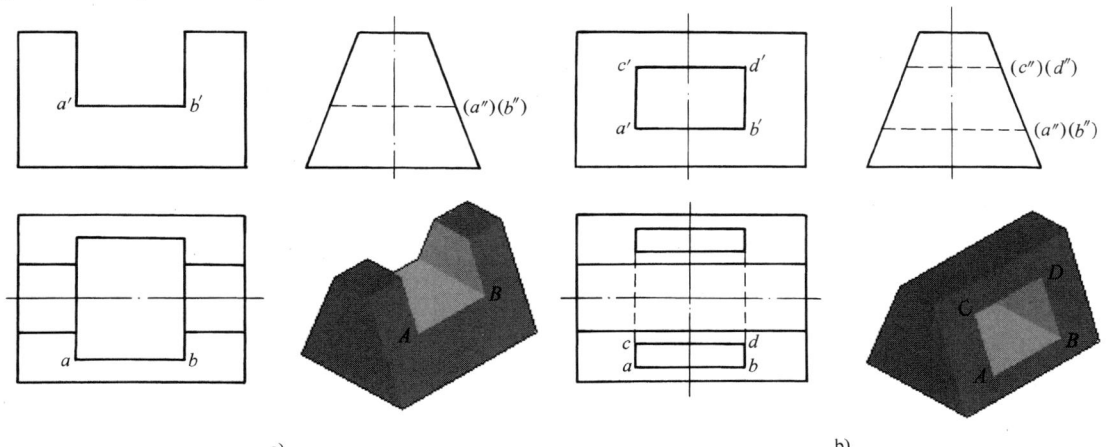

图 6-15 四棱柱体被开槽与穿孔

二、平面与曲面立体相交

1. 平面与圆柱相交

平面与圆柱相交时，因平面与圆柱轴线的相对位置不同而截交线形状有所不同，见表6-1。

表 6-1 平面与圆柱相交

截平面位置	与圆柱轴线垂直	与圆柱轴线倾斜	与圆柱轴线平行
截交线形状	圆	椭圆	矩形
立体图		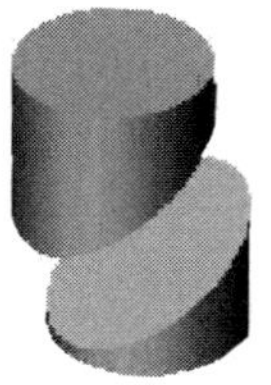	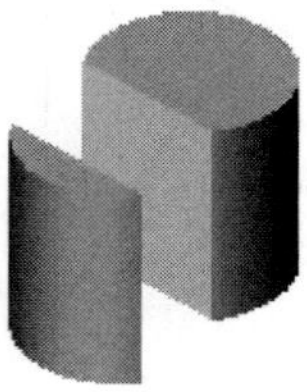
投影图	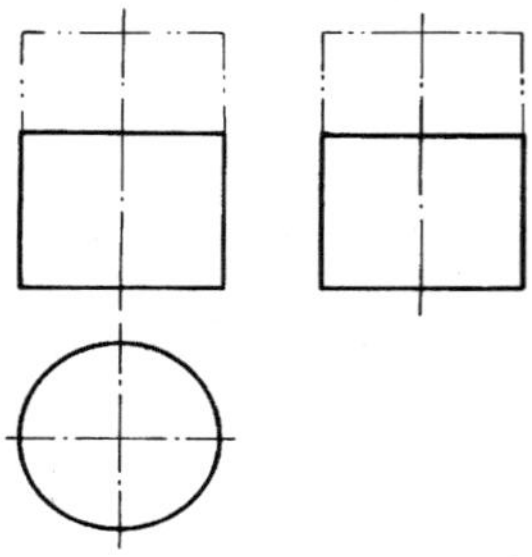	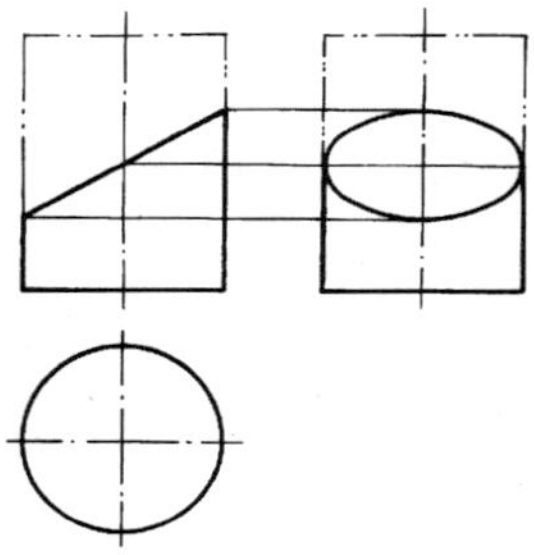	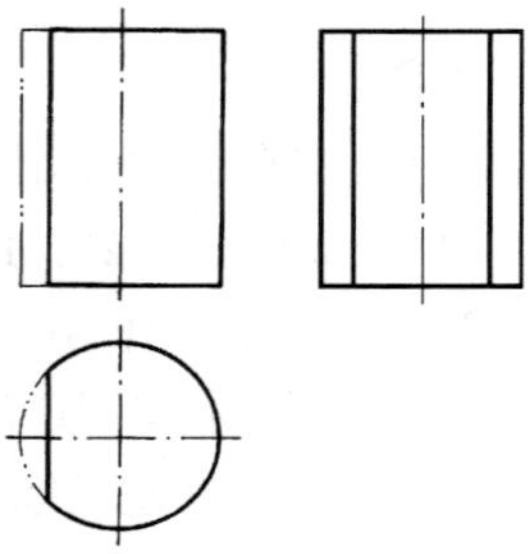

当截平面垂直于轴线时，截交线是一个直径等于圆柱直径的圆；倾斜于轴线时，截交线是椭圆，其大小和形状随平面对轴线的倾斜程度而改变；平行于圆柱轴线时，截交线是矩形。

例 6-3 已知圆柱被一正垂面截切，求截交线的投影（见图6-16）。

分析：圆柱轴线为侧垂线，截平面与轴线倾斜，交线为一椭圆，椭圆的正面投影与截平面的正面投影重合，即积聚成一直线，椭圆的侧面投影积聚在圆周上，而水平投影仍是椭圆，但不反映实形。因此，可先在截交线有积聚性的投影上确定椭圆上一系列点的位置，然后求出这些点的其余投影，用曲线板依次光滑连接各点即得交线的投影。

作图：

1) 求特殊点：最高点Ⅰ、最低点Ⅱ在圆柱的最上、最下轮廓线上，它们也是椭圆上最右、最左点；最前点Ⅲ、最后点Ⅳ在圆柱的最前、最后轮廓线上。

2) 求一般点：为使作图精确，尽可能均匀地确定椭圆上的一般点。先在截交线的正面投影上定下Ⅴ、Ⅵ、Ⅶ、Ⅷ点的正面投影5′、6′、7′、8′，则它们的侧面投影5″、6″、7″、8″必在圆周上，再求水平投影5、6、7、8。

3) 依次光滑连接各点，注意可见性，整理并加深轮廓线，完成全图。

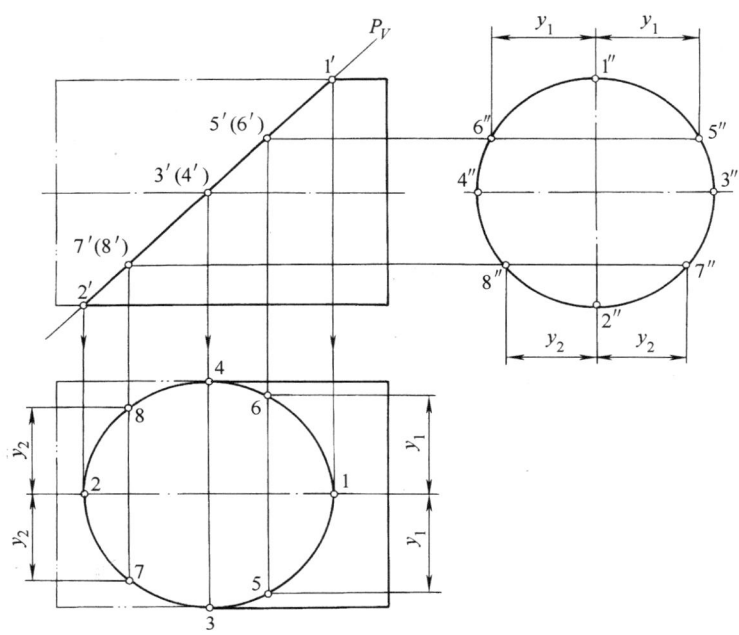

图 6-16 平面与圆柱相交求截交线

应当注意，空间椭圆的长、短轴不一定再是椭圆投影的长、短轴，它们随着截平面与圆柱轴线的倾斜程度而变化。当截平面与轴线夹角为 45°时，椭圆的投影变成圆。

图 6-17 所示为冲模切刀上的截交线的投影。切刀头部的形状可认为由平面截切圆柱面而成。刀头的前部被一个平行于圆柱轴线的平面切去一块，它与圆柱面的截交线为一矩形（平行直线）。刀刃部分由两个对称的平面斜切而成，截交线为两个不完整的椭圆。

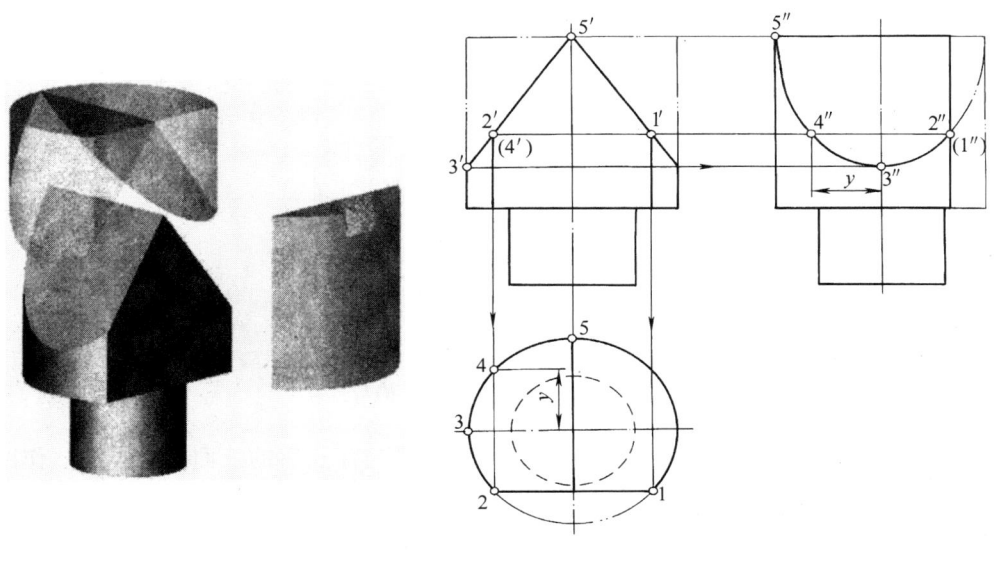

a)　　　　　　　　　　　　　　　b)

图 6-17　冲模切刀的截交线

a）立体图　b）投影图

图 6-18 所示为常见的圆柱体被切割、开槽与挖切的情况。

图 6-18a 所示圆柱体的左、右被对称切割，先作出切割后的正面投影与水平投影。侧平面 P 的水平投影 p 与圆的交点 a（b）即为截平面 P 与圆柱面前交线的水平投影，按投影规律作出交线 AB 在侧面投影面上的投影 $a''b''$。同理，作出截平面 P 与圆柱面后交线的投影，从而完成圆柱体被切割后的侧面投影。

图 6-18b、c 分别表示圆柱体被开槽与穿孔，其交线 AB 的求法与图 6-18a 所示基本相同。但必须注意，在侧面投影面上的开槽与穿孔部位处，圆柱的转向轮廓线由于开槽和穿孔而不存在了。

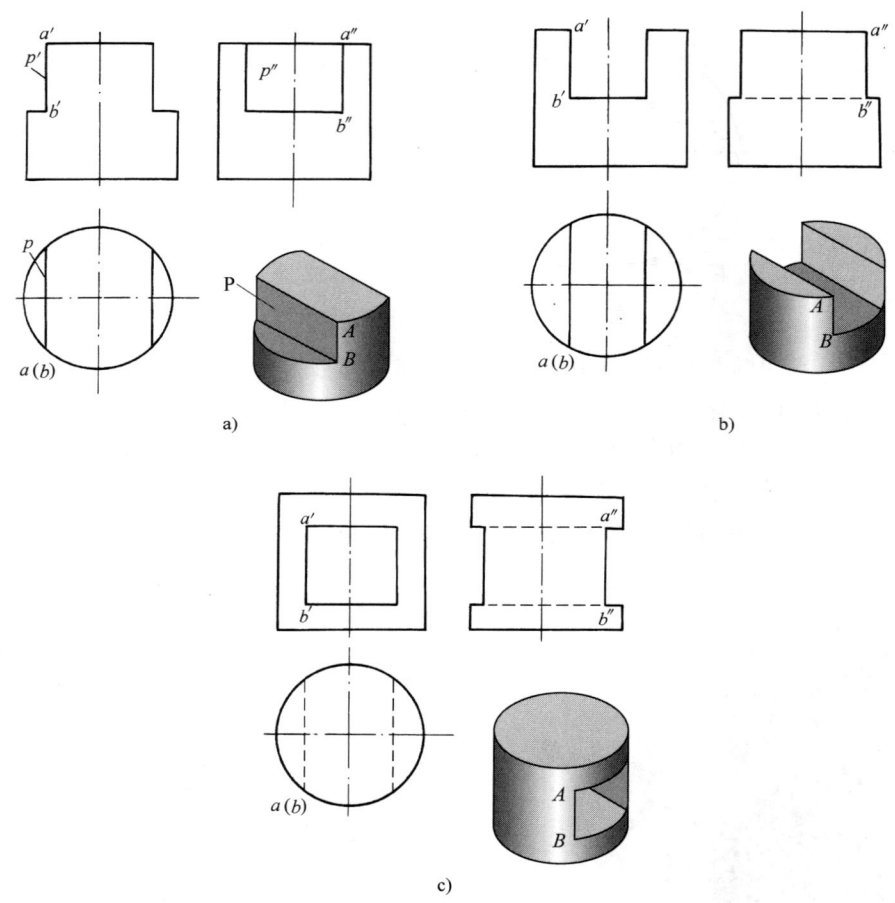

图 6-18　圆柱体被切割、开槽与穿孔

图 6-19a、b、c 分别表示空心圆柱体被切割、开槽与穿孔后的三面投影画法。作图时应分别作出切割平面与外圆柱表面及内圆柱表面（即圆柱孔）的交线 AB 及 CD 的投影，其作法与图 6-18 相似。读者可对照轴测图仔细分析内、外圆柱面的交线求法，分析在侧面投影上，圆柱的转向轮廓线是否存在？

2. 平面与圆锥相交

平面与圆锥相交时，根据截平面对圆锥轴线的位置不同，截交线有 3 种形状，见表 6-2。

第六章 基本立体的投影

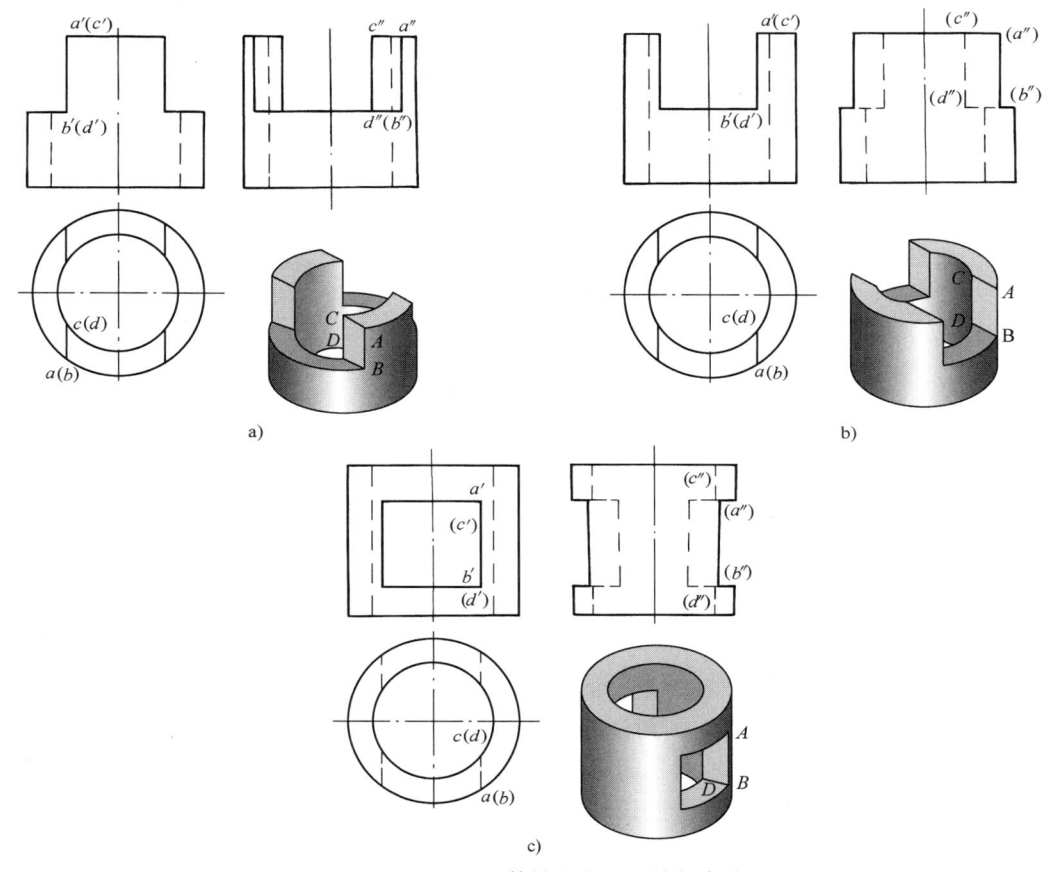

图 6-19 空心圆柱体被切割、开槽与穿孔

表 6-2 平面与圆锥相交

截平面位置	垂直于轴线	倾斜于轴线 α < γ	平行于一条素线 α = γ
截交线形状	圆	椭圆	抛物线和直线段
立体图			
投影图			

（续）

截平面位置	平行于轴线 $\alpha = 90°$ 或 $\alpha > \gamma$	过锥顶
截交线形状	双曲线和直线段	等腰三角形
立体图		
投影图		

如图 6-20 所示，一直立圆锥被正垂面截切。该截平面倾斜于圆锥轴线，且圆锥素线与 H 面的倾角大于截平面对 H 面的倾角，因此截交线为一椭圆。由于圆锥前后对称，所以椭圆也一定前后对称。椭圆的长轴就是截平面与圆锥前后对称面的交线（正平线），其端点在最左、最右素线上。而短轴则是通过长轴中点的正垂线。截交线的正面投影积聚为一直线，其水平投影和侧面投影通常也为一椭圆，它的作图步骤如下：

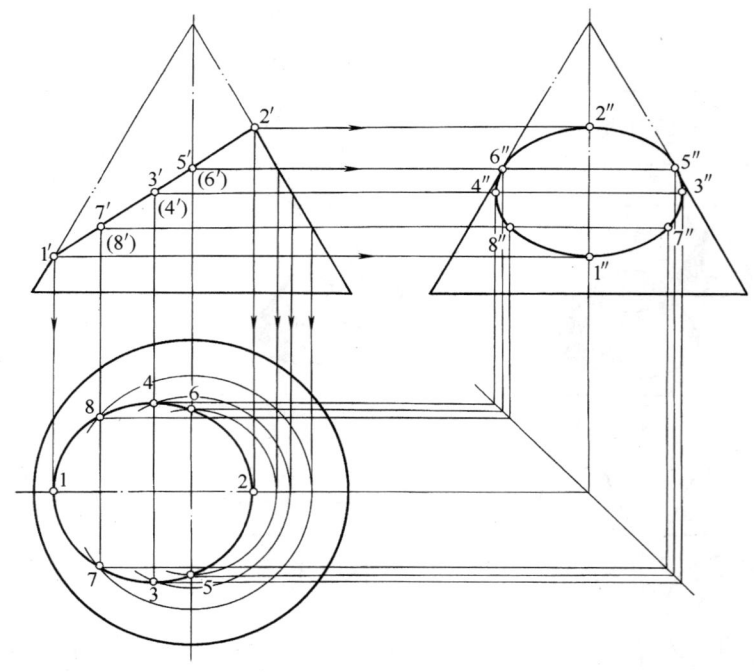

图 6-20 正垂面与圆锥相交

1)求特殊点。在截平面和圆锥面最左、最右素线正面投影的交点处作出 1′、2′,由 1′、2′ 可求出 1、2 和 1″、2″;1′2′、12 和 1″2″ 就是空间椭圆长轴的三面投影。

取 1′2′ 的中点 3′(4′),即为空间椭圆短轴有积聚性的正面投影。过 3′(4′) 按圆锥面上取点的方法作辅助水平圆,作出该水平圆的水平投影,在其上求得 3、4,再由此求得 3″、4″。3′(4′)、34 和 3″4″即为空间椭圆短轴的三面投影。

2)求一般点。为了准确地画出截交线,在上半椭圆和下半椭圆上,分别取对正面投影重影的Ⅴ、Ⅵ和Ⅶ、Ⅷ点。即先在截交线的正面投影上定出 5′、6′和 7′、8′,再分别作两个水平辅助圆,求出 5、6 和 7、8,并由此求得 5″、6″和 7″、8″。特别要注意的是由于Ⅴ和Ⅵ是最前和最后素线上的点,因此 5″、6″是截交线侧面投影与圆锥面侧面投影转向轮廓线的切点。

3)依次光滑连接各点,即得截交线的水平投影和侧面投影,整理并加深轮廓线,完成全图。由图可见,12、34 分别为水平投影椭圆的长短轴,3″4″、1″2″分别为侧面投影椭圆的长短轴。

图 6-21 所示为一侧垂轴线的圆锥被一水平面所截切。由于截平面平行于圆锥轴线,所以截交线为双曲线。它的正面投影与侧面投影均积聚为一直线,其水平投影反映实形,作图步骤如下:

1)求特殊点。最左点Ⅲ的水平投影 3 可由正面投影 3′直接求出;最右点Ⅰ、Ⅴ在圆锥底圆上,可由侧面投影 1″、5″根据投影规律作出水平投影 1、5。

2)求一般点。Ⅱ、Ⅳ是截交线上任意两点,其正面投影为 2′与 4′,根据圆锥面上取点的方法作辅助纬圆(也可过锥顶作辅助素线),在侧面投影上求出 2″、4″,然后根据两投影求出水平投影 2、4。同理,可作出其他一般点。

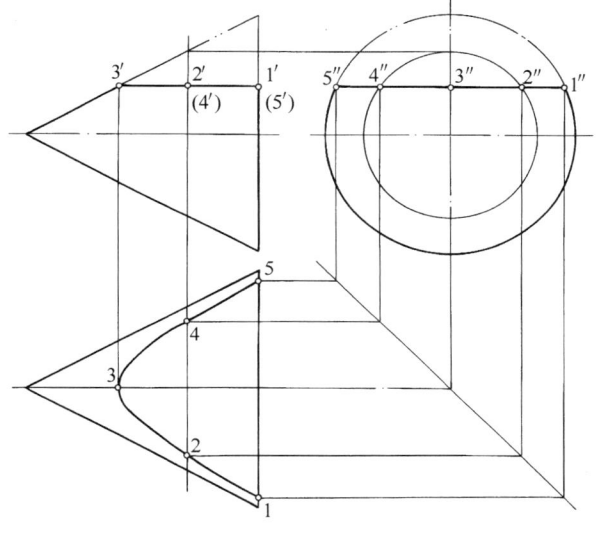

图 6-21 水平面与圆锥相交

3)依次光滑连接各点,即得截交线的水平投影。

图 6-22 所示为一磨床顶尖。其头部由圆锥和圆柱两部分组成,为了避免砂轮在进刀、退刀时与顶尖相撞,顶尖的上面和前面都铣去一部分,可以把它分别看作被侧平面 P、水平面 Q 和正平面 S 截切。截平面 P 垂直于顶尖的轴线,因此截交线是圆的一部分;截平面 Q、S 平

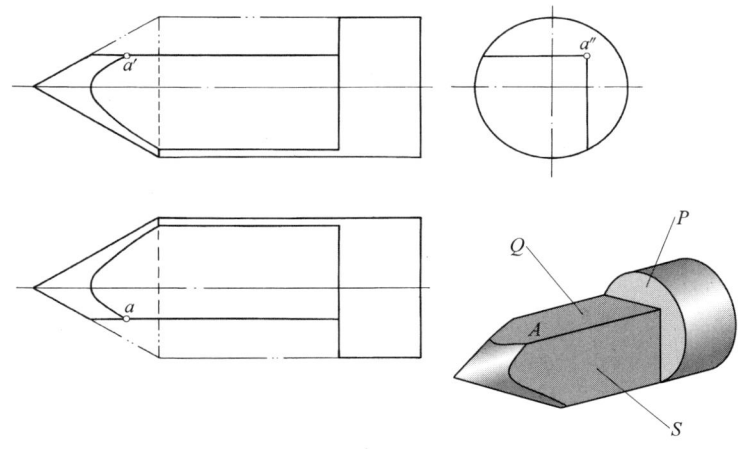

图 6-22 磨床顶尖的截交线

行顶尖的轴线，因此圆柱部分截交线为两条平行直线，圆锥部分的截交线为两条不完整的双曲线。两双曲线的交点 A 的侧面投影 a″ 可首先确定，然后可根据圆锥面上取点的方法确定 a′ 和 a，其他作图方法与图 6-21 相同。

3. 平面与圆球相交

平面与圆球相交所得的截交线都是圆。如果截平面是投影面平行面，则在该投影面上的投影为圆的实形，其他两投影积聚成直线，长度等于圆的直径，如图 6-23 所示。如果截平面是投影面垂直面，截交线在该投影面上的投影为一直线，其他两投影均为椭圆。

图 6-24 所示为圆球被正垂面截切，截交线的正

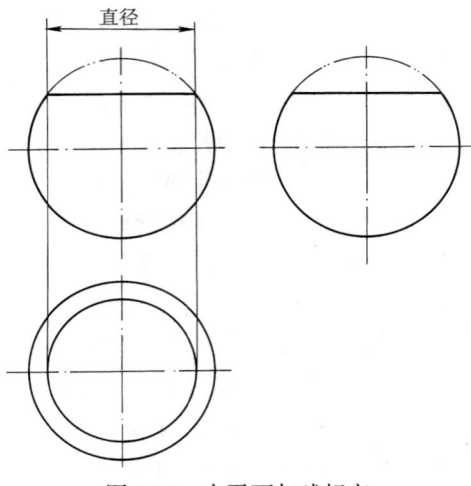

图 6-23 水平面与球相交

面投影积聚为一直线，且等于截交圆的直径，水平投影为一椭圆，它的作图步骤如下：

1) 求特殊点。确定椭圆长、短轴的端点 1、2、3、4。在正面投影上作出 1′、2′ 两点，在 1′2′ 中点处作出 3′、4′ 两点。由于 Ⅰ、Ⅱ 两点在球面平行于 V 面的最大圆上，由 1′、2′ 点即可求出 1、2 两点。过 Ⅲ、Ⅳ 两点在球面上作水平圆，即可得 3、4 两点（见图 6-24a）。

2) 求一般点。确定截交线水平投影与轮廓线的交点 5、6。由于 Ⅴ、Ⅵ 两点在球面平行与 H 面的最大圆上，由此找出 5′、6′ 两点，由 5′、6′ 即可求出水平投影 5、6。在适当位置上作点 Ⅶ、Ⅷ，用辅助水平圆求出 7、8（见图 6-24b）。

3) 依次光滑连接。按点的排列顺序，连成光滑曲线，并注意可见性（见图 6-24c）。

4) 整理并加深轮廓线。

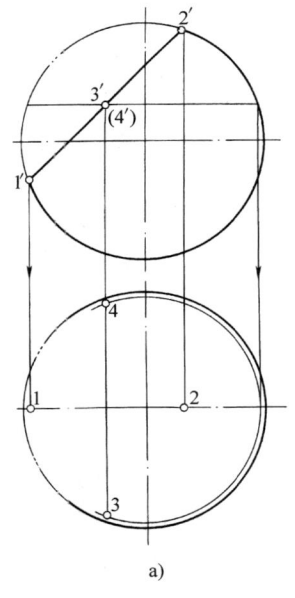

a)

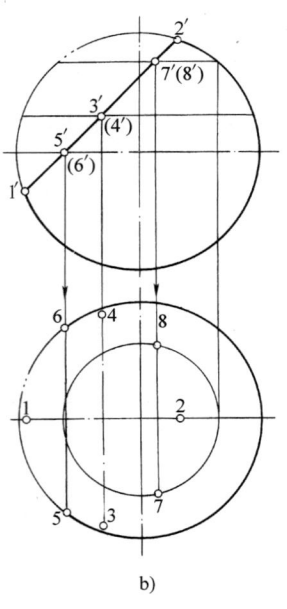

b)

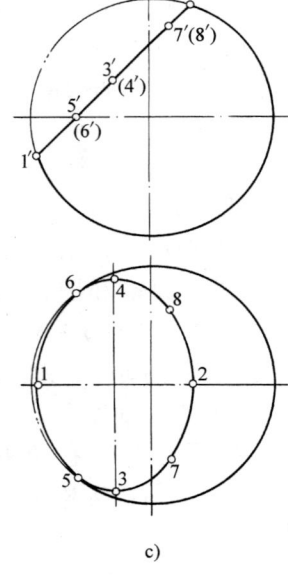

c)

图 6-24 正垂面与球相交

4. 平面与圆环相交

图 6-25 所示为一铅垂面 P 与内环面相交。由于截平面与环面轴线平行,因此截交线为四次曲线,从水平投影看出,P_H 与顶圆和底圆相交,但并没与喉圆相交,说明截交线由上、下两支曲线组成。其水平投影积聚为一直线,正面投影为两支四次曲线。作图步骤如下:

1)求特殊点。根据在回转面上取点的方法求出其正面投影。下支截交线的最低点 Ⅰ、Ⅴ 的水平投影 1、5 即为 P_H 与环面底圆的水平投影的交点,由此可求出 $1'$、$5'$。上支截交线的最高点 Ⅶ、Ⅸ 的水平投影 7、9 即为 P_H 与环面顶圆的水平投影的交点,由此可求出 $7'$、$9'$。当辅助圆的直径最小时,则可确定曲线上点的极限位置。为此可从 O 点作 P_H 的垂线得 $O3$,作出以 $O3$ 为半径的辅助圆的水平截平面的正面投影 T_V 和 S_V,则下面一支截交线上最高点 Ⅲ 的正面投影 $3'$ 必定在 T_V 上。同理,可作出上面一支截交线的最低点 Ⅷ 的正面投影 $8'$。

曲面的转向轮廓线 AB 与截平面 P 的交点 Ⅵ,其水平投影 6 为 ab 与 P_H 的交点,其正面投影 $6'$ 即在正面转向轮廓线 $a'b'$ 上,它是截交线正面投影上的可见部分与不可见部分的分界点。

2)求一般点。如在 P_H 上任取一点 2,则截交线上 Ⅱ 点在环面上。因此以 O 为圆心、$O2$ 为半径作辅助圆(与 V 面转向轮廓线相交于 M 点),以 m 作 m',作辅助圆的正面投影,求得 $2'$。同时可求得 4 与 $4'$。

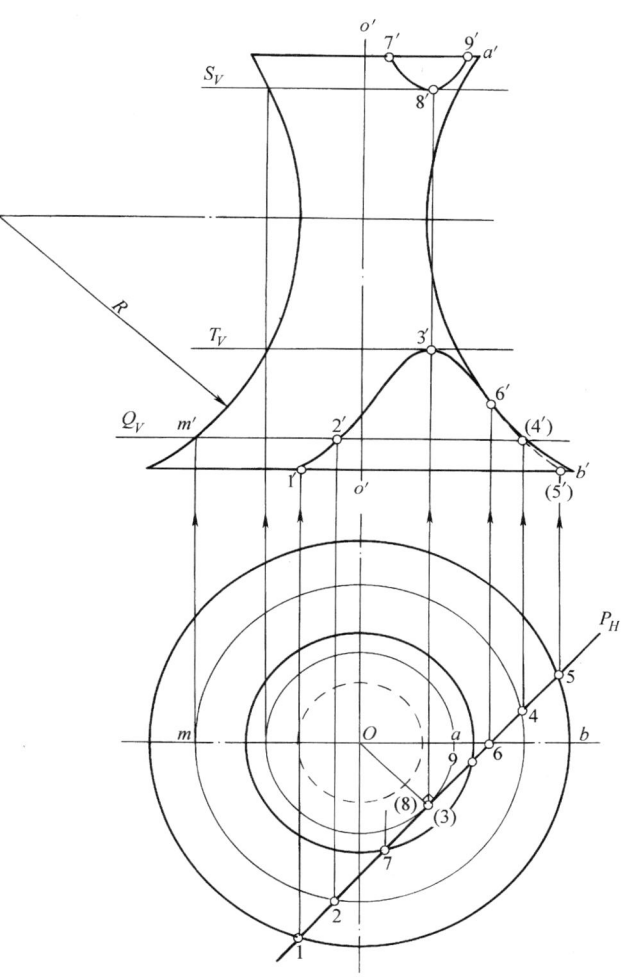

图 6-25 平面与内环面相交

3)依次光滑连接各点。上支截交线的正面投影全部可见,$7'8'9'$ 连成光滑的粗实线。下支截交线中,由于 $6'$ 是截交线正面投影上的可见部分与不可见部分的分界点。处在前半环面上的截交线 ⅠⅡⅢⅥ 为可见的,$1'2'3'6'$ 画成粗实线,后半环面上的截交线 ⅥⅣⅤ 是不可见的,$6'4'5'$ 应画成细虚线,加深并整理轮廓线,完成全图。

本例截交线两支,如内环面扩大后,则这两支曲线必定是上、下对称的。

5. 平面与组合回转体相交

组合回转体由若干基本回转体组成。作图时首先要分析各部分的曲面性质,然后按照它的几何特性确定其截交线形状,再分别作出其投影。

图 6-26 所示为一连杆头,它的表面由轴线为侧垂线的圆柱面、圆锥面和球面组成。前

后被正平面对称截切，球面部分的截交线为圆弧；圆锥面部分的截交线为双曲线；圆柱面部分未被截切。作图时先要在图上确定球面与圆锥面的分界线。从球心 o' 作圆锥面正面转向轮廓线的垂线得交点 a'、b'，连线 $a'b'$ 即为球面与圆锥面的分界线。以 o' 为圆心、$o6$ 为半径画圆弧，即为球面的截交线。该圆弧与 $a'b'$ 线相交于 $1'$、$5'$ 点，即为截交线上圆弧与双曲线的结合点。然后按照图 6-21 的方法画出圆锥面的截交线，即完成连杆头的正面投影。

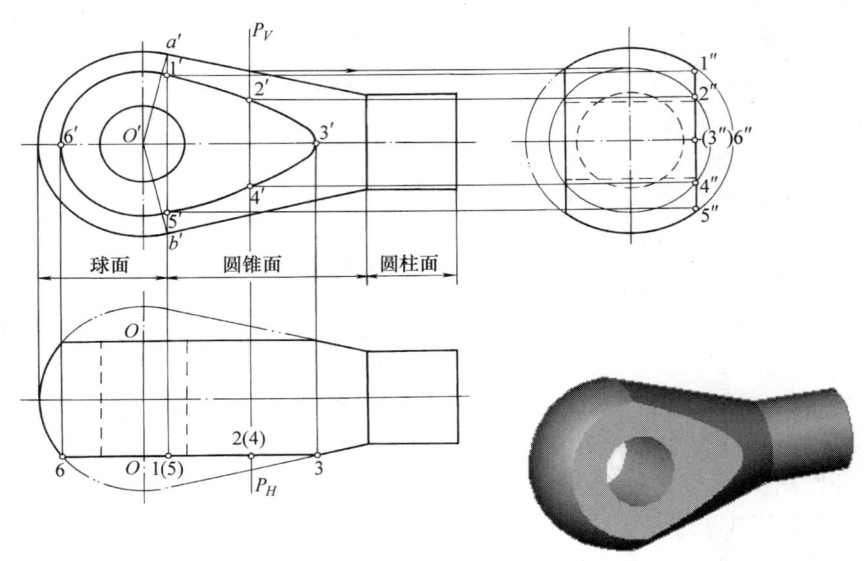

图 6-26　平面与组合回转体（连杆头）的截交线

第四节　两曲面立体表面相交

一、求两曲面立体相贯线

两曲面立体表面相交所得的交线称为相贯线，如图 6-27 所示。相贯线是两曲面立体表面的共有线，也是两相交曲面立体的分界线。相贯线通常为封闭的空间曲线，特殊情况下也可能是平面曲线或直线。求相贯线的常用方法是利用积聚性法和辅助平面法，条件适当时，也可用辅助球面法。需要指出：在学习相贯线画法的同时，要多注意观察各种常见立体相交的实例，了解相贯线的形状和趋势，增加对相贯线的感性认识，从而掌握求相贯线的方法。

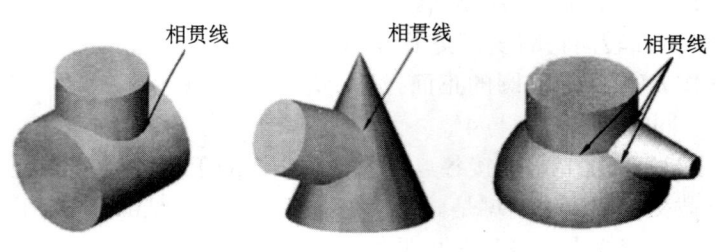

图 6-27　相贯线

1. 积聚性法

当相交的两曲面立体表面的某一投影具有积聚性时，相贯线的一个投影必积聚在这个有积聚性的投影上。相贯线的其他投影可根据表面取点的方法求出。

例 6-4 求作轴线正交的两圆柱表面的相贯线，如图 6-28 所示。

分析：首先判断什么立体相交，预见相贯线的形状。该例题为两轴线正交的圆柱相交，相贯线是封闭的空间曲线，且前后、左右对称。相贯线的水平投影与直立圆柱面水平投影的圆重合，其侧面投影与水平圆柱面侧面投影的一段圆弧重合，需要求作的是相贯线的正面投影，可以根据积聚性利用表面取点的方法作出。由于两圆柱轴线相交且其公共对称面平行 V 面，因此相贯线的正面投影为双曲线。

作图：

1）求特殊点（确定相贯线的范围）。由于两圆柱的正面投影转向轮廓线处于同一正平面上，故可直接求得 A、B 两点的投影。点 A 和点 B 是相贯线的最高点（也是最左和最右点），其正面投影为两圆柱正面转向轮廓线的交点 a' 和 b'。点 C 和点 D 是相贯线的最前点和最后点（也是最低点），其侧面投影为直立圆柱的侧面转向轮廓线的侧面投影与水平圆柱面的侧面

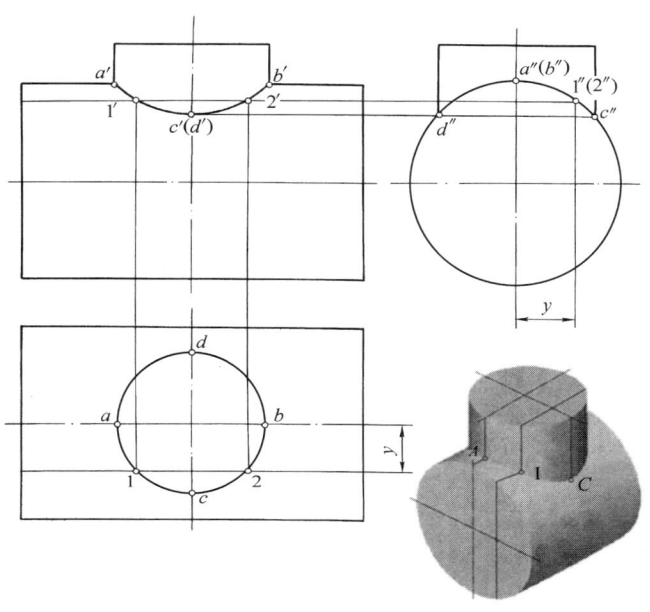

图 6-28 两轴线正交圆柱的交线

投影圆的交点 c'' 和 d''。而水平投影 a、b、c、d 均在直立圆柱水平投影的圆上。由 a'、b' 和 a、b 求得侧面投影 $a''b''$；由 c、d 和 c''、d'' 求得正面投影 c' 和 d'。

2）求一般点（确定相贯线的弯曲趋势）。在水平圆柱的侧面投影上取 $1''$、$2''$，根据相贯线的共有线特性知道，$1''$、$2''$ 也在直立圆柱面上，即在水平投影的圆上，根据投影特性得出 1、2 和 $1'$、$2'$。

3）依次光滑连接并判别可见性。因相贯线前后对称，相贯线正面投影的可见部分与不可见部分重影。故将其正面投影依次光滑连成粗实线，水平投影和侧面投影分别积聚在圆和圆弧上。

4）整理并加深轮廓线。将相贯体的转向轮廓线的投影绘制到相应位置，并注意可见性。

讨论：

（1）两轴线正交的圆柱 两轴线正交的圆柱，是机器零件上最常见的情况，它的交线形状和特殊点，读者必须对它十分熟悉。在图 6-29 所示位置，正面投影中的相贯线采用了近似画法画出，即以大圆柱的半径作圆弧代替交线的投影。

（2）交线的产生 交线可以由下列三种情形相交产生：两实心圆柱相交（见图 6-30a）；一实心圆柱与一空心圆柱相交（见图 6-30b）；两空心圆柱相交（见图 6-30c）。

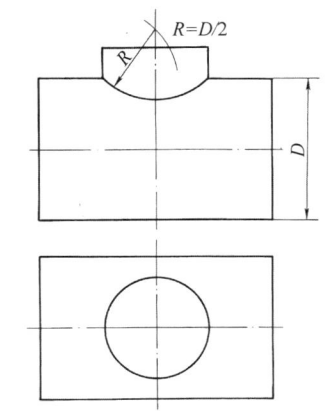

图 6-29 两轴线正交圆柱交线的近似画法

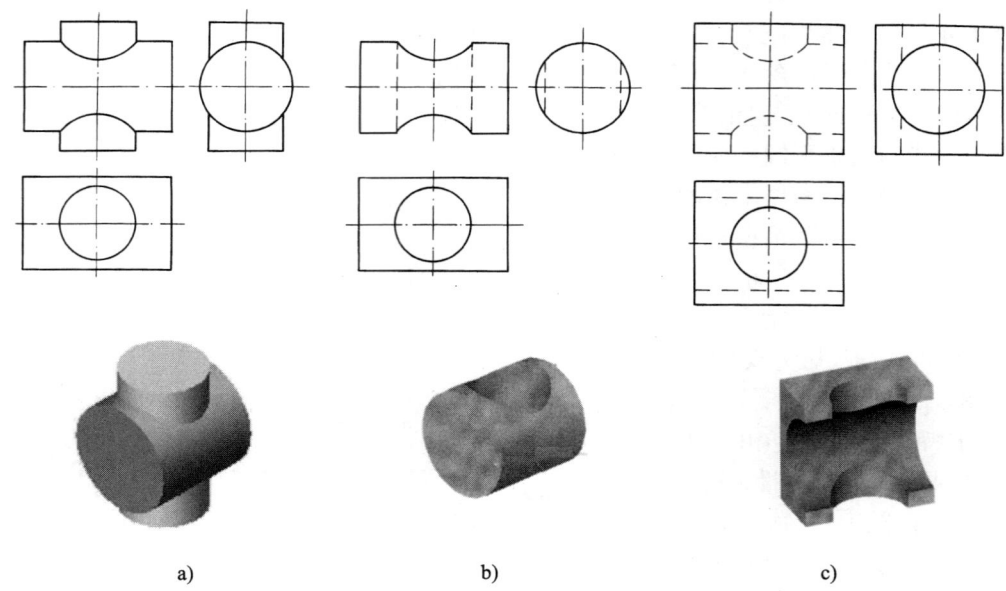

图 6-30 产生交线的三种情况

a）两实心圆柱相交　b）实心圆柱与空心圆柱相交　c）两空心圆柱相交

从表象上看，有的是圆柱（实心），有的是圆孔（空心），但它们都是圆柱面。这些圆柱面有的表现为外表面，有的表现为内表面。只要有两个圆柱面相交，就一定有交线产生。只要相交曲面的表面形状、直径大小、轴线相对位置不变，则交线的形状和特殊点以及求作方法完全相同。但交线的可见性需倍加注意，如图 6-30 所示。

（3）交线的变化　从图 6-31 可以看出，当两圆柱正交时，若小圆柱逐渐变大，则交线

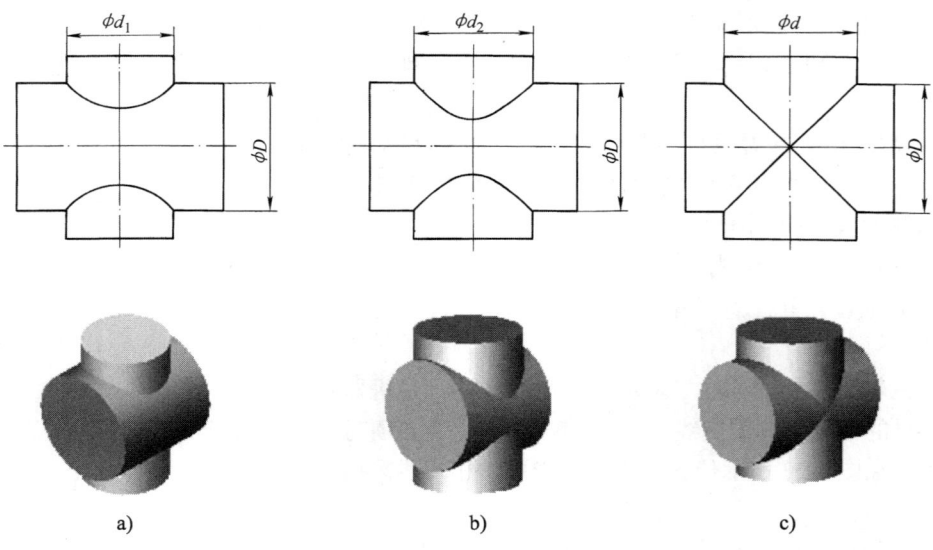

图 6-31 两圆柱正交时交线的变化

a) $D > d_1$　b) $D > d_2 > d_1$　c) $D = d$

越弯曲；但这时交线的性质没有变化，还是两条空间曲线，只是发生一些量变罢了，它们的正面投影仍是曲线。但是当两圆柱的直径相等时，却由量变引起质变，这时交线从两条空间曲线变为两条平面曲线（椭圆），它们的正面投影成为两条相交直线（见图 6-31c）。

两相交圆柱的相对位置不同，交线的形状也随之而异。如图 6-32 所示，当两圆柱的轴线由垂直相交逐渐分开时，交线从两条空间曲线逐渐变为一条空间曲线的情况。这种情况在零件上常能遇到，读者应该在学习过程中逐步熟悉。

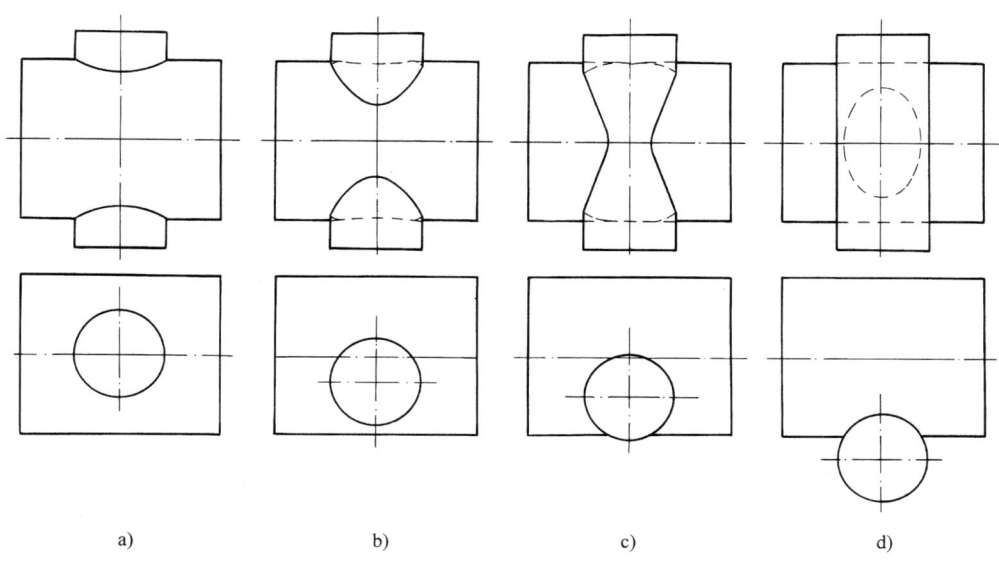

图 6-32 两圆柱偏交时交线的变化

2. 辅助平面法

求两曲面立体相贯线比较常用的方法是辅助平面法。辅助平面的选择原则为辅助平面与两曲面立体的交线的投影都是最简单的图线，如直线或圆。以下举例说明。

例 6-5 求圆柱与球的相贯线（见图 6-33a）。

分析：图 6-33a 所示为水平圆柱与半球相交，其公共对称面平行于正立投影面，故相贯线前后对称。相贯线的正面投影为抛物线，侧面投影积聚于水平圆柱的侧面投影圆上，水平投影为四次曲线。若选择与圆柱轴线平行的水平面（或正平面）作为辅助平面，这时平面与圆柱面的交线为一对平行直线，与球面的交线为圆（或圆弧）；若选择与圆柱轴线相垂直的侧平面作为辅助平面，这时平面与圆柱面、球面的交线分别为圆或圆弧。

作图（见图 6-33b）：

1）求特殊点。Ⅰ、Ⅳ分别为相贯线上的最高点（最右点）和最低点（最左点），可以直接求出。Ⅲ、Ⅴ分别是相贯线上的最前点和最后点，可取通过圆柱轴线的水平面 Q 作为辅助平面，它与圆柱面相交为最前和最后素线，与球面相交为圆，它们的水平投影相交在 3、5 点，即为相贯线水平投影的可见部分与不可见部分的分界点，其正面投影为 3′、5′。

2）求一般点。取水平面 P 作为辅助平面，它与圆柱面相交为一对平行直线，与球面相交为圆，直线与圆的水平投影的交点 2、6 即为共有点 Ⅱ、Ⅵ 的水平投影，由此可求出正面投影 2′、6′，这是一对对称点的重影。

3) 依次光滑连接各点。其连接原则是：如果两曲面的两个共有点分别位于一曲面的相邻两素线内，同时也分别在另一曲面的相邻两素线内，则这两点才能相连。如图 6-33b 所示的连接顺序为 Ⅰ-Ⅱ-Ⅲ-Ⅳ-Ⅴ-Ⅵ-Ⅰ。

4) 判别可见性。其原则是：相贯线同时位于两个立体的可见表面时，其投影才可见；否则不可见。Ⅲ-Ⅳ-Ⅴ 在圆柱的下半部分，其水平投影为不可见，3-4-5 画成细虚线，其余线段画成粗实线。

5) 整理并加深轮廓线。正面投影 1′4′之间不画球面正面转向轮廓线的投影，圆柱的水平转向轮廓线的投影画到 3、5 点处。位于圆柱下面的球的轮廓线不可见，画成细虚线。

例 6-6 求圆柱与圆柱斜交的相贯线（见图 6-34）。

分析：图 6-34a 所示为两圆柱斜交，其公共对称面平行 V 面，故相贯线前后对称，相贯线的正面投影为双曲线；它的侧面投影与水平圆柱的侧面投影重合，水平投影为四次曲线。选择与两轴线平行的正平面作为辅助平面，它与两圆柱的交线均为矩形。

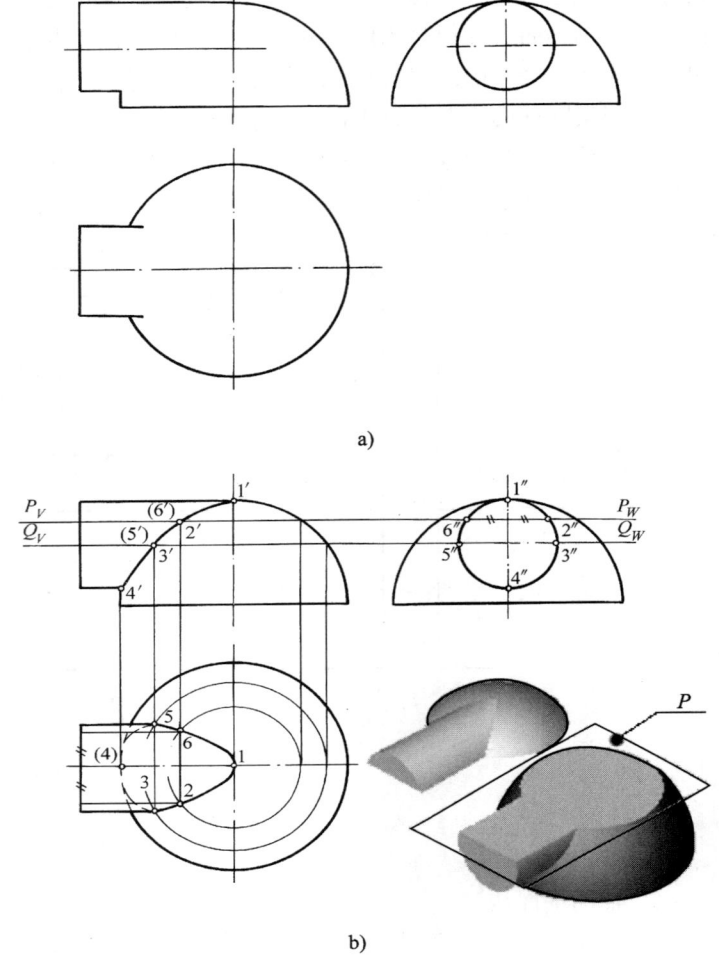

图 6-33 水平圆柱与球相交

作图（见图 6-34b）：

1) 求特殊点。从侧面投影可知，Ⅰ、Ⅶ 为最高点，Ⅱ、Ⅺ 为最低点；从正面投影可知，Ⅶ 为最左点，Ⅱ 为最右点；它们都是两圆柱面上正面转向轮廓线的交点。从侧面投影又知，Ⅸ、Ⅲ 为最前点，Ⅻ、Ⅳ 为最后点，它们可通过辅助平面 Q 求出（作图原理与下述求一般点中，以 P 为辅助平面求法相同）。

2) 求一般点。以正平面 P 作为辅助平面，它与水平圆柱面相交为两条平行直线，这两直线在侧面投影上积聚为两点，即 8″5″、10″6″。P 与斜置圆柱面相交也为两条平行直线，为了使作图准确，可用换面法求出斜置圆柱面在 H_1 上的投影，它为一具有积聚性的圆，然后根据 y 坐标求出 P_{H_1}，P_{H_1} 与圆的交点即可确定 P 与斜置圆柱面相交的一对平行直线的位置。这两组平行直线在正面投影上分别相交为 5′、6′、8′、10′，此即为共有点 Ⅴ、Ⅵ、Ⅷ、Ⅹ 的

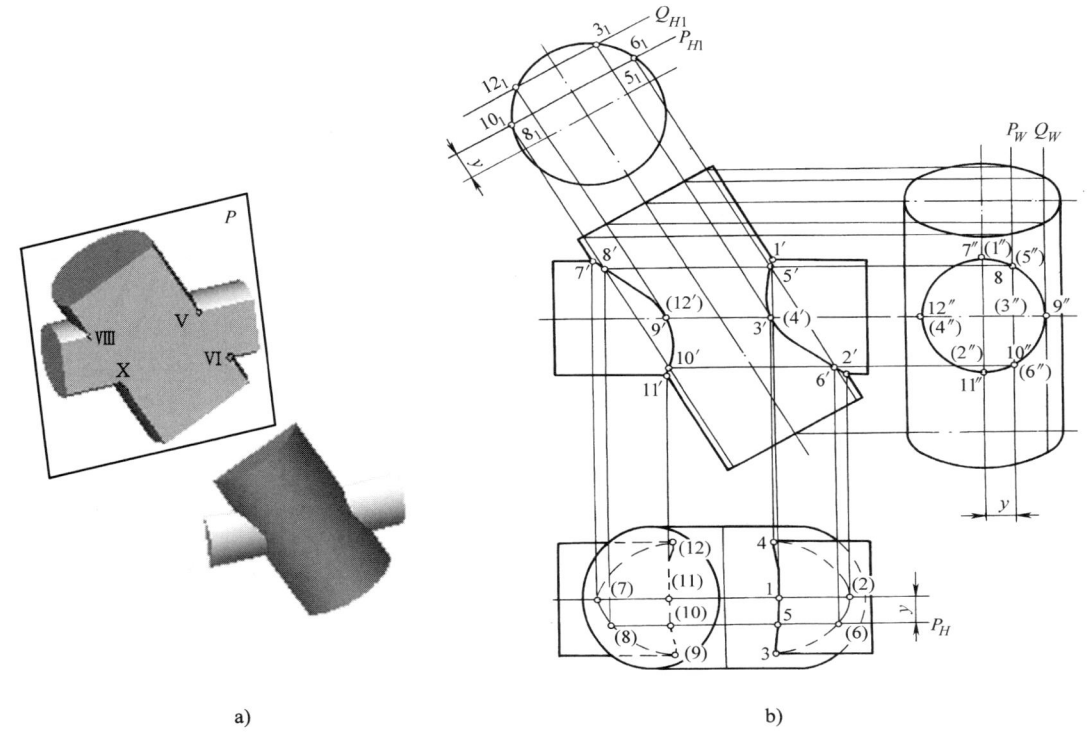

图 6-34 两圆柱斜交

正面投影,由此再求出其水平投影 5、6、8、10。水平圆柱的最前和最后素线与斜置圆柱面的交点即为最前点Ⅸ、Ⅲ,最后点Ⅻ、Ⅳ,同样可通过辅助平面 Q 求出。

3)依次光滑连接各点。根据连接原则分别得相贯线 Ⅰ-Ⅴ-Ⅲ-Ⅵ-Ⅱ-Ⅳ-Ⅰ 和 Ⅶ-Ⅷ-Ⅸ-Ⅹ-Ⅺ-Ⅻ-Ⅶ。

4)判别可见性。相贯线前后对称,正面投影可见与不可见部分重合,水平投影是两条封闭的曲线,左边曲线被斜圆柱挡住,为不可见画成细虚线,右边曲线以水平圆柱的水平轮廓线投影上的点 3、4 为分界点,3、5、1、4 段为可见画粗实线,3、6、2、4 段为不可见画细虚线。

5)整理并加深轮廓线。轴线为水平线的圆柱,左边的圆柱水平转向轮廓线投影为不可见,画细虚线到 9、12,右边的圆柱水平转向轮廓线投影为可见,画粗实线到 3、4。

例 6-7 求圆柱与圆锥偏交的相贯线(见图 6-35)。

分析:图 6-35a 所示为圆柱与圆锥偏交。相贯线的水平投影与圆柱的水平投影重合,其正面投影为四次曲线。若取过锥顶的铅垂面作为辅助平面,它与两立体的交线分别是矩形和三角形;若取垂直轴线的水平面作为辅助平面,它与两立体的交线均是圆。

作图:

1)求特殊点。两曲面的底圆都在 H 面上,它们的交点 Ⅰ、Ⅱ 为最低点(它们又分别是最前点和最左点),可直接在图上求出。从水平投影可知,点 Ⅳ 为最后点,是圆柱的最后转向轮廓线与圆锥表面的交点,过点 4 作水平辅助平面 T,截切两曲面的交线为两圆,它们的

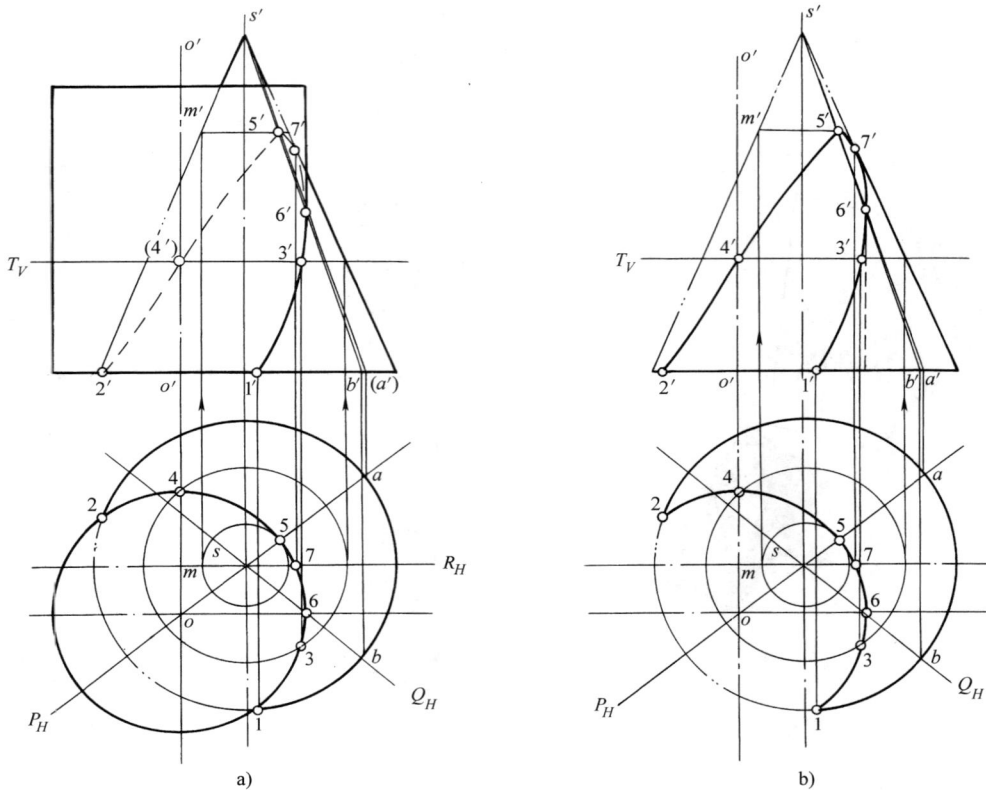

图 6-35 圆柱与圆锥偏交

水平投影的交点 3、4 即为共有点 Ⅲ（Ⅲ为一般点）、Ⅳ 的水平投影，由此可求出 3′、4′。点 Ⅵ 为最右点，是圆柱的最右转向轮廓线与圆锥表面的交点，过锥顶 S 及 Ⅵ 作辅助铅垂面 Q，求出 Q 与圆锥面的交线 SB，即可求出正面投影 6′，它是正面投影上相贯线的可见部分与不可见部分的分界点。用水平辅助面截切圆锥与圆柱产生的交线均是圆，当两圆相切时辅助平面的高度是最高位置。因此，水平投影中两圆的切点 5 是最高点 Ⅴ 的水平投影，由圆锥表面上取点的方法求出正面投影 5′。该点投影也可过圆柱轴线与锥顶 S 作辅助铅垂面 P 求出。圆锥的最右转向轮廓线与圆柱的交点 Ⅶ 是正面投影上相贯线与圆锥转向轮廓线的切点，可用过锥顶 S 的正平面 R 作为辅助平面将其求出。

2）求一般点。前述 Ⅲ 点即为一般点，可用水平辅助平面求得。

3）依次光滑连接各点。根据连接原则得相贯线 Ⅰ-Ⅲ-Ⅵ-Ⅶ-Ⅴ-Ⅳ-Ⅱ。

4）判别可见性。相贯线水平投影与圆柱积聚性投影重影，可见；正面投影以点 Ⅵ 作为可见与不可见的分界点。1′、3′、6′ 段可见画成粗实线，2′、4′、5′、7′、6′ 段不可见画成细虚线。

5）整理并加深轮廓线。画出圆锥最右转向轮廓线上被圆柱遮挡部分的细虚线。

如将圆柱抽去，相当于在圆锥上挖一圆柱面槽，其投影如图 6-35b 所示，原来相贯线的不可见部分投影 2′-4′-5′-7′-6′ 成为可见轮廓线的投影。请读者分析，哪些投影又起了变化？

3. 辅助球面法

辅助球面法是应用球面作为辅助面。应用辅助球面法的基本原理为：当球与回转面相交，且球心在回转面轴线上时，其相贯线为垂直于回转轴的圆；若回转面的轴线平行于某一投影面时，则该圆在该投影面上的投影为一垂直于轴线的线段，该线段就是球面与回转面投影轮廓线的交点的连线。如两回转面相交，以轴线的交点作为球心作一球面，则球面与两回转面的交线分别为圆；由于两圆均在同一球面上，因此两圆的交点即为两回转面的共有点。图 6-36a 所示为一圆柱面与圆锥面斜交，用辅助球面法求相贯线。以两曲面轴线的交点为球心、以适当半径作一球面，该球面与圆锥面相交为圆 A 和圆 B，与圆柱面相交为圆 C。圆 A、圆 B 与圆 C 的交点 Ⅲ、Ⅳ、Ⅴ、Ⅵ 即为两曲面的共有点，即相贯线上的点（见图 6-36b）。如球面的半径变化则可求出一系列的共有点，连接后即为所求的相贯线。为了能直接作出共有点，应使相交两圆的投影均为直线，因此两回转面轴线所决定的平面，即它们的公共对称面应平行某一投影面。

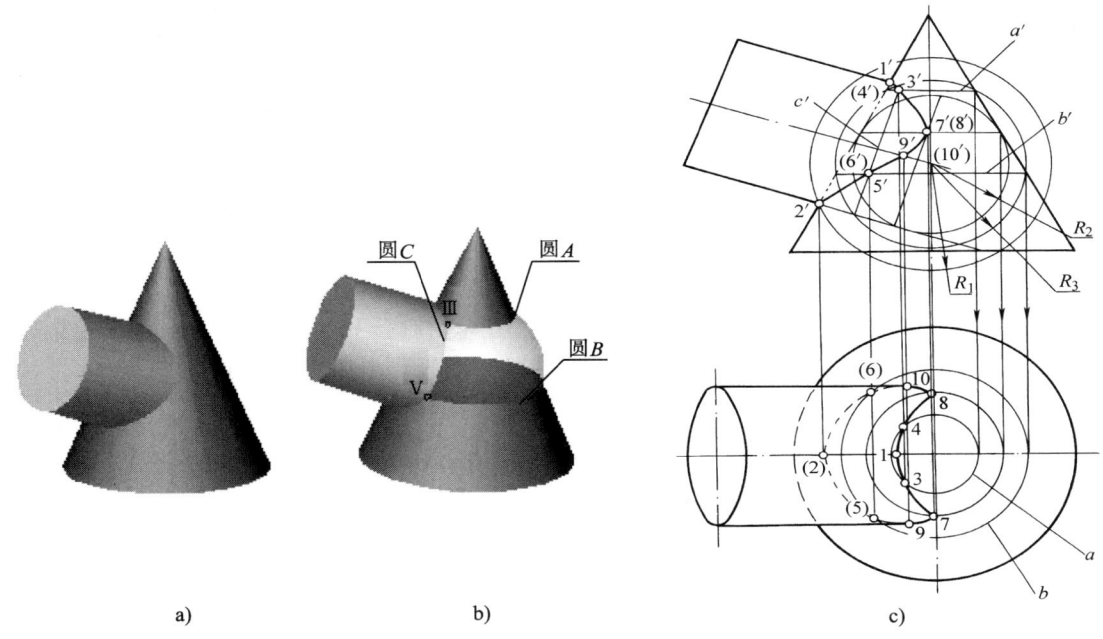

图 6-36 用辅助球面法求两曲面的相贯线

根据以上分析，应用辅助球面法的条件是：

1) 相交两曲面都是回转面。
2) 两回转面的轴线相交。
3) 两回转面的轴线所决定的平面，即两曲面的公共对称面平行某一投影面。

图 6-36c 所示为上述圆柱面与圆锥面斜交时相贯线的作法。其作图步骤如下：

1) 由于两回转面的轴线相交且平行于 V 面，因此两曲面交线的最高点 Ⅰ 和最低点 Ⅱ 的正面投影 1′、2′ 可以直接从正面投影上确定，从而再作出水平投影 1、2。

2) 其他的点可用辅助球面法求得。以两轴线的正面投影的交点为中心，取适当半径 R_3 作圆，此即为辅助球面的正面投影，作出球面与锥面的交线圆 A、B 的正面投影 a′、b′ 以及球面与圆柱面的交线圆 C 的正面投影 c'，这两组圆的正面投影相交，交点 $3'$（$4'$）、$5'$（$6'$）即为两曲面的共有点Ⅲ、Ⅳ、Ⅴ、Ⅵ的正面投影。

3）再作若干不同半径的同心球面，可求出一系列的点。作图时，球面半径应取在最小和最大辅助球面半径之间，一般由球心投影到两曲面轮廓线交点中最远的一点 $2'$ 的距离 R_1 即为球面的最大半径。比该半径更大的辅助球面将得不到圆柱与圆锥的共有点。从球心投影向两曲面轮廓线作垂线，两垂线中较长的一个 R_2 就是球面的最小半径。半径比这更小的球面就和圆锥不相交。因此辅助球面半径 R 必须在 R_1、R_2 之间，即 $R_2 \leqslant R \leqslant R_1$。

4）共有点的水平投影可作相应的辅助水平圆求出。如图 6-36c 中，作过Ⅴ、Ⅵ点的水平圆的水平投影后，即可求得 5、6 点。

5）依次光滑连接各点，即得相贯线的投影。正面投影为双曲线，水平投影为四次曲线。

6）判别可见性。由于水平投影上 9、10 是可见部分与不可见部分的分界点，因此左面部分的连线 9-5-2-6-10 画成细虚线，其余均画成粗实线。

7）整理并加深轮廓线。圆柱水平投影轮廓线应为可见，实线画到 9、10 点，位于圆柱下面的圆锥轮廓线的水平投影为不可见，画成细虚线。

由此可见，应用辅助球面法可以在一个投影面上完成相贯线在该投影面上投影的全部作图，因此这是它的独特优点。

二、相贯线的特殊情况

两曲面立体的相贯线一般为空间曲线，但在特殊情况下也能是平面曲线或直线。

1）相交两曲面都是二次曲面（如圆柱面、圆锥面等），且公切于同一球面时，则相贯线为两条平面曲线。此时，如它们的轴线平面为某投影面平行面，则相贯线在该投影面上的投影为直线段。例如图 6-37 中相交的圆柱和圆锥，它们有公共的内切球，因而相贯线成为一对相交的椭圆，其轴线平面为正平面，相贯线的正面投影为相交两直线段。

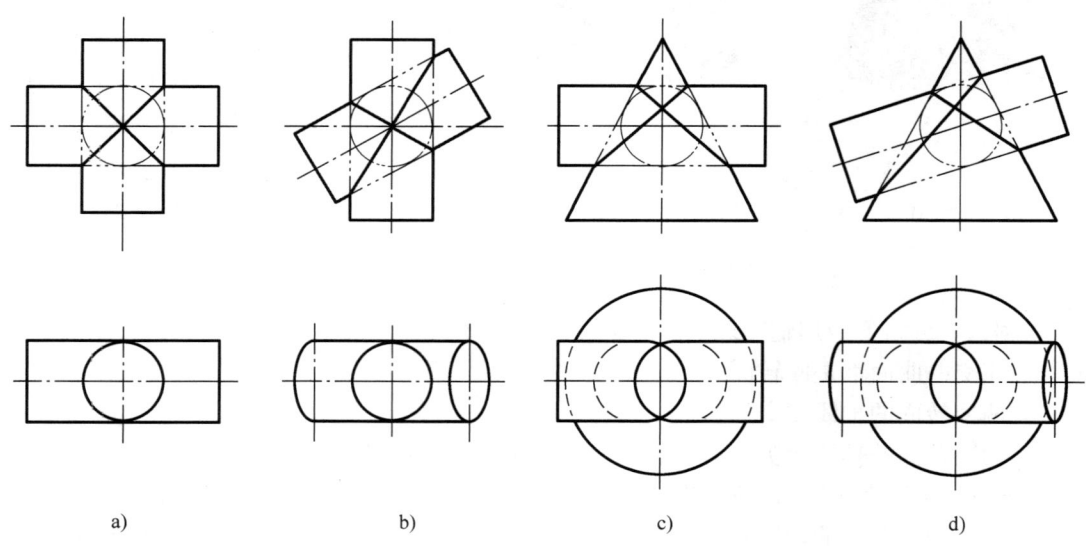

图 6-37 公切于同一个球面的圆柱、圆锥的相贯线

2）同轴回转体表面相交，相贯线是圆。图 6-38 所示为回转体与球同轴，相贯线是垂直

于轴线的圆。当轴线垂直于水平面时，该圆的水平投影为实形，而正面投影为直线。

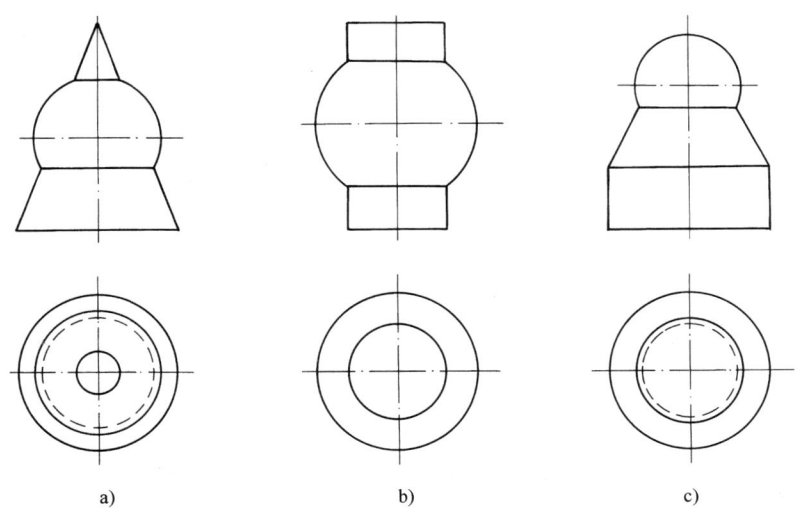

图 6-38 同轴回转体的相贯线

三、组合相贯线

多个立体相贯称为组合相贯，其相贯线较复杂，它由两两立体间的各条相贯线组合而成。求解时，既要分别求出相贯线，又要求出各条相贯线的分界点。其求解步骤如下：

1) 首先分析参与相交的立体是哪些基本体，是平面立体还是曲面立体，是内表面还是外表面，是完整立体，还是不完整立体，对于不完整的立体应想象出完整的立体。

2) 分析哪些立体间有相交关系，并分析相贯线的形状、趋势、范围。

3) 分别求出两两立体的相贯线，以及各条相贯线的分界点（切点、交点），综合起来成为组合相贯线。

例 6-8　求图示立体相交的相贯线（见图 6-39）。

分析：图 6-39 所示为直立圆柱、半圆球及轴线为侧垂线的圆台相交。其组合相贯线由圆柱与圆球的相贯线 A、圆柱与圆台的相贯线 B、圆台与圆球的相贯线 C 组合而成。这三条相贯线的共有点（结合点）为 Ⅰ、Ⅱ。欲求出组合相贯线，应分别求出相贯线 A、B、C 以及它们的分界点。

作图：

1) 求圆柱与圆球的相贯线 A。由于圆柱的轴线通过球心（共轴的两回转体），因此相贯线为一圆，且 V 面投影为水平直线 a′，H 面投影与圆柱面的投影重合为圆。

2) 求圆柱与圆台的相贯线 B。由于两回转体轴线正交，又同时平行于 V 面，且在水平投影中，圆柱与圆台的轮廓线相切，即圆柱与圆台同时内切于一个球面，因此相贯线为一椭圆，其正面投影为直线 b′，水平投影与圆柱面投影重合，相贯线 A 和 B 的分界点为 Ⅰ、Ⅱ（1′与 2′重影）。

3) 求圆台与圆球的相贯线 C。由于圆台与圆球轴线正交，且同时平行于 V 面，相贯线为一封闭的空间曲线，且前后对称，可选用侧平面作为辅助面求解。

求圆台最前、最后素线上的点 Ⅲ、Ⅳ。过圆台轴线作水平辅助面 P（P_V），P 面与圆球

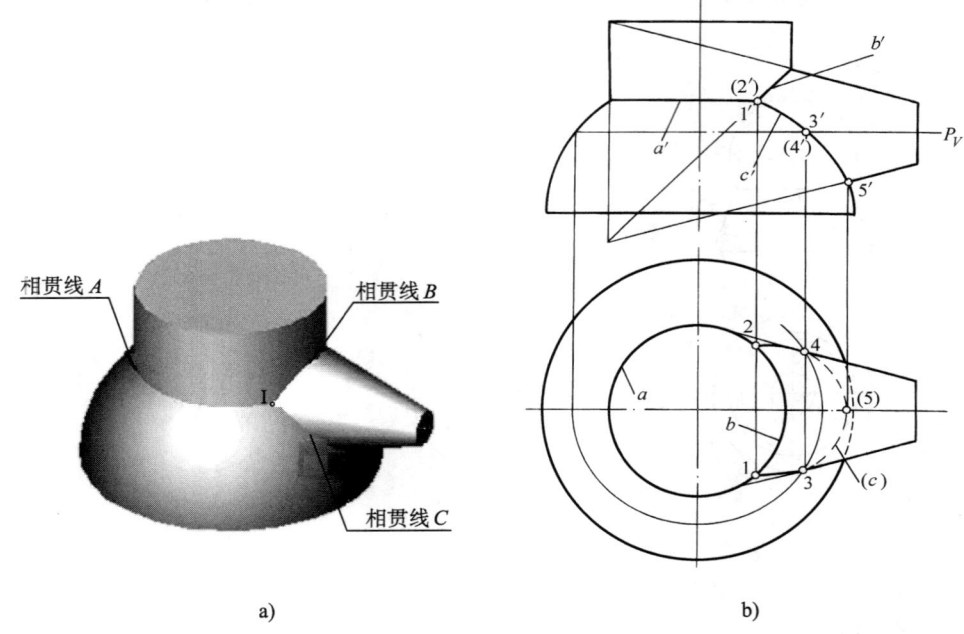

图 6-39 求组合相贯线
a) 立体图　b) 投影图

的交线为圆（H 面投影反映圆的实形）；P 面与圆台的交线为圆台的最前、最后素线，由此先可求得Ⅲ、Ⅳ的水平投影 3、4，再求出正面投影 3′、4′（3′、4′重影）。

求最低点Ⅴ。点Ⅴ为圆球圆台对 V 面的最大轮廓线的交点，因此按投影关系可直接求出 5′、5。

选用侧平面作辅助面，可求出适量的一般点（图中未画）。

4）依次光滑连接各点，并判断可见性。V 面投影中，相贯线均可见，画成粗实线。$a′$、$b′$为直线，$c′$，即 1′（2′）-3′（4′）-5′为曲线。

H 面投影中，可见性的分界点为 3、4。2-4、1-3 画粗实线（曲线），且圆台的轮廓线分别画到 3、4 点处与相贯线相切，4-5-3 画细虚线。

5）整理并加深轮廓线。圆台水平转向轮廓线的投影可见，画到 3、4 点，半圆球底面圆被圆台挡住部分画细虚线。

第七章 轴测投影

用正投影法绘制的多面投影图能准确地表达出物体的形状,但其直观性较差,不容易想象出物体的真实形状。轴测投影是采用平行投影理论形成的一种单面投影图,具有立体感强的优点,因此常用作辅助图样表达机器或零件。

第一节 概　　述

一、轴测投影的形成

用平行投影法将物体连同确定该物体位置的空间直角坐标系沿选定的投射方向一并投射到一个投影面,使其在这个投影面上能反映物体长、宽、高三个方向的形状,这样所得到的图形称为轴测投影图,简称轴测图。

如图 7-1 所示,投影面 P 称为轴测投影面,投射线方向 S 称为投射方向,空间坐标轴 Ox、Oy、Oz 在轴测投影面上的投影 O_1x_1、O_1y_1、O_1z_1 称为轴测投影轴,简称轴测轴。轴测轴上的单位长度和相应空间坐标轴上的单位长度之比称为轴向伸缩系数。p、q、r 分别为 x、y、z 轴轴向伸缩系数,则有 $p = O_1A_1/OA$,$q = O_1B_1/OB$,$r = O_1C_1/OC$。相邻两轴测轴之间的夹角 $\angle x_1O_1y_1$、$\angle x_1O_1z_1$、$\angle y_1O_1z_1$ 称为轴间角。

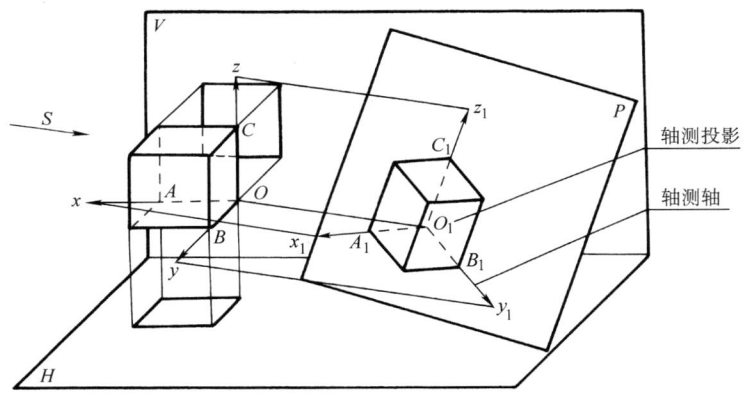

图 7-1　轴测图的形成

二、轴测投影的基本性质

1) 物体上凡与空间坐标轴平行的线段在轴测图中也应平行于对应的轴测轴,且具有和相应轴测轴相同的轴向伸缩系数。

2) 物体上互相平行的线段,在轴测图中也应互相平行。

据此,若已知各轴向伸缩系数,在轴测图中即可画出平行于轴测轴的各线段的长度。如所画线段与坐标轴不平行时,决不可在图上直接量取,而应先作出线段两端点的轴测图,然后连线才能得到线段的轴测图。这就是"轴测"词的含义。

三、轴测投影的分类

1. 根据投射线方向和轴测投影面的位置分类

(1) 正轴测投影　投射线方向垂直于轴测投影面。

(2) 斜轴测投影　投射线方向倾斜于轴测投影面。

2. 根据轴向伸缩系数的不同分类

(1) 正轴测投影

1) 正等轴测投影（简称正等测），$p=q=r$。

2) 正二轴测投影（简称正二测），$p=q\neq r$。

3) 正三轴测投影（简称正三测），$p\neq q\neq r$。

(2) 斜轴测投影

1) 斜等轴测投影（简称斜等测），$p=q=r$。

2) 斜二轴测投影（简称斜二测），$p=q\neq r$。

3) 斜三轴测投影（简称斜三测），$p\neq q\neq r$。

工程上常用的是正等测和斜二测，本章仅介绍此两种轴测图的画法。

第二节　正等轴测图

一、轴间角和轴向伸缩系数

当三根坐标轴与轴测投影面倾斜的角度相同时，用正投影法得到的投影图称为正等轴测图，简称正等测图，如图 7-2 所示。

正等轴测图的三个轴间角相等，都是 120°，其中 Oz 轴规定画成铅垂方向。三根轴的轴向伸缩系数也相等，$p=q=r=0.82$。为了作图简便，通常采用简化轴向伸缩系数画图，即 $p=q=r=1$，如图 7-3 所示。

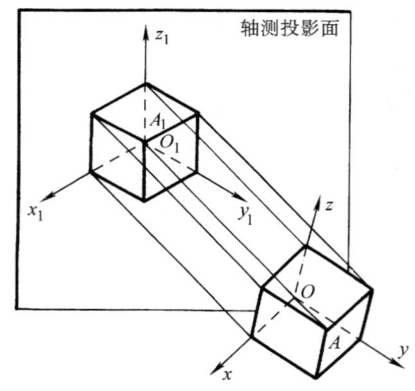

图 7-2　正等测的形成

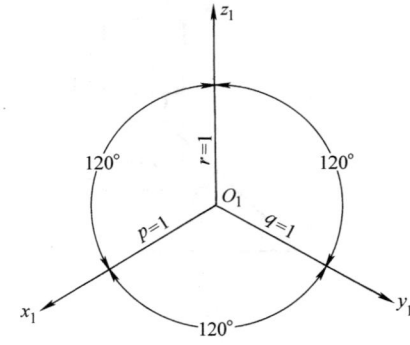

图 7-3　正等测的轴测轴、轴间角及轴向伸缩系数

采用简化伸缩系数作图时，沿各轴向的尺寸都可以用实长测量，作图方便，作出的图形比原轴测图沿轴向放大了 1.22 倍，但并不影响理解物体的形状。

二、平面立体正等轴测图的画法

画平面立体正等轴测图有以下三种方法：坐标法、切割法、叠加法。

以上三种方法都需要定坐标原点，然后按各点坐标在轴测坐标系中确定其位置，故坐标法是画图的最基本方法。当绘制复杂物体的轴测图时，上述三种方法往往交替使用。下面举例说明三种方法的画法。

1. 坐标法

沿坐标轴测量，并按坐标画出各顶点的轴测图，这是画平面立体最基本的方法。

例7-1 根据正六棱柱的主、俯视图（见图7-4a），画出它的正等测图。

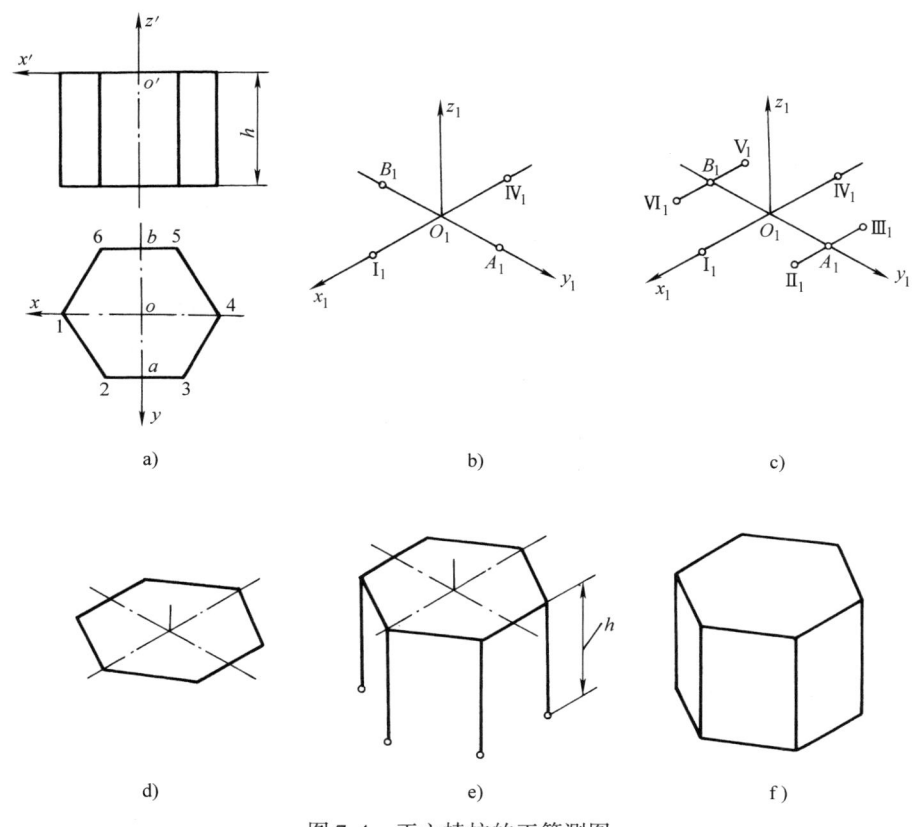

图 7-4 正六棱柱的正等测图

作图步骤：

1) 选取坐标轴及坐标原点（见图7-4a）。

2) 画轴测轴及 A_1、B_1、I_1、IV_1 各点（见图7-4b）。

3) 根据平行性，过 A_1、B_1 两点作 x_1 轴平行线，量取 $II_1 III_1 = 23$，$V_1 VI_1 = 56$（见图7-4c）。

4) 依次连接 I_1、II_1、III_1、IV_1、V_1、VI_1 各点，得顶面的正等测图（见图7-4d）。

5) 将顶面各点向下平移距离 h，得底面各可见点。因轴测图中一般不画细虚线，故不可见的点没有画出（见图7-4e）。

6) 依次连接各可见点，擦去多余的作图线，加深粗实线，省略细虚线，完成全图（见图7-4f）。

2. 切割法

对不完整的形体，以坐标法为基础可先按完整形体画出，然后用切割的方法画出其不完整部分。

例 7-2 根据平面立体的三视图（见图7-5a），画出它的正等测图。

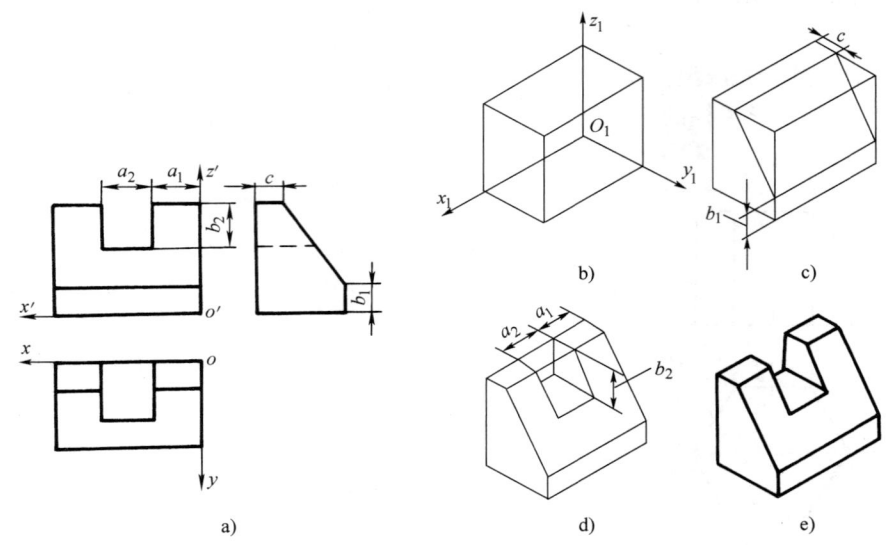

图 7-5 切割法画立体正等测图

作图步骤：
1) 选取坐标轴及坐标原点（见图 7-5a）。
2) 画轴测轴，作长方体的外形轮廓正等测图（见图 7-5b）。
3) 切去前上角部分（见图 7-5c）。
4) 切去中间缺口部分（见图 7-5d）。
5) 擦去多余的图线，加深粗实线完成全图（见图 7-5e）。

3. 叠加法

对由堆叠形成的形体，可将其分解成若干基本形体，按其之间的相对位置依次画出各部分。

例 7-3 根据平面立体的三视图（见图7-6a），画出它的正等测图。

作图步骤：
1) 选取坐标轴及坐标原点，并将立体分解成三个基本形体（见图 7-6a）。
2) 画轴测轴，分别沿 x_1、y_1、z_1 轴量取 16、12、4，画出形体Ⅰ（见图 7-6b）。
3) 形体Ⅱ与形体Ⅰ左、右和后面共面，分别沿 x_1、y_1、z_1 轴量取 16、3、14 画出长方体，再沿 x_1、y_1、z_1 轴量取 12、3、10，画出形体Ⅱ（见图 7-6c）。
4) 形体Ⅲ与形体Ⅰ和形体Ⅱ右面共面，沿 x_1 轴量取 3，画出形体Ⅲ（见图 7-6d）。
5) 擦去形体间不应有的交线和被遮挡的线，加深粗实线完成全图（见图 7-6e）。

三、曲面立体的正等轴测图的画法

（1）圆的正等轴测投影的画法 坐标面内或平行于坐标面的圆的正等测，均为椭圆，但其方向不同，如图 7-7 所示。平行于坐标面的圆的正等测图，均可用菱形法画出。

以图 7-8a 所示的水平圆为例，说明菱形法画椭圆的作图过程。

1) 过圆心作坐标轴，作圆的外切正方形及切点 1、2、3、4。

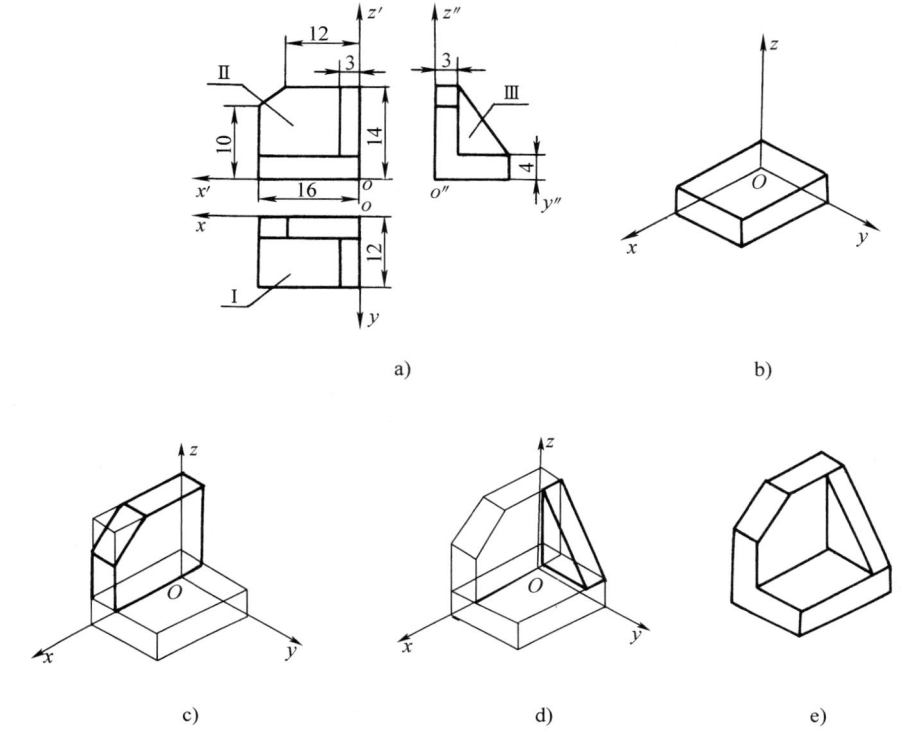

图 7-6 叠加法画立体正等测图

2）作轴测轴 O_1x_1、O_1y_1，沿轴向按圆的半径量取 1_1、2_1、3_1、4_1，并过这些点作轴测轴平行线，得外切正方形的正等测图——菱形（见图 7-8b）。

3）A_1、B_1 为菱形短对角线两端点，连接 B_14_1、A_12_1，与菱形的长对角线分别交于 C_1、D_1，则 A_1、B_1、C_1、D_1 四点为四段圆弧的圆心（见图 7-8c）。

4）分别以 A_1、B_1 为圆心，A_12_1、B_14_1 为半径作大圆弧，以 C_1、D_1 为圆心，C_14_1、D_12_1 为半径画小圆弧，四段圆弧光滑连接，即形成近似椭圆（见图 7-8d）。

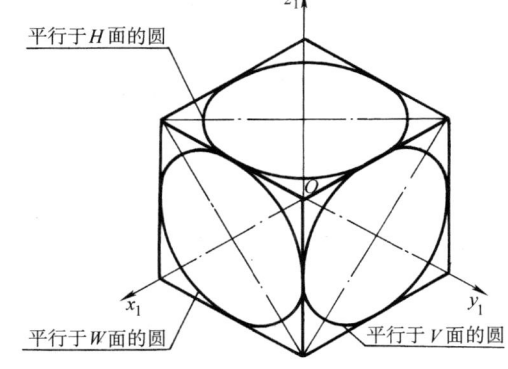

图 7-7 圆的正等测图

(2) 常见曲面立体正等轴测图的画法 圆柱、圆台、圆球和圆环等正等轴测图的画法见表 7-1。

四、圆角的画法

平行于坐标面的圆角，实质就是平行坐标面的圆的一部分，常见的圆角为 1/4 圆周，恰好是菱形法画椭圆中的四段圆弧之一。下面以平板的圆角为例，说明圆角正等轴测图的画法，作图过程如图 7-9 所示。

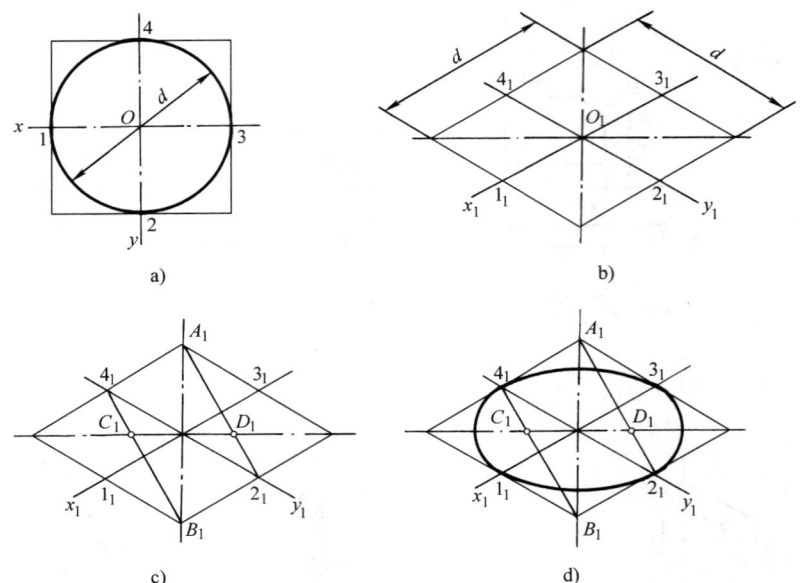

图 7-8 菱形法画椭圆

表 7-1 常见曲面立体正等轴测图的画法

圆柱	圆台
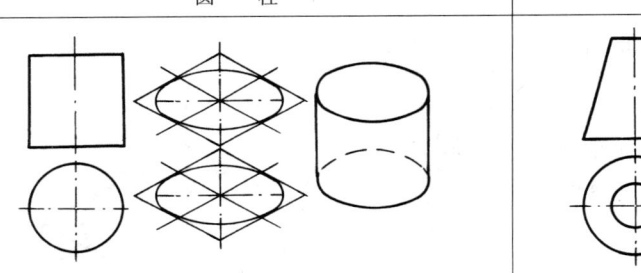	
根据圆柱的直径和高,先画出上下底的椭圆,然后作椭圆的公切线(长轴端点连线),即为转向轮廓线	其画法步骤与圆柱类似,但转向轮廓线不是长轴端点连线,而是两椭圆的公切线
圆球	圆环
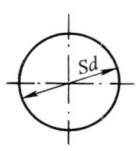 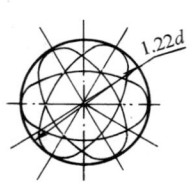	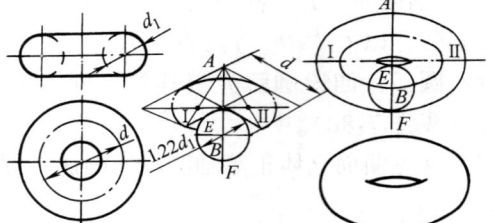
球的正等测为与球直径相等的圆。如采用简化轴向伸缩系数,则圆的直径应为 $1.22d$。为使图形有立体感,可画出过圆心的三个方向的椭圆	先画出形成环面的中心轨迹,用 $1.22d_1$ 在椭圆上取圆心画圆交短轴于 EF,然后仍以 A、B 为圆心,AE、AF 为半径画四段大圆弧;Ⅰ、Ⅱ 为圆心画四段小圆弧与相应大圆弧相切;判别可见性后即得

一般回转面	
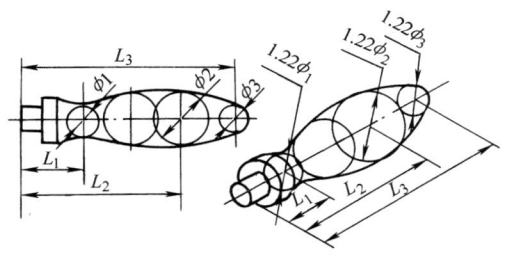	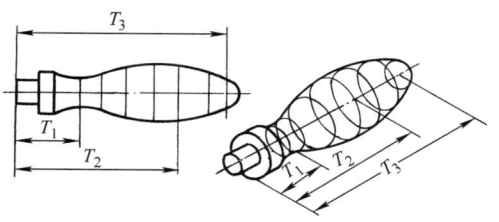
回转体可看成是直径不断改变的球面沿着回转轴运动而形成的。为此,只要利用一系列球的投影,作它们的包络线,就成为回转面的转向轮廓线	由于垂直回转体轴线的平面和回转体的交线是圆,只要画出这些圆的轴测投影——椭圆,然后作出它们的包络线,就是回转面的转向轮廓线

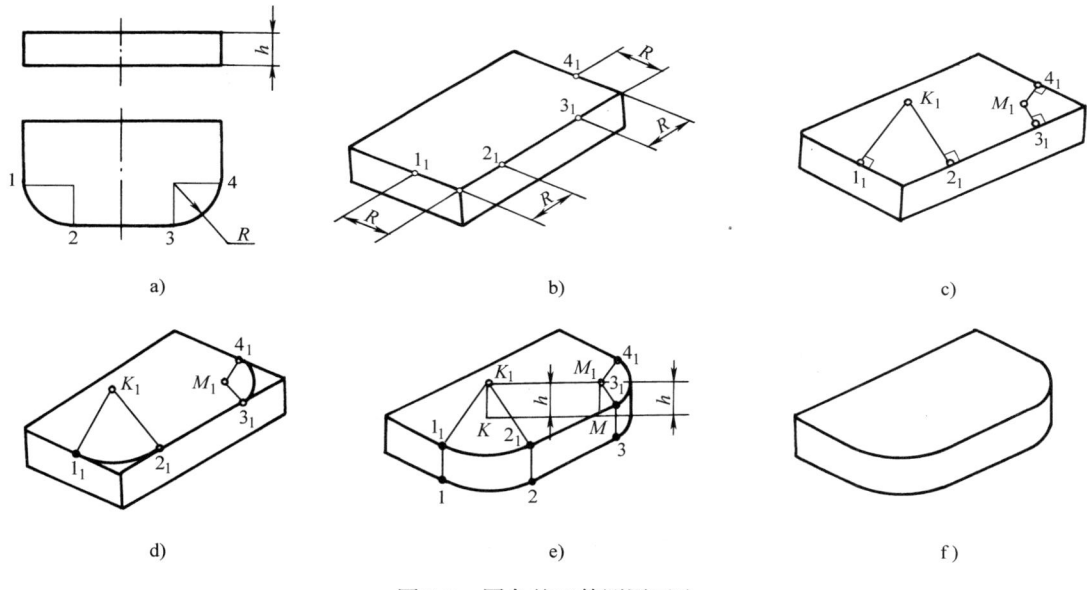

图 7-9 圆角的正等测图画法

作图步骤:

1)画出平板的基本体(长方体),沿角的两边量取圆角半径,得 1_1、2_1、3_1、4_1(见图 7-9b)。

2)过 1_1、2_1、3_1、4_1 作垂线得点 K_1 和 M_1(见图 7-9c)。

3)以 K_1、M_1 为圆心,以垂线长为半径画弧(见图 7-9d)。

4)将圆心 K_1、M_1 下移距离 h,得底面圆角圆心 K 和 M,并作切点 1、2、3,以 K 为圆心、$K1$ 为半径画弧,以 M 为圆心、$M3$ 为半径画弧,并画出右边上下圆弧公切线(见图 7-9e)。

5)擦去多余作图线,加深粗实线完成全图(见图 7-9f)。

五、组合体的画法

画组合体轴测图时,应先将其分解成若干基本形体。确定坐标原点,然后依次画出各个基本形体的轴测图。画图时应注意各个基本形体之间的相对位置和连接关系。

例 7-4 已知轴承座的三视图,如图7-10a所示,求作其正等轴测图。

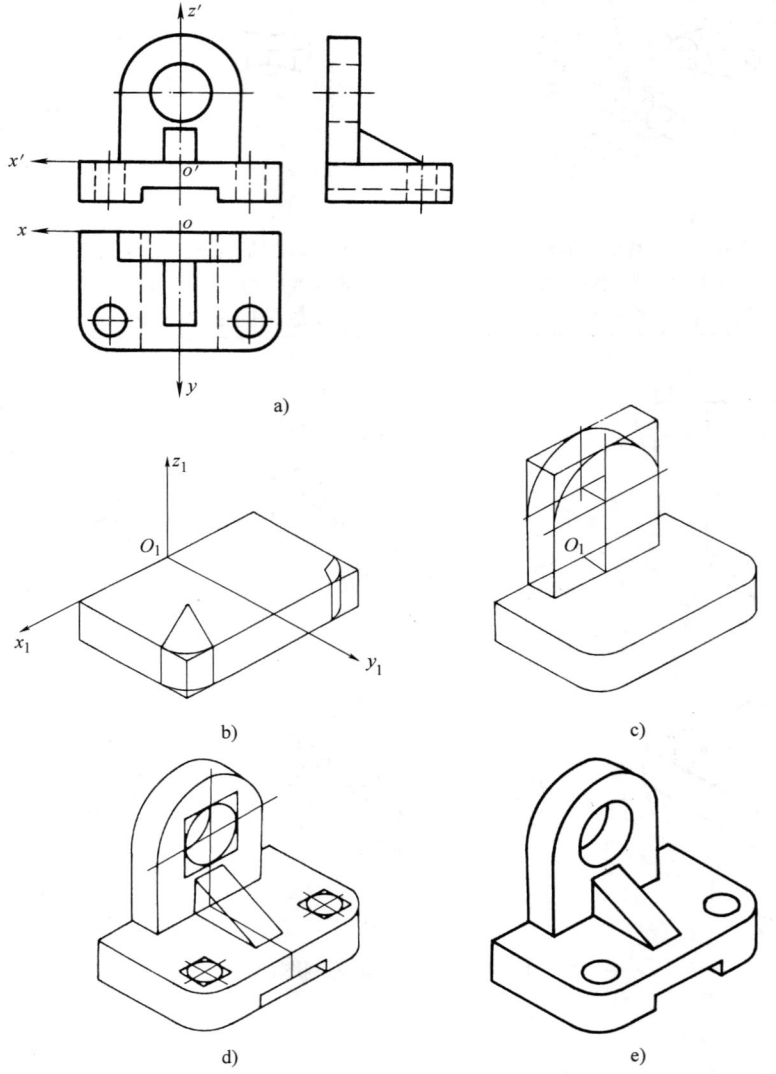

图 7-10 画组合体的正等测图

作图步骤:

1)选取坐标轴和坐标原点(见图 7-10a)。
2)画出带两个圆角的底板的正等测(见图 7-10b)。
3)依据相对位置,在底板上方叠加拱形竖板(见图 7-10c)。
4)作出竖板上的轴孔和底板上安装孔及底槽的正等测,并加上三棱柱肋板(见图 7-10d)。
5)擦去多余图线,加深,完成轴承座的正等测(见图 7-10e)。

注意：当表示孔的椭圆的短轴大于板厚时，要画出孔内可见部分，如图 7-10d 所示的竖板。

第三节　斜二轴测图

一、轴间角和轴向伸缩系数

如图 7-11 所示，如果使确定物体在空间位置的直角坐标系中的 xOz 坐标面与轴测投影面 P 平行，而投射方向 S 倾斜于轴测投影面 P，此时投射方向 S 与三个坐标面都倾斜，这样得到的轴测图称为（正面）斜轴测图。在工程上绘制斜轴测图时，一般采用（正面）斜二轴测图，简称斜二测。

根据平行投影的性质，在正面斜二测中，由于坐标面 xOz 平行于轴测投影面 p，故轴测轴 O_1x_1 与 O_1z_1 垂直，即轴间角 $\angle x_1O_1z_1 = 90°$，x_1 和 z_1 轴的轴向伸缩系数都等于 1，即 $p = r = 1$。y_1 轴的轴向伸缩系数和相应的轴间角随着投射方向 S 的变化而变化。为了作图方便并考虑到斜二测图的立体效果，按照国标推荐，通常取 y_1 轴的轴向伸缩系数为 0.5，即 $q = 0.5$，轴间角 $\angle x_1O_1z_1 = \angle y_1O_1z_1 = 135°$，如图 7-12 所示。

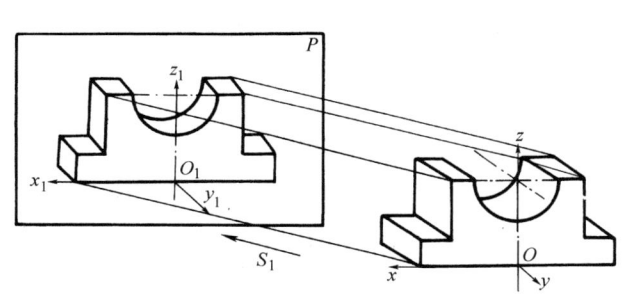

图 7-11　斜二测的形成

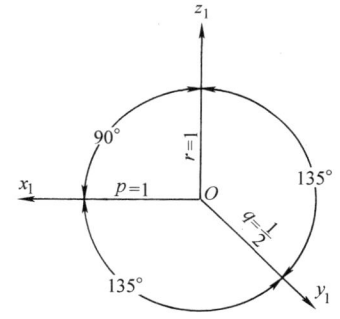

图 7-12　斜二测轴间角及轴向伸缩系数

二、平行于坐标面的圆的斜二测图的画法

如图 7-13 所示，物体上平行于坐标面 xOz 的圆的斜二测投影反映实形，仍为圆。而平行于另外两个坐标面的圆的斜二测投影为椭圆，两个椭圆除了长、短轴方向不同之外，形状完全相同。

现以 $x_1O_1y_1$ 面上的椭圆为例，说明其画法。作图步骤如下：

1) 作圆的外切正方形，如图 7-14a 所示。

2) 作 x_1、y_1 轴，作圆的外切正方形的轴测图，得一平行四边形。过 O_1 作直线 A_1B_1 与 x_1 轴成 $7°10'$，A_1B_1 即为椭圆长轴方向，过 O_1 点作 A_1B_1 的垂线 C_1D_1，C_1D_1 即为椭圆短轴方向，如图 7-14b 所示。

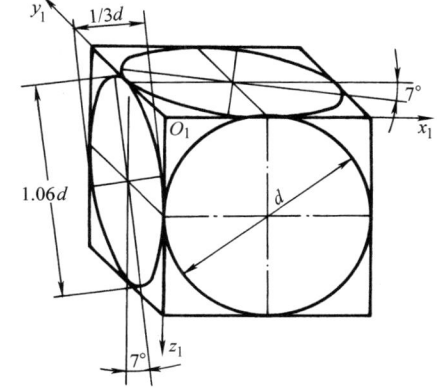

图 7-13　圆的斜二测图

3) 在短轴方向线 C_1D_1 上取 $O_17 = O_18 = d$，点 7、8 即为大圆弧的圆心；连接 71 和 83 并与长轴交于 5、6 两点，点 5、6 即为小圆弧的圆心，如图 7-14c 所示。

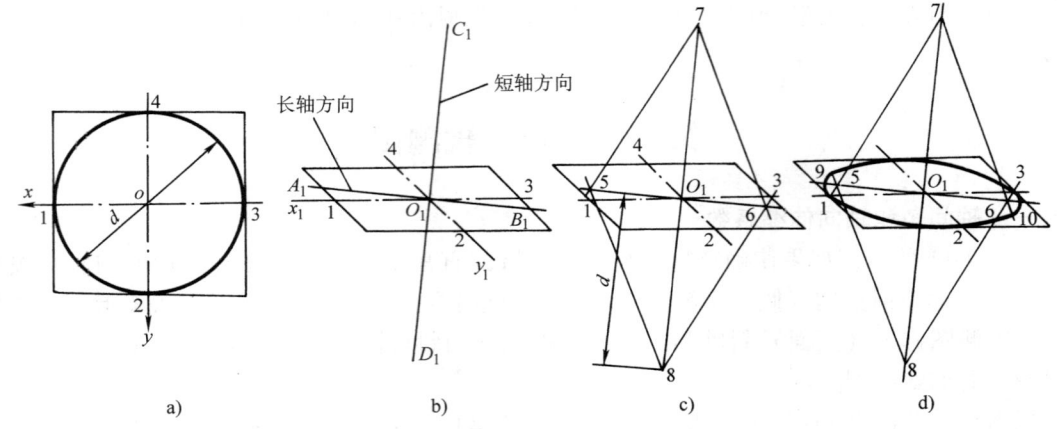

图 7-14 斜二测椭圆的近似画法

4）分别以 7、8 为圆心，71 为半径画大圆弧 110 和 93；以 5、6 为圆心，51 为半径画小圆弧 19 和 310，四段圆弧即构成所求椭圆，如图 7-14d 所示。

三、斜二测画法举例

斜二轴测图的特点为物体上与轴测投影面平行的平面，在轴测投影中反映实形。因此，当物体的正面（坐标面 xOz）形状较复杂时，采用斜二测较合适。斜二测的画法与正等测相似，但它们的轴间角不同，且 y_1 轴的轴向伸缩系数 $q=0.5$，所以画斜二测图时，沿 y_1 轴方向的长度，应取物体上相应长度的一半，这一点应特别注意。

例 7-5 根据视图画立体的斜二轴测图（见图7-15a）。

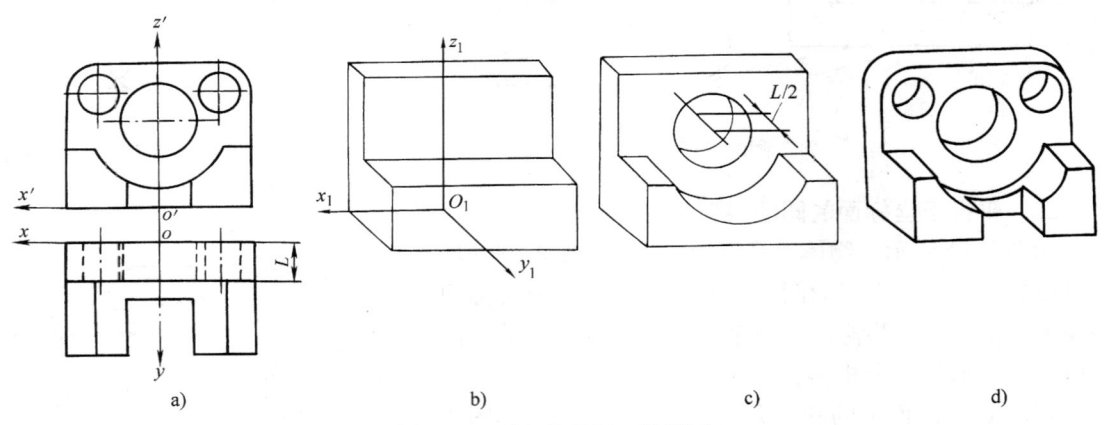

图 7-15 画立体的斜二轴测图

作图步骤：

1）在视图上确定坐标轴和坐标原点（见图 7-15a）。

2）画轴测轴，画出座体四棱柱和竖板四棱柱，使两四棱柱对称平面对齐，后平面共面（见图 7-15b）。

3）画出座体四棱柱圆柱槽和竖板四棱柱的大圆孔（见图 7-15c）。

4）画出座体四棱柱的矩形槽和竖板四棱柱的圆角、小圆孔，并加深粗实线完成全图（见图 7-15d）。

第四节 轴测图的尺寸注法

一、线性尺寸标注

轴测图的线性尺寸，一般应沿轴测轴方向标注。尺寸线必须和所标注的线段平行，尺寸界线一般应平行于某一轴测轴，尺寸数字应按相应的轴测图形标注在尺寸线的上方。当在图形中出现数字字头向下时，应用引出线引出标注，并将数字按水平位置注写，如图 7-16 所示。

二、角度标注

标注角度的尺寸时，尺寸线应画成与该坐标平面相应的椭圆弧，角度数字一般写在尺寸线的中断处，字头向上，如图 7-17 所示。

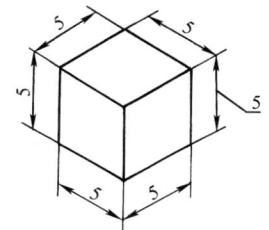
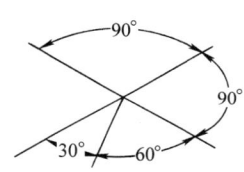
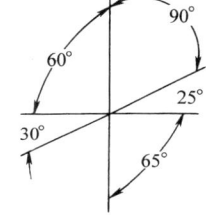

图 7-16　轴测图线性尺寸的注法　　　　　图 7-17　轴测图上角度的注法

三、圆的直径尺寸标注

标注圆的直径时，尺寸线和尺寸界线应分别平行于圆所在平面内的轴测轴。标注圆弧半径或较小圆的直径时，尺寸线可从（或通过）圆心引出标注，但注写尺寸数字的横线必须平行于轴测轴，如图 7-18 所示。

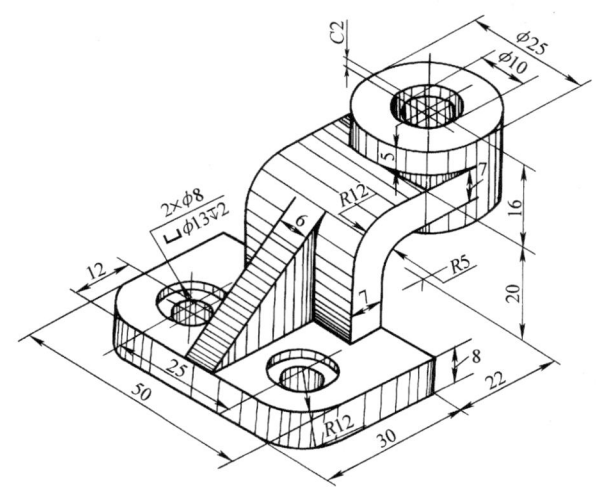

图 7-18　轴测图上尺寸的注法

第五节 轴测剖视图的画法

为了表达立体的内部结构,可以假想用剖切平面将立体剖开,用轴测剖视图来表达。

一、轴测剖视图的画法

1. 剖切平面的位置

为了表达清楚立体的内外形状,通常采用两个平行于坐标面的相交剖切平面剖切立体,即剖切掉立体的 1/4,如图 7-19a 所示。剖切平面一般应通过机件的对称平面或通过内部孔等结构的轴线。

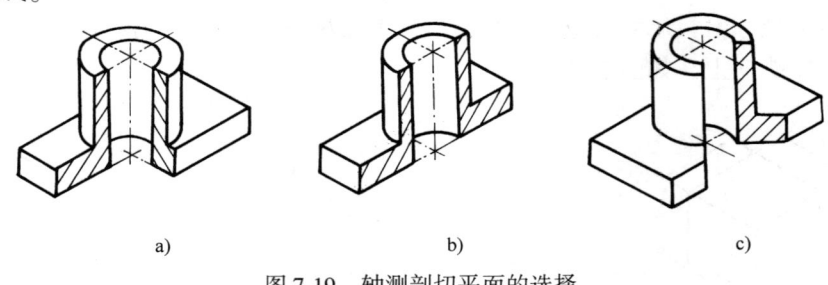

图 7-19 轴测剖切平面的选择
a) 好 b) 不好 c) 不正确

2. 剖面线的画法

用剖切平面剖切立体所得的截断面要填充剖面符号以区别于未剖到的区域。无需区分材料类别时,可以画成等距且平行的细实线,称为剖面线。剖面线方向随不同的轴测图的轴测轴方向和轴向伸缩系数而有所不同,如图 7-20 所示。

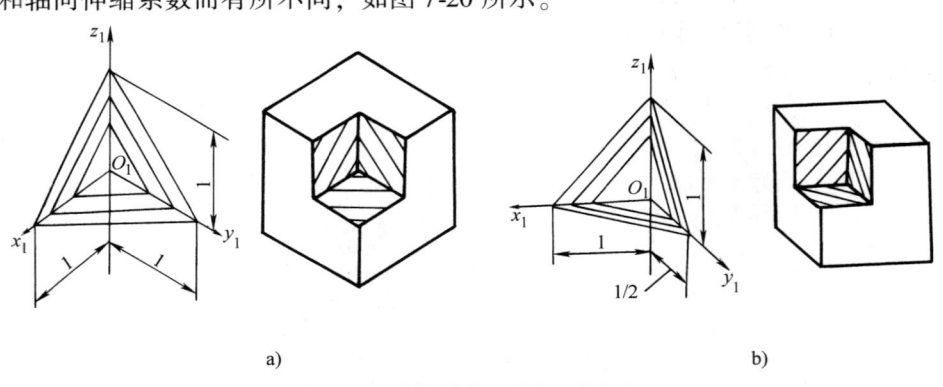

图 7-20 轴测剖视图剖面线方向
a) 正等测 b) 斜二测

二、画轴测剖视图的方法

轴测剖视图通常有以下两种画法:

(1) 先画外形,后作剖视 先画出物体的外形,然后按所选定的剖切位置沿轴测轴方向剖开,画出剖面区域,再将可见的内部形状画出,最后将被剖去的部分擦掉,画出剖面线,加深,如图 7-21 所示。

(2) 先画截断面,后画外形 先画出截断面的轴测投影,然后画出看得见的轮廓线,如

图7-22所示。这样可以减少一些不必要的作图线,提高作图速度和图面质量。此法适合于表达内、外结构都较复杂的立体。

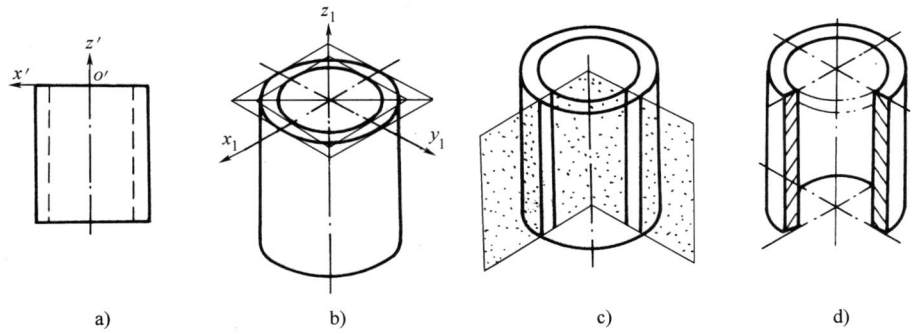

图7-21 套筒轴测剖视图画法
a)选坐标 b)画外形 c)取剖视 d)擦去剖视部分完成全图

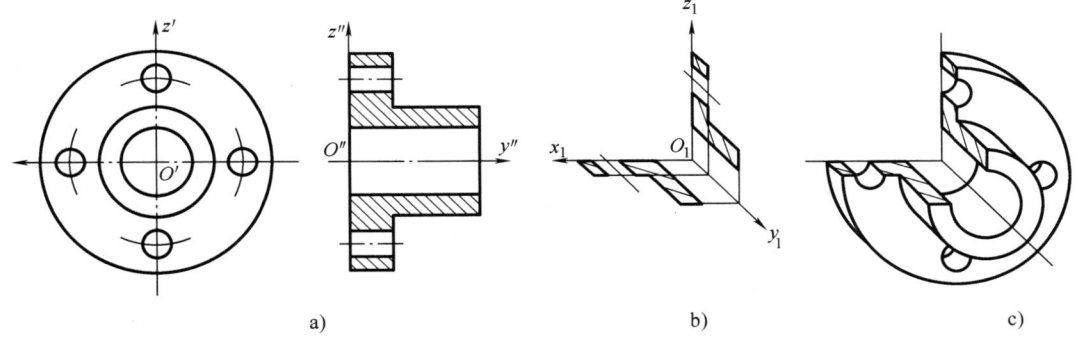

图7-22 端盖斜二轴测剖视图的画法
a)选坐标 b)画截断面 c)画外形

第八章 组合体的视图及尺寸注法

由若干基本形体经过叠加、挖切、综合等方式构成的立体称为组合体。本章将学习组合体的画图、读图及尺寸标注等重要内容。

第一节 组合体的视图

一、三视图的形成及展开

按 GB/T 17451—1998《技术制图 图样画法 视图》规定，在绘制机械图样时，优先采用第一角画法。将物体置于多面投影体系中向投影面作正投射所得到的图形称为视图。如图 8-1a 所示，在三投影面体系中可得到物体的三个视图，即物体在正立投影面上的投影（由前向后看物体所画的视图），称为主视图；物体在水平投影面上的投影（由上向下看物体所画的视图），称为俯视图；物体在侧立投影面上的投影（由左向右看物体所画的视图），称为左视图。将三个投影面展开后的视图如图 8-1b 所示。

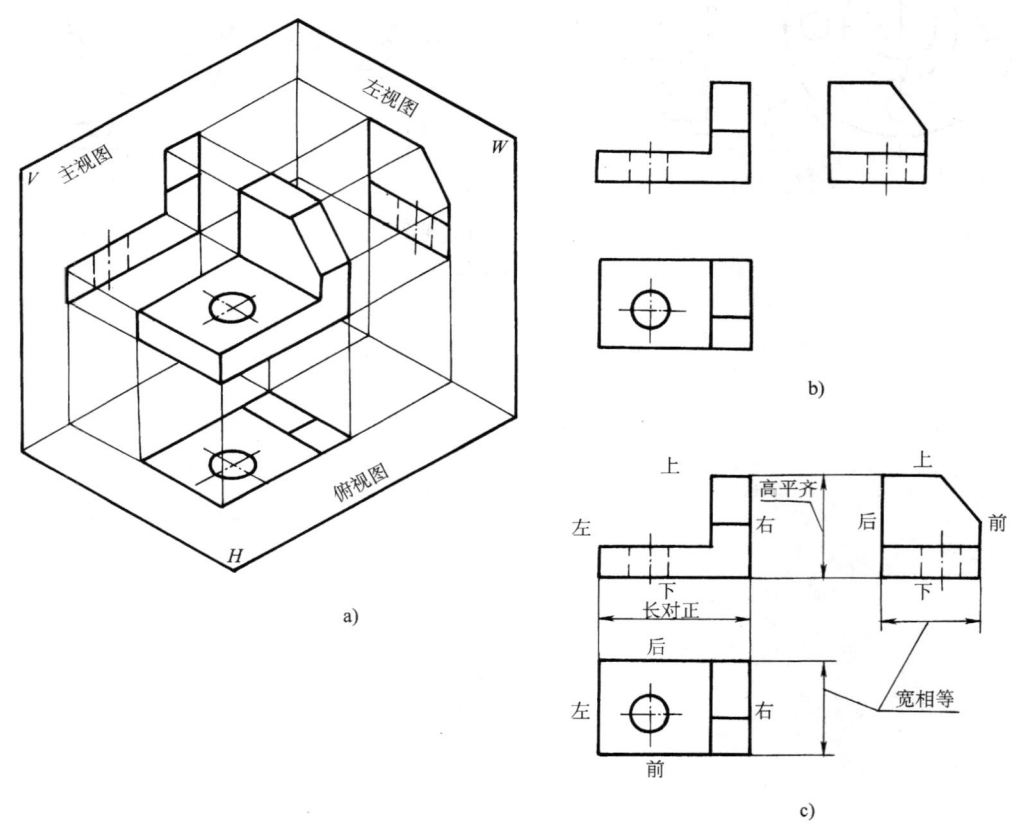

图 8-1 三视图的形成和投影规律

三个视图之间的配置关系为：以主视图为基准，俯视图放在主视图正下方，左视图放在主视图正右方。按此关系配置，三个视图上不注写视图名称。

视图主要表达物体的形状，无须表达物体与投影面的距离，因此绘制视图时不必画出投影轴和投影连线，各视图间的距离可根据图纸幅面进行调整。

二、三视图的投影规律

如图 8-1c 所示，由投影面展开后的三视图可以看出：主视图反映物体的长和高，俯视图反映物体的长和宽，左视图反映物体的高和宽。由此可得出三视图的特性：主、俯视图长对正，主、左视图高平齐，俯、左视图宽相等。这个规律不仅适用于整个物体的投影，也适用于物体局部结构的投影。特别要注意视图的上下、左右与物体上下、左右、前后的对应关系。即主视图的上、下、左、右对应物体的上、下、左、右，左视图的上、下、左、右对应物体的上、下、后、前，俯视图的上、下、左、右对应物体的后、前、左、右。

第二节　组合体及其形体分析法

一、组合体的组合形式及其表面结合形式

组合体按构成其基本形体的组合形式，可分为叠加型、挖切型和综合型三种，如图 8-2 所示。叠加是将若干个基本形体如同搭积木一样组合在一起，挖切是从一个基本形体中切去若干个基本形体，综合是由叠加和挖切组合而成。

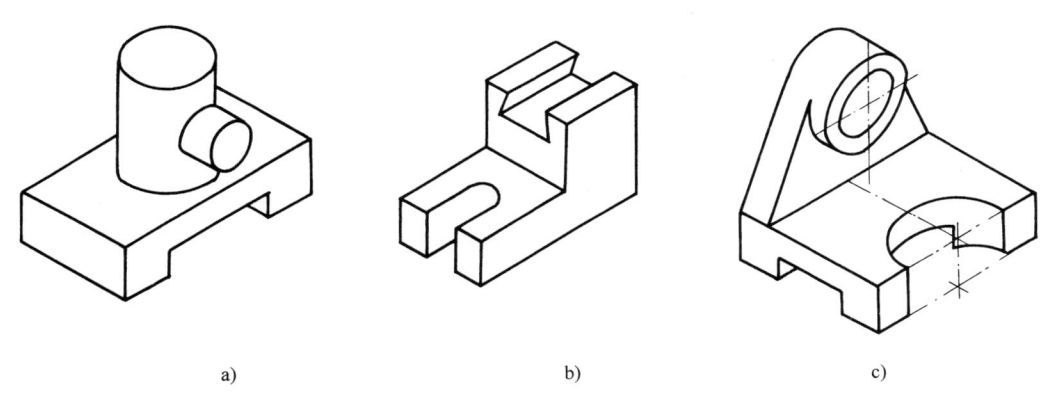

图 8-2　组合体的组合形式
a) 叠加型　b) 挖切型　c) 综合型

无论何种形式组合成组合体，其基本形体表面间的结合形式，可分为表面重合（平齐）、相交和相切三种。如表 8-1 所示，表面重合（平齐）时，两基本形体具有共同表面，它们没有分界线，在视图上两表面连接处，不应画出分界线；表面不平齐时，在视图中两个基本形体表面之间则应画出分界线。如表 8-2 所示，表面相交时，两基本形体的表面相交并产生交线，在视图上应画出两表面的交线（即分界线）的投影；如表 8-3 所示，表面相切时，一般情况下两个基本形体的表面光滑过渡，相切处不存在轮廓线，在视图上一般不画出分界线（即相切的素线）；但当两曲面的公切平面垂直于投影面时，应画出它们的分界线（即相切的素线在该投影面上的投影）。

表 8-1 两基本形体表面重合的画法

分类	说明	叠加型组合体	挖切型组合体
表面重合	两基本形体具有共同表面，它们没有分界线，在视图上两表面连接处，不应画出分界线	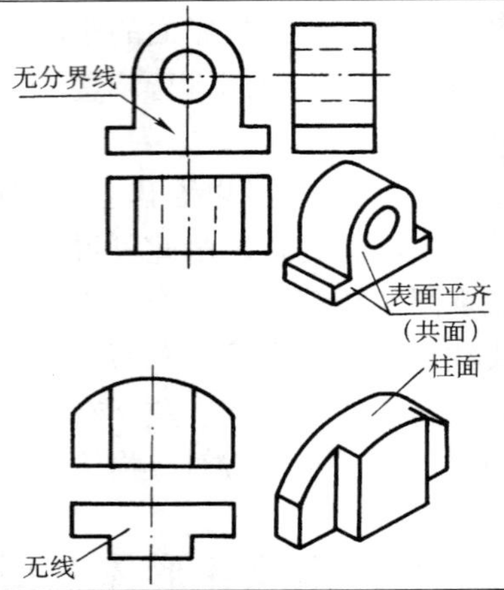 无分界线；表面平齐（共面）；柱面；无线	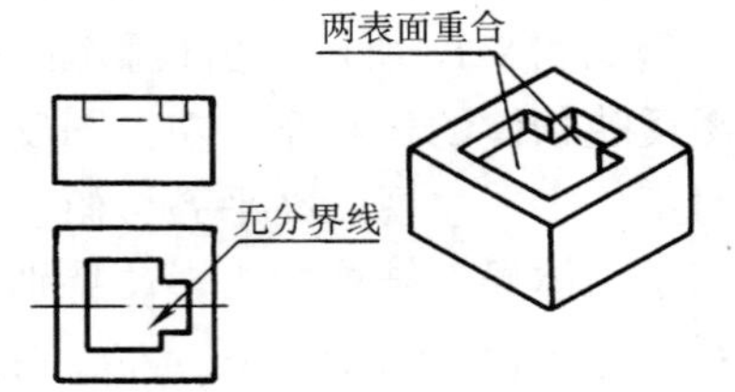 两表面重合；无分界线
表面不重合	两基本形体没有共同表面，在视图中两个基本形体表面之间则应画出分界线	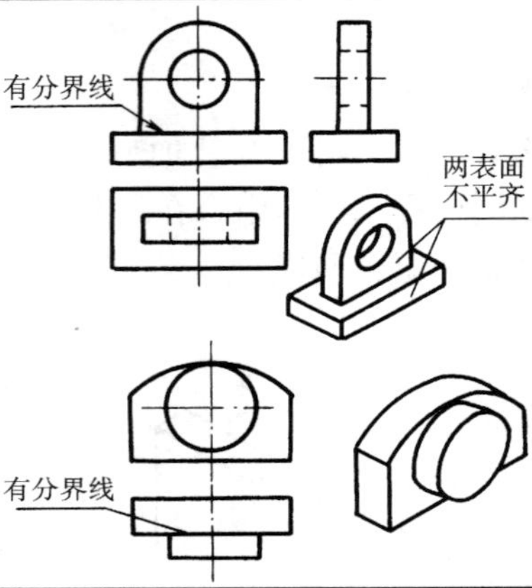 有分界线；两表面不平齐；有分界线	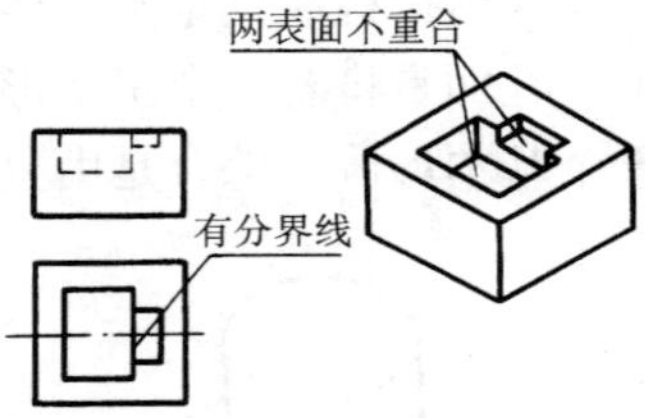 两表面不重合；有分界线

表 8-2 两基本形体表面相交的画法

说明	叠加型组合体	挖切型组合体
两基本形体的表面相交并产生交线，在视图上应画出两表面的交线（即分界线）的投影	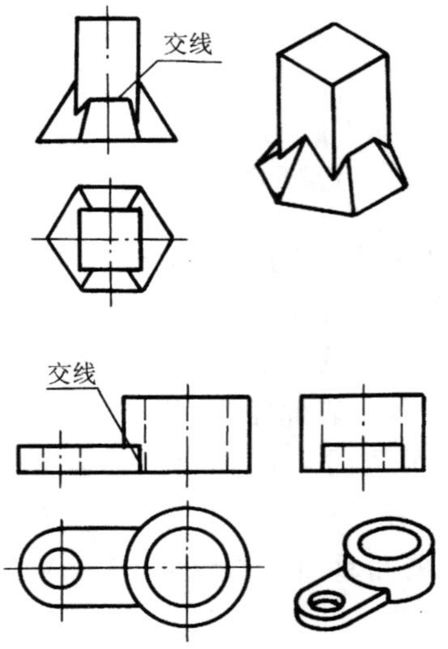 交线；交线	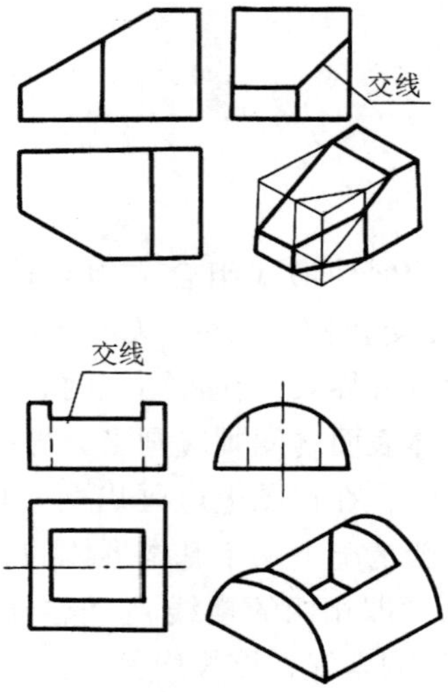 交线；交线

第八章 组合体的视图及尺寸注法

(续)

说 明	叠加型组合体	挖切型组合体
两基本形体的表面相交并产生交线，在视图上应画出两表面的交线（即分界线）的投影		

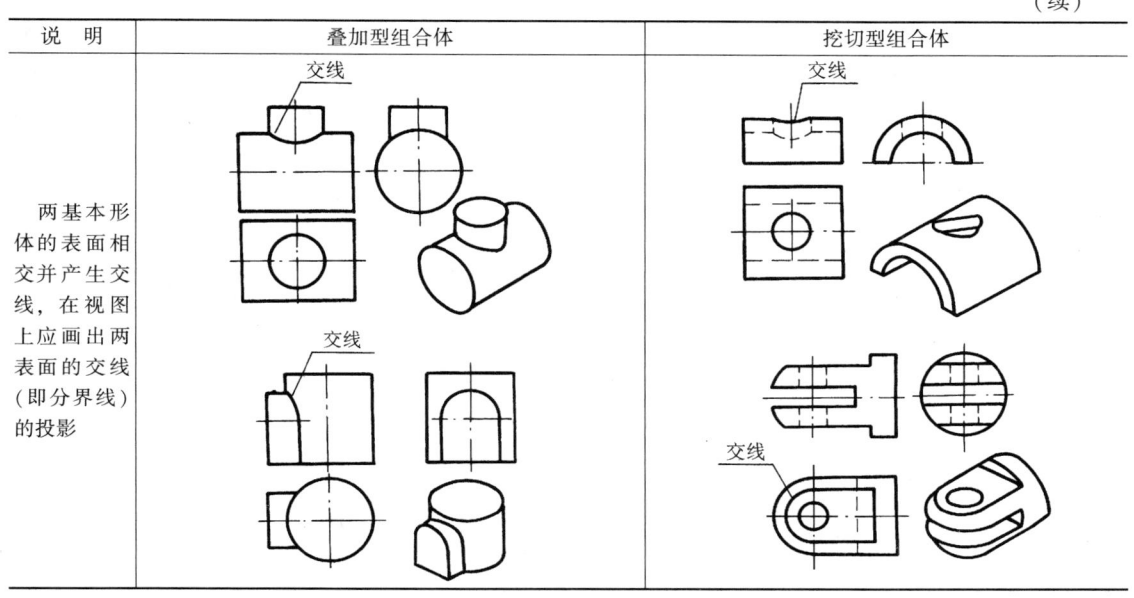

表 8-3 两基本形体表面相切的画法

说 明	叠加型组合体	挖切型组合体
一般情况下两个基本形体的表面光滑过渡，相切处不存在轮廓线，在视图上一般不画出分界线（即相切的素线）	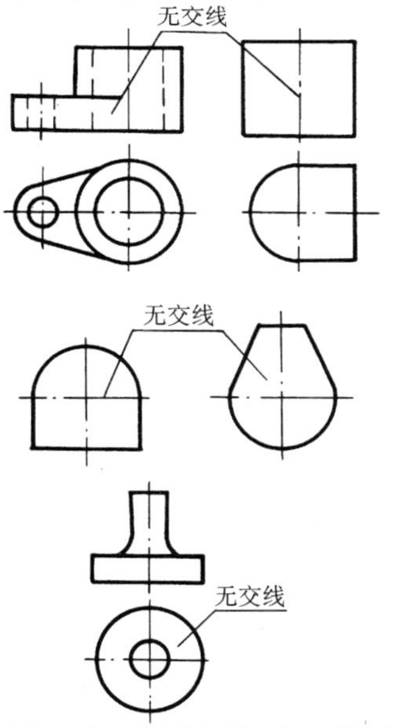	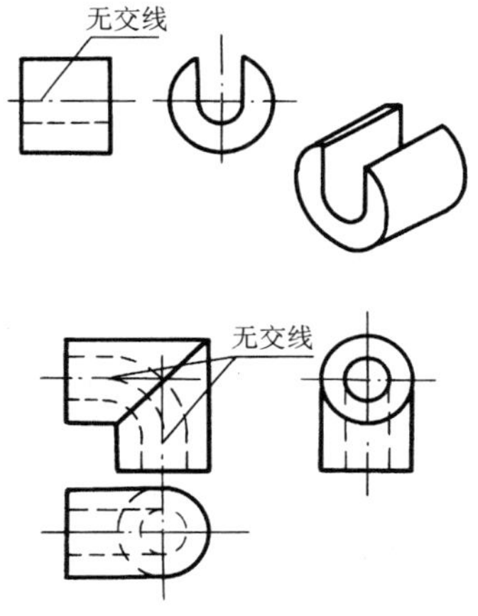
当两基本形体的表面的公切平面垂直于投影面时，应画出它们的分界线（即相切的素线在该投影面上的投影）	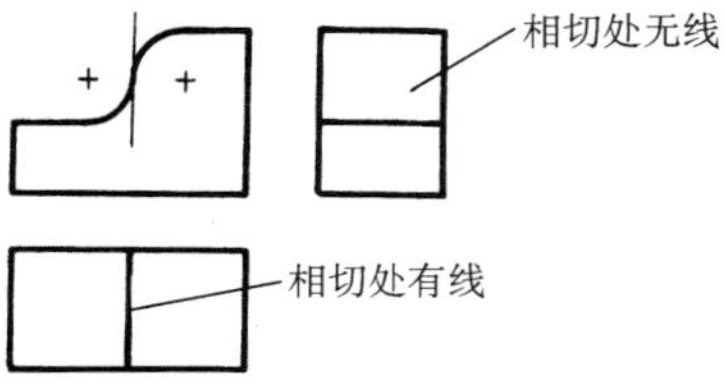	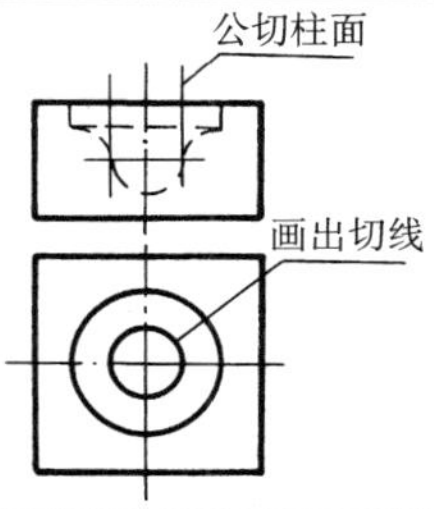

二、形体分析法

将组合体分解成由若干基本形体，经叠加或挖切等方式组成，分析这些基本形体的形状大小与相对位置，从而得到组合体的完整形象，这种方法称为形体分析法。如图 8-3 所示，该组合体可看成是一长方体上方被削成圆柱面，左右各切去一个柱体，顶部挖去一个小圆柱体，前面再叠加一个圆柱所构成。

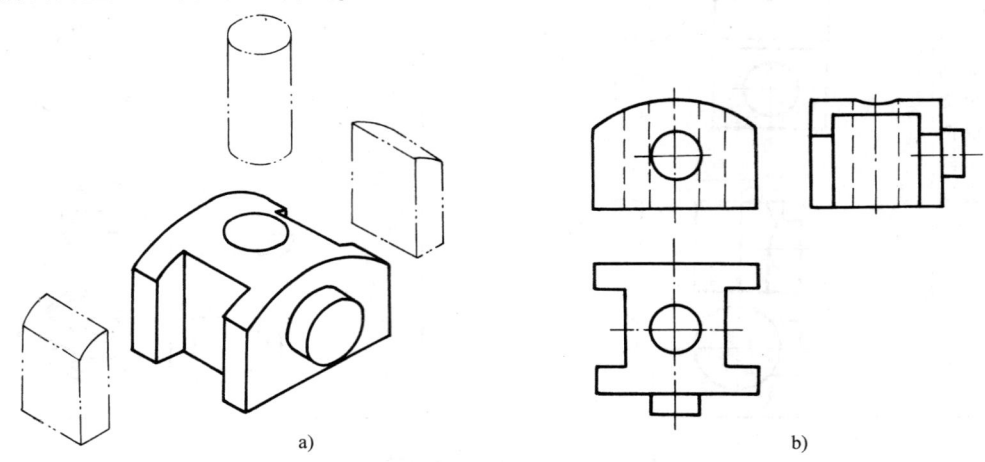

图 8-3　形体分析法
a) 立体图　b) 投影图

第三节　组合体的三视图的画法

画组合体的视图时，通常先对组合体进行形体分析，选择最能反映其形状特征的方向作为主视图的投射方向，再确定其余视图。然后按投影关系，画出组合体的视图。

一、形体分析

如图 8-4 所示，轴承座是由凸台Ⅰ、轴承Ⅱ、支承板Ⅲ、肋板Ⅳ和底板Ⅴ组成。凸台Ⅰ位于组合体的最上方，带有一圆孔；轴承Ⅱ位于组合体的正上方，带有两个互相垂直贯通的圆孔；支承板Ⅲ位于轴承Ⅱ的下方，其左右侧面与轴承相切，并与底板相交；肋板Ⅳ位于轴承Ⅱ的正下方，支承板Ⅲ的前方，其左右侧面与轴承的圆柱面相交；底板Ⅴ位于组合体的最下方，带有两个圆角及圆孔，底板Ⅴ的后侧面与支承板Ⅲ的后侧面重合。组合体左右对称。

二、视图选择

选择视图的关键是选择主视图。主视图应能反映组合体的形状特征，并能兼顾其他视图的合理选择。

先将组合体按自然位置放稳，并使其主要表面平行或垂直于投影面，以便视图较多地反映实形或积聚性，便于画图和看图。然后按图中 A、B、C、D 四个方向投影进行比较，选择主视图。对照图 8-5，若以 A 向投影作为主视图，能反映凸台的长度，轴承、支承板的形状特征，肋板、底板的厚度，它们之间的上下位置及轴承座的对称特征；若以 B 向投影作为主视图，能反映凸台、轴承的长度，肋板的形状，支承板及底板的厚度，也能反映它们之间的上下位置，但不反映轴承座的对称特征；若以 C 向投影作为主视图，视图中细虚线较多，显然没有 A 向为好；若以 D 向投影作为主视图，与 B 向得到的主视图对称，但此时的左视图为 C 向投影所得,细虚线较多,故不如 B 向作为主视图时的左视图(A 向投射所得)清楚明了。故初选 A 向与 B 向作为主视图投射方向。

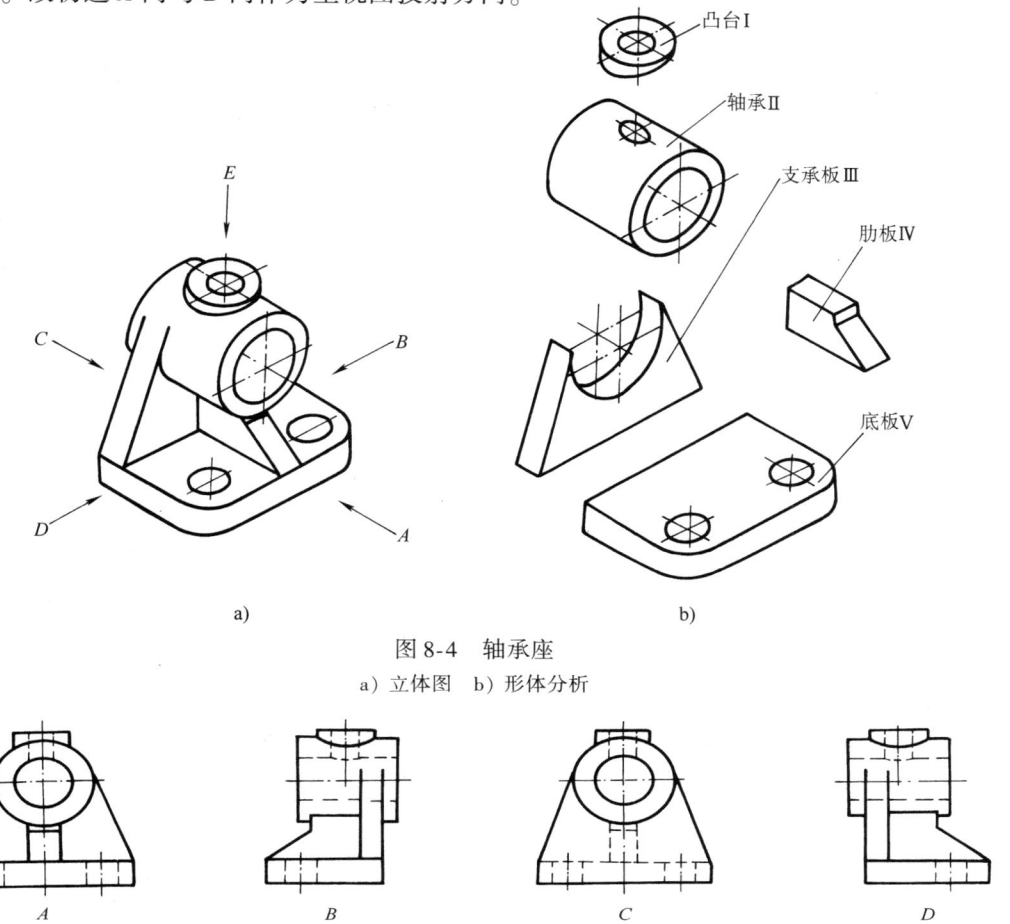

图 8-4 轴承座
a) 立体图 b) 形体分析

图 8-5 分析主视图的投射方向

接着分析其他视图情况。若以 A 向投影为主视图,则 D 向投影为左视图,E 向投影为俯视图。主视图能较好地反映轴承座的对称特征;若以 B 向投影为主视图,则 A 向投影为左视图,E 向投影为俯视图,主视图不能反映对称特征。故确定 A 向作为主视图的投射方向。

主视图确定后,左视图、俯视图也随之确定。但视图的数量应根据组合体的复杂程度而定。对于轴承座,以 A 向投影作为主视图后,选取的左视图能反映肋板的真形,选取的俯视图能反映底板的实形。因此,轴承座需要三个视图。

三、画组合体三视图

画组合体三视图的步骤如下(见图 8-6):

1)根据形体大小和复杂程度,选取合适的、符合国标的图幅和比例。

2)布置图幅,按视图数量、图幅和比例,均匀的布置视图位置。先确定各视图中起定位作用的对称中心线、轴线和其他直线,如图 8-6a 所示。

3)轻画底稿,根据形体分析法得到的各基本形体的形状及相对位置,逐一画出各基本形体的视图,如图 8-6b~f 所示。在画图过程中应注意,先画反映基本形体实形的视图,再画其他视图，正确表示基本形体投影间的相互遮挡和各表面间的相互结合，如表面重合、相交或相切等。

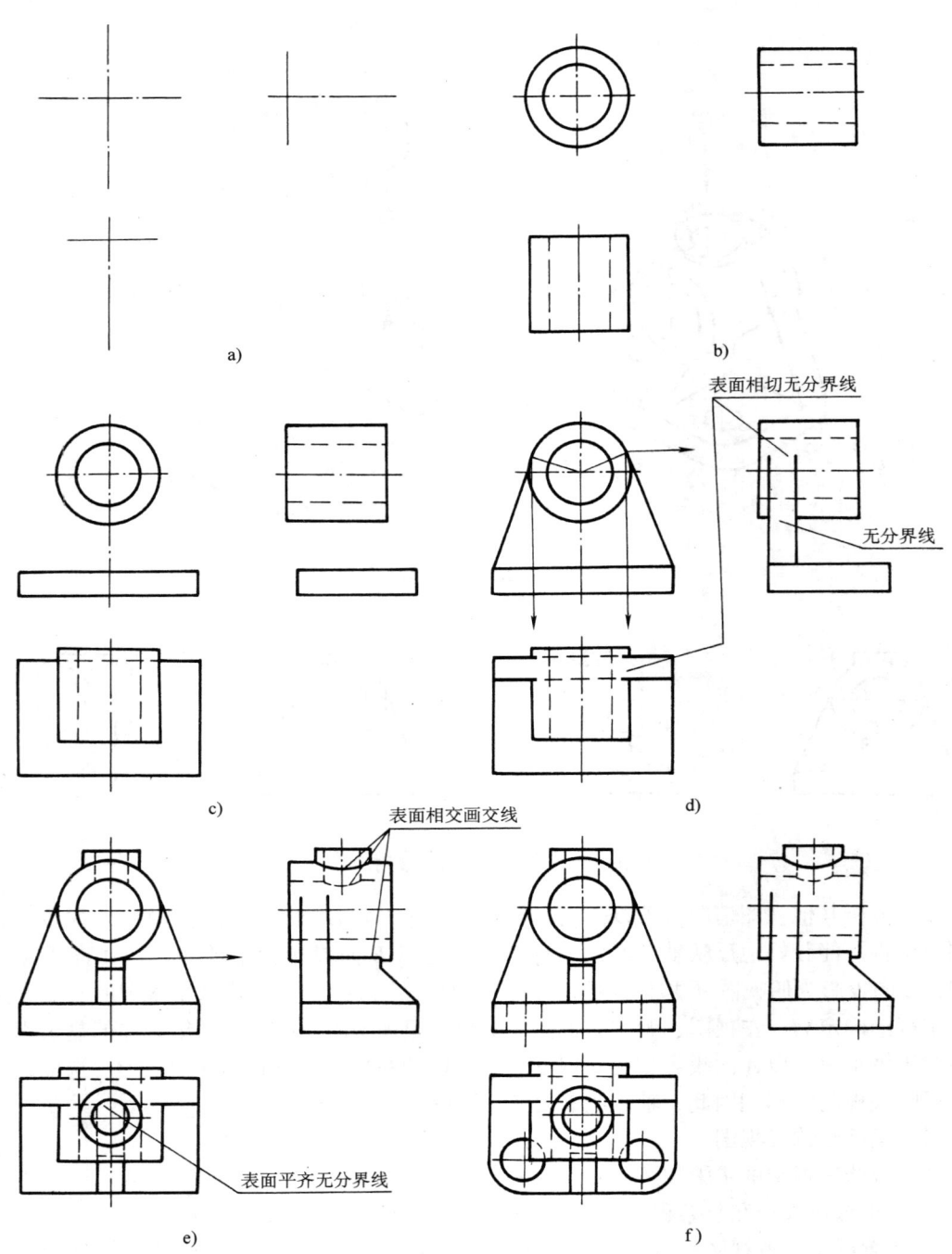

图 8-6 轴承座的画图步骤
a）画轴承的轴线及后端面的定位线　b）画轴承的三视图　c）画底板的三视图　d）画支承板的三视图
e）画凸台与肋板的三视图　f）画底板上的圆角和圆孔，校核加深

4）检查底稿，修正错误，擦去多余的图线，清理图面。

5）按规定线型加深。先加深细点画线、细实线、细虚线，后加深粗实线；先加深圆或圆弧，后加深直线，作图结果如图 8-6f 所示。

6）标注尺寸（略）。

第四节　组合体的尺寸标注

视图只能表示组合体的形状，其大小还需尺寸来确定。标注尺寸时，要做到正确、完整和清晰。为了达到这些要求，首先要掌握基本形体的尺寸标注、组合体的尺寸分析和尺寸标注的方法。

一、基本形体的尺寸标注

组合体的尺寸标注是按照形体分析进行的，柱、锥、球、环等基本形体的尺寸是组合体尺寸的重要组成部分，因此要标注组合体的尺寸，必须首先掌握基本形体的尺寸注法。

在常见的基本形体的尺寸注法及其数量中，有时标注形式可能有所改变，但尺寸数量不能增减。如图 8-7 所示，正六棱柱俯视图中的正六边形的对边尺寸和对角尺寸只需标注一个，常标注对边尺寸，而以参考尺寸形式（把尺寸数字写入圆括号内）注出对角尺寸；回转体尺寸标注在非圆视图上时，可以不画其余视图就能确定其形状和大小。

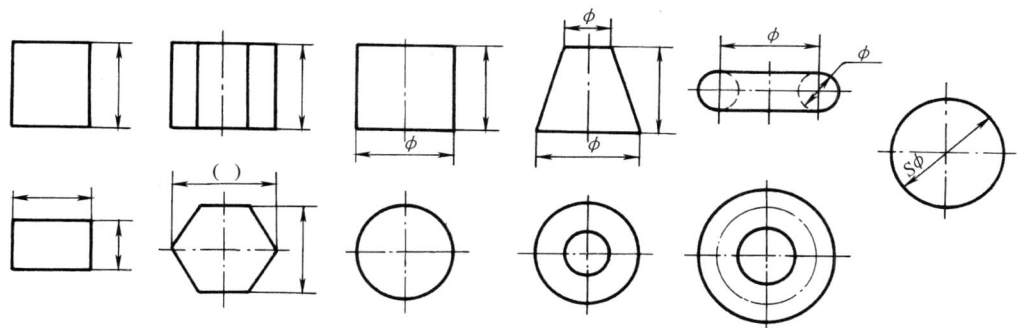

图 8-7　常见基本形体的尺寸标注

带截交线的立体应标注立体的大小和形状尺寸以及截平面的相对位置尺寸，绝不能标注截交线的尺寸，见表 8-4。

表 8-4　带截交线的立体的尺寸标注

（续）

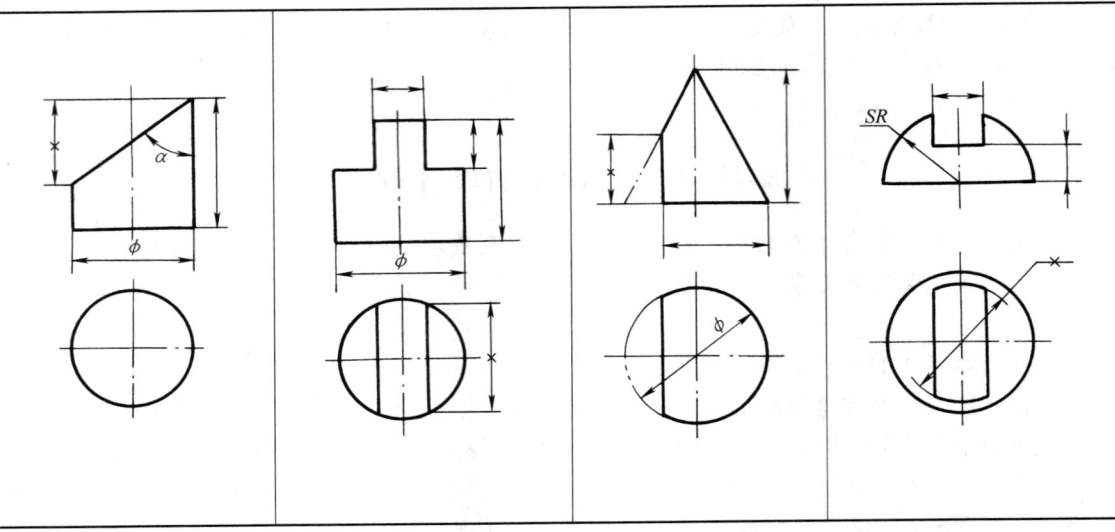

带相贯线的立体应标注立体的大小和形状尺寸以及相贯体间的相对位置尺寸，绝不能标注相贯线的尺寸，见表 8-5。

表 8-5　带相贯线的立体的尺寸标注

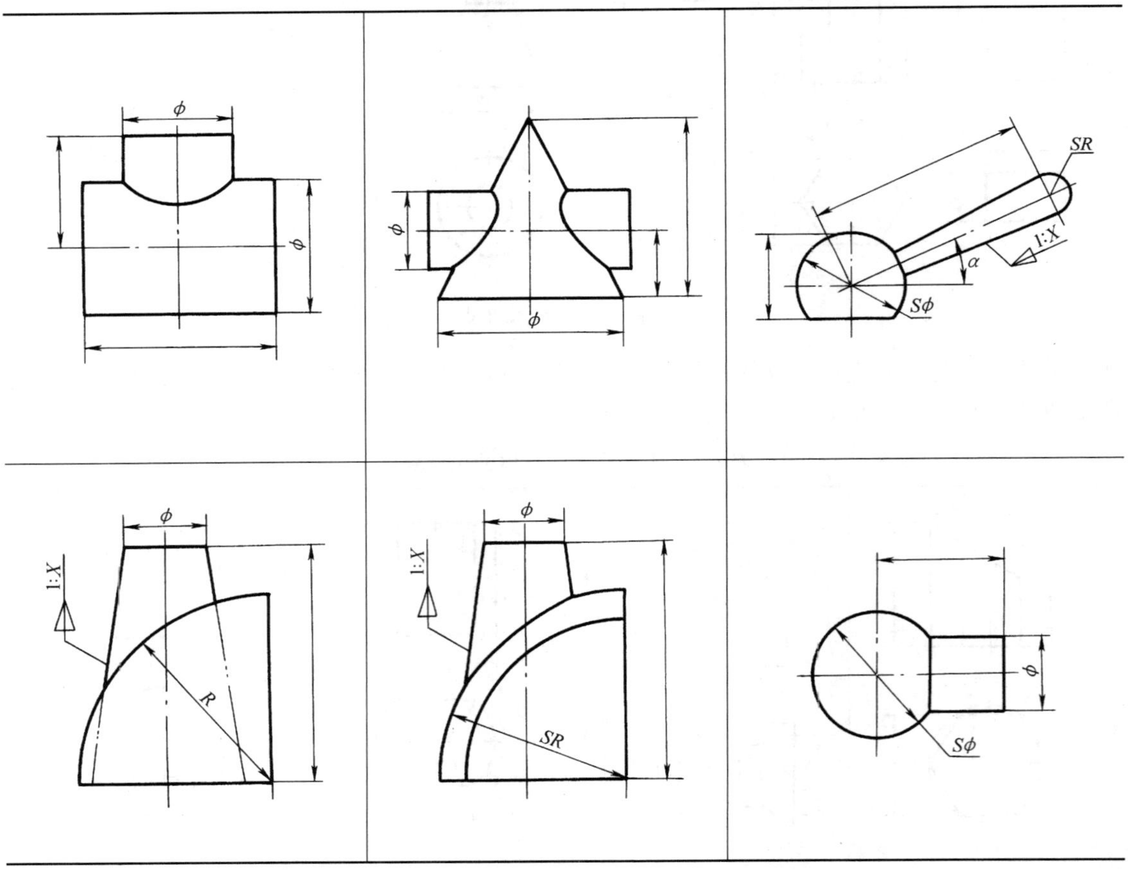

常见不同形状的底板、凸缘等，其形体多为柱体，这些零件的尺寸标注见表8-6。

表8-6 常见底板、凸缘等柱体及薄片的尺寸标注

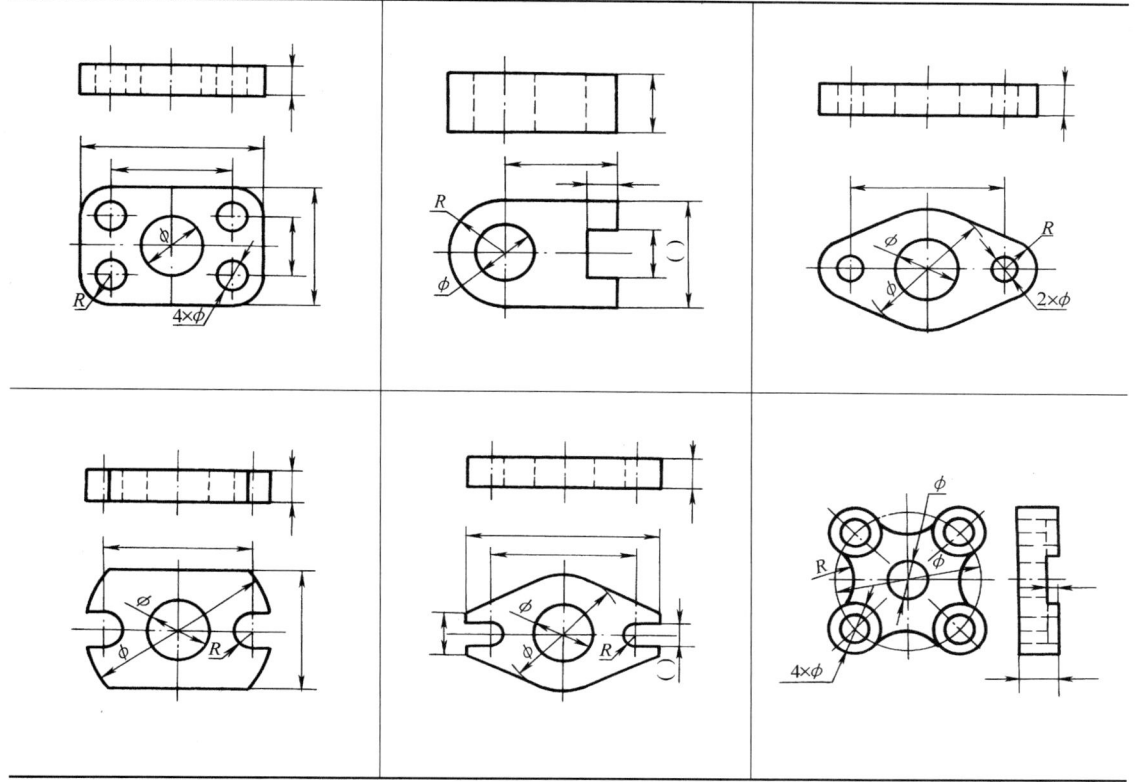

二、组合体尺寸分析

按照形体分析法，组合体可分解成若干个基本形体。确定基本形体形状大小的尺寸称为定形尺寸；确定基本形体之间相对位置的尺寸称为定位尺寸，确定组合体总长、总宽、总高的尺寸称为总体尺寸。标注尺寸时，必须先确定尺寸标注的起点，即基准。组合体长、宽、高三个方向均需标注尺寸，因此三个方向均应设立主要尺寸基准。常见的尺寸基准要素有：主要对称平面、重要端面、底面及主要回转体的轴线等，如图8-8所示。轴承座的尺寸分析如图8-9所示。

三、组合体尺寸标注的要求

1. 标注尺寸要正确

正确是指符合国家标准。第一章中平面图形的尺寸标注内容都适合于组合体尺寸标注，常见形体正确标注尺寸示例，如图8-10所示。

2. 标注尺寸要完整

完整是指不能遗漏也不能重复标注尺寸。在图中应注出组合体必需的定形尺寸、定位尺寸和总体尺寸。标注定形尺寸时，可参考图8-7、图8-10和表8-4、表8-5、表8-6；标注定位尺寸时，要正确分析组合体长、宽、高三个方向的主要尺寸基准。如图8-11所示，一般情况下，每个基本形体在长、宽、高三个方向相对于基准均应有定位尺寸。但当两基本形体的对称平面重合时，应省略对称平面方向的定位尺寸；当基本形体的表面平齐时，应省略表

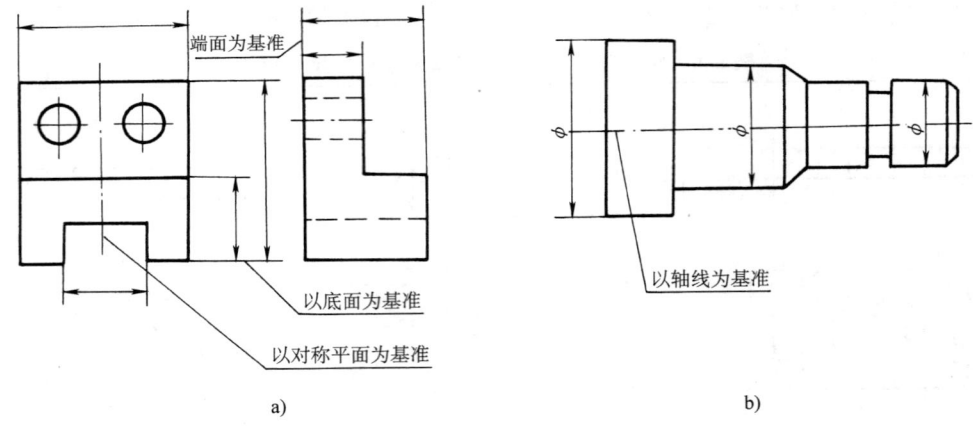

图 8-8 常见组合体尺寸基准要素

面平齐方向的定位尺寸。

标注总体尺寸时，一般应标注组合体的总长、总宽和总高尺寸。若组合体的定形和定位尺寸已标注完整，再标注总体尺寸就成了多余或重复时，则应对尺寸进行调整，减去一个该方向最不重要的尺寸，如图 8-12a 所示；或不标该方向的总体尺寸，如图 8-12b 所示。对于由圆弧面所围成的立体，往往应标注中心距及圆弧半径，而不标注该方向的总体尺寸，如图 8-13 所示。

必须注意，对于组合体应标注此三类尺寸，但对于具体尺寸，它有时不仅仅起一个作用，而同时起多个作用。如图 8-14d 左视图中尺寸 12，它既是支承板的定形尺寸，又是肋板的定位尺寸。

3. 标注尺寸要清晰

清晰是指尺寸标注的位置排列清楚，便于标注和看图，具体表现形式见表 8-7。

表 8-7 清晰标注组合体尺寸

说 明	清晰标注尺寸	不清晰标注尺寸
半径尺寸应注在投影为圆弧的视图上		
直径尺寸尽量注在投影为非圆的视图上		

（续）

说　明	清晰标注尺寸	不清晰标注尺寸
尺寸尽量标注在形状特征明显的视图上	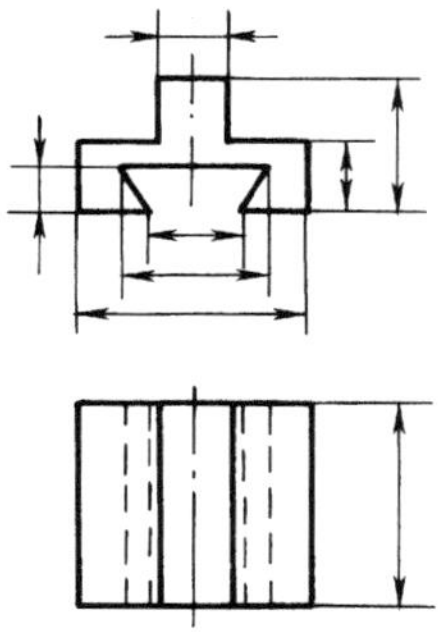	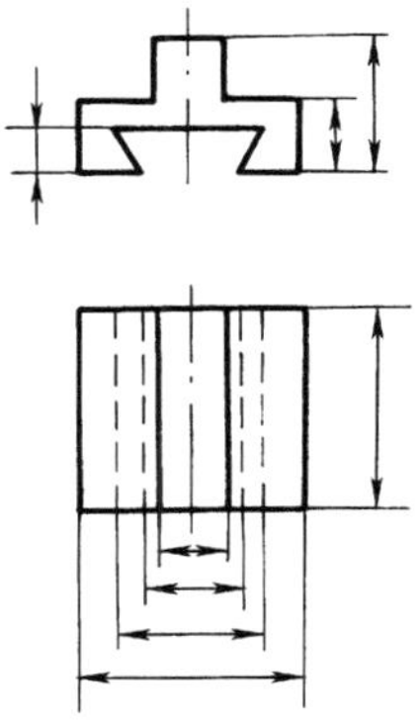
尺寸尽量不注在细虚线上	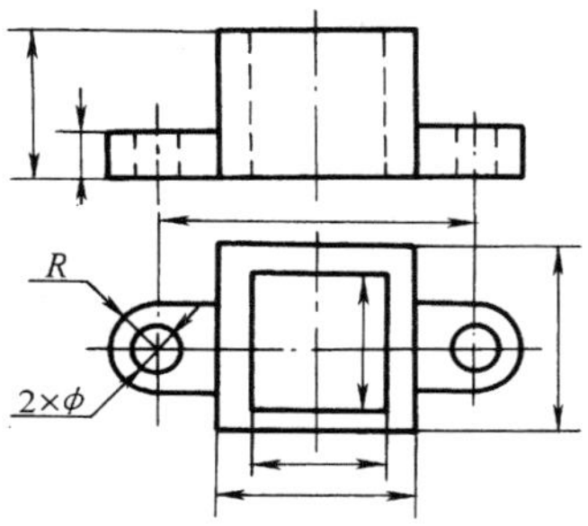	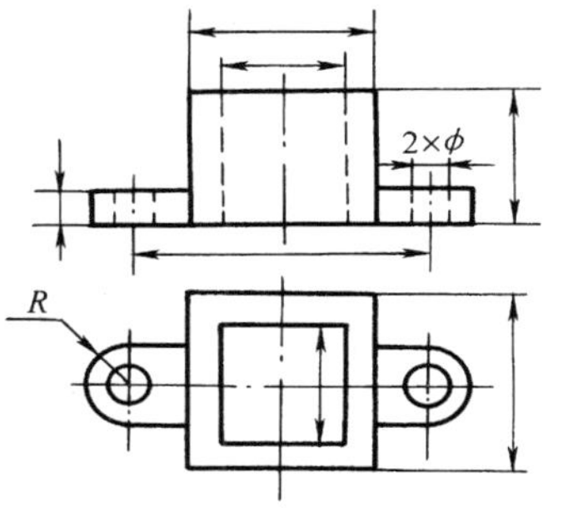
同一基本形体的定形尺寸和定位尺寸，应尽量集中标注	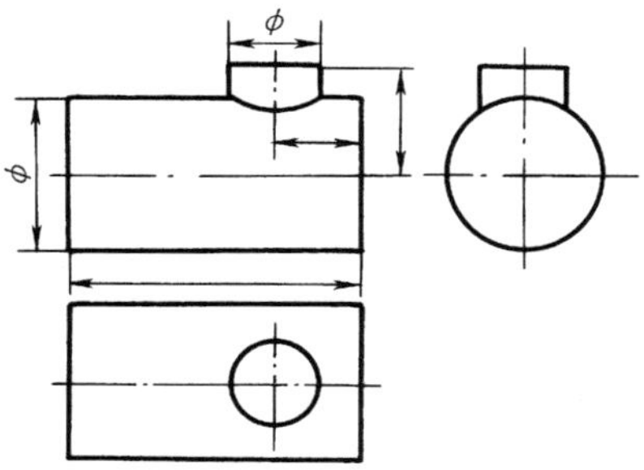	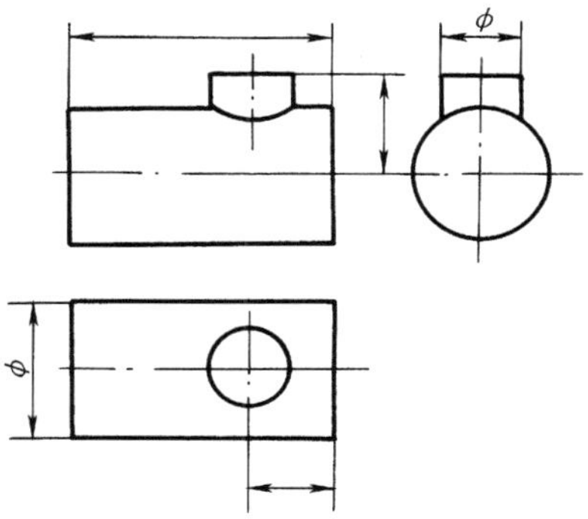
尺寸要布置在标注部位附近，与两个视图有联系的尺寸应布置在两视图之间	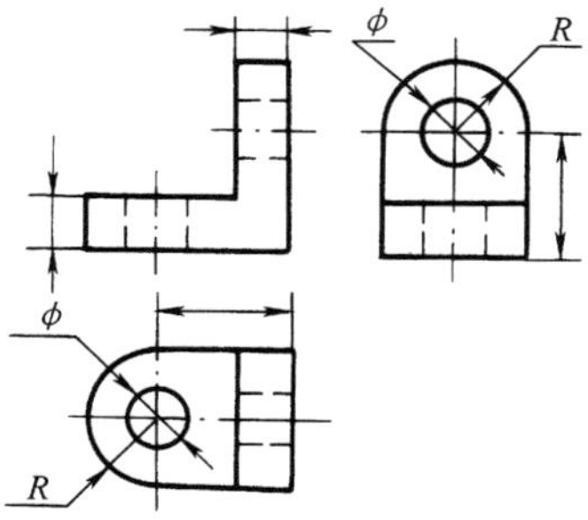	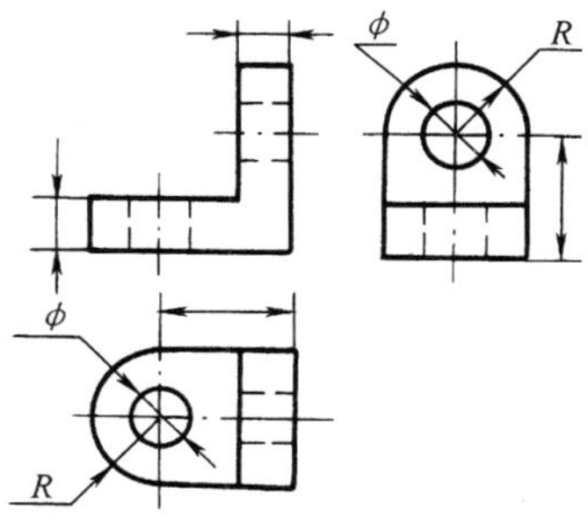

(续)

说 明	清晰标注尺寸	不清晰标注尺寸
不从对称中心线上引对称尺寸	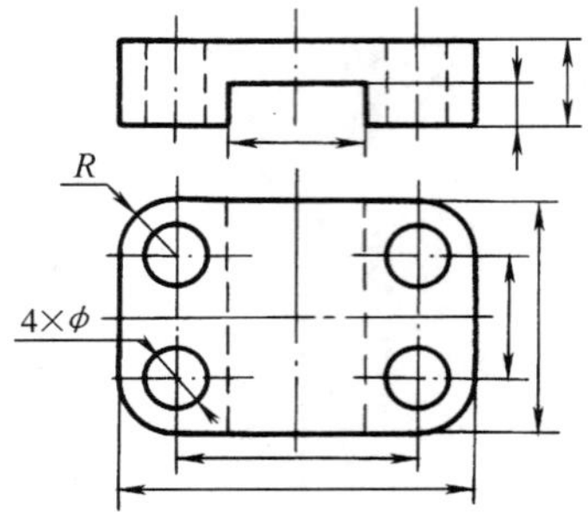	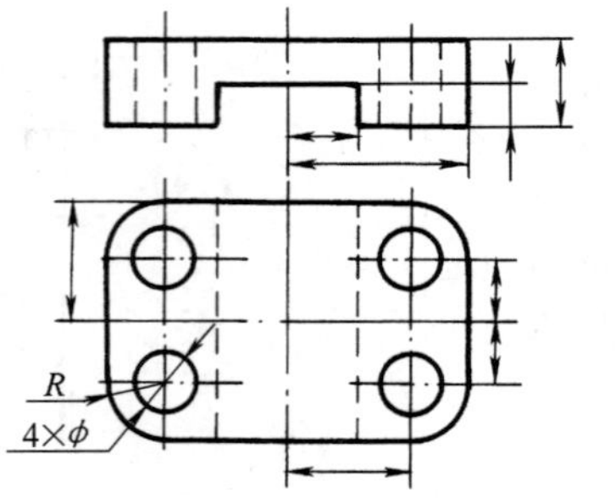
同一方向的几个连续或断续串联的尺寸，应尽量标注在同一直线的方向上	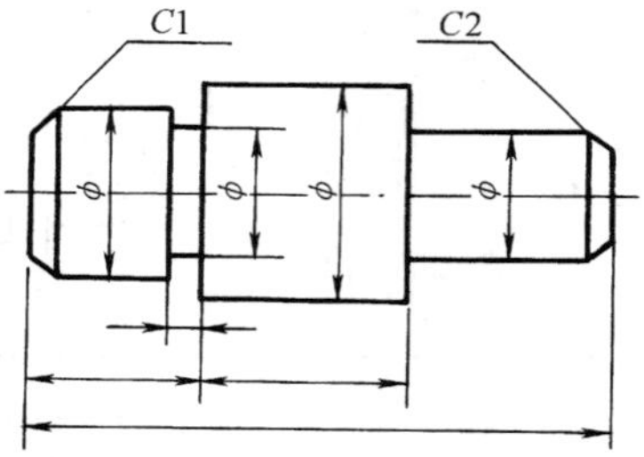	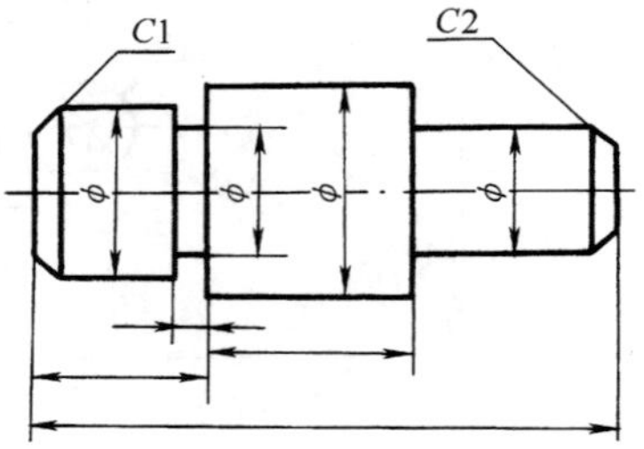
同一方向的平行尺寸，小尺寸在内、大尺寸在外，尽量避免尺寸线与尺寸界线相交	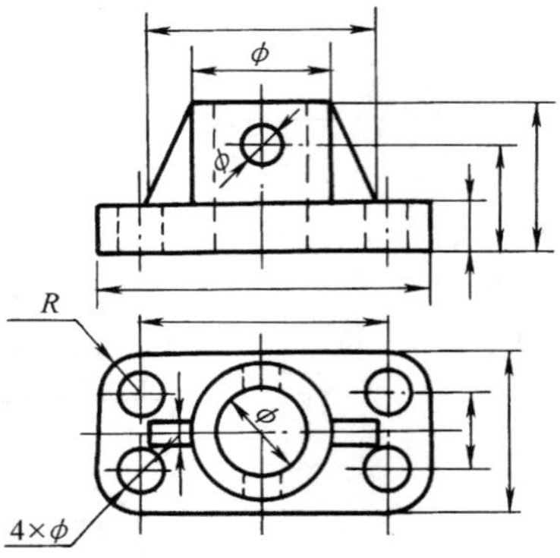	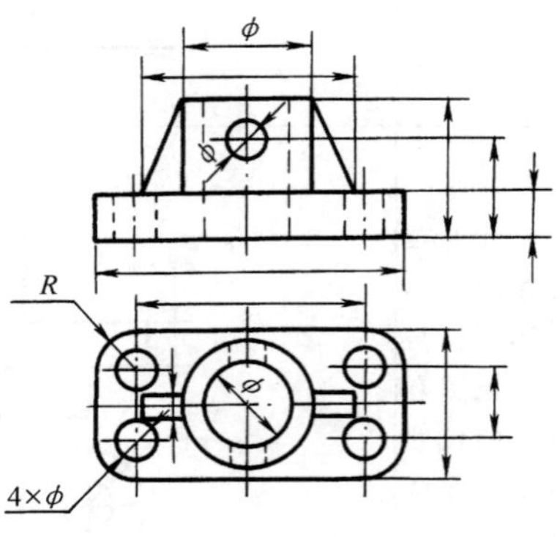

第八章 组合体的视图及尺寸注法

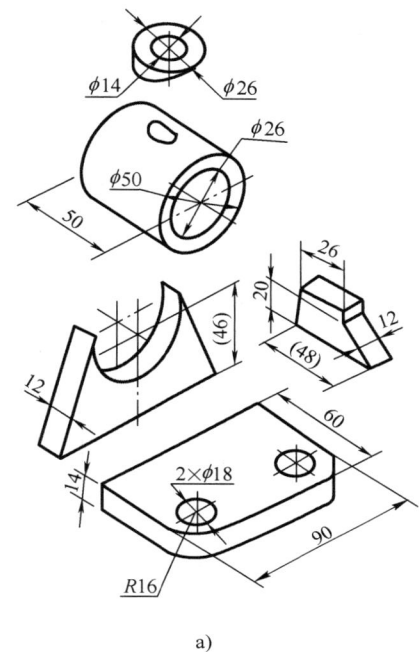

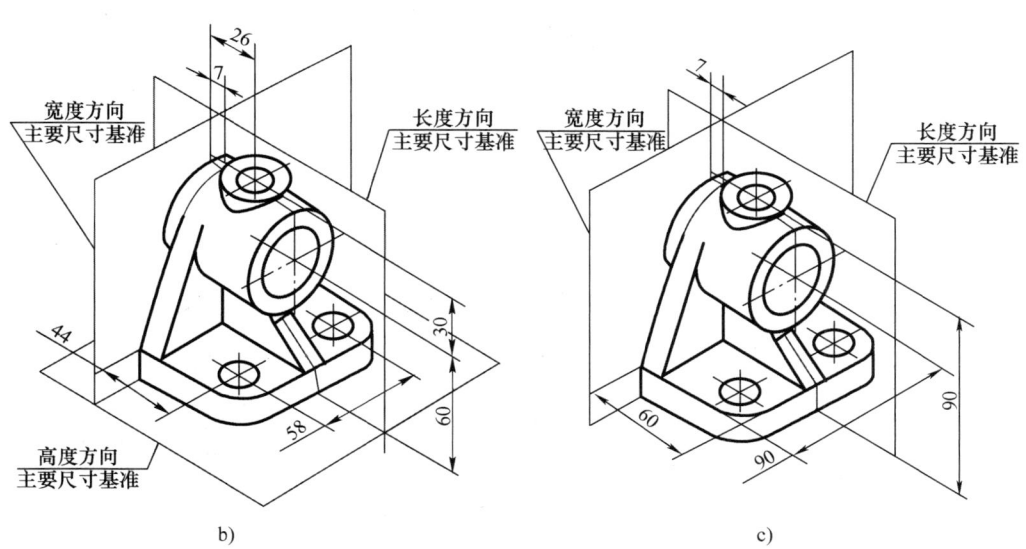

图 8-9 轴承座的尺寸分析
a) 各基本形体的定形尺寸 b) 主要尺寸基准和定位尺寸 c) 总体尺寸

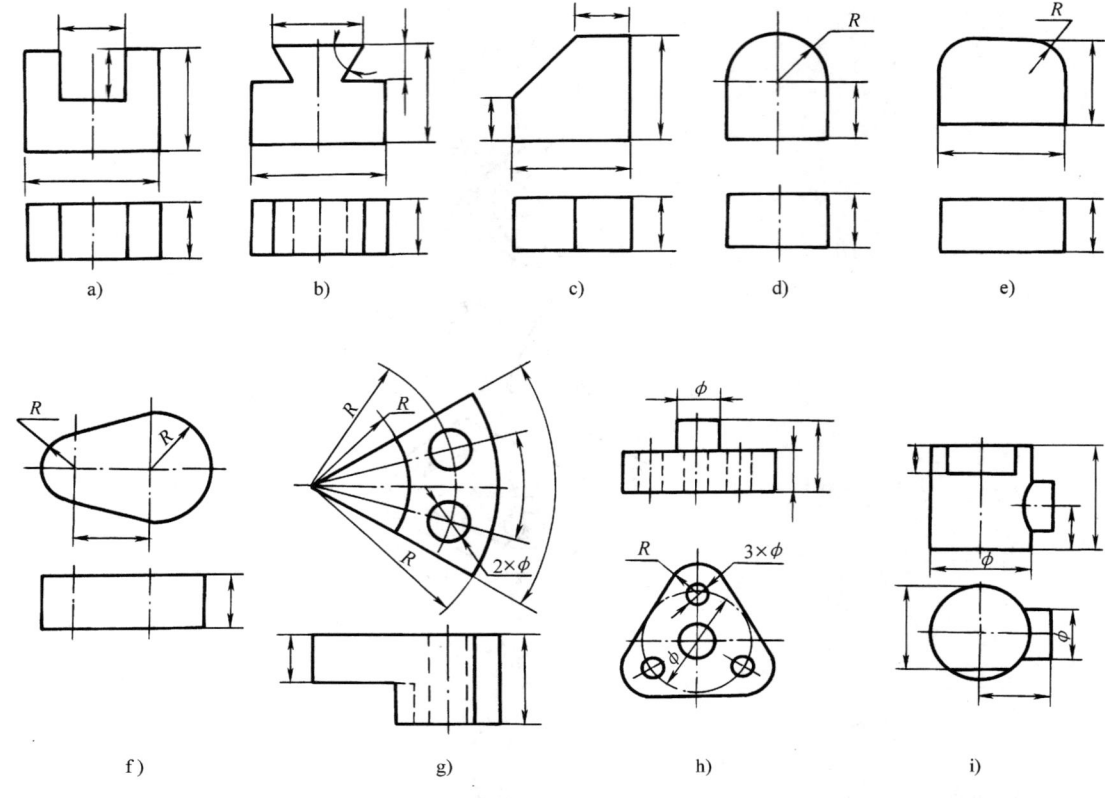

图 8-10 正确标注尺寸示例

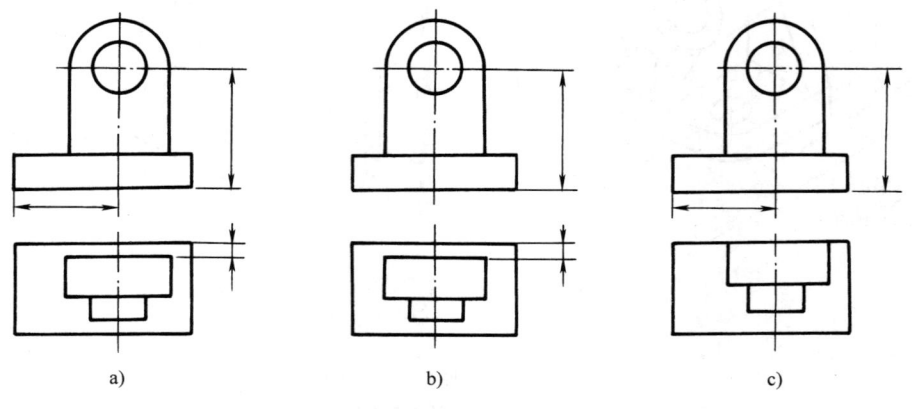

图 8-11 定位尺寸的标注
a) 一般情况 b) 对称 c) 表面平齐

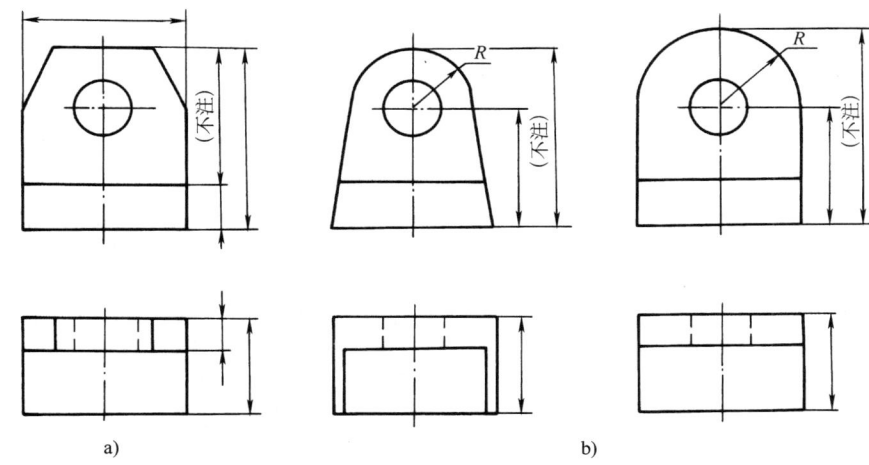

图 8-12 总体尺寸的标注
a) 减去一个该方向最不重要的尺寸 b) 不注该方向的总体尺寸

四、组合体尺寸标注步骤及标注示例

下面以图 8-14 所示的轴承座为例,说明标注组合体尺寸的步骤。

1. 形体分析,分别标注各基本形体的定形尺寸

按照画图时采用的形体分析法,把组合体分解成若干基本形体,逐个分析并标注各基本形体的定形尺寸,如图 8-14a 所示。

2. 选定组合体的尺寸基准,标注各基本形体的定位尺寸

组合体长、宽、高三个方向应分别设立主要尺寸基准。轴承座的长度方向主要尺寸基准为左右对称平面,宽度方向主要尺寸基准为支

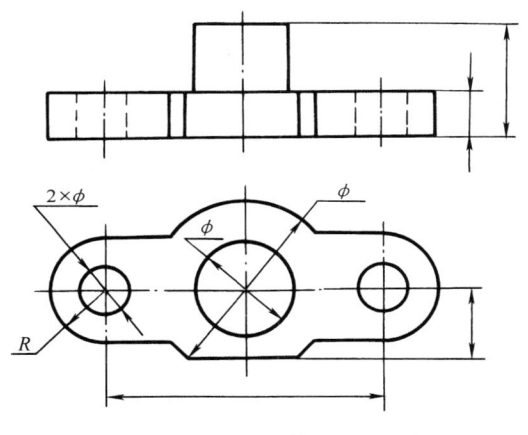

图 8-13 不标注总体尺寸的图例

承板的后端面,高度方向主要尺寸基准为底板的底面。分别标注各个基本形体在三个方向相对于基准的定位尺寸和两个圆孔的定位尺寸,如图 8-14b 所示。

3. 标注总体尺寸

一般应标注组合体的总长、总宽和总高尺寸。但有时总体尺寸与基本形体的定形尺寸和定位尺寸有某种联系。标注前,应先予以调整或删减,如图 8-14c 中总长尺寸为 90,总高尺寸为 90(轴承的定位尺寸 60 与凸台的定位尺寸 30 之和,由于标注总高尺寸 90,所以凸台的定位尺寸 30 不直接注出),总宽尺寸为 67(底板宽度尺寸 60 与轴承的定位尺寸 7 之和)。

4. 检查

按正确、完整、清晰的要求,对已注尺寸进行检查、修正,直至满足要求。轴承座的尺寸标注结果如图 8-14d 所示。

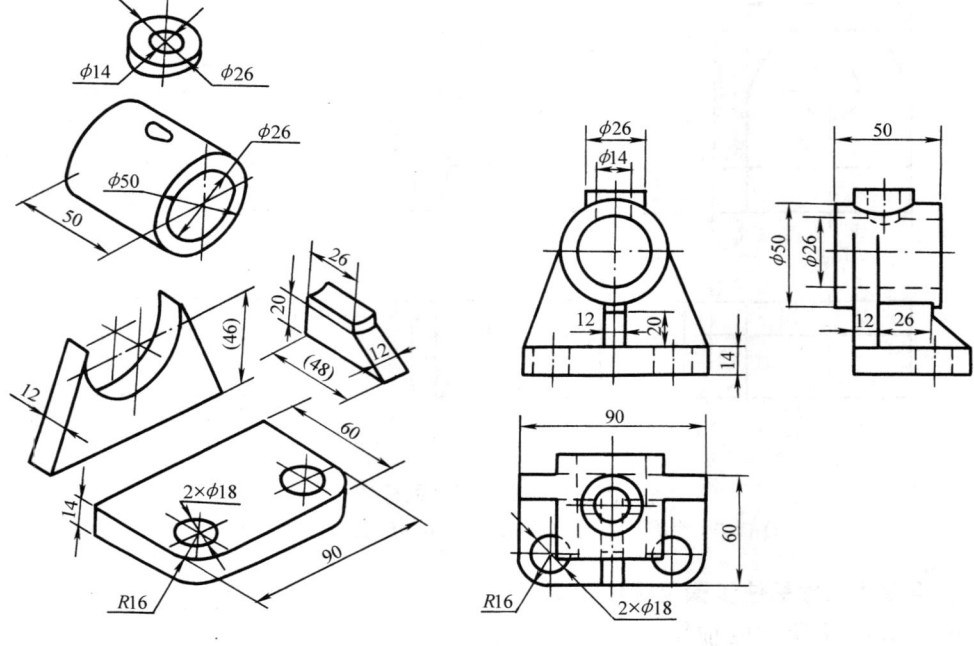

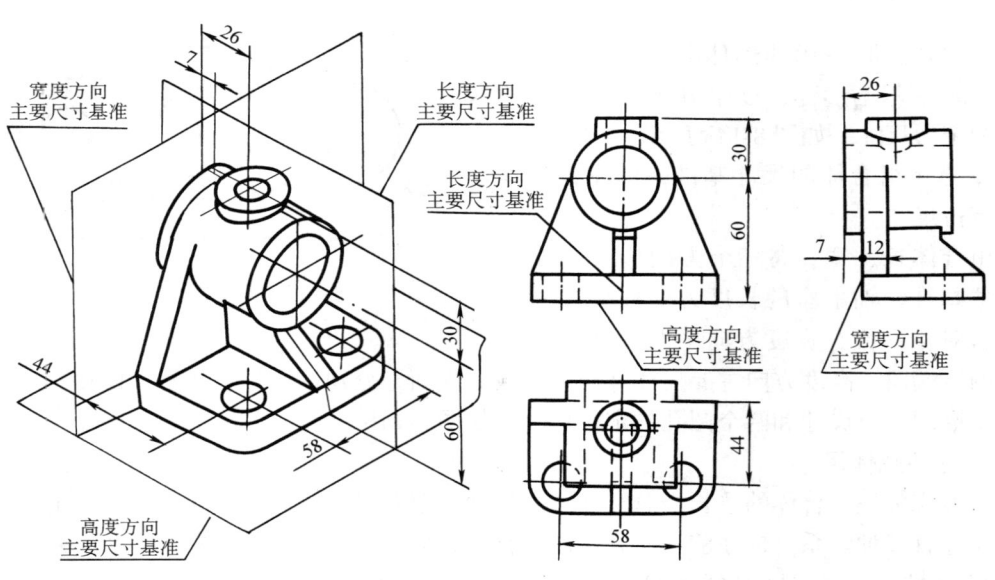

图 8-14 标注轴承座尺寸的步骤
a) 标注定形尺寸　b) 标注定位尺寸

第八章 组合体的视图及尺寸注法 | 143

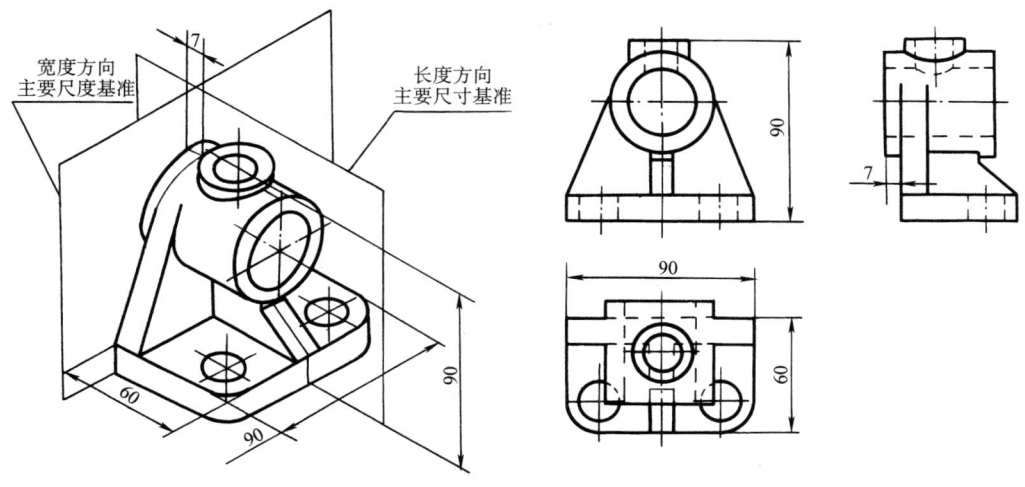

c)

d)

图 8-14 标注轴承座尺寸的步骤（续）
c）标注总体尺寸　d）完成尺寸标注

第五节　看组合体视图

看组合体的视图，就是根据已知视图，应用投影规律，正确识别组合体的形状与结构。看图时必须掌握看图要点和看图方法，总结各类形体的形成及看图特点，以逐步培养看图能力。

一、看图的要点

1. 要几个视图联系起来看

根据投影法可知，一个视图只是表达物体的一个方向的投影，一个视图不能确定物体的惟一形状，因此在看图时，必须把已知的几个视图联系起来分析。如图8-15所示，它们的主、俯视图均相同，但左视图不同，就表示了不同的形体。

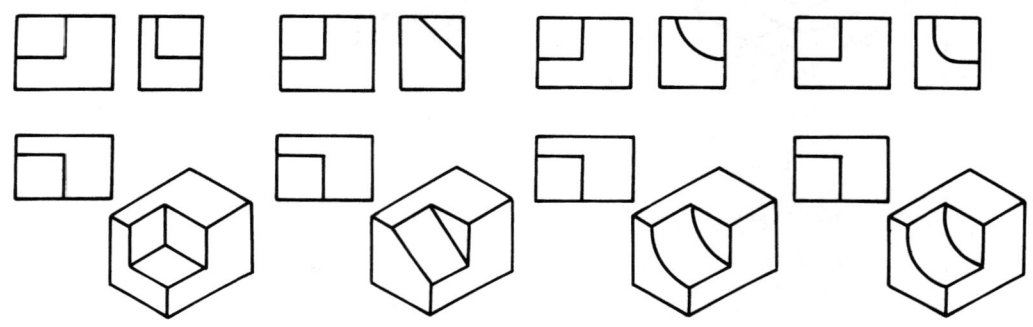

图8-15　联系三视图综合想整体

2. 要抓住特征视图分析

不同的投射方向，确定了不同的视图，确定了物体的不同方向的形状和基本形体之间的相对位置。对视图而言，总有某个方向最清楚地表示物体的形状特征和相对位置。如圆柱的形状特征为圆，三棱柱的形状特征为三角形等。若能抓住物体的形状特征，就有助于看懂空间形体。如图8-16所示，形体Ⅰ的形状特征为线框1′，形体Ⅱ的形状特征为线框2″，形体Ⅲ的形状特征为线框3，抓住这些特征线框，再联系其他投影，就不难想象出该基本形体了。

如图8-17a所示，从主、俯视图很难确定线框1′和2′的空间位置，就可能造成多解（见图8-17b、c、d），若抓住左视图中的1″和2″的位置特征后，就能确定这些基本形体的形状和位置，确定该组合体，如图8-17b所示。

3. 应明确视图中的图线和封闭线框的空间含义

分析视图中的图线和封闭线框（由粗实线或细虚线或粗实线和细虚线所围成的封闭图形）的空间含义是看图的基础，根据一视图中的图线或线框，应用线面投影规律，找出其余投影，最后确定其空间的几何意义。

（1）视图中的每条图线　视图中的每条图线可能表示以下三种情况，如图8-18所示：

1）投影面的垂直面。在图8-18a中，主视图中的直线1′，对应俯视图的线框1，表示在

第八章 组合体的视图及尺寸注法 | 145

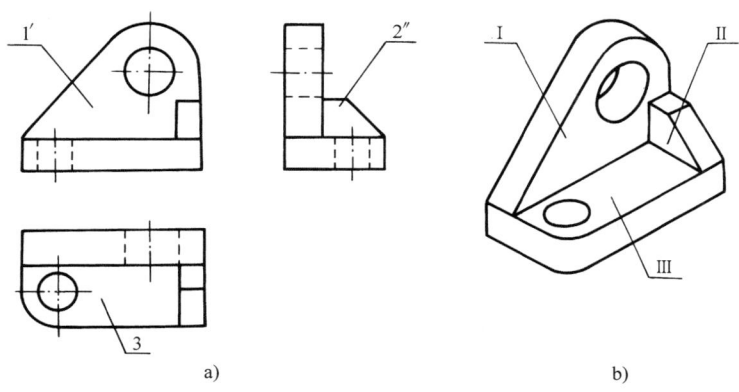

图 8-16 抓住形状特征视图分析物体的形状
a) 投影图 b) 立体图

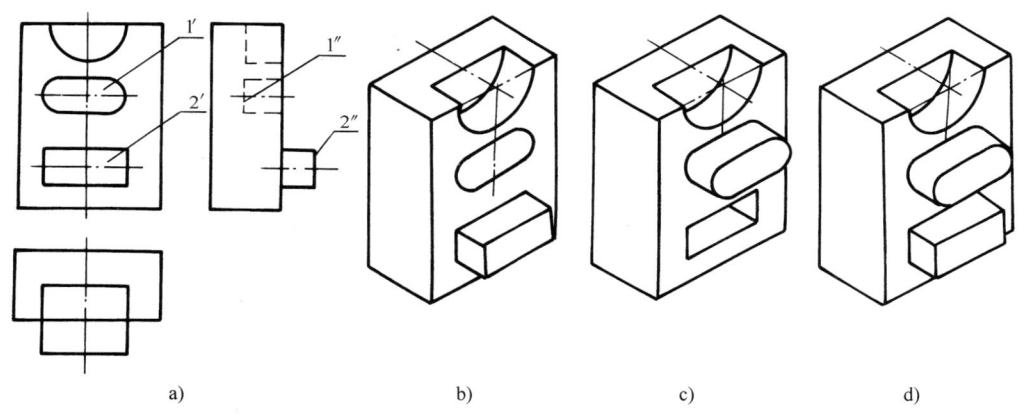

图 8-17 抓住位置特征视图分析物体的形状

空间为水平面；俯视图的直线 2，对应主视图线框 2′，表示在空间为铅垂面。

2) 两表面的交线。在图 8-18a 中，主视图中的直线 3′对应俯视图积聚成点 3，表示在空间为正六棱柱两个侧面的交线；在图 8-18b 中，主视图中的直线 1′，对应左视图，不难看出表示空间为两圆柱面的交线。

3) 曲面的转向轮廓线。在图 8-18a 中，主视图的直线 4′对应俯视图中圆的最右点，表示在空间为柱面对 V 面投影的转向轮廓线。

（2）视图中的每个封闭线框 视图中的每个封闭线框可能表示以下三种情况：

1) 平面。在图 8-18a 中，主视图封闭线框 2′与 5′，分别与俯视图的直线 2 和 5 对应，表示在空间为铅垂面和正平面。

2) 曲面。在图 8-18a 中，主视图封闭线框 6′对应俯视图的圆，表示在空间为一圆柱面。

3) 曲面及其切平面。在图 8-18a 中，主视图封闭线框 7′，对应俯视图的长圆形，表示在空间为两端是圆弧面的柱体表面。

注意：视图中的任意封闭线框，一般情况至少表示空间形体的两个面的投影。如图 8-19 所示，主视图中的线框 1′表示立体 A 面与 B 面部分的重影，俯视图中的线框 2 表示立体 C

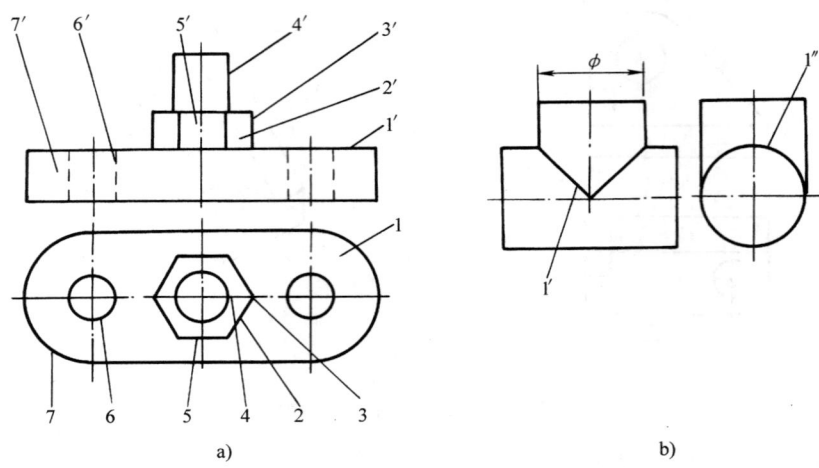

图 8-18 视图中的图线和线框分析

面与 D 面部分的重影。

(3) 视图中相邻的封闭线框　一般表示物体上不同位置的表面：若是相交，则线框间的公共边为两表面的交线；若是不相交，则公共边为把两表面隔开的第三个表面。如图 8-19 所示，俯视图中 c 与 f 线框表示空间为两相交平面，而主视图中 a' 与 e' 线框表示空间为两不相交表面。

(4) 视图中投影对应规律　若非类似形，必有积聚性。

形体由表面（平面或曲面）围成，各种位置的表面在视图中均能找到其对应投影。根据平面的投影特性，平面的投影要么与实形为类似形，要么成积聚性，绝无其他情况，如图 8-20 所示。在读图时，应充分利用这一性质，正确找出平面的其他投影，以便确定平面的形状与位置。

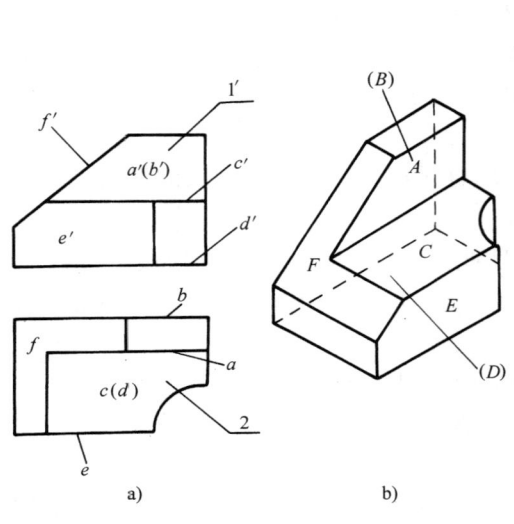

图 8-19　相邻封闭线框的空间意义

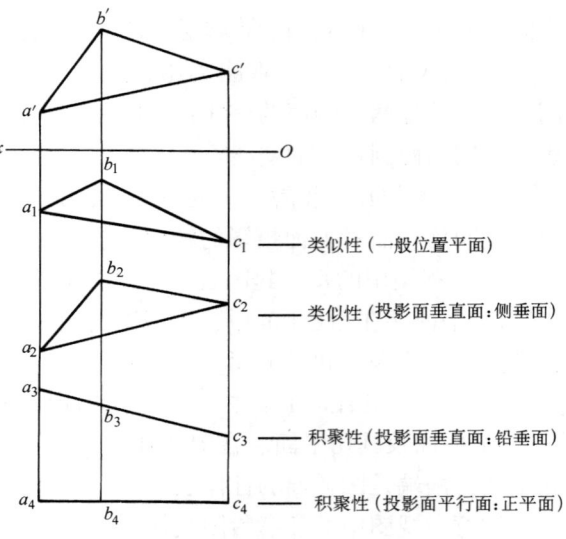

图 8-20　平面的投影特性

二、看组合体视图的方法

看组合体视图是画组合体视图的逆过程。看图时,主要运用形体分析法,必要时辅以线面分析法。下面介绍这两种看图方法。

1. 形体分析法

从反映物体形状特征的视图（一般是主视图）入手,对照其他视图,逐步分析各组成部分（基本形体）的空间形状与相对位置,从而得到组合体的总体形状。在实际看图时,初步想象出组合体后,应按照投影特性验证各组成部分和各结合表面在各视图中的投影。当两者不一致时,还应按照视图修正想象的组合体,直至各个视图与组合体相符合,最后确定组合体的总体形状。

例 8-1 如图 8-21 所示,已知物体的主俯视图,想出其整体形状,并补画左视图。

解 从视图看出,该形体为叠加型组合,其解题步骤如下:

（1）联系视图,把主视图分成几个封闭线框 从主俯视图的对称中心线看出,该形体左右对称,从主俯视图中各线框间的相邻关系看出,该形体为叠加型形体。即组合体为左右对称的叠加型形体。把主视图的封闭线框分成四个:线框 1′ 为倒置的凹字形,线框 2′ 为上方带圆弧的矩形（包括中间的图线）,线框 3′ 和 4′ 均为梯形。它们分别为形体 Ⅰ 、Ⅱ 、Ⅲ 、Ⅳ 的正面投影。由于线框 3′ 与 4′ 对称,3 与 4 对称,故仅分析线框 3′ 即可。

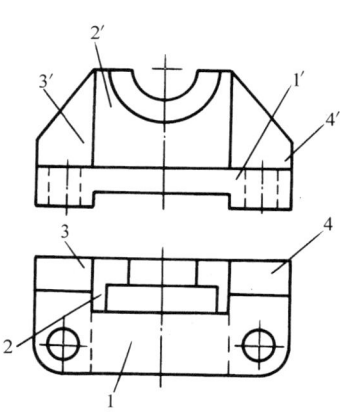

图 8-21 根据主俯视图,补画左视图

（2）对照投影,确定各基本形体的形状与位置 倒置的凹字形的线框 1′ 表示长方形的平板,平板的下方有一条矩形通槽,平板的前方左右各有两个圆角和圆孔,平板位于组合体的正下方。画出其左视图,如图 8-22a 所示。

线框 2′ 表示一长方体,长方体的上部依此有两个半径不等的同心半圆孔,长方体位于底板的正上方,它们的后表面平齐。画出其左视图,如图 8-22b 所示。

线框 3′ 表示梯形块。梯形块位于平板上方,长方体的左侧,它们的后表面平齐,梯形块的左表面与平板左表面平齐。根据对称,右边对应位置也有一对称的梯形块。画出其左视图,如图 8-22c 所示。

（3）综合起来想整体 根据四个基本形体的形状与位置,不难想象出该组合体的整体形状如图 8-22d 所示。按整体形状检查底稿,并按规定线型加深,就能得到所补的左视图。

例 8-2 如图 8-23 所示,已知压板的主、俯视图,想象其形状,并画出其左视图。

解 从主俯视图看出,该压板不属于叠加型组合。若把主俯视图中的缺角补出（细双点画线所示）,则可认为压板由某个基本形体被切割而成,属挖切型组合。其解题步骤如下:

（1）补全投影,想象被切割的基本形体 如图 8-24a 所示,将主俯视图的缺角补出,则可初步认为基本形体是四棱柱或三棱柱。

如图 8-24b 所示,若是四棱柱,顶面被正垂面 P 截切后,交线为正垂线;若是三棱柱,顶面被正垂面 P 截切后,交线为一般位置直线。根据俯视图中交线为正垂线,说明基本形体为四棱柱。画出四棱柱被 P 面截切后的投影。

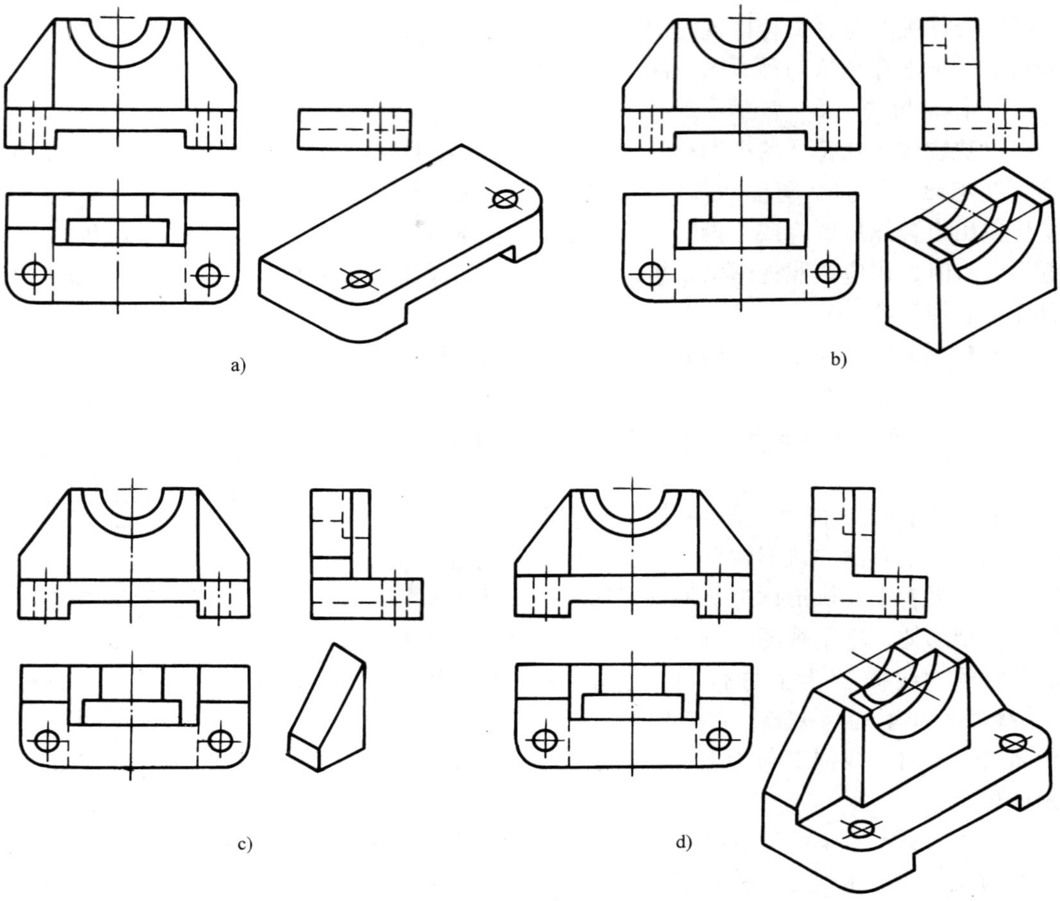

图 8-22 补画左视图的作图过程

（2）逐一分析各个平面切割基本形体　基本形体被若干个平面截切后形成组合体，可按照由易至难、由简至繁的顺序逐一分析画图。

P 平面截切四棱柱的分析作图，如图 8-24b 所示。

四棱柱再被前后对称的铅垂面（Q、R）截切，根据截平面 Q（R）的主、俯视图，画出其在左视图中的投影。这时正垂面 P 在左俯视图中的投影成了其类似形，如图 8-24c 所示。

不难分析，四棱柱最终被前后对称地各挖去一个长方体。前长方体的顶面为 S 面，侧面为 T 面。根据它们的主俯视图，求出其在左视图中的投影，这时铅垂面 Q 和 R 在左视图中的投影成了其类似形，如图 8-24d 所示。

（3）综合归纳各个平面截切的结果，想象组合体　按照各个平面截切的情况，想象组合体的整体形状，画出图 8-24d 所示的左视图。

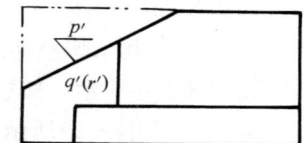

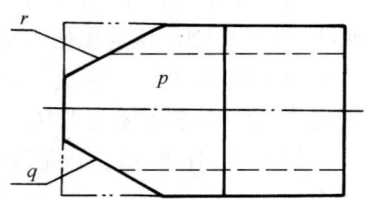

图 8-23　补画压板的左视图

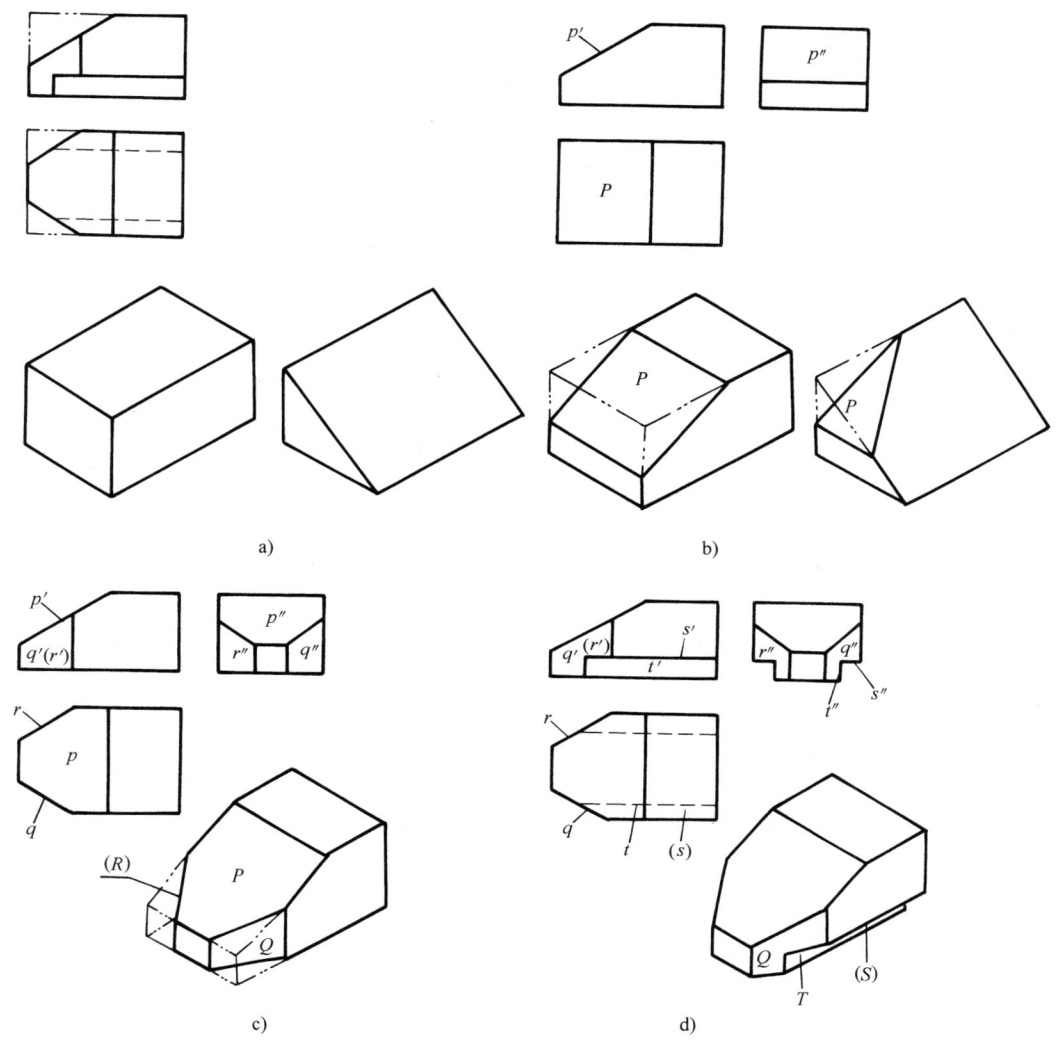

图 8-24 压板的分析作图过程

2. 线面分析法

从已知视图的线框与图线入手,分析清楚每个封闭线框及图线在空间的形状与位置,由此构成组合体的内外表面,建立组合体的整体形象。这种方法称为线面分析法。线面分析法可用于挖切类形体和比较复杂的组合体中不易形体分析的部分。在运用线面分析法时,应注意以下三个方面:

(1) 分析面的形状 当平面与投影面平行时,它在该投影面上的投影反映实形;当倾斜时,它在该投影面上的投影是其类似形;当垂直时,它在该投影面上的投影积聚成直线。在图 8-25a、b、c、d 中, L 形的铅垂面、工字形的正垂面、凹字形的侧垂面和一般位置的平行四边形,除了在其垂直的投影面上积聚成直线外,其余投影均为空间实形的类似形。

(2) 分析面的相对位置 视图上任何相邻的封闭线框,必是物体上相交的或不相交的(如前后、上下、左右)两个面的投影。如何确定这两个面的相对位置,必须通过其他视图来分析。在图 8-26a、b 中,它们的主视图相同,但左、俯视图不同,就分别确定了 A、B、

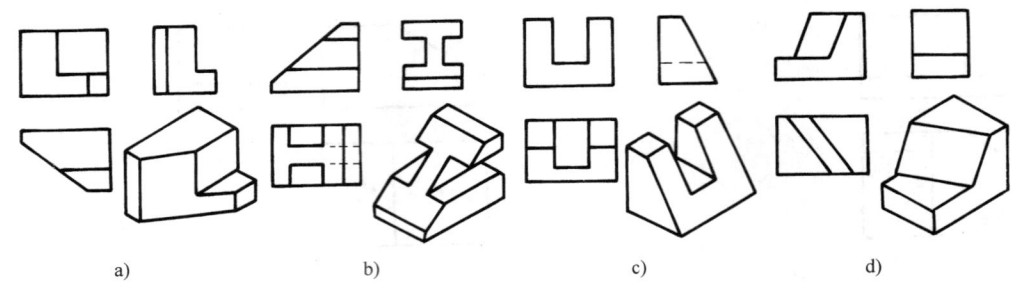

图 8-25 倾斜于投影面的平面的投影为类似形

C 和 D 面的不同相对位置。在图 8-26a 中,由于俯视图上都是实线,故 D 面在前,A、B、C 面在后。再分析 A、B 和 C 面的空间情况,由于左视图上出现细虚线,对照主、俯视图,故只能 A、C 面在前,B 面在后。B 面和 D 面为相互平行的正平面,而 A 面和 C 面为侧垂面,且与 D 面相交。在图 8-26b 中,由于俯视图左、右出现细虚线,中间为粗实线,故 A、C 面在前,D 面在中,B 面在后。又由于左视图上出现斜的细虚线,对照主、俯视图,可知 B 面为侧垂面,且与 D 面相交。A(C)面和 D 面为相互平行的正平面。

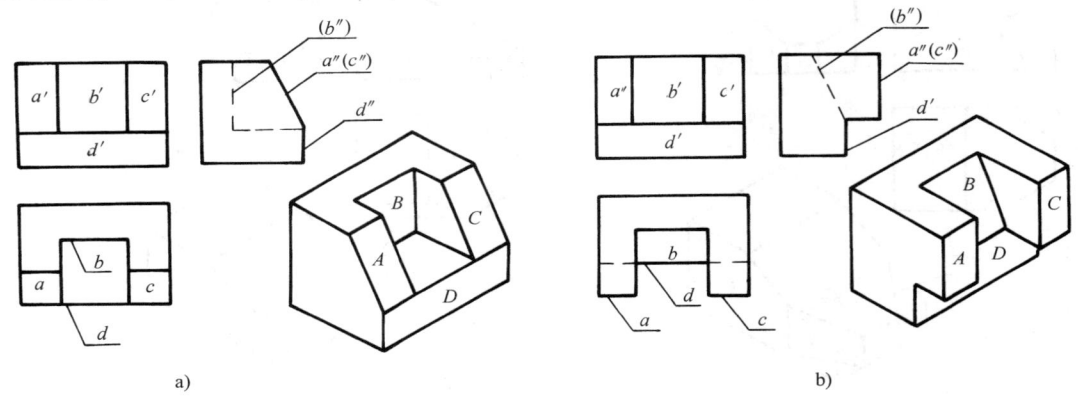

图 8-26 分析面的相对位置

(3)**分析面与面的交线** 当视图上出现面与面的交线,特别是曲面的交线时,给看图带来了一定的困难。这时,应运用投影原理,对交线的性质及画法进行分析,从而看懂视图。如图 8-27a 所示,轴线为铅垂线的圆柱体的上方被一个半径为 R 的轴线为正垂线的圆柱面截切,其交线的侧面投影采用了近似画法。如图 8-27b 所示,轴线为铅垂线的圆柱体上方有一个与它相切的半球,它们的左端与一个轴线为侧垂线的圆柱体相贯。它们间的交线应分成圆柱与圆柱的相贯线和圆柱与半球的相贯线两段进行分析作图。

下面举例说明线面分析法的应用。

例 8-3 如图 8-28 所示,画出组合体的俯视图。

解 从图中看出,若把主视图中的缺角和左视图中的缺线补出,该形体可看作是基本形体为梯形块经挖切而成。下面用线面分析法研究其表面组成情况。

(1)**分析每个封闭线框所表示的面的形状与位置** 一般先分析主视图中的每个封闭线框的空间含义,后分析其他视图。

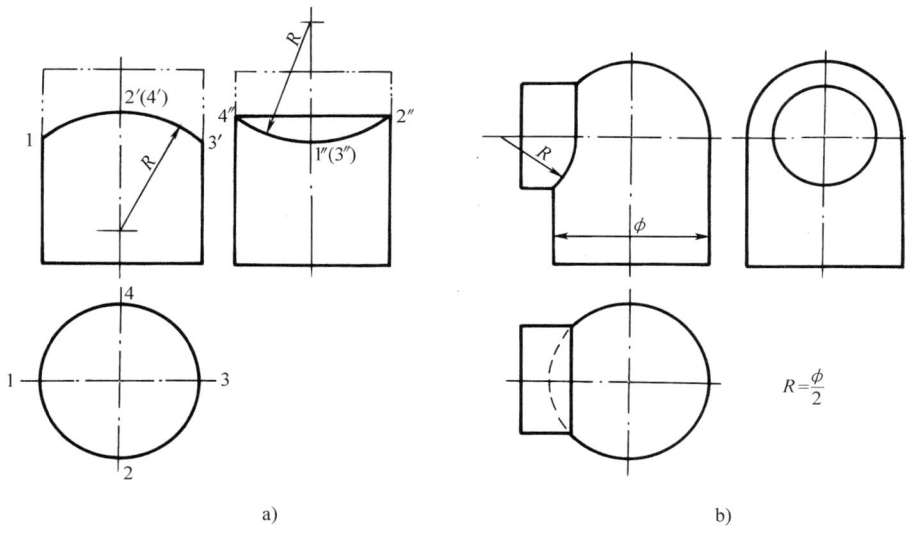

图 8-27 分析面与面的交线

分析主视图中的封闭线框，如图 8-28 所示，线框 a' 在左视图中并不能找到与其对应的六边形，据平面投影对应规律，线框 a' 在左视图中投影为积聚性，故线框 a' 表示空间为六边形、侧垂面（见图 8-29a）。

同理分析左视图中的封闭线框，线框 b' 表示空间为八边形、正垂面，且与 A 面共边（见图 8-29b）。

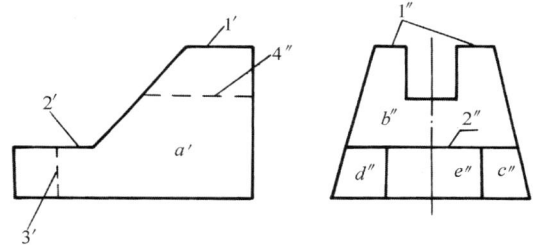

图 8-28 根据主左视图，补画俯视图

线框 c'' 与 d'' 对称，均表示空间为梯形、侧平面，C 面与 A 面共边（见图 8-29c）。

线框 e'' 表示空间为四边形、侧平面（因为该形体前后对称，如不对称，该平面可能为铅垂面），如图 8-29d 所示。

（2）分析每条图线所表示的空间含义　从图 8-29d 看出，分析每个线框所围成的图形，并不足以完整地表示组合体的所有可见表面。因此还需分析视图中的每条图线的含义，以逐步围成整个组合体的可见表面。

如图 8-28 所示，主、左视图中的图线 $1'$ 与 $1''$ 表示空间为两个水平面，形状为矩形，且前后对称（见图 8-29e）。

主、左视图中的图线 $2'$ 与 $2''$ 表示空间为水平面，形状为凹字形（见图 8-29f）。

（3）根据空间平面与其投影为类似形的原理，补全组合体的可见轮廓　如图 8-28 所示，根据主视图中的细虚线 $3'$ 与左侧图线（粗实线）围成的矩形线框，不难想象组合体相应之处有一矩形平面，该平面为正平面（见图 8-29g）。

同理，细虚线 $4'$ 与其他图线围成的梯形线框，说明组合体相应之处有一梯形平面，该平面为正平面（见图 8-29h）。不难分析，细虚线 $4'$ 同时还表示一矩形水平面，如图 8-29i 所示。

（4）根据想象的立体，画出其投影　根据想象的组合体的立体图（见图 8-29i），补画的俯视图如图 8-30 所示（当然也可采用边分析边画图的方法作图）。

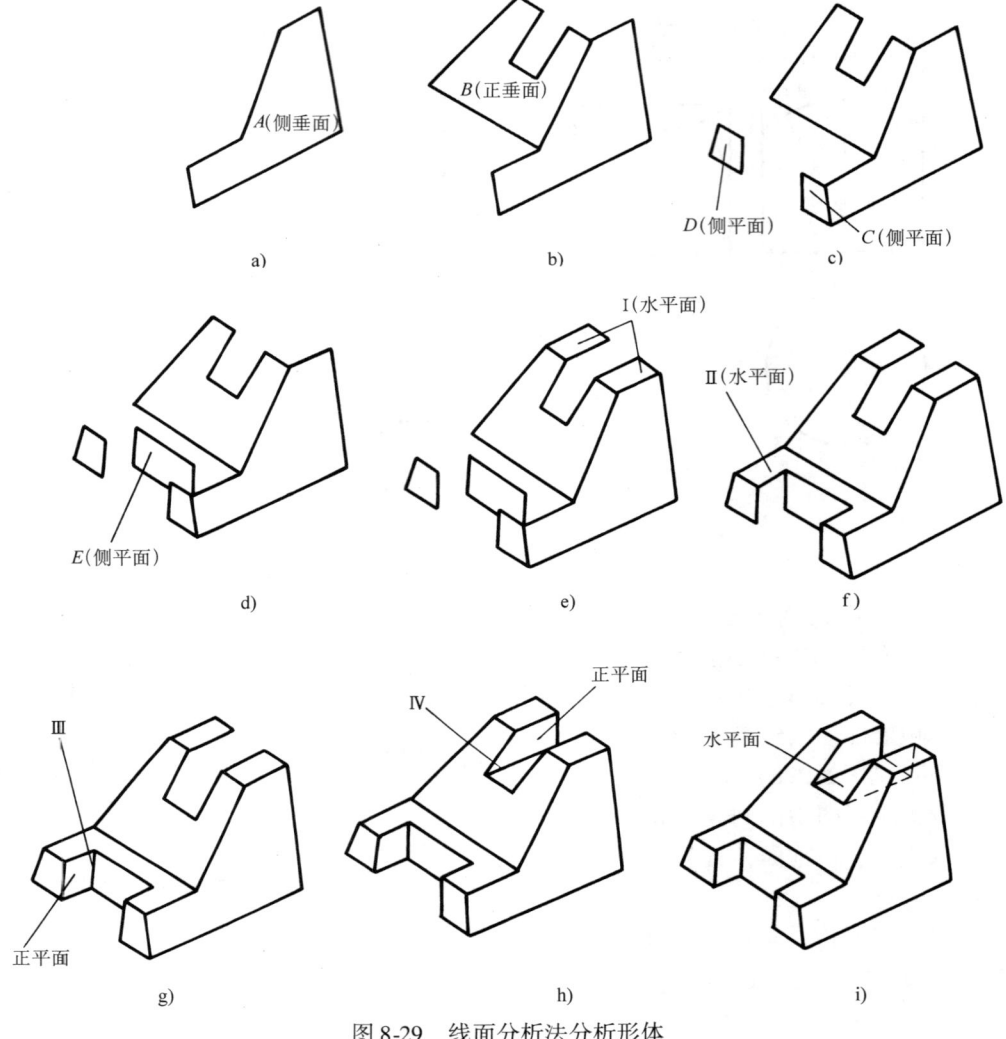

图 8-29 线面分析法分析形体

从此例看出，分析该题时，均用了平面与直线的投影特征。分析它们在空间的形状与相对位置，结合看图经验，想象组合体的可见表面。这种方法虽然繁琐，但在分析形状特征不突出的形体时，仍不失为一种有效的方法。

例 8-4 如图 8-31 所示，画出架体的左视图。

解 从图中看出，该形体的形状特征明显，而平面的位置特征不明显。若能确定各平面的空间相对位置，则不难想象该形体的空间形状。在已知视图中，没有明显的挖切特征，故作为挖切类形体分析较为困难。可以采用线面分析的方法，逐一分析每个表面的形状与位置，最后想象整体结构。其解题步骤如下：

（1）分析每个封闭线框的空间位置　前已述及，视图中的每一个封闭线框至少表示物体上两个面的投影，视图中两个相邻的封闭线框可能表示物体上相交的两个面的投影，也可能是不相交的两个面的投影。一个视图不能确定面与面之间的相对位置，至少通过两个视图才能确定。根据对投影规律"若非类似形，必有积聚性"，图 8-31 主视图中的线框 a'（上）、

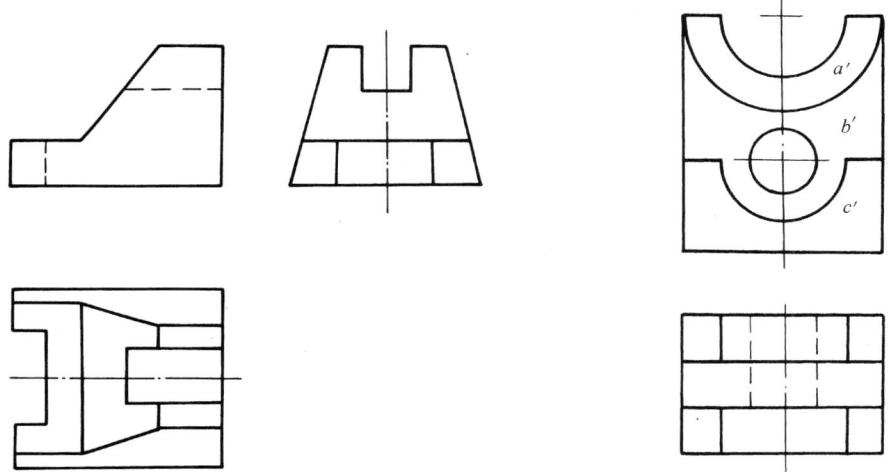

图 8-30 补画的俯视图　　　　图 8-31 补画架体的左视图

b'（中）、与 c'（下）在俯视图中均无类似形，分别积聚成三条宽度相等且相互平行的直线（粗实线）。据读图常识，当楼梯处于正置位置投影时，各踢面（A、B、C 面）在俯视图中均积聚成粗实线；倒置投影时（除 A 面外），则为细虚线，如图 8-32 所示。由此推断，该组合体为正置楼梯状，即 A 面居上靠后，B 面上下前后均居中，C 面居下靠前。

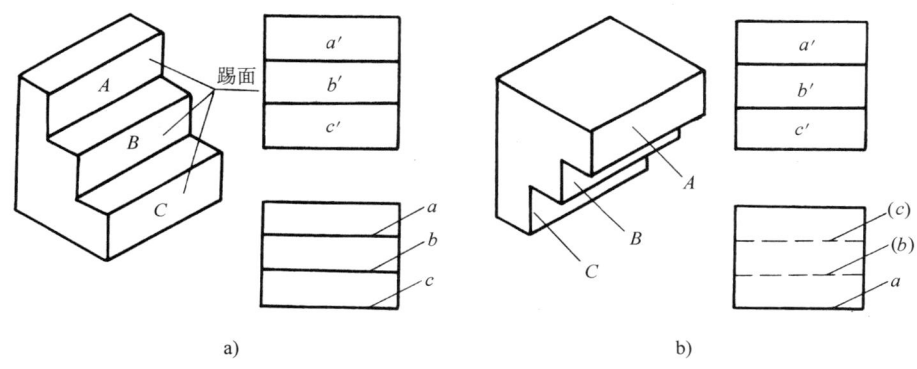

图 8-32　楼梯正、倒置时的投影
a) 正置　b) 倒置

（2）根据封闭线框所表示的平面形状与位置，构思整体形状　根据以上分析，A、B、C 三个平面分别位于组合体后中前三个层面。由俯视图中相互平行的正垂线投影可知，该形体可看作由 A、B、C 三个平面，沿着正垂线方向向后移动形成的柱体（见图 8-33a）再叠加所构成，其立体图如图 8-33b 所示。作图过程如图 8-34 所示。

例 8-5　如图 8-35 所示，补画机座的左视图。

解　从图中看出，该形体属综合型组合。其中叠加关系明显处可用形体分析法，其余可用线面分析法进行分析。解题步骤如下：

（1）联系视图，把主视图分成几个封闭线框　根据主视图，联系俯视图把主视图分成 $1'$、$2'$、$3'$ 三个封闭线框，如图 8-36a 所示。

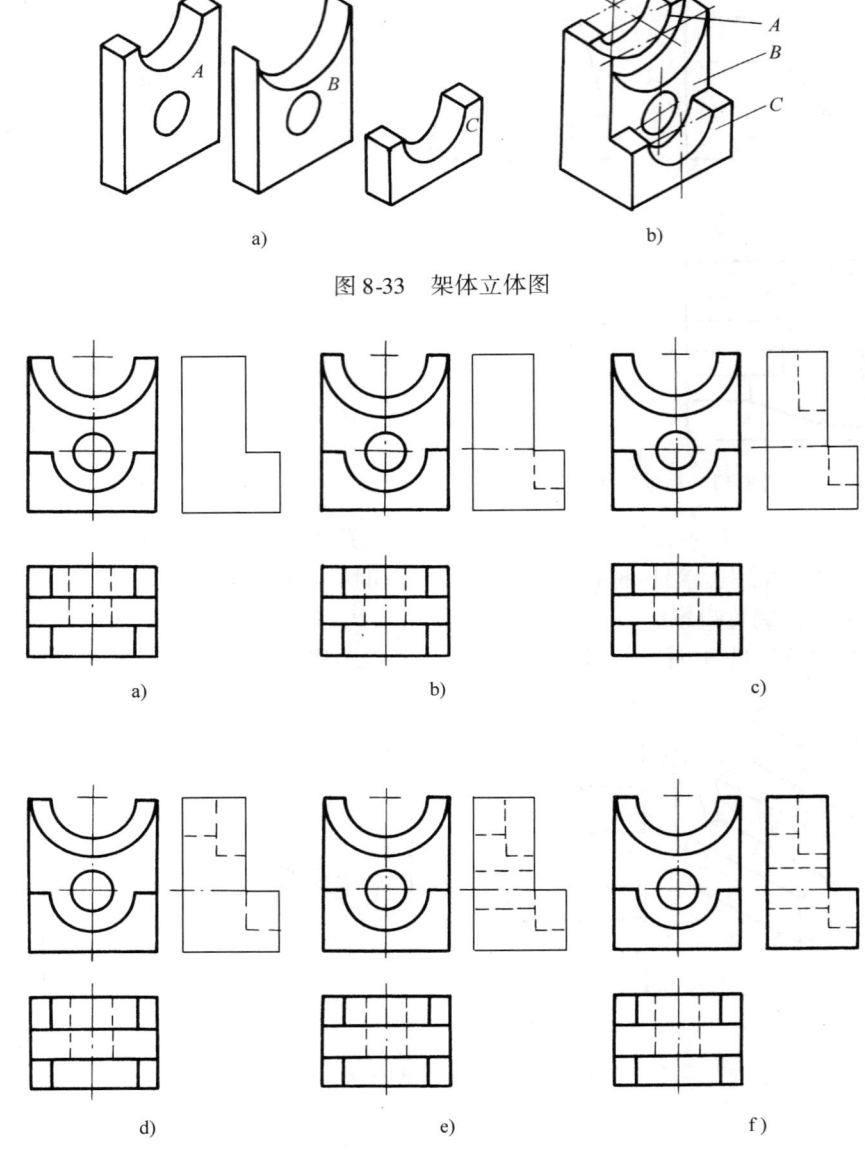

图 8-33 架体立体图

图 8-34 补画架体左视图的作图过程
a）画外轮廓　b）画前层半圆槽　c）画中层半圆槽
d）画后层半圆槽　e）画中层与后层的通孔　f）加深结束

（2）对照投影，确定各基本形体的形状与位置　从图 8-36a 中不难看出，线框 1′表示空间一梯形块，画出其左视图。如图 8-36b 所示，线框 2′上方有两段圆弧，圆弧与直线相切，并与下方的表示圆柱的图线之间没有分界线，说明为半球位于圆柱顶端并与之相切（暂称球柱体），两圆弧之间有一条水平直线 b′，为圆孔与圆球的相贯线。该弧的半径略小于圆柱的半径，是由于球柱体被左右挖去一通槽所致。球柱体被一圆孔前后横贯，一半孔位于球体上，另一半位于圆柱体上。应用线面分析，线框 2′中间的直线 a′，对应俯视图中封闭线框

a，说明空间 A 为一水平面。线框 a 与圆相切的三条直线，分别表示与圆柱相切的棱柱的三个平面的积聚性投影。该三个平面构成了球柱体右下部的棱柱表面，画出球柱体的左视图。如图 8-36c 所示，应用形体分析，线框 $3'$ 表示一底板，底板的左端为圆弧面，中间为圆孔，右边分别有一上下通槽及左右通槽（主俯视图中表示左右通槽的三条细虚线，并没有惟一的确定该槽的端面几何形状，其形状可构思为矩形、三角形、半圆形等，现设定其为矩形槽），画出底板的左视图。

（3）综合起来想整体　根据以上分析的三个基本形体的形状与位置，最终想象其整体形状，并按规定线型加深。所补左视图如图 8-36d 所示。

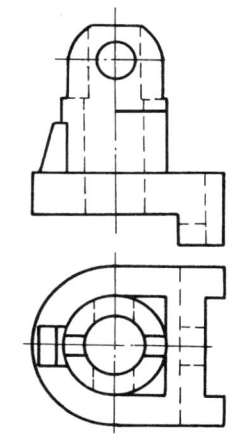

图 8-35　补画机座的左视图

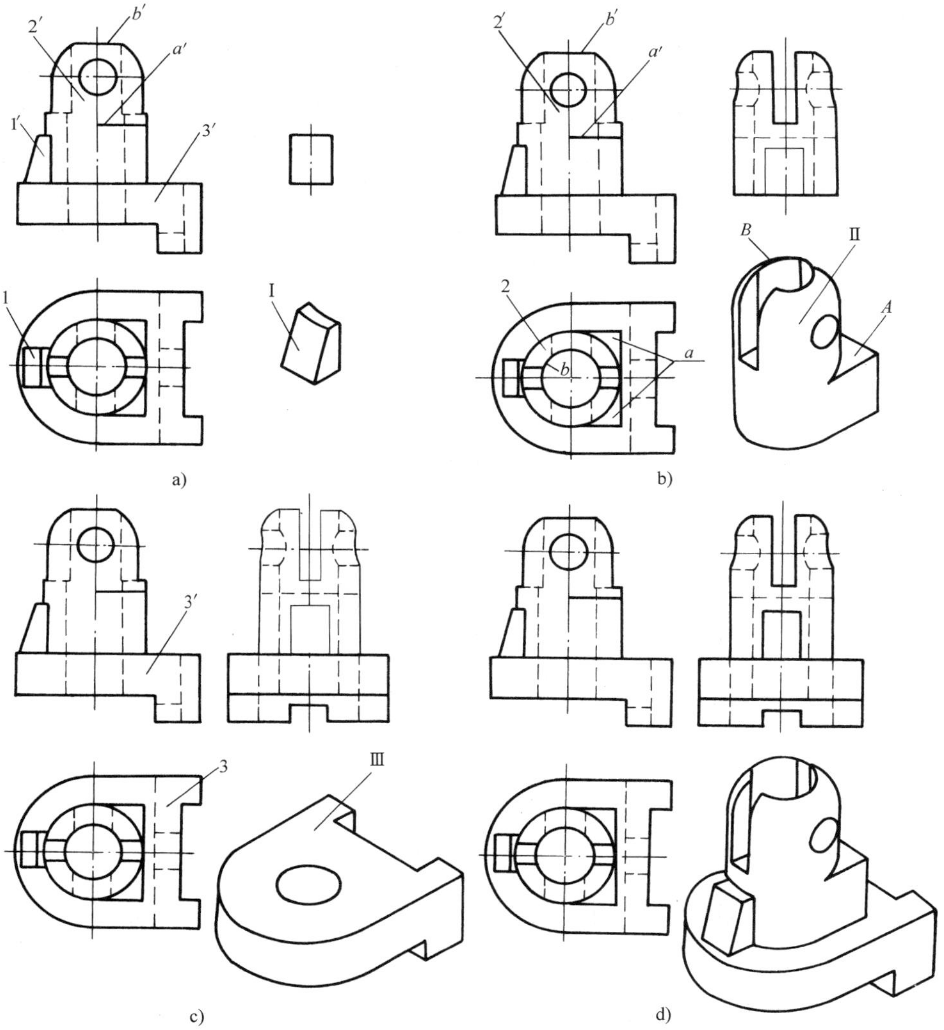

图 8-36　补画机座左视图的作图过程

第九章 机件的表达方法

机件的形状和结构千变万化,对于复杂的机件,仅用三个视图往往不能表达清楚;而对于简单的机件,仅需一个视图就能表达清楚。为此,国家标准制定了各种表达方法,如视图、剖视图、断面图、局部放大图、简化画法及其他规定画法。本章将根据机件的结构特点,在正确、完整、清晰地表达机件的内外形状的前提下,力求绘图简便,选取较佳的表达方案。

第一节 视 图[一]

一、基本视图及其配置

当机件在三投影面体系中投影,还不能完全表达清楚其形状时,可在 V 面之前、H 面之上、W 面之左再各增加一个投影面构成一个正六面体,如图9-1a所示。六面体的各表面称为基本投影面。机件向基本投影面投射所得的视图称基本视图,分别为:由前向后投射所得的视图为主视图,由左向右投射所得的视图为左视图,由上向下投射所得的视图为俯视图,由右向左投射所得的视图为右视图,由下向上投射所得的视图为仰视图,由后向前投射所得的视图为后视图。为将六个基本投影面连同其投影展开并摊平,规定 V 面不动,其余的按图9-1b所示箭头方向展开至与 V 面成为同一个平面。

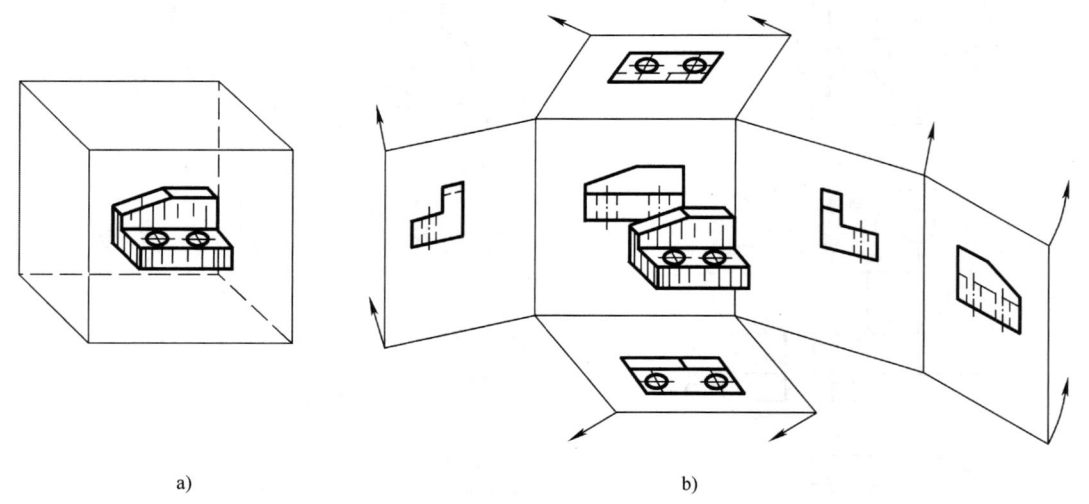

a) b)

图9-1 六个基本视图的形成和展开

展开后,基本视图的配置关系如图9-2所示,当六个基本视图分布在同一张图纸上,并

[一] 根据有关标准(GB/T 17451—1998、GB/T 4458.1—2002)规定:视图是指用正投影法所绘制出物体的图形。按照视图的这一定义,剖视图、断面图等按图样画法规定所绘制出的图形均属于视图。但在本节,视图这一术语专指主要用于表达机件外部结构和形状的图形。

按图 9-2 的规定位置配置时，一律不标注视图的名称。

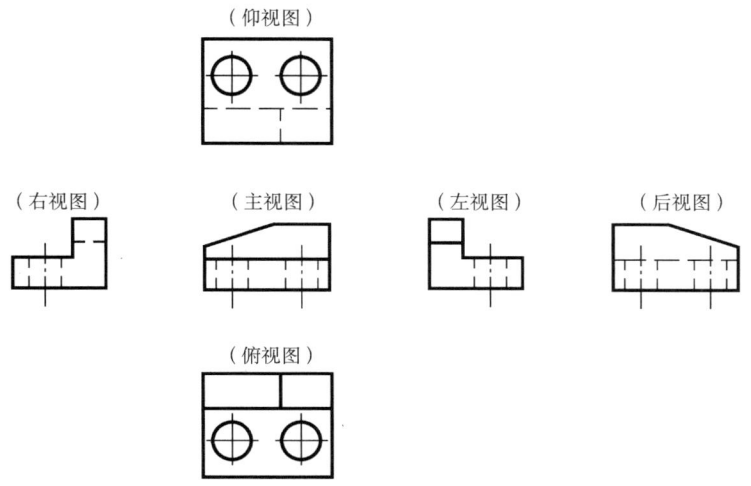

图 9-2 基本视图的配置

各视图间仍保持着对应的投影关系。如图 9-3 所示，主、俯、仰视图长对正，主、左、右、后视图高平齐，左、右、仰、俯视图宽相等。除后视图外，其他视图靠近主视图一侧的表示物体的后面，远离主视图一侧的表示物体的前面。

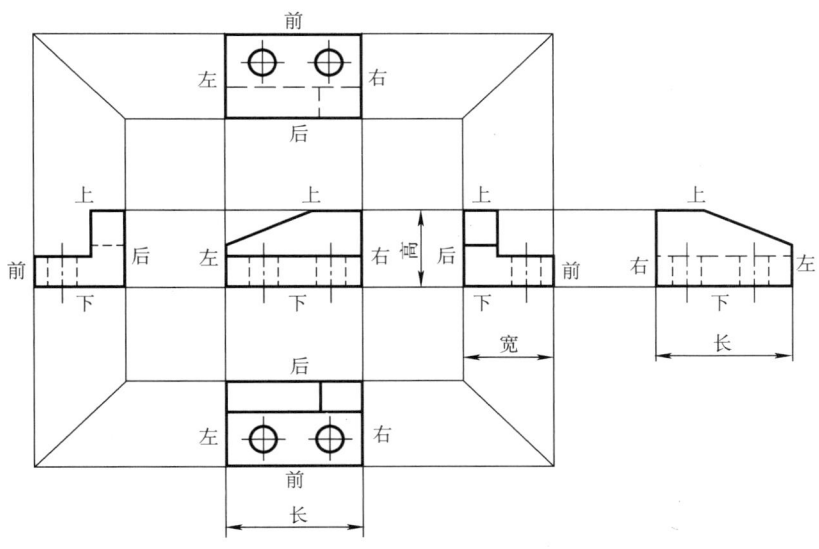

图 9-3 基本视图的投影特性

在选择视图时，应根据机件的结构形状、复杂程度以及表达方法的特点，选用必要的基本视图。图 9-4 所示的机件采用了四个基本视图。

在画视图时，机件的可见部分投影画成粗实线，不可见部分画成细虚线。但表示不可见部分投影的细虚线，在此部分已有其他视图表达清楚的前提下，常可省略，如图 9-4 所示的俯视图、左视图和右视图中省略了一些细虚线。

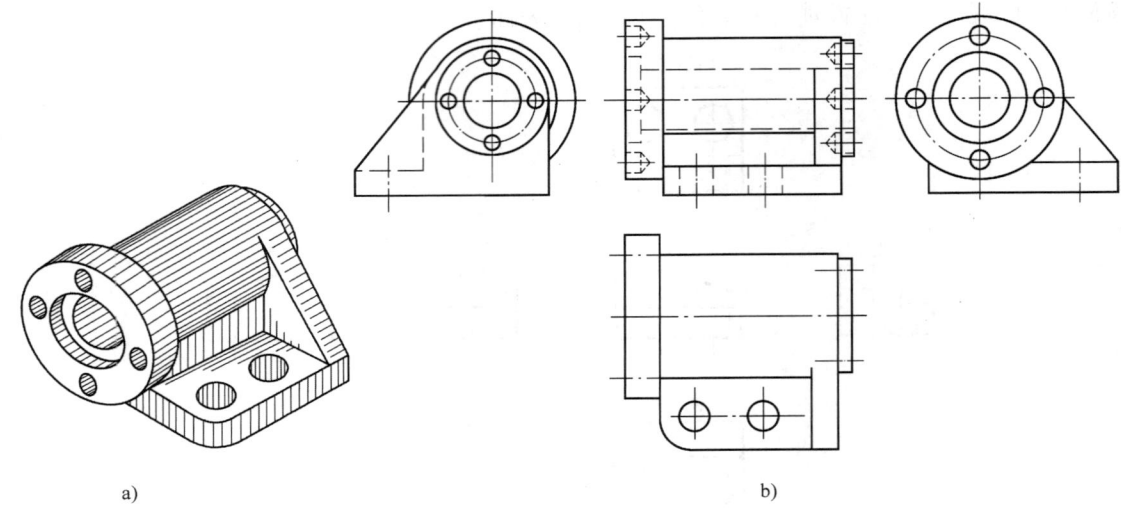

图 9-4 基本视图
a) 立体图　b) 视图

二、向视图

向视图是可以自由配置的视图。有时为了合理利用图幅，各基本视图不能按规定的位置关系配置时可自由配置。但根据专业需要，只允许从以下两种表达方法中选择一种。

1) 在向视图的上方标注"×"（"×"为大写拉丁字母，以 A、B、C、…顺序注写，字母一律水平书写，且较图中所注尺寸的数字大一号或两号），在相应视图的附近用箭头指明投射方向（箭头比所注尺寸的箭头大一倍或两倍），并标注相同的字母（见图 9-5）。机械制图选用这种表示方法。

图 9-5 中，在主视图上标出了 B、C、D、E 四个向视图的投射方向，该四个向视图则自由配置。在 D 向视图（相当于右视图）附近标注了 F 投射方向，根据视图的关系，可以分析出 F 向视图相当于后视图。

2) 在视图下方（或上方）标注图名。标注图名的各视图的位置，应根据需要和可能，按相应的规则布置（见图 9-6）。建筑制图选用这种表示方法。

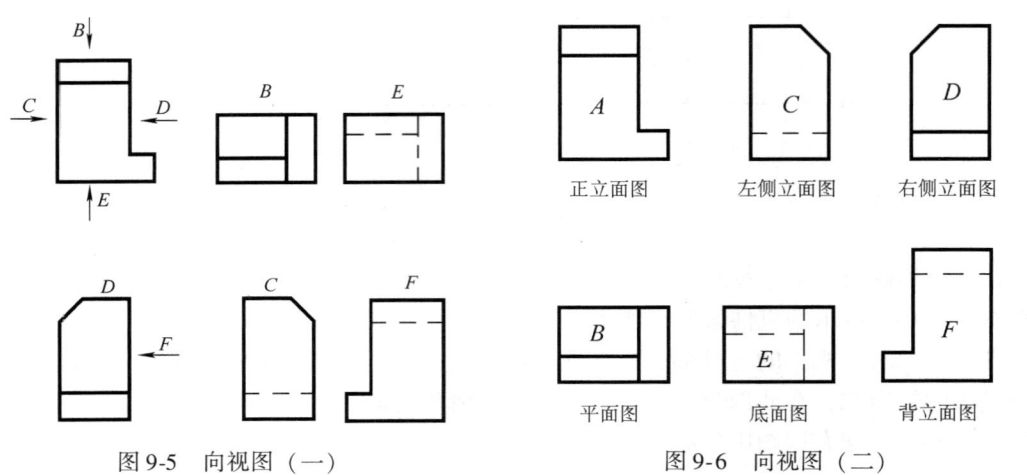

图 9-5　向视图（一）　　　　图 9-6　向视图（二）

在图 9-6 中，视图 A、B、C、D、E、F 相应的图名分别为正立面图、平面图、左侧立面图、右侧立面图、底面图和背立面图。视图 A、C、D 应符合"高平齐"的规则，视图 A、B 应符合"长对正"的规则，视图 E、F 也力求配置整齐。

三、局部视图

局部视图是将机件的某一部分向基本投影面投射所得到的视图。

如图 9-7 所示，主、俯视图已将机件的主体结构表示清楚，尚缺左右两凸缘的形状。将两凸缘分别向两基本投影面投射（图中 A 与 B 箭头所指），便得 "A" 与 "B" 两个局部视图。两个局部视图清楚地表示了凸缘的形状，分别替代了左、右两个基本视图，达到了既清楚表达局部结构，又不重复表达主体结构形状的目的。

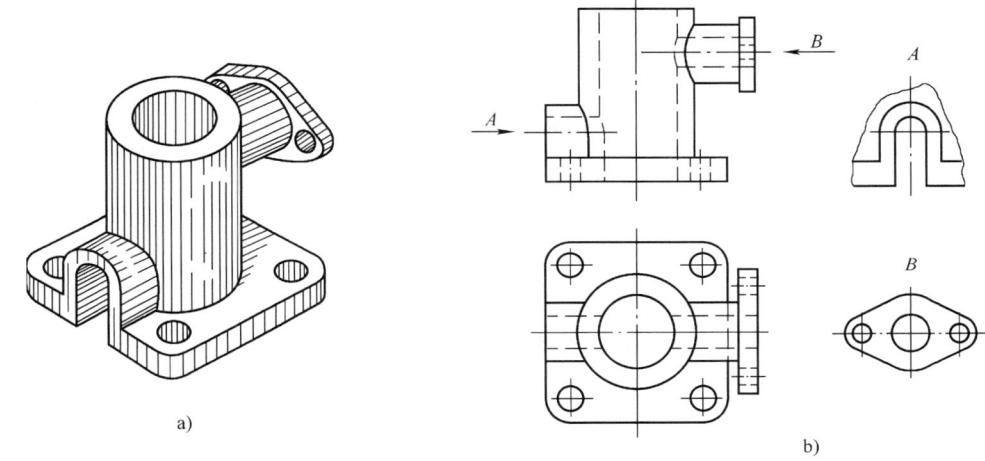

图 9-7 局部视图
a）立体图 b）视图

局部视图尽量配置在箭头所指的投射方向上，并画在有关视图附近，以便于看图，如图 9-7 中 "A" 局部视图；也可以按第三角画法配置在视图上所需表示的局部结构附近，并用细点画线将两者相连，无中心线的图形可用细实线联系两图，如图 9-8 所示；必要时也允许配置在其他位置，以便于布置图面，如图 9-7 中 "B" 局部视图。

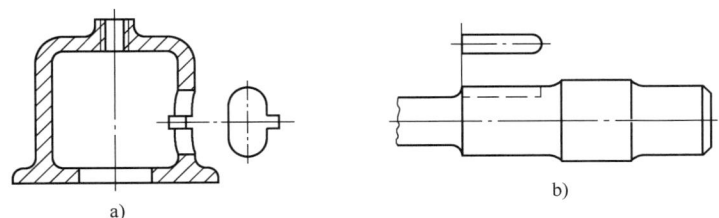

图 9-8 局部视图按第三角画法配置

局部视图的断裂边界以波浪线（或双折线）表示，如图 9-7 中 "A" 局部视图。当所表示的局部结构是完整的，且外轮廓线又成封闭时，波浪线可省略不画，如图 9-7 的 "B" 局部视图。波浪线只能画在机件实体的断裂处，不能超越轮廓线或画在空洞处，如图 9-9 所示。

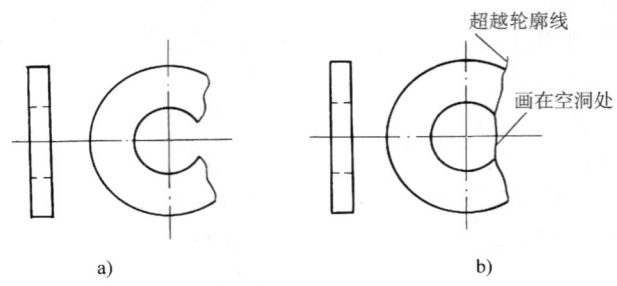

图 9-9 波浪线的正误画法
a) 正确 b) 错误

一般应在局部视图的上方标注视图名称"×",并在相应的视图附近用箭头指明投射方向,注上同样的字母,如图 9-7 中的"A"局部视图。当局部视图与基本视图之间仍按投影关系配置,中间又无其他图形隔开时,标注可省略。如图 9-7 中"A"及下方的箭头与"A"均可省略。按第三角画法配置的局部视图无需另行标注,如图 9-8 所示。

四、斜视图

斜视图是将机件向不平行于任何基本投影面的平面投射所得到的视图。

如图 9-10 所示,当机件上某部分的结构不平行于任何基本投影面,在基本视图上不能反映该部分的实形时,可选一个新的辅助投影面,使它与机件上倾斜部分的主要平面平行,然后将机件的倾斜部分向该辅助投影面投射,将此面连同其投影按投射方向旋转,重合于与它垂直的投影面,获得倾斜部分实形的视图,即斜视图。

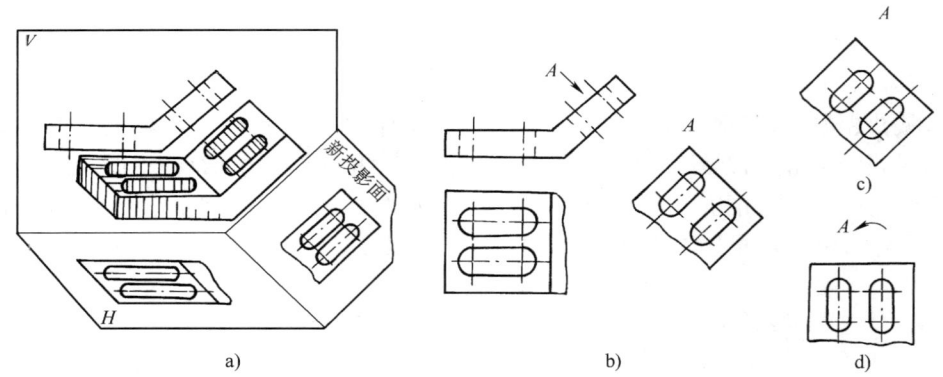

图 9-10 斜视图 (一)

斜视图一般按投影关系配置,如图 9-10b 所示;必要时,也可配置在其他位置,如图 9-10c 所示;在不致引起误解时,允许将图形旋转成水平或垂直位置,如图 9-10d 所示。

由于斜视图只是为了表达倾斜部分的结构形状,在画出了它的实形后,就不必再画出其余部分的投影,故常用波浪线(或双折线)将图形断开。波浪线的画法与局部视图中的画法相同。

斜视图一定要注明视图名称"×",并在相应的视图附近用箭头指明投射方向,标注同样的字母，如图 9-10b、c 所示。如果斜视图是经旋转后画出的，此时的标注形式为"×⌒"，旋转符号的箭头指向应与旋转方向一致，表示该视图名称的字母应靠近旋转符号的箭头端，如图 9-10d 所示，也允许将旋转角度标注在字母之后，如图 9-11 所示。

旋转符号的画法如图 9-12 所示。

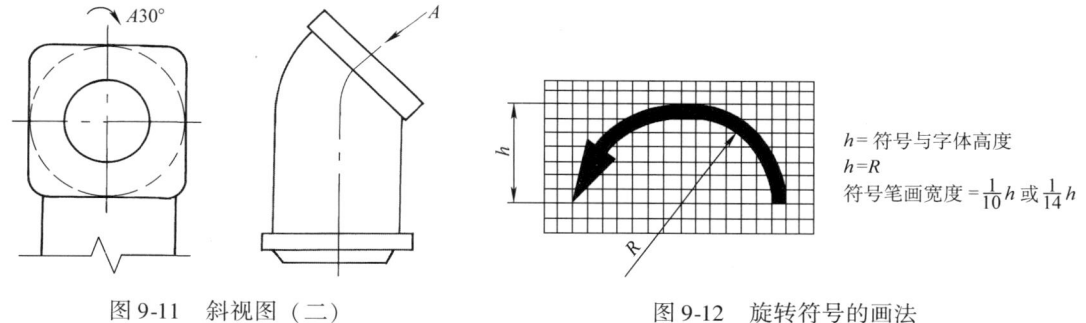

图 9-11　斜视图（二）　　　　图 9-12　旋转符号的画法

第二节　剖　视　图

一、基本概念

当机件内部形状比较复杂时，视图上就出现了很多细虚线，这样既不利于看图，又不便于标注尺寸，如图 9-13 所示。

为了清楚地表达机件内部的结构形状，常采用剖视的方法。如图 9-14 所示，假想用剖切面（平面或曲面）剖开机件，移去处在观察者和剖切面中间的部分，将其余部分向投影面投射所得的图形，称为剖视图（简称剖视）。图 9-14a、b 表示用通过机件对称平面的正平面作为剖切面剖切后，把主视图画成剖视图。

画剖视图时，为了清楚地表达内部结构，剖切平面应尽量通过这些结构（如孔、槽）的轴线、对称中心线和对称平面，如图 9-14 a 所示。

一般情况下，应在图上标注剖切平面的位置及名称、投射方向及剖视图的名称"×—×"。由于是假想将机件剖开，故不影响其他视图的表示。其他视图仍按完整机件画出。剖切平面后的可见轮廓线均用粗实线画出，不可见轮廓线仍用细虚线画出。但剖视图中对已表达清

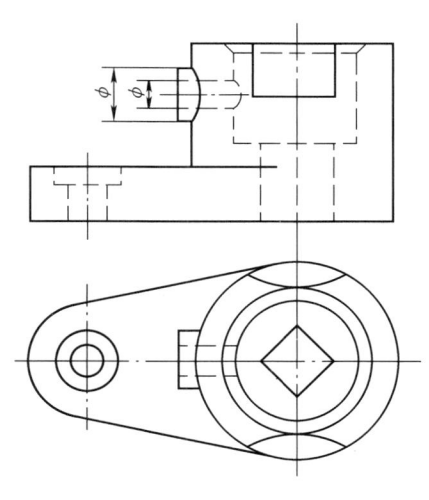

图 9-13　视图

楚的内部结构一般均省略细虚线，只有当必须表示未表达清楚的结构时，才画出细虚线，如图 9-14 b 所示。

剖视图中极易多画或漏画某些图线，初学者务必注意。易多画的线为剖切平面前的可见轮廓线和剖切平面后的可以省略的轮廓线（细虚线）；易漏画的线为分界线、台阶面的积聚性投影和内腔的交线。剖视图中易产生的错误和问题如图 9-14c 所示。

剖视图中，在剖切平面所接触的机体实体部分（也称剖面区域）上应画出剖面符号。

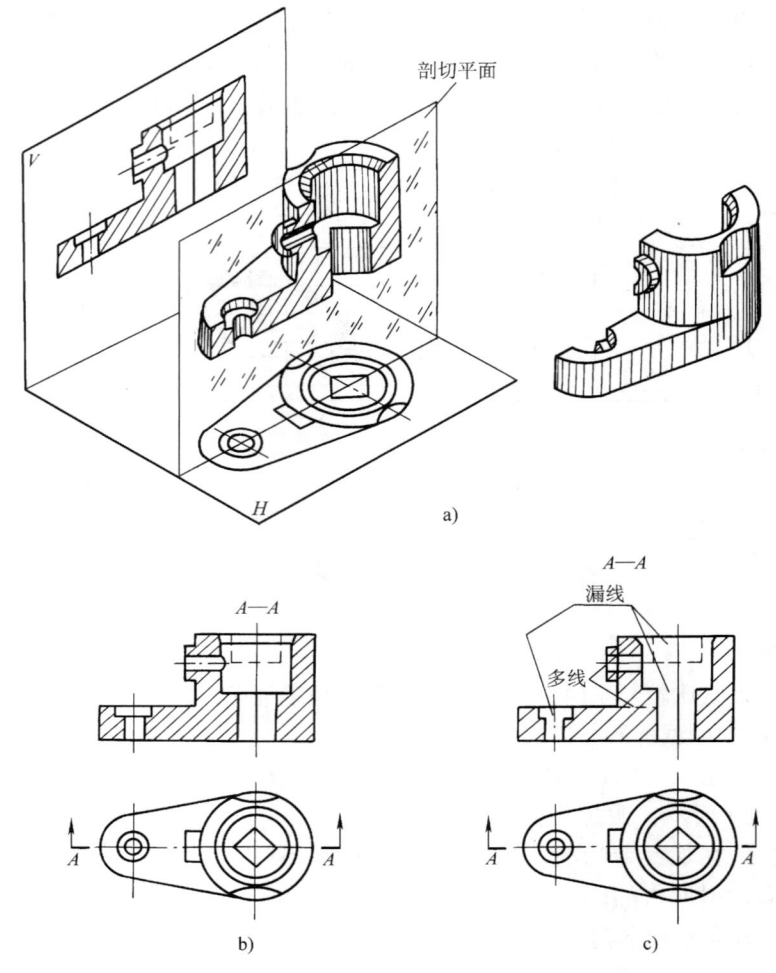

图 9-14 剖视图的概念
a）立体图 b）剖视图 c）剖视图中易产生的错误和问题

二、剖面符号

GB/T 17453—1998 规定，若不需在剖面区域中表示材料的类别时，可采用通用剖面线表示。通用剖面线应以适当角度的细实线绘制，最好与主要轮廓或剖面区域的对称线成 45°角。剖面区域内，标注数字、字母等处的剖面线必须断开，如图 9-15 所示。允许在剖面区域内用点阵或涂色代替通用剖面线，如图 9-16 所示。

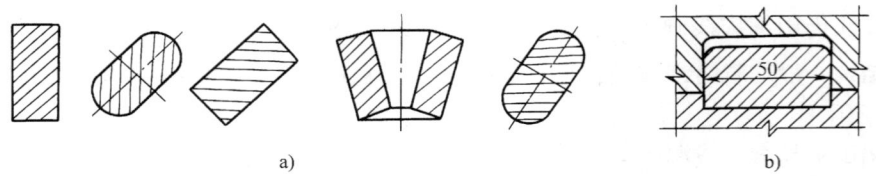

图 9-15 通用剖面线画法

若需表示材料的类别时，可从表 9-1 中选取特定的剖面符号。

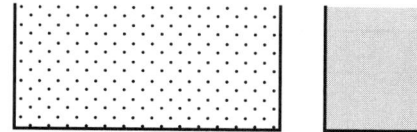

图 9-16 点阵或涂色代替通用剖面线

表 9-1 特定的剖面符号（摘自 GB/T 17453—1998）

特定剖面符号	材料类别	举　例
	固体材料	金属材料/普通砖
		金属材料/普通砖
	液体材料	
	气体材料	

三、剖切面的种类

为了表达机件的内部结构，可根据机件的结构与特点选用平面或曲面作为剖切面。平面是最常用的剖切面。常见的有单一剖切面剖切、几个平行的剖切平面剖切和几个相交的剖切面剖切（见表 9-2）。

表 9-2 常见的剖切面及剖视图

剖切面种类	立体图	剖视图	说　明
单一剖切面			单一剖切面与基本投影面平行

(续)

剖切面种类	立体图	剖视图	说　明
单一剖切面	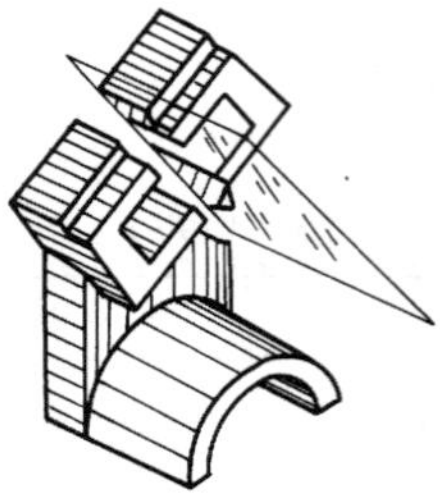	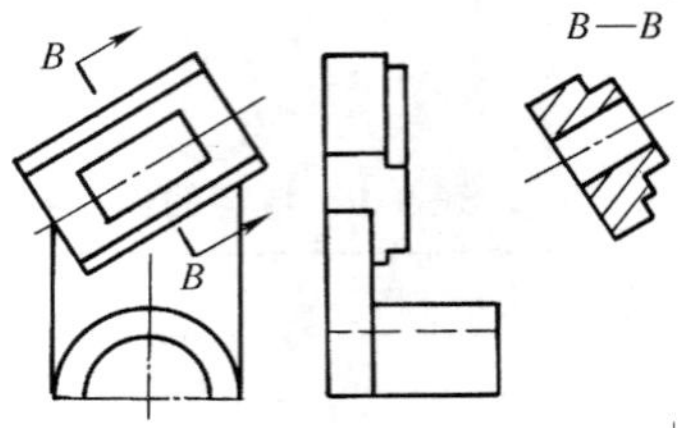	单一剖切面与基本投影面倾斜
几个平行的剖切平面	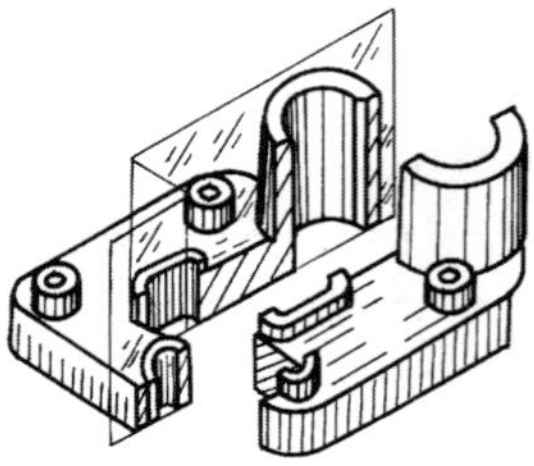	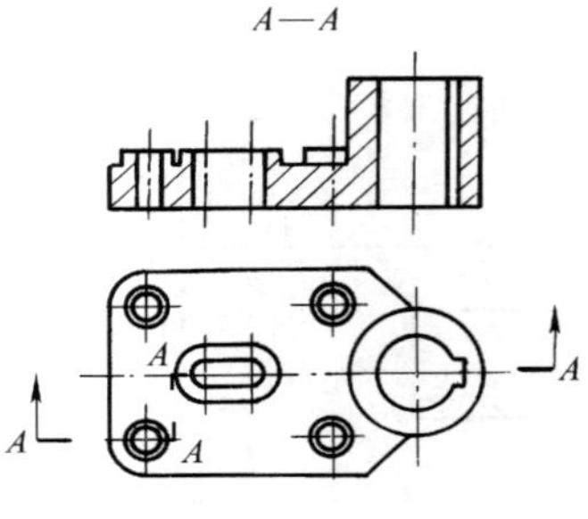	
几个相交的剖切平面	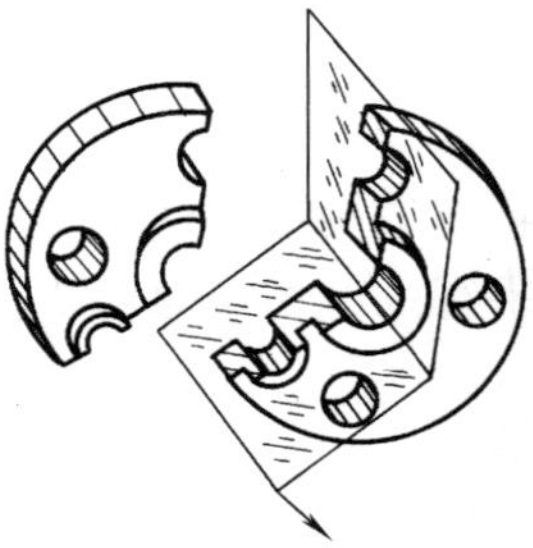	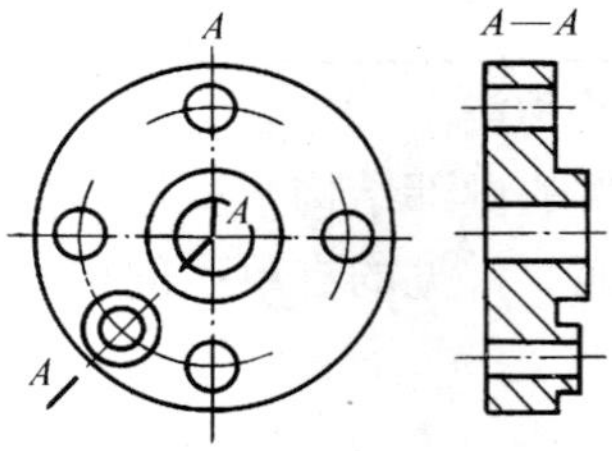	交线垂直于某一投影面

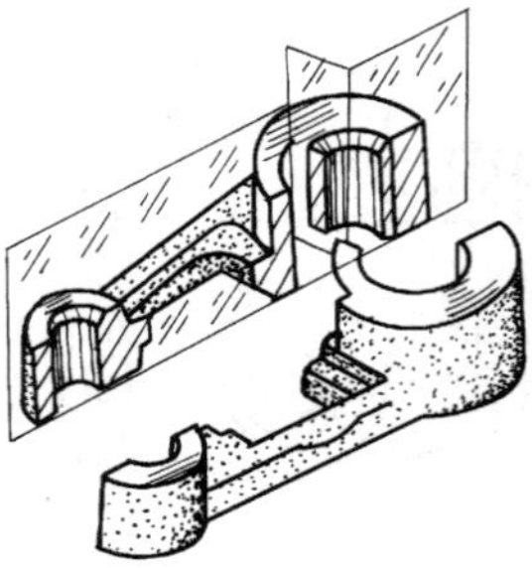

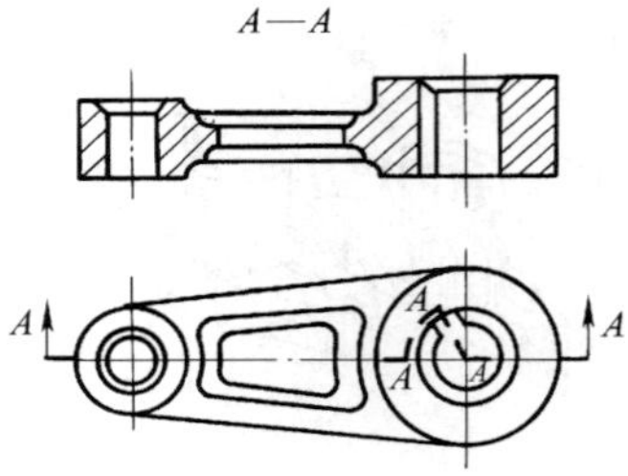

表9-2所列三种剖切面，可以用来剖切各种机件。在选取剖切面时，必须考虑机件的结构特点，使剖切面剖切后尽可能表示出机件上完整的结构，避免出现不完整的结构。在画图时，应充分注意各种剖切面的特点。

下面逐一介绍用各种剖切面剖切的画法。

1. 用单一剖切面剖切

（1）单一剖切面与基本投影面平行　当机件上需表达的结构均在平行于基本投影面的同一轴线或同一平面上时，常用与基本投影面平行的单一剖切面剖切。图9-14是用平行于正立投影面的单一剖切面剖开机件画剖视图的，这是最常用的画法。

（2）单一剖切面与基本投影面倾斜　当机件上需表达的结构呈倾斜状态时，常用此类剖切面剖切。

如图9-17a、b所示，A—A剖视图就是用与基本投影面倾斜的单一剖切面剖切而画出的，它表达了弯管及其顶部凸缘、凸台与通孔。由于主视图及A—A剖视图的主要轮廓线与水平线均成45°倾斜，故它们的剖面线画成与水平线成30°倾斜。

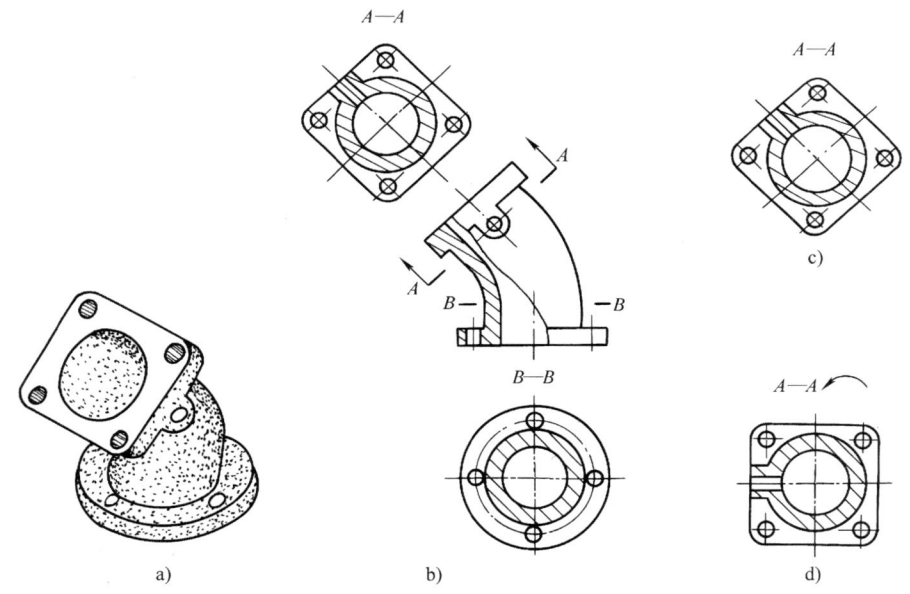

图9-17　单一剖切面与基本投影面倾斜

画剖视图时，应特别注意剖视图与相应视图间的投影对应关系，如表9-2和图9-17所示。并尽量将剖视图配置在与相应视图有直接联系的位置上，如图9-17b所示。必要时允许不按投影关系配置，如图9-17c所示。在不致引起误解时，允许将它旋转后画出，如图9-17d中的"A—A⌒"。箭头所指为该图旋转的方向。

2. 用几个平行的剖切平面剖切

当机件需表达的结构层次较多，且又互相平行时常用此类剖切面剖切。

如图9-18所示，A—A剖视图就是用几个平行的剖切平面剖切而画出的，它表达了支架的宽度及其矩形凹槽与通孔。

画剖视图时，剖切符号的转折处不应与机件的轮廓线重合（见图9-18c），不应画出剖

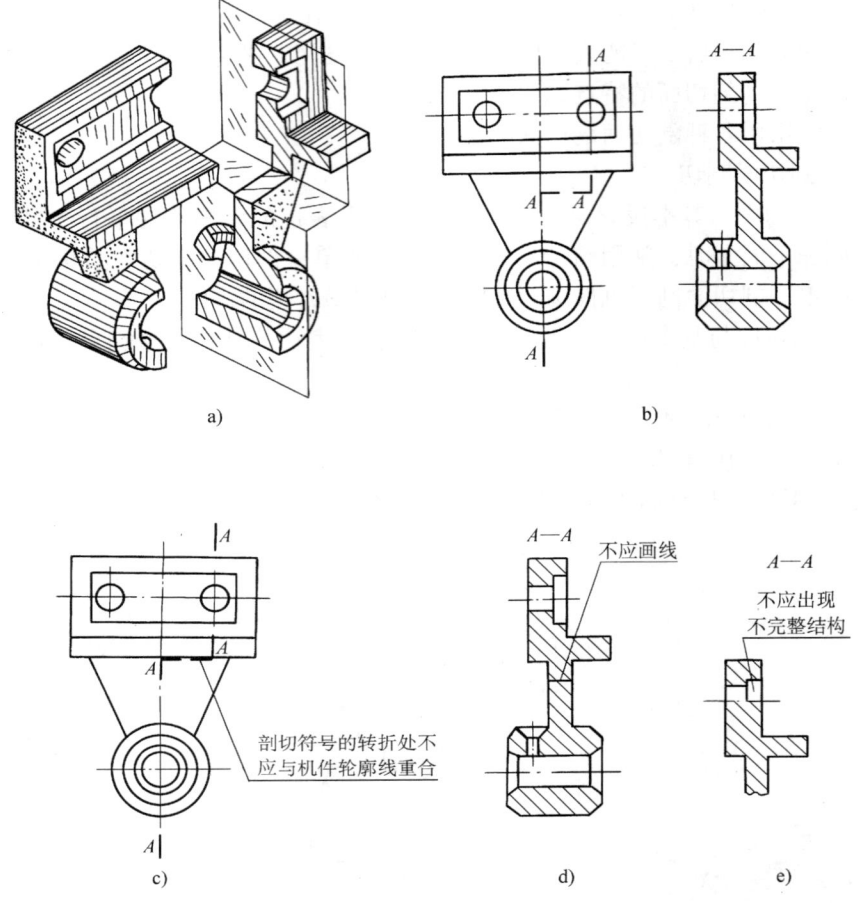

图 9-18 用几个平行的剖切平面剖切（一）

切平面转折处的界线（见图 9-18d），一般不应出现不完整的结构要素（见图 9-18e）。但是，当两个结构要素在图形上具有公共对称中心线或轴线时，可以对称中心线或轴线为界，各画一半，如图 9-19 所示。

3. 用几个相交的剖切面剖切（交线垂直于某一投影面）

当机件在整体结构上有明显的旋转轴线，而需表达的结构又必须用几个剖切面剖切，剖切面的交线能通过这些轴线时，常用此类剖切面剖切。

如图 9-20 所示，A—A 剖视图就是用两个相交的剖切面剖切而画出的，它表达了摇杆的宽度及其三个圆凸台与圆孔。

画剖视图时，应将倾斜的剖切平面剖开的结构及有关部分旋转到与选定的基本投影面平行后，再进行投射画图。剖切面后的其他结构，一般仍按原来位置投射画图，如图 9-20b 俯视图中小孔的画法。当剖切后产生不完整要素时，应将此部分按不剖画出，如图 9-21 中的横臂。

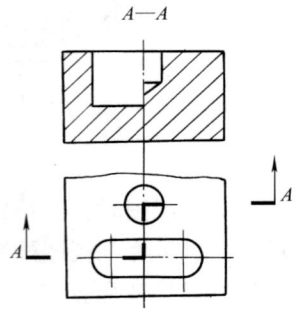

图 9-19 用几个平行的剖切平面剖切（二）

第九章　机件的表达方法 | 167

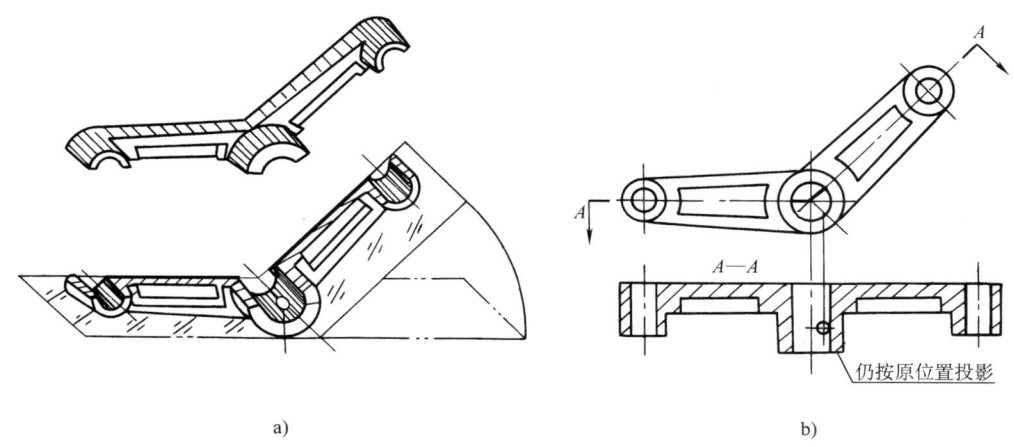

图 9-20　用几个相交的剖切平面剖切（一）

当采用两个以上相交的剖切面剖切时，需把几个剖切面展开成同某一基本投影面平行后再投射画图（也称展开画法），此时应标注"×—×展开"，如图 9-22 中的"A—A 展开"。

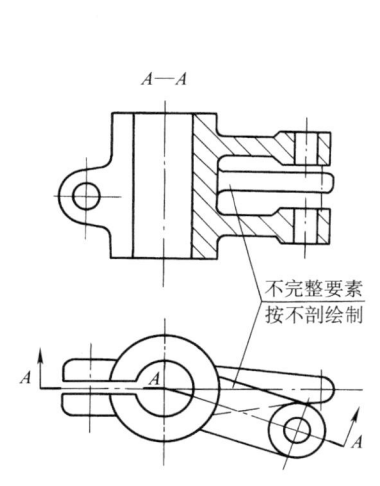

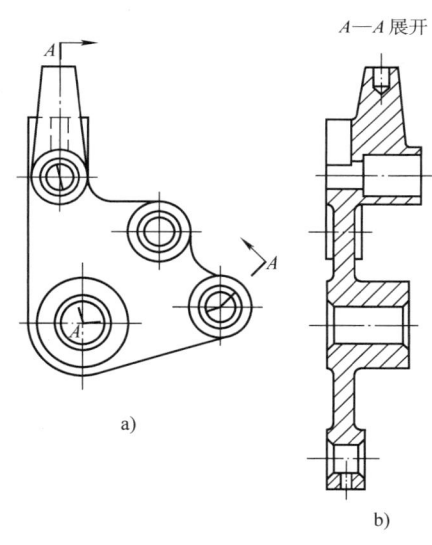

图 9-21　用几个相交的剖切平面剖切（二）　　图 9-22　用几个相交的剖切平面剖切（三）

为了区别以上三种剖切面的剖切，便于找出剖视图与有关视图的投影关系，一般应按规定标注剖切位置、投射方向和剖视图的名称。

四、剖视图的标注

1. 剖切符号

用粗短画线（长约 $6d$，d 为粗短画线宽度）表示剖切面起、迄和转折位置，用与其垂直的箭头（或粗短画线）表示投射方向。剖切符号尽可能不与图形的轮廓线相交。如图 9-14b、图 9-17b、图 9-18b、图 9-20b 及图 9-22 所示。

2. 剖切线

用细点画线表示剖切面位置。有时也可省略不画。

3. 字母

在剖切符号的起迄和转折处，水平注写相同的大写拉丁字母以表示剖切面，并在相应的剖视图上方，注上同样的字母"×—×"，表示剖视图名称。若剖视图经旋转后绘制，则应标注旋转符号，如图 9-17d 中的"A—A ⌒"；若剖视图采用展开画法，则应注明"展开"两字，如图 9-22 中的"A—A 展开"。

剖切符号、剖切线和字母的组合标注如图 9-23 所示。

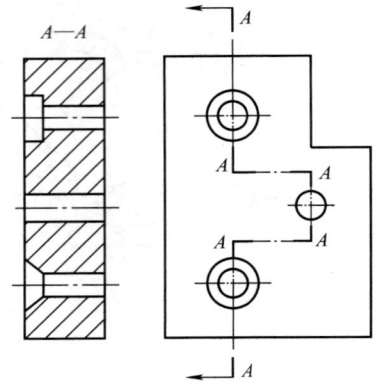

图 9-23　剖切符号、剖切线和字母的组合标注

在下列情况下，可以省略或部分省略标注：当剖视图按投影关系配置，中间又无其他图形隔开时，可省略箭头，如图 9-18b 所示；当平行于基本投影面的单一剖切面通过机件的对称平面或基本对称平面，且剖视图按投影关系配置，中间又无其他图形隔开时，可省略标注，如图 9-14b 中的标注可省略；当平行于基本投影面的单一剖切面的剖切位置明显时，局部剖视图的标注可省略，如图 9-26b 俯视图所示；用几个剖切平面剖切，在剖切面的转折处，由于位置有限，且又不致引起误解时，允许省略字母，如图 9-19 和图 9-22 所示。

五、剖视图

画剖视图时，可将整个视图全部画成剖视图，也可以将视图的一半或一部分画成剖视图。因此，剖视图分为全剖视图、半剖视图、局部剖视图三种。

1. 全剖视图

用剖切面完全地剖开机件所得到的剖视图。如表 9-2 中的"A—A"和图 9-14b、图 9-17b、图 9-18b、图 9-20b 中的"A—A"都是全剖视图。

全剖视图主要用于外形比较简单，或外形已在其他视图中表达清楚，需要表达内形的机件。

2. 半剖视图

当机件具有对称平面，向垂直于对称平面的投影面上投射时所得到的图形，可以对称中心线为界，一半画成剖视，另一半画成视图，这种图形称为半剖视图（见图 9-24）。

半剖视图主要用于表示对称（或基本对称）机件的内外结构。若机件的形状接近于对称，且不对称部分已在其他图形中表达清楚时，也可采用半剖视图（见图 9-25）。

画半剖视图，只能以对称中心线作为视图与剖视图的分界线，其他图线一概不行。由于机件对称，内形在半个剖视图中已表达清楚、在半个视图中表示这部分的细虚线应省略。同理，在半个剖视图中表示外形的细虚线也应省略。

半剖视图的标注形式与全剖视图相同，如图 9-24 所示。

3. 局部剖视图

用剖切面局部地剖开机件所得到的剖视图称为局部剖视图。机件局部剖切后，其断裂处用波浪线（或双折线）表示，故局部剖视图中的波浪线（或双折线）作为视图与剖视图的分界线（见图 9-26）。

局部剖视图用法灵活，常用于下列情况：

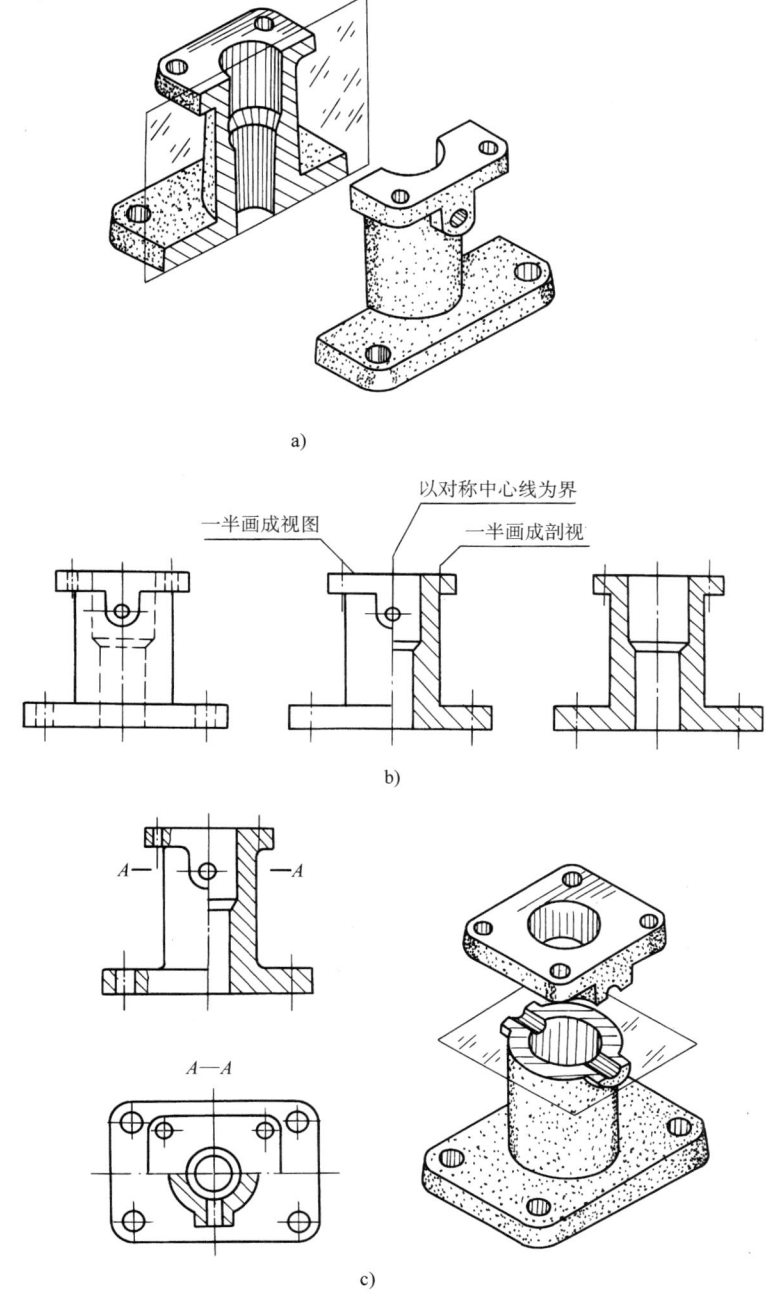

图 9-24 半剖视图
a) 立体图 b) 半剖视图的形成 c) 半剖视图

1) 机件的内外形状均需表达,但因不对称而不能或不宜采用半剖视时(见图 9-26)。
2) 机件的外形简单,只需局部表示其内形,不必或不宜画成全剖视时(见图 9-27)。
3) 对称机件的轮廓线与对称中心线重合,若采用半剖视易引起误解时(见图 9-28)。
但要注意,同一视图中局部剖视不宜过多,以免使图形过于支离破碎。若为了表达不在

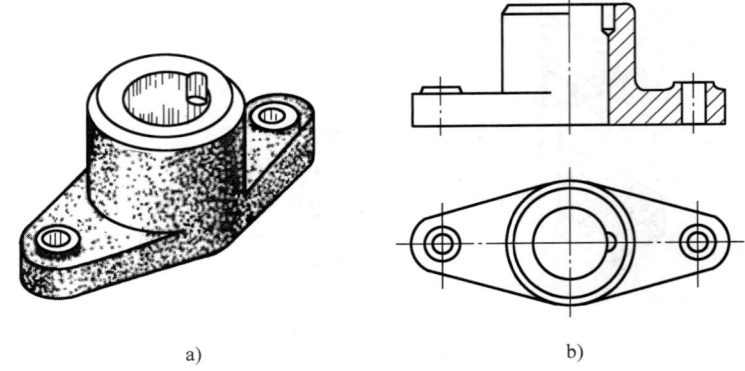

图 9-25 基本对称机件的半剖视图

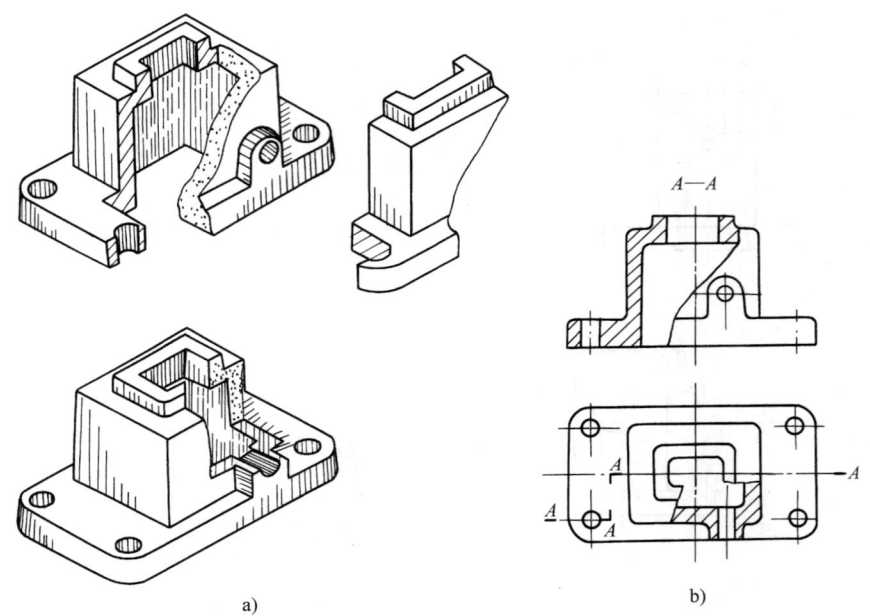

图 9-26 局部剖视图（一）

同一层次平面内的结构，可以采用几个平行的或相交的剖切面进行剖切，如图 9-26b 中的主视图所示。

画局部剖视图时，表示断裂处的波浪线不应与图形中的其他图线重合，不应画入机件的空洞处，也不应超出图形的轮廓线。图 9-29 所示为常见的波浪线的错误画法。

当机件上被剖结构是回转体时，可将该结构的中心线作为局部剖视与视图的分界线，如图 9-30 所示。

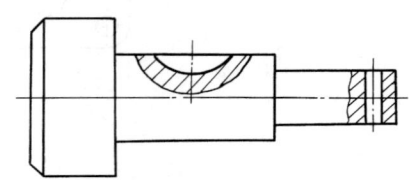

图 9-27 局部剖视图（二）

图 9-27、图 9-28 和图 9-30 均为平行于基本投影面的单一剖切面剖切，且剖切位置明显，故省略标注。如果剖切位置不够明显，则应该标注。

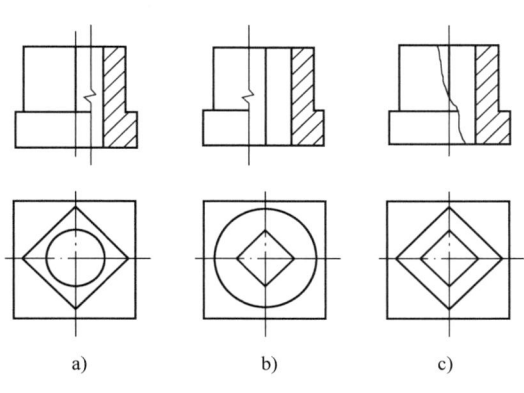

图 9-28 局部剖视图（三）

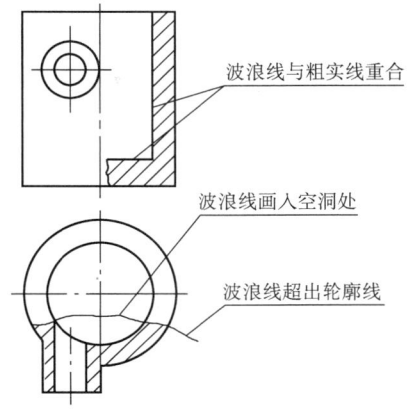

图 9-29 局部剖视图中波浪线的错误画法

六、剖视图画法

现以图 9-31 为例，说明剖视图的画法。

1. 根据机件的结构特点、复杂程度，选用合适的剖切面及剖切位置

图示机件的主体是一个带孔的圆柱。圆柱的前、后侧各有一个相同的圆弧面，左侧有一个带孔的圆凸台，底面有一块带孔的底板。机件上的圆孔均需剖视表达。机件前后对称，且所有圆孔的轴线均位于前后对称平面上，故可取平行于投影面 V 的单一剖切面剖切，因机件左右不对称，主视图不能画成半剖视。主视图如画成三个局部剖视图，则视图过于零乱。因此，主视图画成全剖视图。

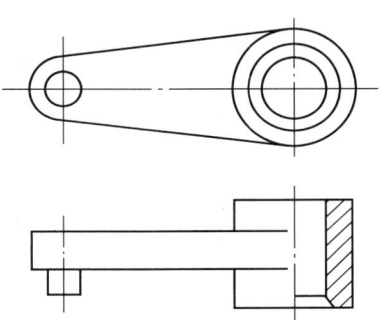

图 9-30 中心线作为局部剖视与视图的分界线

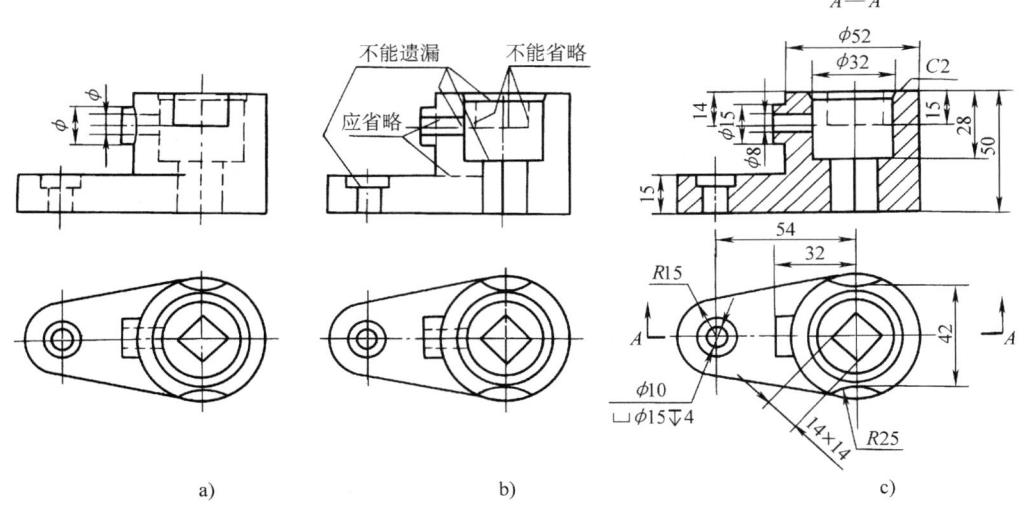

图 9-31 画剖视图的步骤

2. 画剖视图底稿

假想用剖切平面剖切后，移去前边部分，画出留下部分的所有可见轮廓线——粗实线，不可见部分的不能省略的轮廓线——细虚线，省略不必要的细虚线。

3. 画剖面符号

在机件的剖面区域内画出剖面符号。常用的金属材料剖面符号为与主要轮廓或剖面区域的对称线成45°倾斜的等距细实线。

4. 标注尺寸[⊖]

按正确、完整、清晰的要求标注尺寸。组合体尺寸标注的要求同样适合于剖视图。除此之外，还应注意将内、外形尺寸尽量分开标注，尺寸尽量注在图形外面，如尺寸只能注在剖面符号上时，应将剖面符号断开。半剖视（或局部剖视）中的尺寸仍应是完整的机件尺寸。

5. 标注剖切位置及剖视图名称

按上述已选定的方案标注。在俯视图中，剖切平面的起迄处用粗短画及箭头表示剖切位置及投射方向，并在箭头外侧注上"A"。在主视图中，剖视图的上方注上同样的字母"A—A"，表示剖视图名称（该例的标注内容均可省略）。

6. 检查加深

第三节　断　面　图

一、断面图的概念

假想用剖切平面将机件的某处切断，仅画出该剖切面与机件接触部分的图形，该图形称为断面图，简称断面（见图9-32a、b）。

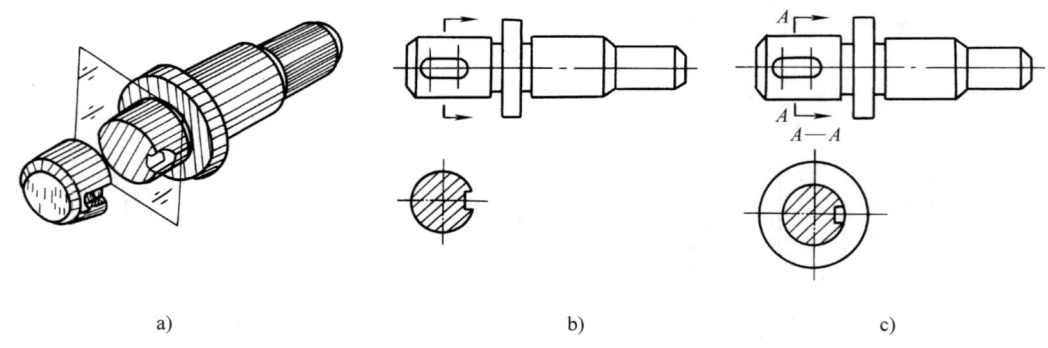

图 9-32　断面与剖视
a）立体图　b）断面图　c）剖视图

断面图与剖视图的区别在于：断面图仅画出机件上被剖切平面所切断面的图形，如图9-32b 所示；而剖视图还需画出剖切平面后结构的投影，如图9-32c 所示。

⊖　有关标注尺寸的详细内容请参阅本章第五节。

断面图常用来表示机件上某个局部结构的断面形状，如轴上的键槽和小孔、肋、轮辐及型材的断面等。在一般情况下，剖切平面应垂直机件的主要轮廓线或轴线。

二、断面图的种类及画法

根据断面图配置在视图中的位置，分为移出断面和重合断面两种。

1. 移出断面

画在视图外的断面称为移出断面。移出断面的轮廓线用粗实线绘制。

为方便看图，移出断面应尽量配置在剖切符号（或剖切线）的延长线上（见图9-32b）；必要时，可将移出断面配置在其他适当位置（见图9-33）；在不致引起误解时，允许将图形旋转，此时应标注"⌒×—×"（见图9-34）。当断面图形对称时，允许将图形画在视图的中断处（见图9-35）。

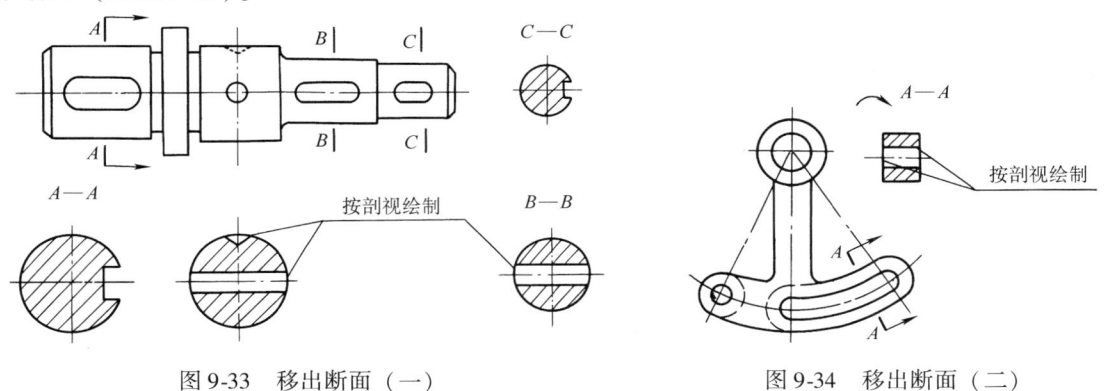

图9-33 移出断面（一）　　　　　图9-34 移出断面（二）

在一般情况下，画断面图仅画出剖切后的断面形状。但当剖切平面通过回转面形成的孔或凹坑的轴线时，或通过非圆孔导致出现完全分离的两个断面图形时，则这些结构均按剖视绘制（见图9-33和图9-34）。

当机件的轮廓线相互倾斜，用一个剖切平面无法与两轮廓线均垂直时，为表示其断面真实形状，可用两个（或多个）相交的剖切平面分别垂直于轮廓线剖切。这时的移出断面中间应断开（见图9-36）。

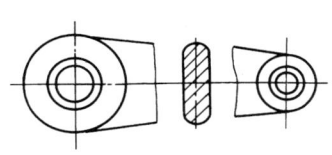
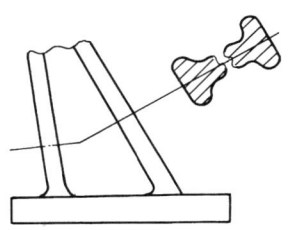

图9-35 移出断面（三）　　　　　图9-36 移出断面（四）

移出断面应按下述规则标注：

1) 一般用粗短画（或剖切线）表示剖切位置，箭头表示投射方向，并注上字母。在断面图的上方用同样的字母标出相应的名称"×—×"，如图9-33中的"$A-A$"断面。

2) 配置在剖切符号延长线上的不对称移出断面可省略字母（见图9-32b），配置在剖切符号（或剖切线）延长线上的对称移出断面可省略字母和箭头（见图9-33中位于$A-A$与$B-B$中间的断面）。

3）不配置在剖切符号延长线上的对称移出断面（如图 9-33 中的 $B—B$ 断面），以及按投影关系配置的不对称移出断面（如图 9-33 中的 $C—C$ 断面），均可省略箭头。

4）配置在视图中断处的对称移出断面不必标注（见图 9-35）。

2. 重合断面

画在视图内的断面称为重合断面。重合断面的轮廓线用细实线绘制（见图 9-37）。

当重合断面的轮廓线与视图的轮廓线重合时，应按视图的轮廓线画出。

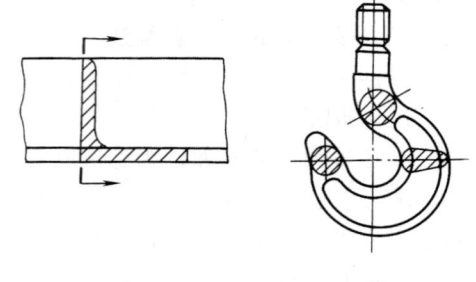

图 9-37 重合断面

由于重合断面直接画在视图内的剖切位置处，故标注时可一律省略字母。不对称的重合断面需画出剖切符号及投射箭头（见图 9-37a），对称的重合断面则不加任何标注（见图 9-37b）。

重合断面适用于断面形状简单，且不影响图形清晰的场合。

第四节 其他表达方法

一、局部放大图

机件上某些较小的结构在视图中不能表示清楚，也不便标注尺寸时，可将这些较小的结构用大于原视图所用的比例画出，这样的图形称为局部放大图（见图 9-38）。

局部放大图可画成视图、剖视图或断面图，它与被放大部分的表达方法无关。如图 9-38 所示，放大图 Ⅱ 画成了断面图，而原图则为视图。

局部放大图应配置在被放大部位附近，并在局部放大图的上方标注画图所用的比例，在原视图中用细实线圈出被放大部位。当同一机件有几处需要放大时，必须用罗马数字依次标出放大部位，并分别在局部放大图的上方注出相应的罗马数字和所用的比例，如图 9-38 所示。当机件上仅一处需要放大时，则只需在局部放大图的上方注明比例。

同一机件上不同部位的放大图，当图形相同或对称时，只需画出一个局部放大图，如图 9-39 所示。

如有必要，也可采用几个视图来表达同一个被放大部位的结构，如图 9-40 所示。

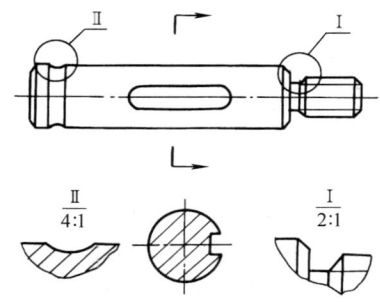

图 9-38 局部放大图

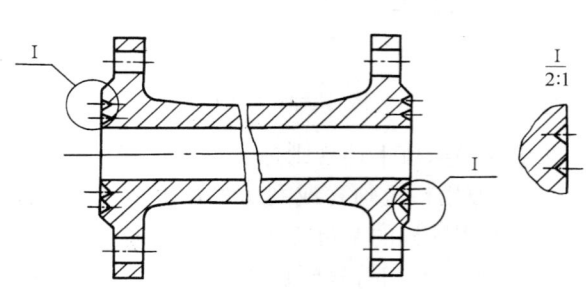

图 9-39 图形相同或对称时的局部放大图

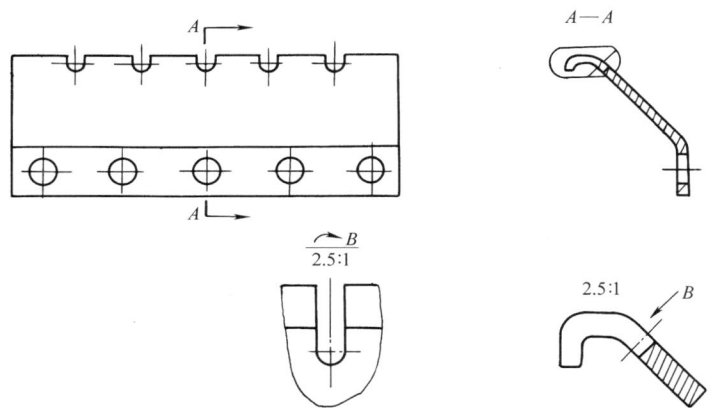

图 9-40 用几个视图表达同一个被放大部位的结构

二、简化画法和其他规定画法

1. 肋、轮辐及薄壁的简化画法

1)对于机件的肋、轮辐及薄壁等,如按纵向剖切,这些结构都不画剖面符号,而用粗实线将它与其相邻部分分开,如图 9-41 及图 9-42 所示。

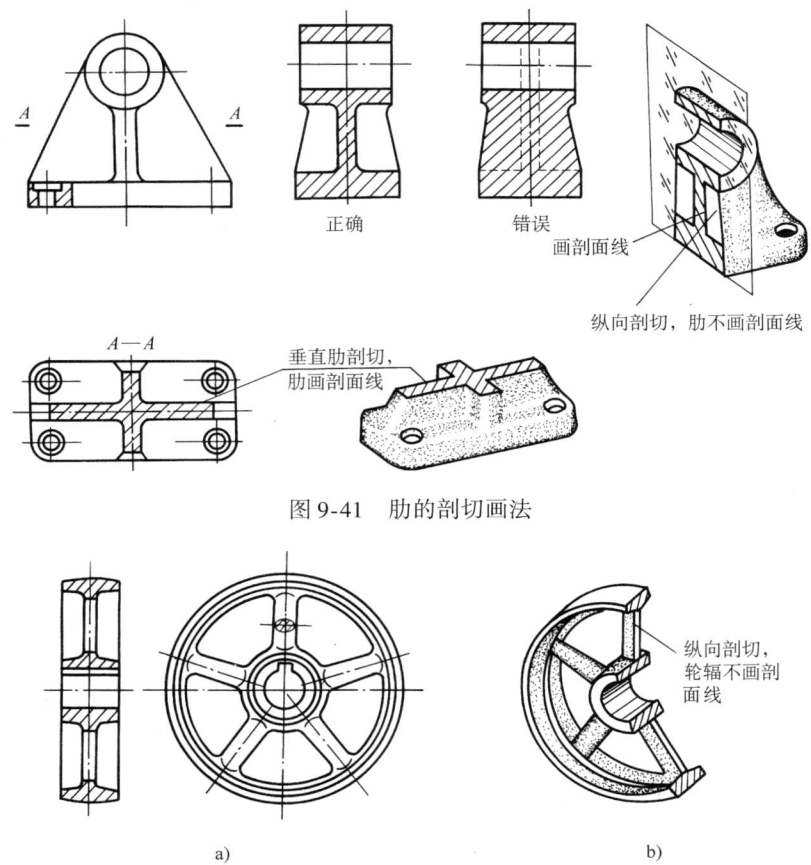

图 9-41 肋的剖切画法

图 9-42 轮辐的剖切画法
a)投影图 b)立体图

2)当零件回转体上均匀分布的肋、轮辐、孔等结构不处于剖切平面上时,可将这些结构旋转到剖切平面上画出,如图9-43所示。

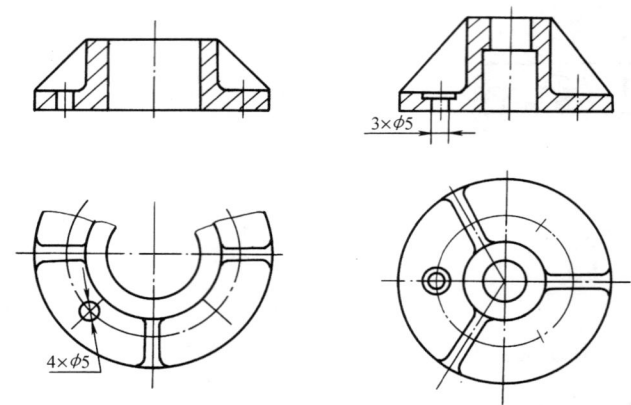

图9-43 回转体上均匀分布的肋和孔的画法

2. 相同结构的简化画法

1)机件上具有若干相同结构(齿、槽等),并按一定规律分布时,只需画出几个完整的结构,其余用细实线连接,但在图中必须注明该结构的总数,如图9-44所示。

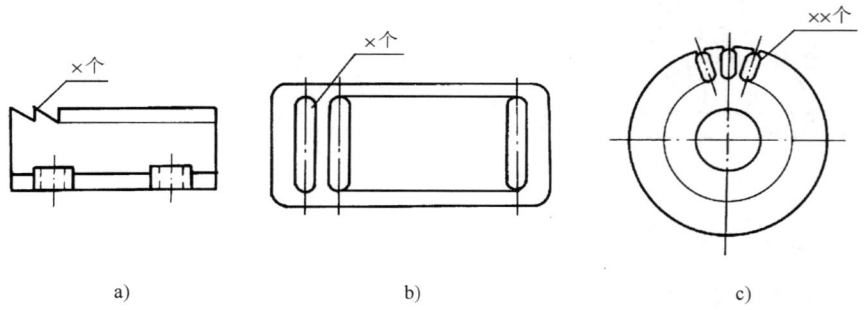

图9-44 相同结构的简化画法

2)若干直径相同且成规律分布的孔(圆孔、螺孔、沉孔等)可以仅画出一个或几个,其余只需用细点画线表示其中心位置,并注明孔的总数,如图9-45所示。

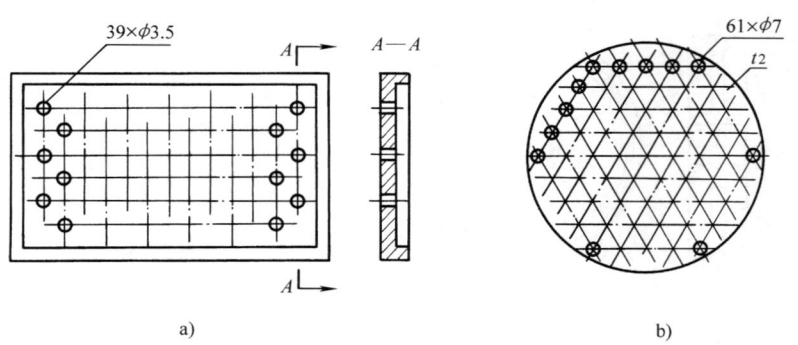

图9-45 直径相同且规律分布的孔的画法

3) 机件上的滚花部分、网状物或编织物，可在轮廓线附近用细实线示意画出一小部分，并在零件图上或技术要求中注明这些结构的具体要求，如图9-46所示。

4) 圆柱形法兰和类似零件上均匀分布的孔可按图9-47所示的方法表示。

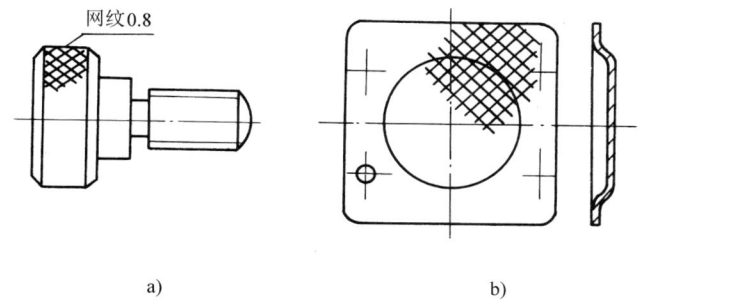

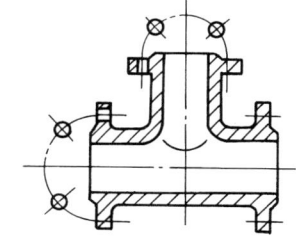

图9-46 滚花及网状物的画法

图9-47 圆柱形法兰上孔的简化画法

3. 对称机件的视图及局部视图的简化画法

1) 在不致引起误解时，对称机件的视图只画一半或四分之一，并在对称中心线的两端各画出与其垂直的两条平行细实线（见图9-48）。

2) 零件上对称结构的局部视图，可按图9-49所示的方法绘制。

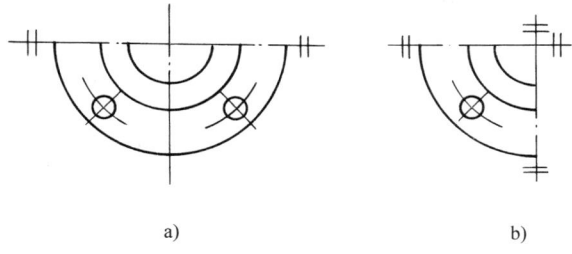

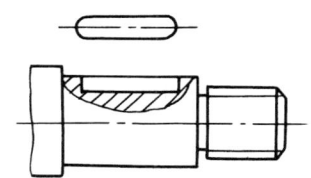

图9-48 对称机件视图的简化画法

图9-49 对称结构局部视图的画法

4. 较小结构和较小斜度的简化画法

1) 机件上较小的结构，如果在一个图形中已表示清楚时，其他图形可简化或省略，如图9-50所示。

2) 机件上斜度不大的结构，如果在一个图形中已表达清楚时，其他图形可按小端画出，如图9-51所示。

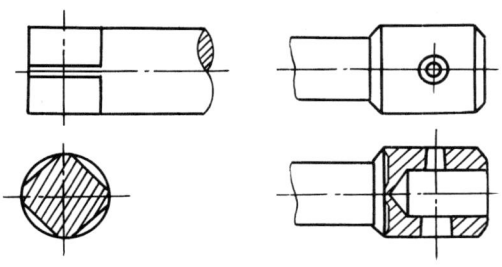

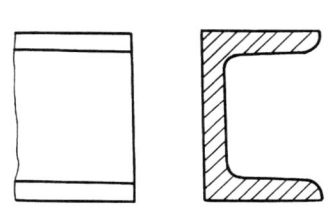

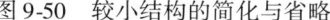

图9-50 较小结构的简化与省略

图9-51 斜度不大的结构的画法

3) 在不致引起误解时，零件图中的小圆角、锐边的小倒圆或45°小倒角允许省略不画，但必须注明尺寸或在技术要求中加以说明，如图9-52所示。

4) 机件上与投影面的倾斜角度小于或等于30°的圆或圆弧,其投影可用圆或圆弧代替,如图9-53所示。

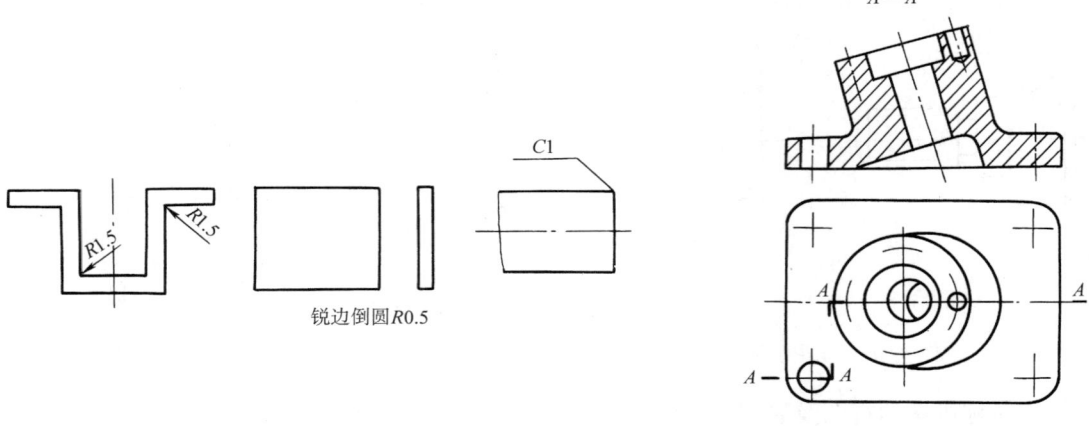

图9-52 小圆角、小倒圆和小倒角的表示　　　　　图9-53 倾斜的圆的简化画法

5. 相贯线、过渡线的简化画法

在不致引起误解时,图形中的相贯线、过渡线允许用圆弧或直线代替非圆曲线,如图9-54所示。

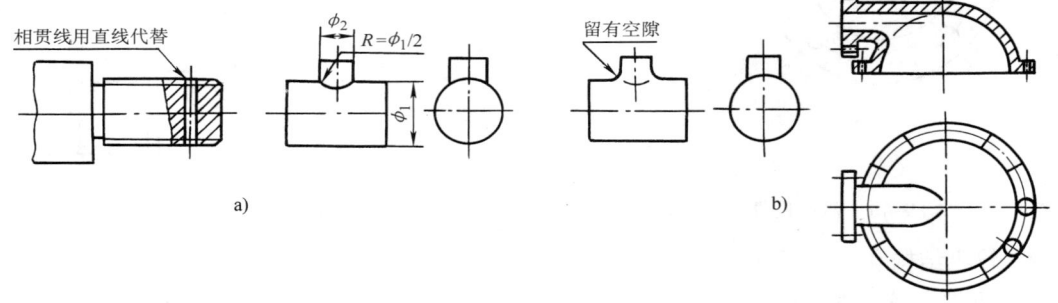

图9-54 相贯线、过渡线的简化画法
a) 相贯线简化画法　b) 过渡线简化画法

6. 平面的表示法

当图形不能充分表示平面时,可用平面符号(相交的两细实线)表示,如图9-55所示。

7. 断开的画法

较长的机件(轴、杆、型材、连杆等)沿长度方向的形状一致或按一定规律变化时,可断开后缩短绘制,如图9-56所示。

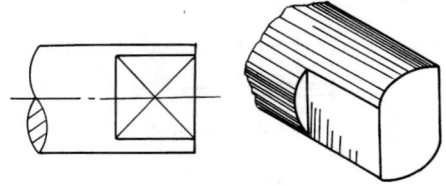

图9-55 相交的两细实线表示平面

8. 其他规定画法

1) 在剖视图的剖面中,可再作一次局部剖。采用这种表达方法时,两个剖面的剖面线应同方向、同间隔,但要相互错开,并用引出线标注其名称(见图9-57)。当剖切位置明显时,也可省略标注。

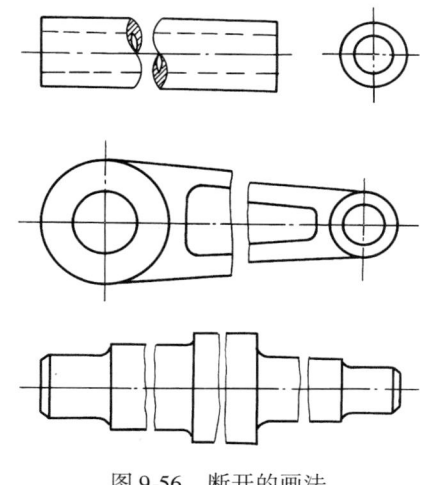

图 9-56 断开的画法

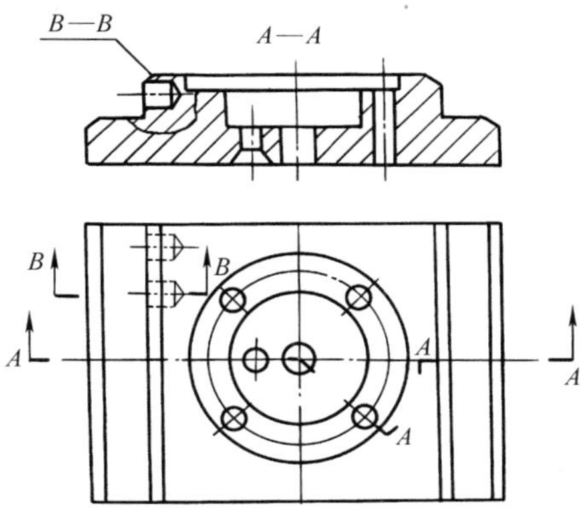

图 9-57 在剖视图的剖面中再作一次局部剖

2) 在需要表示位于剖切平面前的结构时，这些结构按假想投影的轮廓线绘制（见图 9-58）。

3) 用细双点画线绘制的相邻辅助零（部）件，一般不应遮盖其后面的零（部）件，如图 9-59 所示。

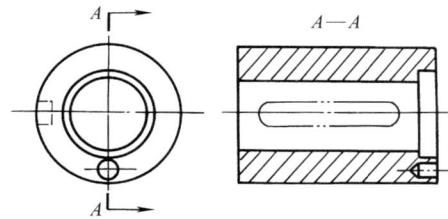

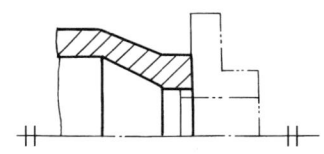

图 9-58 用假想投影表示剖切平面前的结构

图 9-59 假想投影画法

4) 在局部放大图表达完整的前提下，允许在原视图中简化被放大部位的图形，如图 9-60 所示。

三、简化尺寸注法

1) 标注尺寸时，可采用带箭头的指引线（见图 9-61），也可采用不带箭头的指引线（见图 9-62）。

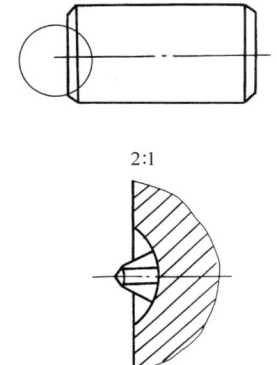

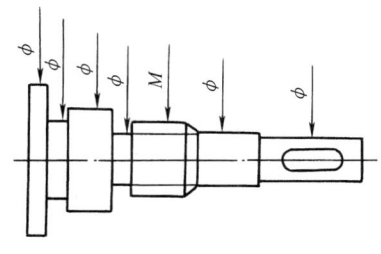

图 9-60 在原视图中简化被放大部位

图 9-61 带箭头的指引线

2）用字母 C 表示 45°倒角，C 后的数字表示倒角的轴向尺寸；用 EQS 表示均匀分布（见图 9-63）。

3）用符号"□"表示正方形，"▽"表示深度，"⊔"表示沉孔或锪平，"∨"表示埋头孔（见图 9-64）。

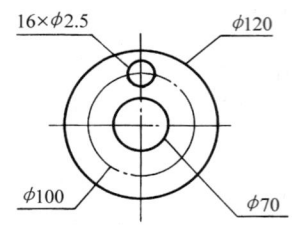
图 9-62　不带箭头的指引线

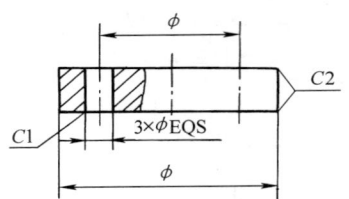
图 9-63　用字母简化尺寸注法

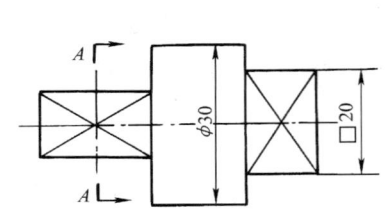

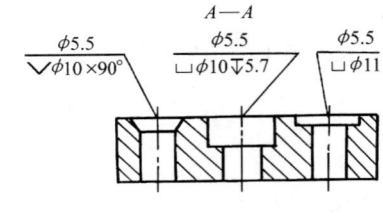

图 9-64　用符号简化尺寸注法

第五节　综合应用举例

熟悉掌握了机件的各种表达方法，就能根据机件的结构特点选用适当的表达方法。在正确、完整、清晰地表达机件各部分形状的前提下，应力求制图简便。下面以图 9-65a 所示的泵体为例，说明表达方案的选择和尺寸标注。

1. 分析机件的结构形状特点

图示泵体由壳体、底板、T 形支承板、前后圆凸台、顶部长圆凸台及肋组成。整个机件前后对称。

2. 选择主视图

泵体以工作位置放正，选择最能反映机件形状特征的视图作为主视图。经分析比较，按图中箭头所指方向，能同时反映壳体、底板、支承板、凸台和肋，故作为主视图的投射方向。

因机件外形简单、内部有若干圆孔，表达内形是主要的。选择平行于投影面 V 的单一剖切面通过机件的前后对称平面剖切，主视图画成全剖视图（见图 9-65b）。

3. 选择其他视图

选取其他视图是为了补充表达主视图中没有表达清楚的部分。在选用其他视图时，应使表达目的清楚，每一个视图应有具体的表达重点。如左视图采用半剖视，表达了壳体及圆凸台，并采用局部剖视表示底板上的圆孔；俯视图采用半剖视，表达长圆凸台、T 形支承板及底板的真形；C 向局部视图表达壳体背面三个均布的圆孔、长圆凸台及肋的位置。

第九章 机件的表达方法 | 181

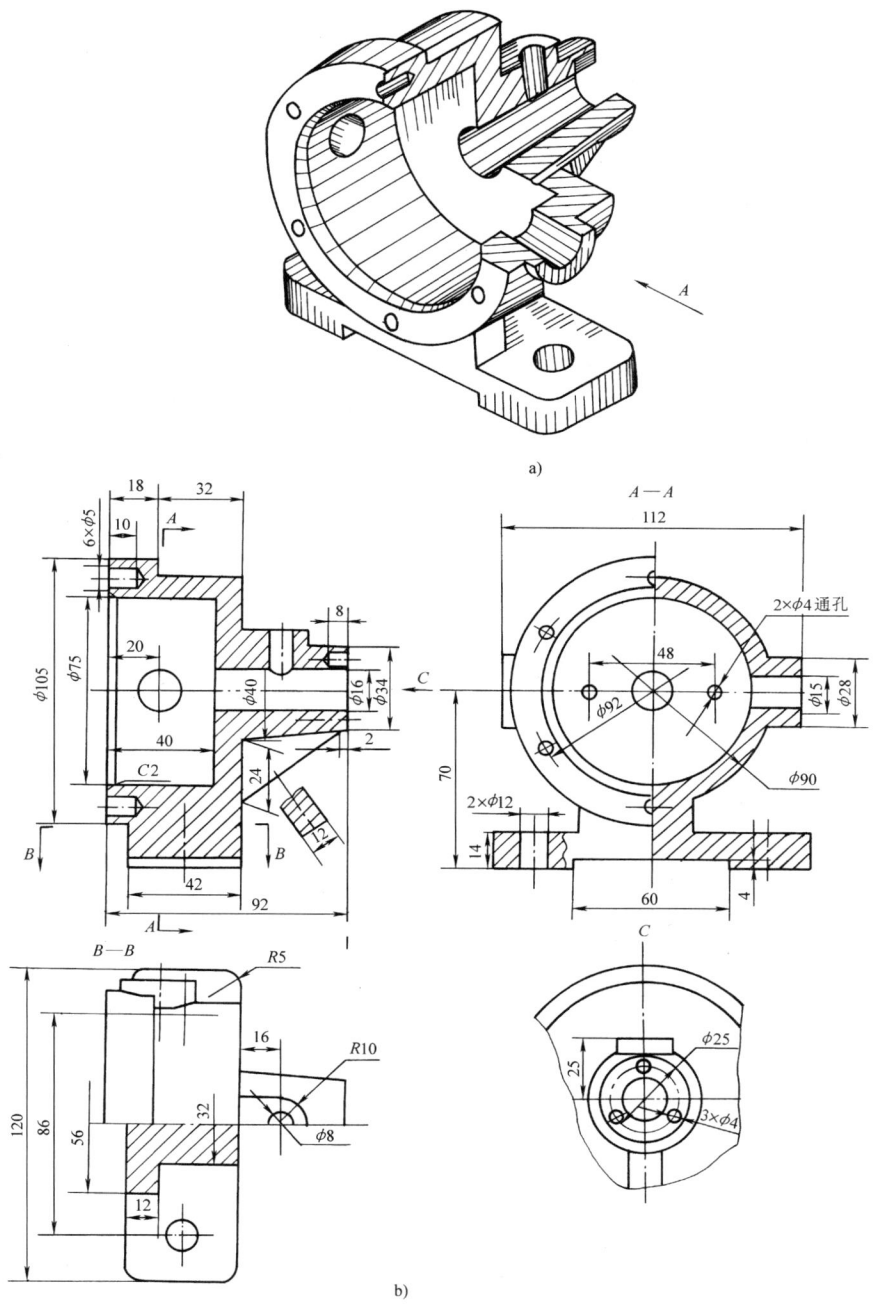

图 9-65 泵体

肋在以上视图中均未表达清楚，故以移出断面表示。
4. 标注尺寸

如同标注组合体尺寸，先要按形体分析正确地确定长、宽、高三个方向的主要尺寸基准；然后再从轴测图或实物模型量取尺寸，逐个分析并标注各个基本体的定形尺寸和定位尺寸；最后考虑总体尺寸。选取泵体的左端面、前后对称平面和底面分别作为长、宽、高三个方向的主要尺寸基准。逐个分析并标注各个基本形体的定形尺寸和定位尺寸，……，标出机件的总长尺寸92，总宽尺寸即为底板宽度尺寸120，总高尺寸即为壳体中心高70与壳体外圆柱面半径52.5（直径φ105）之和。

除此之外，还需强调以下几点：

1）标注同一轴线的圆柱、圆锥和回转体的直径尺寸时，一般应标注在投影为非圆的剖视图中，避免标注在投影为同心圆的视图中，如图中尺寸φ75、φ105等。

2）在采用半剖视或局部剖视以后，有些尺寸线不能完整地画出来，这些尺寸线应画成略超过圆心或对称中心线后断开。但尺寸数值仍应按完整数值注出，如图中尺寸φ92、φ90、56等。

3）应尽量把外形尺寸和内形尺寸分开标注，以便于看图，如主视图中的外形尺寸18、32注在图形外面，内形尺寸20、40注在图形里面。

4）如必须在剖面线区域中标注尺寸数字时，则在数字处应将剖面线断开，以保证数字清晰。

5）可以通过标注尺寸来帮助表达机件上的某些结构，从而减少视图或剖视。如左视图中尺寸"2×φ4通孔"，已说明是通孔，就不必再在其他视图中画剖视来表示该两孔了。

图9-66、图9-67和图9-68是同一轴承架的3种表达方案。下面分析其表达特点。

图9-66采用两个基本视图、一个局部视图、一个移出断面和一个重合断面表示。主视图局部剖表示φ10与φ32圆孔贯通。左视图两个局部剖，上方的局部剖既表示了φ32通孔，又表示了它与φ10圆孔贯通（与主视图重复），下方的局部剖表示了两个φ14通孔。局部视图A表示了轴承孔后背的真形。B—B断面表示了相互垂直的肋板的真实形状。可以看出，主视图的局部剖是多余的。

图9-67采用三个基本视图、一个局部视图（同上）、一个剖视和一个移出断面表示。主

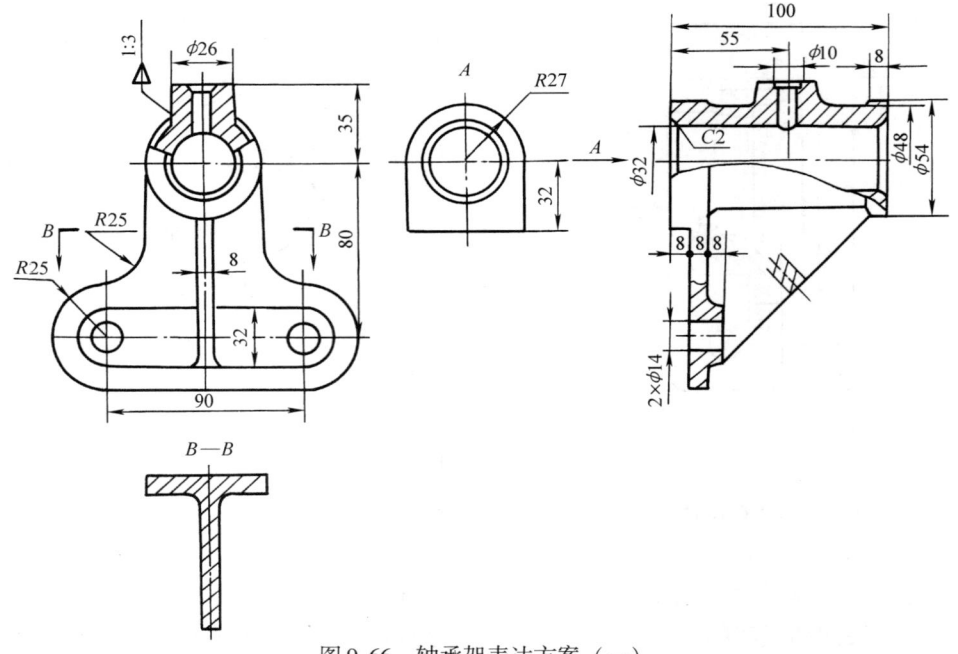

图9-66 轴承架表达方案（一）

视图画外形。左视图全剖表示 $\phi10$ 与 $\phi32$ 圆孔贯通。俯视图全剖表示肋板的截面真形。$C—C$ 剖视表示了 $\phi14$ 通孔。从中可以看出，俯视图表示的肋板等结构已在主、左视图中表示清楚，故可省略俯视图。$C—C$ 剖视表示的 $\phi14$ 通孔可用文字说明，故可省略 $C—C$ 剖视。

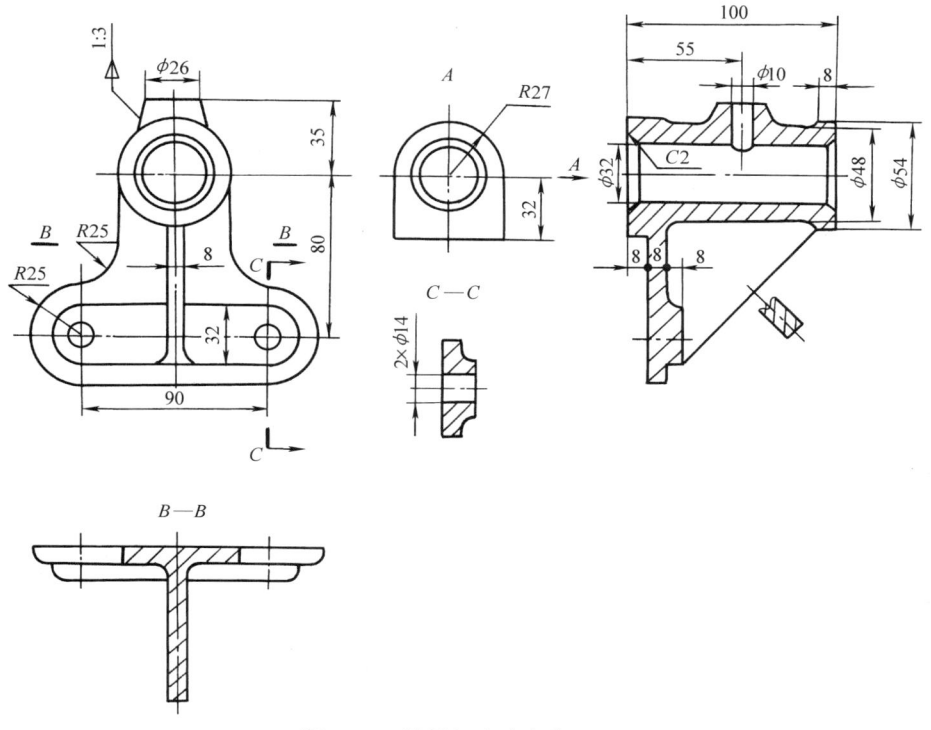

图 9-67　轴承架表达方案（二）

图 9-68 重新选择了主视图的投射方向，用两个基本视图、一个局部视图和两个重合断面表示。主视图以中心线为界画出局部剖，表示两孔贯通，并用重合断面表示肋板的宽度。左视图画出外形，并用重合断面表示肋板的宽度。从主、左视图的投影关系中，还能看出肋板相互垂直及其他结构的形状与位置。

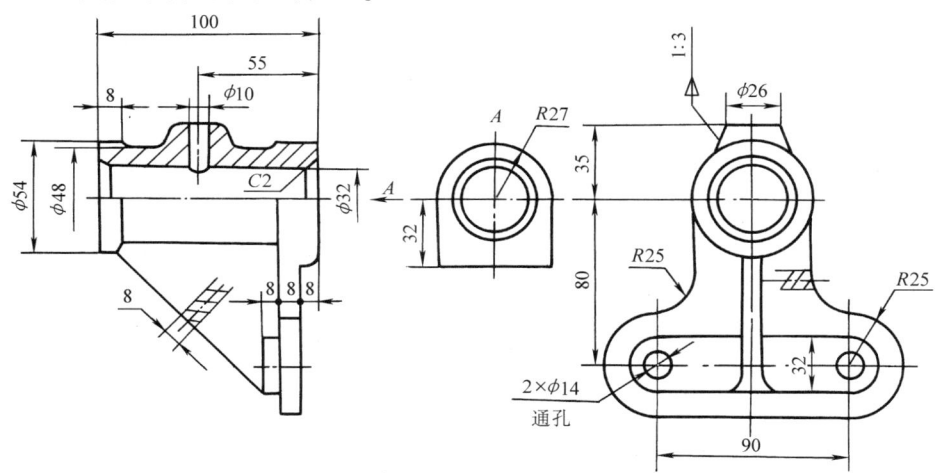

图 9-68　轴承架表达方案（三）

综上所述，可选择不同的方向作为主视图的投射方向，以及采用不同的表达方法表示同一结构。在正确、完整、清晰地表示物体形状的前提下，应力求制图简便。图9-66和图9-67分别用 B—B 断面和剖视表示相互垂直的肋板，分别用局部剖和 C—C 剖视表示 φ14 通孔。图 9-68 通过主、左视图和两个重合断面表示垂直的肋板，用文字标注表示 2×φ14 为通孔。由此得出，图9-68是一种既简便又清晰的表达方案。

第六节　第三角投影法简介

在国际技术交流中，经常能遇到采用第三角投影法绘制的图样。现对第三角投影法做一简要介绍。

一、基本概念

三个互相垂直的投影面 V、H、W，把空间分成八个部分，每个部分称为一个分角，如图9-69所示。根据制图国标规定，我国采用第一角投影法作图，即把机件放在 H 面之上、V 面之前、W 面之左进行投射作图。把机件放在第三角中（H 面之下、V 面之后、W 面之左）进行投射作图，称之为第三角投影法。

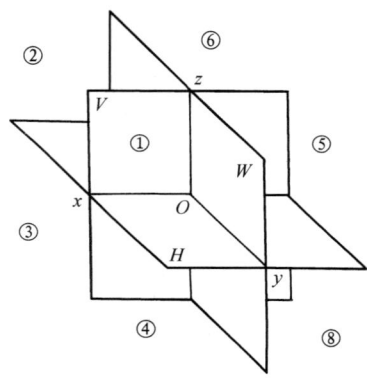

图9-69　空间八个分角的划分

第一角投影法是将机件放在观察者和投影面之间，即保持人-物-面的相互位置关系，所得视图展开后如图9-2所示；第三角投影法是将机件放在投影面的后面，即保持人-面-物的相互位置关系，把投影面看作透明的平面，运用正投影法，绘出各个视图。

二、基本视图

第三角投影法中也有六个投影面，得到六个基本视图：在 V 面上所得到的投影，称为前视图；在 H 面上所得到的投影，称为顶视图；在 W 面上所得到的投影，称为右视图；与上述三个视图相对应的还有后视图、底视图及左视图。投影面的展开方法是：规定 V 面不动，其余各面按图9-70b箭头所指的方向，旋转到与 V 面在同一平面上，展开后各视图的配置关系如图9-70c所示。

第三角投影法仍采用正投影，故"长对正、高平齐、宽相等"的投影规律仍然适用。

为了说明图样采用第三角画法或第一角画法，可在图样上用特征标记加以区别。特征标记如图9-71所示。

三、举例

图 9-72a 是用第三角画法绘制的机件的前、顶、右三个视图。根据投影规律及读图方法，不难想出该机件的形状（见图 9-72b）。由此可知，在熟悉第一角画法的基础上，了解第三角画法的基本原理及视图配置，掌握第三角画法是并不困难的。

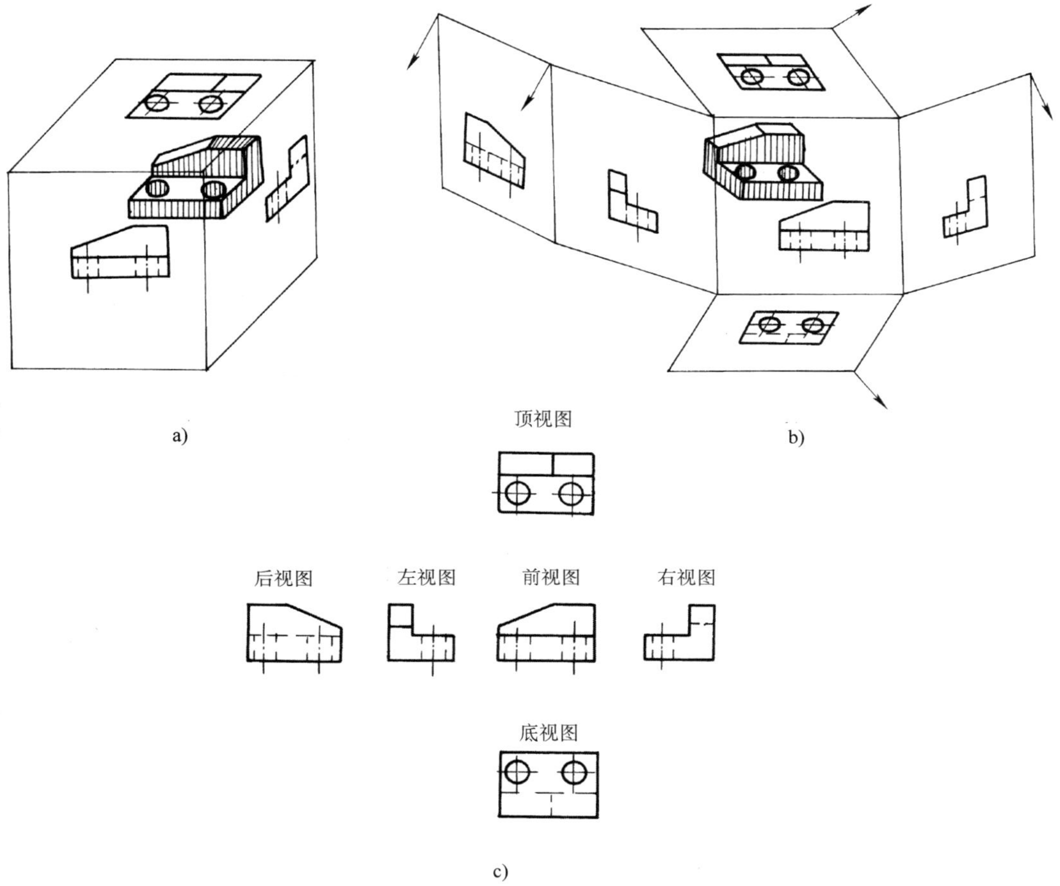

图 9-70 第三角投影法

图 9-71 特征标记
a) 第三角画法标记 b) 第一角画法标记

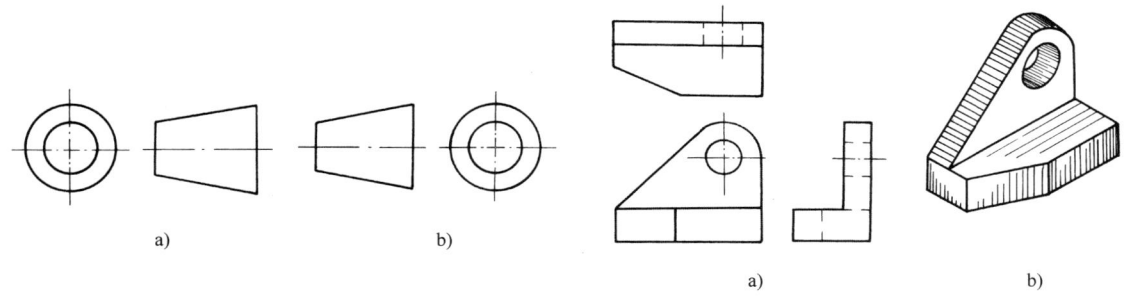

图 9-72 第三角画法举例
a) 投影图 b) 立体图

第十章 标准件和常用件

机器或部件由各种零件组成，如图 10-1 所示。零件的结构、尺寸等各方面都已标准化的，称为标准件，如螺钉、螺栓、螺母和垫圈等；零件的部分重要参数已标准化、系列化的，称为常用件，如齿轮等。国家标准规定了标准件和常用件的规定画法，本章将分别介绍。

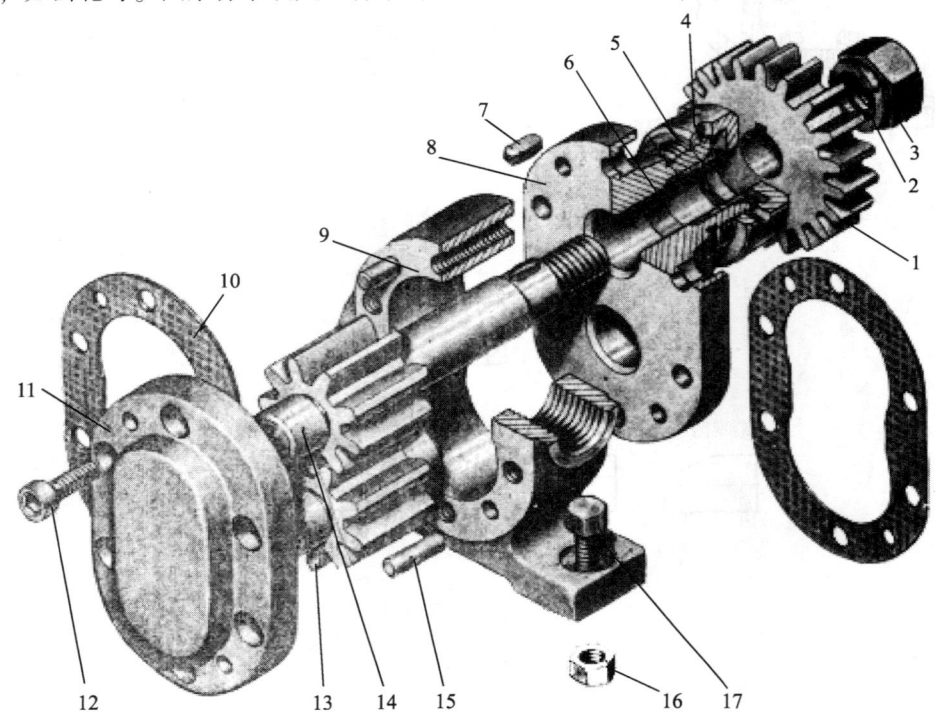

图 10-1 齿轮泵中的标准件和常用件
1—传动齿轮 2—垫圈 3、16—螺母 4—压紧螺母 5—轴套 6—密封圈 7—键
8—右端盖 9—泵体 10—垫片 11—左端盖 12—内六角圆柱头螺钉 13—齿轮轴
14—传动齿轮轴 15—圆柱销 17—螺栓

第一节 螺纹及螺纹紧固件

螺纹是在圆柱（或圆锥）表面上沿螺旋线所形成的具有相同轴向断面的连续凸起和沟槽。在圆柱（或圆锥）外表面上的螺纹称为外螺纹，在圆柱（或圆锥）内表面上的螺纹称为内螺纹。

图 10-2 所示为加工螺纹的常用方法和手工加工螺纹用的工具。在螺纹加工过程中，由于刀具的切入（或压入）构成了凸起和沟槽两部分，凸起的顶端称为螺纹的牙顶，沟槽的底部称为螺纹的牙底。

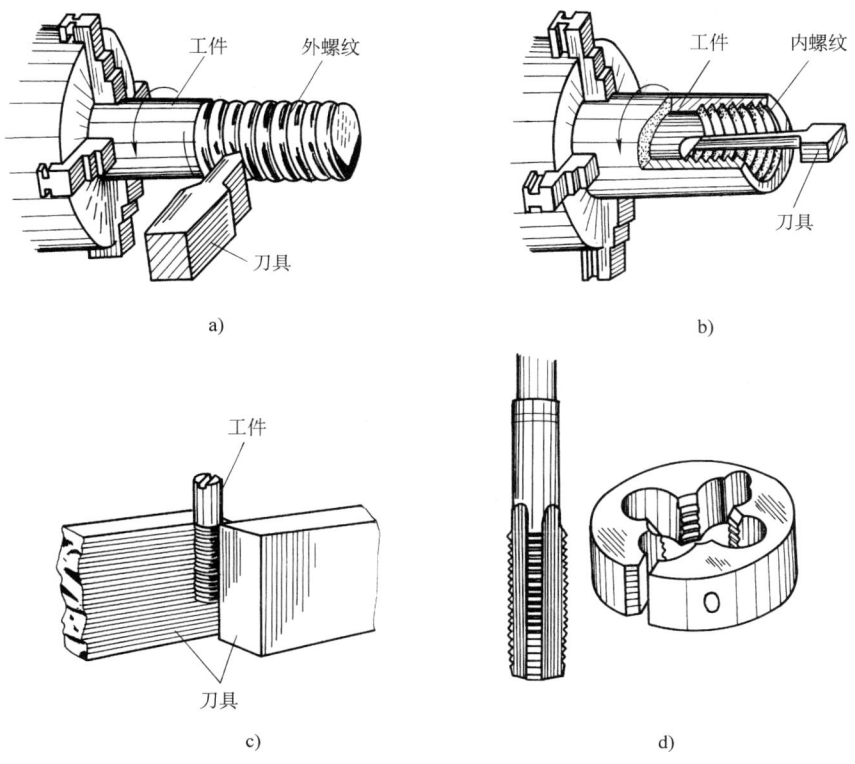

图 10-2 螺纹的加工
a）在车床上加工外螺纹 b）在车床上加工内螺纹 c）辗压螺纹 d）手工加工螺纹工具

一、螺纹的要素

内、外螺纹联接时，螺纹下列要素必须一致。

1. 牙型

在通过螺纹轴线的断面上，螺纹的轮廓形状称为牙型。螺纹牙型通常有三角形、梯形、锯齿形和方形等（见表10-1）。

表 10-1 常用螺纹种类、牙型与标注

螺纹种类		螺纹特征代号	牙型放大图	标注方法	标注示例
普通螺纹	粗牙	M	60°	M20－5g6g－S 公称直径 螺纹特征代号 （不标注螺距） 5g、6g 分别表示中径、顶径的公差带代号，S 表示短旋合长度代号	M20-5g6g-S
	细牙			M20×2－7H 螺距 公称直径 螺纹特征代号 7H 表示中径、顶径公差带代号	M20×2-7H

(续)

螺纹种类		螺纹特征代号	牙型放大图	标注方法	标注示例
管螺纹	55° 非密封管螺纹	G	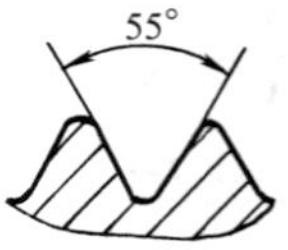 55°	G 1/2 — 公称直径，螺纹特征代号 G1 1/2 A — 公差等级	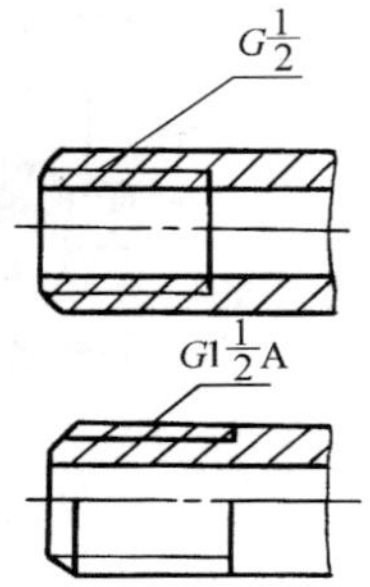 $G\frac{1}{2}$ $G1\frac{1}{2}A$
	55° 密封管螺纹	圆锥（内）Rc 圆柱（内）Rp 圆锥（外）R_1、R_2	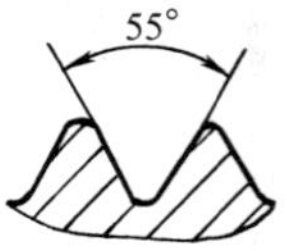 55°	$Rc1\frac{1}{2}$ $Rp1\frac{1}{2}$ $R_1\ \frac{1}{2}$	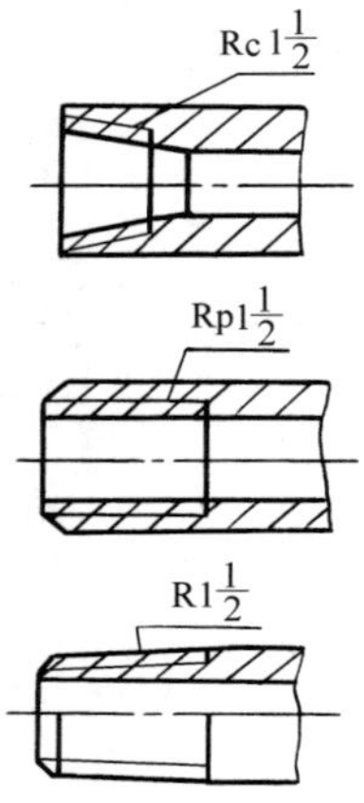 $Rc1\frac{1}{2}$ $Rp1\frac{1}{2}$ $R1\frac{1}{2}$
梯形螺纹		Tr	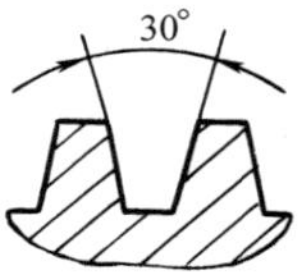 30°	Tr40×14（P7）-7H — 线数14/7=2，导程，公称直径，螺纹特征代号	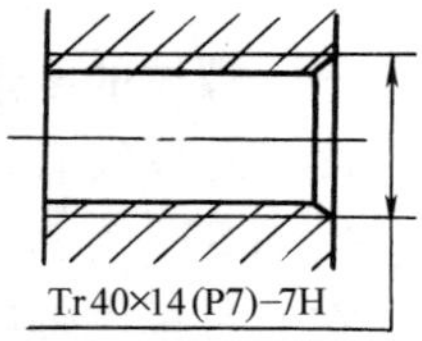 Tr40×14(P7)-7H
锯齿形螺纹		B	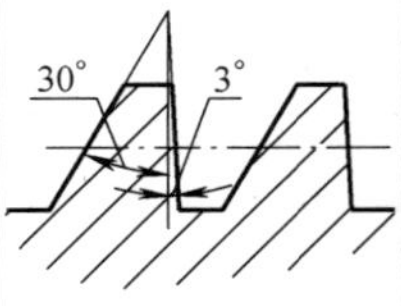 30° 3°	B32×6 LH — 旋向，螺距，公称直径，螺纹特征代号	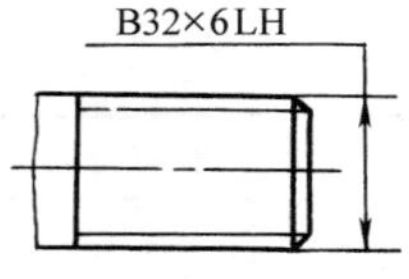 B32×6 LH

2. 直径

螺纹有大径（d、D）、中径（d_2、D_2）和小径（d_1、D_1），如图 10-3 所示。但在表示螺纹规格时采用的是公称直径，公称直径就是代表螺纹尺寸的直径，指螺纹大径的基本尺寸。螺纹大径指假想与外螺纹牙顶或内螺纹牙底相吻合的圆柱面的直径，用 d（外螺纹）、D（内螺纹）表示；螺纹小径指假想与外螺纹牙底或内螺纹牙顶相吻合的圆柱面的直径，用 d_1（外螺纹）、D_1（内螺纹）表示；螺纹中径指螺纹的凸起和沟槽轴向宽度相等时的假想圆柱面的直径，用 d_2（外螺纹）、D_2（内螺纹）表示。

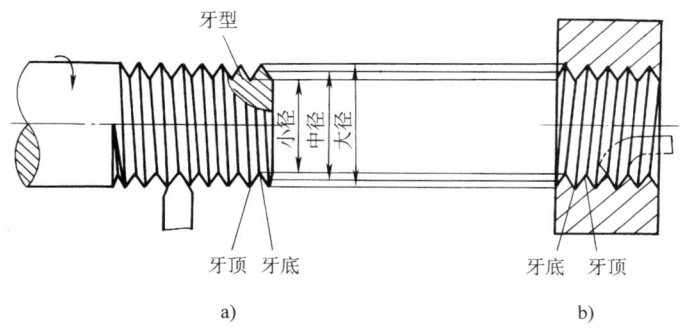

图 10-3 螺纹直径

3. 线数

螺纹有单线和多线之分，沿一根螺旋线形成的螺纹称为单线螺纹，沿两根以上螺旋线形成的螺纹称为多线螺纹。线数用 n 表示。如图 10-4 所示。

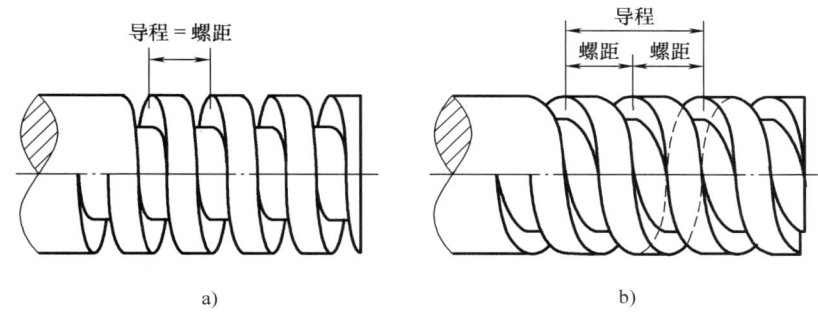

图 10-4 螺纹的线数、导程与螺距
a) 单线螺纹 b) 双线螺纹

4. 螺距和导程

相邻两牙在中径线上对应两点间的轴向距离称为螺距，用 P 表示。同一条螺旋线的相邻两牙所在中径线上对应两点间的轴向距离称为导程，用 P_h 表示。螺纹的导程 P_h = 螺距 P × 线数 n，如图 10-4 所示。

5. 旋向

螺纹旋向分为右旋和左旋两种，如图 10-5 所示。顺时针旋转时旋入的螺纹称右旋螺纹，逆时针旋转时旋入的螺纹称左旋螺纹。若右手拇指指向与轴线一致，其余四指环向与螺纹一致的为右旋；反之为左旋（或用左手确定）。工程上常用右旋螺纹。

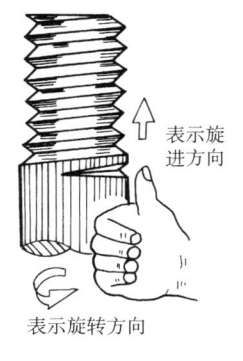

图 10-5 螺纹的旋向
a) 左旋螺纹 b) 右旋螺纹

二、螺纹的规定画法

螺纹不按实际投影绘图，而应遵照国家标准规定的画法绘制。

1. 圆柱外螺纹的画法

如图 10-6 所示，大径画成粗实线，小径画成细实线，倒角和螺纹终止线均画成粗实线；在投影为圆的视图上，倒角圆不画，小径画成约 3/4 圈的细实线圆。

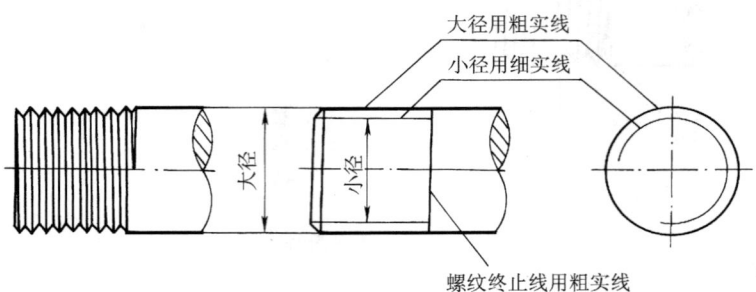

图 10-6　圆柱外螺纹的画法

2. 圆柱内螺纹的画法

如图 10-7 所示，在剖视图中，大径画成细实线，小径画成粗实线，倒角和螺纹终止线均画成粗实线；在投影为圆的视图上，倒角圆不画，大径画成约 3/4 圈的细实线圆。

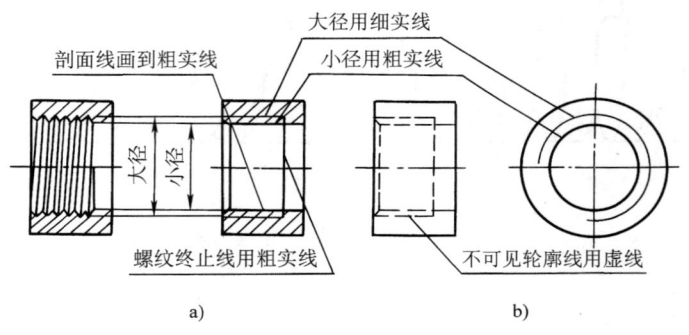

图 10-7　圆柱内螺纹的画法
a）剖视画法　b）不剖画法

3. 螺纹小径尺寸的确定

一般按大径尺寸的 0.85 倍绘制。

4. 不穿通的螺孔画法

一般应将钻孔深度与螺孔深度分别画出，两个深度相差 $0.5D$（D 为螺纹公称直径），钻孔尖端锥角应按 120°画出，如图 10-8 所示。

5. 螺纹表面的相贯线或其他结构的画法

这些结构不应影响螺纹的表达，如图 10-9 所示。

6. 圆锥螺纹的画法

在垂直于轴线的视图上，按可见端螺纹画出，如图 10-10 所示。

7. 螺纹牙型的画法

可用局部剖或局部放大图表示，如图 10-11 所示。

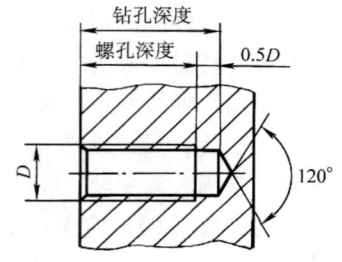

图 10-8　不穿通的螺纹孔

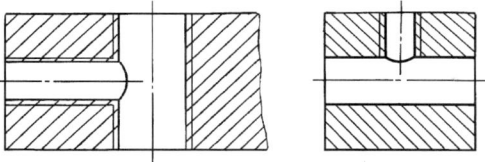

图 10-9　螺纹表面的相贯线或其他结构画法

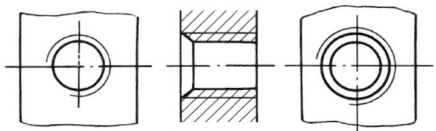

图 10-10　圆锥螺纹的画法

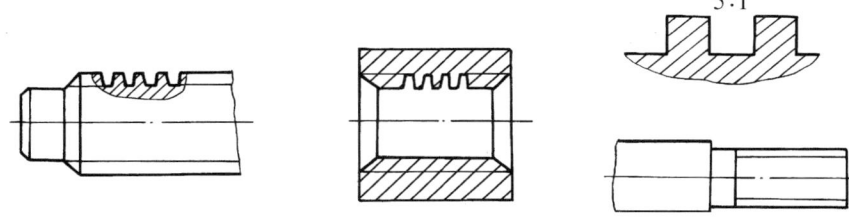

图 10-11　螺纹牙型的表示法

8. 内、外螺纹联接画法

旋合部分按外螺纹的画法绘制，其余部分仍按各自的画法表示。表示大、小径的粗实线和细实线应分别对齐，在剖视图或断面图中，剖面线必须画到粗实线，如图 10-12 所示。

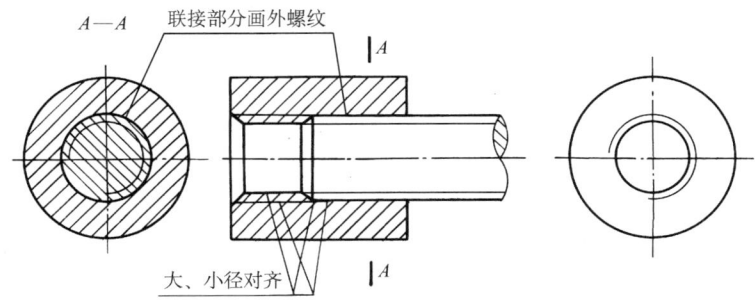

图 10-12　螺纹联接画法

三、螺纹的标注

常用螺纹的种类及标注见表 10-1。

1. 普通螺纹

完整的普通螺旋标记由三部分组成：

螺纹代号 - 公差带代号 - 旋合长度代号

(1) 螺纹代号　表明螺纹的五个要素，它由螺纹特征代号、公称直径、螺距（导程/线数）和旋向组成，其中螺纹特征代号用"M"表示，公称直径指螺纹大径的基本尺寸。单线粗牙普通螺纹不标注螺距（其螺距从附表 D-1 中查取），单线细牙普通螺纹要标注螺距；多线螺纹不标注螺距，但必须注明：导程/线数。右旋螺纹不必注写旋向，左旋螺纹用"LH"表示。例如：M20 表示公称直径为 20mm，螺距为 2.5mm，单线，右旋粗牙普通螺纹。M20×1.5-LH 表示公称直径为 20mm，螺距为 1.5mm，单线，左旋细牙普通螺纹。

(2) 公差带代号㊀　由表示其公差等级的数字和表示其位置的基本偏差字母组成，大写表示内螺纹，小写表示外螺纹。螺纹公差带代号包括中径和顶径，两者不同时应分别标注；若两者相同，则只需标注一个。例如：M16-6g，其公差代号表示中径公差带和顶径公差带均为 6g 的外螺纹。M16-6H，其公差带代号表示中径和顶径公差带均为 6H 的内螺纹。内、外螺纹旋合时，其标注用分式表示，如 M20-7H/6e。

(3) 旋合长度代号　用 S、N 和 L 分别表示螺纹旋合长度短、中、长三种情况，N 不必注出，其余则需注明。例如 M10-5g6g-S 和 M10-7H-L。当特殊需要时，也可注明旋合长度的数值，如：M20×2LH-5g6g-40。

标注螺纹尺寸，尺寸界线应从螺纹大径引出，如图 10-13a 所示。

2. 管螺纹

55°非密封管螺纹的标记为：|螺纹特征代号|　|尺寸代号|　|公差等级代号|-|旋向|

55°密封管螺纹的标记为：|螺纹特征代号|　|尺寸代号|-|旋向|

(1) 螺纹特征代号　55°非密封管螺纹的螺纹特征代号为 G。55°密封管螺纹的螺纹特征代号分为三种：圆锥外管螺纹为 R_1 或 R_2，圆锥内管螺纹为 Rc，圆柱内管螺纹为 Rp。

(2) 尺寸代号　是指管子的孔径尺寸（单位为 in），而不是螺纹大径尺寸。

(3) 公差等级代号　外螺纹分 A、B 两级，内管螺纹不标注。

(4) 旋向　左旋螺纹标注"LH"，右旋螺纹省略标注。例如：Rp3/4-LH，表示尺寸代号为 3/4、密封的单线左旋圆柱内管螺纹。

当内、外螺纹装配在一起时，55°非密封管螺纹仅需标注外螺纹的标记代号，如 G1B；55°密封管螺纹用"Rp/R_1"或"Rc/R_2"表示，如 Rp/$R_1$3 和 Rc/$R_2$3。

管螺纹的标记都是用指引线的方法标注在图形中，指引线都指到螺纹的大径处，如图 10-13b 所示。

3. 梯形螺纹

梯形螺纹的标记形式与普通螺纹相同，但其各项代号的内容略有差异。

(1) 螺纹代号　单线梯形螺纹代号为"螺纹特征代号　公称直径×螺距、旋向"；多线梯形螺纹代号为"螺纹特征代号公称直径×导程（P 螺距）、旋向"。其

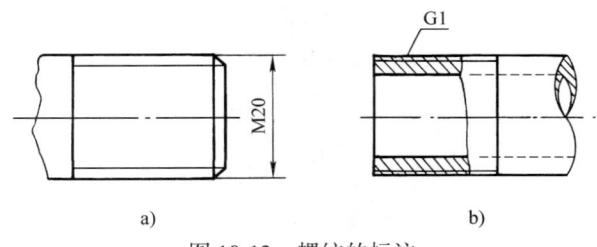

图 10-13　螺纹的标注
a) 普通螺纹的标注　b) 管螺纹的标注

㊀ 有关公差带的概念可参阅第十一章第四节中的极限与配合的概念及其注法，螺纹公差带的有关内容可查阅 GB/T 197—2003。

中螺纹特征代号用"Tr",公称直径指螺纹大径的基本尺寸,左旋螺纹旋向注"LH",右旋螺纹无需注出。

(2)公差带代号　梯形螺纹只注中径公差带代号,其标注方法与普通螺纹相同。

(3)旋合长度代号　梯形螺纹的旋合长度代号分为 N(中)、L(长)两组,中等旋合长度(N)不需注出。

例如:Tr40×14(P7)LH-8e-L 表示公称直径为 40mm,导程为 14mm,螺距为 7mm 的双线左旋梯形外螺纹,中径公差带代号为 8e,长旋合长度。

四、螺纹紧固件

1. 常用的螺纹紧固件种类及用途

常用的螺纹紧固件包括:螺栓、双头螺柱、螺钉、螺母、垫圈等,如图 10-14 所示。

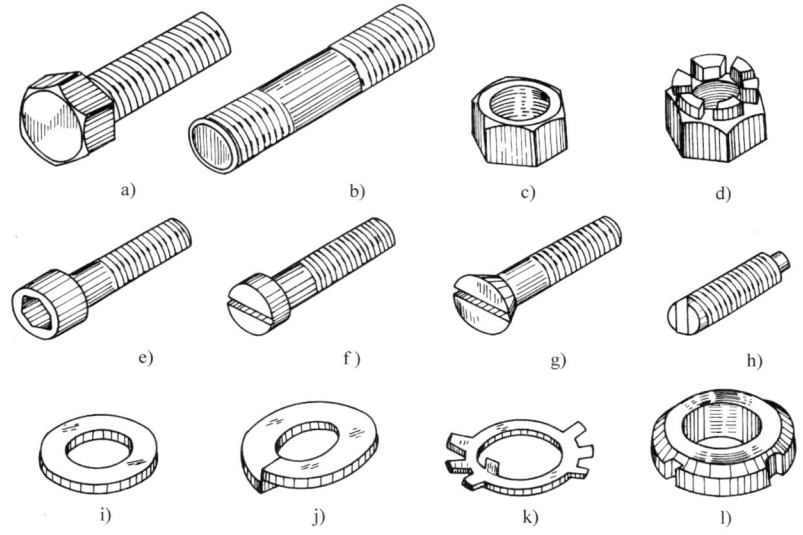

图 10-14　常用的螺纹紧固件
a) 六角头螺栓　b) 双头螺柱　c) 六角螺母　d) 六角开槽螺母　e) 内六角圆柱头螺钉　f) 开槽圆柱头螺钉　g) 开槽沉头螺钉　h) 紧定螺钉　i) 平垫圈　j) 弹簧垫圈　k) 圆螺母用止动垫圈　l) 圆螺母

螺纹紧固件的联接形式通常有螺栓联接、螺柱联接和螺钉联接,如图 10-15 所示。

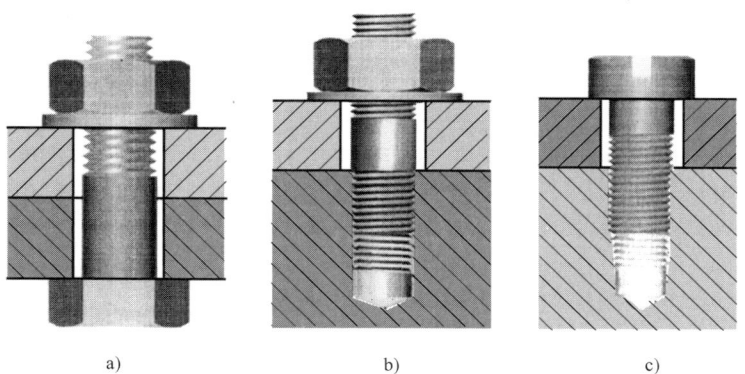

图 10-15　螺纹紧固件的联接形式
a) 螺栓联接　b) 螺柱联接　c) 螺钉联接

(1) 螺栓联接 螺栓适用于联接两个较薄的零件。联接时将螺栓穿过两零件的光孔，加上垫圈，最后用螺母拧紧。垫圈的作用是增加螺母与被联接件之间的接触面积（以便受力均匀）和防止损伤被联接表面。

(2) 螺柱联接 螺柱用在结构上不能用螺栓联接的场合，例如被联接零件之一较厚或不允许钻成通孔等情况。联接时，将双头螺柱一端（旋入端）旋入被联接的螺孔内，另一端（紧固端）穿过另一被联接的通孔，加上垫圈并拧紧螺母。

(3) 螺钉联接 螺钉联接常用于被联接零件受力不大，又需要经常拆装的场合。联接时将螺钉穿过一被联接件的通孔，与另一被联接件的螺孔旋合。

2. 常用螺纹紧固件的规定标记和比例画法

常用螺纹紧固件的主要尺寸及规定标记见表 10-2；螺纹紧固件的详细尺寸可查阅附录 E 中相应标准；螺纹紧固件的比例画法如图 10-16 所示。

3. 螺纹紧固件的联接画法

表 10-2 常用螺纹紧固件及其规定标记

名称	标记	图例	说明
六角头螺栓	螺栓 GB/T 5782 M8×35	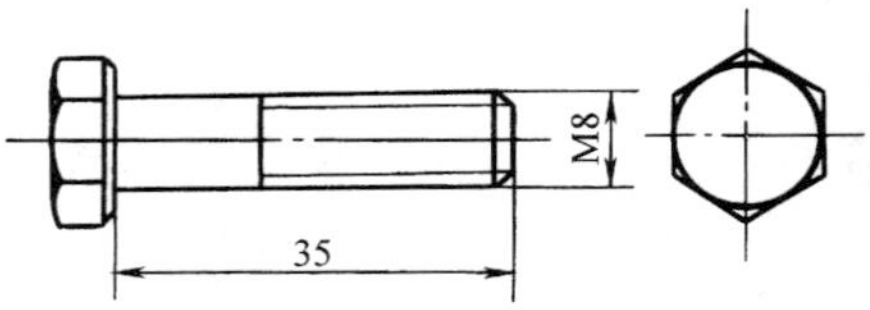	A 级六角头螺栓，螺纹规格 d = M8，公称长度 l = 35mm
双头螺柱	螺柱 GB/T 898 M10×35	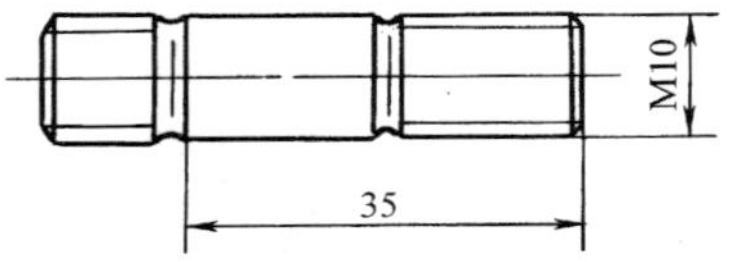	A 型 b_m = 1.25d 的双头螺柱，螺纹规格 d = M10，公称长度 l = 35mm，旋入机件一端长 b_n = 12.5mm
开槽圆柱头螺钉	螺钉 GB/T 65 M10×50	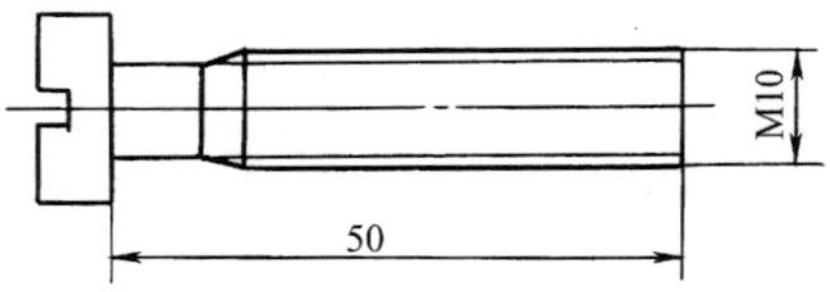	螺纹规格 d = M10，公称长度 l = 50mm 的开槽圆柱头螺钉
开槽沉头螺钉	螺钉 GB/T 68 M10×60	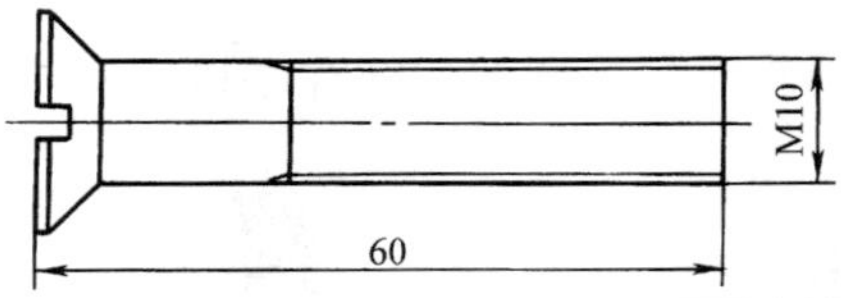	螺纹规格 d = M10，公称长度 l = 60mm 的开槽沉头螺钉
开槽长圆柱端紧定螺钉	螺钉 GB/T 75 M10×30	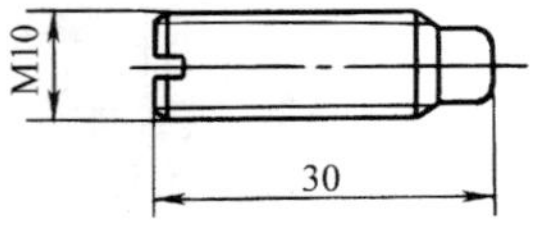	螺纹规格 d = M10，公称长度 l = 30mm 的开槽长圆柱端紧定螺钉
六角螺母	螺母 GB/T 6170 M10	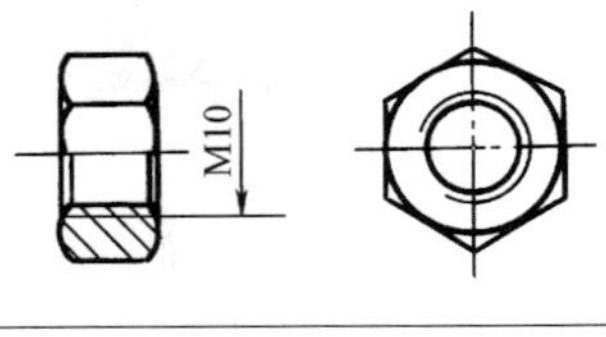	A 级 1 型六角螺母，螺纹规格 d = M10

(续)

名称	标记	图例	说明
平垫圈	垫圈 GB/T 97.1 10	$\phi 10.5$	A级平垫圈，公称尺寸 $d=$ M10（螺纹规格），性能等级为 140HV（硬度）级
标准型弹簧垫圈	垫圈 GB/T 93 12	$\phi 12.2$	标准型弹簧垫圈，公称尺寸 $d=$ M12（螺纹规格）

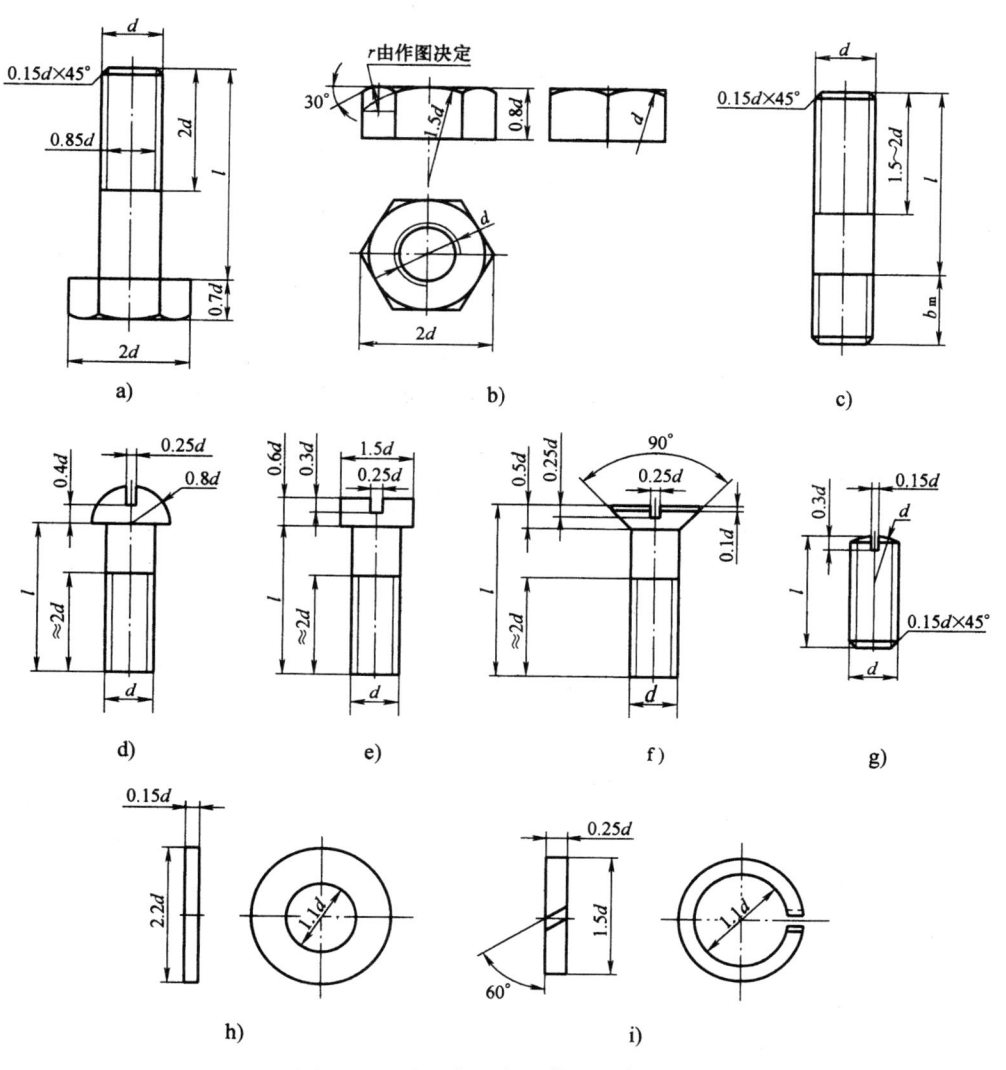

图 10-16 常见螺纹紧固件的比例画法
a) 六角头螺栓 b) 六角螺母 c) 双头螺柱 d) 半圆头螺钉 e) 圆柱头螺钉
f) 沉头螺钉 g) 平端紧定螺钉 h) 垫圈 i) 弹簧垫圈

(1) 规定画法

1) 两零件的接触面画一条粗实线。

2) 当剖切平面沿实心零件或标准件（螺栓、螺柱、螺钉、垫圈、螺母、挡圈）的轴线（或对称线）剖切时，这些零件均按不剖绘制，即只画外形。

3) 在剖视图中，相邻两零件的剖面线方向应相反或间隔不等，而同一个零件在各剖视图中的剖面线方向、间隔应一致，如图10-17所示。

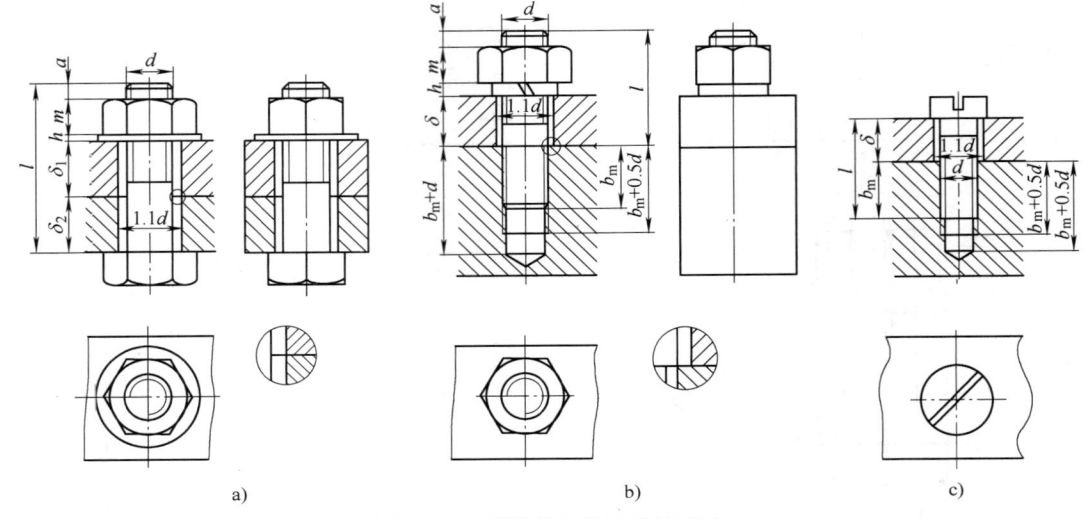

图 10-17 螺纹紧固件联接的画法
a) 螺栓联接 b) 螺柱联接 c) 螺钉联接

(2) 螺纹紧固件公称长度的确定 绘制螺纹紧固件的联接图（或称装配图）时，首先应知道螺纹紧固件的型式、公称直径，然后从有关标准中查出它们的尺寸。其中螺栓、螺柱、螺钉的公称长度先按下列算式计算参考长度 l'，将 l' 与国标中的标准长度 l 对照，如果不符合，则应选取与之相近的 l 值。图10-17中螺栓、螺柱和螺钉的公称长度的计算及选用如下：

1) 螺栓的公称长度计算公式

$$l' = \delta_1 + \delta_2 + m + h + a, \quad a \approx 0.3d$$

设 $d = 20\text{mm}$，$\delta_1 = 31\text{mm}$，$\delta_2 = 31\text{mm}$，螺母 GB/T 6170—2000 M20，垫圈 GB/T 97.1 20。由附录 E 中查取螺母 $m = 18\text{mm}$，垫圈 $h = 3\text{mm}$，则

$$l' = \delta_1 + \delta_2 + m + h + a = 31\text{mm} + 31\text{mm} + 18\text{mm} + 3\text{mm} + 0.3d = 89\text{mm}$$

查附录 E 中的螺栓标准，从公称长度系列中，取 $l = 90\text{mm}$。

2) 双头螺柱的公称长度计算公式

$$l' = \delta + m + h + a$$

双头螺柱的公称长度是指双头螺柱的无螺纹部分长度与螺柱紧固端长度之和，而不是双头螺柱的总长。

3) 螺钉的公称长度计算公式

$$l' = \delta + b_m$$

(3) 螺栓联接的画法（见图10-17a） 已知螺栓螺纹规格 d 和其公称长度 l，就能根据比例画出螺栓的联接图，画图步骤如下：

1) 定出基准线，如图 10-18a 所示。
2) 画出螺栓的两个视图（螺栓为标准件按不剖绘制），如图 10-18b 所示。
3) 画出被联接两板（要剖，孔径为 1.1d），如图 10-18c 所示。
4) 画出垫圈（不剖）的三视图，如图 10-18d 所示。
5) 画出螺母（不剖）的三视图，在俯视图中，应画螺栓，如图 10-18e 所示。

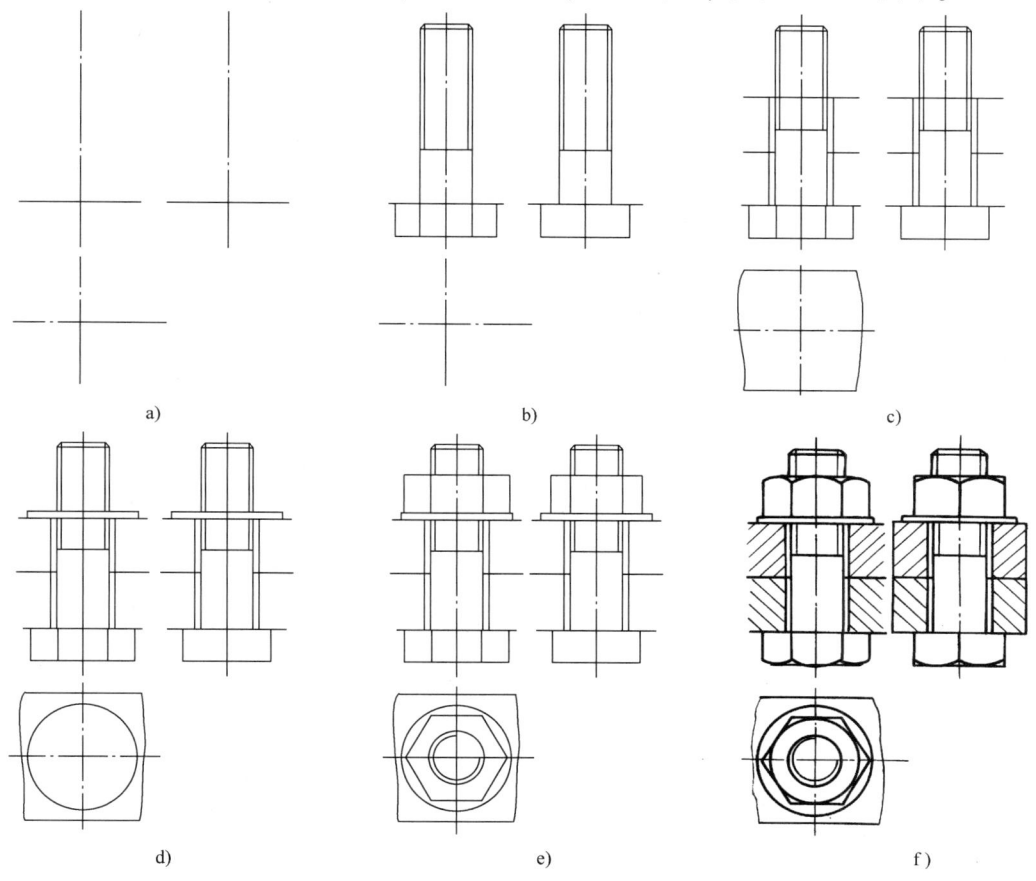

图 10-18　螺栓联接的画图步骤

6) 画出剖面区域剖面线（注意剖面线的方向和间距），补全螺母上相贯线的投影，全面检查，加深，如图 10-18f 所示。

(4) 螺柱联接的画法（见图 10-17b）　双头螺柱旋入端的长度 b_m 与机件材料有关，钢或青铜等硬材料取 $b_m = d$，铸铁取 $b_m = 1.25d$，铝等轻金属取 $b_m = 2d$。双头螺柱旋入端的螺纹应画成全部旋入螺孔内。一般螺孔的螺纹深度应大于旋入端螺纹长度 b_m，画成 $b_m + 0.5d$；钻孔深度大于螺纹深度，画成 $b_m + d$。

双头螺柱拧入端的画法为螺纹联接画法，螺纹终止线应与两零件的接触面平齐；紧固端的画法与螺栓联接画法类似。

(5) 螺钉联接的画法（见图 10-17c）　螺钉联接时，螺钉穿过了被联接件的光孔，旋入了另一联接件的螺孔，"穿过"与"旋入"的画法，分别类似于"螺栓穿孔"和"螺柱旋入"。但要特别强调的是：为表示螺钉旋紧，必须将螺钉的螺纹终止线画在螺孔外。

画一字槽的螺钉联接时，在投影为非圆的视图中，其槽口面对观察者，在投影为圆的视图中，一字槽按 45°方向画出，如图 10-19 所示。当一字槽槽宽≤2mm 时，可涂黑表示。锥端紧定螺钉联接时，其画法如图 10-20 所示。

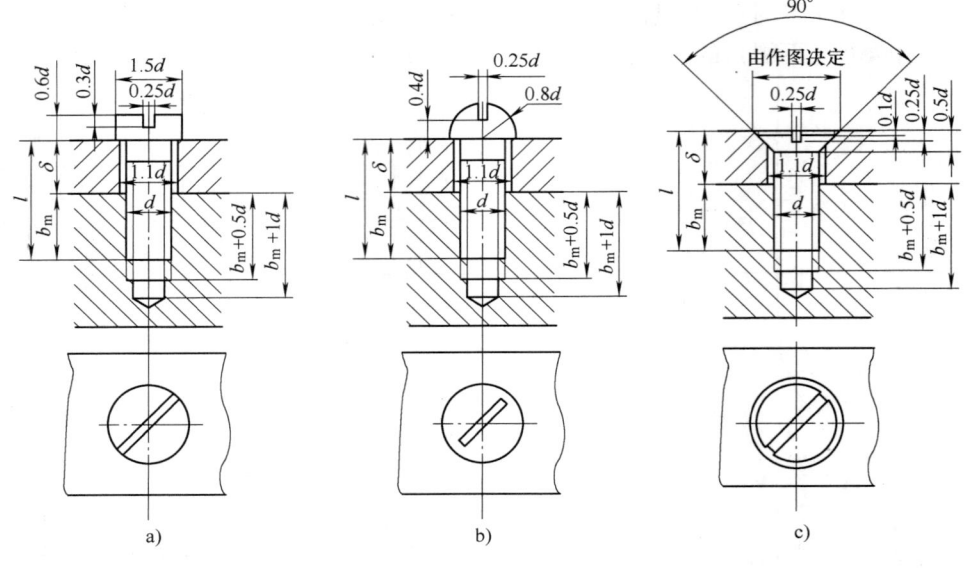

图 10-19　螺钉联接画法

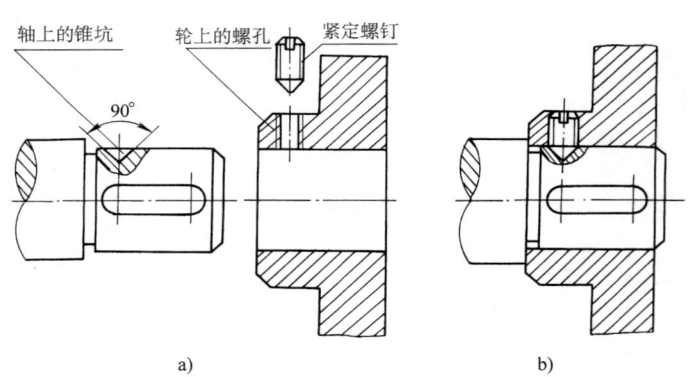

图 10-20　锥端紧定螺钉联接画法
a）联接前　b）联接后

（6）画螺纹紧固件联接时的注意事项　图 10-21 以正误对比，画出了双头螺柱联接，请注意以下几点：

① 钻尖角应为 120°。

② 被联接件的孔径为 $1.1d$，此处应分别画两条粗实线。

③ 内、外螺纹的大、小径分别对齐，小径与倒角无关。

④ 应有螺纹小径（细实线）。

⑤ 左、俯视图宽应相等。

⑥ 应有交线（粗实线）。

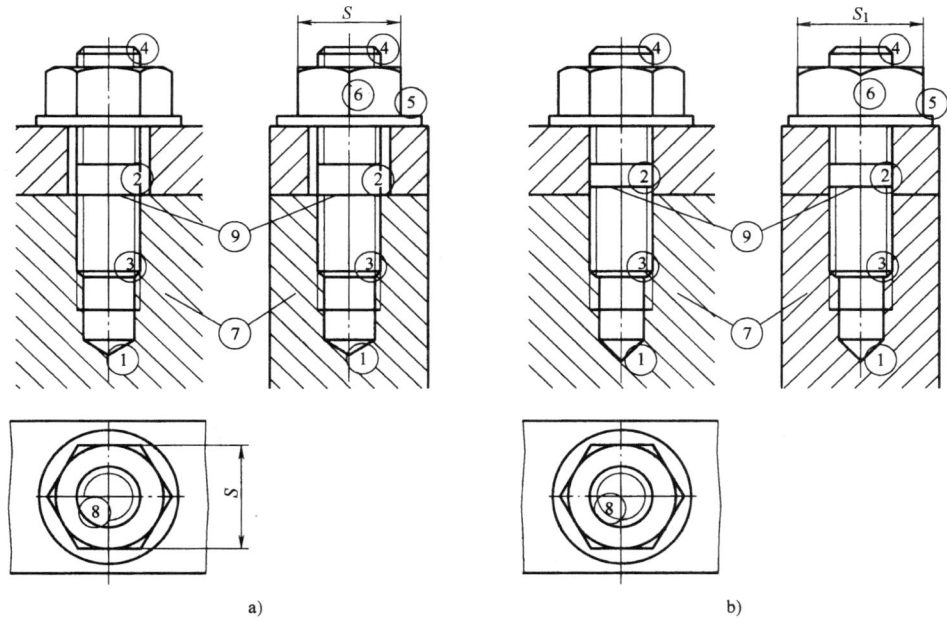

图 10-21 双头螺柱联接画法的正误对比
a) 正确 b) 错误

⑦ 同一零件在不同视图中剖面线方向、间隔都应相同。

⑧ 应有 3/4 圈细实线圆，倒角圆不画。

⑨ 螺柱旋入端螺纹要全部旋入螺孔内，因此要将旋入端螺纹终止线画成与被联接的两零件的接触面平齐。

工程实践中为作图简便，螺纹紧固件联接一般都采用简化画法，如图 10-22 所示。

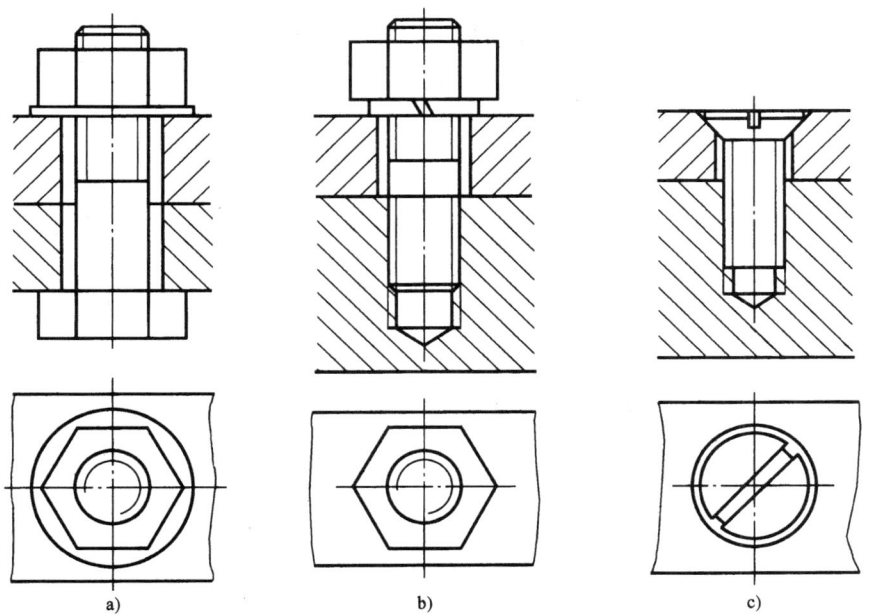

图 10-22 螺栓、螺柱、螺钉联接的简化画法

第二节 键联接和销联接

一、键联接

为使轮（带轮、齿轮）与轴联接在一起转动，常在轴和孔的配合面处（孔所在的部位称为轮毂）分别开一键槽，将键嵌入，键起传递转矩的作用，这种联接称为键联接，如图 10-23 所示。键和键槽的结构形式与尺寸都已标准化，可以根据轴的直径从附录 E 有关标准中查阅选用。图 10-24 所示为轴和轮毂上普通平键键槽的图示和尺寸标注。

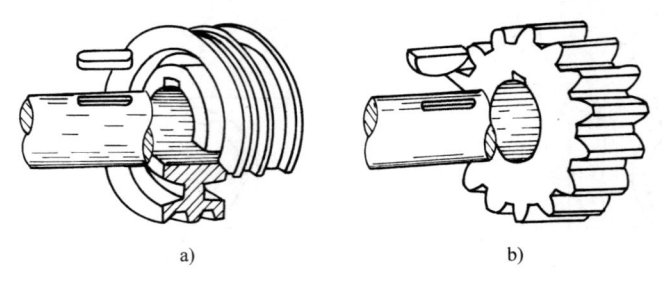

图 10-23 键联接

a) 普通平键联接 b) 半圆键联接

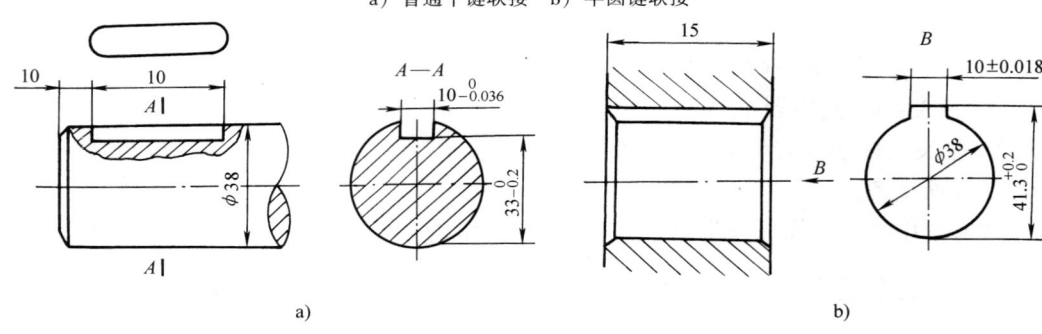

图 10-24 普通平键键槽的图示和尺寸标注

a) 轴上键槽画法及尺寸标注 b) 轮毂上键槽画法及尺寸标柱

常用的键有普通平键、半圆键和钩头楔键，如图 10-25 所示。

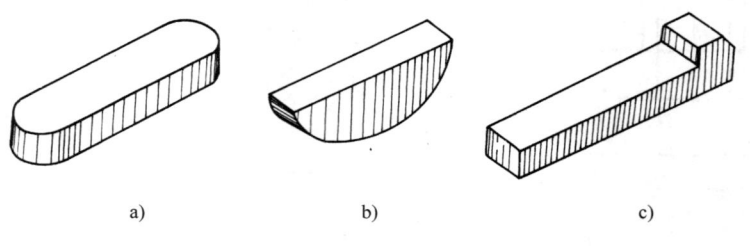

图 10-25 键

a) 普通平键 b) 半圆键 c) 钩头楔键

1. 普通平键联接

普通平键有 A 型（圆头）、B 型（方头）和 C 型（单圆头）三种。

键的标记由标准编号、名称、型式与尺寸三部分组成。

例如，A 型（圆头）普通平键，宽 $b=12\text{mm}$、高 $h=8\text{mm}$、长 $L=50\text{mm}$，其标记为：

GB/T 1096　键 $12\times8\times50$

C 型（单圆头）普通平键，宽 $b=18\text{mm}$、高 $h=11\text{mm}$、长 $L=100\text{mm}$，其标记为：

GB/T 1096　键 $\text{C}18\times11\times100$

普通平键的联接如图 10-26 所示。键的顶面与轮毂中的键槽底面应有间隙，要画两条线；键的两侧面是工作面，它与轴上的键槽、轮毂上的键槽均接触，应画一条线；键的底面与轴上键槽的底面接触，应画一条线。

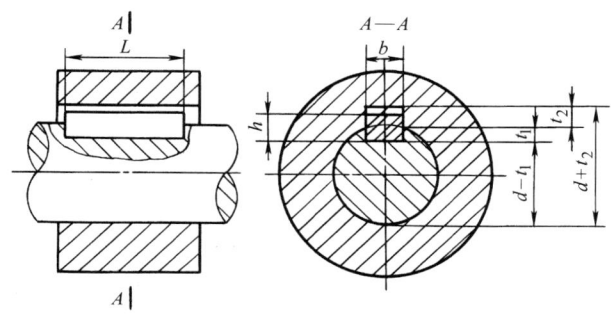

图 10-26　普通平键联接

2. 半圆键联接

半圆键的宽 $b=6\text{mm}$、高 $h=10\text{mm}$、直径 $D=25\text{mm}$，其标记为：

GB/T 1099.1　键 $6\times10\times25$

半圆键常用在载荷不大的传动轴上，画法与普通平键相类似，如图 10-27 所示。

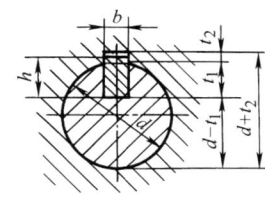

图 10-27　半圆键联接

3. 钩头楔键联接

钩头楔键的宽 $b=18\text{mm}$、高 $h=11\text{mm}$、长 $L=100\text{mm}$，其标记为：

GB/T 1565　键 $18\times11\times100$

钩头楔键的顶面有斜度，它和键槽的底面是工作面，没有间隙，画一条线；而两侧面为非工作面，但有配合要求，也应画一条线。钩头楔键的联接如图 10-28 所示。

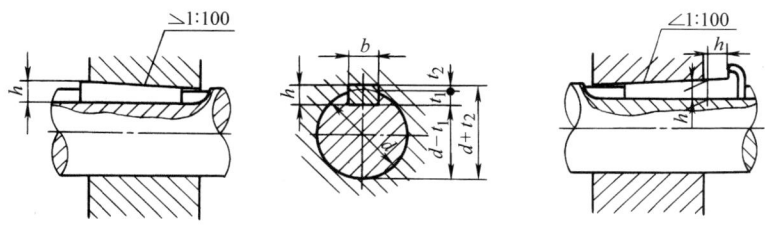

图 10-28　钩头楔键联接

二、销联接

销主要用于联接和定位。常用的销有圆柱销、圆锥销和开口销等，如图 10-29 所示。

销的型式与尺寸已标准化，具体尺寸可查阅附录 E。圆柱销和圆锥销的规格尺寸为直径 d 和长度 l。

例如，公称直径 $d = 10$mm，公差为 m6，长度 $l = 60$mm，材料为 35 钢，不经表面处理的圆柱销，其标记为：

销　GB/T 119.1　10 m6 × 60

公称直径 $d = 10$mm，长度 $l = 60$mm，材料为 35 钢，热处理硬度 28～38HRC，经表面氧化处理的 A 型圆锥销，其标记为：

销　GB/T 117　10 × 60

公称直径 $d = 5$mm，公称长度 $l = 50$mm，材料为低碳钢，不经表面处理的开口销，其标记为：

销　GB/T 91　5 × 50

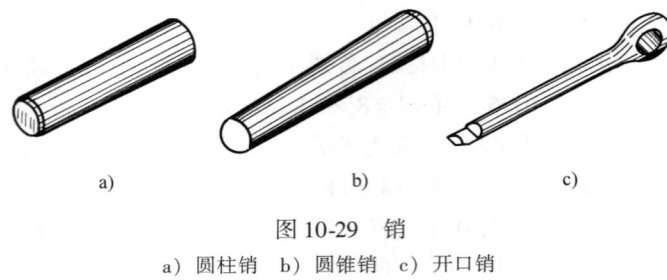

图 10-29　销
a) 圆柱销　b) 圆锥销　c) 开口销

圆柱销、圆锥销可起定位和联接作用，如图 10-30a、b 所示。开口销常与带孔螺栓和六角开槽螺母配对使用，把销插入螺栓的孔与螺母的槽中，以防螺母松脱，如图 10-30c 所示。

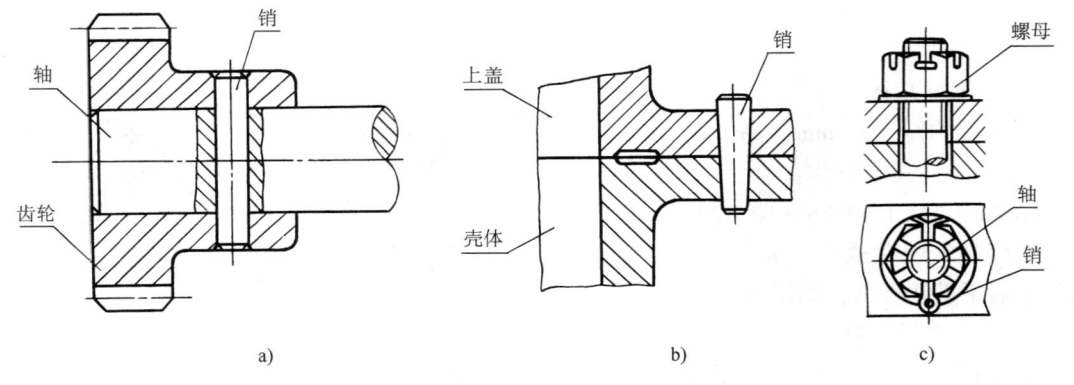

图 10-30　销联接
a) 圆柱销联接　b) 圆锥销联接　c) 开口销联接

第三节　齿　轮

齿轮是广泛应用于机器或部件的传动零件，它主要用于传递动力或改变运动方向和速度。齿轮种类很多，按其传动情况可分为三类：

（1）圆柱齿轮　用于两平行轴的传动，如图 10-31a 所示。

（2）锥齿轮　用于两相交轴的传动，如图 10-31b 所示。

（3）蜗杆与蜗轮　用于两垂直交叉轴的传动，如图 10-31c 所示。

根据齿轮轮齿的齿廓形状，可分为渐开线齿轮、摆线齿轮和圆弧齿轮，其中渐开线齿轮应用最广。齿轮轮齿的方向有直齿、斜齿、人字齿等，其中直齿应用最广。齿轮有标准和非标准齿轮之分，具有标准齿形的齿轮称为标准齿轮。本节介绍标准齿轮的基本知识和规定画法。

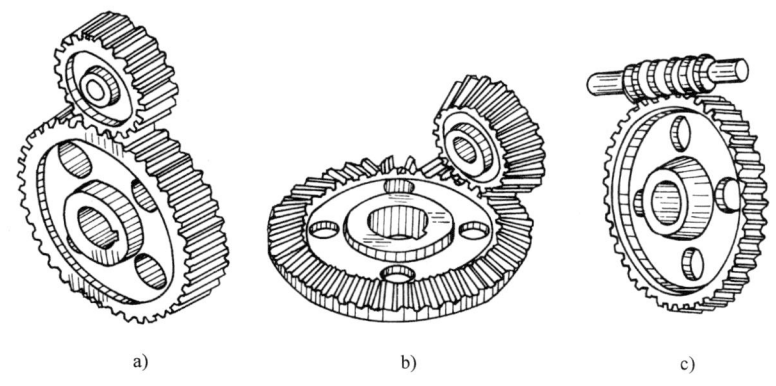

图 10-31 齿轮传动分类
a) 圆柱齿轮 b) 锥齿轮 c) 蜗杆与蜗轮

一、直齿圆柱齿轮

1. 直齿圆柱齿轮各部分的名称及代号（见图 10-32）

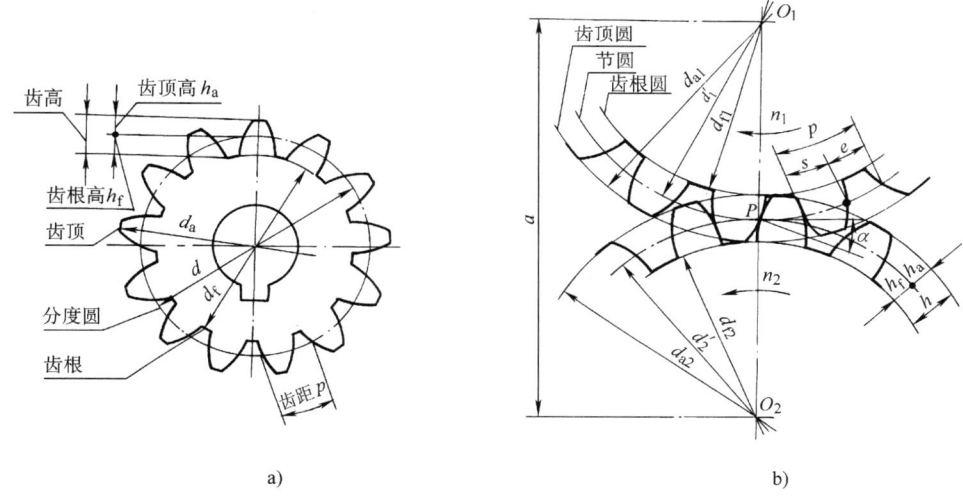

图 10-32 齿轮各部分名称及其代号
a) 投影图 b) 啮合图

（1）齿顶圆　通过齿轮齿顶的圆，其直径用 d_a 表示。

（2）齿根圆　通过齿轮齿根的圆，其直径用 d_f 表示。

（3）分度圆　设计、计算和制造齿轮的基准圆，其直径用 d 表示。

（4）节圆直径　两齿轮啮合时，位于连心线 O_1O_2 上的两齿廓接触点 P，称为节点。分别以 O_1、O_2 为圆心，O_1P、O_2P 为半径所作的两个相切的圆称为节圆，其直径用 d' 表示。标准齿轮节圆与分度圆重合，即 $d' = d$。

（5）齿距、齿厚、槽宽　在分度圆上，两个相邻的同侧齿面间的弧长称为齿距，用 p 表示；一个轮齿齿廓的弧长称为齿厚，用 s 表示；两齿相邻两侧面间的弧长，称为槽宽，用 e 表示。分度圆上齿厚、槽宽与齿距的关系为：$s = e = p/2$。

(6) 齿高、齿顶高、齿根高　齿顶圆与齿根圆间的径向距离，称为齿高，用 h 表示；齿顶圆与分度圆间的径向距离，称为齿顶高，用 h_a 表示；分度圆与齿根圆间的径向距离，称为齿根高，用 h_f 表示。

(7) 压力角　两啮合轮齿齿廓在节点 P 处的公法线（齿廓的受力方向）与两节圆的公切线（该点处的瞬时运动方向）之间的夹角称为压力角，用 α 表示。国家标准规定标准齿轮的压力角为 20°。

(8) 齿数　齿数是根据传动比计算确定的，用 z 表示。

(9) 模数　模数是计算齿轮的主要参数，用 m 表示。令 $m = p/\pi$，又分度圆周长为 $\pi d = zp$，则 $d = zp/\pi = mz$。相互啮合的齿轮齿距一定相等。所以模数也一定相等，国家标准对齿轮的模数作了统一规定，标准模数见表 10-3。

表 10-3　标准模数（GB/T 1357—2008）　　　　　　　　　　（单位：mm）

第一系列	1, 1.25, 1.5, 2, 2.5, 3, 4, 5, 6, 8, 10, 12, 16, 20, 25, 32, 40, 50
第二系列	1.125, 1.375, 1.75, 2.25, 2.75, 3.5, 4.5, 5.5, (6.5), 7, 9, 11, 14, 18, 22, 28, 35, 45

注：应优先选用第一系列，其次选用第二系列，括号内的模数尽可能不用。

(10) 中心距　两啮合齿轮轴线之间的距离称为中心距，用 a 表示。

(11) 传动比　主动齿轮转速 n_1（r/min）与从动齿轮转速 n_2（r/min）之比称为传动比，用 i 表示。

2. 直齿圆柱齿轮各部分尺寸的计算公式

齿轮的齿数 z、模数 m、压力角 α 确定之后，标准齿轮各部分尺寸的计算公式见表 10-4。

表 10-4　标准直齿轮各基本尺寸的计算公式

基本参数：模数 m　齿数 z

名　称	符　号	计算公式
齿距	p	$p = \pi m$
齿顶高	h_a	$h_a = m$
齿根高	h_f	$h_f = 1.25m$
齿高	h	$h = 2.25m$
分度圆直径	d	$d = mz$
齿顶圆直径	d_a	$d_a = d + 2h_a = mz + 2m = m(z+2)$
齿根圆直径	d_f	$d_f = d - 2h_f = mz - 2.5m = m(z-2.5)$
中心距	a	$a = (d_1 + d_2)/2 = m(z_1 + z_2)/2$
传动比	i	$i = n_1/n_2$

3. 直齿圆柱齿轮的画法

(1) 单个直齿圆柱齿轮的画法（见图 10-33）　根据国家标准规定：齿顶圆和齿顶线用粗实线绘制，分度圆和分度线用细点画线绘制，齿根圆和齿根线用细实线绘制或省略不画。在剖视图中，齿根线用粗实线绘制。当剖切面通过轮齿时，轮齿一律按不剖绘制。除轮齿部分外，齿轮的其他部分均按真实投影画出。若齿轮为斜齿或人字齿，则齿轮的非圆视图可画成半剖视图或局部剖视图，并用三条细实线表示轮齿的方向。

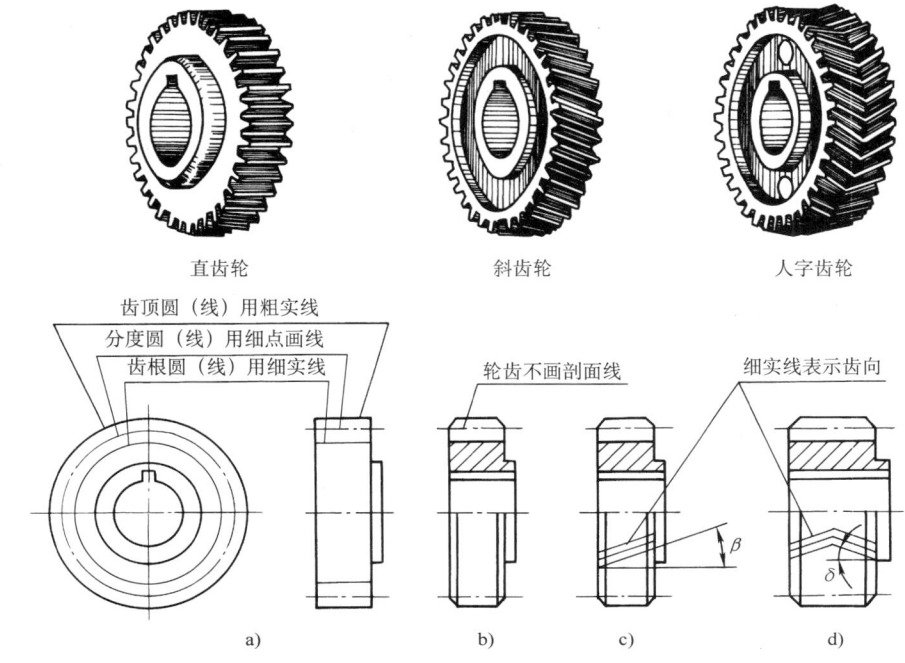

图 10-33 圆柱齿轮的画法
a) 直齿（外形视图） b) 直齿（半剖） c) 斜齿（半剖） d) 人字齿（半剖）

（2）直齿圆柱齿轮啮合的画法（见图 10-34） 两个相互啮合的圆柱齿轮，在投影为圆的视图中，两个节圆相切，啮合区内的齿顶圆均用粗实线绘制，也可省略不画；齿根圆可用细实线绘制，也可以省略不画。

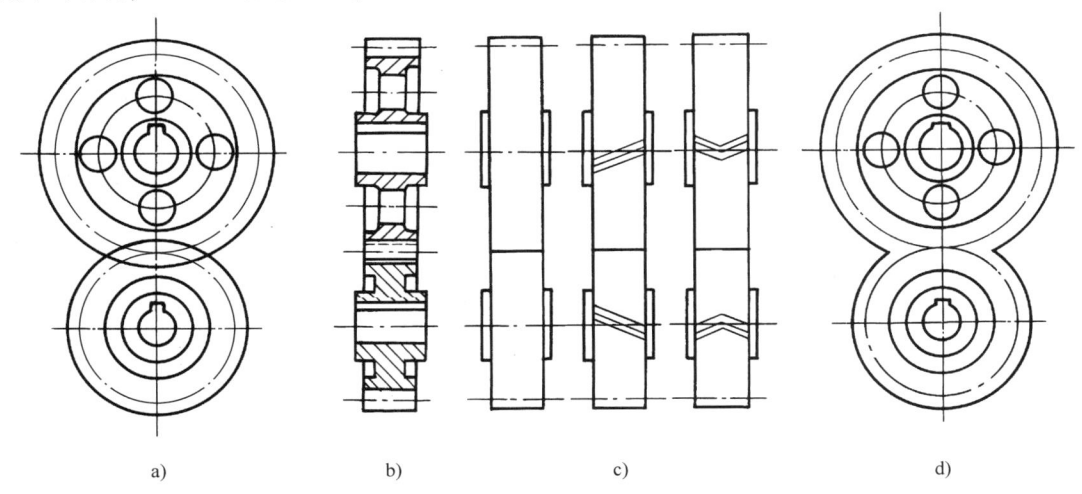

图 10-34 圆柱齿轮啮合的画法
a) 省略齿根圆 b) 剖视画法 c) 外形视图 d) 省略啮合区内的齿顶圆

在投影为非圆的视图中，两节线重合，如画成视图，则啮合区内的齿顶线不画，节线用粗实线绘制。若画成剖视图，则一个齿轮的齿顶线与另一个齿轮的齿根线之间有 $0.25m$ 的径向间隙，且一齿轮的齿顶线用细虚线绘制或省略不画，如图10-35所示。

（3）齿轮、齿条啮合的画法 齿条可看作直径无限大的齿轮，这时齿顶圆、齿根圆、分度圆都是直线。它的模数与其啮合的齿轮模数相同。齿轮、齿条啮合的画法与圆柱齿轮的啮合画法相同，如图10-36所示。

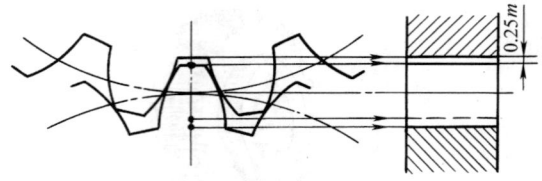

图10-35 齿轮啮合区的画法

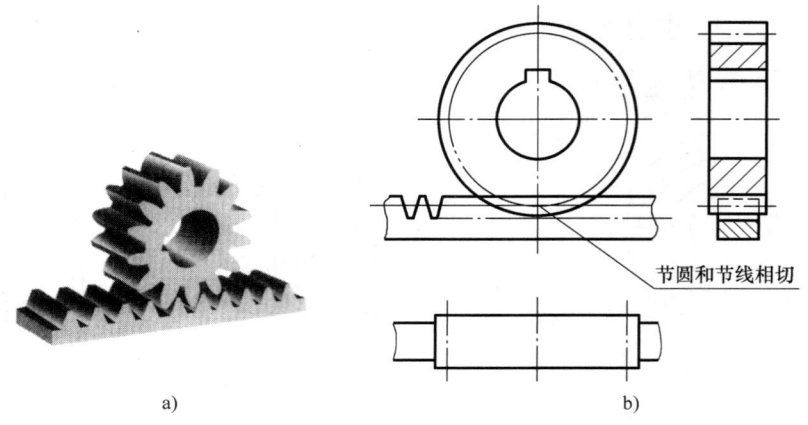

图10-36 齿轮齿条啮合的画法

4. 直齿圆柱齿轮零件图

图10-37所示为直齿圆柱齿轮零件图。图中除了按规定画法画出齿轮的图形，还必须标

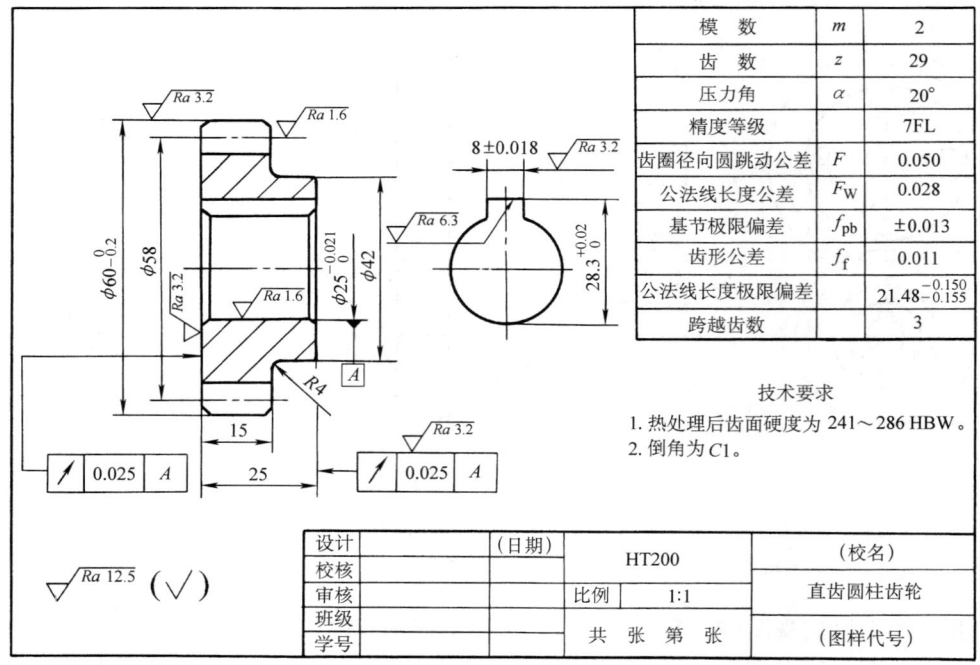

图10-37 直齿圆柱齿轮零件图

注齿轮的齿顶圆直径和分度圆直径等尺寸。齿根圆直径是加工时由刀具决定的，故一般可不标注。对模数 m、齿数 z 及其他必要的数据需列表说明。

二、斜齿圆柱齿轮

1. 斜齿圆柱齿轮的各部分尺寸

斜齿轮的齿向与轴线之间有一倾斜角 β（螺旋角），所以它在端面上的齿形和垂直轮齿方向的法向齿形是不同的。图 10-38 所示是斜齿圆柱齿轮分度圆柱面的展开图，β 为分度圆上的螺旋角，因此就产生了端面齿距 p_t 和法向齿距 p_n，以及端面模数 m_t 和法向模数 m_n。法向齿距与端面齿距的关系是 $p_n = p_t \cos\beta$；法向模数与端面模数的关系是 $m_n = m_t \cos\beta$。

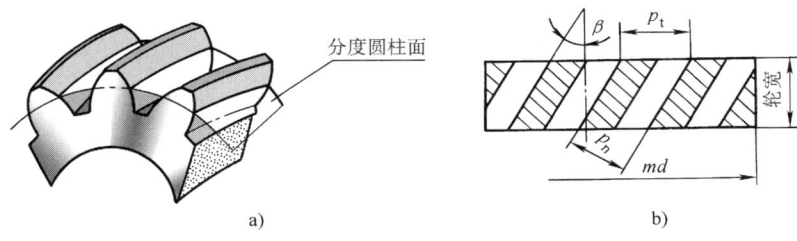

图 10-38　斜齿轮
a）立体图　b）平面图

法向模数是斜齿圆柱齿轮的主要参数。在设计、制造时仍应从表 10-3 中选取标准法向模数。标准的法向压力角为 α_n，$\alpha_n = 20°$。

斜齿圆柱齿轮各部分尺寸的计算方法与直齿圆柱齿轮基本相同，具体的尺寸计算公式见表 10-5。

表 10-5　斜齿圆柱齿轮各部分计算公式

基本参数：法向模数 m_n、齿数 z、螺旋角 β

名　称	符　号	计算公式
法向模数	m_n	从表 10-3 中选取标准模数
端面模数	m_t	$m_t = m_n / \cos\beta$
齿顶高	h_a	$h_a = m_n$
齿根高	h_f	$h_f = 1.25 m_n$
齿高	h	$h = 2.25 m_n$
分度圆直径	d	$d = m_t z = m_n z / \cos\beta$
齿顶圆直径	d_a	$d_a = d + 2h_a = m_n z / \cos\beta + 2m_n$
齿根圆直径	d_f	$d_f = d - 2h_f = m_n z / \cos\beta - 2.5 m_n$
中心距	a	$a = (d_1 + d_2)/2 = \dfrac{m_n (z_1 + z_2)}{2\cos\beta}$

2. 斜齿圆柱齿轮的画法

单个斜齿圆柱齿轮的画法与直齿圆柱齿轮基本相同，如图 10-33c 所示，可将投影为非圆的视图画成半剖视或局部剖视图，在未剖的视图中用三条互相平行的细实线表示斜齿圆柱齿轮的齿向。

人字齿轮相当于两个齿向相反的斜齿圆柱齿轮组合在一起，如图 10-33d 所示。

3. 斜齿圆柱齿轮的啮合画法

斜齿圆柱齿轮啮合画法与直齿圆柱齿轮基本相同，只是在它的外形图中要表示出螺旋角 β。一对啮合的斜齿圆柱齿轮，螺旋角相等，方向相反。斜齿圆柱齿轮的啮合画法如图 10-34c 所示。

人字齿轮的啮合画法如图 10-34c 所示。

三、锥齿轮

1. 锥齿轮的各部分尺寸

锥齿轮用于两相交轴之间的传动，通常情况下，两轴相交成 90°。由于锥齿轮的轮齿是在圆锥表面上制出的，所以轮齿一端大，一端小。大、小端的模数和分度圆直径也不相等。为了设计和制造方便，规定以大端的模数和分度圆直径作为决定其他有关尺寸的依据。锥齿轮各部分名称和符号如图 10-39 所示，计算公式见表 10-6。

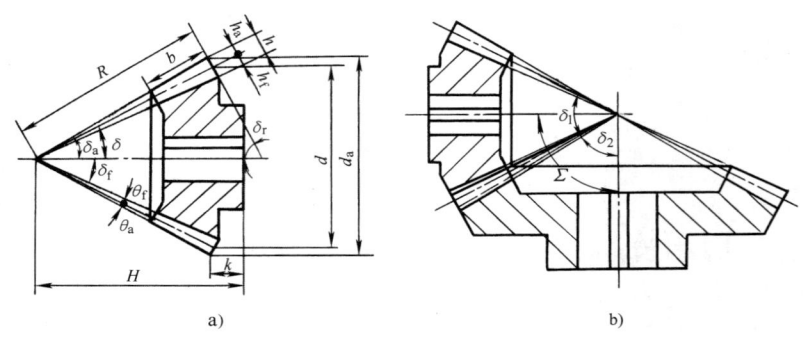

图 10-39　锥齿轮各部分名称和符号

a）单个齿轮各部分名称　b）啮合图

表 10-6　锥齿轮各部分尺寸计算公式

名　　称	符　　号	计算公式
分度圆直径	d	$d = mz$
齿顶高	h_a	$h_a = m$
齿根高	h_f	$h_f = 1.2m$
齿高	h	$h = 2.2m$
齿顶圆直径	d_a	$d_a = d + 2h_a\cos\delta = m(z + 2\cos\delta)$
齿根圆直径	d_f	$d_f = d - 2h_f\cos\delta = m(z - 2.4\cos\delta)$
锥距	R	$R = \dfrac{d_1}{2\sin\delta_1} = \dfrac{d_2}{2\sin\delta_2}$
齿宽	b	$b \leqslant R/3$
齿顶角	θ_a	$\tan\theta_a = \dfrac{2\sin\delta}{z}$
齿根角	θ_f	$\tan\theta_f = \dfrac{2.4\sin\delta}{z}$

2. 锥齿轮的画法

（1）单个锥齿轮的画法　单个锥齿轮的主视图通常采用全剖视图。在投影为圆的视图中，用粗实线画出齿轮大端和小端的齿顶圆，用细点画线画出大端的分度圆。如主视图不剖，则不画齿根线。单个锥齿轮的画图步骤如图 10-40 所示。

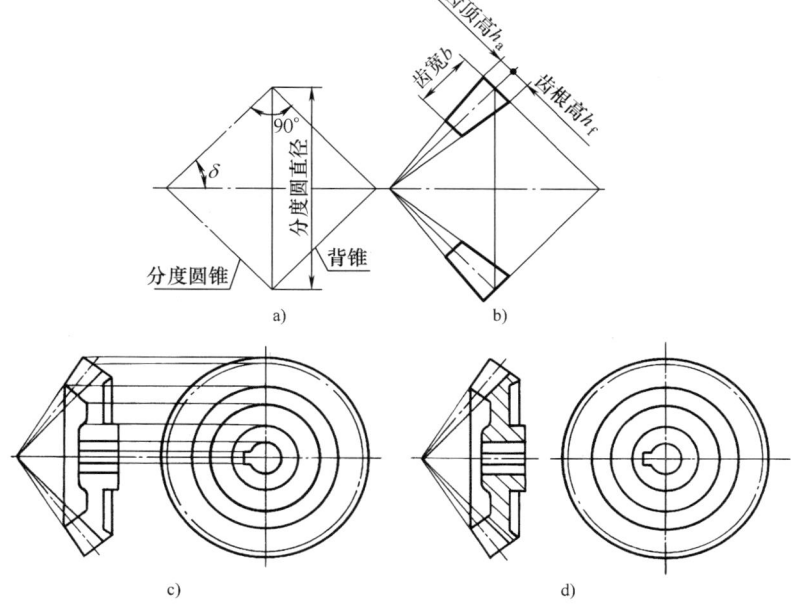

图 10-40 单个锥齿轮的画图步骤

（2）锥齿轮啮合的画法　如图 10-41 所示，主视图采用全剖视，啮合部分与圆柱齿轮画法相同，左视图画外形视图。

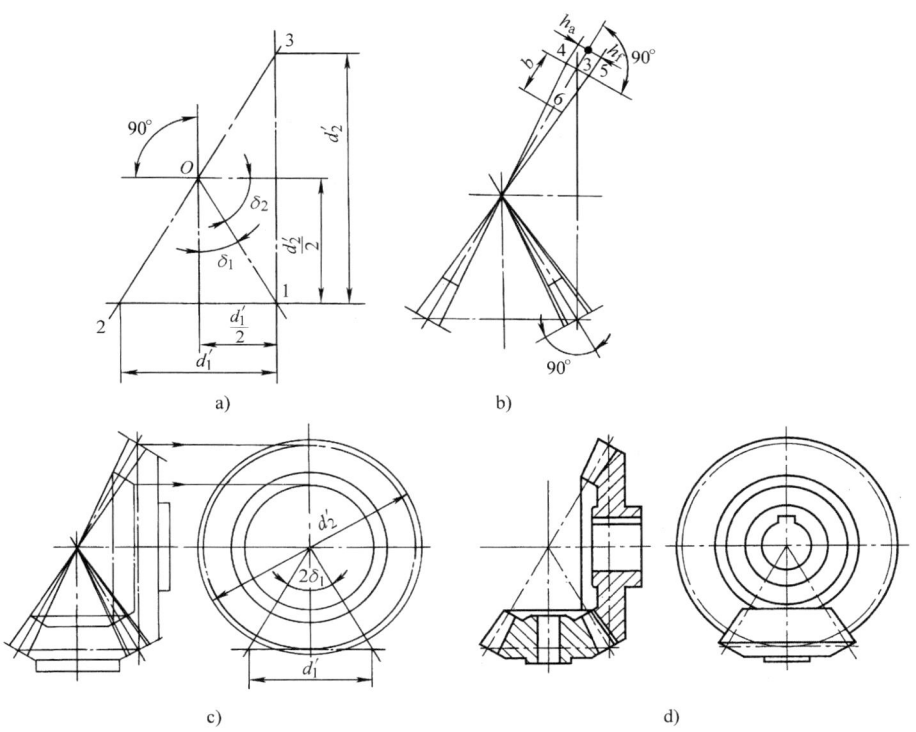

图 10-41 锥齿轮啮合画法

图 10-42 所示为锥齿轮零件工作图。

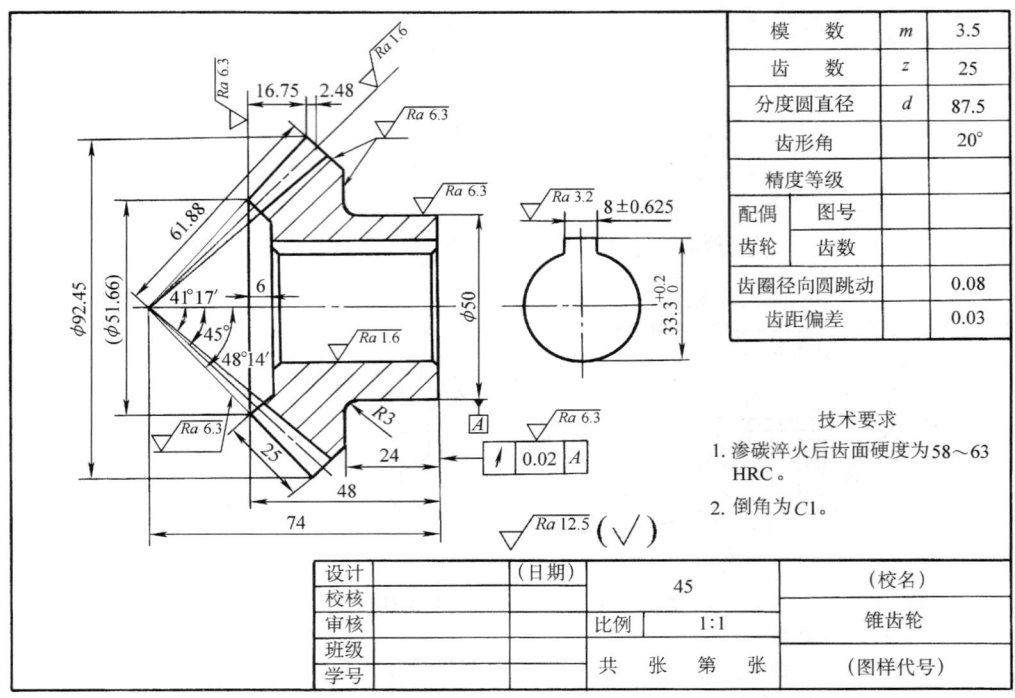

图 10-42　锥齿轮零件工作图

四、蜗杆与蜗轮

蜗杆与蜗轮传动用于空间交叉两轴（通常是垂直交叉）间的运动传递，工作时，蜗杆是主动件，蜗轮是从动件。常用的单线蜗杆，蜗杆转动一周，蜗轮只转动一个齿，因此可以得到较大的速比，其速比 $i = z_1$（蜗杆头数）$/z_2$（蜗轮齿数）。

在一对相互啮合的蜗杆蜗轮传动中，国家标准规定：以蜗杆的轴向模数 m 为标准模数并等于蜗轮的端面模数 m_t，即 $m = m_t$。

1. 蜗杆与蜗轮主要参数和尺寸计算

蜗杆与蜗轮各部分名称及符号如图 10-43 所示。

蜗杆直径系数 q 是蜗杆分度圆直径 d_1 与模数 m 之比，即 $q = d_1/m$。

蜗杆各部分尺寸计算公式见表 10-7。

表 10-7　蜗杆各部分尺寸计算公式

基本参数：轴向模数 m、蜗杆头数 z_1、蜗杆直径系数 q

名　　称	符　　号	计 算 公 式
分度圆直径	d_1	$d_1 = mq$
齿顶圆直径	d_{a1}	$d_{a1} = d_1 + 2h_{a1} = m(q+2)$
齿根圆直径	d_{f1}	$d_{f1} = d_1 - 2h_{f1} = m(q-2.4)$
齿顶高	h_{a1}	$h_{a1} = \dfrac{1}{2}(d_{a1} - d_1) = m$

(续)

名称	符号	计算公式
齿根高	h_{f1}	$h_{f1} = \frac{1}{2}(d_1 - d_{f1}) = 1.2m$
齿高	h_1	$h_1 = h_{a1} + h_{f1} = m + 1.2m = 2.2m$
轴向齿距	p_x	$p_x = \pi m$
分度圆导程角	γ	$\tan\gamma = mz_1/d_1 = z_1/q$
蜗杆螺旋导程	p_z	$p_z = z_1 p_x$

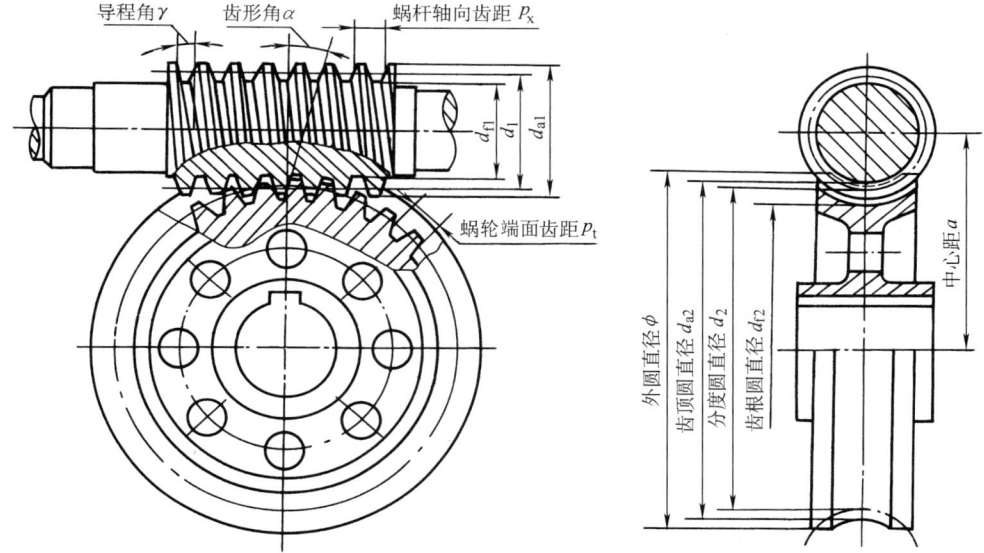

图 10-43 蜗杆与蜗轮各部分名称及符号

蜗轮各部分尺寸计算公式见表 10-8。

表 10-8 蜗轮各部分尺寸计算公式

基本参数：端面模数 m_t、齿数 z_2

名称	符号	计算公式
分度圆直径	d_2	$d_2 = m_t z_2$
齿顶圆直径	d_{a2}	$d_{a2} = m_t(z_2 + 2)$
齿根圆直径	d_{f2}	$d_{f2} = m_t(z_2 - 2.4)$
齿顶圆弧面半径	R_{a2}	$R_{a2} = \frac{d_1}{2} - m_t$
蜗杆蜗轮中心距	a	$a = \frac{1}{2}(d_1 + d_2) = \frac{m_t}{2}(q + z_2)$
齿顶高	h_{a2}	$h_{a2} = \frac{1}{2}(d_{a2} - d_2) = m$
齿根高	h_{f2}	$h_{f2} = \frac{1}{2}(d_2 - d_{f2}) = 1.2m$
齿高	h_2	$h_2 = h_{a2} + h_{f2} = \frac{1}{2}(d_{a2} - d_{f2}) = 2.2m$

2. 蜗杆与蜗轮画法

(1) 单个蜗杆、蜗轮的规定画法　单个蜗杆的画法如图10-44所示，在平行于蜗杆轴线的视图中，齿顶线用粗实线，齿根线用细实线，分度圆用细点画线绘制。常用局部剖视图或局部放大图表示齿形。端面视图画成剖视图，齿顶圆、齿根圆用粗实线，分度圆用细点画线绘制。

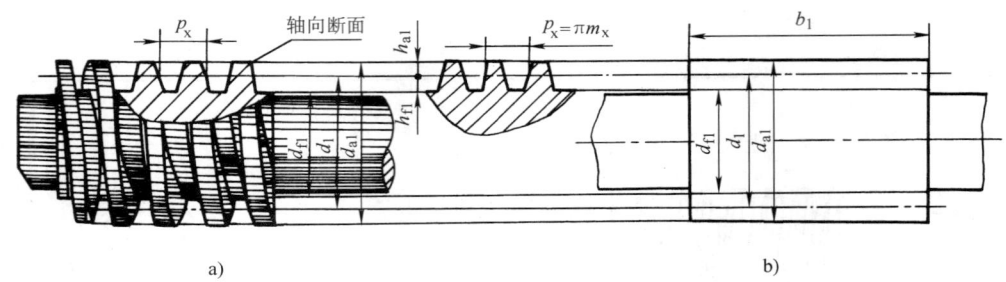

图10-44　蜗杆的画法

蜗轮的画法如图10-45所示，一般取平行蜗轮轴线的剖视图作为主视图，其轮齿部分画法与圆柱齿轮画法类同，轮齿部分一律按不剖处理，齿顶线和齿根线用粗实线绘制，分度线用细点画线表示。在端面视图中，轮齿部分只画蜗轮最大外圆和分度圆。

(2) 蜗杆与蜗轮啮合画法　图10-46所示为蜗杆与蜗轮啮合画法，啮合区内蜗杆节线与蜗轮节圆相切。在剖视图中，主视图可采用全剖，左视图可采用局部剖。在啮合区内，将剖开的蜗杆投影画全，而被蜗杆遮住的蜗轮外圆及齿顶圆不画。在不剖视图中，主视图中被蜗杆遮住部分不画，在左视图的啮合区域内蜗杆齿顶线及蜗轮外圆用粗实线绘制。

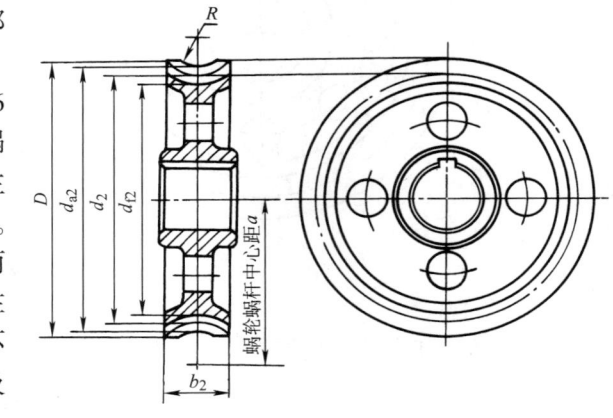

图10-45　蜗轮的画法

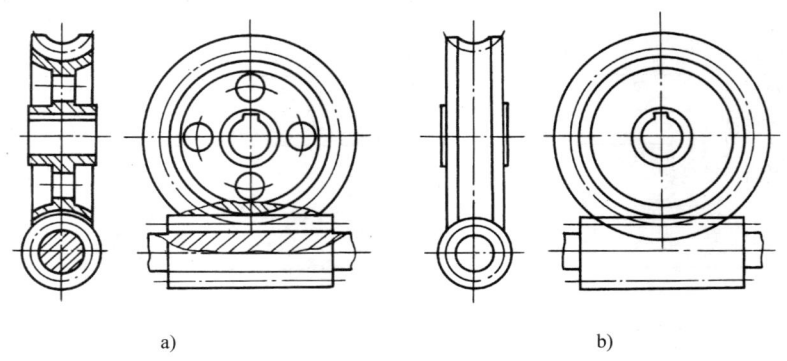

图10-46　蜗杆与蜗轮啮合画法
a) 剖视画法　b) 外形画法

第四节 滚动轴承

滚动轴承是一种用来支承旋转轴,并承受轴上载荷的标准部件。它具有摩擦力小、结构紧凑、维护方便等特点,所以被广泛用于机器设备中。

一、滚动轴承的结构及其分类

1. 结构

滚动轴承的种类很多,但其结构大致相似,一般由以下四部分组成,如图10-47所示。

(1) 外圈　一般固定在机座上,外表面与机座配合,内表面制有滚道。

(2) 内圈　它的内孔与支承的轴颈配合,通常随轴一起转动。

(3) 滚动体　装在内圈与外圈之间的滚道中,其形状有球、圆柱、圆台等。

(4) 保持架　用来把滚动体隔开,使其均匀地分布在滚道中。

2. 分类

按照承受载荷的方向,滚动轴承可分为三类:

(1) 向心轴承　主要承受径向载荷(即载荷垂直于轴线方向),也能承受部分轴向载荷。

(2) 推力轴承　只承受轴向载荷(即载荷平行于轴线方向)。

(3) 向心推力轴承　同时承受径向和轴向载荷。

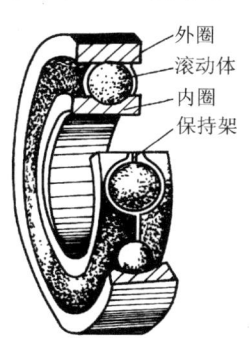

图10-47　滚动轴承的结构

二、滚动轴承的代号

国家标准 GB/T 272—1993 规定,滚动轴承的代号由前置代号、基本代号和后置代号组成。常用的轴承只用基本代号表示,基本代号一般由五位数字组成。

基本代号是轴承代号的基础,它表示轴承的基本类型、结构和尺寸,它由类型代号、尺寸系列代号和内径代号构成,其排列方式如下:

类型代号　尺寸系列代号　内径代号

轴承类型代号用数字或字母表示,见表10-9。

表10-9　轴承类型代号（摘自 GB/T 272—1993）

代号	轴 承 类 型	代号	轴 承 类 型
0	双列角接触球轴承	6	深沟球轴承
1	调心球轴承	7	角接触球轴承
2	调心滚子轴承和推力调心滚子轴承	8	推力圆柱滚子轴承
3	圆锥滚子轴承	N	圆柱滚子轴承双列或多列用字母 NN 表示
4	双列深沟球轴承	U	外球面球轴承
5	推力球轴承	QJ	四点接触球轴承

尺寸系列代号由两位数字组成,第一位数字表示宽度系列,第二位数字表示直径系列。

内径代号由两位数字组成,当此两位数 <04 时,00、01、02、03 分别表示内径 $d=10$mm、12mm、15mm、17mm；当此两位数≥04时,用此数乘以5即为轴承内径的公称尺寸。

超过五位数字的滚动轴承代号，请查阅有关手册。

滚动轴承规定标记示例：

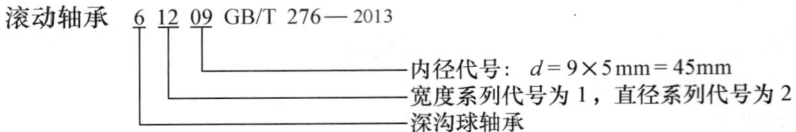

三、滚动轴承画法

在装配中，可根据国标规定采用规定画法和简化画法（通用画法、特征画法）画出滚动轴承，见表 10-10。如需较详细地表示滚动轴承的主要结构时，可采用规定画法；如只需简单地表示滚动轴承的主要结构时，可采用特征画法；如不需要确切表示滚动轴承的外形轮廓、载荷特性、结构特征时，可采用通用画法。

表 10-10 轴承的规定画法和简化画法

轴承名称	结构形式	规定画法	简化画法	
			特征画法	通用画法
深沟球轴承 GB/T 276—2013 主要参数 D、d、B	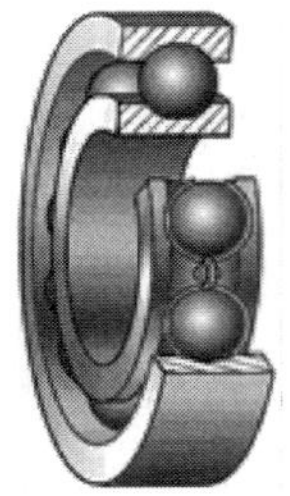	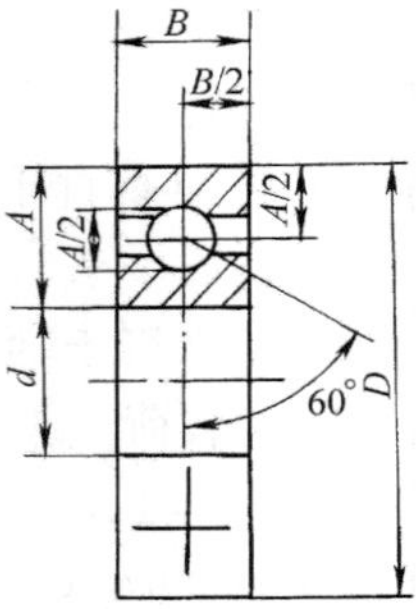	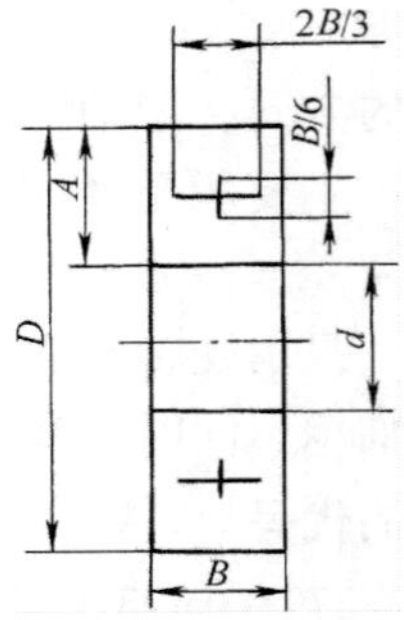	
圆锥滚子轴承 GB/T 297—1994 主要参数 D、d、T	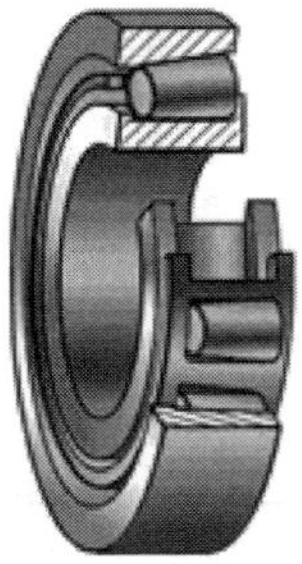	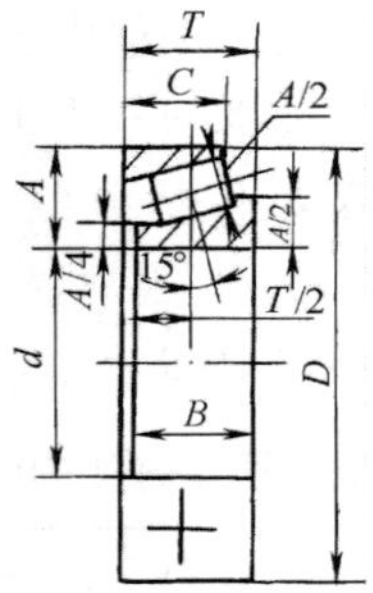	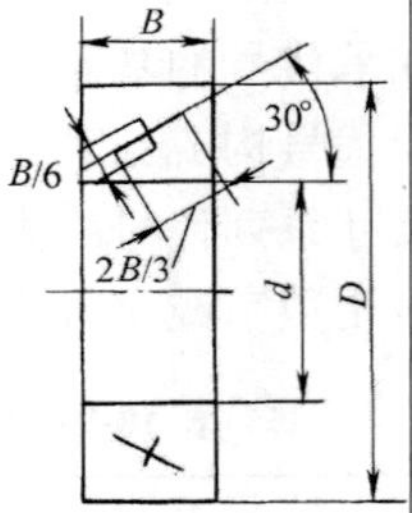	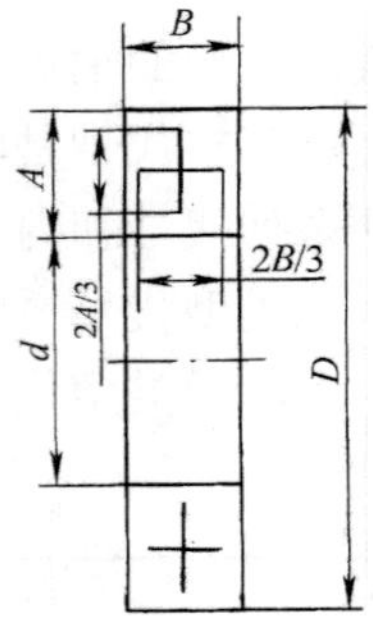
推力球轴承 GB/T 28697—2012 主要参数 D、d、T	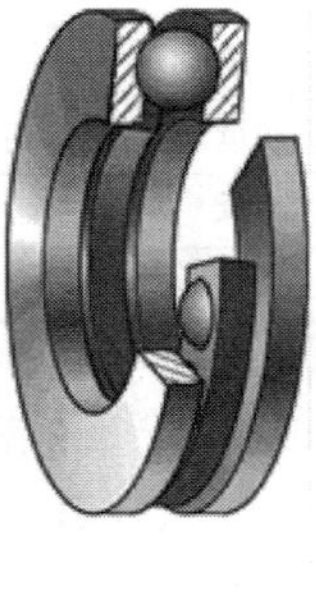	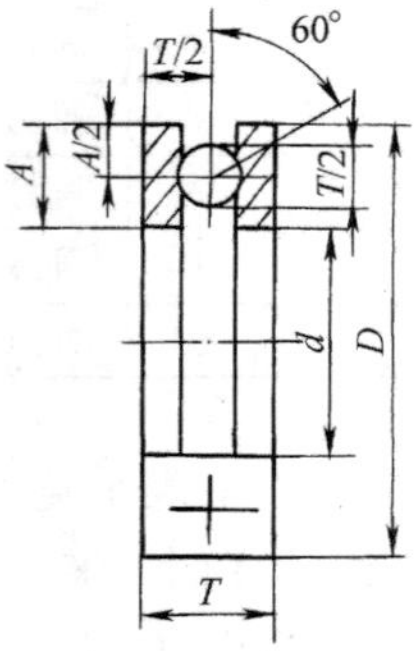	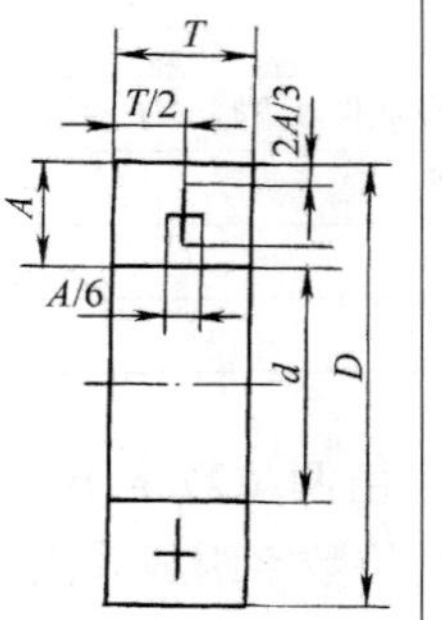	

第五节 弹 簧

弹簧是一种储藏能量的零件，主要用于缓冲、夹紧、储能、测力等方面。

弹簧的种类很多，常见的有圆柱螺旋弹簧、板弹簧、平面涡卷弹簧和碟形弹簧等。根据受力方向不同，圆柱螺旋弹簧又可分为压缩弹簧、拉伸弹簧和扭转弹簧三种，如图 10-48 所示。下面以圆柱螺旋压缩弹簧为例，介绍弹簧的基本知识。

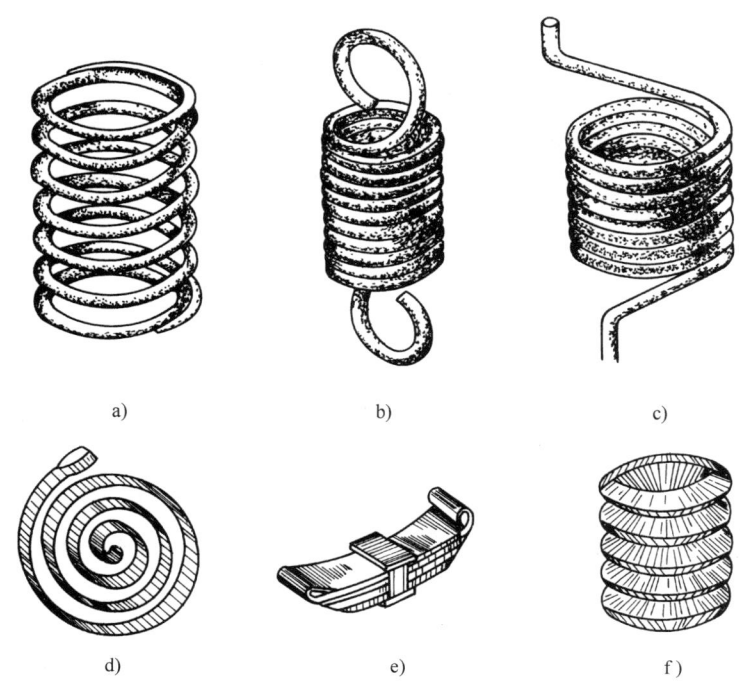

图 10-48 常用弹簧
a）圆柱螺旋压缩弹簧　b）圆柱螺旋拉伸弹簧　c）圆柱螺旋扭转弹簧
d）平面涡卷弹簧　e）板弹簧　f）碟形弹簧

一、圆柱螺旋压缩弹簧各部分名称（见图 10-49）

1. 材料直径 d

弹簧材料的直径。

2. 弹簧外径 D_2，弹簧内径 D_1 和弹簧中径 D

弹簧外径 D_2 指弹簧的最大直径。

弹簧内径 D_1 指弹簧的最小直径，$D_1 = D_2 - 2d$。

弹簧中径 D 指弹簧平均直径，$D = (D_1 + D_2)/2 = D_1 + d = D_2 - d$。

3. 弹簧的节距 t

除支承圈外，相邻两圈的轴向距离。

4. 有效圈数 n、支承圈数 n_z 和总圈数 n_1

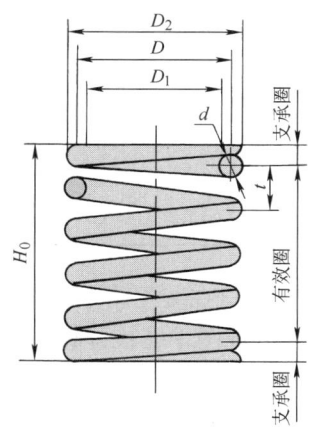

图 10-49 圆柱螺旋弹簧各部分名称

为使压缩弹簧在工作时受力均匀、工作平稳、要求两端与轴线垂直。制造时，通常两端的弹簧圈并紧且磨平。并紧磨平的各圈仅起支承和定位作用，称为支承圈。弹簧支承圈有1.5圈、2圈及2.5圈三种。除支承圈以外，其余各圈均受力变形，并保持相等的节距，称为有效圈。有效圈数与支承圈数之和，称为总圈数，即 $n_1 = n + n_z$。

5. 自由高度 H_0

未受载荷时的弹簧高度，$H_0 = nt + (n_z - 0.5)d$。

6. 展开长度 L

制造弹簧的簧丝长度，$L \approx n_1 \sqrt{(\pi D)^2 + t^2}$

7. 旋向

螺旋弹簧分为左旋和右旋，常用右旋。

二、圆柱螺旋压缩弹簧的标记

GB/T 2089—2009 规定了普通圆柱螺旋压缩弹簧的标记，它由类型代号、规格、精度代号、旋向代号和标准编号组成，其格式如下：

类型代号　$d \times D \times H_0$-精度代号　旋向代号　标准编号

例如：YA4×30×95-3 左 GB/T 2089

三、圆柱螺旋压缩弹簧的规定画法

1. 单个弹簧的画法

国家标准规定，弹簧在平行于轴线的投影面的视图中，各圈的投影轮廓线画成直线。不论弹簧的支承圈是多少，均可按支承圈为2.5圈绘制，必要时也可按实际支承圈绘制。左旋弹簧和右旋弹簧均可画成右旋，但左旋必须注明。有效圈数在四圈以上的弹簧，中间各圈可省略不画。当中间部分省略后，可适当缩短图形的长度。圆柱螺旋压缩弹簧的画图步骤见表10-11。

表10-11　圆柱螺旋压缩弹簧的画图步骤

步骤	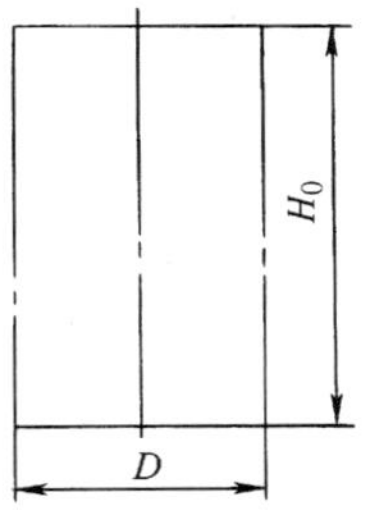 1. 根据弹簧的自由高度 H_0、弹簧中径 D，作出矩形	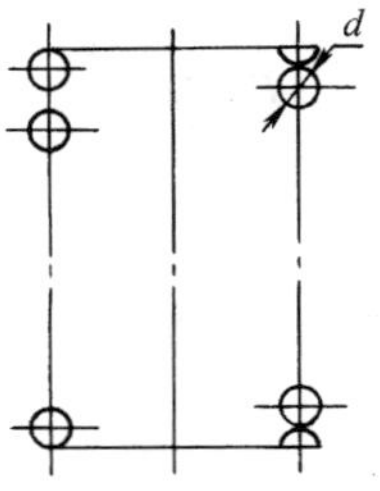 2. 画出支撑圈部分，d 为材料直径	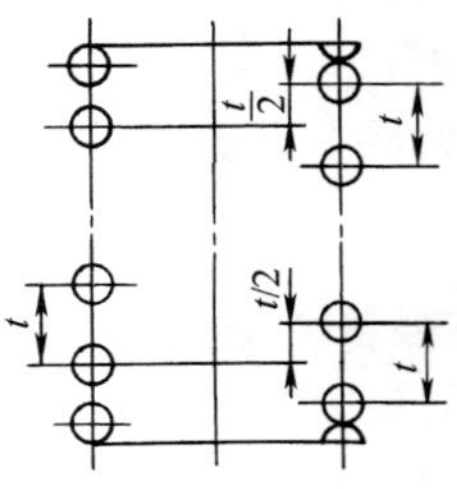 3. 画出部分有效圈，t 为节距	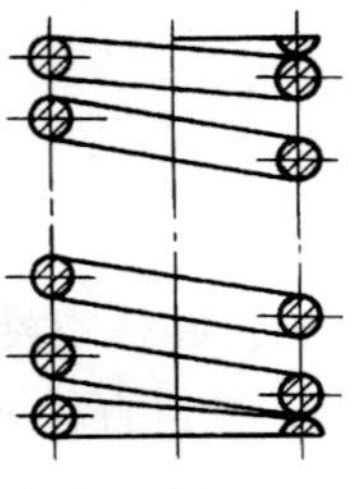 4. 按右旋旋向作相应圆的公切线，画成剖视图

2. 弹簧在装配图中的画法

在装配图中，被弹簧挡住的结构一般不画，可见部分应从弹簧的外轮廓或从弹簧丝断面的中心线画起，如图10-50a所示。当弹簧被剖切时，如簧丝断面直径在图形上等于或小于2mm时，断面可以涂黑表示，但各圈的轮廓线不画，如图10-50b所示；也可以采用示意画法，如图10-50c所示。

3. 弹簧零件工作图

弹簧零件工作图如图 10-51 所示，在技术要求中，需说明弹簧的有关参数。

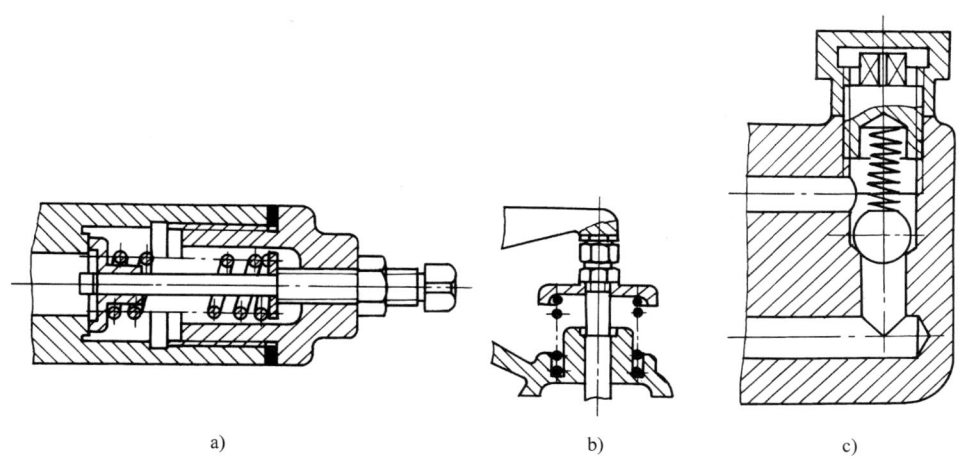

图 10-50 弹簧在装配图中的画法

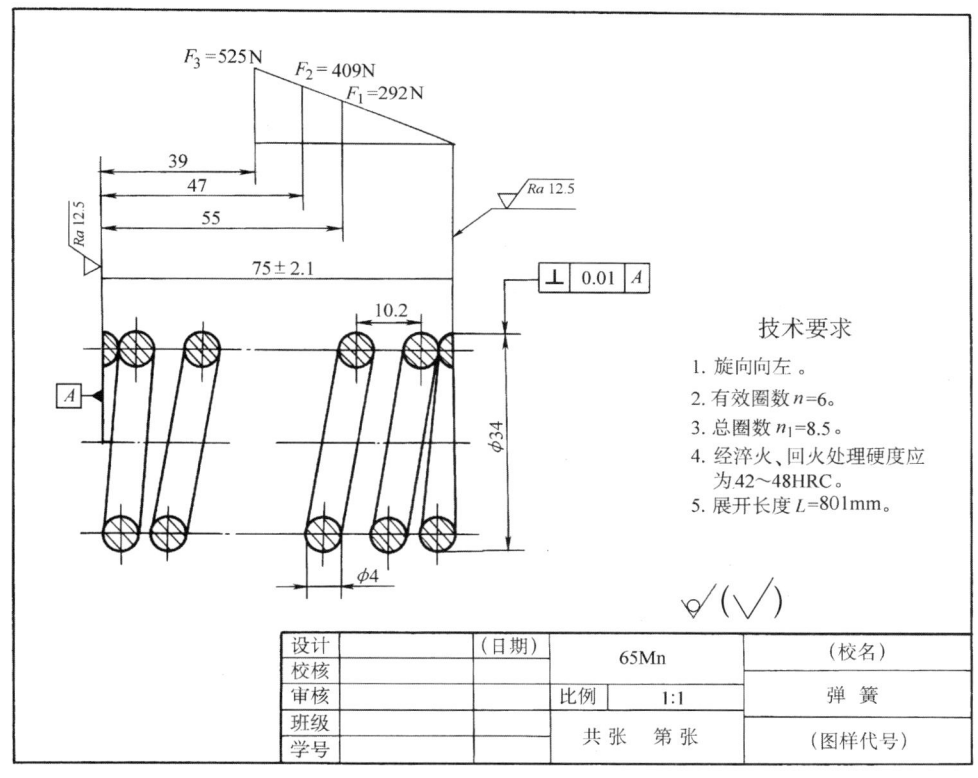

图 10-51 弹簧零件工作图

第十一章 零件图

机械产品的设计、制造、检验、维修、管理等技术工作都离不开机械图样。任何机器（或部件）都是由各种零件组成的，表达一个零件的图样称为零件工作图（简称零件图）。本章主要讨论零件图的作用与内容、零件的构形分析、零件的表达及尺寸标注、零件图的技术要求、看零件图和画零件图的方法和步骤等。

第一节 零件图的作用与内容

一、零件图的作用

零件图是表达零件的形状、尺寸、加工精度和技术要求的图样。它是设计部门提交给生产部门的重要技术文件，反映设计者的意图，表达了机器（或部件）对零件的要求，同时考虑到零件结构和制造的可能性与合理性；它在生产中起指导作用，是制造和检验零件的依据；它也是技术交流的重要资料。

二、零件图的内容

零件图是指导制造和检验零件的图样。因此，图样中必须包括制造和检验该零件所需的全部信息。图 11-1 所示为实际生产中所用的蜗轮轴零件图，其具体内容如下：

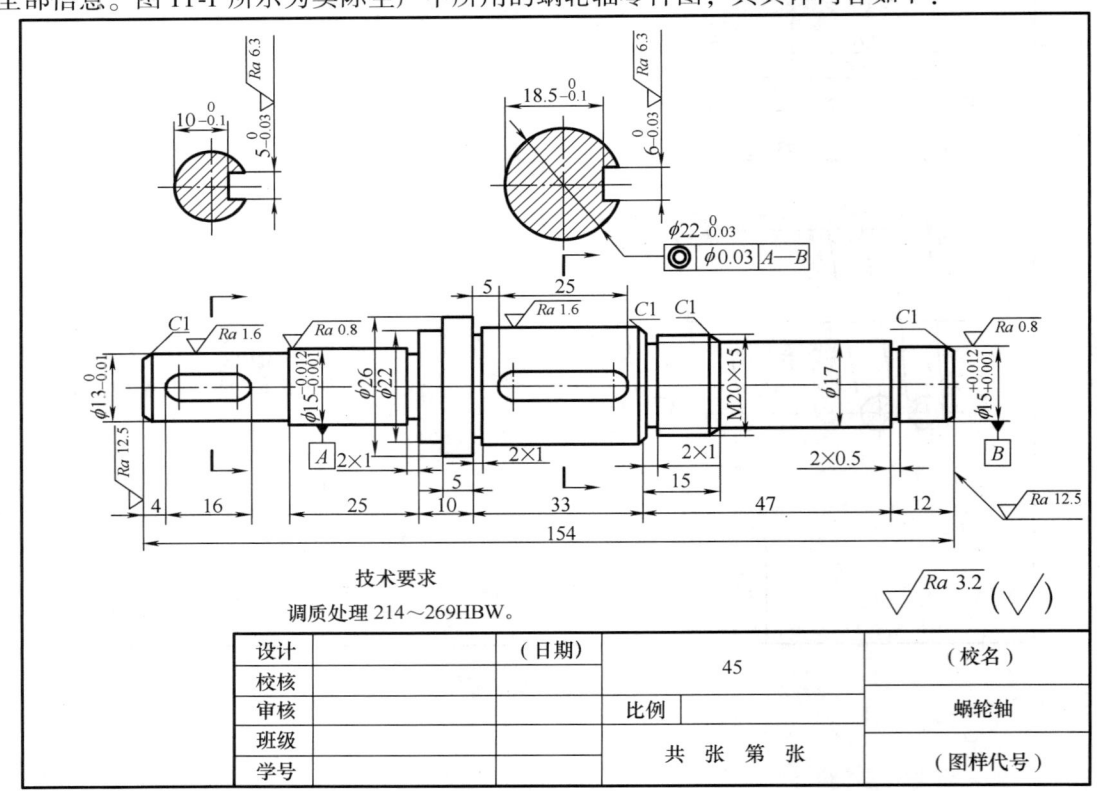

图 11-1 蜗轮轴零件图

1. 一组视图

综合运用机件的各种表达方法，正确、完整、清晰和简便地表达出零件的内、外结构形状。

2. 全部尺寸

用一组尺寸，正确、完整、清晰、合理地标注出制造、检验零件所需的全部尺寸。

3. 技术要求

用规定的代号、数字、字母和文字注解说明零件在制造和检验过程中应达到的各项技术要求，如尺寸公差、几何公差、表面粗糙度、材料和热处理以及其他特殊要求等。

4. 标题栏

用于填写零件的名称、材料、质量、比例、图样代号以及有关责任人的姓名和日期等。

第二节 零件的构形分析

一、零件构形因素

对一个零件的几何形状、尺寸、工艺结构、材料选择等进行分析和造型的过程称为零件构形设计。在绘制和阅读零件图时，要了解零件在部件中的功能及零件之间的相邻关系，确定零件的几何形体的构成；要分析构成零件的几何形体的合理性，同时要分析尺寸、工艺结构、材料等因素，最终确定零件的整体结构。下面具体讨论零件构形的主要因素。

1. 保证零件功能

部件具有确定的功能和性能指标，而零件是组成部件的基本单元，所以每个零件都有一定的作用，例如容纳、支承、传动、联接、定位、密封等作用。

零件的功能是确定零件主体结构形状的主要因素之一。如图 11-2 所示底座零件，一般应具有容纳、支承其他零件的作用，并通过它将部件安装在机器中，因此底座要有足够大的底面，将部件的重心落在底面内，以获得平衡稳定。同时考虑部件的安装，提供一组螺栓孔，这样底座零件的主体结构形状就基本确定了。

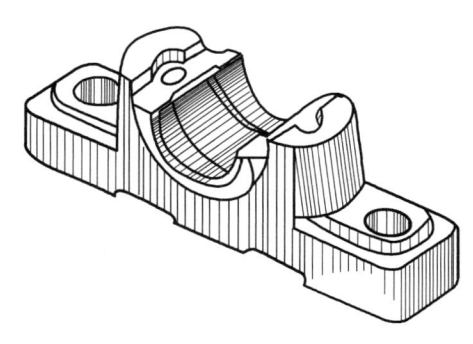

图 11-2 底座

2. 考虑部件（或机器）的整体结构

（1）零件的结合方式 部件中各零件按确定的方式连接，应结合可靠，拆装方便。零件的结合可能是相对静止的，也可能是相对运动的；相邻零件某些表面要求有接触，有些表面要求有间隙，因此零件上要由相应的结构来保证。图 11-3 所示为螺钉联接，为了联接牢固，且便于调整和拆装，两零件端面要靠紧，在零件 1 上做出凸台并加工凸台平面和通孔。

（2）外形和内形一致 零件间往往存在包容与被包容关系，若内腔是回转形的孔，则外形也应是相应的回转体；内腔是棱柱形的孔，外形也应是相应的棱柱体。一般应内、外一致，壁厚均匀，便于制造，节省材料，减轻自重。

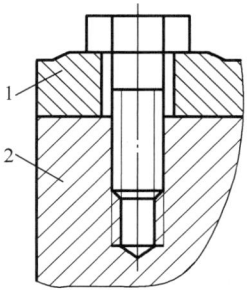

图 11-3 螺钉联接结构
1、2—零件

(3) 相邻零件形状一致　当零件是机器（或部件）的外部零件时，形状应当一致，给人以外观统一和整体美感，如图 11-4 所示。

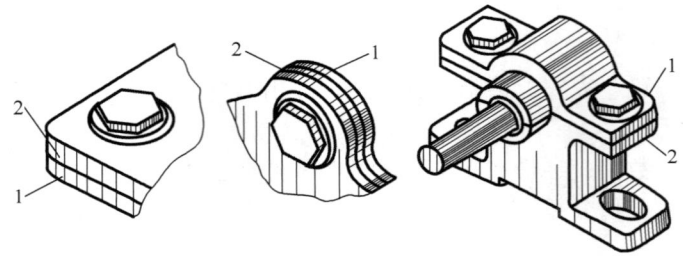

图 11-4　相邻零件形状一致
1、2—零件

(4) 与安装使用条件相适应　图 11-5 所示为轴承支架，由于轴承孔和安装面的位置不同，其结构形式也相应不同。

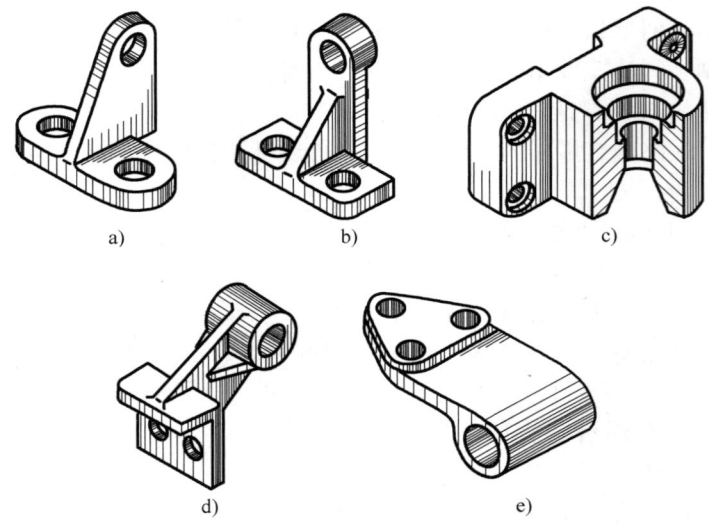

图 11-5　不同结构形式的轴承支架

图 11-5a、b 所示的安装面是底面，不同的轴孔方向；图 11-5c、d 所示的安装面是侧面，不同的轴孔方向和不同的轴孔与安装面的距离；图 11-5e 所示的安装面是顶部。图中安装面的形状与相邻零件形状一致，支撑肋板的形式和尺寸与零件的受力情况有直接关系，同时应考虑轴承支架有足够的强度和刚度。

3. 符合零件结构的工艺要求

零件的结构形状主要是由它在机器或部件中的功能所决定的，但还要考虑零件加工、检测、装配、使用等方面。因此在设计零件时，既要考虑零件功能方面的要求，又要便于加工制造。工艺要求是确定零件局部结构形式的主要依据之一，下面介绍一些常见的工艺结构。

(1) 铸件工艺结构

1) 起模斜度。在铸造过程中，为了将木模从砂型中顺利取出，一般沿木模起模方向设计出约 1∶20 的斜度，称为起模斜度，如图 11-6a 所示。

起模斜度在零件图上可以不标注，也可以不画，如图 11-6b 所示。但应在技术要求中用文字说明。

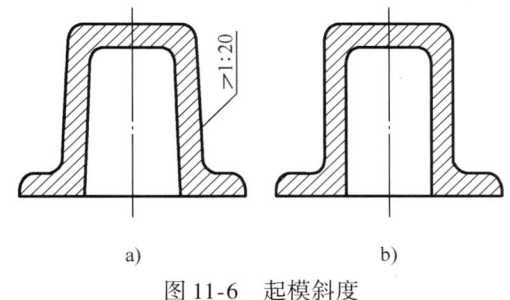

图 11-6 起模斜度

2）铸造圆角。铸件在铸造过程中为了防止砂型在浇注时落砂，以及铸件在冷却时产生裂纹和缩孔，在铸件各表面相交处都做成圆角，如图 11-7 所示。同一铸件上的圆角半径尽可能相同。图上一般不注圆角半径，而在技术要求中集中注写。

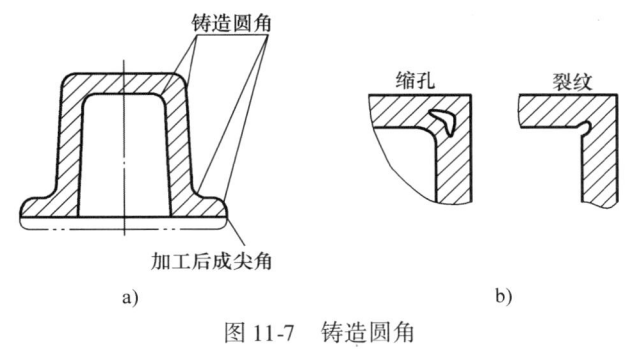

图 11-7 铸造圆角
a）铸造圆角 b）无铸造圆角时易产生的缺陷

3）铸件壁厚。为了保证铸件的铸造质量，防止铸件各部分因冷却速度不同而产生组织疏松以致出现裂纹和缩孔，铸件壁厚要求均匀或逐渐变化，如图 11-8 所示。

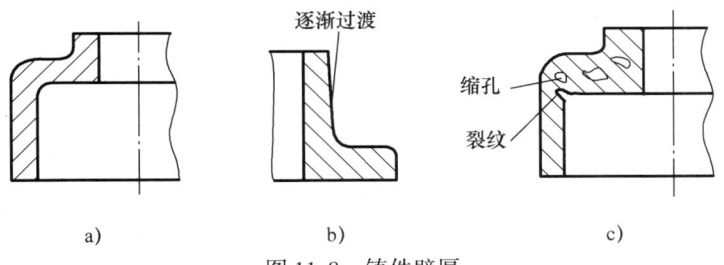

图 11-8 铸件壁厚
a）壁厚均匀 b）逐渐过渡 c）铸件壁厚不均匀易产生的缺陷

4）过渡线。由于铸造圆角的存在，使铸件两相交表面的交线变得不很明显，这种交线称为过渡线。在画过渡线时，仍按理论交线画法用细实线画出，但在交线两端或一端留出空隙。常见过渡线的画法如图 11-9 所示。

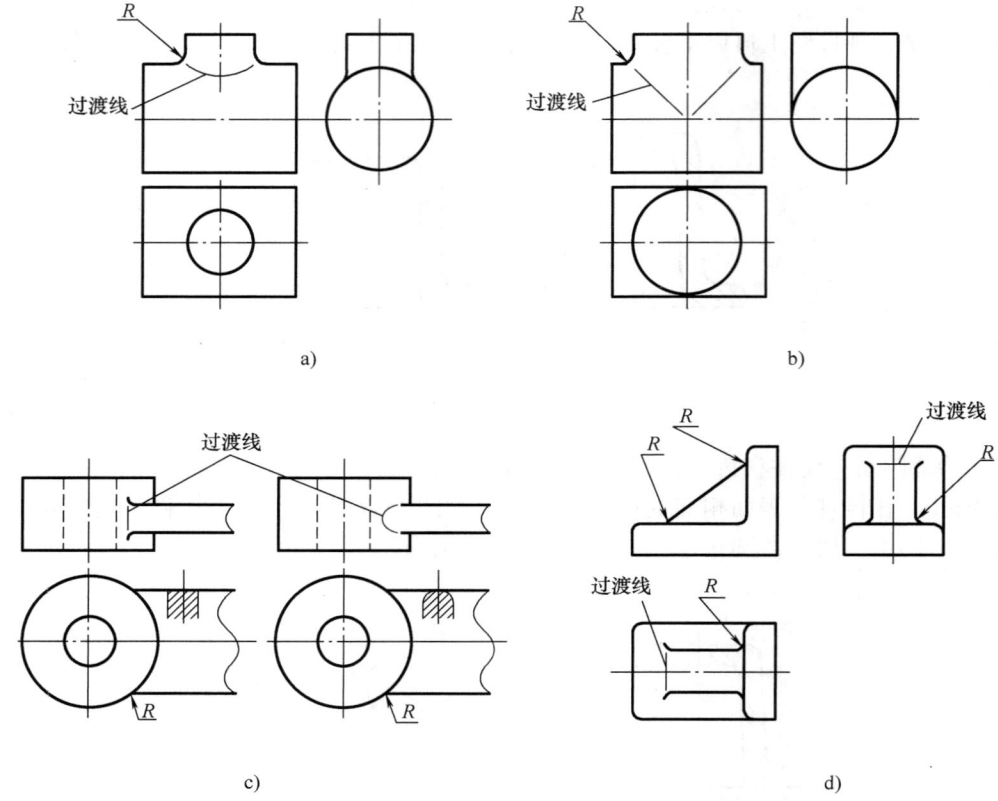

图 11-9 过渡线的画法

（2）机械加工工艺结构

1）倒角和倒圆。为了去除机械加工后的毛刺、锐边，便于装配和保护装配面，在零件的端部常加工成45°的倒角。为了避免应力集中而产生裂纹，在轴肩处往往用圆角过渡，如图 11-10 所示。它们的结构和尺寸可查阅附表 B-2。

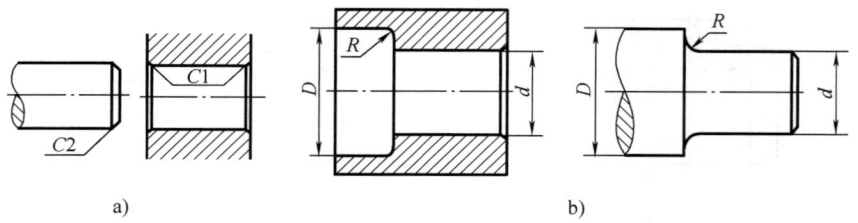

图 11-10 倒角和倒圆
a）倒角 b）倒圆

2）退刀槽和砂轮越程槽。在切削加工中，为了便于退出刀具和砂轮，常要在加工的轴肩处先加工出退刀槽或砂轮越程槽，如图 11-11 所示。它们的结构和尺寸可查阅附录 D-5 与附录 B-3。

第十一章 零件图 | 223

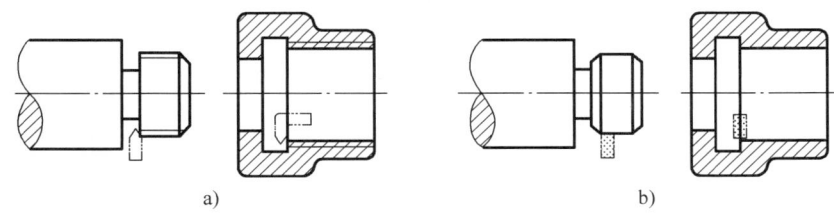

图 11-11 退刀槽和砂轮越程槽
a) 退刀槽　b) 砂轮越程槽

3) 凸台、凹坑、凹槽。为了保证零件间接触良好，零件间相互接触的表面一般要进行加工。为了减少加工面，节省材料，降低成本，常在铸件上设计出凸台、凹坑和凹槽等结构，如图 11-12 所示。

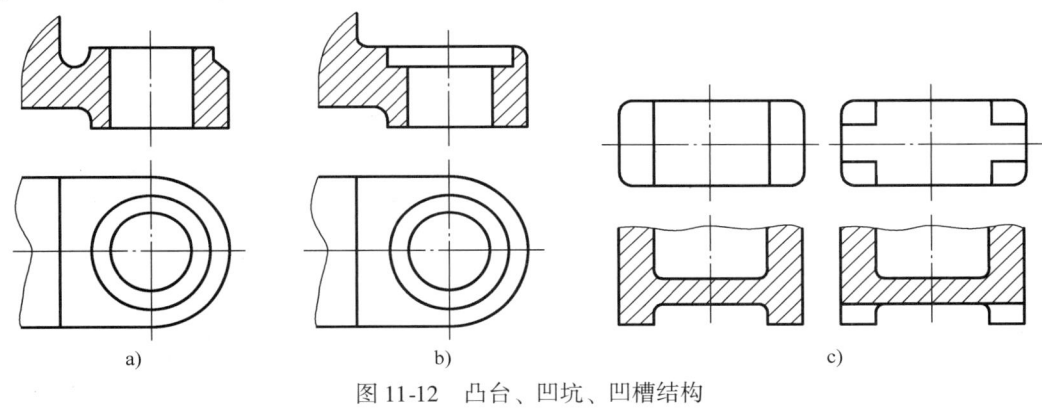

图 11-12 凸台、凹坑、凹槽结构
a) 凸台　b) 凹坑　c) 凹槽

4) 钻孔结构。钻孔时，应使孔轴线垂直于零件表面，以保证钻孔精度，避免钻头折断。在曲面或斜面上钻孔，一般应在孔端做出凸台、凹坑或平面，如图 11-13 所示。

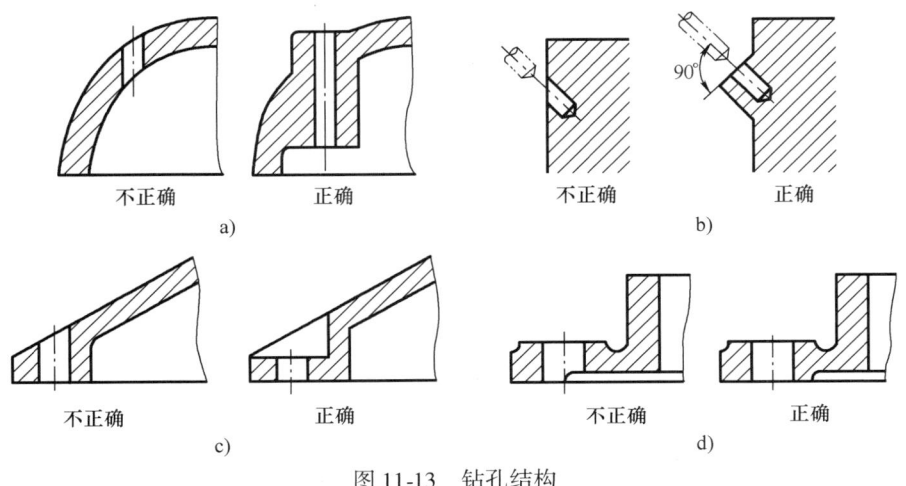

图 11-13 钻孔结构

5) 键槽结构。同一轴上的多个键槽应位于轴的同侧，以便于一次装夹加工，如图 11-14 所示。

4. 注意外形美观

零件的外形设计是零件构形的另一个主要依据。人们不仅需要产品的物质功能,而且还需要从产品的外观形式上得到美的享受。因此,对零件的外形设计还应从美学角度考虑其构形,要具备一些工业美学、造型设计的知识,才能对不同的主体零件灵活采用均衡、稳定、对称、统一、变异等美学法则,设计出性能优越、外形美观的产品。

5. 提高经济效益

从产品的性能、使用、工艺条件、生产效率、材料来源等方面综合分析,应尽可能做到零件的结构简单、制造容易、材料来源方便且价格低廉,以降低成本、提高生产效率。

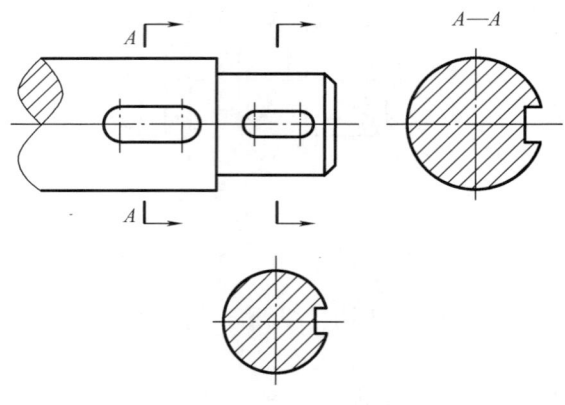

图 11-14　键槽结构

二、零件构形举例

减速器是主动机与工作机之间独立的封闭转动装置,用来降低转速并相应增大转矩来适应工作要求。图 11-15 所示是减速器底座,其主要功能是容纳、支承轴和齿轮,并与减速器箱盖连接组成包容空腔,实现密封、润滑等辅助功能。

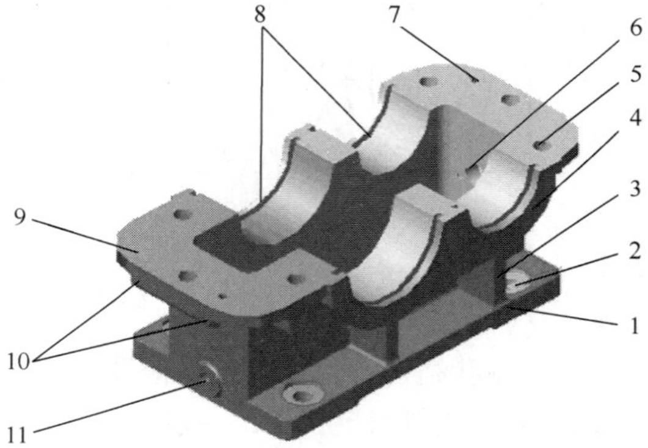

减速器底座的结构形状应满足以下功能要求,下面介绍其构形的主要过程:

1) 为了容纳齿轮和润滑油,底座做成中空形状。

2) 为了更换润滑油和观察润滑油面的高度,底座的一端面上开有放油孔,另一端面上设有视镜孔,为了安装视镜,在视镜孔的周围有均布的螺孔。

图 11-15　减速器底座

1—底板　2—安装孔　3—肋　4—凸缘　5—螺栓孔
6—视镜孔　7—定位销孔　8—端盖槽
9—联接板　10—吊耳　11—放油孔

3) 为了和减速器箱盖联接,在底座上设计有连接板。为了联接准确,联接板上设计有定位销孔和联接螺栓孔。

4) 为了支承两对轴及轴上的轴承,底座上必须开两对大孔,且在大孔处设计一凸缘。由于凸缘伸出过长,为避免变形,在凸缘的下部设计加强肋。

5) 为了安装方便,便于固定在工作地点,底座下部要加一底板,并设计四个安装孔。为了便于搬运,在底座上联接板两侧的下部各加两个吊耳。

6) 为了密封,防止油溅出或灰尘进入,在支承凸缘端部加端盖,并设计相应的端盖槽。

在保证零件的功能要求后,还要考虑部件的整体结构,底座和上盖联接时外形应一致和谐,内部和容纳的零件的形状相适应等;考虑零件结构工艺方面的要求,设计出铸造圆角、起模斜度和凹坑等结构,并尽量使壁厚均匀;考虑零件的外形美观,整个零件的外形要体现工业美学、造型设计的知识,经过几方面的考虑,最后形成一个完整的零件。

第三节　零件的表达及尺寸标注

一、零件的视图表达

零件图的视图选择就是选用一组合适的视图表达零件的内、外结构形状及各部分的相对位置关系。在便于看图的前提下，力求制图简便，这是零件图视图选择的基本要求。它是前述章节中机件各种表达方式的具体综合运用。要正确、完整、清晰、简便地表达零件的结构形状，关键在于选择一个最佳的表达方案。

1. 主视图的选择

主视图是一组视图的核心，画图和看图时，一般多从主视图开始。主视图选择得恰当与否，直接影响其他视图的选择、画图和看图的方便、图幅的合理利用等。因此，画零件图时必须首先选择好主视图。选择主视图时应先确定零件的安放位置，然后确定主视图的投射方向。

安放零件需符合以下原则：

（1）主要加工位置原则　零件图的作用是用于指导制造零件，因此主视图所表示的零件位置应尽量和该零件的主要工序的加工装夹位置一致，以便读图。如轴、套、轮和盘类零件多在车床、磨床上加工，工件一般水平放置，故常按加工位置选择主视图，即在主视图上常将其回转轴线水平放置，且轴类零件大端在左、小端在右，如图11-16所示。

（2）工作位置原则　工作位置是指零件在机器或部件中所处的工作位置。对于加工位置多变的零件应尽量与零件在机器或部件中的工作位置相一致，这样便于想象出零件的工作情况。对于叉架、壳体类零件，常按其工作位置来选择主视图，如图11-17a所示。但对在机器中工作时斜置的零件，为便于画图和读图，应将其放正。

主视图的投射方向应符合形状特征原则：选择反映零件形状和结构特征以及各部分结构形状和相互位置关系最明显的方向，作为主视图的投射方向。如图11-17所示，轴承座大致分两个部分：

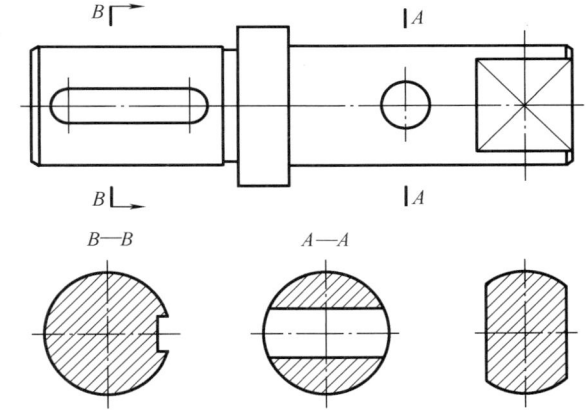

图11-16　按主要加工位置选择主视图

1）带凸台的圆筒——支承轴衬和转轴，凸台上安装油杯以润滑转轴。

2）长方形底板——支承圆筒和安装轴承座，为了减少加工面和减少安装接触面，底板上面有凸台，下面有通槽。

轴承座前后、左右对称。若以A向作为主视图的投射方向，得到的视图如图11-17a所示，圆筒和底板接合情况很明显，轴承座形状特点突出，但凸台和底板与圆筒的前后位置关系不清楚。若以B向作为主视图的投射方向，得到的视图如图11-17b所示，底板与圆筒的前后位置关系、圆筒的内部结构等虽然清楚，但整个轴承座的形状特点不如A向清楚。所以选择A向作为主视图的投射方向。

在选择主观图时，应根据零件的具体结构和加工、使用情况加以综合考虑。当选好主视

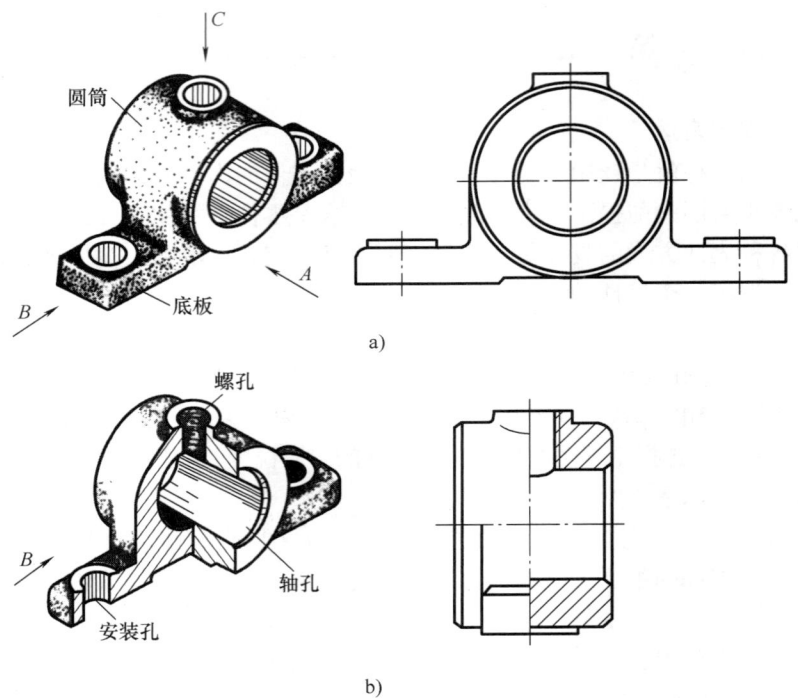

图 11-17 轴承座的主视图选择

图后，还要考虑其他视图的合理布置，充分利用图纸等。

2. 其他视图的选择

选定主视图后，根据零件结构形状的复杂程度选择其他视图。应注意以下原则：

（1）基本原则 在完整、清晰地表达零件内、外结构形状的前提下，优先选用基本视图，尽量在基本视图上作剖视。

（2）互补性原则 其他视图主要用于表达零件在主视图中尚未表达清楚的部分，作为主视图的补充。用主视图与其他视图表达零件时，各有侧重，相互弥补，才能完整、清晰地表达零件的结构形状。

（3）视图简化原则 在选用视图、剖视图等各种表达方法时，还要考虑绘图、读图的方便，力求减少视图数目，简化图形。为此，应广泛应用各种简化画法。

图 11-18 所示是轴承座的表达方案。主视图比较集中地反映轴承座的整体和各部分的形状特征，表明该零件左右对称，采用局部剖视表达安装孔的结构；俯视图主要表达底板的形状；左视图采用全剖视，重点反映轴承座的内部结构形状。

3. 典型零件的表达分析

零件的结构形状千变万化。根据零件的结构特点可将其分为四类：轴套类、盘盖类、叉架类和箱体类。不同类型的零件有不同的表达方法，即使是同一个零件，其表达方法也不是唯一的。下面仅从零件的结构特点、表达方案等方面进行分析。

（1）轴套类零件 轴套类零件包括各种转轴、销轴、衬套、轴套等。图 11-19 所示为蜗轮轴的零件图。轴、套类零件的结构特点、主要加工方法、主视图选择、表达方法见表 11-1。

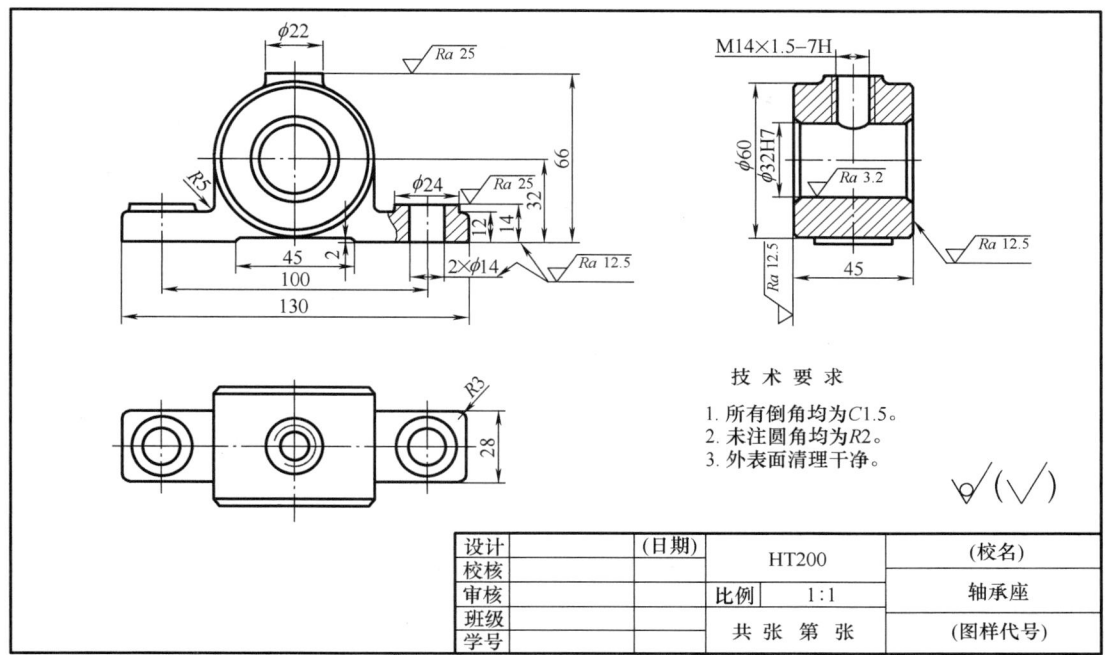

图 11-18 轴承座的表达方案

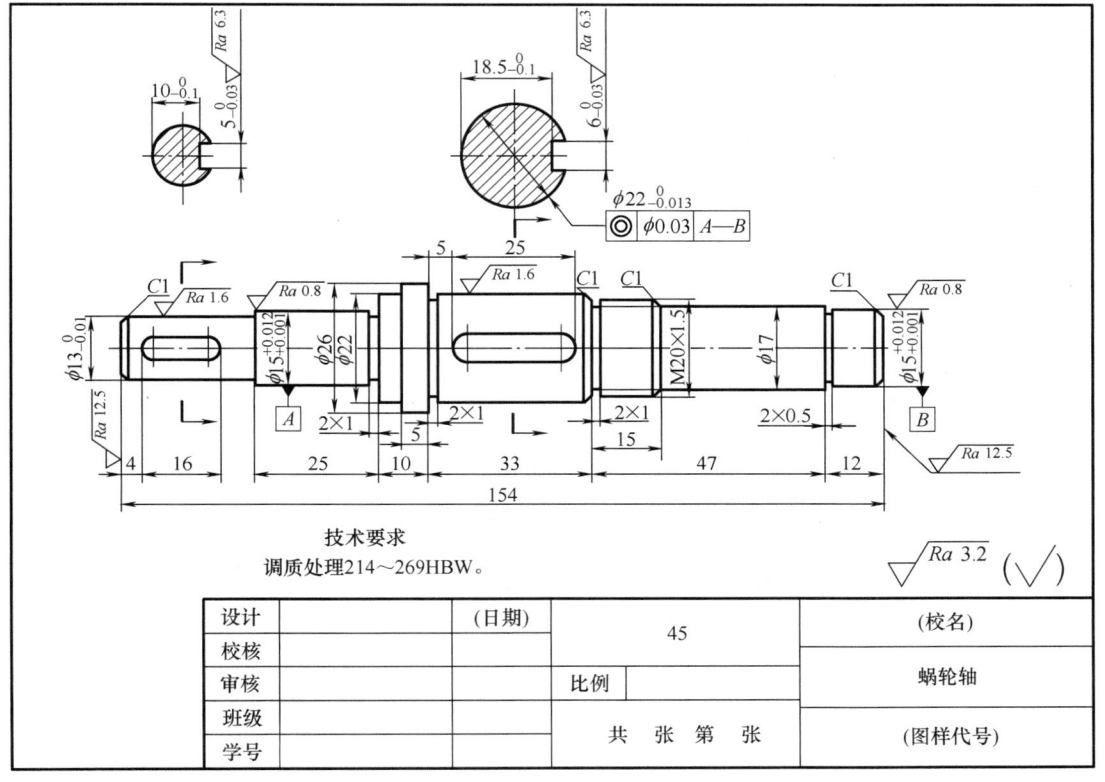

图 11-19 蜗轮轴零件图

表 11-1 轴套类零件的结构特点和表达方法

结构特点	零件各部分由回转体组成。零件的轴向尺寸比径向尺寸大,常有轴肩、倒角、键槽、螺纹、退刀槽、砂轮越程槽、销孔和中心孔等结构。套类零件是中空的
加工方法	毛坯一般用棒料,主要加工方法是车削、磨削和镗削
主视图选择	按主要加工位置将轴线水平放置,并反映零件的形状特征
视图表达方法	一般常用主视图表达零件的主体结构,用断面、局部剖视、局部放大图表达零件的某些局部结构。对于中空的套类零件,其主视图一般取剖视

(2) 盘盖类零件 盘盖类零件包括各种齿轮、带轮、手轮、法兰盘、端盖和压盖等。图 11-20 所示为法兰盘零件图。这类零件的结构特点、主要加工方法、主视图选择、表达方法见表 11-2。

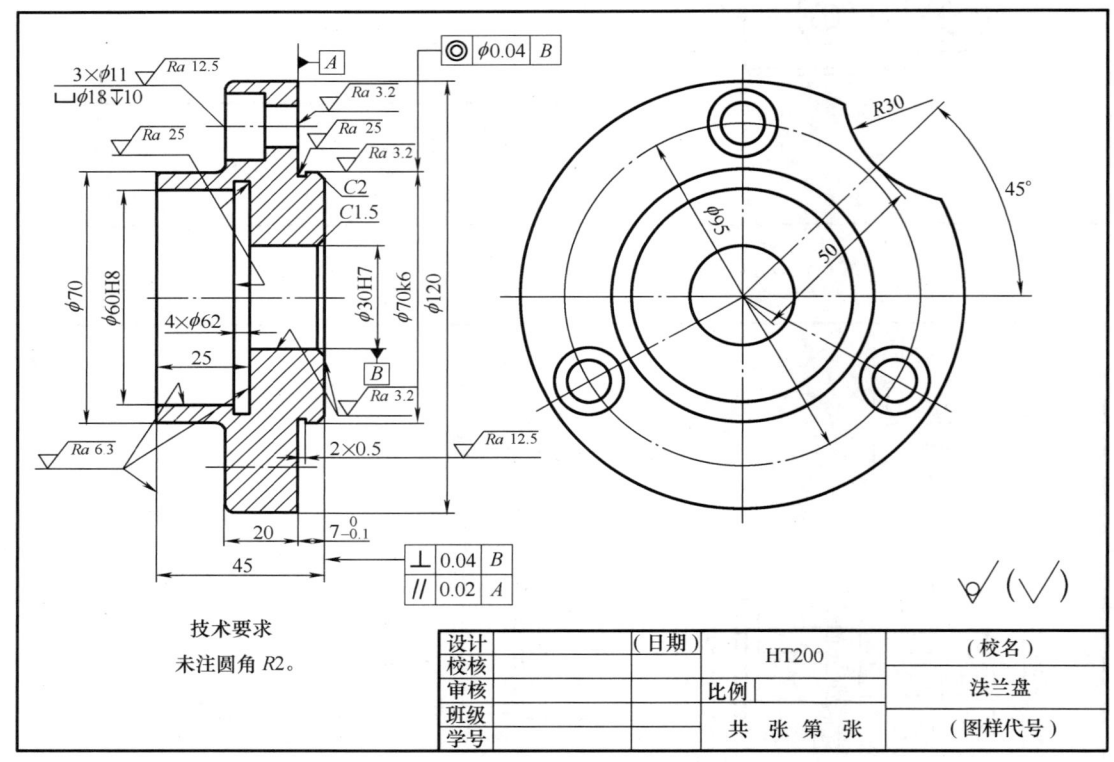

图 11-20 法兰盘零件图

表 11-2 盘盖类零件的结构特点和表达方法

结构特点	这类零件的主体部分常由共轴线的回转体组成,其轴向尺寸比径向尺寸小,有键槽、轮辐、均匀分布的孔等结构,往往有一个端面与其他零件接触
加工方法	毛坯多为铸件,回转体类零件主要在车床上加工,平盖板类零件用刨削或铣削加工
主视图选择	以车削加工为主的零件,按主要加工位置将轴线水平放置;不以车削加工为主的零件,按工作位置放置
视图表达方法	一般采用两个基本视图,主视图常采用剖视图以表达内部结构;另一视图则表达其外形轮廓和各组成部分,如孔、肋、轮辐等的相对位置,并常采用简化画法

(3) 叉架类零件　叉架类零件包括各种拨叉、连杆、支架、支座等。图 11-21 所示为托架零件图。这类零件的结构特点、主要加工方法、主视图选择、表达方法见表 11-3。

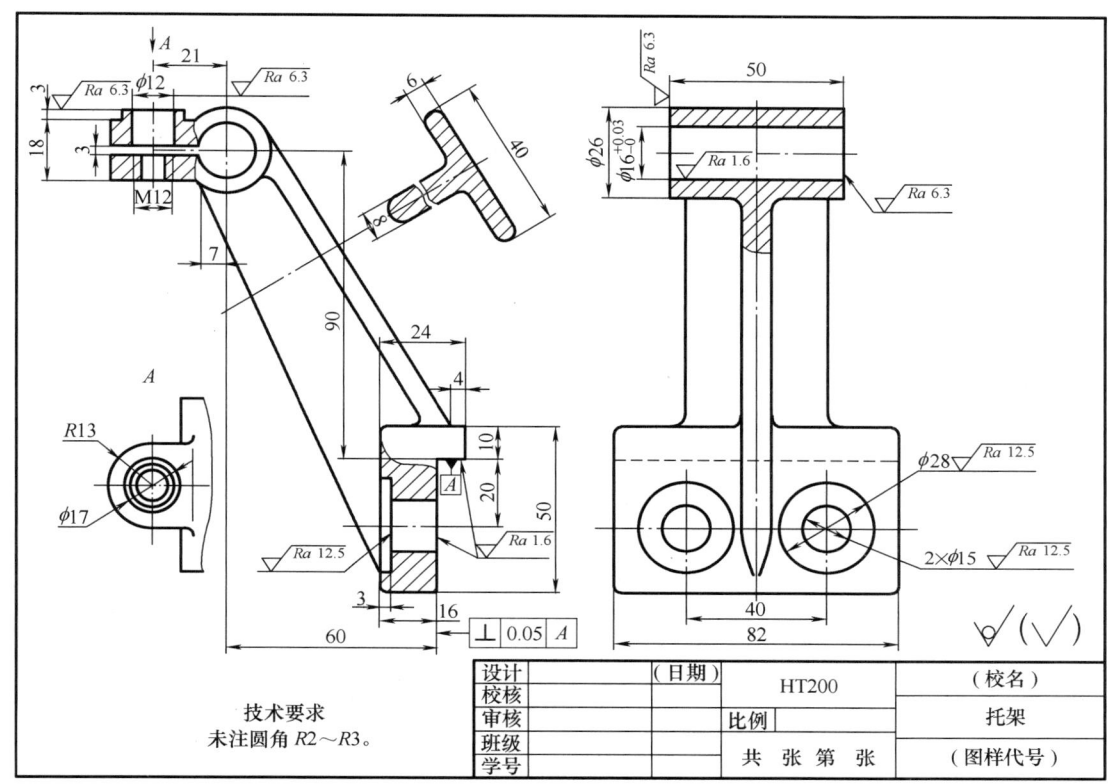

图 11-21　托架零件图

表 11-3　叉架类零件的结构特点和表达方法

结构特点	叉架类零件通常由工作部分、支承（或安装）部分及连接部分组成，常有螺孔、肋、槽等结构
加工方法	毛坯一般为铸件或锻件，然后进行多种工序的加工
主视图选择	以零件的工作位置放置，并反映零件的形状特征
视图表达方法	一般需要两个以上的视图，零件的倾斜部分用斜视图或斜剖视表达，内部结构常采用局部剖视图表达，薄壁和肋板的断面形状常采用断面图表达

(4) 箱体类零件　箱体类零件包括各种箱体、壳体、阀体、泵体等。图 11-22 所示为泵体零件图。这类零件的结构特点、主要加工方法、主视图选择、表达方法见表 11-4。

表 11-4　箱体类零件的结构特点和表达方法

结构特点	箱体类零件主要起包容、支承其他零件的作用，常有内腔、轴承孔、凸台、肋、安装板、圆孔、沉孔、螺孔等结构
加工方法	毛坯一般为铸件或焊接件，然后进行多种机械加工
主视图选择	以零件的工作位置放置，并反映零件的形状特征
视图表达方法	一般需要两个以上的基本视图，采用通过主要支承孔轴线的剖视图表示其内部结构形状，一些局部结构常用局部视图、局部剖视图、断面图等表达

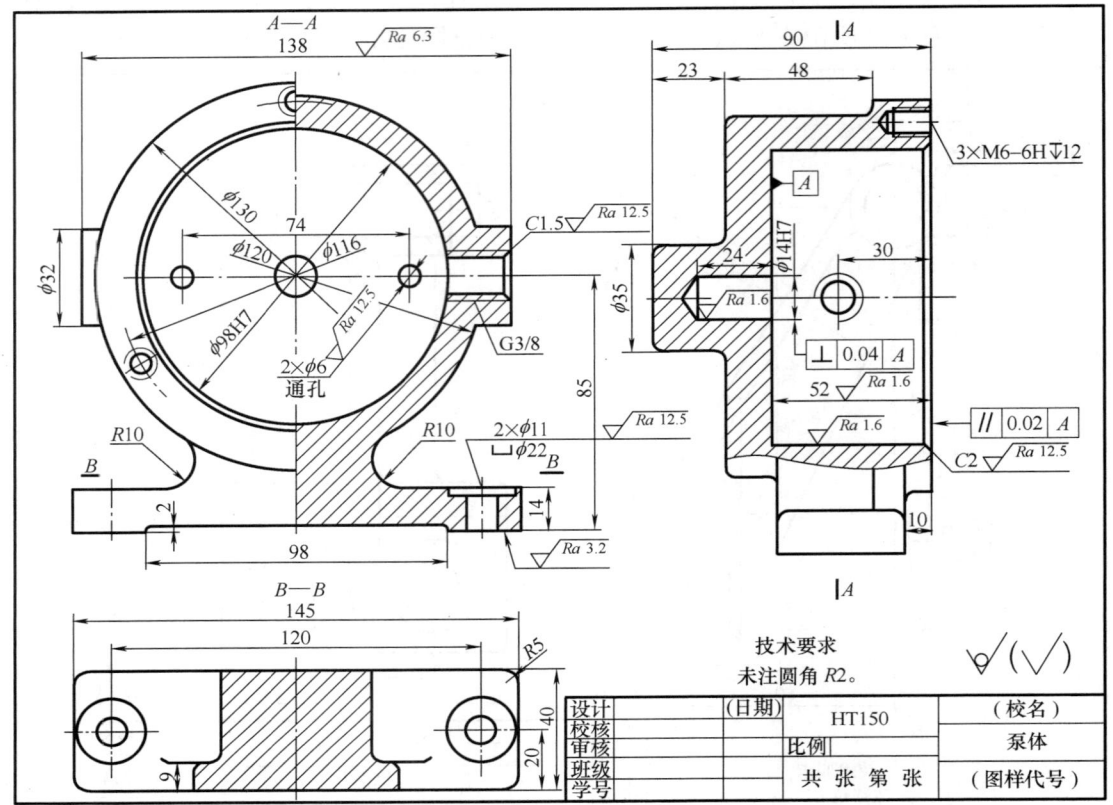

图 11-22 泵体零件图

二、零件的尺寸标注

零件图是加工、检验零件的依据。在零件图上，视图只能表达零件的结构形状，尺寸才能确定零件的大小。在零件图上注写的尺寸，应达到正确、完整、清晰、合理的要求。所谓正确，就是零件图上所注尺寸必须符合国家标准中的有关规定；所谓完整，就是应注全零件各部分结构的定形尺寸、定位尺寸和总体尺寸；所谓清晰，就是配置尺寸便于看图；所谓合理，就是所标注的尺寸应满足结构设计的要求，并考虑加工方便、测量简单，切合生产实际，即满足设计要求和工艺要求。尺寸标注的基本规定和要求已在前面几章中做了详细介绍，本节主要介绍尺寸标注的合理性。为了使所注尺寸合理，应考虑以下几个方面的内容。

1. 尺寸基准

尺寸基准是标注尺寸的起点。在选择尺寸基准时，必须考虑零件在机器或部件中的位置、作用、零件之间的装配关系以及零件在加工过程中的定位和测量等要求，因此，基准应根据设计要求、加工情况和测量方法确定。按基准的用途可分为设计基准和工艺基准，按基准的主次可分为主要基准和辅助基准。

（1）设计基准 在零件设计时，根据零件的结构和设计要求而选定标注尺寸的起点称为设计基准。在零件图上常以零件的底面、端面、对称平面、回转体的轴线作为基准。如图 11-23 所示端盖零件其回转轴线是各外圆表面和内孔的设计基准。

（2）工艺基准 零件在加工时用以加工定位和检验而选定的基准称为工艺基准。如图 11-23 所示，零件的右端面 A 为装配时用的工艺基准。工艺基准又可分为定位基准和测量基准。

1）定位基准。在加工过程中零件装夹定位时所用的基准。如图 11-24 所示，左侧外圆柱面 B 在加工右侧外圆柱面时起定位作用，是定位基准。

2）测量基准。在测量、检验零件已加工面的尺寸时所用的基准。如图 11-24 中的轴肩 A 是测量右端圆柱轴向尺寸的测量基准。

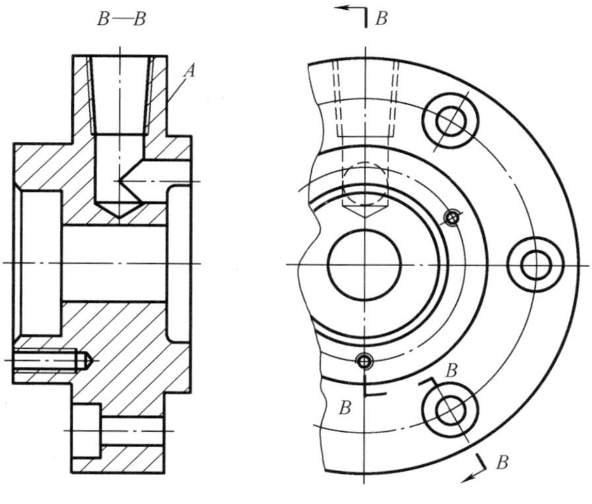

（3）尺寸基准的选择 标注尺寸时从设计基准出发，其优点是反映设计要求，便于保证所设计的零件在机器或部件中的工作性能；若从工艺基准出发，其优点是把尺寸的标注与零件加工和测量联系起来，在标注尺寸时反映工艺要求，便于加工、测量。为了减少加工误差，保证设计要求，应尽可能将设计基准与工艺基准重合。如果不能重合，则首先保证设计要求，即将重要的设计尺寸从设计基准出发标注，次要的尺寸可从工艺基准注起。这样既保证了设计要求，又便于加工和测量。在标注零件长、宽、高三个方向的定位尺寸之前，首先将设计基准确定为主要基准，其他不能与设计基准重合的工艺基准可确定为辅助基准。主要基准与辅助基准之间要有尺寸联系，如图 11-25 所示。

图 11-23 端盖的设计基准和工艺基准

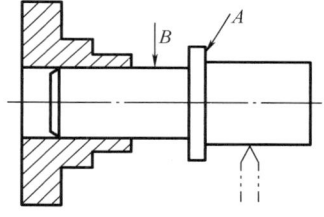

图 11-24 轴类零件的工艺基准

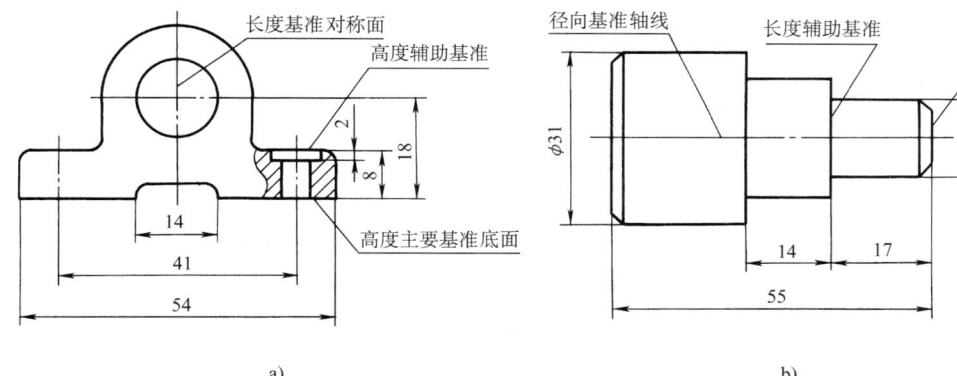

图 11-25 尺寸基准

2. 尺寸的标注形式

由于零件的设计、工艺要求不同，尺寸基准选择也不同。因此，尺寸标注形式有链状式、坐标式和综合式三种。

(1) 链状式　把同一方向的各尺寸逐段首尾相连连续标注。如图 11-26a 所示，a、b、c 三个尺寸是互相串联的链式尺寸，a 的终点是 b 的起点，b 的终点是 c 的起点。链状式尺寸的优点是能保证每一段尺寸的精度，每段尺寸的加工误差只影响其本身，不会影响其他尺寸；缺点是总体尺寸的误差是各段误差之和，总体尺寸不易控制。链状式尺寸常用于保证孔组中心距的情况。

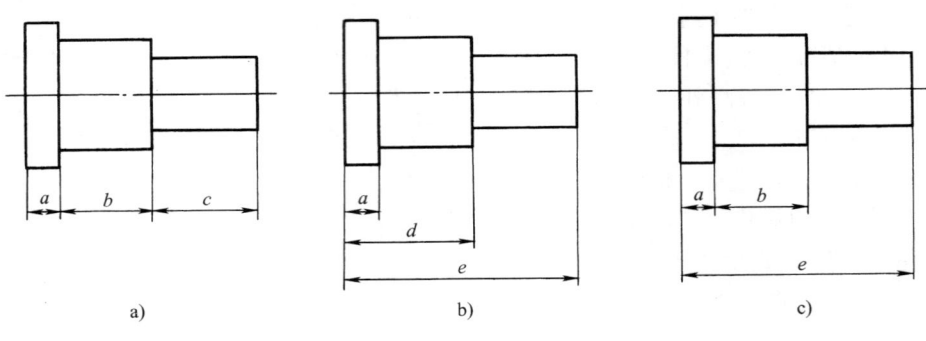

图 11-26　尺寸标注的形式
a) 链状式　b) 坐标式　c) 综合式

(2) 坐标式　把同一方向的尺寸都从同一基准出发标注。如图 11-26b 所示，尺寸 a、d、e 的基准都是轴的左端面。坐标式尺寸的优点是各段尺寸的加工精度只影响其本身，不影响总体尺寸；缺点是某些尺寸段受两个尺寸的影响，如中间圆柱的轴向尺寸受 a、d 两个尺寸的影响，右端圆柱的轴向尺寸受 d、e 两个尺寸的影响。坐标式尺寸用于由一个基准确定一组精确尺寸的情况。

(3) 综合式　综合式尺寸是链状式和坐标式相结合的尺寸标注形式。如图 11-26c 所示，它兼有两种尺寸形式的优点，在实际工作中这种标注形式最多，它可以根据需要来标注尺寸，比较灵活。

3. 标注尺寸的注意事项

(1) 重要的设计尺寸应直接注出　为了保证零件在机器或部件中正常工作，凡零件之间的配合尺寸、重要的相对位置尺寸、保证机器工作性能及互换性的尺寸等，都属于重要的设计尺寸，这些尺寸应直接注出，不能靠尺寸间的相互换算得到，便于在加工时得到保证。如图 11-27 所示泵体的内孔与齿顶圆的配合尺寸 $\phi40H7$，轴孔直径 $\phi20H7$、$\phi10H7$，中心距 32 和中心高 75 都是泵体的重要尺寸，在泵体零件图上

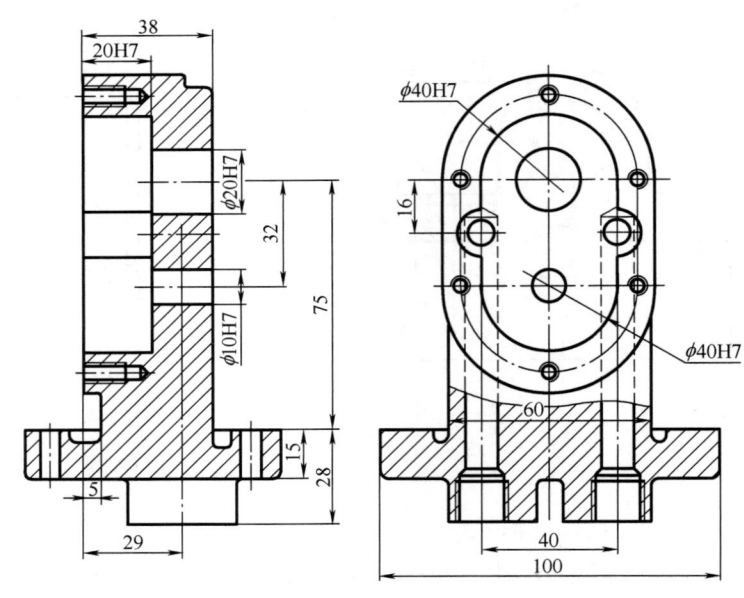

图 11-27　重要尺寸直接注出

均需直接标出。

（2）避免注成封闭尺寸链　封闭尺寸链是首尾相接、绕成一整圈的一组尺寸。如图 11-28a 所示，既标注了 a、b、c 三段尺寸，又标注了总体尺寸 d，它们形成了一个封闭尺寸链。由于机械加工存在误差，不可能同时满足总体尺寸和各段尺寸，因此应将其中精度要求最低的尺寸不加标注，如图 11-28b 所示。

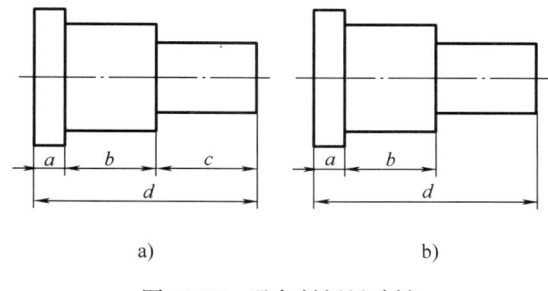

图 11-28　避免封闭尺寸链
a）封闭尺寸　b）正确尺寸标注

（3）尺寸标注要相对集中　在加工、检验时要检查尺寸，应把零件上同一结构的尺寸，尽量集中标注在该结构特征明显的视图上，这样能把有关尺寸和零件形状紧密结合，便于看图，如图 11-29 所示。

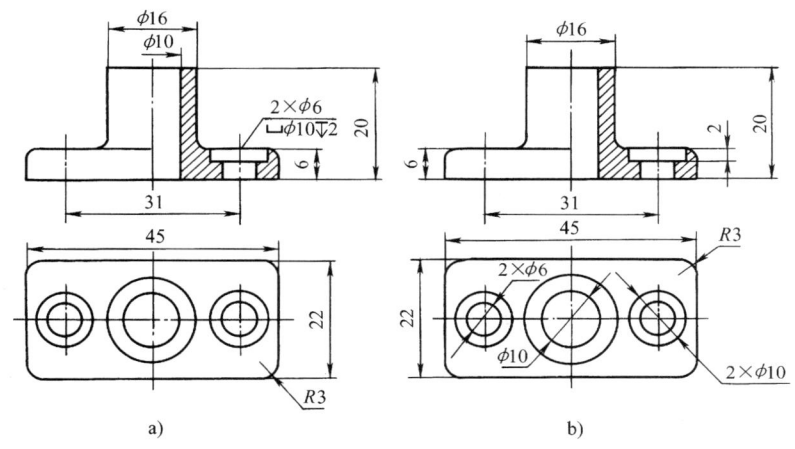

图 11-29　尺寸标注相对集中
a）尺寸集中　b）尺寸不集中

（4）按加工方法、加工顺序标注尺寸　零件的加工方法有车、铣、刨、磨、钻等，一个零件要制成成品，常常要经过多种加工方法和多道工序才能完成。在标注尺寸时，应按不同的加工方法、加工顺序标注尺寸，以便于加工。如图 11-30a 所示，上部为铣削加工尺寸，下部为车削加工尺寸；同时考虑按加工顺序注写尺寸，先粗车 $\phi25$ 外圆，下料保证长度 61；车 $\phi20$，保证长度 11；再掉头依次车出 $\phi25$、$\phi20$ 和 $\phi16$，分别保证长度 30、11（右侧 $\phi20$ 长度是由 61-11-30-9 所确定的）和 9。图 11-30b 所示上部为内部尺寸，下部为外形尺寸。

（5）标注尺寸要便于测量　如图 11-31a 所示，图中所注尺寸既符合设计要求，又便于测量。图 11-31b 中尺寸 32 虽能满足设计要求，但测量不便。

（6）毛坯面尺寸标注　标注零件上毛坯面尺寸时，加工面和毛坯面之间，在同一方向上只能有一个联系尺寸，其余则为毛坯面与毛坯面之间的尺寸或加工面与加工面之间的尺寸。如图 11-32a 所示，毛坯面之间的尺寸为 5 和 24，加工面之间的尺寸为 38，加工面和毛坯面之间的联系尺寸为 8。这是因为毛坯制造时误差较大，加工时不能同时保证两个或两个以上的毛坯面和加工面之间的联系尺寸。如图 11-32b 所示，不能同时保证 8 和 32 的尺寸精度。

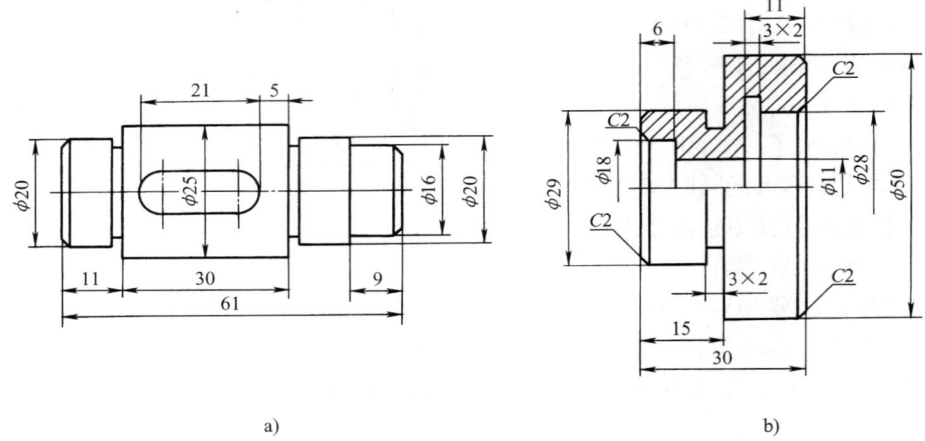

图 11-30　按加工方法、加工顺序标注尺寸
a）不同工序尺寸标注　b）内外形尺寸标注

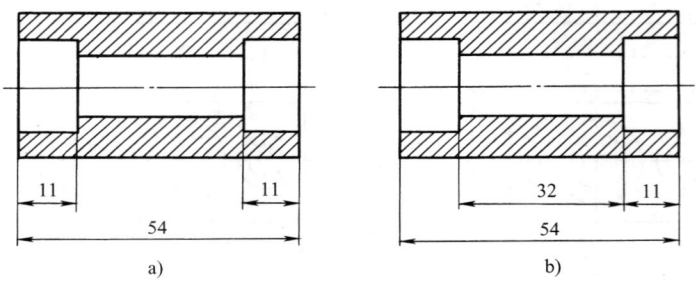

图 11-31　尺寸标注要便于测量
a）测量方便　b）测量不便

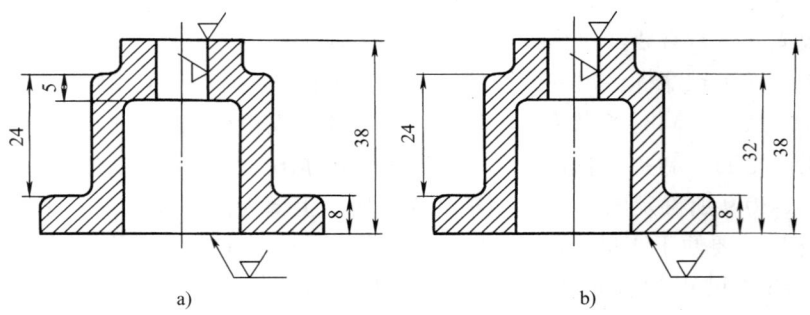

图 11-32　毛坯面尺寸标注
a）正确标注　b）错误标注

4. 零件常见结构的尺寸标注

零件上常见结构的尺寸标注见表 11-5。

表 11-5 零件常见结构的尺寸标注

类型	标注方法	说　　明
螺孔	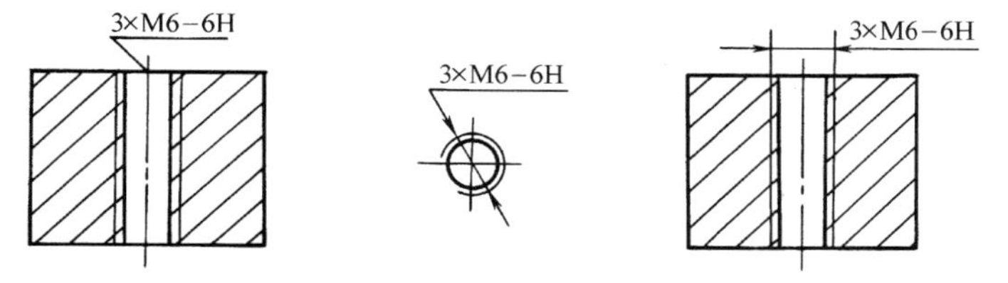3×M6−6H 3×M6−6H 3×M6−6H	表示三个直径为 6，螺纹中径、顶径公差带为 6H，按规律分布的螺孔
	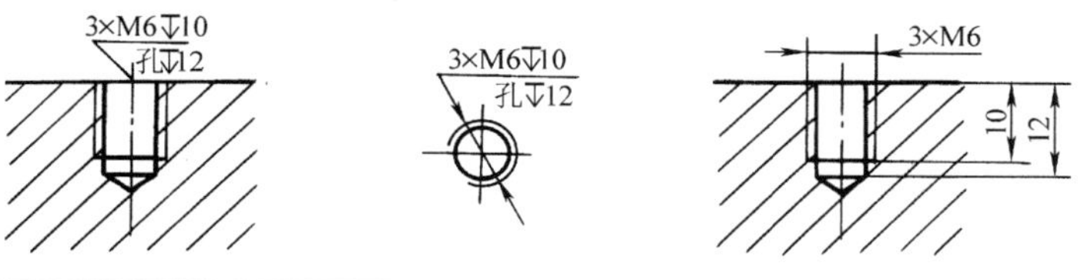3×M6↧10 孔↧12 3×M6↧10 孔↧12 3×M6 10 12	“↧”为深度符号。表示螺孔的深度为 10，钻孔深度 12
	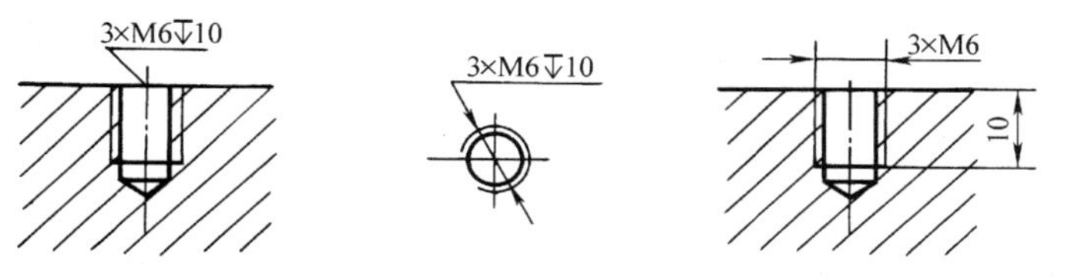3×M6↧10 3×M6↧10 3×M6 10	若对钻孔深度无要求时，可不标注孔深尺寸
光孔	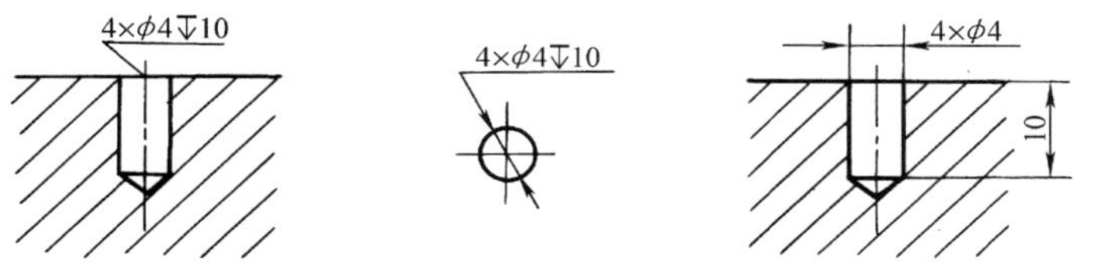4×φ4↧10 4×φ4↧10 4×φ4 10	4×φ4 表示四个直径为 4 按规律分布孔深为 10 的圆孔
沉孔	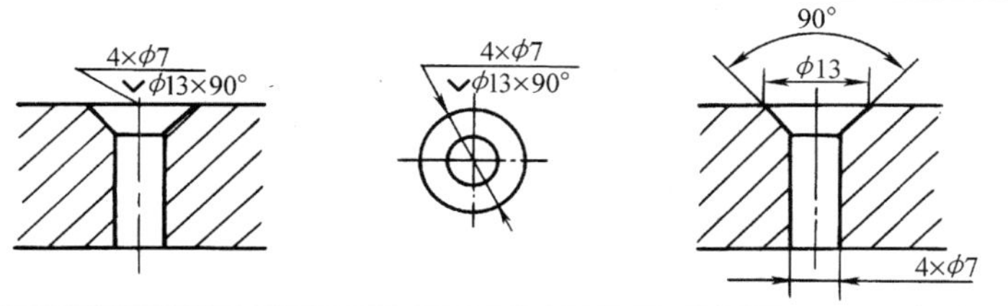4×φ7 ⌵φ13×90° 4×φ7 ⌵φ13×90° 90° φ13 4×φ7	“⌵”为埋头孔符号。锥形孔的直径为 φ13，锥角为 90°
	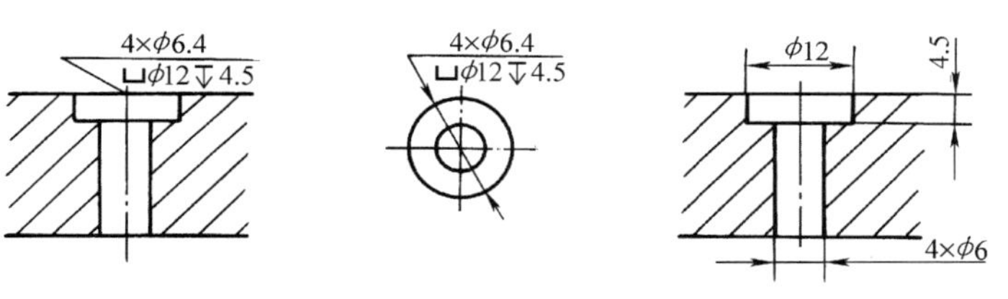4×φ6.4 ⊔φ12↧4.5 4×φ6.4 ⊔φ12↧4.5 φ12 4.5 4×φ6	“⊔”为沉孔、锪平孔符号。4×φ6.4 表示 4 个直径为 6.4 按规律分布的孔，沉孔的直径为 φ12，深度为 4.5
	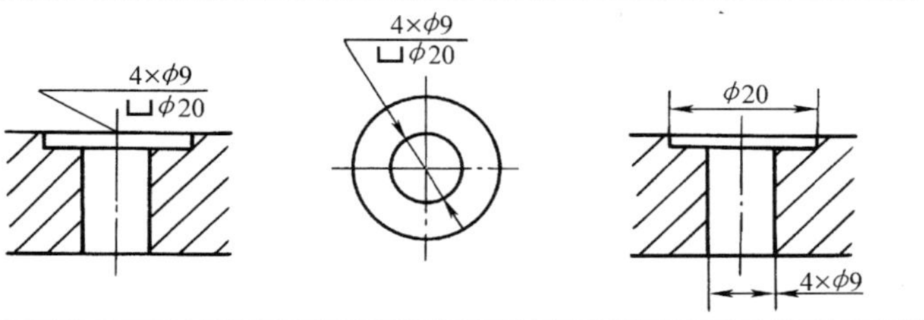4×φ9 ⊔φ20 4×φ9 ⊔φ20 φ20 4×φ9	锪平孔 φ20 的深度不标，一般锪平到不出现毛坯面为止

(续)

类型	标注方法	说 明
退刀槽	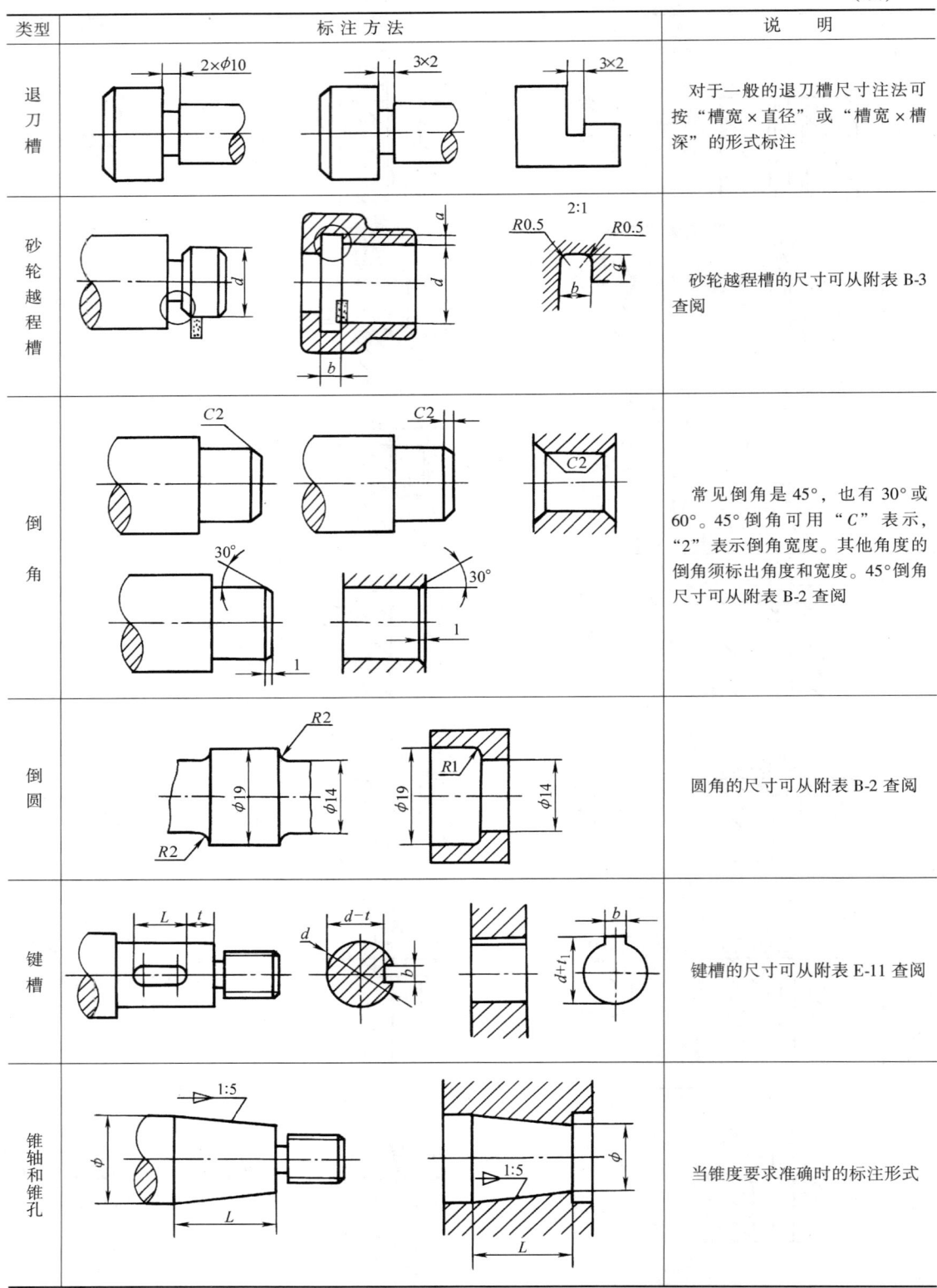	对于一般的退刀槽尺寸注法可按"槽宽×直径"或"槽宽×槽深"的形式标注
砂轮越程槽		砂轮越程槽的尺寸可从附表 B-3 查阅
倒角		常见倒角是 45°，也有 30° 或 60°。45° 倒角可用 "C" 表示，"2" 表示倒角宽度。其他角度的倒角须标出角度和宽度。45° 倒角尺寸可从附表 B-2 查阅
倒圆		圆角的尺寸可从附表 B-2 查阅
键槽		键槽的尺寸可从附表 E-11 查阅
锥轴和锥孔		当锥度要求准确时的标注形式

第四节 零件图的技术要求

零件图上除了图形和尺寸外，还需注明制造和检验零件所需全部技术要求。零件图上的技术要求主要包括：零件表面粗糙度、极限与配合、几何公差、热处理及表面镀涂层要求，材料及零件加工、检测和测试要求，以及其他特殊要求或说明。

零件图上的技术要求应按国家标准规定的代号、文字和字母直接标注在图形上，对无法标注在图形上的内容，或需统一说明的内容，应用文字逐条写在标题栏的上方或左侧；对某些零件（如齿轮等）的重要参数，用表格形式写在图纸的右上角。

一、表面粗糙度的概念及其注法

1. 表面粗糙度的概念及其评定参数

（1）表面粗糙度的概念　零件表面无论加工得多么光滑，在放大镜（或显微镜）下观察，其表面总是高低不平的，如图 11-33 所示。零件表面这种较小间距和峰谷所组成的微观几何形状特征称为表面粗糙度。表面粗糙度的大小与加工方法等因素有关，它是评定零件表面质量的重要指标之一。它对零件的配合质量、耐磨性、耐蚀性、抗疲劳及密封性和外观都有影响。表面粗糙度数值越小，加工成本越高。所以，应在满足机器或部件对零件性能要求的前提下，恰当地选择表面粗糙度参数及其数值。

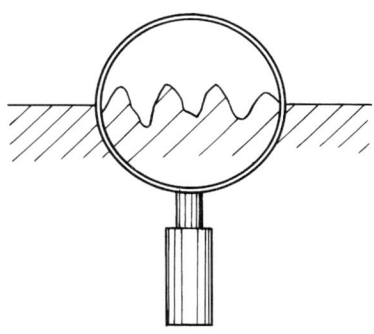

图 11-33　放大后的零件表面

（2）表面粗糙度的评定参数　国家标准（GB/T 3505—2009）规定了评定表面粗糙度的高度特征参数主要有：轮廓算术平均偏差 Ra、轮廓最大高度 Rz。

1）轮廓算术平均偏差 Ra。在取样长度 lr 内，测量方向的轮廓线上的点与基准线之间距离绝对值的算术平均值，如图 11-34 所示。

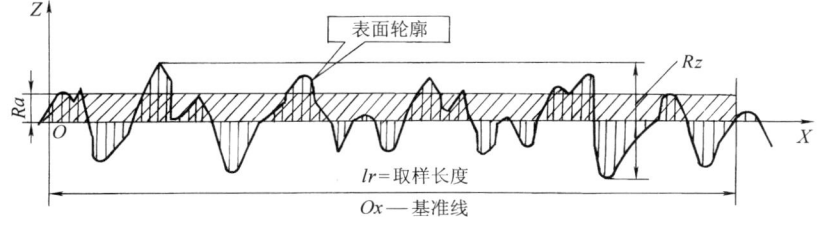

图 11-34　表面粗糙度的高度参数

用公式表示为

$$Ra = \frac{1}{l} \int_0^{lr} |Z(x)| \mathrm{d}x$$

或近似表示为

$$Ra = \frac{1}{n} \sum_{i=1}^{n} |Z_i|$$

式中，lr 为取样长度，是判别具有表面粗糙度特征的一段基准线长度，它至少包含 5 个以上轮廓峰和谷；Z 为轮廓偏距，是轮廓线上的点到基准线之间的距离。图 11-34 中的 OX 为基准线，Ra 的数值见表 11-6。

表 11-6　轮廓算术平均偏差 Ra 的数值（摘自 GT/T 1031—2009）

（单位：μm）

0.012	0.050	0.20	0.80	3.2	12.5	50
0.025	0.100	0.40	1.6	6.3	25	100

2）轮廓最大高度 Rz。在一个取样长度 lr 内，最大轮廓峰高 Zp 和最大轮廓谷深 Zv 之和的高度，如图 11-34 所示。它在评定某些不允许出现较大的加工痕迹的零件表面时有实际意义。

$$Rz = Zp + Zv$$

式中，Zp、Zv 都取正值。Rz 的数值见表 11-7。

表 11-7　轮廓最大高度 Rz 的数值（摘自 GT/T 1031—2009）

（单位：μm）

0.025	0.20	1.60	12.5	100	800
0.050	0.40	3.2	25	200	1600
0.100	0.80	6.3	50	400	

由于零件表面粗糙度不均匀，为了合理反映其特征，在测量和评定时规定的一段最小长度为评定长度 ln。一般情况下，取 ln = 5lr，称为标准长度。若评定长度为标准长度，则不需在表面粗糙度代号中注明。推荐表 11-8 选用相应的 ln 和 lr 的取值。

表 11-8　lr 和 ln 的数值（摘自 GT/T 1031—2009）

（单位：μm）

Ra/μm	Rz/μm	lr/mm	ln/mm（ln = 5lr）
≥0.008 ~ 0.02	≥0.025 ~ 0.10	0.08	0.4
>0.02 ~ 0.10	>0.10 ~ 0.50	0.25	1.25
>0.10 ~ 2.0	>0.50 ~ 10.0	0.8	4.0
>2.0 ~ 10.0	>10.0 ~ 50.0	2.5	12.5
>10.0 ~ 80.0	>50.0 ~ 320	8.0	40

表面粗糙度 Ra 数值与加工方法的关系和应用举例，见表 11-9。

表 11-9　Ra 值与加工方法的关系及应用举例

Ra/μm	加工方法	应用举例
100 50 25 12.5	粗车、粗铣、粗刨、钻孔等	不重要的接触面，没有注出公差要求的非配合表面，如箱座底面、轴的端面、倒角、螺孔、键槽的非工作表面等
6.3 3.2 1.6	精车、精铣、精刨、粗磨、铰孔等	较重要的接触面和一般配合表面，如定心的轴肩、键和键槽的工作表面、轴套及齿轮的端面等

(续)

$Ra/\mu m$	加工方法	应用举例
0.8 0.4 0.2	精磨、精铰、抛光等	要求较高的接触面和配合面,如导轨表面、圆锥销孔、齿轮工作表面等
0.1 0.05 0.025 0.012	研磨、超精磨、镜面磨等	高精度、高速运动零件的配合表面,重要的装饰面,精密量具的工作表面,高速滚动轴承的滚珠及滚柱表面等

2. 表面粗糙度的符号、代号及其标注

国标 GB/T 131—2006 规定了表面粗糙度符号、代号及注法。图样上标注的表面粗糙度代(符)号是该零件表面完工后的要求。

(1) 表面粗糙度符号 表面粗糙度符号的画法如图 11-35 所示。

表面粗糙度数值及其有关规定在符号中注写的位置如图 11-36 所示。

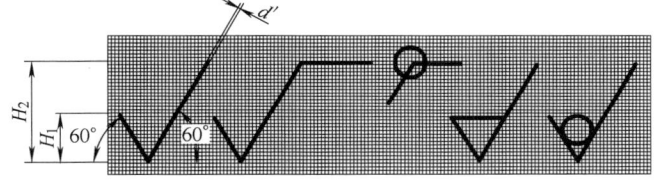

图 11-35　表面粗糙度符号的画法

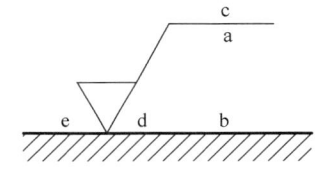

图 11-36　表面粗糙度数值及有关规定

注：$d' = \frac{1}{10}h$，$H_1 \approx 1.4h$（h 为字体高度，$H_2 = 2H_1$，小圆直径等于字高 h）

a——注写表面结构的单一要求（表面粗糙度高度参数代号及其数值,单位为 μm）,如 $Ra\ 3.2$。

b——注写两个或多个表面结构要求,如要注写多个要求时,应将图形符号在垂直方向扩大,以空出足够的空间,便于书写。

c——注写加工方法、表面处理、涂层或其他加工工艺要求等,如车、镀等加工表面。

d——注写所要求的表面纹理和纹理的方向,如"═""⊥""✕""M""⌒"等。

e——注写加工余量,单位为 mm。

表面粗糙度符号见表 11-10。表面粗糙度代号示例见表 11-11。

表 11-10 表面粗糙度符号（摘自 GT/T 131—2006）

符　号			意义及说明
基本图形符号		∨	仅用于简化代号标注,没有说明时不能单独使用
扩展图形符号	要求去除材料的图形符号	∇	基本符号加一短画,表示指定表面是用去除材料的方法获得。如通过机械加工（包括车、磨、铣、刨、钻、剪切、抛光、腐蚀、电火花加工、气割等）获得的表面
	不允许去除材料的图形符号	⌀	基本符号加一小圆,表示指定表面是用不去除材料的方法（如铸、锻、冲压变形、热轧、冷轧、粉末冶金等）获得的,或是保持原供应状况的表面（包括保持上道工序的状况）

符号			意义及说明
完整图形符号	∨ 允许任何工艺	∨ 去除材料	∨ 不去除材料	当要求标注表面粗糙度特征的有关参数和说明时,应在图形符号的长边上加一横线
工件封闭轮廓各表面的图形符号			在视图上构成封闭轮廓的各个表面有相同的表面粗糙度时,在完整的图形符号上加一小圆

表 11-11　表面粗糙度代号示例（摘自 GT/T 131—2006）

代号示例	意义	代号示例	意义
√Ra 3.2	表示未指定工艺方法,单向上限值,Ra 的上限值为 $3.2\mu m$	√Ra 3.2	表示去除材料,单向上限值,Ra 的上限值为 $3.2\mu m$
√Ramax 3.2	表示去除材料,单向上限值,Ra 的最大值为 $3.2\mu m$	√URa 3.2 LRa 1.6	表示去除材料,双向极限值,Ra 的上限值为 $3.2\mu m$,Ra 的下限值为 $1.6\mu m$
√Ra 3.2	表示不去除材料,单向上限值,Ra 的上限值为 $3.2\mu m$	√Rz 3.2	表示去除材料,单向上限值,Rz 的上限值为 $3.2\mu m$

（2）表面粗糙度的代（符）号在图样上的标注　表面粗糙度符号、代号一般标注在可见轮廓线或其延长线、指引线、尺寸线、尺寸界线上,也可标注在公差框格上方及圆柱和棱柱的表面上。符号的尖端必须从材料的外面指向表面。在同一图样上,每一表面只标注一次,并尽可能标注在相应尺寸及其公差的同一视图上。国家标准规定了表面粗糙度的代（符）号在图样上的标注方法,见表 11-12。

表 11-12　表面粗糙度代（符）号在图样上的标注方法

规定	图例
表面粗糙度代号注写和读取的方向与尺寸注写和读取的方向一致	
表面粗糙度代（符）号可标注在轮廓线上,其符号应从材料外指向并接触表面	

(续)

规 定	图 例
表面粗糙度代号可用带箭头或黑点的指引线引出标注	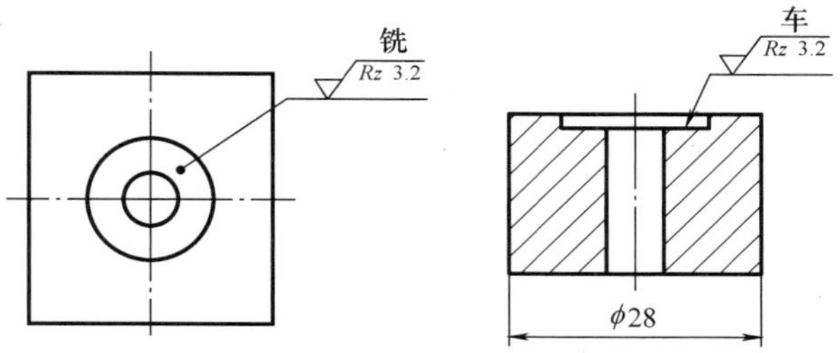
在不引起误解时,表面粗糙度代号可标注在特征尺寸的尺寸线上	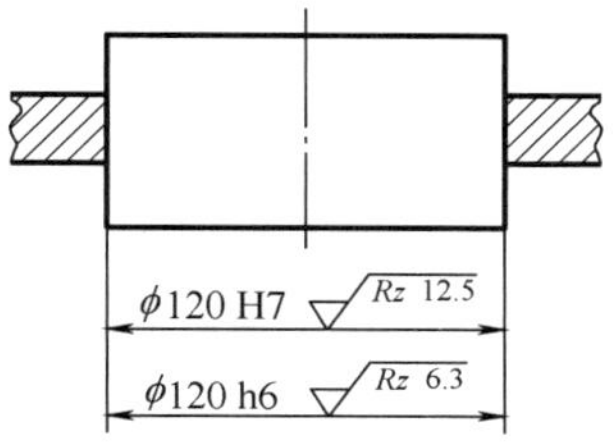
表面粗糙度代号可标注在几何公差框格的上方	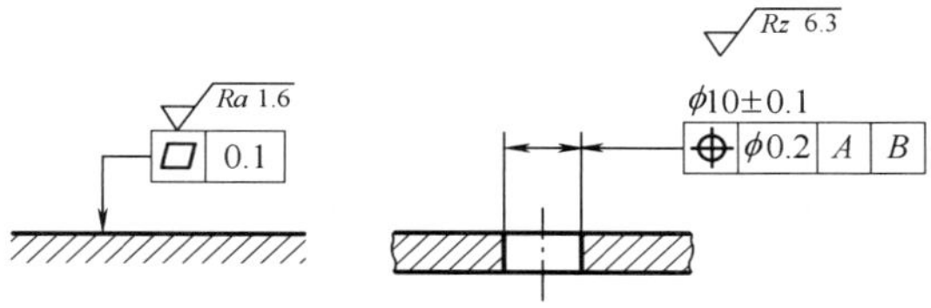
圆柱和棱柱表面的表面粗糙度代号相同时只标注一次。棱柱每个表面有不同的表面粗糙度代号时,应分别单独标注表面粗糙度代号	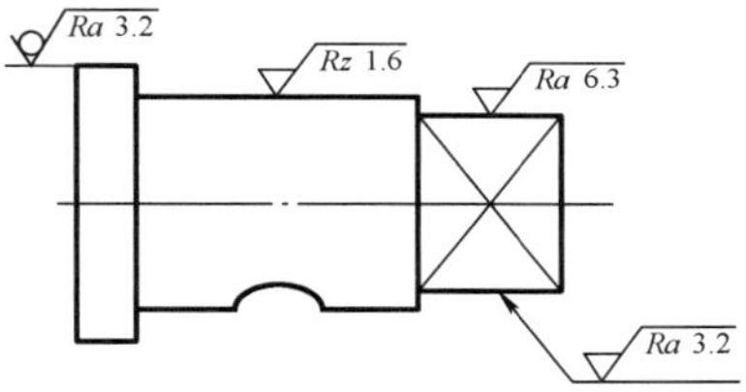
如果工件的多数(包括全部)表面有相同的表面粗糙度要求,则可将其统一标注在图样的标题栏附近。此时(除全部表面有相同的情况外),表面粗糙度代号后面应有: 1. 在圆括号内给出无任何其他标注的基本符号,如图 a 所示 2. 在圆括号内给出不同的表面粗糙度要求,如图 b 所示	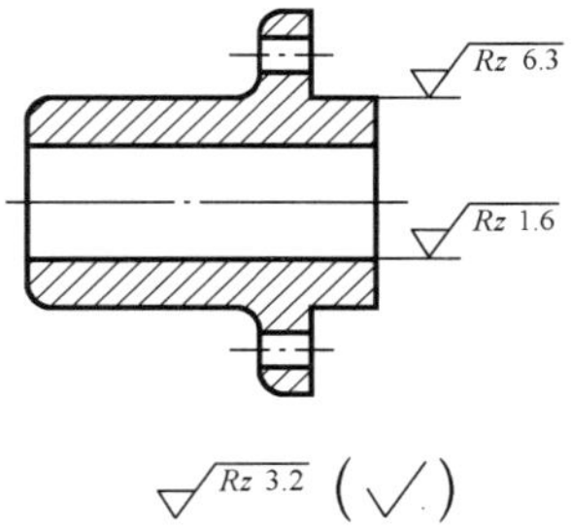 a) 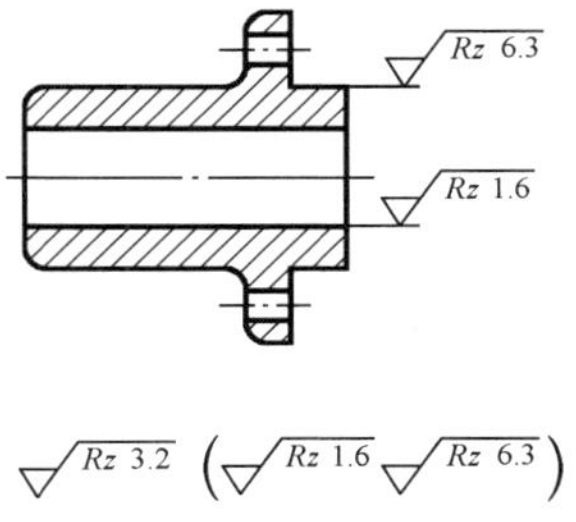 b)
可用带字母的完整符号,以等式的形式,在图形或标题栏附近对有相同表面粗糙度要求的表面进行简化标注	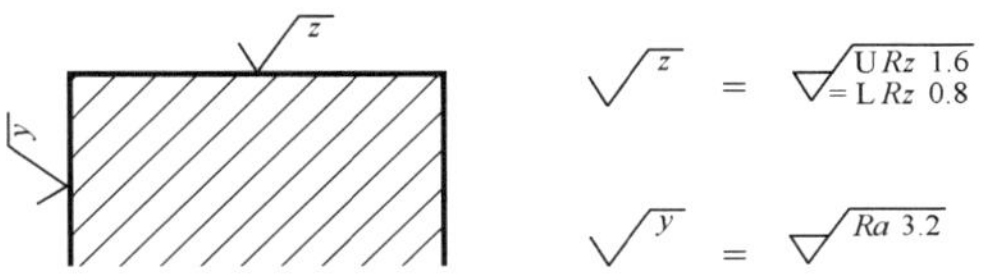

(续)

规 定	图 例
可用表面粗糙度符号，以等式的形式，在图形或标题栏附近对有相同表面粗糙度要求的表面进行简化标注	
由几种不同的工艺方法获得的同一表面，当需要明确每种工艺方法的表面粗糙度要求时，可按右图进行标注	
齿轮、螺纹等没有画出齿形或牙形时，其工作面表面粗糙度的标注：齿轮标注在分度线上，螺纹标注在尺寸线上	
零件上连续表面及重复要素（孔、槽、齿等）的表面粗糙度的标注	
中心孔的工作表面、键槽工作面、倒角、圆角的表面粗糙度的简化标注	

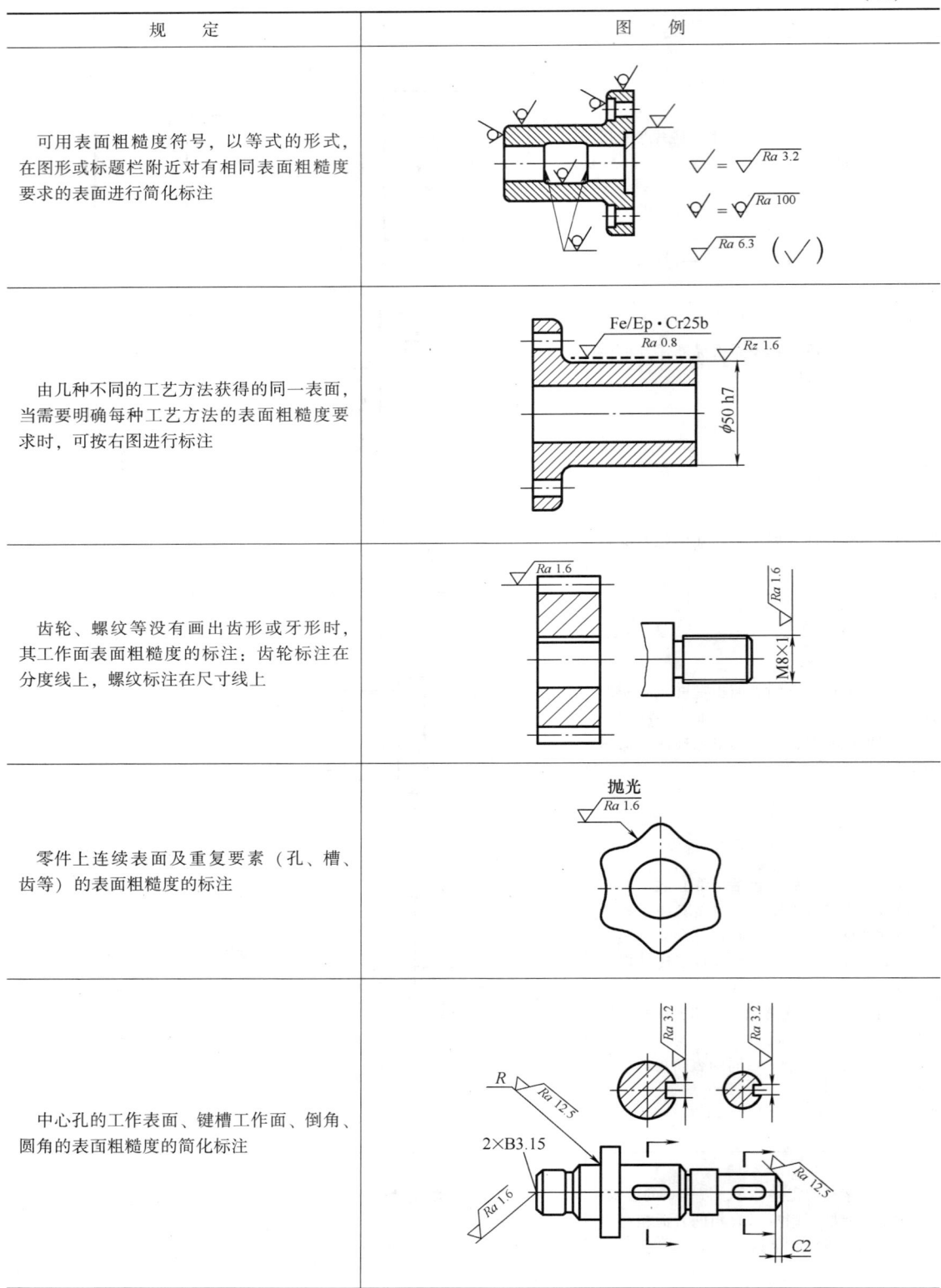

(续)

规 定	图 例
工件上不连续表面和沉孔表面粗糙度代号的简化标注	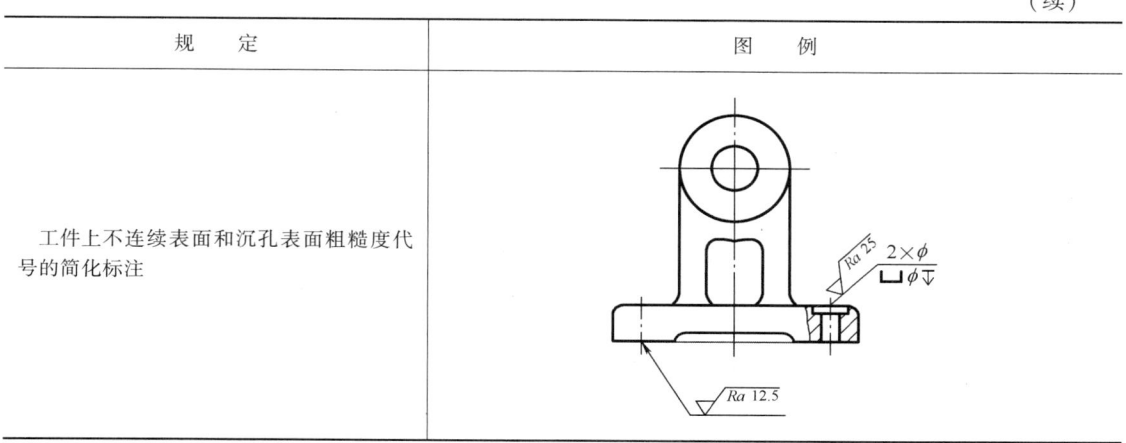

3. 表面粗糙度的选用

零件表面粗糙度值的选择直接影响产品的质量，一般参照生产中的实例，用类比法确定。因此，具体选用时既要满足零件的功能要求，又要考虑经济合理性，同时要考虑以下因素：

1）一般情况下，零件工作表面的表面粗糙度参数值比非工作表面的要小，接触表面的表面粗糙度参数值比非接触表面的要小。

2）摩擦表面的表面粗糙度参数值比非摩擦表面的要小，滚动摩擦表面的表面粗糙度参数值比滑动摩擦表面的要小。

3）相对运动速度高、单位压力大的摩擦表面粗糙度参数值要小。

4）配合表面的表面粗糙度参数值比非配合表面的表面粗糙度参数值要小。

5）受循环载荷的表面及容易引起应力集中的表面粗糙度参数值要小。

6）要求密封、耐蚀或具有装饰的表面粗糙度参数值要小。

二、极限与配合的概念及其注法

1. 互换性的概念

从一批规格大小相同的零件中，任取其中一件，不经选择和修配，装到机器或部件上就能保证其使用性能，零件的这种性质称为互换性。现代化的生产，要求零件具有互换性。公差与配合制度是实现互换性的必要条件。

2. 尺寸公差

零件在实际生产过程中由于受到设备、工夹具、测量和操作者技术水平等诸多因素的影响，它的实际尺寸总存在一定的误差，为了保证零件能正确使用并具有互换性，必须将零件的尺寸控制在允许的变动范围内（允许零件尺寸有一个变动量），这个允许的尺寸变动量称为尺寸公差（简称公差）。尺寸公差有关术语的含义如图 11-37a 所示。

（1）公称尺寸　设计给定的尺寸，其数值应优先选用标准直径或标准长度。

（2）实际尺寸　通过测量所得到的尺寸。

（3）极限尺寸　允许零件实际尺寸变化的两个极限值。其中，较大的一个称为上极限尺寸，较小的一个称为下极限尺寸。

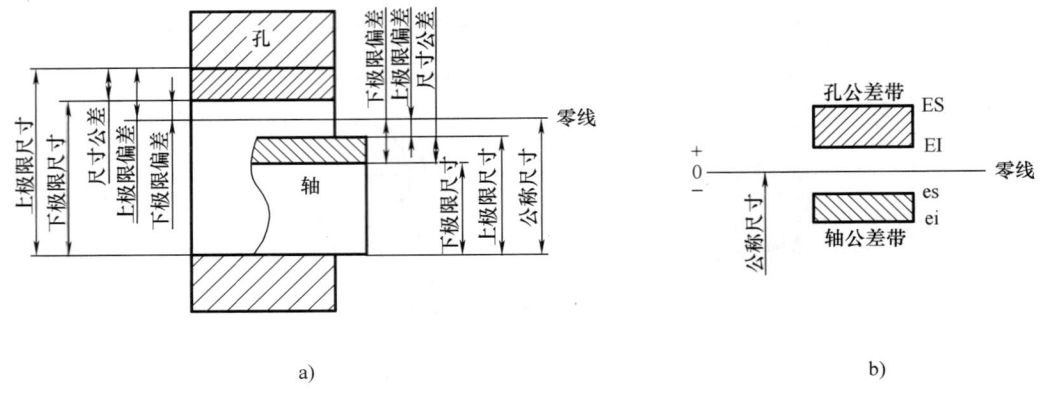

图 11-37　尺寸公差术语及公差带图
a）尺寸公差术语　b）公差带图

（4）尺寸偏差（简称偏差）　某一个尺寸减去公称尺寸所得的代数差。极限偏差包括上极限偏差和下极限偏差，其计算公式分别为

上极限偏差 = 上极限尺寸 − 公称尺寸

下极限偏差 = 下极限尺寸 − 公称尺寸

国标规定：孔的上、下极限偏差分别用 ES、EI 表示，轴的上、下极限偏差分别用 es、ei 表示。极限偏差可以是正值、负值或零。

（5）尺寸公差（简称公差）　允许尺寸的变动量。公差值永远是正值。

公差 = 上极限尺寸 − 下极限尺寸 = 上极限偏差 − 下极限偏差

（6）零线　在公差带图中，确定偏差的一条基准直线，即零偏差线。通常零线表示公称尺寸。

（7）尺寸公差带（简称公差带）　在公差带图中，由代表上、下极限偏差的两条直线所限定的区域，如图 11-37b 所示。

3. 标准公差和基本偏差

公差带由"公差带大小"和"公差带位置"两个要素组成。"公差带大小"由标准公差确定，"公差带位置"由基本偏差确定。

（1）标准公差　标准公差的数值由公称尺寸和公差等级决定。其中公差等级确定尺寸的精确程度。国家标准将标准公差分为 20 个等级：IT01、IT0、IT1、IT2、…、IT18。IT 是标准公差的英文缩写，数字表示公差等级。从 IT01 至 IT18，公差等级依次降低。标准公差的具体数值查阅附表 C-1。

（2）基本偏差　基本偏差一般指上、下极限偏差中靠近零线的那个极限偏差。如图 11-38 所示，当公差带位于零线上方时，基本偏差为下极限偏差，当公差带位于零线下方时，基本偏差为上极限偏差。

国家标准规定孔和轴分别有 28 种基本偏

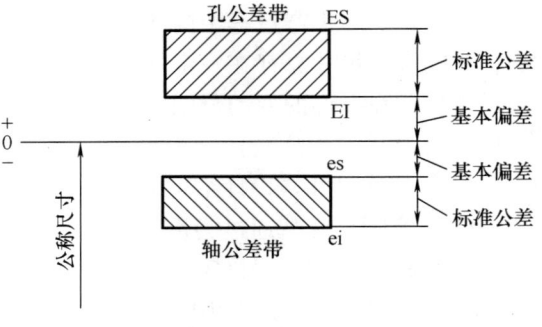

图 11-38　基本偏差

差。基本偏差代号用拉丁字母表示，大写为孔，小写为轴。基本偏差系列如图 11-39 所示。从图中可看出：

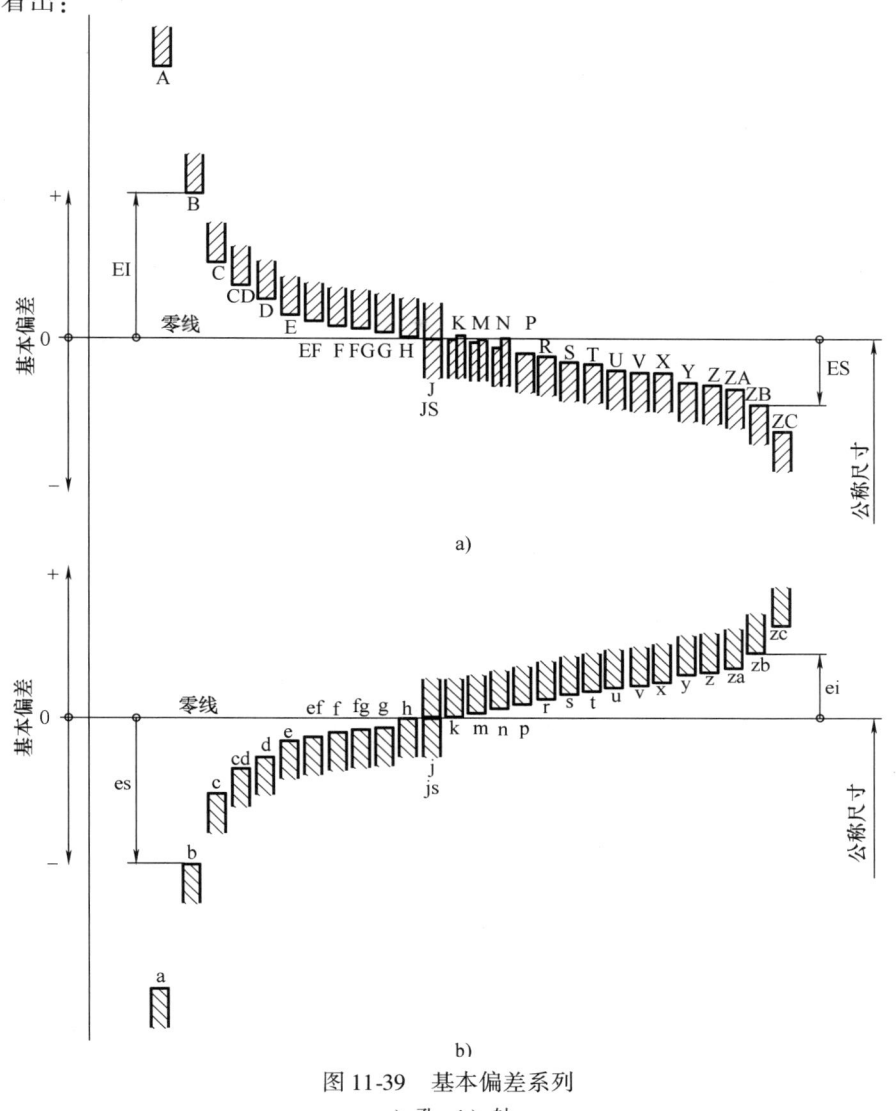

图 11-39 基本偏差系列
a）孔 b）轴

1）轴的基本偏差中，a~h 是上极限偏差，且为负值，j~zc 为下极限偏差，且为正值；孔的基本偏差中，A~H 为下极限偏差，且为正值，J~ZC 为上极限偏差，且为负值。常用轴的基本偏差数值见附表 C-3，优先配合中轴的上、下极限偏差数值见附表 C-5。常用孔的基本偏差数值见附表 C-2，优先配合中孔的上、下极限偏差数值见附表 C-4。

2）孔 JS 和轴 js 的公差带对称分布于零线的上下侧，其上、下极限偏差分别都是（+IT/2）、（-IT/2）。

3）孔 H 和轴 h 的基本偏差均为 0。

基本偏差系列图只表示公差带的位置，而公差带的大小取决于各级标准公差的大小，所以另一端是开口的。

孔和轴的公差带代号由基本偏差代号与公差等级代号组成。例如：

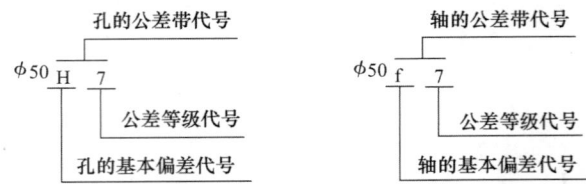

4. 配合

公称尺寸相同的、相互结合的孔和轴的公差带之间的关系称为配合。

（1）配合种类　根据孔、轴之间使用要求不同，配合可分为间隙配合、过盈配合和过渡配合三种。

1）间隙配合。孔与轴装配时，有间隙（包括最小间隙等于零）的配合。间隙配合中孔的公差带在轴的公差带之上，如图 11-40a 所示。

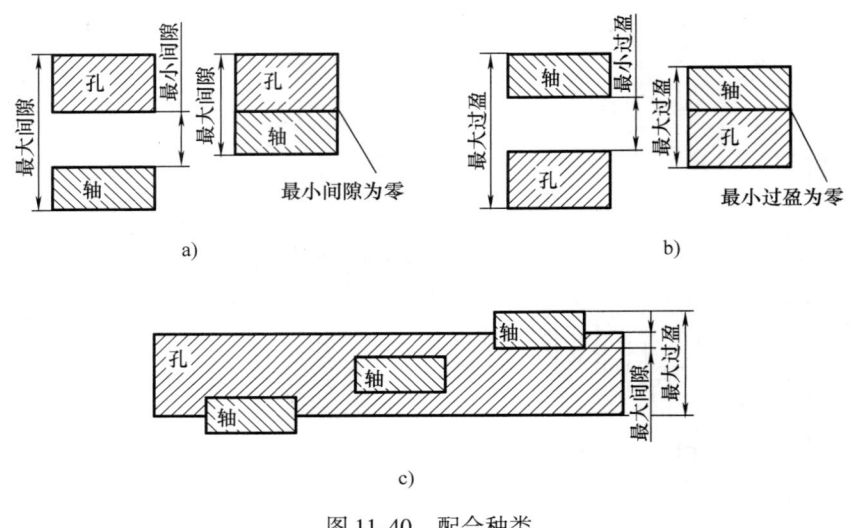

图 11-40　配合种类
a）间隙配合　b）过盈配合　c）过渡配合

$$最大间隙 = 孔的上极限尺寸 - 轴的下极限尺寸$$
$$最小间隙 = 孔的下极限尺寸 - 轴的上极限尺寸$$

2）过盈配合。孔与轴装配时，有过盈（包括最小过盈等于零）的配合。过盈配合中孔的公差带在轴的公差带之下，如图 11-40b 所示。

$$最大过盈 = 轴的上极限尺寸 - 孔的下极限尺寸$$
$$最小过盈 = 轴的下极限尺寸 - 孔的上极限尺寸$$

3）过渡配合。孔与轴装配时，可能有间隙或过盈的配合。此时，孔的公差带与轴的公差带互相交叠，如图 11-40c 所示。

（2）配合制　国家标准规定配合制有基孔制和基轴制。

1）基孔制。基本偏差为一定的孔的公差带与不同基本偏差的轴的公差带形成各种配合的一种制度，如图 11-41a 所示。基孔制中的孔称为基准孔，基准孔的基本偏差代号为 H，其下极限偏差为零。

2）基轴制。基本偏差为一定的轴的公差带与不同基本偏差的孔的公差带形成各种配合的一种制度，如图 11-41b 所示。基轴制中的轴称为基准轴，基准轴的基本偏差代号为 h，其上极限偏差为零。

（3）公差和配合的选用　基孔制和基轴制都可以实现三种不同的配合。国家标准根据机械工业产品生产和使用的需要，考虑到定值刀具、量具规格统一，规定了轴、孔公差带中组合成基孔制和基轴制的常用配合、优先配合，见表 11-13 和表 11-14。

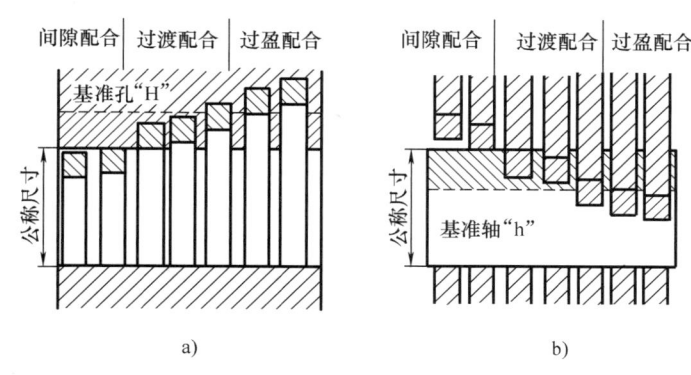

图 11-41　基孔制和基轴制
a）基孔制配合　b）基轴制配合

表 11-13　基孔制优先、常用配合（摘自 GB/T 1801—2009）

基准孔	轴																				
	a	b	c	d	e	f	g	h	js	k	m	n	p	r	s	t	u	v	x	y	z
	间隙配合								过渡配合				过盈配合								
H6						$\frac{H6}{f5}$	$\frac{H6}{g5}$	$\frac{H6}{h5}$	$\frac{H6}{js5}$	$\frac{H6}{k5}$	$\frac{H6}{m5}$	$\frac{H6}{n5}$	$\frac{H6}{p5}$	$\frac{H6}{r5}$	$\frac{H6}{s5}$	$\frac{H6}{t5}$					
H7						$\frac{H7}{f6}$	$\frac{H7}{g6}$	$\frac{H7}{h6}$	$\frac{H7}{js6}$	$\frac{H7}{k6}$	$\frac{H7}{m6}$	$\frac{H7}{n6}$	$\frac{H7}{p6}$	$\frac{H7}{r6}$	$\frac{H7}{s6}$	$\frac{H7}{t6}$	$\frac{H7}{u6}$	$\frac{H7}{v6}$	$\frac{H7}{x6}$	$\frac{H7}{y6}$	$\frac{H7}{z6}$
H8					$\frac{H8}{e7}$	$\frac{H8}{f7}$	$\frac{H8}{g7}$	$\frac{H8}{h7}$	$\frac{H8}{js7}$	$\frac{H8}{k7}$	$\frac{H8}{m7}$	$\frac{H8}{n7}$	$\frac{H8}{p7}$	$\frac{H8}{r7}$	$\frac{H8}{s7}$	$\frac{H8}{t7}$	$\frac{H8}{u7}$				
H8				$\frac{H8}{d8}$	$\frac{H8}{e8}$	$\frac{H8}{f8}$		$\frac{H8}{h8}$													
H9			$\frac{H9}{c9}$	$\frac{H9}{d9}$	$\frac{H9}{e9}$	$\frac{H9}{f9}$		$\frac{H9}{h9}$													
H10			$\frac{H10}{c10}$	$\frac{H10}{d10}$				$\frac{H10}{h10}$													
H11	$\frac{H11}{a11}$	$\frac{H11}{b11}$	$\frac{H11}{c11}$	$\frac{H11}{d11}$				$\frac{H11}{h11}$													
H12		$\frac{H12}{b12}$						$\frac{H12}{h12}$													

注：1. $\frac{H6}{n5}$、$\frac{H7}{p6}$ 在公称尺寸小于或等于 3mm 和 $\frac{H8}{r7}$ 在小于或等于 100mm 时，为过渡配合。

2. 标注 ▼ 的配合为优先配合。

表 11-14 基轴制优先、常用配合（摘自 GB/T 1801—2009）

基准轴	A	B	C	D	E	F	G	H	JS	K	M	N	P	R	S	T	U	V	X	Y	Z
				间隙配合					过渡配合			过盈配合									
h5						$\frac{F6}{h5}$	$\frac{G6}{h5}$	$\frac{H6}{h5}$	$\frac{JS6}{h5}$	$\frac{K6}{h5}$	$\frac{M6}{h5}$	$\frac{N6}{h5}$	$\frac{P6}{h5}$	$\frac{R6}{h5}$	$\frac{S6}{h5}$	$\frac{T6}{h5}$					
h6						$\frac{F7}{h6}$	$\frac{G7}{h6}$	$\frac{H7}{h6}$	$\frac{JS7}{h6}$	$\frac{K7}{h6}$	$\frac{M7}{h6}$	$\frac{N7}{h6}$	$\frac{P7}{h6}$	$\frac{R7}{h6}$	$\frac{S7}{h6}$	$\frac{T7}{h6}$	$\frac{U7}{h6}$				
h7					$\frac{E8}{h7}$	$\frac{F8}{h7}$		$\frac{H8}{h7}$	$\frac{JS8}{h7}$	$\frac{K8}{h7}$	$\frac{M8}{h7}$	$\frac{N8}{h7}$									
h8				$\frac{D8}{h8}$	$\frac{E8}{h8}$	$\frac{F8}{h8}$		$\frac{H8}{h8}$													
h9				$\frac{D9}{h9}$	$\frac{E9}{h9}$	$\frac{F9}{h9}$		$\frac{H9}{h9}$													
h10				$\frac{D10}{h10}$				$\frac{H10}{h10}$													
h11	$\frac{A11}{h11}$	$\frac{B11}{h11}$	$\frac{C11}{h11}$	$\frac{D11}{h11}$				$\frac{H11}{h11}$													
h12		$\frac{B12}{h12}$						$\frac{H12}{h12}$													

注：标注▼的配合为优先配合。

由于加工相同公差等级的孔比加工轴要困难，因此，国家标准规定：一般情况下优先选用基孔制。基轴制通常仅用于具有明显经济效益的场合，或结构设计要求不适合采用基孔制的场合。一般有以下三种情况：用冷拉棒料作轴，不需要再加工；与标准件配合时，如图 11-42 所示，与滚动轴承内孔配合的轴颈需用基孔制配合，而与其外径配合的座孔则应采用基轴制配合；同一公称尺寸的轴与几个孔组成不同的配合，如图 11-43 所示，活塞销与连杆衬套采用间隙配合，而与活塞上孔采用过渡配合，此时，应采用基轴制配合。

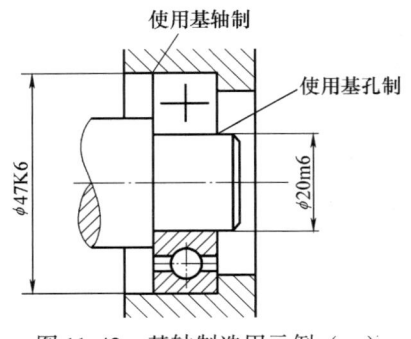

图 11-42 基轴制选用示例（一）

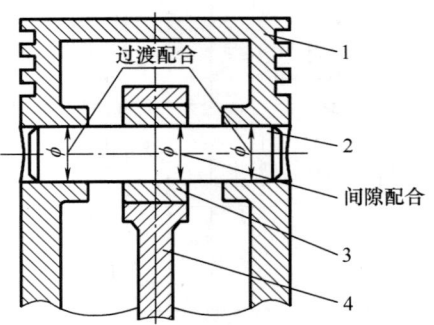

图 11-43 基轴制选用示例（二）
1—活塞 2—活塞销 3—连杆衬套 4—连杆

5. 极限与配合在图样中的标注及查表

(1) 在装配图中的标注 在装配图中配合代号的标注采用组合式注法，即在公称尺寸右边以分式形式注出，分子、分母分别为孔、轴的公差带代号，其标注格式如下：

公称尺寸 $\dfrac{\text{孔的公差带代号}}{\text{轴的公差带代号}}$，如图 11-44a 所示；或公称尺寸孔公差带代号/轴公差带代号，如图 11-44b 所示。

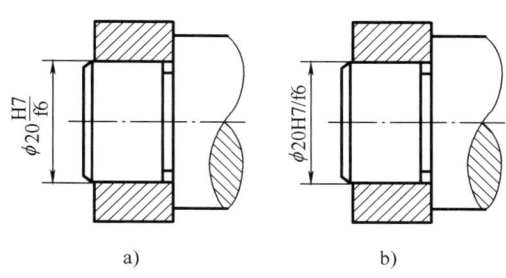

图 11-44 在装配图中的注法

根据标注的配合代号可确定配合制：若分子中基本偏差代号为 H，则为基孔制配合；若分母中基本偏差代号为 h，则为基轴制配合。

滚动轴承为标准件，其外圈和轴承座的配合及内圈与轴的配合，它们的配合代号的注法如图 11-42 所示。

(2) 在零件图中的标注 在零件图上标注公差有三种形式：

1) 标出公称尺寸和公差带代号。如图 11-45a 所示，公称尺寸的字高和公差带代号字高相同。

2) 标出公称尺寸和上、下极限偏差数值，如图 11-45b 所示。这种标注方法的标注规则为：

① 上、下极限偏差数值字高比公称尺寸字高小一号。上、下极限偏差数值单位为 mm，且分别写在公称尺寸的右上、右下角，并与公称尺寸数字下平齐。

② 上、下极限偏差数值中小数点要对齐，其后面的位数也应相同，若其中有一个极限偏差为零时，仍应写出，并与另一极限偏差小数点左边的个位数对齐，极限偏差若为正值（或负值），必须标出"+"（或"-"）号。

③ 上、下极限偏差绝对值相同时，可写在一起，且上、下极限偏差数值字高和公称尺寸字高相同，如 $\phi 20 \pm 0.05$。

3) 同时标出公差带代号和上、下极限偏差数值。上、下极限偏差数值写在公差带代号后面的括号内，如图 11-45c 所示。

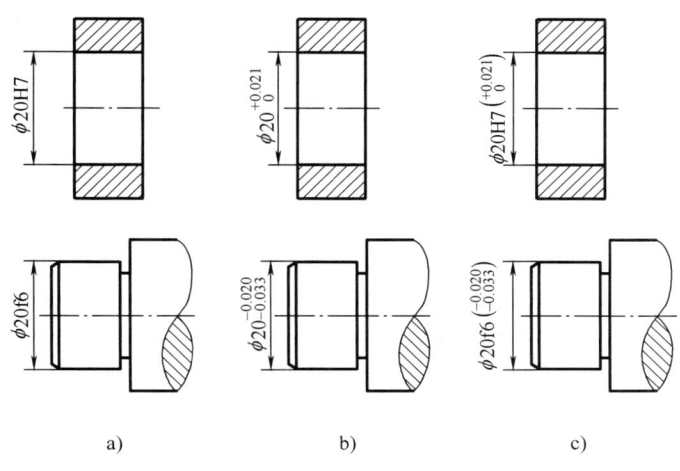

图 11-45 在零件图中的注法

(3) 查表举例

例 11-1 确定 $\phi 50 \dfrac{\text{H8}}{\text{f7}}$ 中孔和轴的上、下极限偏差。

解 从表 11-13 中可知，$\dfrac{\text{H8}}{\text{f7}}$ 是基孔制的间隙配合，且是优先选用的配合，故可直接从附表 C-4、附表 C-5 中公称尺寸大于 40~50mm 的尺寸段及相应的公差带处查得孔和轴的上、下极限偏差。

从附表 C-4 中可查得基准孔 $\phi 50 \text{H8}$ 的上、下极限偏差分别为 $+39\mu \text{m}$、0。$\phi 50 \text{H8}$ 可写成 $\phi 50_{\ 0}^{+0.039}$。

从附表 C-5 中可查得轴 $\phi 50 \text{f7}$ 的上、下极限偏差分别为 $-25\mu \text{m}$、$-50\mu \text{m}$。$\phi 50 \text{f7}$ 可写成 $\phi 50_{-0.050}^{-0.025}$。

例 11-2 确定 $\phi 30 \dfrac{\text{H8}}{\text{n7}}$ 中孔和轴的上、下极限偏差。

解 从表 11-13 中可知，$\dfrac{\text{H8}}{\text{n7}}$ 是基孔制常用的过渡配合，公称尺寸 30 属于大于 24~30 的尺寸段。H8 可由附表 C-4 直接查出，$\phi 30 \text{H8}$ 可写成 $\phi 30_{\ 0}^{+0.033}$。由于附表 C-5 中未列出 n7，所以先查附表 C-1、附表 C-3 得出标准公差和基本偏差，再计算得到。

从附表 C-3 中公称尺寸为大于 24~30 的尺寸段中，查得基本偏差 n 为下极限偏差，数值为 $+15\mu \text{m}$，从附表 C-1 中查得公称尺寸为大于 18~30 的尺寸段中，标准公差 IT7 为 $21\mu \text{m}$，$\phi 30 \text{n7}$ 的上极限偏差为：$es = ei + IT7 = (15 + 21)\mu \text{m} = +36\mu \text{m}$。故 $\phi 30 \text{n7}$ 可写成 $\phi 30_{+0.015}^{+0.036}$。

从以上两例题可看出：由公差带代号查其上、下极限偏差时，若公差带代号在附表 C-4、附表 C-5 中有，可直接查出；若没有，则要查基本偏差（并确定基本偏差是上极限偏差还是下极限偏差）和标准公差，计算得到另一极限偏差。

三、几何公差的概念及其注法

几何公差由形状公差、方向公差、位置公差和跳动公差组成，它是针对构成零件几何特征的点、线、面的几何形状和相互位置的误差所规定的公差。在生产中，按照设计的尺寸公差和表面粗糙度，可以加工出符合要求的零件。但是，零件的形状及相关要素的位置可能出现图 11-46 所示的情况。这些误差会影响零件的互换性和机器的使用寿命，严重时会导致无法装配。因此，必须控制这些误差的范围，在图样上注出几何公差。

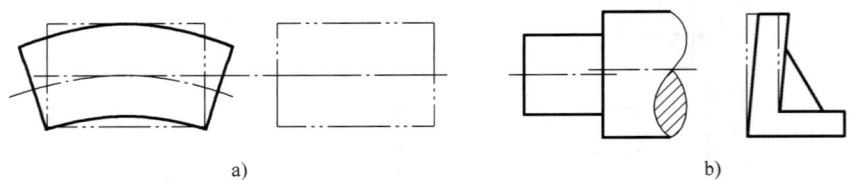

图 11-46 形状误差与位置误差
a) 形状误差 b) 位置误差

1. 几何公差的特征项目及符号

国家标准（GB/T 1182—2008）规定了几何公差的几何特征、符号，见表 11-15。

表 11-15　几何公差的几何特征、符号

公差类型	几何特征	符　号	有无基准
形状公差	直线度	—	无
	平面度	▱	无
	圆度	○	无
	圆柱度	⌭	无
	线轮廓度	⌒	无
	面轮廓度	⌓	无
方向公差	平行度	∥	有
	垂直度	⊥	有
	倾斜度	∠	有
	线轮廓度	⌒	有
	面轮廓度	⌓	有
位置公差	位置度	⊕	有或无
	同心度（用于中心点）	◎	有
	同轴度（用于轴线）	◎	有
	对称度	≡	有
	线轮廓度	⌒	有
	面轮廓度	⌓	有
跳动公差	圆跳动	↗	有
	全跳动	⌰	有

几何公差的公差带是由公差值确定的，它是限制实际形状或实际位置变动的区域。公差带的形状有：两平行直线、两等距曲线、两同心圆、一个圆、一个球、一个圆柱、一个四棱柱、两同轴圆柱、两平行平面、两等距曲面间的区域等。

2. 几何公差在图样上的标注

根据国家标准（GB/T 1182—2008）规定，在图样上用代号标注几何公差，代号由公差项目符号、框格、指引线、公差数值及其他内容组成。当无法采用代号标注时，允许在技术

要求中用文字说明。

（1）几何公差框格与基准符号　几何公差框格用细实线画出，由两格或多格组成。一般将框格水平或垂直放置。框格水平放置时，从左至右，第一格是几何公差特征符号，第二格是几何公差数值和有关符号，第三格及以后各格是基准代号和字母。框格高度是图样中字体高度的两倍，长度按需要确定，框格中的字母和数字高度与图样中的字体高度相同。基准符号由带方框的大写字母（基准字母）用细实线和涂黑或空白的三角形（基准符号）相连组成，如图11-47所示。

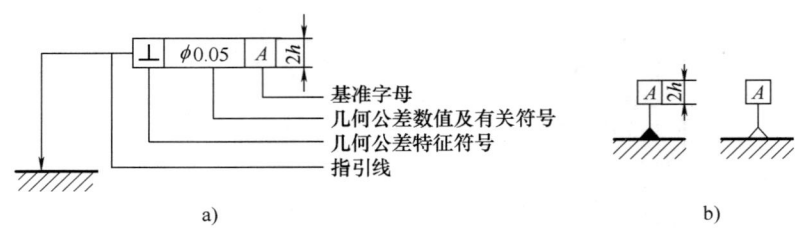

图 11-47　几何公差框格与基准符号
a）几何公差框格　b）基准符号

（2）被测要素的标注　用带箭头的指引线，将框格与被测要素相连。一般指引线的箭头指向被测要素的公差带的宽度方向或直径方向，标注时有以下几种方法：

1）被测要素是表面或直线时，指引线的箭头应指向该要素的轮廓线或其延长线，并与该要素的尺寸线错开，如图11-48a、b所示；箭头也可指向引出线的水平线，引出线引自被测表面，如图11-48c所示。

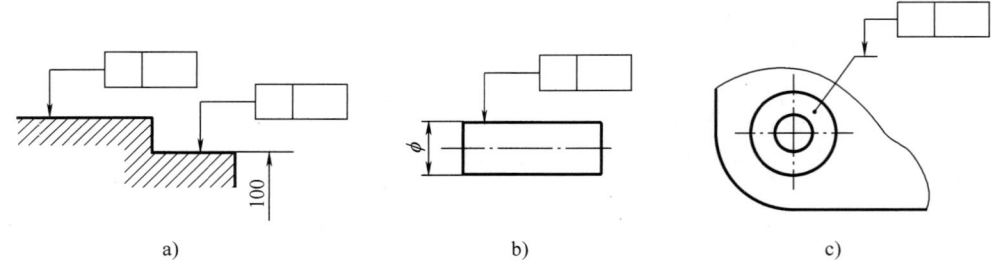

图 11-48　被测要素的标注（一）

2）被测要素是轴线、球心或对称中心面时，指引线的箭头应与对应的尺寸线对齐，如图11-49所示。

3）当同一被测要素有多项几何公差要求时，可将多个框格绘制在一起，如图11-50所示。

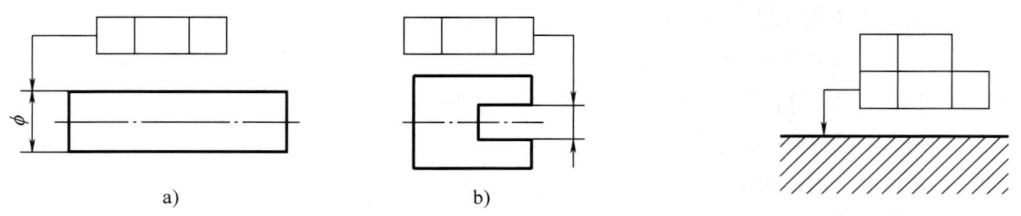

图 11-49　被测要素的标注（二）　　　　　图 11-50　被测要素的标注（三）

4)一个公差框格可以用于具有相同几何特征和公差值的若干个分离要素,其标注方式如图 11-51 所示。

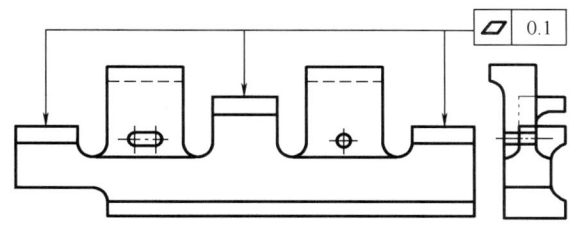

图 11-51　被测要素的标注（四）

（3）基准要素的标注

1）当基准要素为表面或直线时,基准符号应靠近该要素的轮廓线或延长线标注,并与该要素的尺寸线错开,如图 11-52 所示。

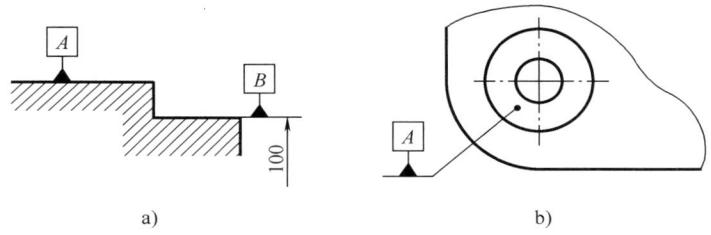

图 11-52　基准的标注（一）

2）当基准要素为轴线、中心平面及球心时,基准符号应与该要素的尺寸线对齐,如图 11-53 所示。

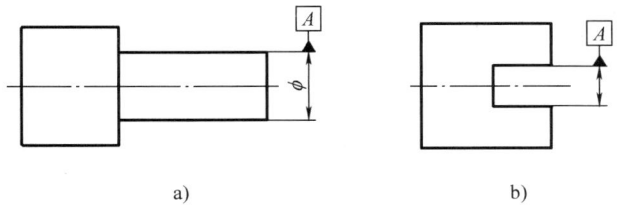

图 11-53　基准的标注（二）

3）单一基准要素可用大写字母表示,如图 11-54a 所示；由两个要素组成的公共基准,用两个大写字母,中间用横线隔开表示,如图 11-54b 所示；由两个或三个要素组成的基准体系,如多基准组合,表示基准的大写字母应按基准优先次序从左向右分别置于各框格中,如图 11-54c 所示；为了不引起误解,不采用字母 E、I、J、M、O、P、L、R、F。

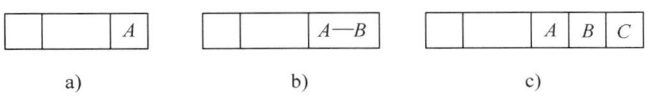

图 11-54　在框格中基准字母的标注

3. 几何公差标注示例

图 11-55 所示为一气门阀杆标注几何公差的实例。图中有四处对气门阀杆标注了几何公差要求，其意义为：

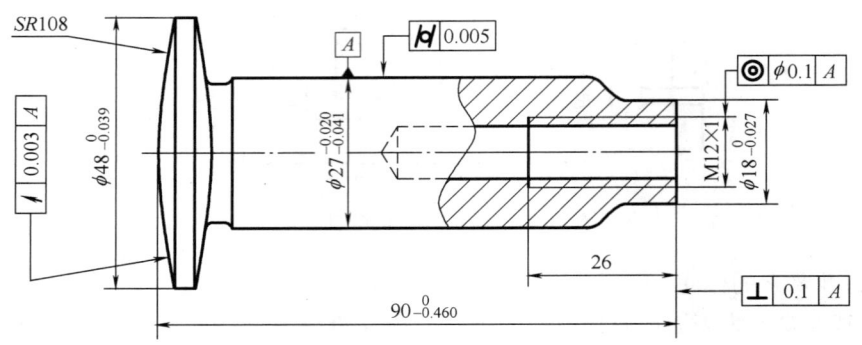

图 11-55　几何公差综合标注实例

1）SR108 球面对 $\phi 27$ 圆柱轴线的圆跳动公差值为 0.003mm。
2）$\phi 27$ 圆柱的圆柱度公差值为 0.005mm。
3）M12×1 螺孔的轴线对 $\phi 27$ 圆柱轴线的同轴度公差值为 $\phi 0.1$mm。
4）零件的右端面对 $\phi 27$ 圆柱轴线的垂直度公差值为 0.1mm。

四、其他技术要求

在零件图中的技术要求除以上介绍的以外，还有其他技术要求：

1. 热处理

将零件按一定的规范进行加热、保温、冷却的过程。通过热处理可以改变金属材料的结晶结构，从而保证零件所需的力学、物理及化学性能。热处理要求可在图样上标注，如图 11-56a 所示。

2. 表面处理

对零件表面通过机械或化学的方法进行发黑、发蓝、抛光等处理。如图 11-56b 所示，同时标注表面处理前、后的表面粗糙度。

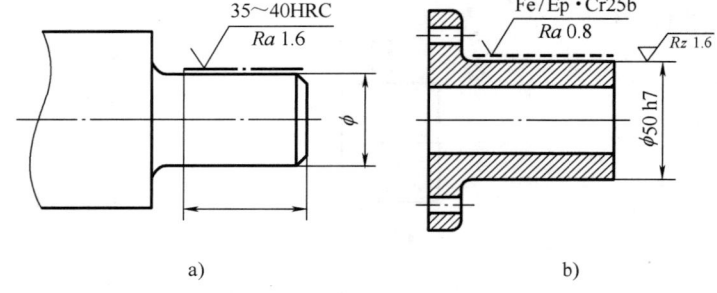

图 11-56　标注热处理及表面处理要求实例
a）标注热处理要求　b）标注表面处理要求

3. 其他要求

对于在图样上不便标注的要求，如铸造圆角，以及检验、试验的要求等需用文字在"技术要求"标题下写出。

第五节　读零件图

在进行零件设计、制造、检验时，不仅要有绘制零件图的能力，还必须有读零件图的能力。读零件图的目的是了解零件的名称、材料及用途，根据零件图想象出零件的内、外结构形状、功用，以及它们之间的相对位置及大小，弄清零件的全部尺寸和零件的制造方法及技术要求，以便制造、检验时采用合适的方法，在此基础上进一步研究零件结构的合理性，以便不断改进和创新。

一、读零件图的方法和步骤

1. 读标题栏

从标题栏可以了解零件的名称、材料、数量、图样的比例等，从而初步判断零件的类型，了解加工方法及其作用。

2. 表达方案分析

分析零件的表达方案，弄懂零件各部分的形状和结构。开始读图时，必须先读懂主视图，然后看用多少个视图和用什么表达方法，以及各个视图间的关系，搞清楚表达方案的特点，为进一步读懂零件图打好基础。可按下列顺序进行分析：

1) 确定主视图。
2) 确定其他视图、剖视图、断面图等的名称、相互位置和投影关系。
3) 有剖视图、断面图的要找出剖切面的位置。
4) 有向视图、局部视图、斜视图的要找到投影部位的字母和表示投射方向的箭头。
5) 有无局部放大图和简化画法。

3. 进行形体分析、线面分析和结构分析

进行形体分析和线面分析的目的是为了更好地搞清楚投影关系和便于综合想象出整个零件的形状。可按下列顺序进行分析：

1) 先看懂零件的大致轮廓，用形体分析法将零件分为几个较大的独立部分进行分析。
2) 分内、外部结构进行分析，分析零件各部分的功能和形状。
3) 对不便于进行形体分析的部分进行线面分析，搞清投影关系，读懂零件的结构形状。

4. 尺寸分析

尺寸分析可按下列顺序进行：

1) 根据形体分析和结构分析，了解定形尺寸和定位尺寸。
2) 根据零件的结构特点，了解尺寸的标注形式。
3) 了解功能尺寸和非功能尺寸。
4) 确定零件的总体尺寸。

5. 技术要求分析

根据图形内、外的符号和文字注解，对表面粗糙度、尺寸公差、几何公差、材料热处理及表面处理等技术要求进行分析。

6. 综合分析

通过以上各方面分析，对零件的作用、内外结构形状、大小、功能和加工检验要求都有了较清楚的了解，最后归纳、总结，得出零件的整体形象。

二、读零件图举例

图 11-57 所示是壳体零件图，按上述方法和步骤读图如下：

1. 读标题栏

零件名称为壳体，比例为 1∶2，属箱体类零件。材料代号是 HT150，是灰铸铁，这个零件是铸件。

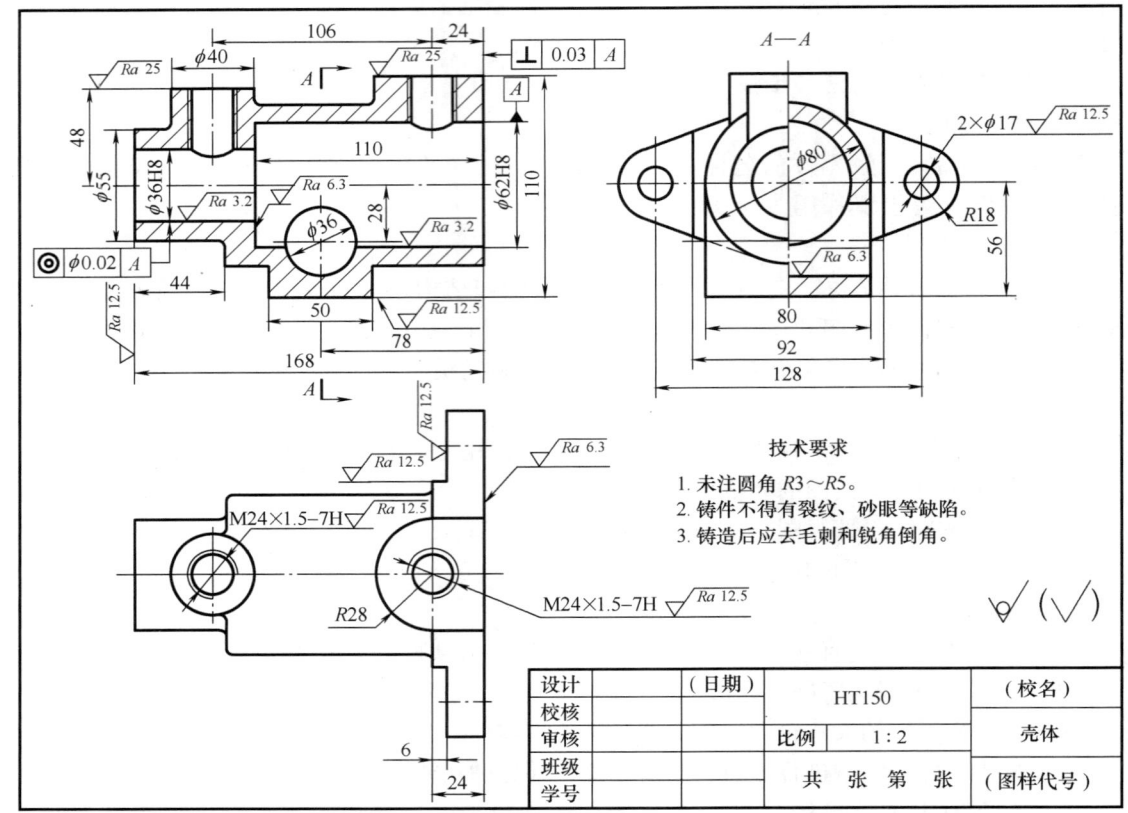

图 11-57 壳体零件图

2. 表达方案分析

壳体零件较为复杂,用三个基本视图表达。主视图为用正平面剖切,得到零件的全剖视图,主要表达零件的内部结构形状。由于零件的前后对称,剖切位置在对称平面上,且剖视图按投影关系配置,所以主视图省略标注。俯视图采用基本视图,表达零件的外形,主要表达零件上部两凸台的形状。左视图采用半剖视图,剖切位置通过 $\phi 36$ 孔的轴线,主要表达零件左、右两端的形状及零件前后 $\phi 36$ 孔和零件内部 $\phi 62H8$ 孔的相交情况。

3. 进行形体分析、线面分析和结构分析

由形体分析可知:该壳体零件的主体结构大致为回转体,在回转体的上部有两凸台,前、后均有方形平台,右侧连接安装侧板。

再看细部结构:中部是阶梯的空心圆柱,外圆直径分别为 $\phi 55$、$\phi 80$,内圆直径分别为 $\phi 36H8$、$\phi 62H8$;上部凸台一个是圆柱形,另一个是由半圆柱和四棱柱组成,两凸台均有 $M24 \times 1.5\text{-}7H$ 的螺孔,且螺孔与中部的阶梯圆柱孔贯通;前、后方形平台对称,平台前面正好与 $\phi 80$ 圆柱面相切,平台长为 50,并钻有 $\phi 36$ 通孔;右侧是安装侧板,有安装孔 $2 \times \phi 17$。

4. 尺寸分析

通过形体分析和尺寸分析可以看出:零件高度方向的主要尺寸基准为零件的底面,由定位尺寸 56、110 分别定位中部的阶梯空心圆柱和最高凸台的位置,再由空心圆柱的轴线作辅助基准，由尺寸 48、28 定位另一凸台和 φ36 孔的高度；宽度方向的主要尺寸基准为零件前、后的对称平面；长度方向的主要尺寸基准为右端面，由定位尺寸 24、106、78 分别确定各孔的位置。总体尺寸：长度为 168，宽度为 164(18 + 128 + 18)，高度为 110。通过分析定位尺寸和定形尺寸，可完全读懂壳体的形状和大小。

5. 技术要求分析

中部的阶梯空心圆柱内孔 φ36H8、φ62H8 有尺寸公差要求，其上、下极限偏差数值可查表得到。几何公差有：壳体零件的右端面对 φ62H8 孔轴线的垂直度公差为 0.03，φ36H8 孔的轴线对 φ62H8 孔的轴线同轴度公差为 φ0.02。零件的表面粗糙度中，φ62H8 孔和 φ36H8 孔的 Ra 上限值为 3.2μm，要求最高，其他加工面 Ra 的上限值从 6.3μm 到 25μm 不等，其余未标注表面为不加工面。用文字叙述的技术要求有：对铸件毛坯的质量要求，未注铸造圆角等要求。

6. 综合分析

把以上各项内容综合起来，可得出壳体零件是机器中的重要零件，该零件的结构特点是其内部有圆柱孔，前后对称，起容纳、支承其他零件的作用，内部有流体通过，有进、出流体的通道。该零件内孔的加工精度高，有尺寸公差和几何公差要求，并且孔的内表面和其他零件有配合要求，这样得到了零件的总体概念。

第六节　零件测绘

对已有零件实物进行测量、绘图、确定技术要求的过程，称为零件测绘。零件测绘是工程技术人员必备的基本技能，在仿制、修配机器或部件及技术改造时，常要进行零件测绘。

一、零件测绘的方法和步骤

1. 了解、分析测绘对象

首先了解零件的名称、用途、材料及在机器或部件中的位置、作用，其次分析零件的结构形状和零件的制造方法等。

2. 确定表达方案

用形体分析法分析零件，确定零件属于哪类零件，按确定零件主视图的原则，确定主视图。再根据零件内、外结构特点，选择必要的其他视图和表达方法（剖视、断面等）。力求表达方案准确、清晰、简练。

3. 绘制零件草图

用目测比例、徒手绘制的零件图，称为零件草图（徒手绘图参见第一章有关内容）。测绘零件一般在机器工作现场进行，先在现场绘制草图，然后根据零件草图整理成零件工作图。因此零件草图应具备零件图的全部内容，力求做到表达正确，尺寸完整，图面线型分明、清晰，并标注有关的技术要求内容。

下面以图 11-58 所示的法兰盘零件为例，说明绘制零件草图的步骤。

1) 根据已确定的表达方案，在图纸上定出各视图的位

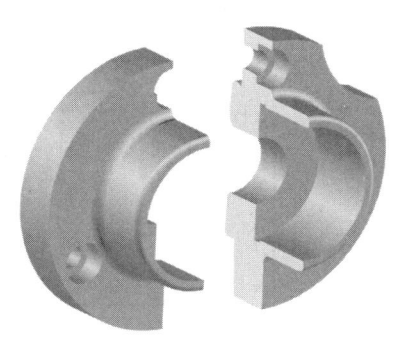

图 11-58　法兰盘零件

置，绘制主视图、左视图的对称中心线和绘图基准线。布图时应考虑各视图之间要有足够的空间，以便标注尺寸，如图 11-59a 所示。

2）用目测比例详细绘制出零件的结构形状，并绘制剖面符号，如图 11-59b 所示。

3）选定尺寸基准，按尺寸标注应准确、完整、清晰和合理的要求，画出全部尺寸的尺寸界线、尺寸线和尺寸箭头（注意：不要测量一个尺寸标注一个尺寸，尺寸要集中测量）。经仔细校核后，按规定将图线加深，如图 11-59c 所示。

4）逐个测量尺寸、填写尺寸数值，标注各表面的表面粗糙度代号，注写技术要求和标题栏，如图 11-59d 所示。

5）对画好的零件草图进行复核，再绘制法兰盘零件的工作图，如图 11-20 所示。

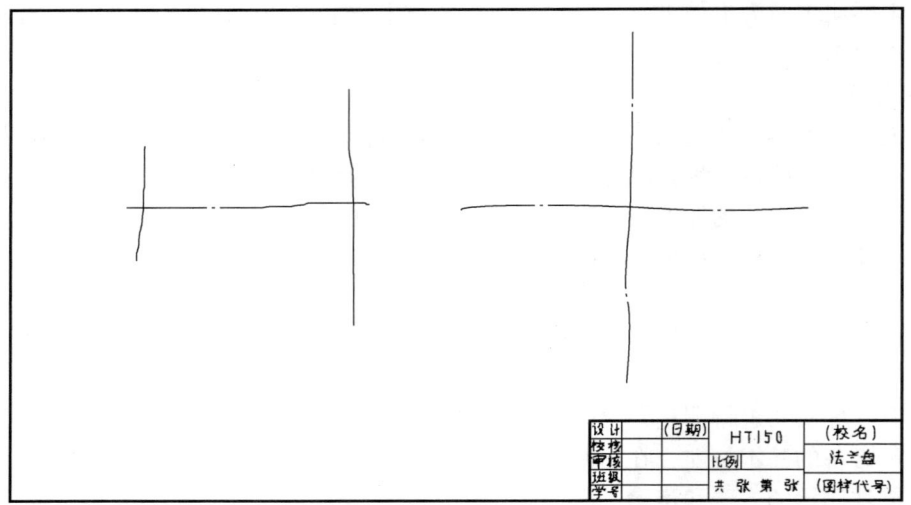

图 11-59 绘制零件草图的步骤

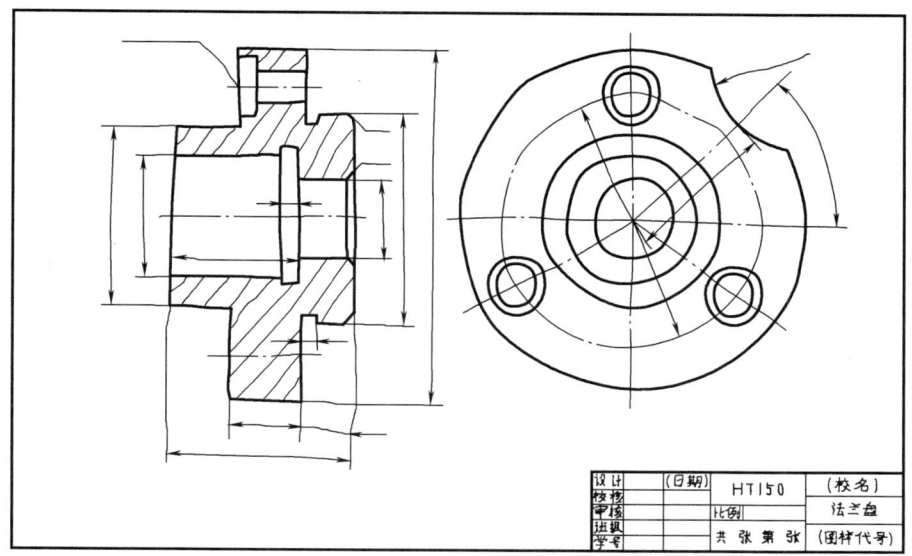

c)

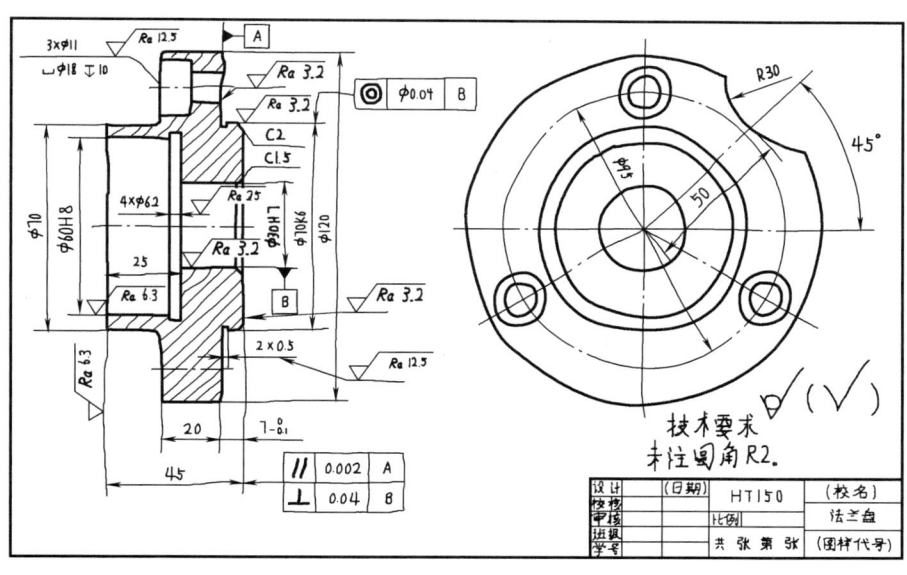

d)

图 11-59 绘制零件草图的步骤（续）

二、零件尺寸的测量

尺寸测量是零件测绘过程中一个重要步骤。尺寸测量应集中进行，这样不但可以提高工作效率，还可以避免标注尺寸时漏标和错标尺寸。

测量零件尺寸时，应注意以下问题：

1）根据零件尺寸不同的精度，确定相应的测量工具。选择量具时，既要保证测量精度，也要符合经济原则。可选择普通量具，如金属直尺、内、外卡钳等；普通精密量具，如游标卡尺、千分尺等；特殊量具，如螺纹样板、半径样板等。

2）测量零件尺寸时，要正确选择零件的尺寸基准，然后根据尺寸基准依次测量，应尽量避免尺寸计算。对零件上不太重要的尺寸，如未经切削加工的表面尺寸，应将测量的尺寸值进行圆整。测量零件重要的相对位置尺寸，如箱体零件孔的中心距，应用精密仪器测量，并对测量尺寸进行计算、校核，不能随意圆整。

3）有配合的尺寸，如相配合的轴和孔，其公称尺寸应一致。由于测量的尺寸是实际尺寸，故应圆整到标准尺寸，而公差无法测量，应判断零件的配合性质，再从附录 C 查出上、下极限偏差值并标出。

4）零件上损坏部分的尺寸，不能直接测量，要对零件进行分析，按合理的结构形状，参考相邻零件的形状和相应的尺寸或有关技术资料再确定。测量零件磨损部分的尺寸，应尽可能在磨损较小的部位测量，若整个配合面磨损较多，则应参照相关零件或查阅相关资料进行具体分析。

5）对零件上的标准结构，如斜度、锥度、退刀槽、倒角、键槽、中心孔等，应将测量尺寸按有关标准圆整到标准值。

常用的测量方法见表 11-16。

表 11-16 零件尺寸测量方法

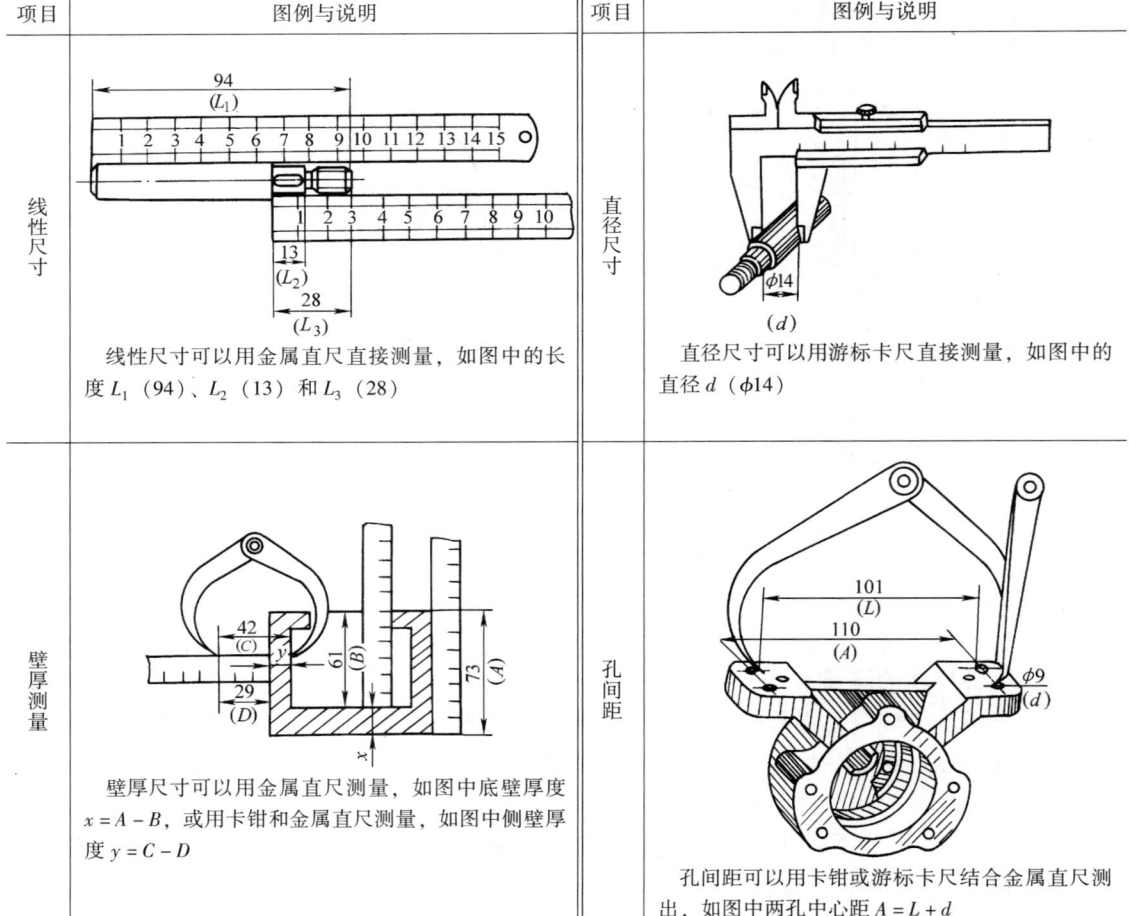

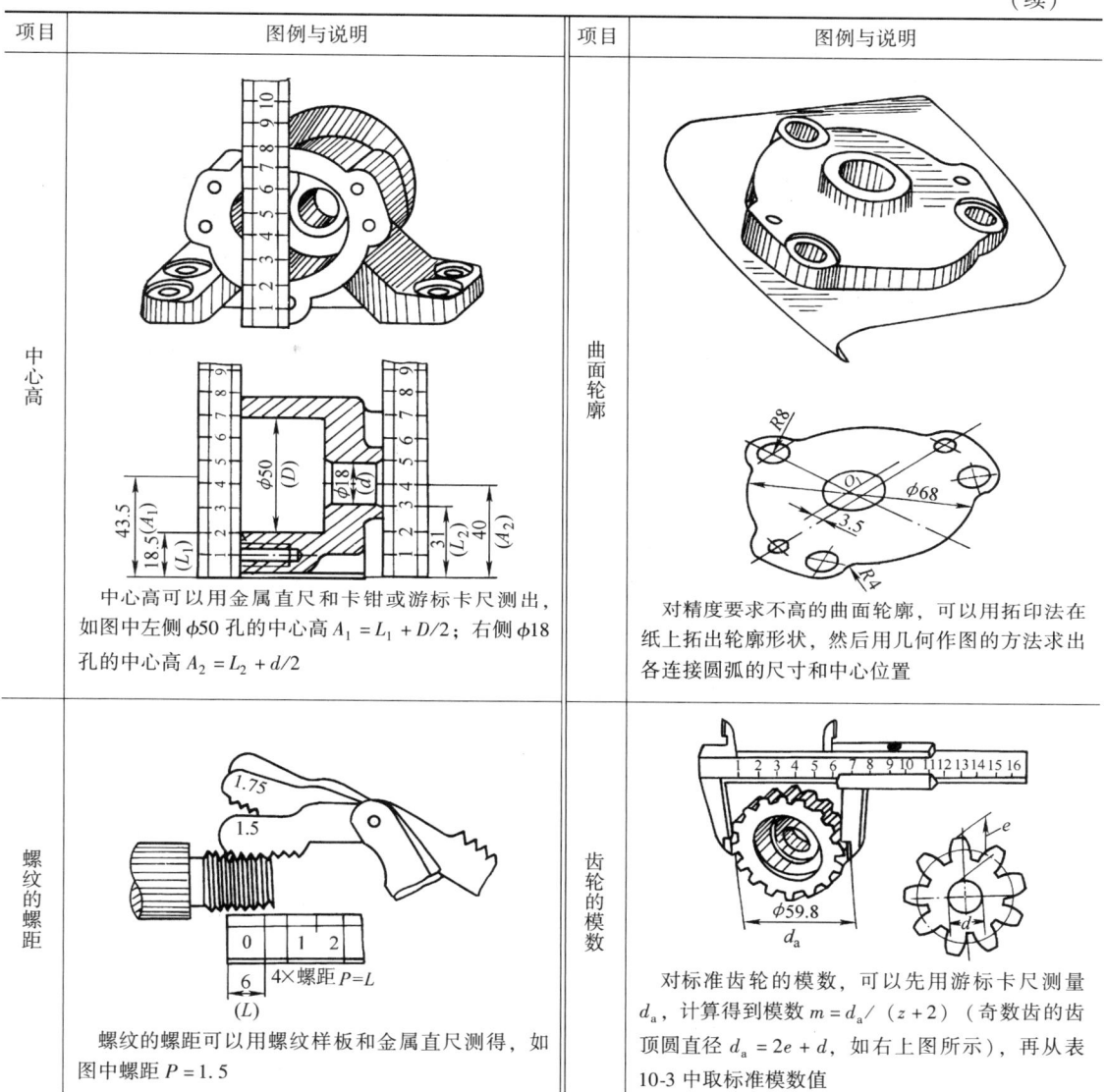

三、零件测绘注意事项

1) 零件上的制造缺陷如沙眼、气孔、裂纹等都不应画出。

2) 零件上因制造、装配而形成的工艺结构，如铸造圆角、倒角、退刀槽、凸台、凹坑等，都必须画出，不能省略。

3) 零件上损坏部分的尺寸，在分析清楚其作用的情况下，应参考相邻零件的形状及有关技术资料，再将损坏部分按完整形状画出。

4) 确定零件表面粗糙度时，可根据各表面的作用，并与表面粗糙度标准块比较，用目测或感触来判断。零件的制造、检验、热处理等技术要求，根据零件的作用，参照类似图样和有关资料用类比法确定。

5) 尺寸测量的注意事项前已叙述，这里不再重复。

第十二章 装 配 图

装配图是用来表达部件或机器的一种图样,是进行设计、装配、检验、安装、调试和维修时必需的技术文件。通常,表示部件的图样,称为部件装配图;表示一台完整机器的图样,称为总装配图或总图。

第一节 装配图的作用和内容

一、装配图的作用

完成一定功用的若干零件的组合称为一个部件,一台机器由若干个零件和部件装配而成。装配图主要用来表达部件或机器工作原理、零件间的相对位置、装配关系、联接方式和主要零件的主要结构,以及所需要的尺寸和技术要求。

在进行机器或部件的设计中,一般先根据设计要求画出装配图,并通过装配图表达各组成零件在机器或部件中的作用,以及零件之间的相对位置和连接方式。然后根据装配图进一步设计绘制零件图。将全部零件制成后,再根据装配图的要求将各零件组装成机器或部件。

二、装配图的内容

图 12-1 所示是截止阀的轴测装配图,图 12-2 所示是截止阀的装配图。现以截止阀为例说明装配图的内容。

1. 一组视图

装配图由一组视图(包括剖视、断面、局部放大图等)组成,用以表达各组成件之间的装配关系、产品或部件的结构特点和工作原理、传动路线以及零件的主要结构形状等。图 12-2 所示的截止阀装配图,它的一组视图包括全剖的主视图(表示此阀的主要装配关系)、拆去手轮的俯视图(反映螺栓联接的分布情况)、B 向局部视图(表示法兰盘上联接孔的结构及分布情况)以及 A—A 断面图(表示使用销联接阀杆和阀瓣的装配情况),由此将截止阀的装配关系、工作原理、主要零件的结构形状等表达清楚。

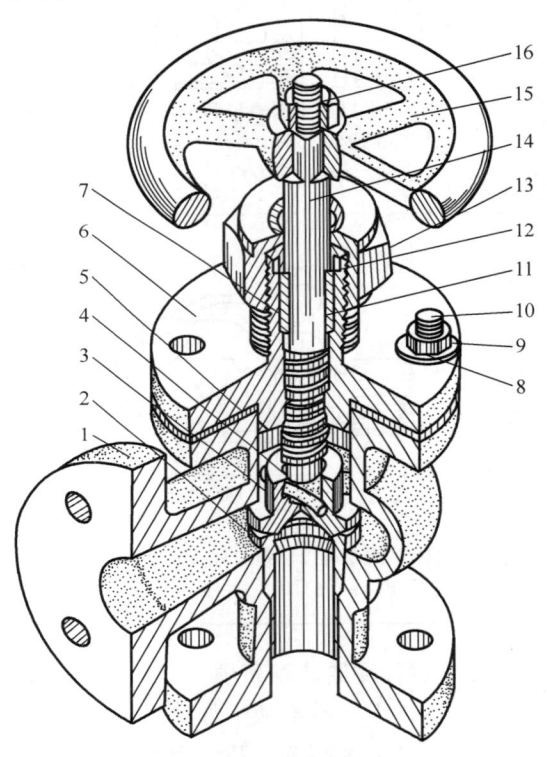

图 12-1 截止阀的轴测装配图
1—阀体 2—阀座 3—阀瓣 4—销 5—垫片
6—阀盖 7—垫环 8—垫圈 9、16—螺母 10—螺栓
11—填料 12—压盖 13—盖螺母
14—阀杆 15—手轮

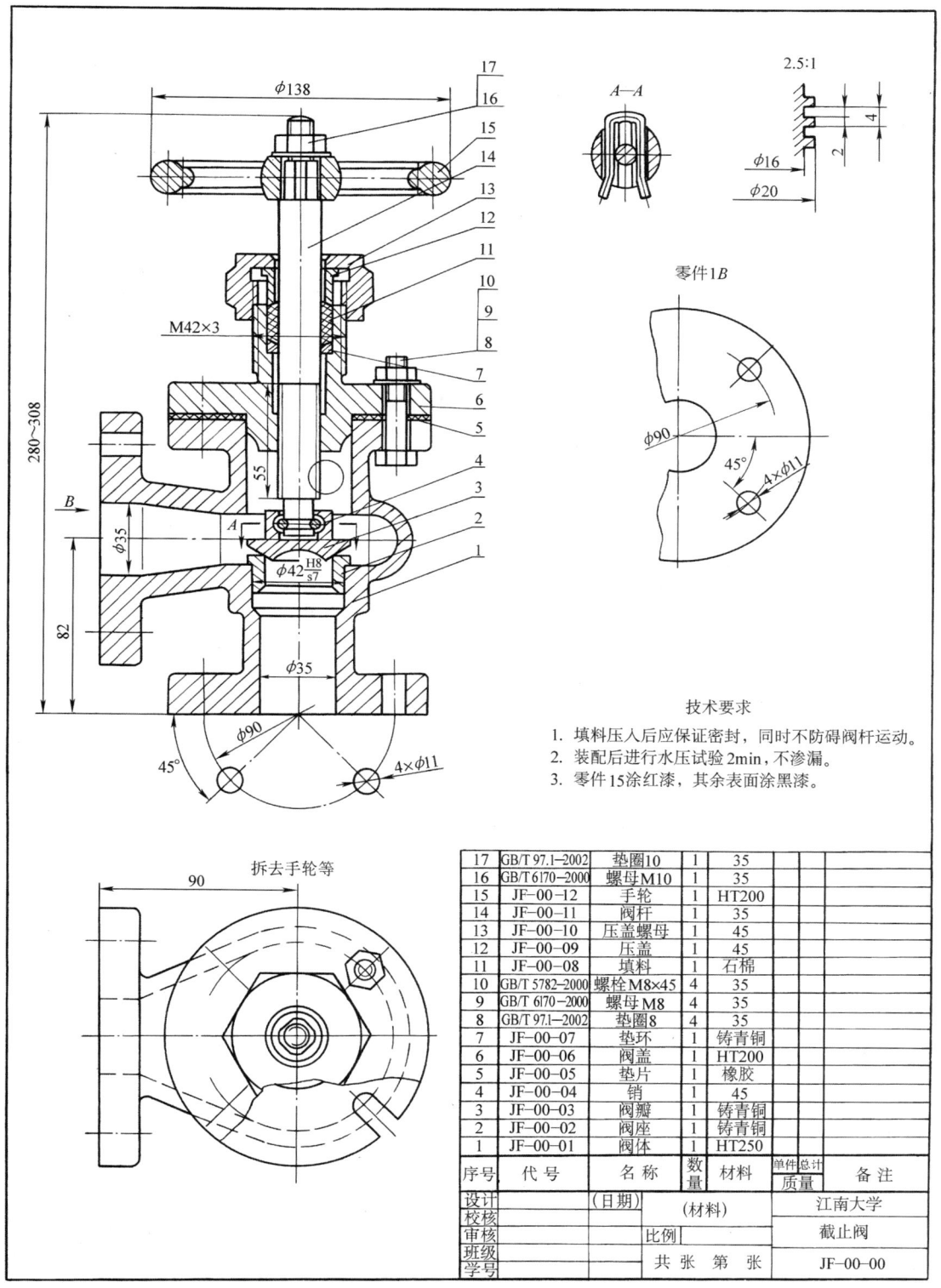

图 12-2 截止阀的装配图

2. 必要的尺寸

指部件或机器的规格（性能）尺寸、零件之间的装配尺寸、外形尺寸、部件或机器的安装尺寸和其他重要尺寸等。

3. 技术要求

用文字或符号在装配图上说明对产品或部件的装配、试验、运输、包装和使用等方面的要求。

4. 零部件序号、明细栏和标题栏

在装配图中，应对每种不同的零部件编写序号，并在明细栏中依次填写序号、代号、名称、数量、材料、质量和备注等内容。标题栏一般应填写部件或机器的名称、图号、比例、制图、审核人员的签名等内容。

第二节　装配图的表达方法

一、装配图的视图选择

装配图以表达机器或部件的工作原理、装配关系、主要零件的主要结构形状为目的。将一台机器或一个部件的这些内容正确地表达出来，必须认真进行视图选择并掌握装配图的绘制方法。下面以图 12-2 所示的截止阀为例说明装配图的视图选择方法。

1. 分析机器或部件的装配关系及工作原理

画图前，应首先对所表达的机器或部件进行分析，了解其功用、工作原理和装配关系。截止阀是控制流体通道开启和关闭的装置。当逆时针方向转动手轮 15 时，通过阀杆 14、销 4、带动阀瓣 3 上移，阀瓣与阀座 2 的上口间出现间隙，流体经阀体 1 下部的垂直通道进入阀体，再从水平通道流出，开启量的大小决定了出口流量，因此，手轮 15 可以无级地调节流量。当顺时针方向转动手轮 15 时，阀瓣 3 则向下移动，当它完全封住阀座 2 的上口时，即可截断流体通道。阀盖 6 通过四组螺栓 10、螺母 9 与阀体 1 联接。压盖螺母 13、压盖 12、填料 11、垫环 7 均起密封防漏作用。外接管道用螺栓、螺母与阀体的两互相垂直的法兰盘联接。

2. 选择主视图

选择视图时，应该首先选择主视图，同时兼顾其他视图，通过分析、对比确定一组视图。这里需注意两个问题：

（1）确定机器或部件的安放位置　机器或部件的安放位置一般应尽可能与机器或部件的工作位置相符合，这样对于设计和指导装配都会带来方便。但有些部件（如泵、阀类等）由于工作场合不同，可能有多种工作位置，此时，一般将部件的主要轴线或主要安装面呈水平或铅垂位置放置。如图 12-2 的截止阀的主视图即是按主要轴线呈垂直位置放置的。

（2）确定主视图的投射方向　部件放置位置确定后，应该选择最能反映部件工作原理、零件间的装配关系以及主要零件主要结构形状的那个视图作为主视图。当不能在同一方向上反映以上内容时，则要经过比较，取一个能较多反映上述内容的投射方向画主视图。在图 12-2 中所选定的截止阀的主视图，既能清楚地表达沿阀杆轴线的主要装配关系，又能清楚地表达该部件的工作原理，充分体现了上述选择主视图的原则。

3. 选择其他视图

主视图选定后，还要选择其他视图，补充表达主视图没有表达的内容。增加的每一个视图，都要有一个表达重点。一般应在完整、清晰地反映机器或部件的工作原理、零件间的装配关系及主要零件的主要结构形状的前提下，力求使表达方案简练。因此，选择其他视图时可考虑以下几点：

1）选择表达装配关系、工作原理以及主要零件的主要结构没有表达清楚的视图。
2）尽可能地考虑用基本视图以及基本视图上的剖视表达有关内容。
3）合理地布置视图位置，既充分利用图幅，又做到表达清晰、有利读图。

在图 12-2 所示的截止阀装配图中，用俯视图补充表达螺栓联接的分布情况，A—A 断面图用于补充表达销、阀杆和阀瓣的装配情况，B 向视图和局部放大图则是表达主要零件阀体和阀杆的结构形状。

二、装配图的规定画法

1）装配图中两个相邻零件的接触面或配合面规定只画一条线，而非接触面，即使间隙很小，也应画成两条线，如图 12-3 所示。

2）两零件相邻时，不同零件的剖面线方向应相反，或者方向一致、间隔不等，而同一零件在各视图中剖面线的方向和间隔应完全一致，如图 12-4 所示。

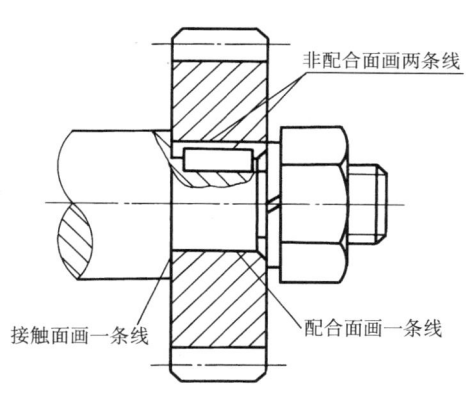

图 12-3　接触面和非接触面画法

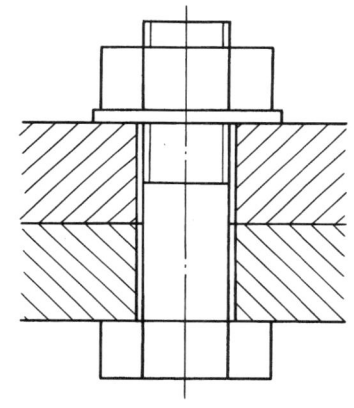

图 12-4　相邻零件剖面线画法

3）在装配图中，对于螺纹联接件（如螺栓、螺母、垫圈等）和实心零件（如轴、球、销、手柄、连杆等），当剖切平面通过其轴线或纵向对称面时，都按不剖绘制，仍画外形，如图 12-2 中的阀杆、螺栓。当需要表明这些零件上的某些内部结构时，如凹槽、键槽、销孔等，则可采用局部剖视，如图 12-3 中的键槽画法。

三、装配图的特殊表达方法

1. 沿接合面剖切和拆卸画法

在装配图中，可假想沿某些零件的接合面进行剖切。此时，零件的接合面上不画剖面线，如图 12-5 所示的转子泵，A—A 剖视图即为沿泵盖与泵体接合面剖切的。当需表示被某些零件挡住的装配关系时，可以采用这种方法。

在装配图中，可以假想将某些零件拆卸后画出，这种表达方法称为拆卸画法。为了便于看

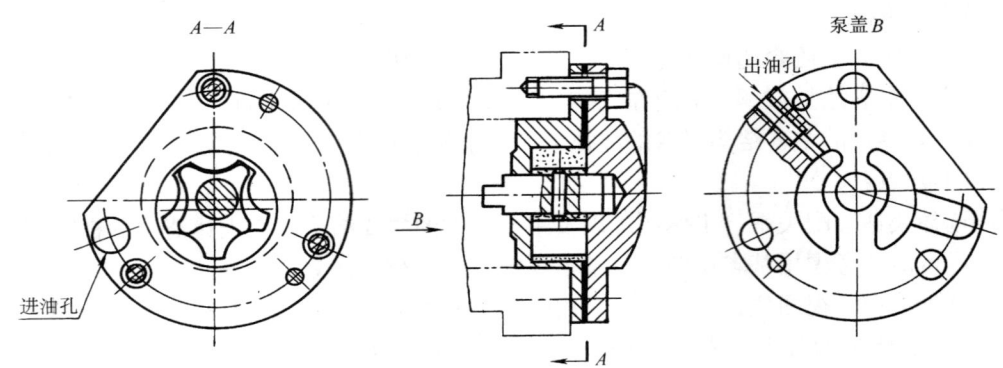

图 12-5 沿接合面剖切的画法

图,应在所画视图上方标注"拆去××等"。在图 12-2 所示的俯视图中,如果画出零件 15,则将影响其他零件的表达,故将手轮 15 和螺母 16 拆去,再画俯视图,并注明"拆去手轮等"。

2. 假想画法

可用细双点画线表示某些运动零件的极限位置,也可用细双点画线表示与本部件有装配关系的零件。用细双点画线画的零件一般不应遮挡其后面的零部件。如图 12-6 中三星齿轮传动机构手柄的两个极限位置。在展开图中的细双点画线,说明了三星齿轮机构与车床主轴箱体的关系。

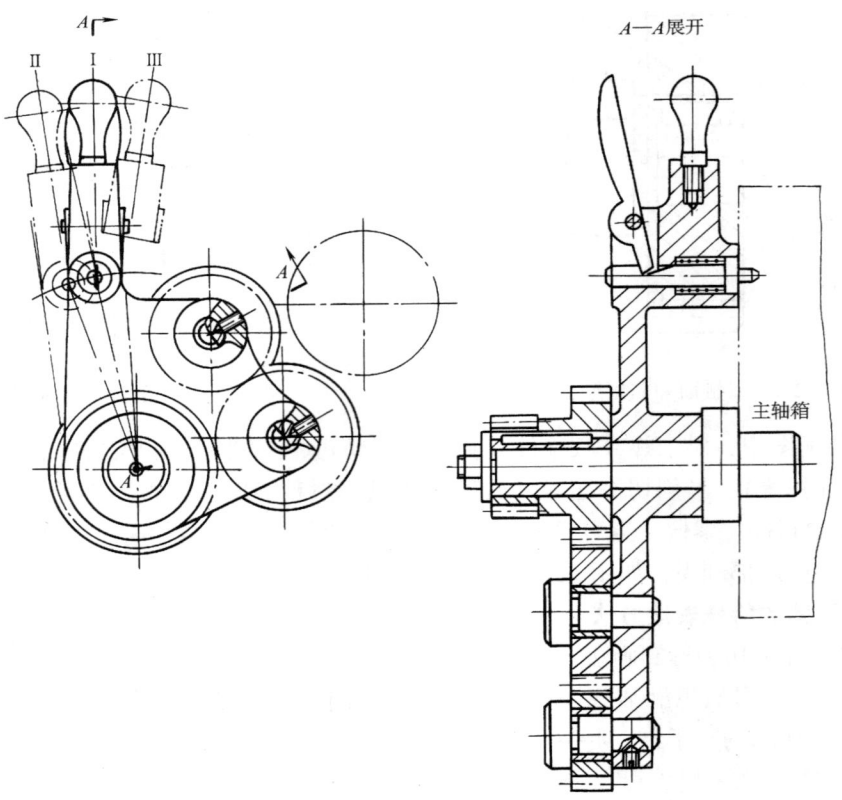

图 12-6 三星齿轮传动机构装配图

3. 展开画法

为了表示部件传动机构的传动路线及各轴间的装配关系，可按传动顺序沿轴线剖切，依次展开在一个平面上画出，并在剖视图上方加注"×—×展开"，这种画法称为展开画法，如图 12-6 中的 A—A 展开。

4. 夸大画法

图形中，对于直径或厚度小于 2mm 的较小零件或较小间隙，如薄片、弹簧等，按实际尺寸无法画出或虽能如实画出但不明显时，可采用夸大画法画出。如图 12-2 所示垫片 5 的厚度和螺栓 10 与通孔之间的间隙，都采用了夸大画法。

5. 表示单个零件的画法

在装配图中，当个别零件的某些结构没有表示清楚而又需要表示时，可以单独画出该零件的视图，但必须在所画视图的上方注出零件和视图的名称，在相应的视图附近，用箭头指明投射方向并注上相同字母。如图 12-2 所示视图"零件 1 B"。

6. 简化画法

在装配图中，零件的工艺结构，如圆角、倒角、退刀槽等可以省略不画，如图 12-7 所示；对于若干相同的零件组，如螺栓联接等，可详细地画出一处或几处，其余用细点画线表示其中心位置或轴线位置。如图 12-2 所示，装配图中只画出了一组螺栓联接的两个投影，其余仅表示了它们的装配位置。

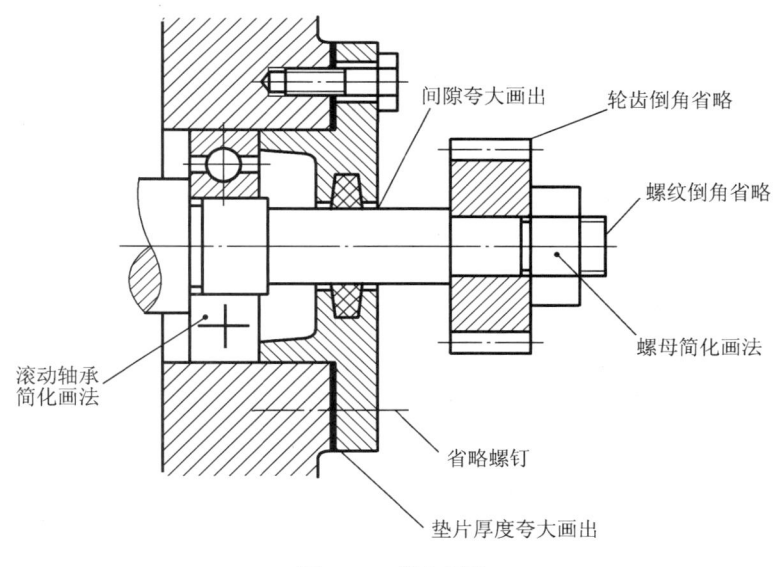

图 12-7 简化画法

第三节 装配图的尺寸标注和技术要求

一、装配图的尺寸标注

装配图以反映机器或部件的装配关系、工作原理为主，不直接指导零件加工。因此，在装配图中，并不需要注出每一个零件的全部尺寸，而仅需要标注以下几类尺寸：

1. 性能（规格）尺寸

表示机器或部件的性能和规格的尺寸，它是设计和选择部件的主要依据。如图 12-2 所示，截止阀的进出口直径是 $\phi35$。

2. 装配尺寸

表示机器或部件上有关零件间装配关系的尺寸。

（1）配合尺寸　它是表示零件间有公差和配合要求的一些尺寸，是装配和拆画零件图时确定零件尺寸偏差的依据。如图 12-2 中主视图所示，阀座与阀体之间的配合尺寸 $\phi42H8/s7$。

（2）相对位置尺寸　它是相关联的零件或部件之间较重要的相对位置尺寸，如图 12-2 中阀体水平轴线到底面之间的距离 82 就属于主要相对位置尺寸。

3. 安装尺寸

表示将部件安装到机器或将机器安装到基础上所需的尺寸，称为安装尺寸。如图 12-2 中 $\phi90$、$45°$、$4\times\phi11$ 都是安装尺寸。

4. 外形尺寸

外形尺寸表示机器或部件的总长、总宽和总高。它说明安装机器或部件时和机器或部件工作时所需空间，有时也说明机器或部件在包装、运输时所需空间。当因部件中零件运动而使某方向的总体尺寸为变值时，应表明。如图 12-2 中截止阀的总高为 280~308。

5. 其他重要尺寸

由设计所确定，又不属于上述几类尺寸的一些重要尺寸，如运动零件的极限尺寸，主体零件的重要尺寸等。如图 12-2 所示局部放大图中非标准螺纹的尺寸均属于此类尺寸。

需要说明的是，并不是每一张装配图上都具备以上五类尺寸，某一具体尺寸有时可能具有多重作用。如图 12-2 中阀体 1 水平轴线到底面之间的距离 82，既是主要相对位置尺寸，又与安装有关；总高 280~308，既是外形尺寸，也是截止阀断流和开启时的极限位置尺寸。

二、装配图中注写的技术要求

为了保证产品的设计性能和质量，在装配图中需注明有关机器或部件的性能、装配与调整、试验与验收、使用与运输等方面的指标、参数和要求。一般有以下几个方面：

1. 装配要求

1）装配后必须保证的准确度。

2）需要在装配时加工的说明及装配时的要求。

3）指定的装配方法。

2. 检验要求

1）基本性能的检验方法和要求。

2）装配后必须保证达到的准确度及其检验方法的说明。

3）其他检验要求。

3. 使用要求

对产品的基本性能、维护、保养的要求以及使用、操作、运输时的注意事项。

技术要求可以用数字、符号直接在视图上注明，或用文字书写在明细栏上方或图纸下方的空白处，也可以另编技术文件作为图纸的附件。

第四节　装配图中的零、部件序号及明细栏

装配图中包含的零件种类和数量较多，为了便于读图和图样管理，必须对每个不同的零件或组件进行编号，这种编号称为零件的序号。此外要同时在标题栏上方填写与图中序号完全一致的明细栏，用来说明每个零件的名称、数量、材料、质量和备注等内容。

一、零部件序号

1）零部件序号编写在图形轮廓线的外边，并将数字填写在指引线的横线上或圆圈内，如图 12-8a、b 所示。指引线及横线或圆圈用细实线画出，序号数字比装配图中其他尺寸数字大一号或两号。也可将序号数字写在指引线附近，如图 12-8c 所示，这时序号数字比装配图中其他尺寸数字大两号。指引线应从所指零部件的可见轮廓线内引出，并在终端画一小黑点。不宜画小黑点时可用箭头，如图 12-8d 所示。

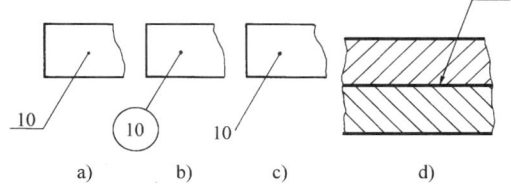

图 12-8　零件的编号形式

2）指引线应尽可能分布均匀，但不要求相互平行，且不能相交，尽量不穿过其他零件的轮廓；通过剖面线区域时，要尽量不与剖面线平行，必要时允许画成折线，但只允许曲折一次，如图 12-9 所示。同一紧固件以及装配关系清楚的零件组，允许采用公共指引线，如图 12-10 所示。

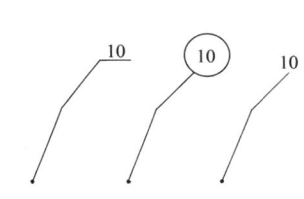

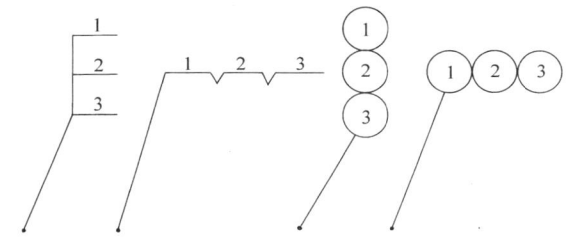

图 12-9　指引线可曲折一次　　　　图 12-10　公共指引线

3）装配图中每个零件或部件都必须编号，相同的零部件只编一个序号，对同一标准部件（如油杯、滚动轴承），在装配图上只编一个序号。

4）序号应按水平或垂直方向排列整齐，并统一按顺时针或逆时针方向进行编号，以便于查找。同一装配图中编写序号的形式应一致。

5）常用的编排方法有两种：一种是将装配图中的所有零件（包括标准件）、部件，按顺序进行编号，如图 12-2 所示；另一种是将装配图中所有标准件按其标记注写在指引线的横线处，而将非标准件按顺序编号（见图 12-32）。

二、明细栏

明细栏应画在标题栏的上方，其格式如图 12-11 所示。明细栏是机器或部件中全部零件、部件的详细目录，在填写时应注意明细栏中的序号必须与图中所注的序号一致，从表头开始按自下而上的顺序填写，如图 12-2 所示。当由下而上延伸位置不够时，可紧靠在标题栏的左边再由下向上延续。特殊情况下，明细栏可不画在图上，作为装配图的续页单独给

出。续页一般按 A4 幅面竖放，下方为标题栏。明细栏的表头移至上方，由上而下填写，一张不够时可再加续页，格式不变。续页的张数应计入所属装配图的总张数中。

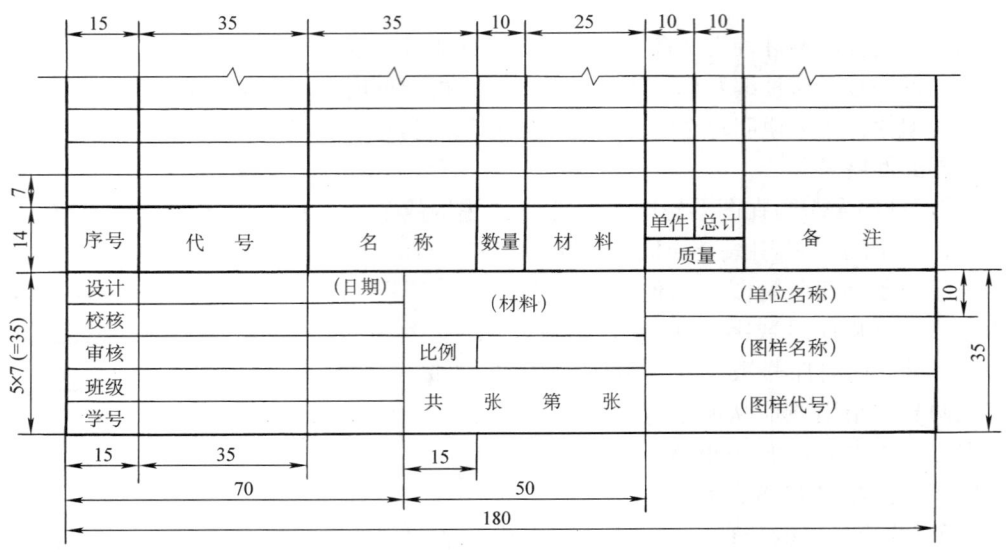

图 12-11　标题栏和明细栏

第五节　装配工艺结构的合理性

选择合理的装配结构，能保证部件的装配质量并便于安装和拆卸。因此，在设计机器或部件时，应考虑零件之间装配结构的合理性，否则将会造成装拆困难，甚至达不到设计性能要求。

一、装配结构工艺性

1. 合理的装配接触面

1）零件在同一方向上只能有一对接触面，这样既便于装配，又可降低加工精度。图 12-12 列举了三种情况，分别是长度方向、轴线方向和直径方向的接触面画法。

2）锥面配合时，圆锥体的端面与锥孔的底部之间应留空隙。如图 12-13 所示，即 $L_1 > L_2$，否则可能达不到锥面的配合要求或增加制造的困难。

2. 接触面转角处结构

两个相互接触的零件，在不同方向的两对接触面的转角处，不应像图 12-14a 所示的那样将孔做成尖角，轴做成圆角，因为这样会在转角处发生干涉，产生接触不良，影响装配性能。而应做成图 12-14b 所示的结构，将孔做成倒角，或在轴上切槽，以使轴与孔两端面相互靠紧。

3. 便于维修和拆卸

1）在条件允许时，销孔一般应制成通孔，以便装拆和加工，如图 12-15a 所示；或选用带螺孔的销钉，如图 12-15b 所示的结构；用销联接轴上零件时，轴上零件应制有工艺螺孔，以备加工销孔时用螺钉拧紧，如图 12-15c 所示。

2）滚动轴承如以轴肩或孔肩定位，则轴肩高度须小于轴承内圈的厚度。当轴肩高度无法降低时，可在轴肩处开两个槽，以便放入拆卸工具的钩头，如图 12-16a 所示。若以孔肩

第十二章 装 配 图 | 271

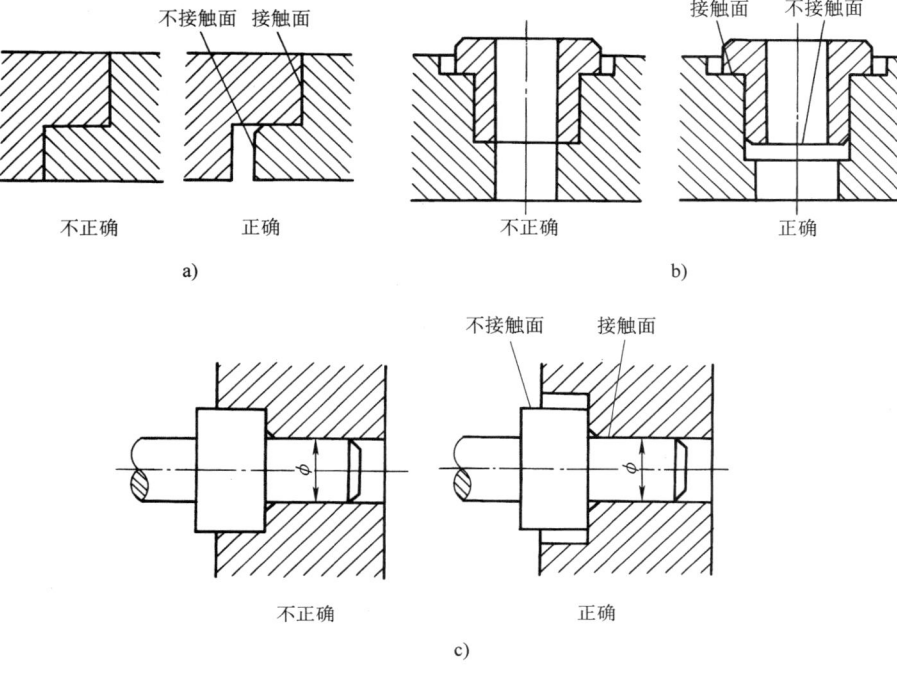

图 12-12 接触面画法
a) 长度方向 b) 轴线方向 c) 直径方向

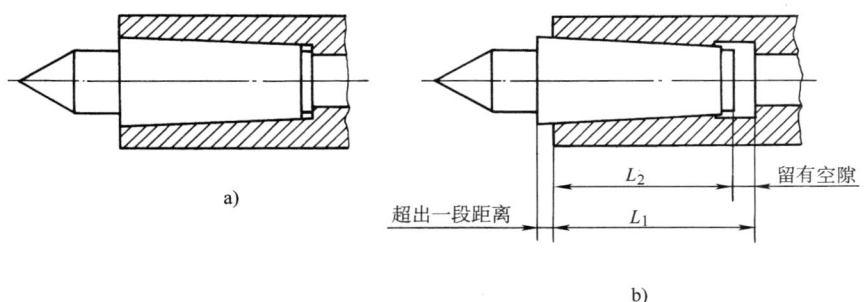

图 12-13 锥面接触面画法
a) 不正确 b) 正确

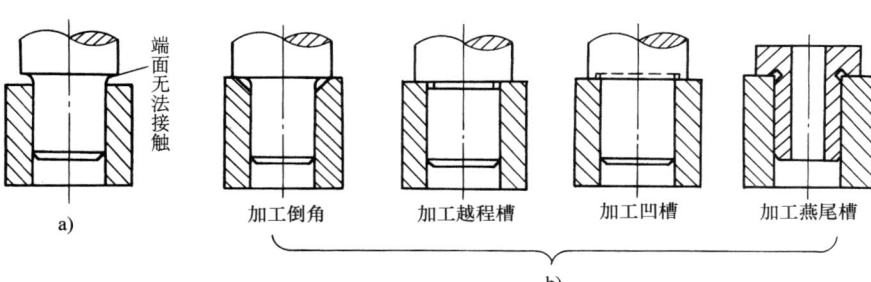

图 12-14 零件间接触面转角处的结构
a) 错误结构 b) 正确结构

定位，则孔肩高度要小于外圈厚度，当孔肩不允许减少时，可在孔肩处加工出供拆卸用螺钉的螺孔，如图12-17a所示。

3）为了便于拆装，必须留出装拆螺纹紧固件的空间（见图12-18）与扳手的空间（见图12-19），或者加手孔（见图12-20）或工艺孔（见图12-21）。

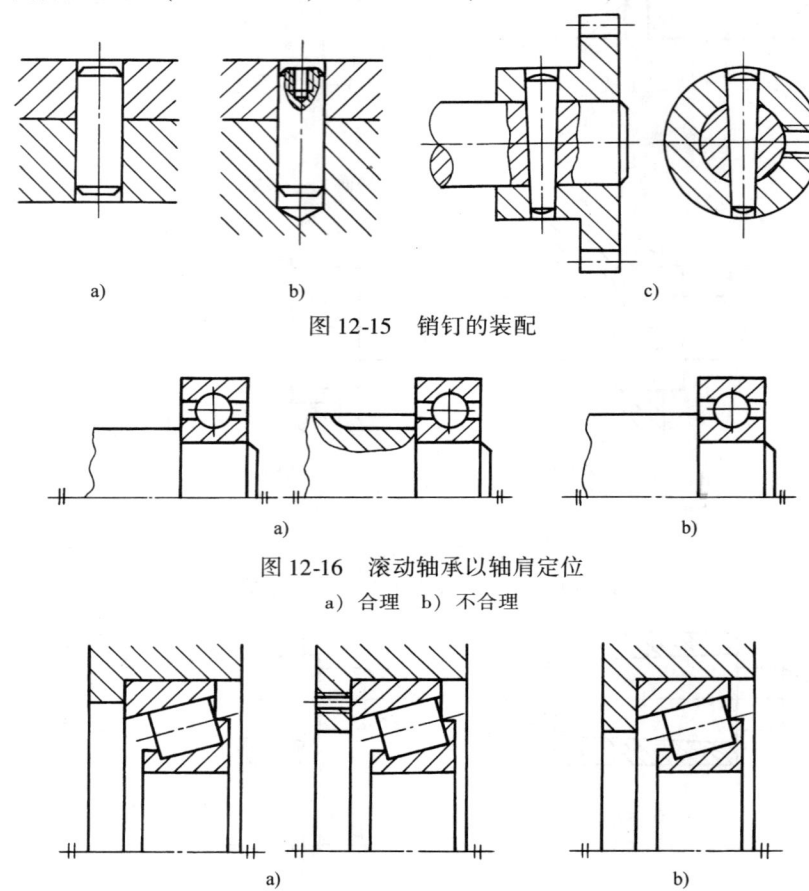

图 12-15　销钉的装配

图 12-16　滚动轴承以轴肩定位
a）合理　b）不合理

图 12-17　滚动轴承以孔肩定位
a）合理　b）不合理

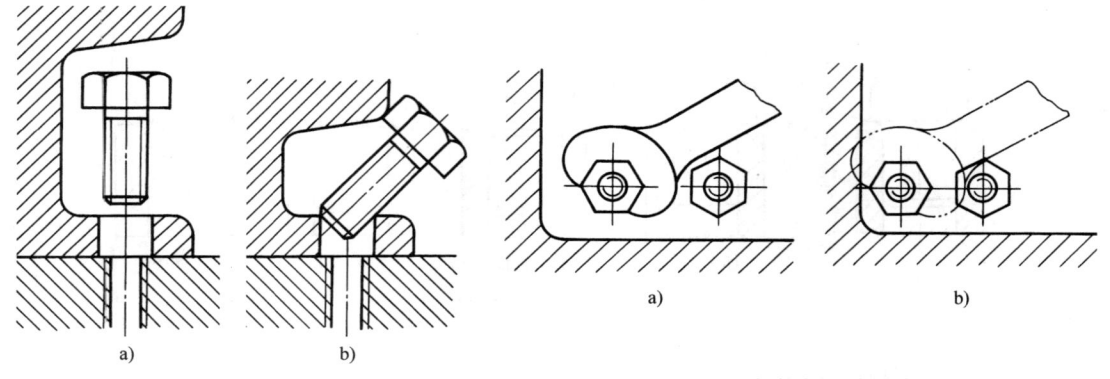

图 12-18　要留有装拆空间
a）合理　b）不合理

图 12-19　应考虑扳手活动范围
a）合理　b）不合理

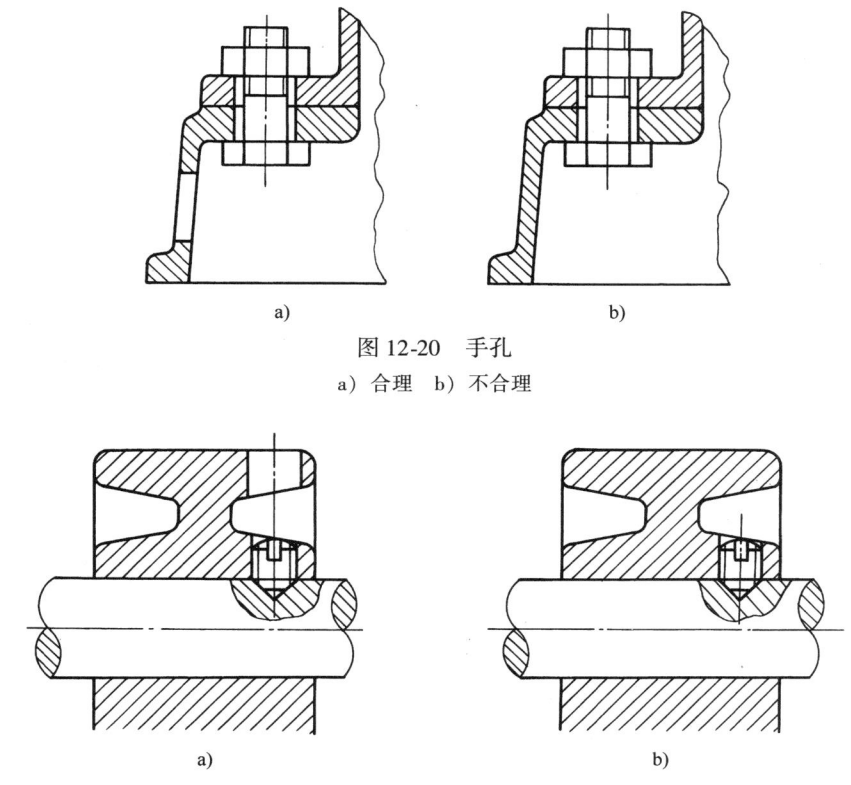

图 12-20 手孔
a) 合理　b) 不合理

图 12-21 紧固螺钉工艺孔
a) 合理　b) 不合理

4. 合理地减小接触面

为了保证接触良好，接触面需经机械加工。因此，合理地减少加工面积，不但可以降低加工费用，而且可以改善接触情况。

1) 为了使螺栓、螺母、螺钉、垫圈等紧固件与被联接表面接触良好，在被联接件上作出沉孔、凸台等结构，如图 12-22 所示。沉孔的尺寸可根据联接件的尺寸，从附录 B 中查取。

2) 为了减少接触面，在图 12-23 所示的轴承底座与下轴衬的接触面上，开一环形槽，其底部挖一凹槽。

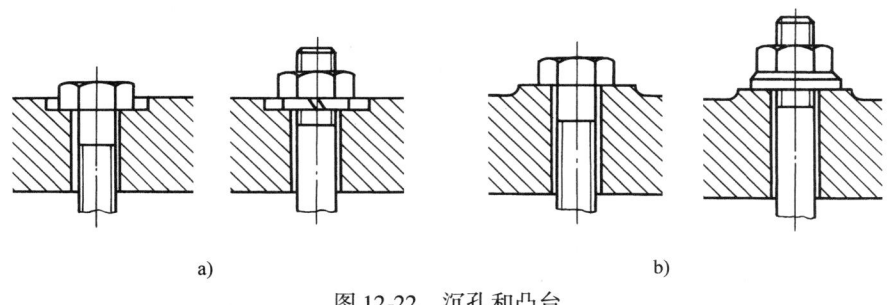

图 12-22 沉孔和凸台
a) 沉孔　b) 凸台

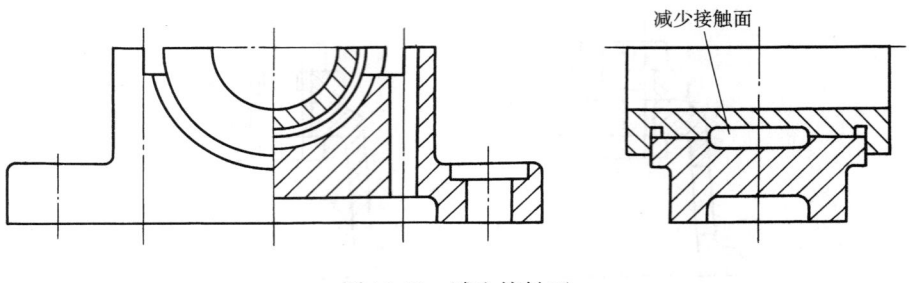

图 12-23　减少接触面

二、常见装配结构

1. 防松结构

机器运转时，由于受到振动或冲击，螺纹联接件可能发生松动。甚至造成严重事故。因此，在某些机构中需要防松。图 12-24 所示为几种常用的防松结构。

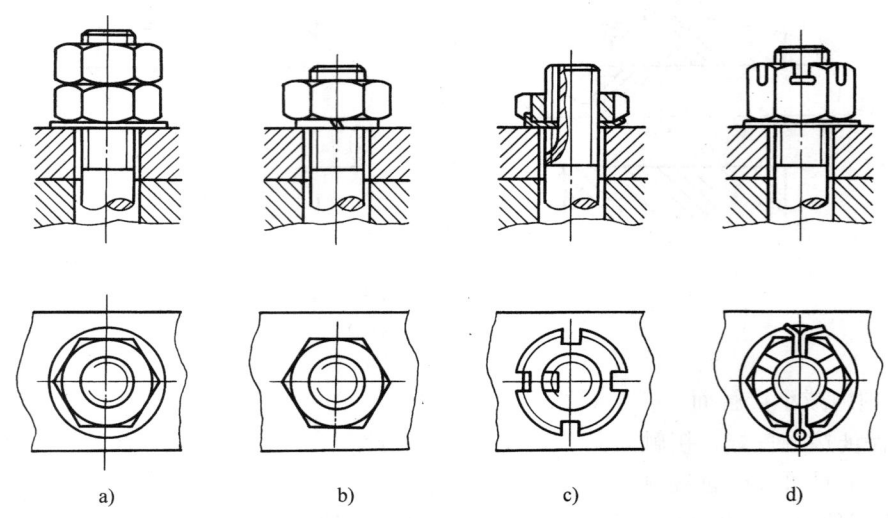

图 12-24　常用防松结构
a) 用两个螺母防松　b) 用弹簧垫圈防松　c) 用止退垫圈防松　d) 用开口销防松

2. 滚动轴承间隙调整装置

轴高速旋转会引起发热、膨胀。因此在装配滚动轴承时，轴承与轴承盖的端面之间要留有少量的间隙（一般为 0.2~0.3mm），以防轴承转动不灵或卡住。图 12-25a 所示是靠更换不同厚薄的金属垫片调整间隙；图 12-25b 所示是用螺钉调整止推盘的位置调整间隙。

3. 密封装置

（1）滚动轴承的密封　滚动轴承的密封是防止外部的灰尘和水分进入轴承，同时也防止轴承的润滑剂流出。常见的密封方法如图 12-26 所示。

（2）防漏措施　在机器或部件中，为了防止内部液体外漏，同时防止外部灰尘、杂质侵入，要采用防漏措施。图 12-27 所示为两种防漏的典型图例。用压盖和螺母将填料压紧起到防漏作用，压盖要画在开始压填料的位置，表示填料刚刚加满。

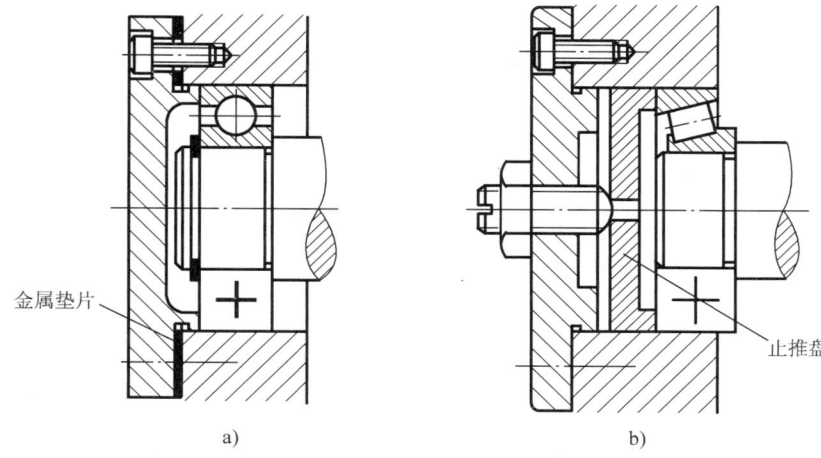

图 12-25 轴承间隙调整装置

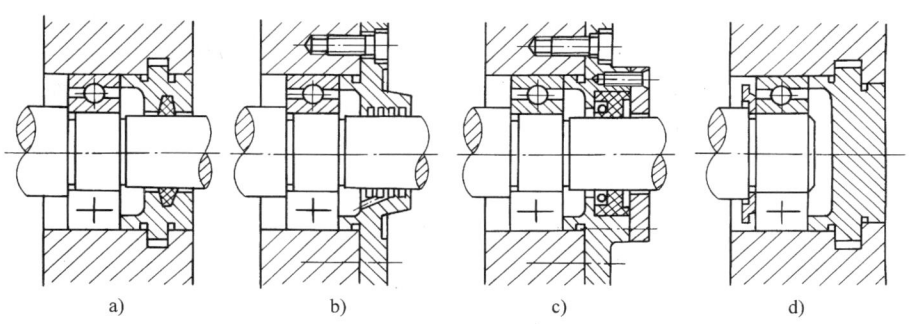

图 12-26 滚动轴承的密封
a) 毡圈式　b) 沟槽式　c) 皮碗式　d) 挡片式

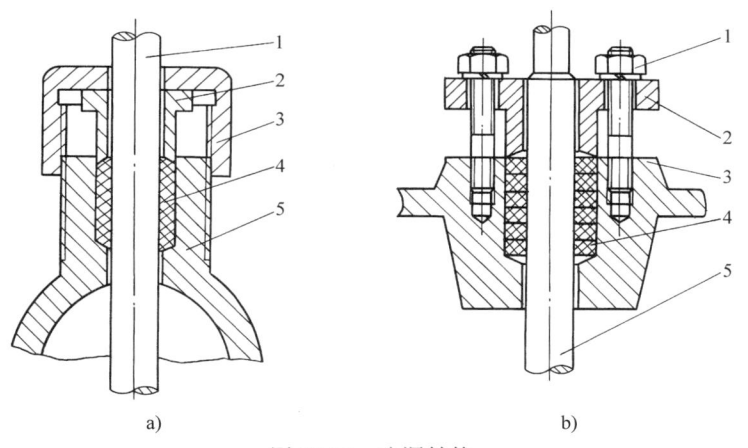

图 12-27 防漏结构
a) 形式一　　　　　　　　　　　b) 形式二
1—阀杆　2—压盖　3—螺母　　　1—螺柱、螺母、垫圈　2—压盖
4—填料　5—阀体　　　　　　　　3—阀体　4—填料　5—阀杆

第六节　部件测绘和装配图的画法

在生产实际中，对现有的机器或部件进行分析与测量，绘制出全部非标准零件的草图，再根据零件草图整理绘制出装配图和零件图，这个过程称为机器测绘或部件测绘。在仿制先进产品、改进旧产品和维修设备时经常要进行测绘。现以平口钳为例介绍测绘的方法和步骤。

一、对部件进行了解和分析

测绘前，应首先了解测绘部件的任务和目的，决定测绘工作的内容和要求。如为了设计新产品提供参考图样，测绘时可进行修改，如为了补充图样或制作备件，测绘必须准确，不得修改。其次要对部件进行分析研究。通过阅读有关技术文件、资料和同类产品图样，以及直接向有关人员了解使用情况，了解该部件的用途、性能、工作原理、结构特点以及零件间的装配关系，并检测有关的技术性能指标和一些重要的装配尺寸，如零件间的相对位置尺寸、极限尺寸以及装配间隙等，为下一步拆装和测绘打下基础。

图 12-28 所示的平口钳，是机床工作台上用来夹持工件进行加工用的部件。通过丝杠的转动带动活动螺母作直线移动，使钳口闭合或开放，以便夹紧或松开工件。

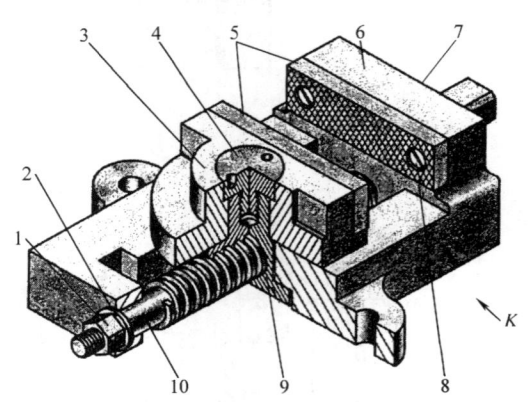

图 12-28　平口钳轴测装配图
1—螺母　2、7—垫圈　3—活动钳口　4—固定螺钉　5—钳口板　6—固定钳身　8—螺钉
9—活动螺母　10—丝杠

二、画装配示意图、拆卸零件

拆卸部件之前，一般应先画出装配示意图。装配示意图是用简单线条和机构运动简图符号表示零件之间的相互位置和装配关系的。如某些零件没有国标规定的符号，可将零件看成透明体，用简单符号画出内外轮廓，并用一些形象和规定的示意符号表示。画装配示意图时，一般从主要零件入手，然后按装配顺序逐个画出其他零件。通常对各零件的表达不受前后层次、可见与不可见的限制，尽可能把所有零件集中画在一个视图上。如有必要，也可补充画在其他视图上。装配示意图的作用是指明有哪些零件，它们装在什么地方，以便把拆散的零件按原样重新装配起来，还可供画装配图时参考。

拆卸零件时，首先要周密地制订拆卸顺序，依次拆卸。对不可拆连接和过盈配合的零件尽量不拆，以免损坏零件。图 12-29 所示为平口钳的装配示意图。图中平口钳的拆卸顺序为：先拧下

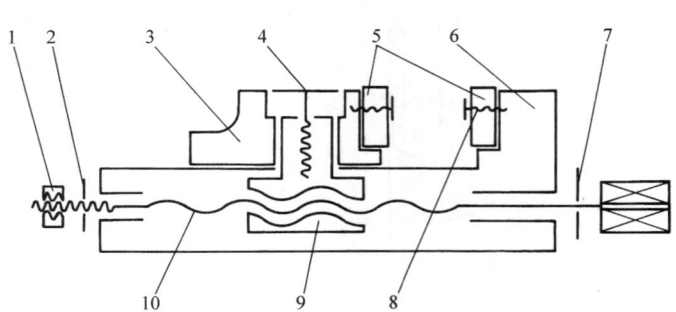

图 12-29　平口钳装配示意图
1—螺母　2、7—垫圈　3—活动钳口　4—固定螺钉　5—钳口板
6—固定钳身　8—螺钉　9—活动螺母　10—丝杠

螺母1，取下垫圈2；然后旋出丝杠10，取下垫圈7；再拆下固定螺钉4、活动螺母9、活动钳口3；最后旋出螺钉8，取下钳口板5。对拆下的零件，用打钢印、扎标签或写件号等方法对每一个部件和零件编号，分区分组地放置在规定的地方，避免损坏、丢失、生锈或放乱，以便测绘后重新装配时，能保证部件的性能和要求。

绘制装配示意图和拆卸零件之间并没有严格的前后顺序，因为有些部分只有在拆卸后才能显示出零件间真实的装配关系。因此，拆卸时必须一边拆卸，一边补充、更正，画出示意图，记录各零件间的装配关系，核对各个零件编号（注意：要和零件标签上的编号一致），还要确定标准件的规格尺寸和数量，并及时标注在示意图上。

三、画零件徒手图

测绘工作往往受时间及工作场地的限制。因此，必须徒手画出各个零件草图，根据零件草图和装配示意图画出装配图，再由装配图拆画零件图。徒手作图的方法和步骤在第十一章第六节中已有介绍。完成的平口钳零件徒手图如图12-30所示。

四、画装配图

根据装配示意图和零件徒手图绘制装配图，下面以平口钳为例，说明装配图的画图步骤。

1. 选择视图，确定表达方案

主视图一般按机器或部件的工作位置选择，使装配体的主要轴线、主要安装面呈水平或铅垂位置，主视图能够较多地表达出机器（或部件）的工作原理、传动路线、零件间主要装配关系及主要零件的结构形状。根据确定的主视图，选择适当的视图表达还没有表达清楚的装配关系、工作原理及主要零件的结构，尽可能用基本视图以及基本视图上的剖视表达有关内容。

以平口钳为例，按图12-28所示K向作为主视图的投射方向，既符合部件的工作位置，又能较多地反映零件间的装配关系。又由于丝杠10为主要的装配干线，主视图采用了通过丝杠10轴线的全剖视。为了反映钳身、钳口、活动螺母的外形，俯视图采用了沿钳身与钳口结合面的局部剖切。为了反映活动螺母与钳身的装配关系和安装孔的结构形式，画出了A—A半剖的左视图。用零件5B局部视图表达钳口板的结构形状，用移出断面表达丝杠右端的截面形状，如图12-31d所示。

2. 确定比例，布置视图

根据确定的表达方案，选取适当的比例，在图纸上安排各视图的位置，即画出视图的作图基准线，如对称中心线，较大零件的基线，或主要的轴线（装配干线）。为了便于看图，视图间的位置应尽量符合投影关系，整个图样的布局应匀称、美观。视图间留出一定的位置，以便注写尺寸和零件编号，还要留出标题栏、明细栏及技术要求所需位置。

3. 画装配图

画图时一般可从主视图或反映较多装配关系的视图画起，按照视图之间的投影关系，联系起来画。画剖视图时，以装配干线为准，按"先内后外"或"由主到次"的原则逐个画出各个零件，如图12-31所示。画平口钳的主视图，先画出丝杠的轴线，画出丝杠10，然后按照装配关系和相对位置逐渐向外扩展，画出活动螺母9、活动钳口3、固定螺钉4、固定钳身6等结构。完成主要装配干线后，再将其他装配结构一一画出，如钳口板、螺母、垫圈等。经过检查、校核后加深图线，画剖面符号，标注尺寸。最后，编写零件序号，填写明细栏、标题栏和技术要求，完成全图。

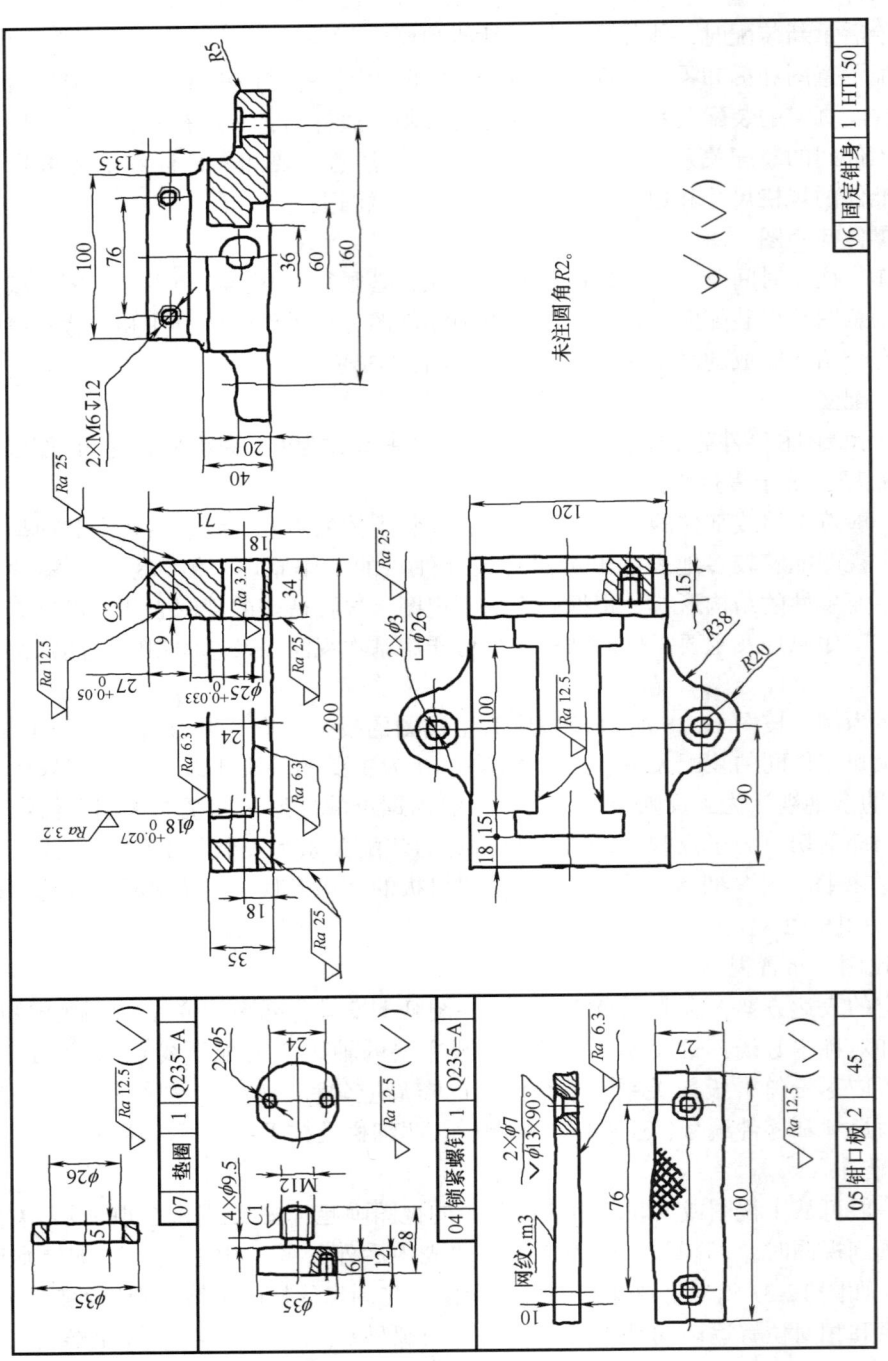

图12-30 平口钳零件徒手图

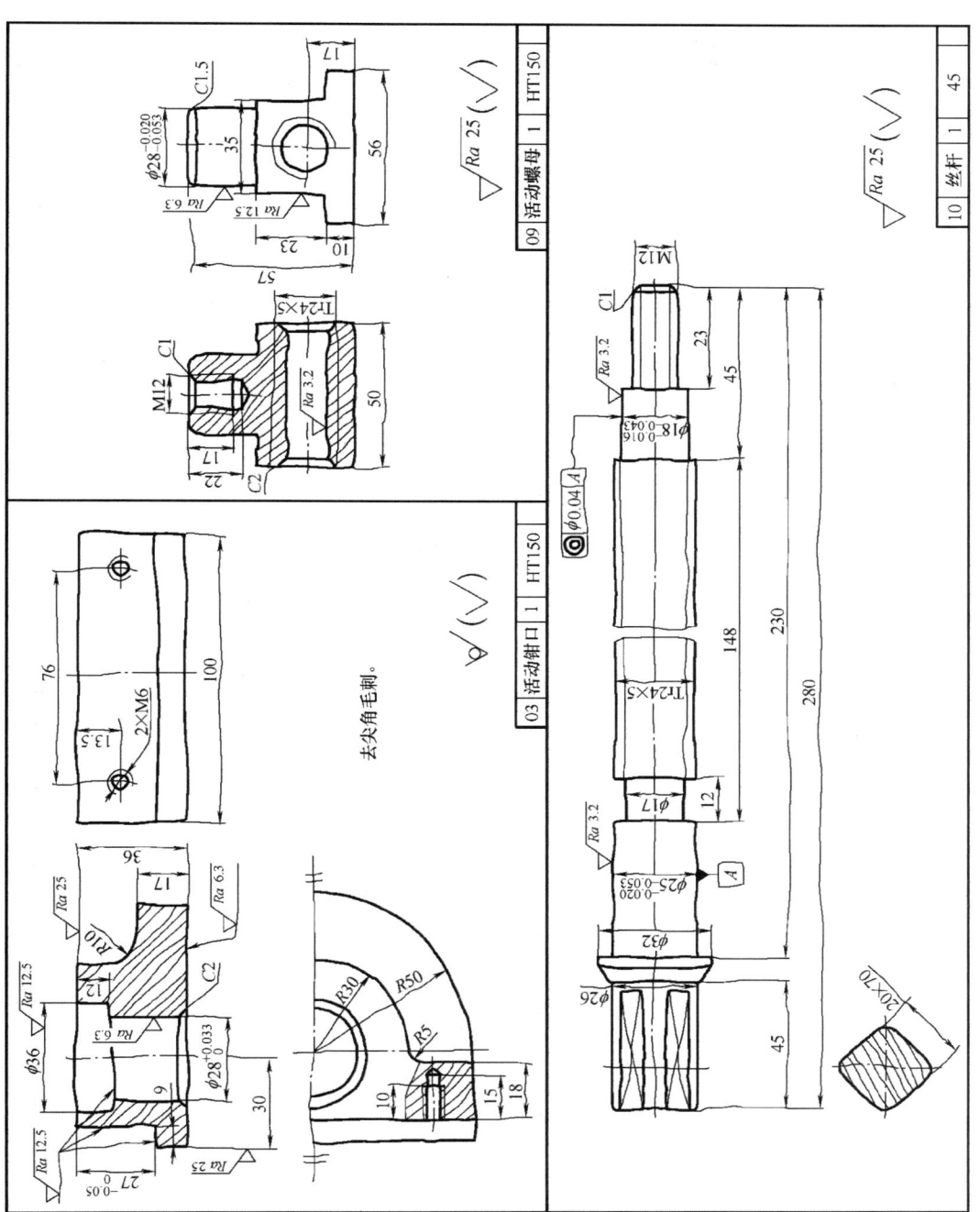

图 12-30 平口钳零件徒手图（续）

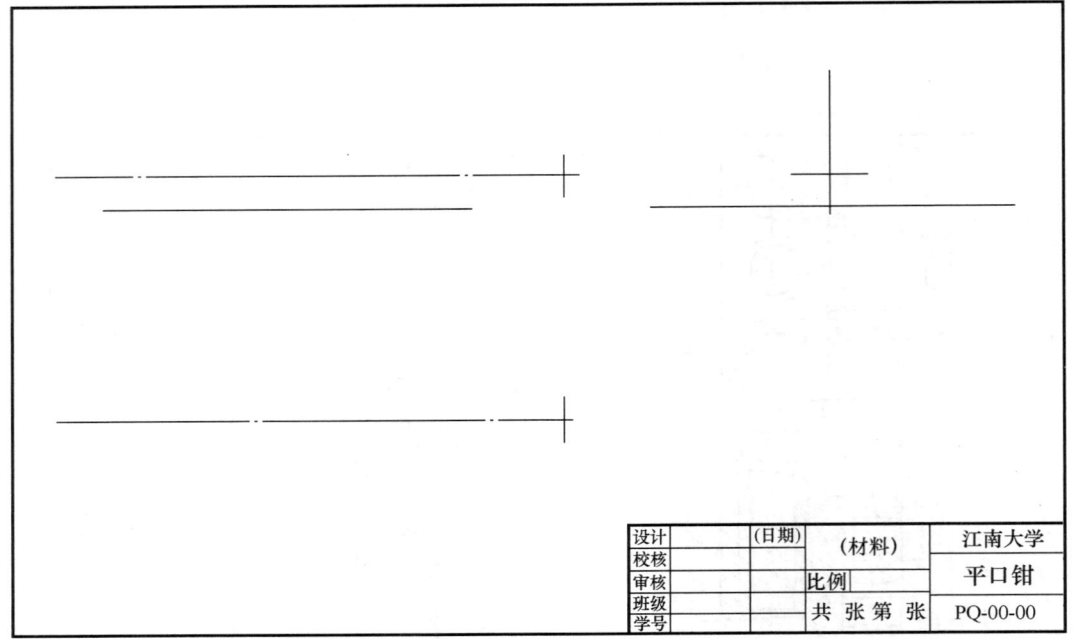

a)

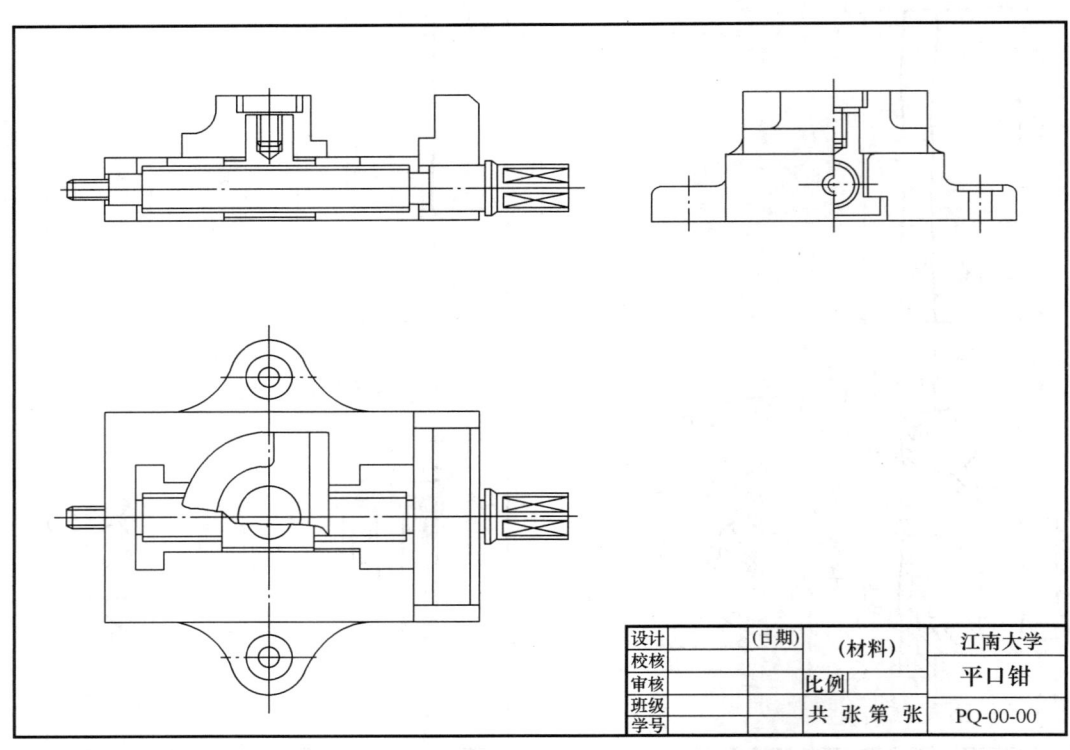

b)

图 12-31　平口钳装配图画图步骤

a) 画出主要轴线、基准线和对称线　b) 画出主要装配干线，逐次向外扩展

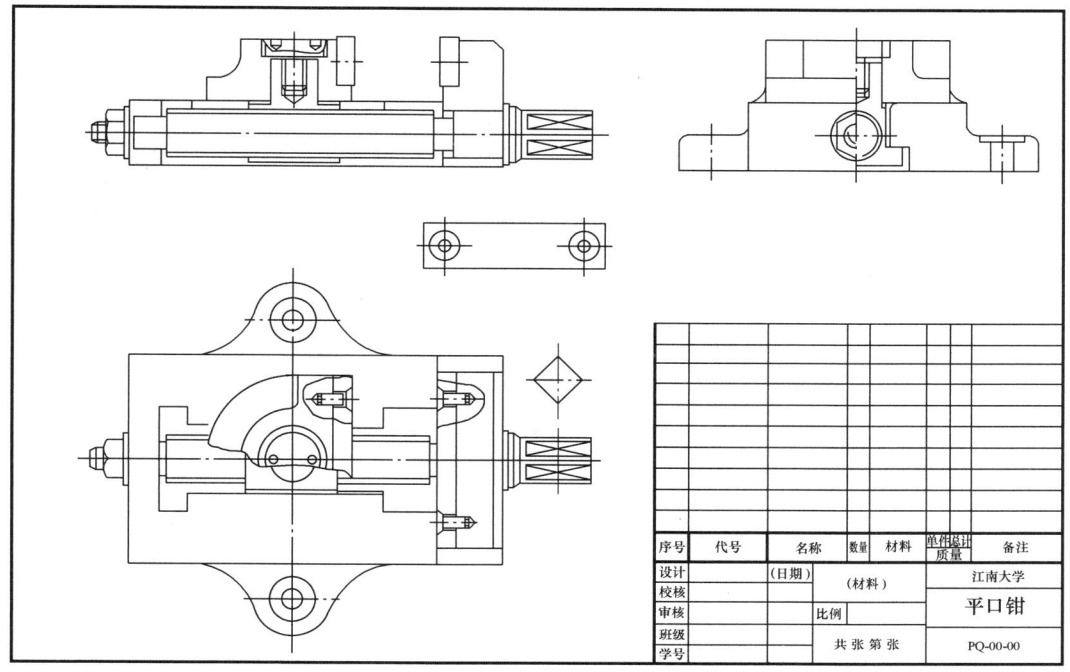

图 12-31 平口钳装配图画图步骤（续）
c）完成其他装配结构　d）检查、加深

第七节　看装配图和由装配图拆画零件图

在工业生产中，不仅在设计、装配过程中要看装配图，而且在技术交流或使用机器时也常常要参阅装配图来了解设计者的意图、部件或机器的结构特点以及正确的操作方法等。因此，对工程技术人员来说，必须具备阅读装配图的能力，在此基础上，才能由装配图拆画零件图。

一、看装配图的基本要求

1) 了解机器或部件的性能、用途、规格及工作原理。
2) 了解各组成零件的相对位置、装配关系、连接方式、传动路线等。
3) 了解各组成件的作用和主要结构形状。
4) 了解机器或部件的使用方法、装拆顺序和有关技术要求。

二、看装配图的方法和步骤

1. 概括了解

看装配图时，首先从标题栏入手，了解部件的名称；从明细栏中了解组成部件的零件名称、数量、材料以及标准件的规格；通过阅读有关的说明书和技术资料，了解机器或部件的功用、性能和工作原理，从而对装配图的内容有概略的认识。

2. 视图表达分析

从主视图入手，结合其他视图找出各视图的投射方向、剖切位置，分析各个视图所表达的主要内容，为深入看图做准备。

3. 工作原理和装配关系分析

在概括了解和视图表达分析的基础上，全面分析机器或部件的工作原理。以反映装配关系比较明显的那个视图为主，配合其他视图，分析各条装配干线，即分析装配体上互相有关的零件，各沿着哪个主要零件的轴线或某一方向依次连接；搞清楚部件的传动、支承、调整、润滑和密封等形式；搞清各有关零件间的接触面、配合面的连接方式和装配关系；弄清楚运动件的动力输入与输出，运动的传递方向，从而了解整个部件的运动情况。

4. 零件分析

分析零件的目的是弄清每个零件的主要结构形状和作用，以便进一步理解部件的工作原理和装配关系。分析时，通常从主要零件开始，从表达该零件最明显的视图入手，联系其他视图，利用图上序号指引线找出零件所在位置和范围，利用同一零件在各剖视图中剖面线方向、间隔的一致性，利用规定画法、配合或连接关系等，对照线条找出对应的投影关系，将零件的视图从装配图中分离出来，依次逐个分析，想象出它们的形状，分析它的作用，完善其细部结构。至于一般的标准件，如螺栓、螺钉、滚动轴承等，只要知道它们的数量、规格和标准编号即可。

5. 综合归纳

在上述分析的基础上，为了加深全面认识，还应将机器或部件的作用、结构、装配、操作、维修等方面的问题综合考虑、归纳总结。如零件的具体结构有何特点？工作要求怎样实现？零件按什么顺序装拆？操作维修是否方便？哪些零件是运动的？哪些零件是静止的等等。通过这样的提问和求解，对整个机器或部件有一个全面了解，达到读图的基本要求。

应当指出，上述读装配图的方法和步骤仅是一个概括的说明，决不能机械地把这些步骤截然分开，实际上读装配图的几个步骤往往是交替进行的。只有通过不断实践，才能掌握读图规律，提高读图能力。

三、看装配图举例

例 12-1 看懂镜头架装配图，如图 12-32 所示。

解 1. 概括了解

从标题栏可知，该部件为镜头架。镜头架是电影放映机上用来调整放映镜头的焦距使图像清晰的一个部件。从图中的明细栏及零件编号可知，镜头架由 10 种零件（6 种非标准件和 4 种标准件）组成，其中的调节齿轮 5 为组合件。各零件选用的材料是 ZL102（铸造铝合金）、2A12（硬铝）、Q235（碳素结构钢）等。

2. 视图表达分析

镜头架装配图采用两个基本视图。主视图是用两个平行的剖切平面剖切得到的 A—A 全剖视图，表达了镜头架的装配干线和工作原理；左视图采用 B—B 局部剖视，表示了镜头架的外形轮廓，以及调节齿轮 5 与内衬圈 2 上的齿条相啮合的情况。

3. 工作原理和装配关系分析

镜头架的主视图完整地表达了它的装配关系。从图上可以看出，所有零件都装在主要零件架体 1 中，并由两个圆柱销和两个螺钉定位、安装在放映机上，架体 1 的大孔（$\phi70$）中装有能前后移动的内衬圈 2。架体的侧垂圆柱孔（$\phi22$）的轴线是一条主要装配干线，在装配干线上装有锁紧套 6，它们是 H7/g6 的间隙配合。锁紧套内装有调节齿轮 5，支撑在锁紧套内部的阶梯孔中，两端的配合分别为 H11/c11、H8/f7，也都是间隙配合。当调节齿轮与内衬圈 2 就位后，用圆柱端紧定螺钉 M3×12 卡住调节齿轮轴上的凹槽，使调节齿轮轴向定位。锁紧套右端的外螺纹处装有衬圈 3 和锁紧螺母 4，当没有旋紧锁紧螺母 4 时，旋转调节齿轮 5，通过与内衬圈上的齿条啮合传动，就能带动内衬圈做前后方向的直线移动，从而达到调整焦距的目的。当旋紧锁紧螺母时，则将锁紧套拉向右移，锁紧套上的圆柱面槽就迫使内衬圈收缩而锁紧镜头。

4. 零件分析

这里分析几个主要零件，请读者通过阅读自行分析其余零件。

（1）架体 1　架体是镜头架的主体零件，从装配图中看出它的大致结构形状，该架体主要是由一大一小相互偏交的两个圆筒组成，它们的圆柱孔内壁相交贯通，大圆筒中装入带齿条的内衬圈 2，小圆筒内装入锁紧套 6。为了使架体在放映机上定位、安装，在大圆筒外壁的左侧伸出一个四棱柱，在此四棱柱的左端面上，分别设置有螺纹通孔和圆柱销孔的四个方形凸台。小圆柱筒的下部是半个圆柱体，上部是前后壁与半圆柱面相切的四棱柱。在小圆筒下部半圆柱壁上，有一个带锪平沉孔的螺纹通孔，它让调节齿轮轴向定位的螺钉旋合。

（2）内衬圈 2　内衬圈是一个圆柱形的管状零件。它的外表面上铣有齿条，齿条一端没有铣到头，这是调节镜头焦距时齿条移动的极限位置。为了在收紧锁紧套时，内衬圈充分变形而锁紧镜头，内衬圈上沿齿条的一侧铣开一条通槽。

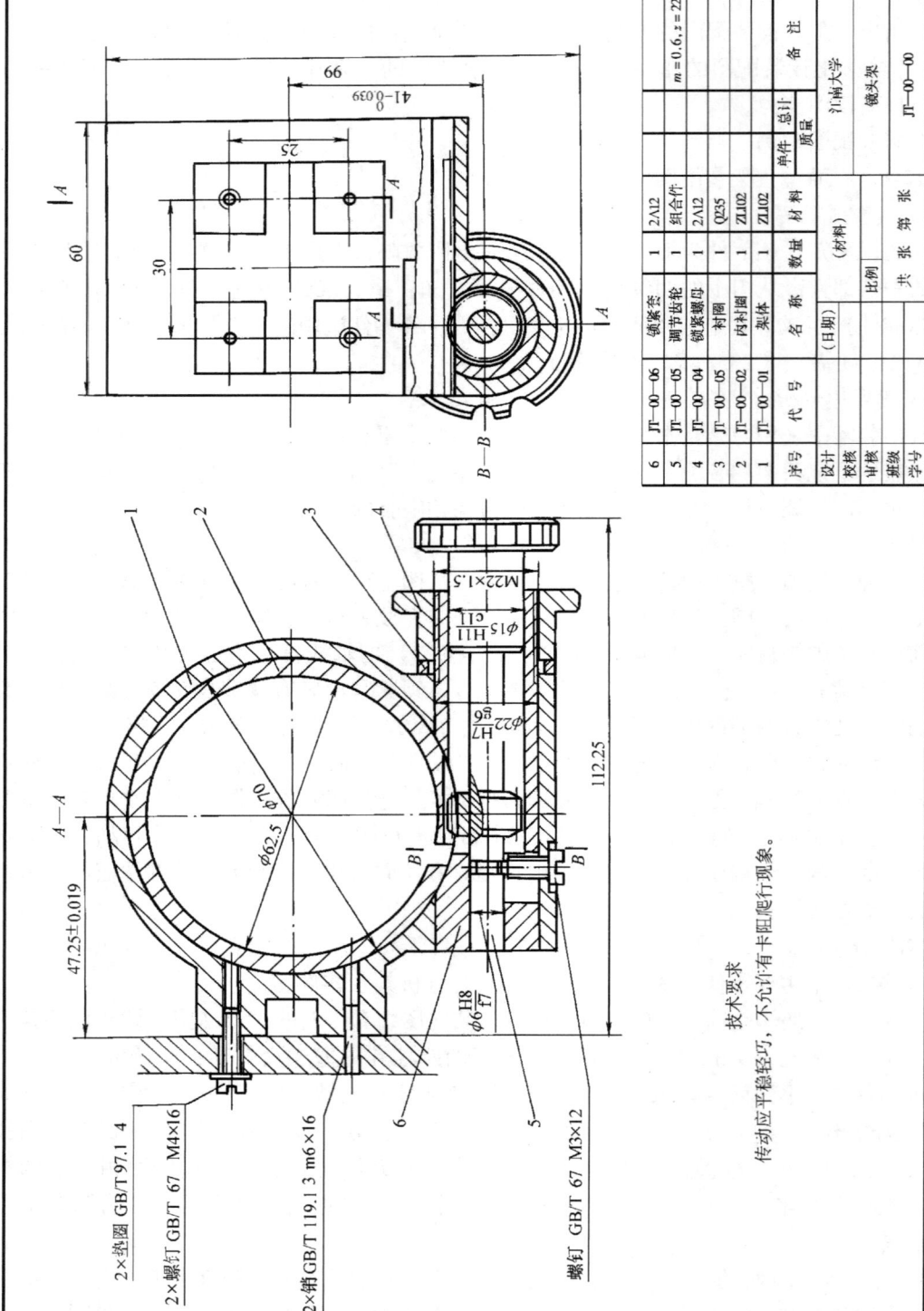

图 12-32 镜头架装配图

（3）锁紧套 6　根据剖面线方向和配合尺寸 $\phi22H7/g6$，可以想象出这是一个圆柱形的零件。它的内部是大小两个阶梯圆孔，右端的孔较大，左端的孔较小。锁紧套上部圆弧面的槽与内衬圈的外圆相贴合，当锁紧套轴向移动时，圆弧面槽迫使内衬圈产生弹性变形，从而产生夹紧作用。锁紧套右端螺纹与锁紧螺母相旋合，螺纹的旋合可使锁紧套产生轴向位移。为了避免锁紧套轴向位移时与圆柱端紧定螺钉相碰，在锁紧套下部开了一个长圆形孔。通过以上分析，可以想象出锁紧套的结构形状，如图 12-33 所示。

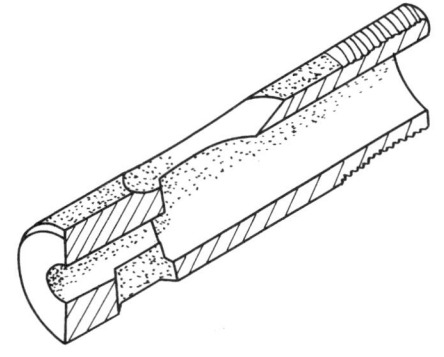

图 12-33　镜头架锁紧套

5. 综合归纳

根据以上分析，得知镜头架的夹持动作由内衬圈 2、锁紧套 6 与锁紧螺母 4 来实施；调节焦距动作由内衬圈 2 和调节齿轮 5 来完成；松开锁紧螺母 4 方可进行焦距调节，调节完毕后须将其旋紧以完成夹紧动作。镜头架的工作原理如下：首先松开锁紧螺母 4，将镜头放入内衬圈 2 的圆孔 $\phi62.5$ 中，旋转调节齿轮 5 的捏手，通过齿轮齿条的啮合带动内衬圈 2 作前后直线运动，使焦距得到调节。旋紧锁紧螺母 4，锁紧套 6 右移，迫使内衬圈 2 产生弹性变形，直径收缩，夹紧镜头。

镜头架的装配过程如下：将锁紧套 6 套上衬圈 3、旋上锁紧螺母 4，将调节齿轮 5 装入锁紧套 6，将它们一起装入架体 1 的圆孔 $\phi22$ 中，注意要使锁紧套 6 上的圆柱面槽转到向上的位置；将内衬圈 2 装入架体 1 的圆孔 $\phi70$ 中，使其齿条向下并与调节齿轮 5 相啮合，就位后，旋上改制的圆柱端紧定螺钉（见装配图中的螺钉 M3×12），使调节齿轮轴向定位。精心调节，直至镜头架满足技术要求。

例 12-2　读柱塞泵装配图，如图 12-34 所示。

解　1. 概括了解

从标题栏可知该部件为柱塞泵。通过阅读装配图中的技术要求以及有关说明书，了解柱塞泵的功用、性能和工作原理。柱塞泵是机器润滑系统中的重要组成部件。泵的工作原理是利用容腔体积的变化产生压力变化，从而将低压油吸入，将高压油挤出。柱塞泵是利用柱塞运动变化及单向阀（由件 2、3、10、11 组成）的协调配合实现上述功能的。从明细栏及零件编号可知，柱塞泵共由 22 种、合计 35 个零件组成，其中标准件 5 种，合计 13 个。

2. 视图表达分析

柱塞泵装配图采用了三个基本视图、一个 A 向视图和一个 B—B 剖视图。主视图采用了局部剖视，表达了柱塞泵的形状和三条装配干线；即沿柱塞 9 轴线方向的主要装配干线和两个单向阀的装配干线；俯视图表达了柱塞泵的外形和安装位置，用局部剖表达了另一条主要装配干线，即轴 8 上所有相关零件的装配情况；左视图表达了柱塞泵的形状、三个均布的螺钉，并用局部剖视表达了泵体 6 上的四个安装沉孔；局部视图 "A" 表达泵体 6 后面的真形、四个安装沉孔及两个销孔的位置，B—B 剖视图表达了泵体右端的内部形状。

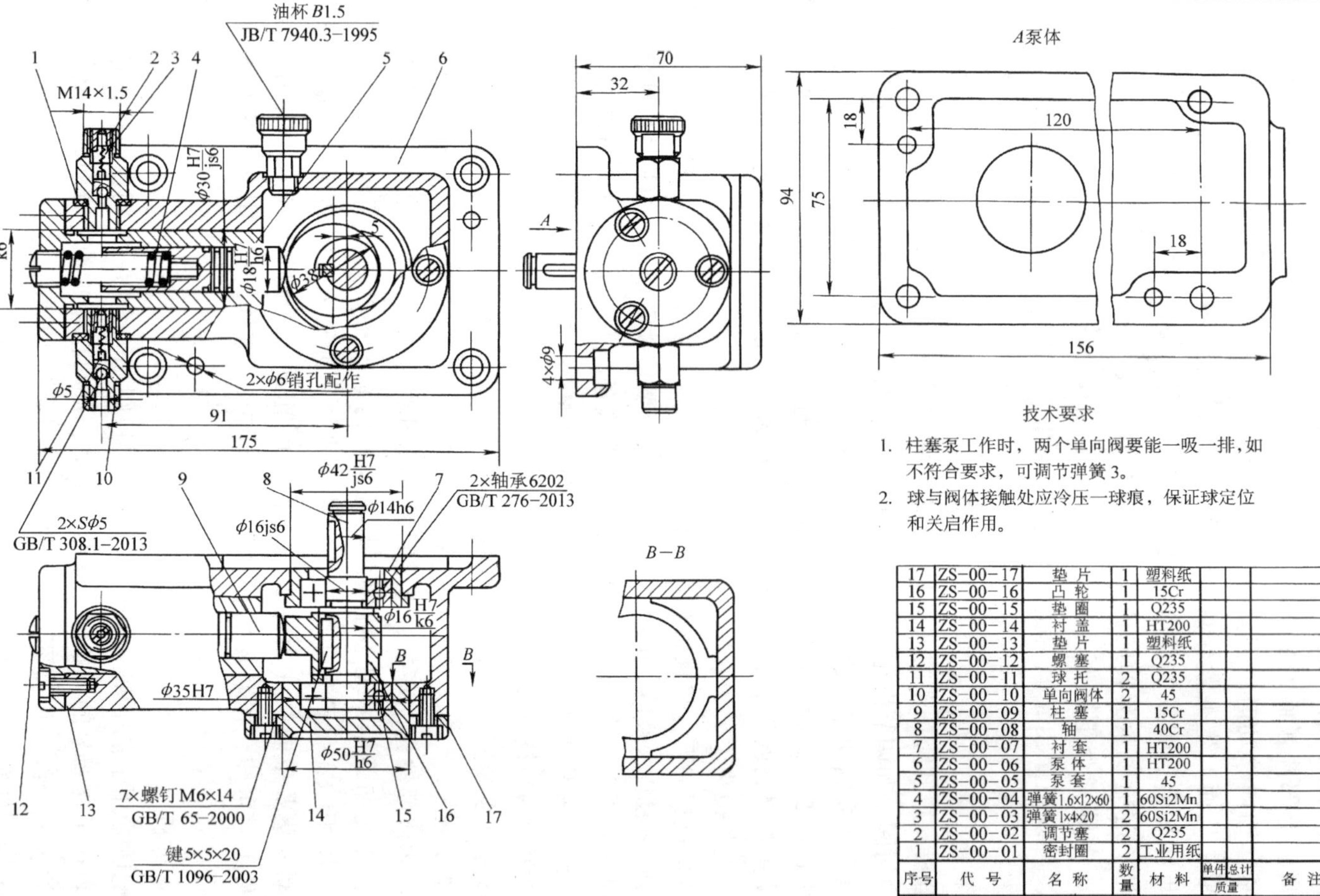

技术要求

1. 柱塞泵工作时，两个单向阀要能一吸一排，如不符合要求，可调节弹簧 3。
2. 球与阀体接触处应冷压一球痕，保证球定位和关启作用。

序号	代号	名称	数量	材料	单件质量	总计质量	备注
17	ZS−00−17	垫片	1	塑料纸			
16	ZS−00−16	凸轮	1	15Cr			
15	ZS−00−15	垫圈	1	Q235			
14	ZS−00−14	衬盖	1	HT200			
13	ZS−00−13	垫片	1	塑料纸			
12	ZS−00−12	螺塞	1	Q235			
11	ZS−00−11	球托	2	Q235			
10	ZS−00−10	单向阀体	2	45			
9	ZS−00−09	柱塞	1	15Cr			
8	ZS−00−08	轴	1	40Cr			
7	ZS−00−07	衬套	1	HT200			
6	ZS−00−06	泵体	1	HT200			
5	ZS−00−05	泵套	1	45			
4	ZS−00−04	弹簧1.6×12×60	1	60Si2Mn			
3	ZS−00−03	弹簧1×4×20	2	60Si2Mn			
2	ZS−00−02	调节塞	2	Q235			
1	ZS−00−01	密封圈	2	工业用纸			

设计	（日期）	（材料）	江南大学
校核			
审核		比例	柱塞泵
班级		共 张第 张	ZS−00−00
学号			

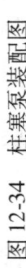

图 12-34 柱塞泵装配图

3. 工作原理和装配关系分析

从主、俯视图可知柱塞泵的工作原理：运动从轴 8 输入，它将回转运动通过键联接传递给凸轮 16；在左端弹簧 4 的作用下，柱塞 9 始终与凸轮 16 平稳接触。于是凸轮 16 的回转运动就转换成柱塞 9 在泵套内的往复直线运动。调节左端螺塞 12，即可调整柱塞 9 对凸轮 16 的压紧力。柱塞 9 左端与两个单向阀构成一个容积不断变化的油腔，当柱塞 9 在弹簧 4 作用下右移时，该油腔空间体积增大，形成负压，上面的单向阀关闭，下面的单向阀打开，外界润滑油在常压作用下被吸入油腔；当柱塞 9 在凸轮 16 作用下左移时，该空间体积减小，压力增大，这时下面的单向阀关闭，上面的单向阀打开，油腔中的高压油被压入润滑油路。

两个单向阀均只能让油液单向通过，其组成完全相同，只是安装方向不同。在图示位置，上面的单向阀只能让油液自下而上流出，下面的单向阀只能让油液自下而上流入。调整调节塞 2，即可调整通过的油液压力。

从主视图泵套 5 与泵体 6 的两个配合尺寸 $\phi30H7/k6$ 和 $\phi30H7/js6$ 可知，它们的配合为基孔制不同松紧要求的过渡配合。柱塞 9 与泵套 5 的配合尺寸 $\phi18H7/h6$，为间隙很小的间隙配合。通过凸轮尺寸 $\phi38$ 与偏心距 5，可推算出柱塞 9 的左右行程；进油口和出油口采用了 $M14\times1.5$ 的细牙普通螺纹联接；$\phi5$ 表示了单向阀的口径。

俯视图中的尺寸 $\phi16H7/k6$ 表示轴 8 与凸轮 16 为过渡配合。$\phi42H7/js6$ 表示衬套 7 与泵体 6 为过渡配合。$\phi50H7/h6$ 表示衬盖 14 与泵体 6 为间隙配合。$\phi16js6$ 与 $\phi35H7$ 分别表示与轴承相配合的轴与孔的配合尺寸及公差带代号。其余尺寸或为安装尺寸，或为外形尺寸等。前述所有配合尺寸均围绕柱塞 9 与轴 8 这两条装配干线，它们是柱塞泵的主要装配干线。

4. 零件分析

柱塞泵的泵体是一个主要零件，通过分析主视图和左视图可以看出，泵体由主体和底板两部分组成，上下结构基本对称。主体为两个大小不同的方箱，柱塞 9 和凸轮轴 8 上的零件都包容在方箱中，形成两条主要装配干线。右侧的大方箱前表面上均布四个螺孔以连接衬盖 14，上侧偏左有一螺孔用于安装油杯。在左侧方箱的左面，有上下对称的两个螺孔用来安装单向阀。泵体左端凸台上均布三个螺孔，通过螺塞、弹簧顶着柱塞。泵体底板为带圆角的长方形板，上有四个安装螺栓的沉孔和两个定位销孔。根据以上分析可以确定泵体的整体结构形状。

其他零件的结构请读者自行分析。

5. 综合归纳

经过由浅入深的看图过程，再围绕部件的结构、工作情形和装配联接关系等，把各部分结构有机地联系起来归纳总结，进而分析结构能否完成预定的功能，工作是否可靠，装拆是否方便，润滑和密封是否存在问题等。如柱塞泵凸轮轴的装配顺序为：轴＋键＋凸轮＋两端轴承＋衬套＋衬盖＋垫片，然后再一起由前向后装入泵体，最后装上四个螺钉。柱塞泵的润滑采用油杯，它储存润滑油，在重力作用下油滴滴入凸轮 16 与柱塞 9 的摩擦面，使柱塞和凸轮得以润滑。柱塞泵的密封防漏，采用封油圈 1、垫片 13 与 17 等。通过上述阅读可知，该柱塞泵的结构能实现供油的功能，工作原理清楚，视图表达正确，尺寸完整。

四、由装配图拆画零件图

在设计过程中，常常要根据装配图拆画零件图，简称拆图。拆图必须在读懂装配图的基础上进行。为了使拆画的零件图符合设计要求和工艺要求，一般按以下步骤进行：

1. 确定表达方案

先把表示该零件的视图从装配图中分离出来，补全被其他零件遮挡部分的图线，想象出该零件。再根据零件的分类和具体结构形状，按零件图的视图选择原则考虑其表达方案。不强求方案与装配图一致，不能照搬装配图中的表达形式，更不能简单地照抄装配图上的零件投影。在多数情况下，箱体类零件（包括各种箱体、壳体、阀体、泵体等）主视图的选择尽可能与装配图表达一致，这样便于读图和画图，装配机器时，便于对照。对于轴套类零件，一般按主要加工位置选取主视图。如图 12-34 中的轴 8 是按照其工作位置（轴线呈正垂线）画出的，若画其零件图，为便于加工时看图，轴线须水平放置（呈侧垂线），零件的大头在左，小头在右。为表示轴上的键槽等结构再辅以移出断面即可。

2. 补全零件的结构形状

在装配图上，零件的倒角、倒圆和退刀槽等工艺结构常采用简化画法或者省略不画。而在拆画零件图时，这些结构不能省略，必须表示清楚。对于装配图上未能表达清楚的结构，拆画零件图时，应根据零件的作用及结构知识、设计和工艺要求，将结构补充完善。

3. 确定零件的尺寸

1）装配图上已注出的尺寸，在有关零件图上直接注出。对于配合尺寸、相对位置尺寸要注出偏差数值，以便于加工、测量和检验。

2）标准结构（如螺孔、沉孔、销孔、键槽、退刀槽、中心孔等）的尺寸，要从相应的标准中查取。

3）在明细栏中给定的尺寸（如垫片厚度等），要按给定尺寸注写。

4）根据装配图中的数据应进行计算的尺寸（如齿轮的分度圆、齿顶圆直径等），要经过计算后才能注写。

5）对有装配关系的尺寸（如螺纹紧固件的有关定位尺寸）要注意相互协调，避免造成尺寸矛盾。

6）在装配图上没有标注出的零件各部分尺寸可按比例直接从装配图中量取，注意尺寸的圆整和标准化数值的选取。

4. 确定技术要求

零件表面粗糙度可根据各表面的作用和要求确定，也可参阅有关资料或同类产品的图样，采用类比法确定。一般情况下，配合面与接触面的表面粗糙度参数值应小，自由表面的表面粗糙度参数值较大。有密封、耐蚀、美观等要求的表面粗糙度参数值应较小。至于其他技术要求，如几何公差、热处理等，其选用与确定涉及到许多专业知识和实践经验，必须参考同类产品的图样资料和生产实践知识来拟订。

五、拆画零件图举例

例 12-3 拆画图 12-32 所示镜头架装配图中的架体 1。

解 1. 确定表达方案

在分析架体 1 结构形状的基础上，先从装配图 12-32 的主、左视图中按照投影关系和剖面线画法，区分出架体的视图轮廓，分离后看出它是一幅不完整的图形，如图 12-35a 所示。

壳体、箱体类零件，应按工作位置原则选择其安放位置，架体 1 符合这个原则，并将架体主视图的投射方向与装配图一致。

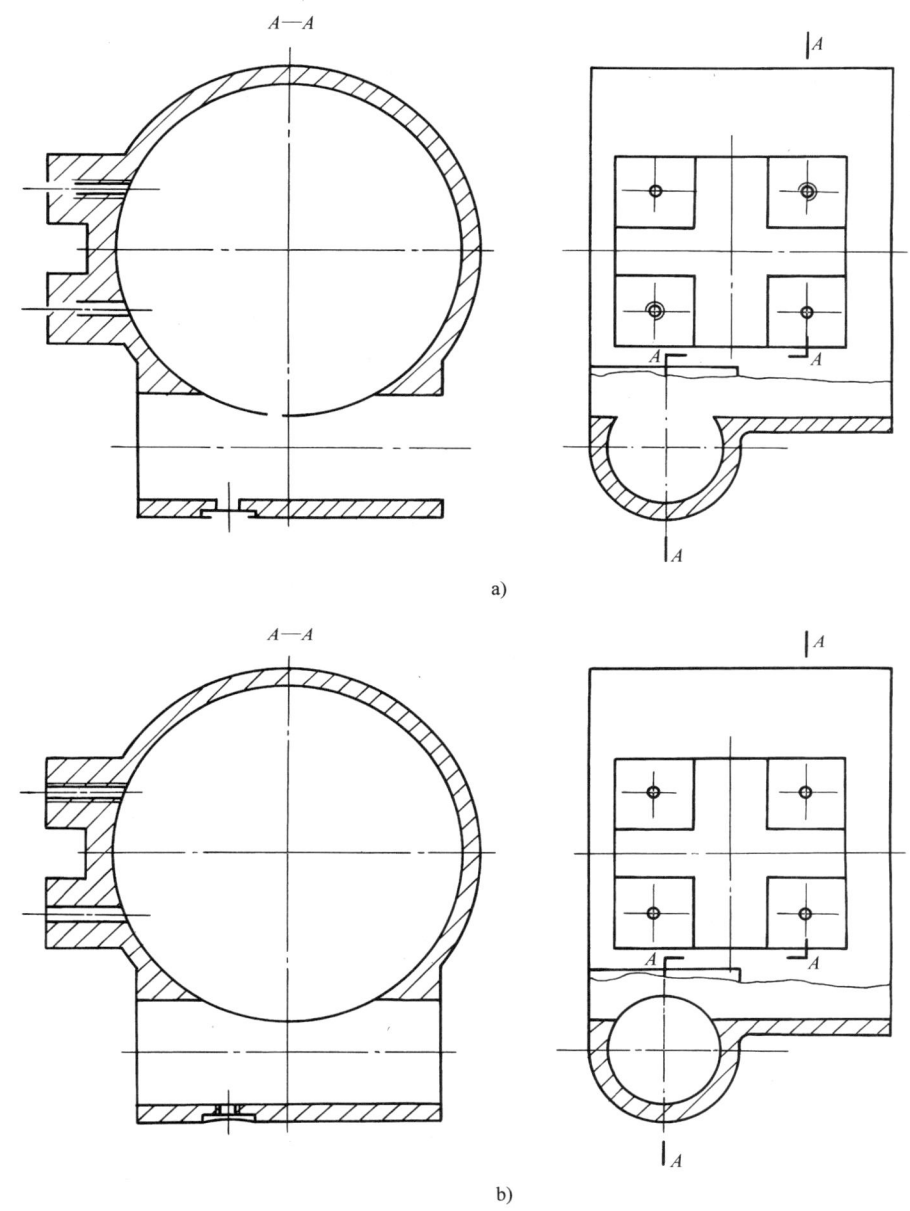

图 12-35 拆画镜头架体

2. 补全零件的结构

将被调节齿轮 5 遮挡的部分图线补齐。根据螺纹联接的画法,将安装螺钉和改制的定位螺钉移去后的内螺纹部分补画完整,将销孔补画完整,如图 12-35b 所示。

从补全后的架体两视图可以看出:主视图不仅表示一个方向的外部轮廓形状,还由于采用了两个平行的剖切平面剖切而清晰地显示了内部的结构形状;左视图若不用局部剖视,只画外形,而用细虚线画出大圆筒内壁的上下两条转向轮廓线,则可清晰、完整地表达内外形状,如图 12-36 所示。

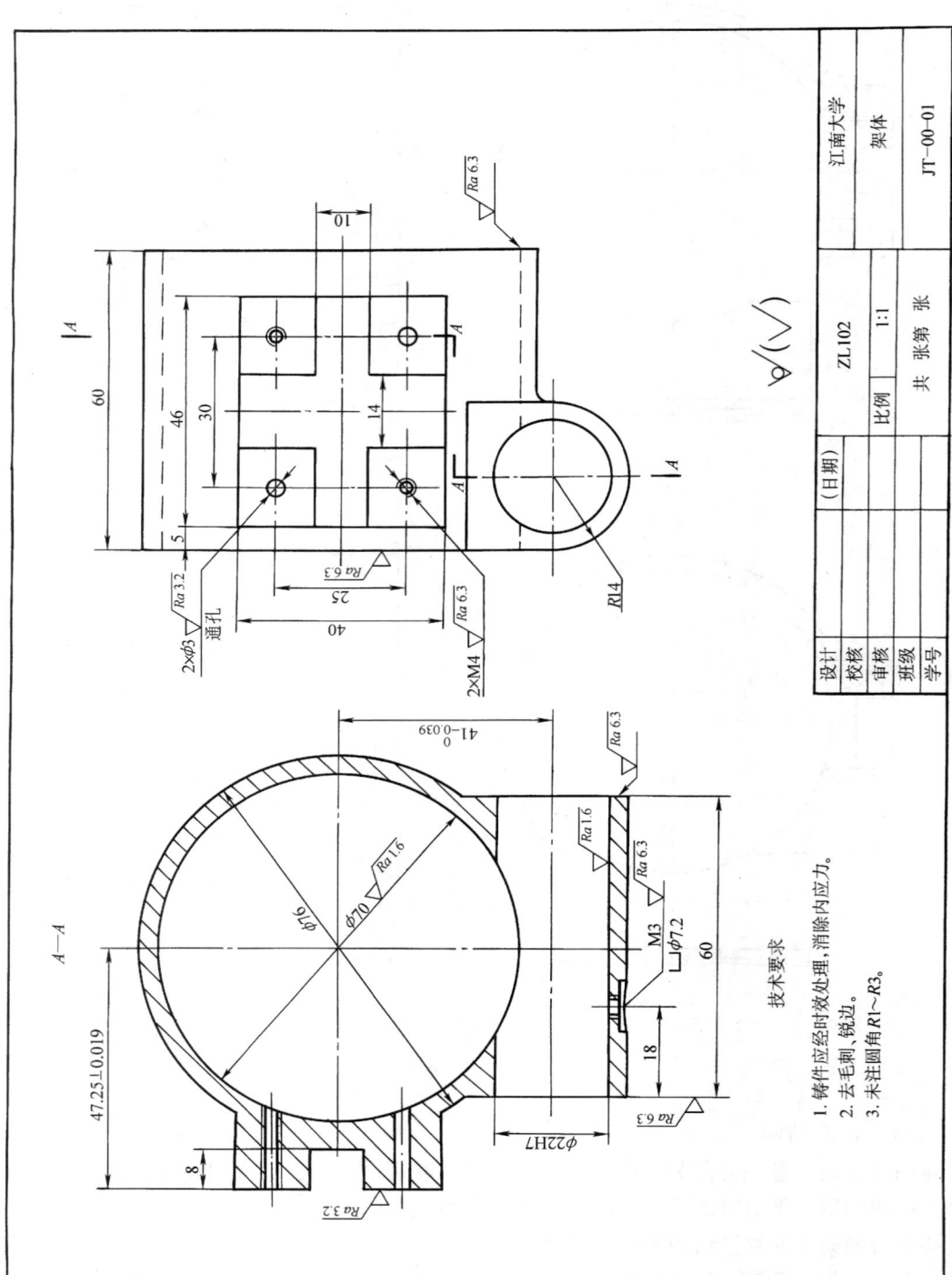

图 12-36 镜头架体零件图

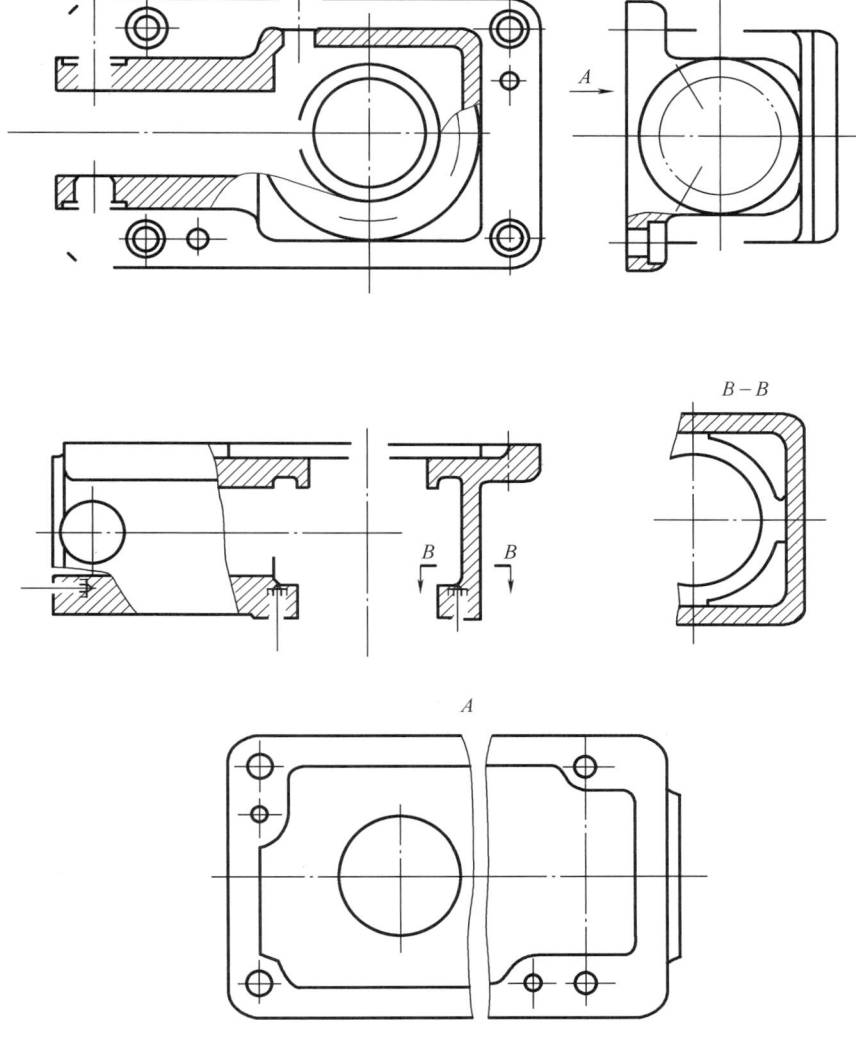

图 12-37　拆画泵体（一）

3. 标注尺寸

将装配图上有关架体的尺寸，包括公差代号，在其零件图上直接注出。装配图上没有注出的零件部分尺寸可按比例从装配图中量取，并圆整为整数，补齐加工零件时所必须的全部尺寸。

4. 确定技术要求

根据零件各表面的作用确定表面粗糙度，用类比法确定其他技术要求。

例 12-4　拆画图 12-34 所示柱塞泵装配图中的泵体 6。

解　1. 确定表达方案

在装配图中，按照泵体 6 的投影关系和剖面线，在各个视图中找到泵体 6 的图形，确定其整个轮廓。在此基础上，分离出泵体 6 的图形，如图 12-37 所示。补全被遮挡部分投射后所得的视图，如图 12-38 所示。

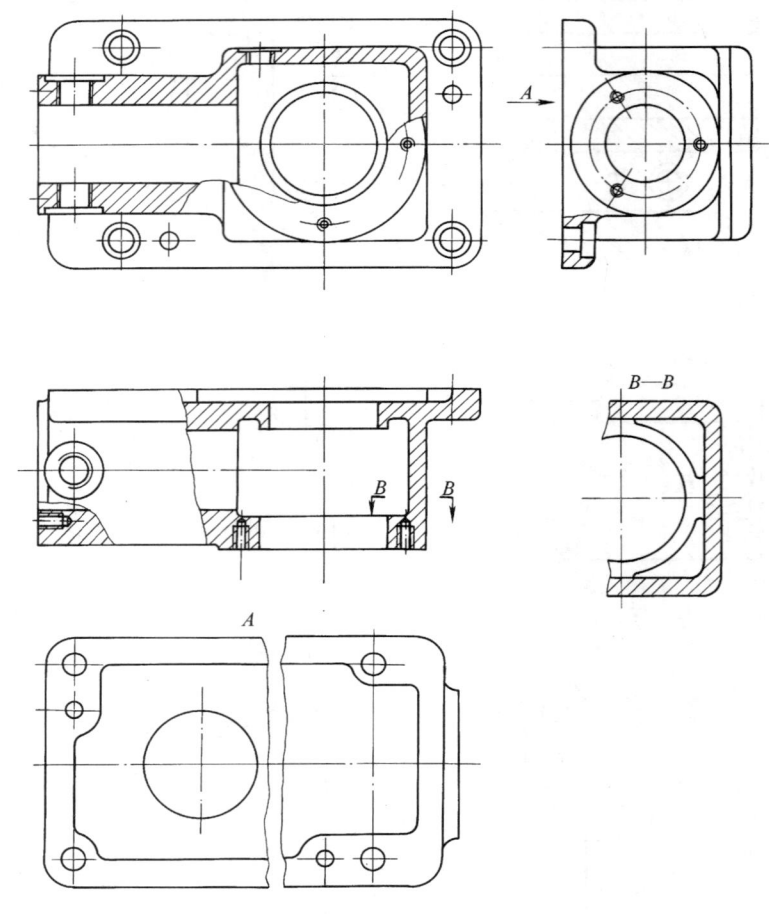

图 12-38　拆画泵体（二）

由于装配图中泵体 6 的主视图并不符合零件图的主视图选择原则，故将泵体 6 的安装基准面朝下。主、俯、左三个视图仍然采用局部剖视，并用 B 局部视图和 A—A 剖视图补充表达，如图 12-39 所示。

2. 补全零件的结构

装配图中泵体 6 内腔的凸台厚度没有表达出来，应在零件图上表达清楚，故在零件图的主视图中用细虚线画出。某些倒角等结构也应在零件图上表达出来，如图 12-39 所示。

3. 标注尺寸

要注出加工零件时必需的全部尺寸。有些尺寸必须适当处理，如 $\phi 50^{+0.025}_{0}$、$4 \times M6\text{-}7H$ ▽8 孔▽10 等。

4. 确定技术要求

根据柱塞泵的工作情况可知，泵体是一个重要的零件。其表面粗糙度、几何公差和其他技术要求如图 12-39 所示。

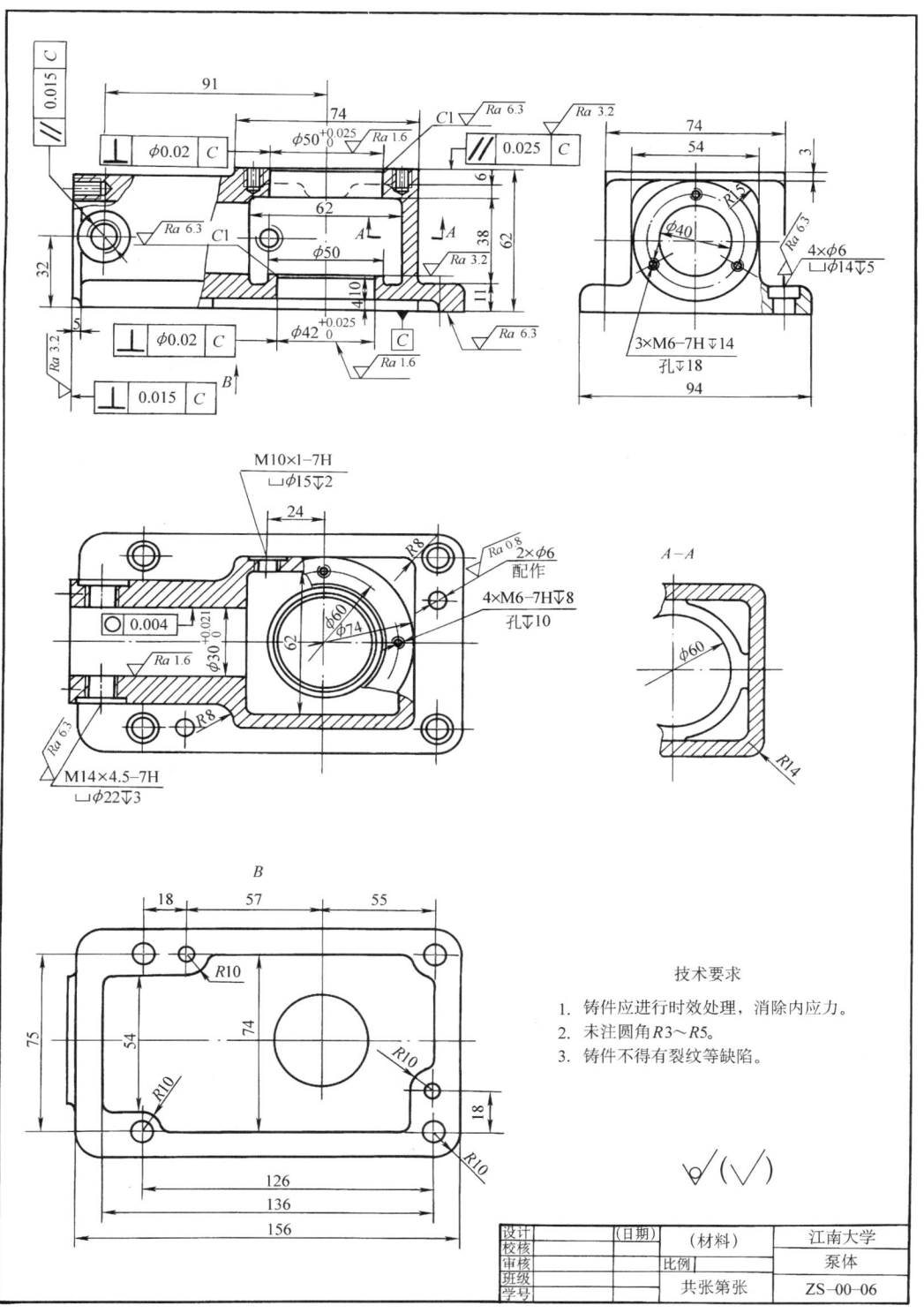

图 12-39 泵体零件图

第十三章 表面展开图和焊接图

在造船、机械、电子、化工和建筑等工业生产中，常常有一些零部件或设备由板材加工制成，如防护罩、管道、容器等。制造时先在金属板材上画出制件的展开图，然后剪切下料，弯曲成形，最后用咬缝或焊缝连接而成。为了便于讨论，本章所涉及薄板制件，如未加特殊说明，均不考虑板厚。

用图解或计算的方法将立体表面按实际形状和大小，依次连续地摊平在一个平面上，称为立体表面展开。展开后所得的图形称为立体表面展开图。图 13-1 所示为圆柱面展开示意图。

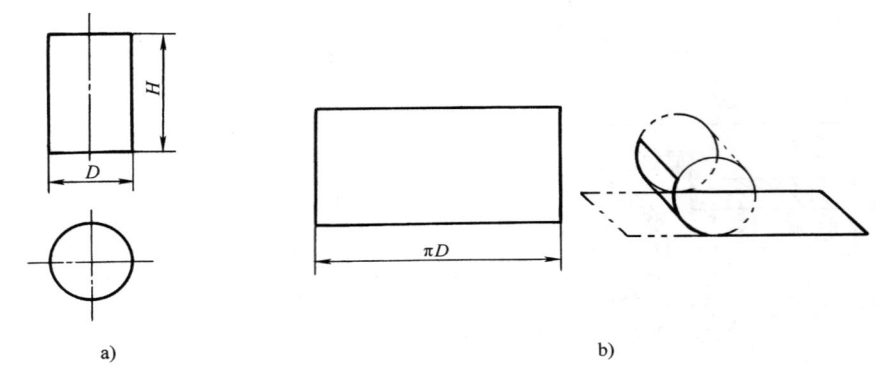

图 13-1 圆柱面展开示意图
a）投影图 b）展开图

立体表面可分为可展表面和不可展表面两类。平面立体的表面均为可展表面。曲面立体的表面，有的是可展表面，如圆柱面、圆锥面等；有的是不可展表面，如球面。对不可展曲面常用近似的方法进行展开。

第一节 立体表面的展开

立体表面由若干个平面多边形构成，画其展开图的实质就是画出立体表面所有多边形的实形，并将它们依次连续地画在一个平面上。

一、棱柱表面展开

棱柱的侧面都是四边形，而且棱线相互平行。因此，只要求出各侧棱和底边的实长，就可以画出棱柱表面的展开图。

图 13-2a 所示为斜口直棱柱管的两面投影。由于四棱柱底面 ABCD 平行于 H 面，H 面投影反映实形。各侧棱 EA、FB、GC 和 HD 均为铅垂线，正面投影反映实长。根据这个关系就可以作出四个侧面的实形。

展开图的作图过程（见图 13-2b）：

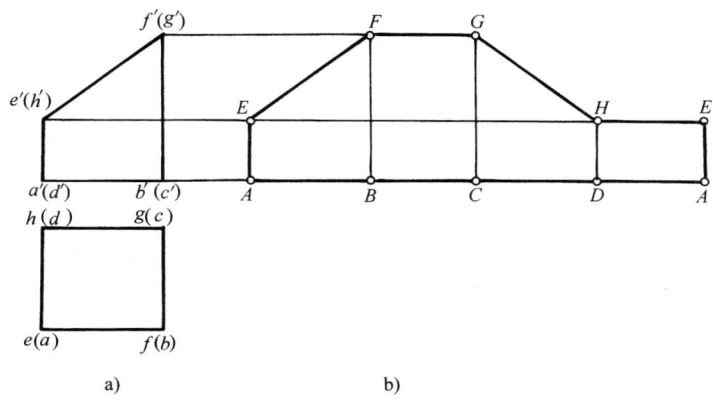

图 13-2 斜口四棱柱管的展开
a）投影图 b）展开图

1）在与底边等高的合适位置画一水平线，并按底面各边实长顺次截取 A、B、C、D、A 等点。

2）过截取点作垂线，在所作垂线上量取各侧边棱线的实长，即得诸点 E、F、G、H、E。

3）顺次连接各侧棱端点，得出棱柱管的展开图。

二、棱锥表面展开

棱锥的棱面都是三角形，底面是多边形。而多边形也可看成由若干个三角形组成，所以只要求出各三角形的实形，即可画出棱锥的表面展开图。

图 13-3a 所示为矩形接头的两面投影，接头的上下口均为矩形，中心不在一条铅垂线上。该接头由四块平板焊接而成，前后两块是相同的不等腰梯形，左右两块是不同的等腰梯形。作图时，可分别将前后左右的梯形，用对角线划分为两个三角形。由于上下底边在 H 面上的投影反映实长，因此只需用直角三角形法求出在两面投影中不反映实长的棱边和所作

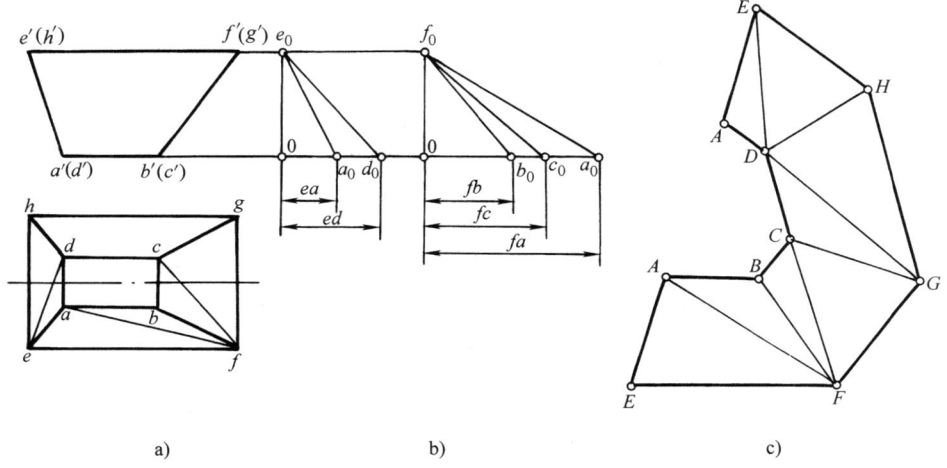

图 13-3 矩形接头的表面展开
a）投影图 b）侧棱及对角线的实长 c）展开图

对角线的实长，然后根据实长依次画出各三角形的实形，即得所求的展开图（对于等腰梯形，也可用上下底边和高的实长作图）。考虑到接口焊缝要短，展开时将接口布置在 AE 棱线上。

展开图的作图过程（见图13-3）：

1）将左边、前边、右边的梯形均分为两个三角形。

2）用直角三角形法求各侧棱和对角线的实长（见图13-3b），得 $AE = DH = a_0e_0$，$DE = d_0e_0$，$AF = a_0f_0$，$BF = CG = b_0f_0$，$CF = c_0f_0$。

3）根据求出的边长拼画三角形，作出前边、右边的梯形，作出后边的梯形（与前边的梯形相同），再作出左边的梯形，便可得出矩形接头的展开图（见图13-3c）。

第二节　可展曲面的展开

曲面由直母线组成，且相邻素线相互平行或相交，此曲面即为可展曲面。最常见的可展曲面是圆柱面和圆锥面。

一、柱面的展开

柱面可看作棱线无穷多的直棱柱面，它的展开方法与棱柱类似。

图13-4a 所示为斜口圆管的两面投影。平口圆管的表面是圆柱面，其表面展开图是一个矩形，该矩形高度 H 与圆柱面的高度相等，矩形的宽为圆柱面的圆周长 πD（D 为圆柱管直径）。

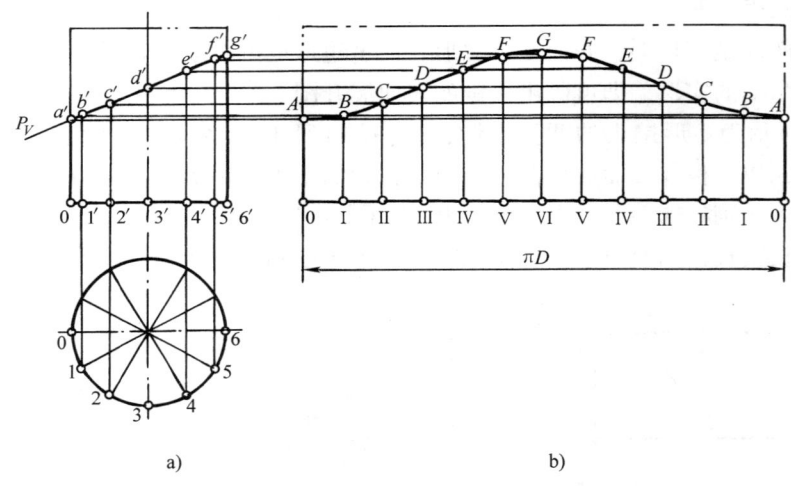

图13-4　斜口圆管的表面展开
a）投影图　b）展开图

斜口圆管的上下底面不平行，上底被平面 P 斜截，截口为椭圆，下底为圆。圆柱面上所有素线与轴线平行，它们的正面投影反映实长。展开后，由于相邻两素线的长度不等，因此素线端点的连线为一曲线。

展开图的作图步骤如下（见图13-4b）：

1）在 H 面投影上，将底圆周分为 n 等份（图中 n 为12），并过各分点作素线的正面投影，与 P_V 分别交于点 a'、b'、c'、d'、…。

2) 将底圆展开为一直线，其长度为 πD。在该直线上截取各等分点，得点 0、Ⅰ、Ⅱ、…。

3) 过 0、Ⅰ、Ⅱ、…各分点作垂线（素线），过 a'、b'、c'、…各点引水平线与展开图上相应素线相交，得点 A、B、C、…。

4) 用光滑曲线依次连接各点，即得所求的展开图。

二、锥面的展开

锥面可看作棱线无穷多的棱锥，它的展开方法与棱锥类似。

圆锥面的展开图是一扇形，扇形的半径等于圆锥素线的长度 L，扇形的圆心角 $\alpha = \dfrac{D}{L} \times 180°$（$D$ 为圆锥底圆直径）。

图 13-5a 所示为一斜口圆锥管的两面投影，其展开图可先按圆锥面展开成扇形，然后利用锥面上的素线与截平面相交，定出斜截后截交线在扇形上的交点，连接成交线，除去被截部分即可。

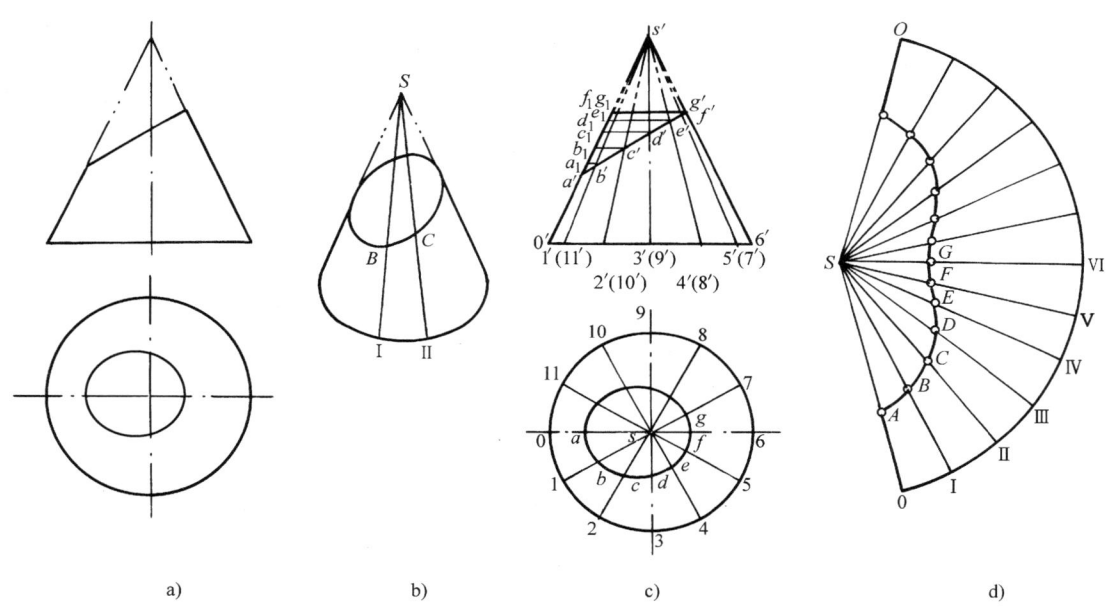

图 13-5 斜口圆锥管的表面展开
a) 投影图 b) 立体图 c) 作图 d) 展开图

作图时，先画出完整圆锥的展开图，再作出截口在对应素线上的各点，光滑连接即得斜口圆锥面的展开图。

作图步骤如下（见图 13-5）：

1) 如图 13-5c 所示，将圆锥底圆的水平投影圆分为 12 等份，得各等分点 0、1、2、…，并相应地在底圆的正面投影上作出 $0'$、$1'$、$2'$、…各点。

2) 作出各素线的正面投影 $s'0'$、$s'1'$、$s'2'$、…，与斜截面的交点 a'、b'、c'、…。

3) $s'0'$ 为圆锥的轮廓线，也即素线的实长，自 a'、b'、c'、…作圆锥轴线的垂线与 $s'0'$ 相交得 a_1、b_1、c_1、…各点，$0'a_1$、$0'b_1$、$0'c_1$、…即为斜口圆锥管上相应被截素线的实长。

4)如图 13-5d 所示,画出完整圆锥面的展开图,并将其等分成 12 个小扇形。

5)分别在 S0、SⅠ、SⅡ、…上截取 A、B、C、…各点,使 $SA = s'a_1$,$SB = s'b_1$,$SC = s'c_1$、…。

6)光滑连接 A、B、C、…等各分点,即完成斜口圆锥管的展开图。

第三节　不可展曲面的近似展开

曲面上相邻两素线为交叉直线或曲线,不能构成一平面,此曲面为不可展曲面。不可展曲面的展开图只能采用近似展开,其方法是将不可展曲面分为若干较小部分,使每一部分近似地看成可展的平面、柱面或锥面进行展开。

一、球面的展开

将球面分为若干部分,每一部分近似地作为一种可展曲面(圆柱面或圆锥面),然后依次展开。

如图 13-6a 所示,在球面上作出若干纬线而将球面分为若干部分(现为七部分)。在图 13-6b 中,将其投影分成相应的七部分,一部分近似为圆柱面,其直径近似于球面的直径;其余各部分分别近似为圆锥面,各锥顶分别为圆锥面轮廓线的延长线与中心线的交点 s'_2、s'_3、s'_4。将上述一部分圆柱面和六部分圆锥面依次展开,即得球面的近似展开图,如图 13-6c 所示。

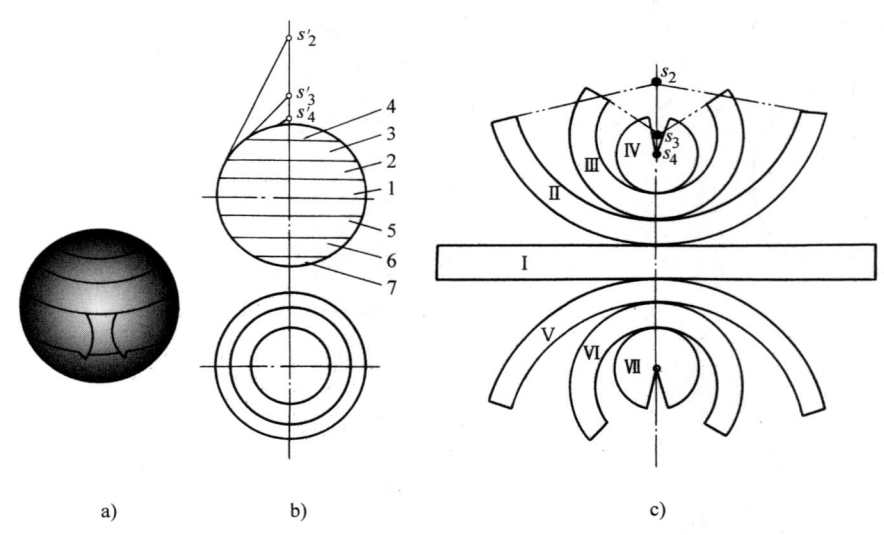

图 13-6　球面的近似展开
a)立体图　b)投影图　c)展开图

二、等径直角弯管的展开

等径直角弯管用来连接两个互相垂直的等径圆管。理论上它应是 1/4 圆环面,是不可展曲面;工程上常用多节斜截圆管近似展开,如图 13-7 所示。

该弯管由两对形状相同的管子组成,展开时只需展开其中的两节,每一节都是斜口圆管。中间两节Ⅱ、Ⅲ以垂直于圆管轴线的正截面圆的展开线为基准,上、下量取该节圆管各素线长度，连接即得其展开图。端部两节Ⅰ、Ⅳ用斜口圆管的展开方法展开，展开图如图 13-7b 所示。

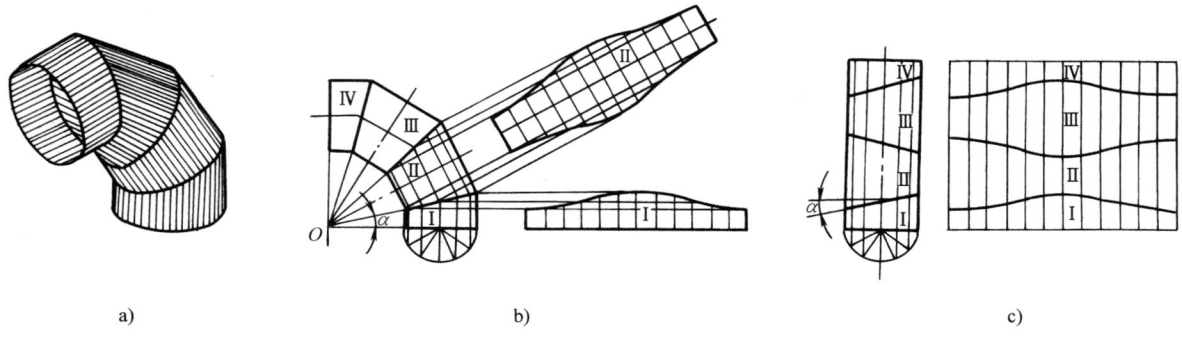

图 13-7 等径直角弯管的展开
a）立体图　b）投影图　c）展开图

由于管Ⅰ和管Ⅱ的接合线在展开图中的形状相同，为了下料方便，接口准确，可将Ⅱ与Ⅳ管绕其轴线旋转 180°，与Ⅰ、Ⅲ两段拼成一平口圆管，展开在同一矩形内，如图 13-11c 所示。实际生产中，只要按照斜口圆管展开半节，将其展开图作为样板在钢板上恰当地画线下料即可。

三、正圆柱螺旋面的展开

正圆柱螺旋面（见图 13-8a）在轻化工机械、农业机械和矿山机械中应用很广，常用它作为原料运输器（俗称绞龙）。制造时要按每一导程间的一圈曲面展开下料，再焊接起来。正圆柱螺旋面是不可展曲面，它的近似展开方法很多，这里只介绍生产中常用的简便展开法和计算法。

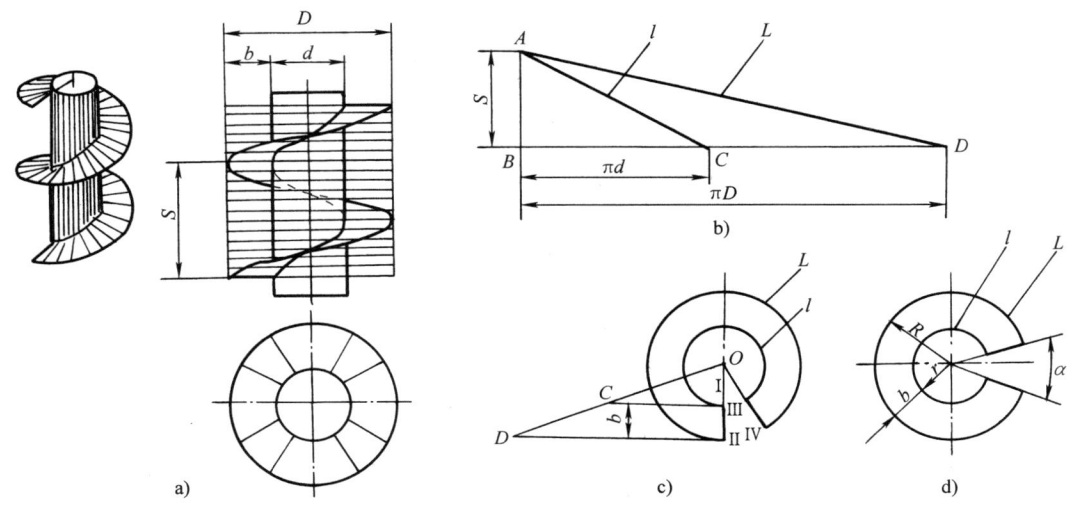

图 13-8 正圆柱螺旋面的近似展开
a）立体图和投影图　b）基本参数的实长　c）简便展开图　d）计算展开图

1. 简便展开法

如果已知正圆柱螺旋面的基本参数：外径 D、内径 d、导程 S、宽度 b。一个导程正圆柱螺旋面的展开图作法如图 13-8b、c 所示。

作图步骤如下：

1) 以 S 及 πd 为两直角边作直角三角形 ABC，斜边 AC 即为一个导程正圆柱螺旋面的内缘实长。

2) 以 S 及 πD 为两直角边作直角三角形 ABD，斜边 AD 即为一个导程正圆柱螺旋面的外缘长度。

3) 以 AC、AD 为上、下底，以 $b = \dfrac{(D-d)}{2}$ 为高作等腰梯形（图中只画了一半），延长 DC 和 ⅡⅠ 交于 O 点。

4) 以 O 为圆心，OⅠ、OⅡ 为半径画圆弧，在外圆上取弧长 ⅡⅣ 等于 AD，得点 Ⅳ，在内圆上取弧长 ⅠⅢ 等于 AC 得点 Ⅲ，连接 Ⅲ、Ⅳ。

环形 ⅠⅡⅢⅣ 即为一个导程正圆柱螺旋面的近似展开图。

2. 计算法

如图 13-8d 所示，正圆柱螺旋面一个导程的近似展开图为环形，如果已知 R、r 和 α，则此环形即可画出。已知正圆柱螺旋面导程为 S，螺旋面的内、外径分别为 d、D，则内圈和外圈每一圈螺旋线的展开长度可用下式求出：

内缘展开长度 $\qquad l = \sqrt{S^2 + (\pi d)^2}$

环形宽度 $\qquad b = \dfrac{D-d}{2}$

外缘展开长度 $\qquad L = \sqrt{S^2 + (\pi D)^2}$

在图 13-8d 中 $\qquad \dfrac{R}{r} = \dfrac{L}{l}$ (13-1)

$\qquad R = r + b$ (13-2)

将式(13-2)代入式(13-1)得 $\qquad r = \dfrac{bl}{L-l}$

按圆心角关系式求出 $\qquad \alpha = \dfrac{2\pi R - L}{2\pi R} \times 360° = \dfrac{2\pi R - L}{\pi R} \times 180°$

根据 D、d、S 计算出 R、r、L、l、α 之后，即可以画出圆柱正螺旋面的近似展开图。

在实际制作时，不必剪出 α 角，即在剪缝处直接绕卷成螺旋面，这样既可以节省材料，又可使各圈焊缝错位而分布均匀。

第四节　展开图应用举例

图 13-9a 所示为一个"天圆地方"的变形接头。它的上端面是圆形，用以连接圆管；下端面是正方形（也可以是矩形），用以连接方形管。因为两端面的形状不一样，所以称为变形接头。

此变形接头可以看作由四个相同的等腰三角形平面和四个相同的锥面组成，它的展开方法与棱锥、圆锥相似，顶部的圆和底面的矩形都平行于 H 面，在俯视图上反映实形，所以只需求出等腰三角形的腰与锥面素线的实长，就可以画出整个展开图。

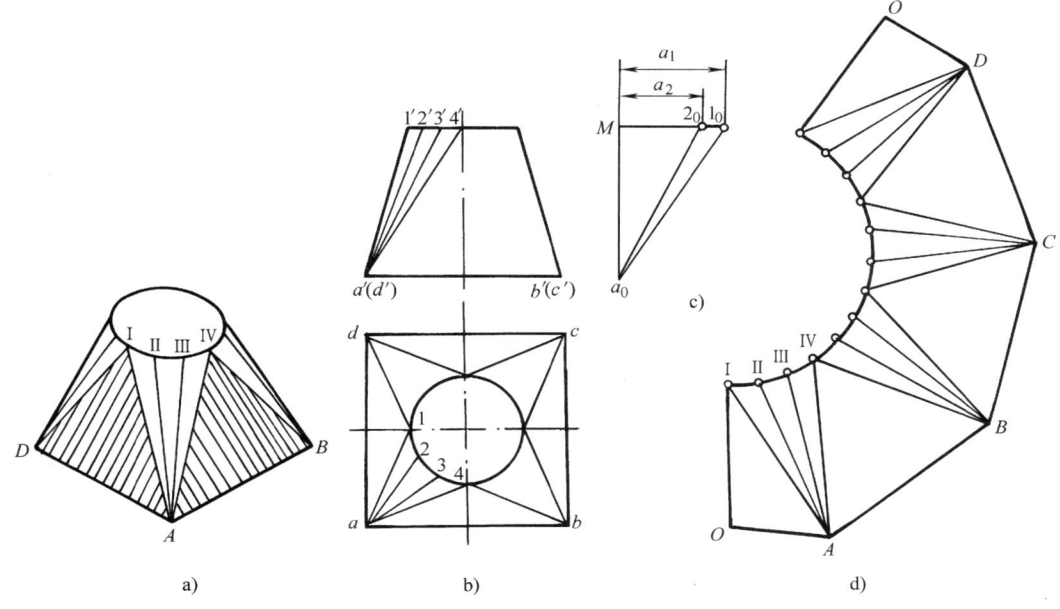

图 13-9 变形接头的展开
a）立体图 b）投影图 c）锥面素线的实长 d）展开图

作图步骤如下（见图 13-9）：

1）在图 13-9a、b 中，将 1/4 圆弧 Ⅰ Ⅳ 分为若干等份，例如 3 等份，得分点 Ⅱ、Ⅲ，将 Ⅰ、Ⅱ、Ⅲ、Ⅳ 各点与方形的顶点 A 相连，这样就把锥面 A Ⅰ Ⅳ 分为三个小三角形。

2）由于 A Ⅰ = A Ⅳ，A Ⅱ = A Ⅲ，可利用直角三角形法或旋转法求出 A Ⅰ、A Ⅱ 的实长 $a_0 1_0$、$a_0 2_0$，如图 13-9c 所示。

3）如图 13-9d 所示，从 A 点开始展开，先画出一个等腰三角形的实形，其底边长 AB = ab，两腰长 A Ⅳ = B Ⅳ = $a_0 1_0$，△A Ⅳ B 即为一个等腰三角形的实形。

4）以 A 为圆心、$a_0 2_0$ 为半径画弧，再以 Ⅳ 为圆心、34 为半径画弧，两弧相交得 Ⅲ 点，同法可得 Ⅱ 点、Ⅰ 点，于是求得锥面 A Ⅰ Ⅳ 的展开图。

5）用相同的方法依次展开其余各部分，即得整个变形接头的展开图。接缝线要开在等腰三角形底边中线处。

图 13-10a 所示为三通管，由两个直径不等的圆管正交而成。画展开图时应首先精确求出相贯线，然后再分别画出大小圆管的展开图及相贯线的展开图。

作图步骤如下：

1）如图 13-10b 所示，画出小圆管端面圆周的展开线，长为 πd_1，并分为若干等份（图中取 12 等份），再从各分点作垂线，在垂线上量取相应素线的实长，得到素线在相贯线上的点 Ⅰ、Ⅴ、Ⅱ、Ⅲ、Ⅳ 和 Ⅰ 点，光滑连接各点，即得小圆管的展开图。

2）如图 13-10c 所示，画出大圆管的展开图。为确定相贯线上一系列点的位置，可先确定这些点所在素线的位置。例如求 Ⅴ 点，先在大圆管展开图上作出对称线 OO，量取 OA = 1″5″，过 A 作素线，取相应素线的长，即 AⅤ = a′5′，Ⅴ 点即为相贯线展开图上的点。用同样的方法求出其他点，并光滑连接各点，即得大圆管相贯线的展开图。

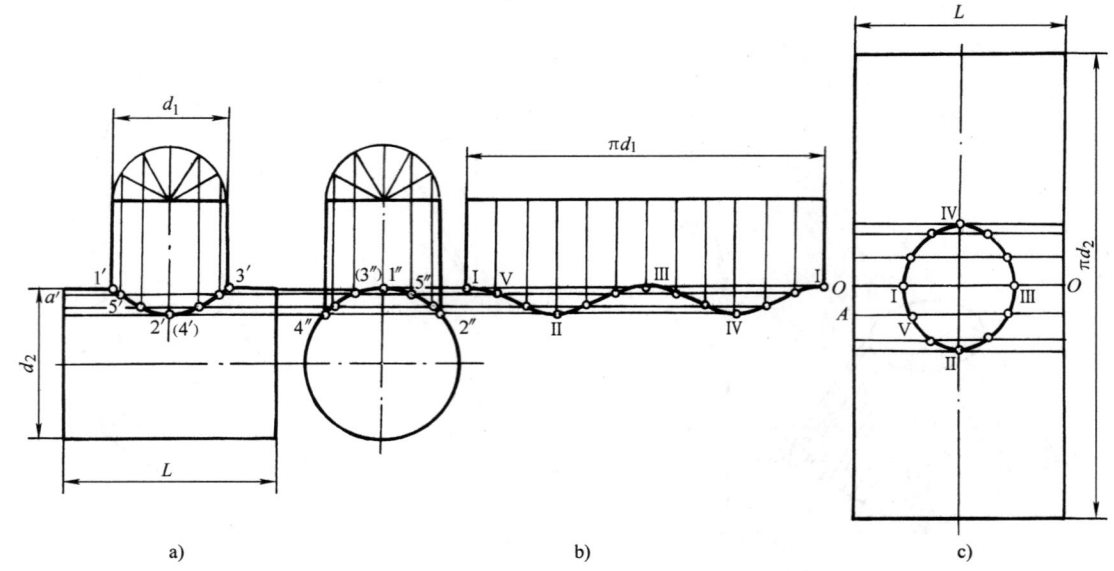

图 13-10 三通管的展开
a)投影图 b)小圆管的展开图 c)大圆管的展开图

第五节 焊 接 图

焊接是一种不可拆连接,在造船、机械、电子、化工、建筑等工业部门中都得到广泛的应用。

零件在焊接时,常见的焊接接头有:对接接头、搭接接头、T形接头和角接接头等。焊缝形式主要有对接焊缝、点焊缝和角焊缝等,如图 13-11 所示。

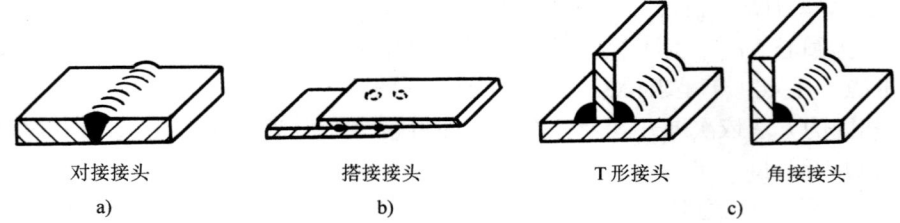

图 13-11 常见的焊接接头和焊缝形式
a)对接焊缝 b)点焊缝 c)角焊缝

一、焊缝符号

在 GB/T 324—2008《焊缝符号表示法》和 GB/T 12212—2012《技术制图 焊缝符号的尺寸、比例及简化表示法》中,对焊缝符号做了规定。如需进一步了解焊缝坡口的基本形式与尺寸,可查阅标准 GB/T 985.1~4—2008。

焊缝符号一般由基本符号和指引线组成,必要时还可以加上补充符号、尺寸符号及数据。现分述如下:

1. 基本符号

基本符号表示横截面的基本形状，用 $0.1h$ 的线宽绘制（h 为图样中数字和大写字母的高度）。常用焊缝的基本符号见表 13-1，其他焊缝的基本符号可查阅 GB/T 324—2008 和 GB/T 12212—2012。

表 13-1　常用焊缝的基本符号

名称	符号	焊缝形式	名称	符号	焊缝形式
I 形	 ||		U 形	 Y	
V 形	 V		单边 U 形	 Y	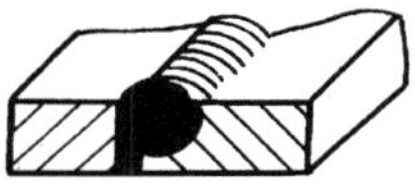
钝边 V 形	 Y		封底焊	 ⌒	
单边 V 形	 V	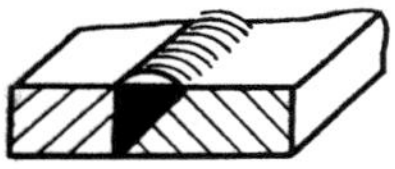	点焊缝	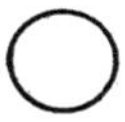 ○	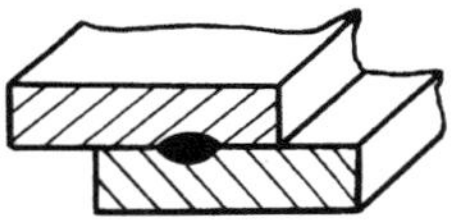
钝边单边 V 形	 V		角焊缝	 △	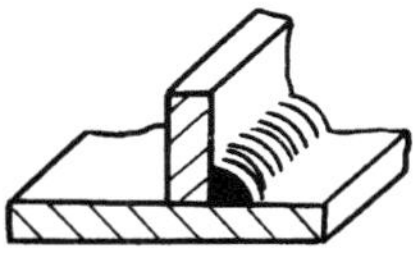

2. 补充符号

补充符号是为了补充说明焊缝或接头的某些特征，用 $0.1h$ 的线宽绘制（h 为图样中数字和大写字母的高度），见表 13-2。

表 13-2　补充符号

名　称	符　号	焊缝形式	说　明
平面符号	—		表示焊缝表面齐平
凹面符号	⌣	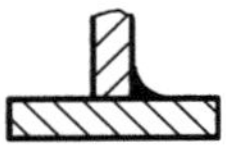	表示表面凹陷
凸面符号	⌢		表示焊缝表面凸起
带永久衬垫符号	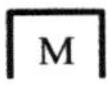 M	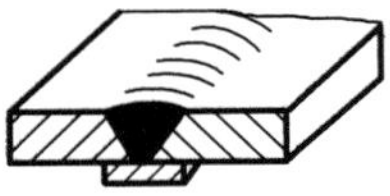	表示衬垫永久保留

（续）

名 称	符 号	焊缝形式	说 明
三面焊缝符号	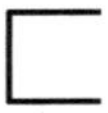 ⊐	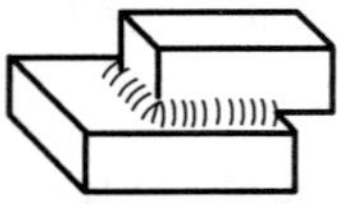	工件三面施焊，开口方向与实际方向一致
周围焊缝符号	 ○	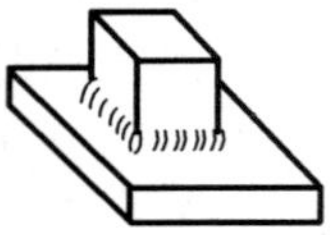	表示环绕工件周围焊接，标注位置为基准线与箭头线的交点处
现场符号	 ▶		表示在现场或工地上焊接
尾部符号	 <		表示焊接所需的信息

3. 指引线

指引线一般由带有箭头的指引线（简称箭头线）和两条基准线（一条为实线，另一条为虚线）两部分组成，用细线绘制，画法如图 13-12 所示。箭头线用来将整个焊缝符号指到图样上的有关焊缝处，必要时允许弯折一次。基准线的上面和下面用来标注各种符号和尺寸，基准线的虚线可画在基准线的实线上侧或下侧。基准线一般应与图样的底边平行。必要时可在基准线末端加一尾部，作为其他说明之用（如焊接方法、焊缝数量等）。

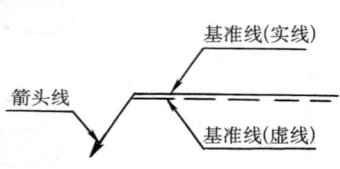

图 13-12 指引线的画法

4. 焊缝尺寸符号

焊缝尺寸一般不标注，若设计、制造或施工需要注明焊缝尺寸时才标注。焊缝尺寸符号见表 13-3。焊缝尺寸的标注原则如图 13-13 所示。

表 13-3 焊缝尺寸符号

名 称	符号	名 称	符号	名 称	符号	名 称	符号
工件厚度	δ	焊缝长度	l	焊缝宽度	c	熔核直径	d
坡口角度	α	焊缝段数	n	根部半径	R	焊缝有效厚度	S
根部间隙	b	焊缝间距	e	相同焊缝数量	N	余高	h
钝边	p	焊角尺寸	K	坡口深度	H	坡口面角度	β

二、焊接方法的数字代号

焊接的方法很多，常用的有：电弧焊、接触焊、电渣焊、点焊和钎焊等，其中以电弧焊的应用最为广泛。焊接方法可用文字在技术要求中注明，也可用数字代号直接注写在尾部符号中。常用的焊接方法及数字代号见表 13-4。

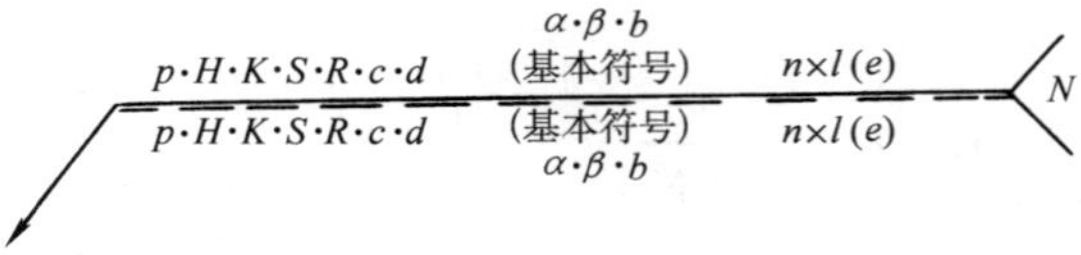

图 13-13 焊缝尺寸的标注原则

表 13-4 常用的焊接方法及数字代号

焊接方法	数字代号	焊接方法	数字代号
焊条电弧焊	111	激光焊	751
埋弧焊	12	氧乙炔焊	311
电渣焊	72	硬钎焊	91
电子束焊	76	点焊	21

三、焊缝的画法及标注示例

1. 焊缝的画法

1）一般只用粗实线表示可见焊缝，如图 13-14a 所示。

2）在垂直于焊缝的剖视图和断面图中，可涂黑表示焊缝的截面形式，如图 13-14 所示。

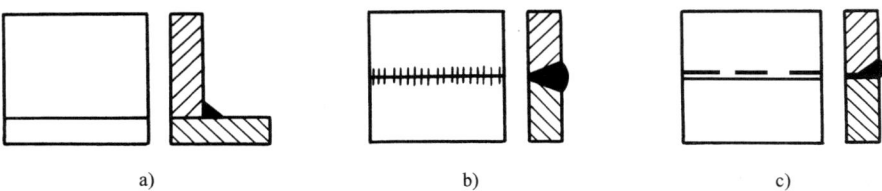

图 13-14 焊缝的画法示例

3）在视图中，可用栅线表示可见焊缝（栅线为细实线，允许徒手绘制），如图 13-14b 所示；也可用加粗线（$2d \sim 3d$）表示可见焊缝，如图 13-14c 所示。但在同一图样中，只允许采用一种画法。

2. 焊缝的标注示例

当基本符号标注在基准线的实线侧时，表示焊缝在箭头所指的一侧；当基本符号标注在基准线的虚线侧时，表示焊缝在箭头所指的另一侧。焊缝的标注示例见表 13-5。

表 13-5 焊缝的标注示例

接头形式	焊缝形式	标注示例	说 明
对接接头	（α, δ, b 标注的V形坡口焊缝图）	$\overset{a \cdot b}{\underset{n \times l}{\vee}}$ 111	111 表示用焊条电弧焊，V 形坡口，坡口角度为 α，根部间隙为 b，有 n 段焊缝，焊缝长度为 l
T形接头	（K 标注的T形角焊缝图）	（带旗标和双面角焊缝符号 K 的标注图）	▶ 表示在现场装配时进行焊接 ▷ 表示双面角焊缝，焊角尺寸为 K

接头形式	焊缝形式	标注示例	说　明
角接接头			表示双面焊缝，上面为带钝边单边V形焊缝，下面为角焊缝
搭接接头			○表示点焊缝，d 表示焊点直径，e 表示焊点的间距，a 表示焊点至板边的间距

四、焊接图示例

焊接图实际就是焊接件的装配图，它应包含装配图的所有内容。除此之外，还应标注焊缝符号，并根据焊接件的复杂程度标注尺寸。如果焊接件比较简单，应将各组成构件的全部尺寸直接标注在焊接图中，而不用画各组成构件的零件图，如图 13-15 所示。如果焊接件比

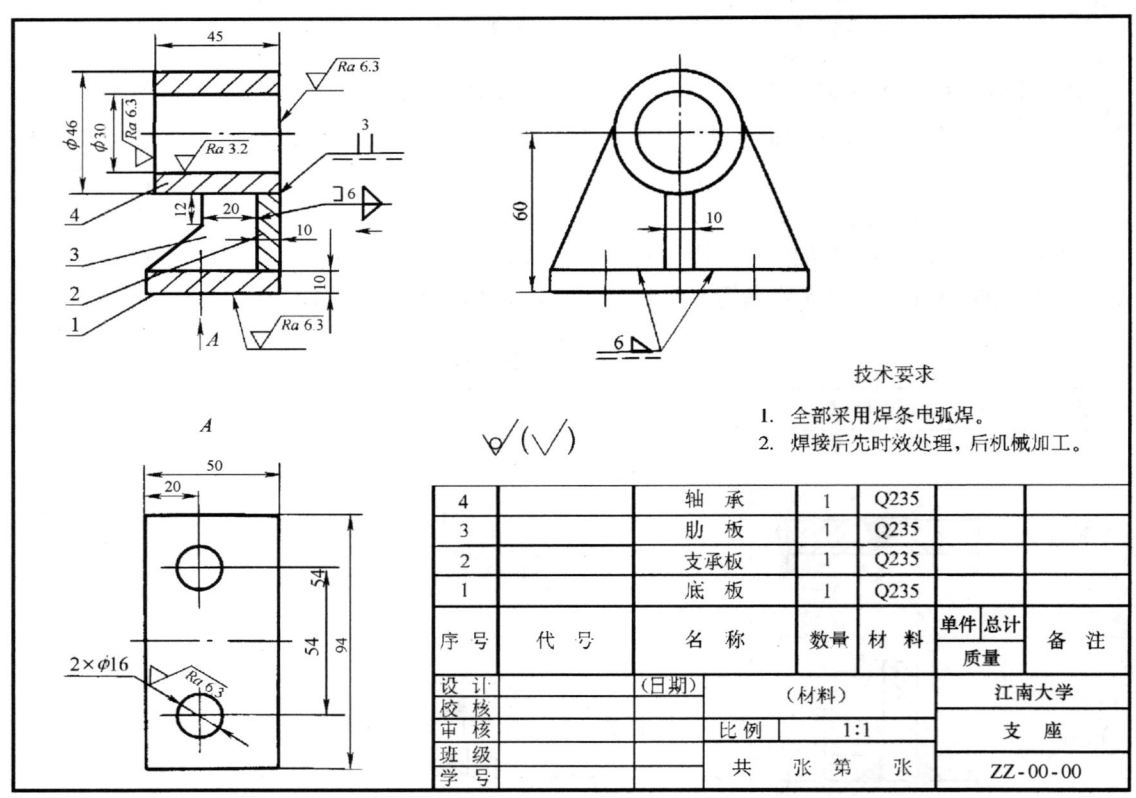

图 13-15　支座焊接图

较复杂，则可按装配图要求标注尺寸，此时应画出各组成构件的零件图。

图 13-15 所示是支座的焊接图。支座由轴承、肋板、支承板和底板组成。轴承起支承作用，肋板和支承板起支撑作用，底板起定位和安装作用。这些组成构件的连接都是焊接，轴承和支承板之间采用 I 形焊缝，根部间隙为 3mm，支承板和底板之间采用单面角焊缝，焊角高度为 6mm，肋板与其他构件之间均采用双面角焊缝三面施焊，焊角高度均为 6mm。从技术要求看出，全部焊接采用焊条电弧焊。

附　　录

附录 A　国外制图标准简介

附录 A 仅摘录美国和日本制图标准中与我国标准相异之处中的一部分内容，其余与我国标准相似或不易误解的部分未予摘录。

附表 A-1　美国制图标准简介

名　称		图　例	说　明
投影法		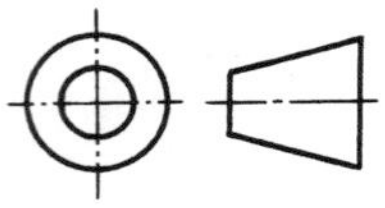	第三角
视图表达	重合断面	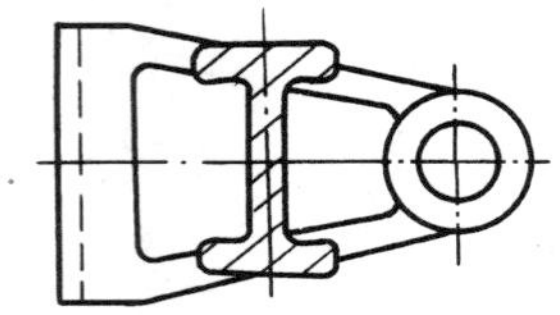	重合断面的轮廓线采用粗实线。当断面轮廓与视图的图线重叠时，视图的图线应断开，以确保重合断面的完整性
	假想剖视画法	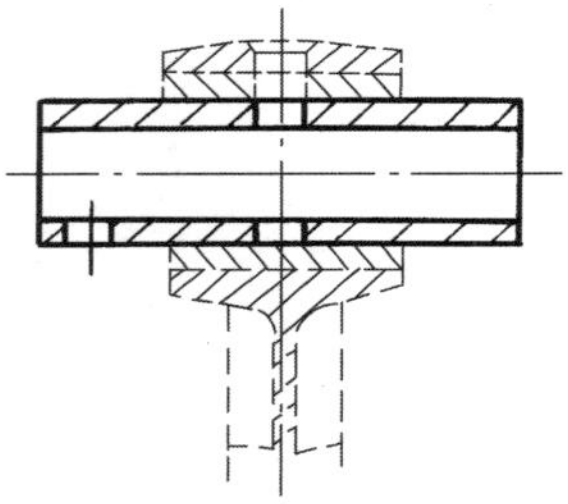	假想剖视图形的轮廓用细虚线表示。当剖切相邻零件时，零件的轮廓线也用细虚线表示，并用细虚线画出剖面线
螺纹画法	简化画法	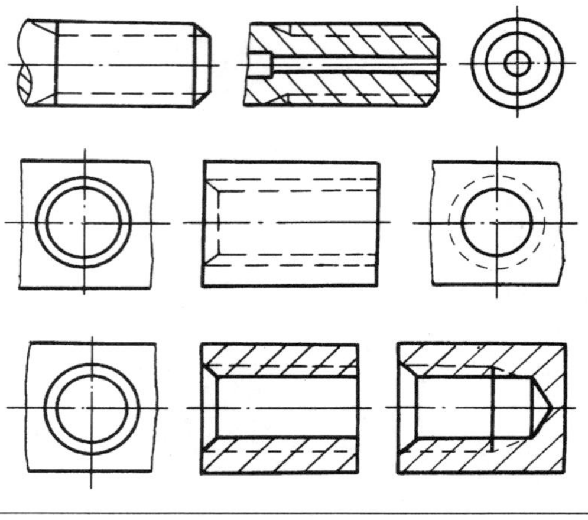	除了需要详细表达的场合外，所有螺纹均可采用简化画法

名 称		图 例	说 明
螺纹画法	示意画法	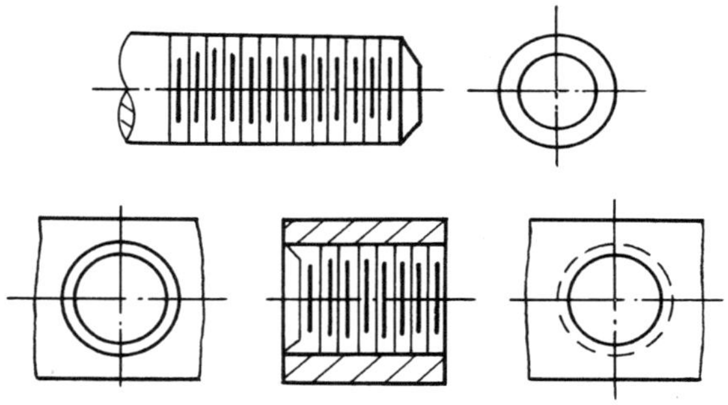	
	详细画法	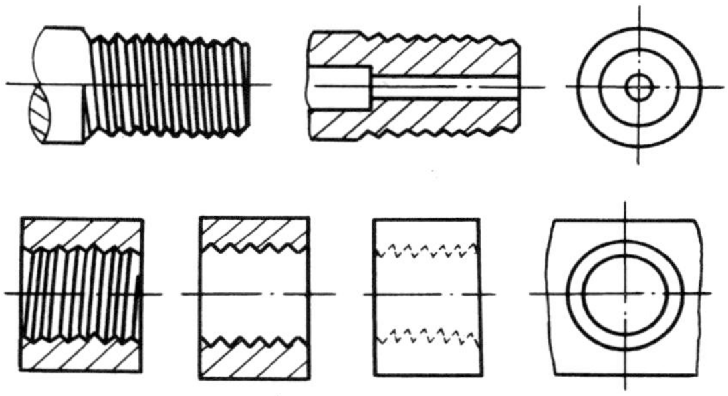	
	三种画法综合应用示例	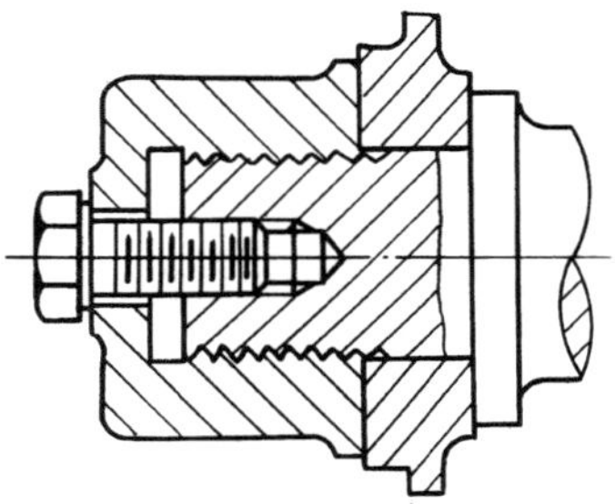	一般采用一种画法，如有必要三种画法均可同时采用
齿轮画法	单个齿轮画法	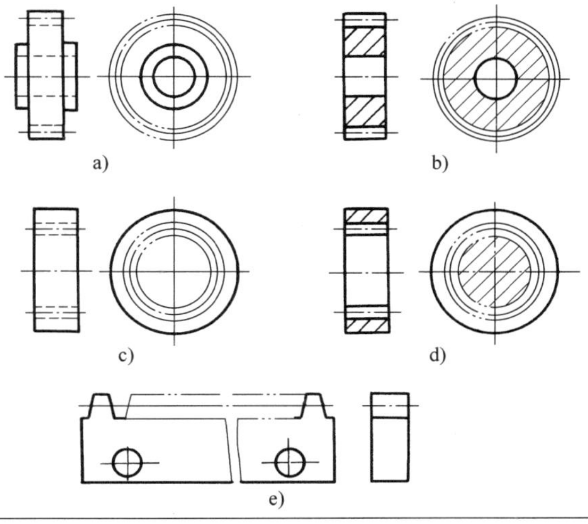 a) b) c) d) e)	在投影为圆的视图中，齿顶圆和齿根圆用细双点画线绘制，节圆用细点画线绘制，若取剖视，对齿轮的实心部分还需画出剖面线；在投影为非圆的视图中，齿顶用粗实线绘制，齿根用细虚线绘制（剖视用粗实线绘制），分度线用细点画线绘制

名　称		图　例	说　明
齿轮画法	啮合齿轮画法	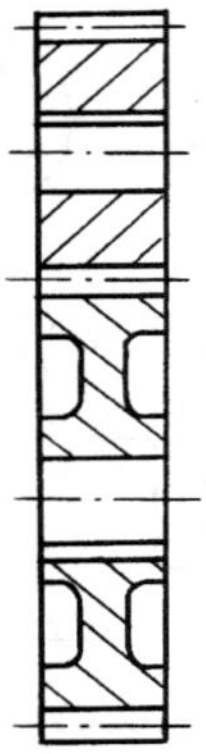	啮合区内可简化成两条粗实线
弹簧画法		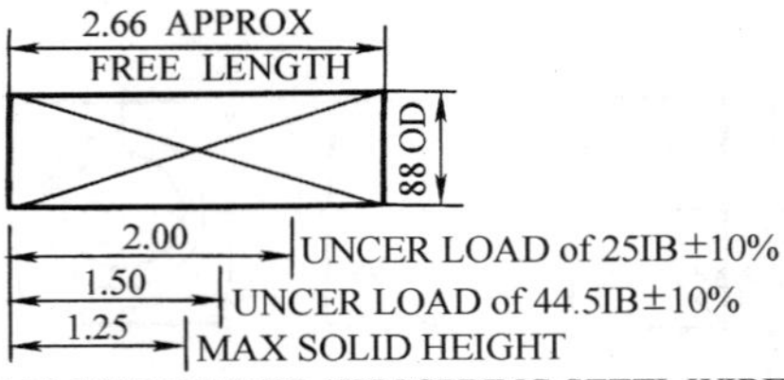 2.66 APPROX FREE LENGTH　88 OD 2.00　UNCER LOAD of 25IB ±10% 1.50　UNCER LOAD of 44.5IB ±10% 1.25　MAX SOLID HEIGHT MATERIAL,105 HARD DRAWN SPRING SETTL WIRE 12 COILS 10 ACTIVE CLOSED ENDS GROUND	用具有对角线（细实线）的矩形图形表示

附表 A-2　日本制图标准简介

名　称		图　例	说　明
投影法		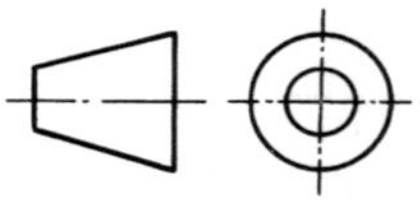 或 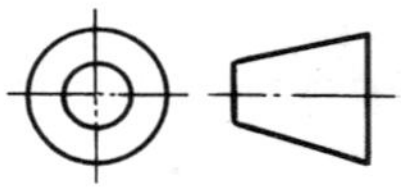	第一角或第三角
视图表达	省略剖切线与剖面线	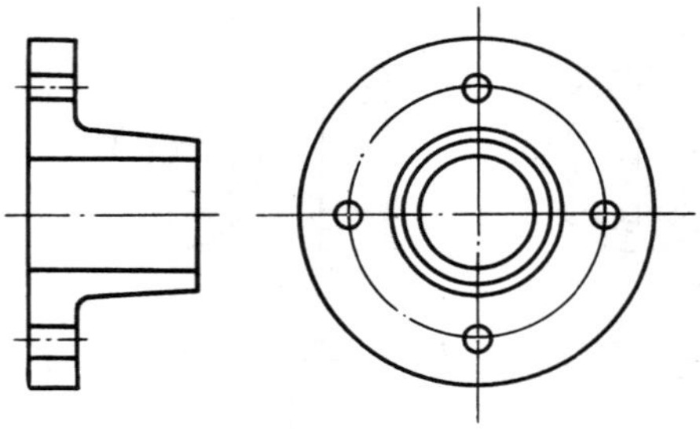	当剖切平面通过零件的基本对称线、中心线时，剖切位置明显，不必画出剖切线，也不用画出剖面线

(续)

名称		图例	说 明
视图表达	省略剖切平面后的可见部分	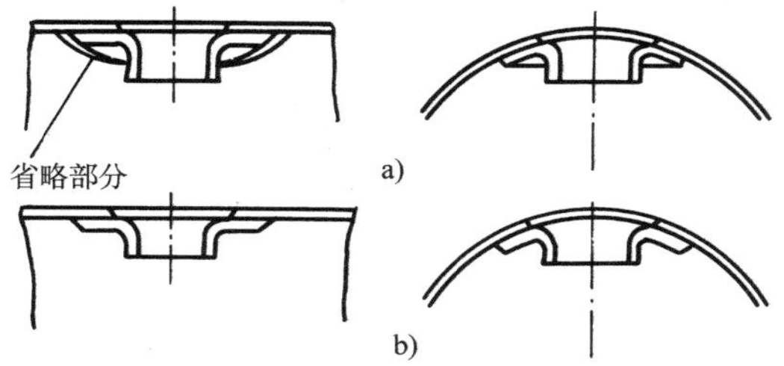 a) b) 省略部分	当不致引起误解时,剖切平面后边的可见部分允许不画,以突出表达重点。图 b 是图 a 的省略画法
	重合断面画法	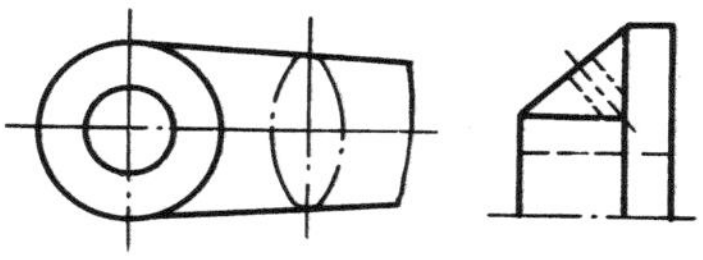 a) b)	重合断面的轮廓线用细点画线表示
螺纹画法	单个螺纹画法	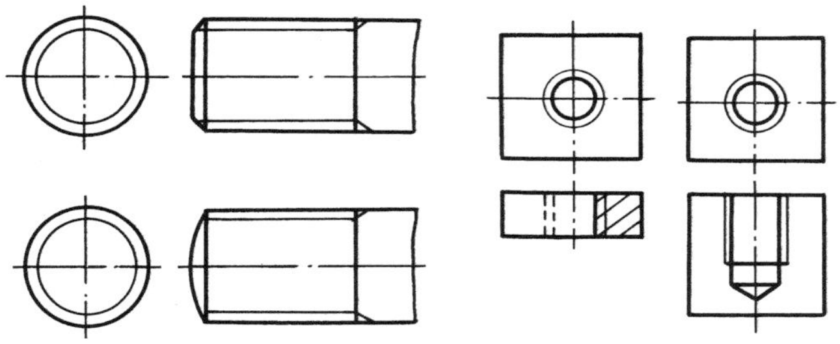 a) b)	在投影为圆的视图中,螺纹的牙底用完整的细实线圆画出,如图 a 所示。当螺纹取剖视时,其剖面线可画也可不画,如图 b 所示
	螺纹装配画法	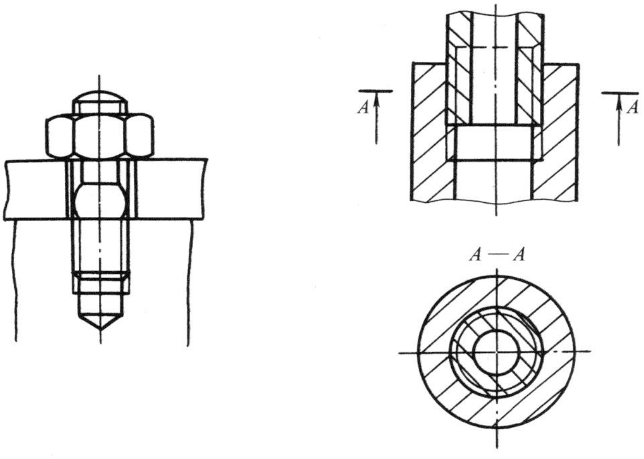 a) b) A—A	当螺纹联接取剖视时,规定在联接部分按外螺纹绘制。在投影为圆的剖视图中,外螺纹的牙底仍用完整的细实线圆绘制。在投影为非圆的剖视图中,表示内螺纹的粗的轮廓线画入外螺纹内,并与外螺纹内径的细实线相接触

(续)

名称	图例	说明
齿轮画法 — 单个齿轮画法	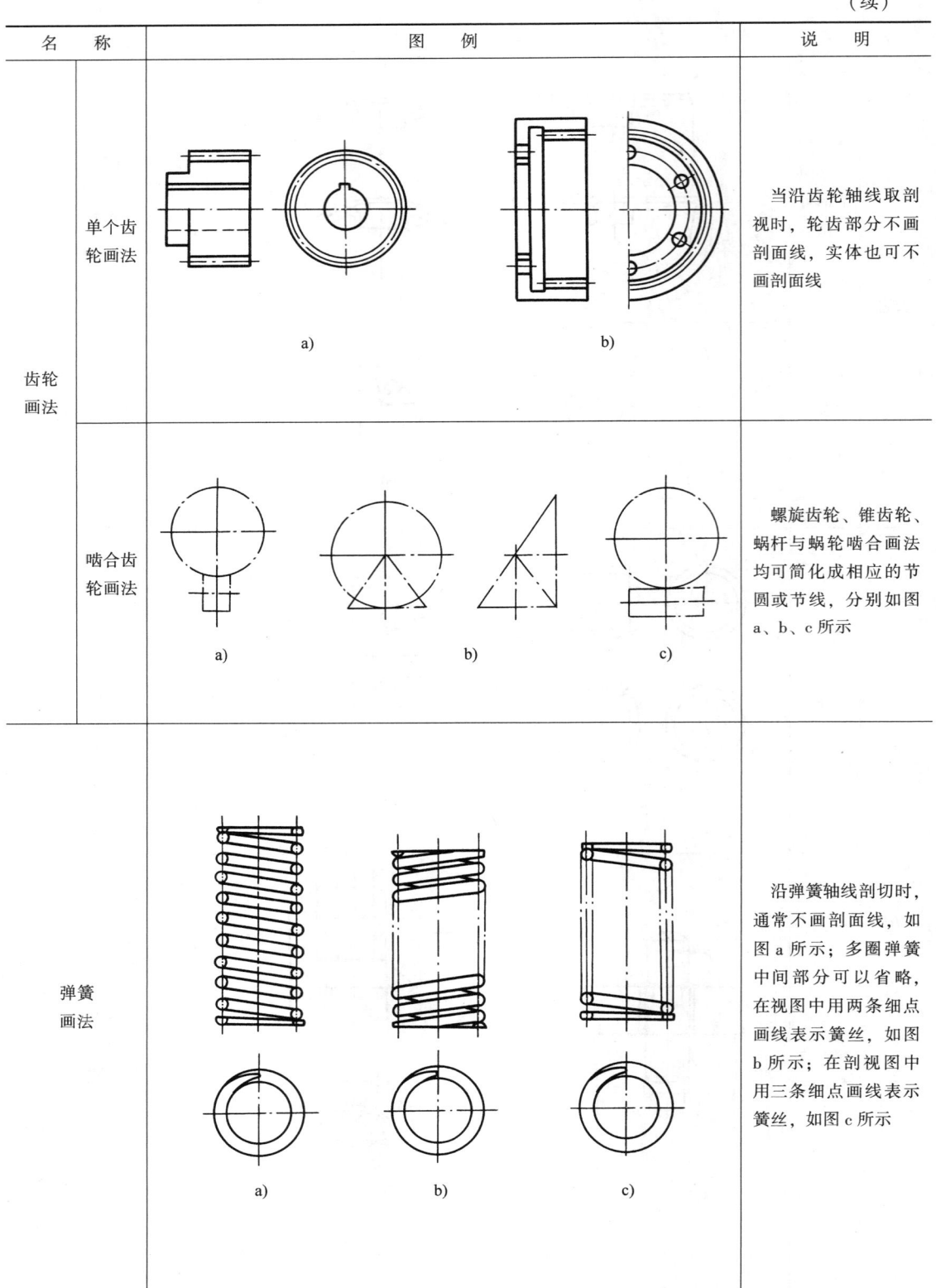 a) b)	当沿齿轮轴线取剖视时，轮齿部分不画剖面线，实体也可不画剖面线
齿轮画法 — 啮合齿轮画法	a) b) c)	螺旋齿轮、锥齿轮、蜗杆与蜗轮啮合画法均可简化成相应的节圆或节线，分别如图 a、b、c 所示
弹簧画法	a) b) c)	沿弹簧轴线剖切时，通常不画剖面线，如图 a 所示；多圈弹簧中间部分可以省略，在视图中用两条细点画线表示簧丝，如图 b 所示；在剖视图中用三条细点画线表示簧丝，如图 c 所示

附录 B 常用的机械加工一般规范和零件结构要素

附表 B-1 标准尺寸（摘自 GB/T 2822—2005） （单位：mm）

R10	1.00, 1.25, 1.60, 2.00, 2.50, 3.15, 4.00, 5.00, 6.30, 8.00, 10.0, 12.5, 16.0, 20.0, 25.0, 31.5, 40.0, 50.0, 63.0, 80.0, 100, 125, 160, 200, 250, 400, 500, 630, 800, 1000
R20	1.12, 1.40, 1.80, 2.24, 2.80, 3.55, 4.50, 5.60, 7.10, 9.00, 11.2, 14.0, 18.0, 22.4, 28.0, 35.5, 45.0, 56.0, 71.0, 90.0, 112, 140, 180, 224, 280, 355, 450, 560, 710, 900
R40	13.2, 15.0, 17.0, 19.0, 21.2, 23.6, 26.5, 30.0, 33.5, 37.5, 42.5, 47.5, 53.0, 60.0, 67.0, 75.0, 85.0, 95.0, 106, 118, 132, 150, 170, 190, 212, 236, 265, 300, 335, 375, 425, 475, 530, 600, 670, 750, 850, 950

注：1. 本表仅摘录 1~1000mm 范围内优先数系 R 系列中的标准尺寸。
2. 使用时按优先顺序（R10, R20, R40）选取标准尺寸。

附表 B-2 零件倒圆与倒角（摘自 GB/T 6403.4—2008） （单位：mm）

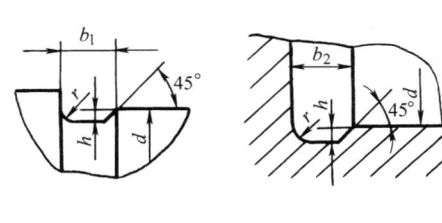

R、C 尺寸系列：
0.1, 0.2, 0.3, 0.4, 0.5, 0.6, 0.8, 1.0, 1.2, 1.6, 2.0, 2.5, 3.0, 4.0, 5.0, 6.0, 8.0, 10, 12, 16, 20, 25, 32, 40, 50

装配形式：$C_1 > R$；$R_1 > R$；$C < 0.58R_1$；$C_1 > C$

尺寸规定：
1. R_1、C_1 的偏差为正，R、C 的偏差为负
2. 左起第三种装配方式，C 的最大值 C_{max} 与 R_1 关系如下

R_1	0.1	0.2	0.3	0.4	0.5	0.6	0.8	1.0	1.2	1.6	2.0	2.5	3.0	4.0	5.0	6.0	8.0	10	12	16	20	25
C_{max}	—	0.1	0.1	0.2	0.2	0.3	0.4	0.5	0.6	0.8	1.0	1.2	1.6	2.0	2.5	3.0	4.0	5.0	6.0	8.0	10	12

附表 B-3 砂轮越程槽（摘自 GB/T 6403.5—2008） （单位：mm）

b_1	0.6	1.0	1.6	2.0	3.0	4.0	5.0	8.0	10
b_2	2.0		3.0		4.0		5.0	8.0	10
h	0.1		0.2	0.3	0.4		0.6	0.8	1.2
r	0.2		0.5	0.8	1.0		1.6	2.0	3.0
d	~10			>10~50			>50~100		>100

注：1. 砂轮越程槽内两直线相交处，不允许产生尖角。
2. 砂轮越程槽深度 h 与圆弧半径 r，要满足 $r \leqslant 3h$。
3. 磨削具有数个直径的工件时，可使用同一规格的砂轮越程槽。
4. 直径 d 值大的零件，允许选择小规格的砂轮越程槽。
5. 砂轮越程槽的尺寸公差和表面粗糙度根据该零件的结构、性能确定。

附表 B-4　中心孔表示法（GB/T 4459.5—1999 摘编）

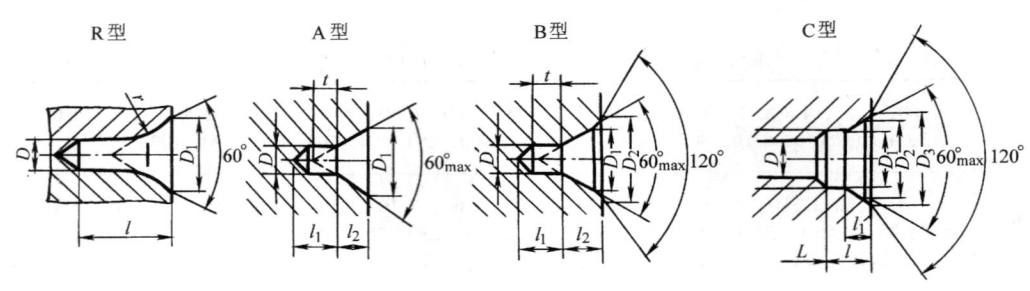

要　求	符　号	表示法示例	说　明
在完工的零件上要求保留中心孔		GB/T4459.5-B2.5/8	采用 B 型中心孔 $D = 2.5mm$　$D_1 = 8mm$ 在完工的零件上要求保留
在完工的零件上可以保留中心孔		GB/T4459.5-A4/8.5	采用 A 型中心孔 $D = 4mm$　$D_1 = 8.5mm$ 在完工的零件上是否保留都可以
在完工的零件上不允许保留中心孔		GB/T4459.5-A1.6/3.35	采用 A 型中心孔 $D = 1.6mm$　$D_1 = 3.35mm$ 在完工的零件上不允许保留

附表 B-5　滚花（GB/T 6403.3—2008）

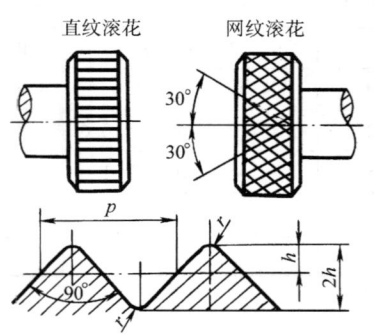

标记示例：
　模数 $m = 0.3$ 的直纹滚花：
　　直纹　m0.3　GB/T 6403.3—2008
　模数 $m = 0.4$ 的网纹滚花：
　　网纹　m0.4　GB/T 6403.3—2008

模数 m	h	r	节距 P
0.2	0.132	0.06	0.628

(续)

模数 m	h	r	节距 P
0.3	0.198	0.09	0.924
0.4	0.264	0.12	1.257
0.5	0.326	0.16	1.571

注：1. 表中 $h = 0.785m - 0.414r$。

2. 滚花前工件表面的粗糙度轮廓算术平均偏差 Ra 的最大允许值为 $12.5\mu m$。

3. 滚花后工件直径大于滚花前的直径，其值 $\Delta \approx (0.8 \sim 1.6)m$，$m$ 为模数。

附表 B-6　紧固件通孔及沉孔尺寸（GB/T 5277—1985，GB/T 152.2 ~ 152.4—1988）

（单位：mm）

	螺纹规格 d	3	3.5	4	5	6	8	10	12	14	16	20	24	30	36	42	48
通孔直径 d_h (GB/T 5277 —1985)	精装配	3.2	3.7	4.3	5.3	6.4	8.4	10.5	13	15	17	21	25	31	37	43	50
	中等装配	3.4	3.9	4.5	5.5	6.6	9	11	13.5	15.5	17.5	22	26	33	39	45	52
	粗装配	3.6	4.2	4.8	5.8	7	10	12	14.5	16.5	18.5	24	28	35	42	48	56
六角头螺栓和六角螺母用沉孔 (GB/T 152.4—1988)	d_2	9	—	10	11	13	18	22	26	30	33	40	48	61	71	82	98
	t	只要能制出与通孔轴线垂直的圆平面即可															
沉头用沉孔 (GB/T 152.2 —1988)	d_2	6.4	8.4	9.6	10.6	12.8	17.6	20.3	24.4	28.4	32.4	40.4	—	—	—	—	—
开槽圆柱头用的圆柱头沉孔 (GB/T 152.3—1988)	d_2	—	—	8	10	11	15	18	20	4	26	33	—	—	—	—	—
	t	—	—	3.2	4	4.7	6	7	8	9	10.5	12.5	—	—	—	—	—

（续）

螺纹规格 d		3	3.5	4	5	6	8	10	12	14	16	20	24	30	36	42	48
内六角圆柱头用的圆柱头沉孔（GB/T 152.3—1988）	d_2	6	—	8	10	11	15	18	20	24	26	33	40	48	57	—	—
	t	3.4	—	4.6	5.7	6.8	9	11	13	15	17.5	21.5	25.5	32	38	—	—

附录 C 极限与配合

附表 C-1 标准公差数值（GB/T 1800.1—2009 摘编）

公称尺寸 /mm		公差等级																
		IT1	IT2	IT3	IT4	IT5	IT6	IT7	IT8	IT9	IT10	IT11	IT12	IT13	IT14	IT15	IT16	IT17	IT18
大于	至	μm											mm						
—	3	0.8	1.2	2	3	4	6	10	14	25	40	60	0.1	0.14	0.25	0.4	0.6	1	1.4
3	6	1	1.5	2.5	4	5	8	12	18	30	48	75	0.12	0.18	0.3	0.48	0.75	1.2	1.8
6	10	1	1.5	2.5	4	6	9	15	22	36	58	90	0.15	0.22	0.36	0.58	0.9	1.5	2.2
10	18	1.2	2	3	5	8	11	18	27	43	70	110	0.18	0.27	0.43	0.7	1.1	1.8	2.7
18	30	1.5	2.5	4	6	9	13	21	33	52	84	130	0.21	0.33	0.52	0.84	1.3	2.1	3.3
30	50	1.5	2.5	4	7	11	16	25	39	62	100	160	0.25	0.39	0.62	1.0	1.6	2.5	3.9
50	80	2	3	5	8	13	19	30	46	74	120	190	0.3	0.46	0.74	1.2	1.9	3	4.6
80	120	2.5	4	6	10	15	22	35	54	87	140	220	0.35	0.54	0.87	1.4	2.2	3.5	5.4
120	180	3.5	5	8	12	18	25	40	63	100	160	250	0.4	0.63	1.6	1.6	2.5	4	6.3
180	250	4.5	7	10	14	20	29	46	72	115	185	290	0.46	0.72	1.15	1.85	2.9	4.6	7.2
250	315	6	8	12	16	23	32	52	81	130	210	320	0.52	0.81	1.3	2.1	3.2	5.2	8.1
315	400	7	9	13	18	25	36	57	89	140	230	360	0.57	0.89	1.4	2.3	3.6	5.7	8.9
400	500	8	10	15	20	27	40	63	97	155	250	400	0.63	0.97	1.55	2.5	4	6.3	9.7

注：1. 公称尺寸小于或等于1mm时，无IT14至IT18。
2. IT01 和 IT0 的标准公差未列入。

附表 C-2 孔的基本偏差数值（GB/T 1800.1—2009 摘编） （单位：μm）

公称尺寸/mm		基本偏差数值																		
		下极限偏差 EI										上极限偏差 ES								
		所有标准公差等级										IT6	IT7	IT8	≤IT8	>IT8	≤IT8	>IT8	≤IT8	>IT8
大于	至	A	B	C	CD	D	E	EF	F	FG	G	H	JS	J			K		M		N
—	3	+270	+140	+60	+34	+20	+14	+10	+6	+4	+2	0		+2	+4	+6	0	0	−2	−2	−4	−4
3	6	+270	+140	+70	+46	+30	+20	+14	+10	+6	+4	0		+5	+6	+10	−1+Δ		−4+Δ	−4	−8+Δ	0
6	10	+280	+150	+80	+56	+40	+25	+18	+13	+8	+5	0		+5	+8	+12	−1+Δ		−6+Δ	−6	−10+Δ	0
10	14	+290	+150	+92		+50	+32		+16		+6	0		+6	+10	+15	−1+Δ		−7+Δ	−7	−12+Δ	0
14	18																					
18	24	+300	+160	+110		+65	+40		+20		+7	0		+8	+12	+20	−2+Δ		−8+Δ	−8	−15+Δ	0
24	30																					
30	40	+310	+170	+120		+80	+50		+25		+9	0		+10	+14	+24	−2+Δ		−9+Δ	−9	−17+Δ	0
40	50	+320	+180	+130																		
50	65	+340	+190	+140		+100	+60		+30		+10	0		+13	+18	+28	−2+Δ		−11+Δ	−11	−20+Δ	0
65	80	+360	+200	+150																		
80	100	+380	+220	+170		+120	+72		+36		+12	0		+16	+22	+34	−3+Δ		−13+Δ	−13	−23+Δ	0
100	120	+410	+240	+180																		
120	140	+460	+260	+200		+145	+85		+43		+14	0		+18	+26	+41	−3+Δ		−15+Δ	−15	−27+Δ	0
140	160	+520	+280	+210																		
160	180	+580	+310	+230																		
180	200	+660	+340	+240		+170	+100		+50		+15	0	偏差 = ±$\frac{IT_n}{2}$，式中 IT_n 是 IT 数值	+22	+30	+47	−4+Δ		−17+Δ	−17	−31+Δ	0
200	225	+740	+380	+260																		
225	250	+820	+420	+280																		
250	280	+920	+480	+300		+190	+100		+56		+17	0		+25	+36	+55	−4+Δ		−20+Δ	−20	−34+Δ	0
280	315	+1050	+540	+330																		
315	355	+1200	+600	+360		+210	+125		+62		+18	0		+29	+39	+60	−4+Δ		−21+Δ	−21	−37+Δ	0
355	400	+1350	+680	+400																		
400	450	+1500	+760	+440		+230	+135		+68		+20	0		+33	+43	+66	−5+Δ		−23+Δ	−23	−40+Δ	0
450	500	+1650	+840	+480																		
500	560					+260	+145		+76		+22	0					0		−26		−44	
560	630																					
630	710					+290	+160		+80		+24	0					0		−30		−50	
710	800																					
800	900					+320	+170		+86		+26	0					0		−34		−56	
900	1000																					
1000	1120					+350	+195		+98		+28	0					0		−40		−65	
1120	1250																					
1250	1400					+390	+220		+110		+30	0					0		−48		−78	
1400	1600																					
1600	1800					+430	+240		+120		+32	0					0		−58		−92	
1800	2000																					
2000	2240					+480	+260		+130		+34	0					0		−68		−110	
2240	2500																					
2500	2800					+520	+290		+145		+38	0					0		−76		−135	
2800	3150																					

注：1. 公称尺寸小于或等于 1mm 时，基本偏差 A 和 B 及大于 IT8 的 N 均不采用。

2. 公差带 JS7～JS11，若 IT_n 值数是奇数，则取偏差 = ±$\frac{IT_n - 1}{2}$。

3. 对小于或等于 IT8 的 K、M、N 和小于或等于 IT7 的 P～ZC，所需 Δ 值从表内右侧选取，例如：18～30mm 段的 K7：Δ = 8μm，所以 ES = −2μm + 8μm = +6μm，18～30mm 段的 S6：Δ = 4μm，所以 ES = −35μm + 4μm = −31μm。

4. 特殊情况：250～315mm 段的 M6，ES = −9μm（代替 −11μm）。

(续)

公称尺寸/mm		基本偏差数值 上极限偏差 ES											Δ值 标准公差等级					
		≤IT7	标准公差等级大于IT7															
大于	至	P~ZC	P	R	S	T	U	V	X	Y	Z	ZA	ZB	ZC	IT3	IT4	IT5	IT6	IT7	IT8
—	3	在大于IT7的相应数值上增加一个Δ值	-6	-10	-14		-18		-20		-26	-32	-40	-60	0	0	0	0	0	0
3	6		-12	-15	-19		-23		-28		-35	-42	-50	-80	1	1.5	1	3	4	6
6	10		-15	-19	-23		-28		-34		-42	-52	-67	-97	1	1.5	2	3	6	7
10	14		-18	-23	-28		-33		-40		-50	-64	-90	-130	1	2	3	3	7	9
14	18							-39	-45		-60	-77	-108	-150						
18	24		-22	-28	-35		-41	-47	-54	-63	-73	-98	-136	-188	1.5	2	3	4	8	12
24	30					-41	-48	-55	-64	-75	-88	-118	-160	-218						
30	40		-26	-34	-43	-48	-60	-68	-80	-94	-112	-148	-200	-274	1.5	3	4	5	9	14
40	50					-54	-70	-81	-97	-114	-136	-180	-242	-325						
50	65		-32	-41	-53	-66	-87	-102	-122	-144	-172	-226	-300	-405	2	3	5	6	11	16
65	80			-43	-59	-75	-102	-120	-146	-174	-210	-274	-360	-480						
80	100		-37	-51	-71	-91	-124	-146	-178	-214	-258	-335	-445	-585	2	4	5	7	13	19
100	120			-54	-79	-104	-144	-172	-210	-254	-310	-400	-525	-690						
120	140		-43	-63	-92	-122	-170	-202	-248	-300	-365	-470	-620	-800	3	4	6	7	15	23
140	160			-65	-100	-134	-190	-228	-280	-340	-415	-535	-700	-900						
160	180			-68	-108	-146	-210	-252	-310	-380	-465	-600	-780	-1000						
180	200		-50	-77	-122	-166	-236	-284	-350	-425	-520	-670	-880	-1150	3	4	6	9	17	26
200	225			-80	-130	-180	-258	-310	-385	-470	-575	-740	-960	-1250						
225	250			-84	-140	-196	-284	-340	-425	-520	-640	-820	-1050	-1350						
250	280		-56	-94	-158	-218	-315	-385	-475	-580	-710	-920	-1200	-1550	4	4	7	9	20	29
280	315			-98	-170	-240	-350	-425	-525	-650	-790	-1000	-1300	-1700						
315	355		-62	-108	-190	-268	-390	-475	-590	-730	-900	-1150	-1500	-1900	4	5	7	11	21	32
355	400			-114	-208	-294	-435	-530	-660	-820	-1000	-1300	-1650	-2100						
400	450		-68	-126	-232	-330	-490	-595	-740	-920	-1100	-1450	-1850	-2400	5	5	7	13	23	34
450	500			-132	-252	-360	-540	-660	-820	-1000	-1250	-1600	-2100	-2600						
500	560		-78	-150	-280	-400	-600													
560	630			-155	-310	-450	-660													
630	710		-88	-175	-340	-500	-740													
710	800			-185	-380	-560	-840													
800	900		-100	-210	-430	-620	-940													
900	1000			-220	-470	-680	-1050													
1000	1120		-120	-250	-520	-780	-1150													
1120	1250			-260	-580	-810	-1300													
1250	1400		-140	-300	-640	-960	-1450													
1400	1600			-330	-720	-1050	-1600													
1600	1800		-170	-370	-820	-1200	-1850													
1800	2000			-400	-920	-1350	-2000													
2000	2240		-195	-440	-1000	-1500	-2300													
2240	2500			-460	-1100	-1650	-2500													
2500	2800		-240	-550	-1250	-1900	-2900													
2800	3150			-580	-1400	-2100	-3200													

附表 C-3　轴的基本偏差数值（GB/T 1800.1—2009）　　　　　（单位：μm）

公称尺寸 /mm		基本偏差数值														
		上极限偏差 es											下极限偏差 ei			
		所有标准公差等级											IT5 和 IT6	IT7	IT8	IT4~IT7
大于	至	a	b	c	cd	d	e	ef	f	fg	g	h	js	j		k
—	3	-270	-140	-60	-34	-20	-14	-10	-6	-4	-2	0		-2	-4	-6	0
3	6	-270	-140	-70	-46	-30	-20	-14	-10	-6	-4	0		-2	-4		+1
6	10	-280	-150	-80	-56	-40	-25	-18	-13	-8	-5	0		-2	-5		+1
10	14	-290	-150	-95		-50	-32		-16		-6	0		-3	-6		+1
14	18																
18	24	-300	-160	-110		-65	-40		-20		-7	0		-4	-8		+2
24	30																
30	40	-310	-170	-120		-80	-50		-25		-9	0		-5	-10		+2
40	50	-320	-180	-130													
50	65	-340	-190	-140		-100	-60		-30		-10	0		-7	-12		+2
65	80	-360	-200	-150													
80	100	-380	-220	-170		-120	-72		-36		-12	0		-9	-15		+3
100	120	-410	-240	-180													
120	140	-460	-260	-200		-145	-85		-43		-14	0		-11	-18		+3
140	160	-520	-280	-210													
160	180	-580	-310	-230													
180	200	-660	-340	-240		-170	-100		-50		-15	0	偏差 = ± IT$_n$/2	-13	-21		+4
200	225	-740	-380	-260													
225	250	-820	-420	-280													
250	280	-920	-480	-300		-190	-110		-56		-17	0		-16	-26		+4
280	315	-1050	-540	-330													
315	355	-1200	-600	-360		-210	-125		-62		-18	0		-18	-28		+4
355	400	-1350	-680	-400													
400	450	-1500	-760	-440		-230	-135		-68		-20	0		-20	-32		+5
450	500	-1650	-840	-480													
500	560					-260	-145		-76		-22	0					0
560	630																
630	710					-290	-160		-80		-24	0					0
710	800																
800	900					-320	-170		-86		-26	0					0
900	1000																
1000	1120					-350	-195		-98		-28	0					0
1120	1250																
1250	1400					-390	-220		-110		-30	0					0
1400	1600																
1600	1800					-430	-240		-120		-32	0					0
1800	2000																
2000	2240					-480	-260		-130		-34	0					0
2240	2500																
2500	2800					-520	-290		-145		-38	0					0
2800	3150																

注：1. 公称尺寸小于或等于 1 mm 时，基本偏差 a 和 b 均不采用。

2. 公差带 js7～js11，若 IT$_n$ 值数是奇数，则取偏差 = $\pm \dfrac{IT_n - 1}{2}$。

(续)

公称尺寸 /mm		基本偏差数值 下极限偏差 ei														
		≤IT3 >IT7	所有标准公差等级													
大于	至	k	m	n	p	r	s	t	u	v	x	y	z	za	zb	zc
—	3	0	+2	+4	+6	+10	+14		+18		+20		+26	+32	+40	+60
3	6	0	+4	+8	+12	+15	+19		+23		+28		+35	+42	+50	+80
6	10	0	+6	+10	+15	+19	+23		+28		+34		+42	+52	+67	+97
10	14	0	+7	+12	+18	+23	+28		+33		+40		+50	+64	+90	+130
14	18									+39	+45		+60	+77	+108	+150
18	24	0	+8	+15	+22	+28	+35		+41	+47	+54	+63	+73	+98	+136	+188
24	30							+41	+48	+55	+64	+75	+88	+118	+160	+218
30	40	0	+9	+17	+26	+34	+43	+48	+60	+68	+80	+94	+112	+148	+200	+274
40	50							+54	+70	+81	+97	+114	+136	+180	+242	+325
50	65	0	+11	+20	+32	+41	+53	+66	+87	+102	+122	+144	+172	+226	+300	+405
65	80					+43	+59	+75	+102	+120	+146	+174	+210	+274	+360	+480
80	100	0	+13	+23	+37	+51	+71	+91	+124	+146	+178	+214	+258	+335	+445	+585
100	120					+54	+79	+104	+144	+172	+210	+254	+310	+400	+525	+690
120	140	0	+15	+27	+43	+63	+92	+122	+170	+202	+248	+300	+365	+470	+620	+800
140	160					+65	+100	+134	+190	+228	+280	+340	+415	+535	+700	+900
160	180					+68	+108	+146	+210	+252	+310	+380	+465	+600	+780	+1000
180	200	0	+17	+31	+50	+77	+122	+166	+236	+284	+350	+425	+520	+670	+880	+1150
200	225					+80	+130	+180	+258	+310	+385	+470	+575	+740	+960	+1250
225	250					+84	+140	+196	+284	+340	+425	+520	+640	+820	+1050	+1350
250	280	0	+20	+34	+56	+94	+158	+218	+315	+385	+475	+580	+710	+920	+1200	+1550
280	315					+98	+170	+240	+350	+425	+525	+650	+790	+1000	+1300	+1700
315	355	0	+21	+37	+62	+108	+190	+268	+390	+475	+590	+730	+900	+1150	+1500	+1900
355	400					+114	+208	+294	+435	+530	+600	+820	+1000	+1300	+1650	+2100
400	450	0	+23	+40	+68	+126	+232	+330	+490	+595	+740	+920	+1100	+1450	+1850	+2400
450	500					+132	+252	+360	+540	+600	+820	+1000	+1250	+1600	+2100	+2600
500	560	0	+26	+44	+78	+150	+280	+400	+600							
560	630					+155	+310	+450	+660							
630	710	0	+30	+50	+88	+175	+340	+500	+740							
710	800					+185	+380	+560	+840							
800	900	0	+34	+56	+100	+210	+430	+620	+940							
900	1000					+220	+470	+680	+1050							
1000	1120	0	+40	+66	+120	+250	+520	+780	+1150							
1120	1250					+260	+580	+840	+1300							
1250	1400	0	+48	+78	+140	+300	+640	+960	+1450							
1400	1600					+330	+720	+1050	+1600							
1600	1800	0	+58	+92	+170	+370	+820	+1200	+1850							
1800	2000					+400	+920	+1350	+2000							
2000	2240	0	+68	+110	+195	+440	+1000	+1500	+2300							
2240	2500					+460	+1100	+1650	+2500							
2500	2800	0	+76	+135	+240	+550	+1250	+1900	+2900							
2800	3150					+580	+1400	+2100	+3200							

附表 C-4 优先配合中孔的极限偏差（摘自 GB/T 1800.2—2009） （单位：μm）

公称尺寸/mm		公差带											
		C	D	F	G	H				K	N	P	S	U
大于	至	11	9	8	7	7	8	9	11	7	7	7	7	7
—	3	+120 +60	+45 +20	+20 +6	+12 +2	+10 0	+14 0	+25 0	+60 0	0 -10	-4 -14	-6 -16	-14 -24	-18 -28
3	6	+145 +70	+60 +30	+28 +10	+16 +4	+12 0	+18 0	+30 0	+75 0	+3 -9	-4 -16	-8 -20	-15 -27	-19 -31
6	10	+170 +80	+76 +40	+35 +13	+20 +5	+15 0	+22 0	+36 0	+90 0	+5 -10	-4 -19	-9 -24	-17 -32	-22 -37
10	14	+205 +95	+93 +50	+43 +16	+24 +6	+18 0	+27 0	+43 0	+110 0	+6 -12	-5 -23	-11 -29	-21 -39	-26 -44
14	18	+205 +95	+93 +50	+43 +16	+24 +6	+18 0	+27 0	+43 0	+110 0	+6 -12	-5 -23	-11 -29	-21 -39	-26 -44
18	24	+240 +110	+117 +65	+53 +20	+28 +7	+21 0	+33 0	+52 0	+130 0	+6 -15	-7 -28	-14 -35	-27 -48	-33 -54
24	30	+240 +110	+117 +65	+53 +20	+28 +7	+21 0	+33 0	+52 0	+130 0	+6 -15	-7 -28	-14 -35	-27 -48	-40 -61
30	40	+280 +120	+142 +80	+64 +25	+34 +9	+25 0	+39 0	+62 0	+160 0	+7 -18	-8 -33	-17 -42	-34 -59	-51 -76
40	50	+290 +130	+142 +80	+64 +25	+34 +9	+25 0	+39 0	+62 0	+160 0	+7 -18	-8 -33	-17 -42	-34 -59	-61 -86
50	65	+330 +140	+174 +100	+76 +30	+40 +10	+30 0	+46 0	+74 0	+190 0	+9 -21	-9 -39	-21 -51	-42 -72	-76 -106
65	80	+340 +150	+174 +100	+76 +30	+40 +10	+30 0	+46 0	+74 0	+190 0	+9 -21	-9 -39	-21 -51	-48 -78	-91 -121
80	100	+390 +170	+207 +120	+90 +36	+47 +12	+35 0	+54 0	+87<
+0	+220 0	+10 -25	-10 -45	-24 -59	-58 -93	-111 -146
100	120	+400 +180	+207 +120	+90 +36	+47 +12	+35 0	+54 0	+87 0	+220 0	+10 -25	-10 -45	-24 -59	-66 -101	-131 -166
120	140	+450 +200	+245 +145	+106 +43	+54 +14	+40 0	+63 0	+100 0	+250 0	+12 -28	-12 -52	-28 -68	-77 -117	-155 -195
140	160	+460 +210	+245 +145	+106 +43	+54 +14	+40 0	+63 0	+100 0	+250 0	+12 -28	-12 -52	-28 -68	-85 -125	-175 -215
160	180	+480 +230	+245 +145	+106 +43	+54 +14	+40 0	+63 0	+100 0	+250 0	+12 -28	-12 -52	-28 -68	-93 -133	-195 -235
180	200	+530 +240	+285 +170	+122 +50	+61 +15	+46 0	+72 0	+115 0	+290 0	+13 -33	-14 -60	-33 -79	-105 -151	-219 -265
200	225	+550 +260	+285 +170	+122 +50	+61 +15	+46 0	+72 0	+115 0	+290 0	+13 -33	-14 -60	-33 -79	-113 -159	-241 -287
225	250	+570 +280	+285 +170	+122 +50	+61 +15	+46 0	+72 0	+115 0	+290 0	+13 -33	-14 -60	-33 -79	-123 -169	-267 -313
250	280	+620 +300	+320 +190	+137 +56	+69 +17	+52 0	+81 0	+130 0	+320 0	+16 -36	-14 -66	-36 -88	-138 -190	-295 -347
280	315	+650 +330	+320 +190	+137 +56	+69 +17	+52 0	+81 0	+130 0	+320 0	+16 -36	-14 -66	-36 -88	-150 -202	-330 -382
315	355	+720 +360	+350 +210	+151 +62	+75 +18	+57 0	+89 0	+140 0	+360 0	+17 -40	-16 -73	-41 -98	-169 -226	-369 -426
355	400	+760 +400	+350 +210	+151 +62	+75 +18	+57 0	+89 0	+140 0	+360 0	+17 -40	-16 -73	-41 -98	-187 -244	-414 -471
400	450	+840 +440	+385 +230	+165 +68	+83 +20	+63 0	+97 0	+155 0	+400 0	+18 -45	-17 -80	-45 -108	-209 -272	-467 -530
450	500	+880 +480	+385 +230	+165 +68	+83 +20	+63 0	+97 0	+155 0	+400 0	+18 -45	-17 -80	-45 -108	-229 -292	-517 -580

附表 C-5　优先配合中轴的极限偏差（摘自 GB/T 1800.2—2009）　（单位：μm）

公称尺寸/mm		公差带											
		c	d	f	g	h				k	n	p	s	u
大于	至	11	9	7	6	6	7	9	11	6	6	6	6	6
—	3	−60 −120	−20 −45	−6 −16	−2 −8	0 −6	0 −10	0 −25	0 −60	+6 0	+10 +4	+12 +6	+20 +14	+24 +18
3	6	−70 −145	−30 −60	−10 −22	−4 −12	0 −8	0 −12	0 −30	0 −75	+9 +1	+16 +8	+20 +12	+27 +19	+31 +23
6	10	−80 −170	−40 −76	−13 −28	−5 −14	0 −9	0 −15	0 −36	0 −90	+10 +1	+19 +10	+24 +15	+32 +23	+37 +28
10	14	−95 −205	−50 −93	−16 −34	−6 −17	0 −11	0 −18	0 −43	0 −110	+12 +1	+23 +12	+29 +18	+39 +28	+44 +33
14	18													
18	24	−110 −240	−65 −117	−20 −41	−7 −20	0 −13	0 −21	0 −52	0 −130	+15 +2	+28 +15	+35 +22	+48 +35	+54 +41
24	30													+61 +48
30	40	−120 −280	−80 −142	−25 −50	−9 −25	0 −16	0 −25	0 −62	0 −160	+18 +2	+33 +17	+42 +26	+59 +43	+76 +60
40	50	−130 −290												+86 +70
50	65	−140 −330	−100 −174	−30 −60	−10 −29	0 −19	0 −30	0 −74	0 −190	+21 +2	+39 +20	+51 +32	+72 +53	+106 +87
65	80	−150 −340											+78 +59	+121 +102
80	100	−170 −390	−120 −207	−36 −71	−12 −34	0 −22	0 −35	0 −87	0 −220	+25 +3	+45 +23	+59 +37	+93 +71	+146 +124
100	120	−180 −400											+101 +79	+166 +144
120	140	−200 −450	−145 −245	−43 −83	−14 −39	0 −25	0 −40	0 −100	0 −250	+28 +3	+52 +27	+68 +43	+117 +92	+195 +170
140	160	−210 −460											+125 +100	+215 +190
160	180	−230 −480											+133 +108	+235 +210
180	200	−240 −530	−170 −285	−50 −96	−15 −44	0 −29	0 −46	0 −115	0 −290	+33 +4	+60 +31	+79 +50	+151 +122	+265 +236
200	225	−260 −550											+159 +130	+287 +258
225	250	−280 −570											+169 +140	+313 +284
250	280	−300 −620	−190 −320	−56 −108	−17 −49	0 −32	0 −52	0 −130	0 −320	+36 +4	+66 +34	+88 +56	+190 +158	+347 +315
280	315	−330 −650											+202 +170	+382 +350
315	355	−360 −720	−210 −350	−62 −119	−18 −54	0 −36	0 −57	0 −140	0 −360	+40 +4	+73 +37	+98 +62	+226 +190	+426 +390
355	400	−400 −760											+244 +208	+471 +435
400	450	−440 −840	−230 −385	−68 −131	−20 −60	0 −40	0 −63	0 −155	0 −400	+45 +5	+80 +40	+108 +68	+272 +232	+530 +490
450	500	−480 −880											+292 +252	+580 +540

附录 D 螺 纹

附表 D-1 普通螺纹直径、螺距和基本尺寸（摘自 GB/T 193—2003、GB/T 196—2003）

(单位：mm)

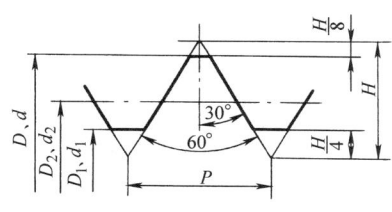

$d_2 = d - 2 \times \dfrac{3}{8}H, \quad D_2 = D - 2 \times \dfrac{3}{8}H, \quad d_1 = d - 2 \times \dfrac{5}{8}H$

$D_1 = D - 2 \times \dfrac{5}{8}H, \quad H = \dfrac{\sqrt{3}}{2}P$

式中 d——外螺纹大径；D——内螺纹大径；d_2——外螺纹中径；
D_2——内螺纹中径；d_1——外螺纹小径；D_1——内螺纹小径；
P——螺距；H——原始三角形高度

公称直径 D、d			螺 距 P									
第1系列	第2系列	第3系列	粗牙	细牙								
				3	2	1.5	1.25	1	0.75	0.5	0.35	0.25	0.2
1			0.25										0.2
	1.1		0.25										0.2
1.2			0.25										0.2
	1.4		0.3										0.2
1.6			0.35										0.2
	1.8		0.35										0.2
2			4								0.25		
	2.2		0.45									0.25	
2.5			0.45								0.35		
3			0.5								0.35		
	3.5		0.6								0.35		
4			0.7							0.5			
	4.5		0.75							0.5			
5			0.8							0.5			
	5.5									0.5			
6			1						0.75				
	7		1						0.75				
8			1.25					1	0.75				
		9	1.25					1	0.75				
10			1.5				1.25	1	0.75				
		11	1.5					1	0.75				
12			1.75				1.25	1					
	14		2			1.5	1.25①	1					
		15				1.5		1					
16			2			1.5		1					
		17				1.5		1					
	18		2.5		2	1.5		1					
20			2.5		2	1.5		1					

（续）

公称直径 D、d			螺距 P								
第1系列	第2系列	第3系列	粗牙	细牙							
				3	2	1.5	1.25	1	0.75	0.5	0.35	0.25	0.2
24	22		2.5		2	1.5		1				
			3		2	1.5		1				
		25			2	1.5		1				
	27	26			2	1.5						
			3		2	1.5		1				
		28			2	1.5		1				
30		32	3.5	(3)	2	1.5						
					2	1.5						
	3		3.5	(3)	2	1.5						
36		35②				1.5						
			4	3	2	1.5						
		38				1.5						
	39		4	3	2	1.5						

注：1. 在表内，应选择与直径处于同一行内的螺距。应优先选用第1系列直径，其次选择第2系列直径，最后选择第3系列直径。
2. 括号内的螺距尽可能不用。
① 仅用于发动机的火花塞。
② 仅用于轴承的锁紧螺母。

附表 D-2　梯形螺纹直径与螺距（GB/T 5796.2—2005 摘编）　　　（单位：mm）

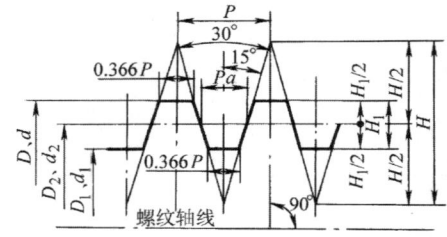

标记示例：
　　公称直径40mm、螺距7mm、右旋、中径公差代号7e、中等旋合长度的外螺纹标记为：
　　　Tr40×7-7e
　　公称直径40mm、螺距7mm、左旋、中径公差代号7H、长旋合长度的内螺纹标记为：
　　　Tr40×7LH-7H-L

公称直径		螺距			公称直径		螺距		
第一系列	第二系列				第一系列	第二系列			
8			1.5		22		8	5	3
	9		2	1.5	24		8	5	3
10			2	1.5	26		8	5	3
	11	3	2		28		8	5	3
12		3	2		30		10	6	3
	14		3	2	32		10	6	3
16			4	2	34		10	6	3
	18		4	2	36		10	6	3
20			4	2	38		10	7	3

（续）

公称直径		螺距			公称直径		螺距		
第一系列	第二系列				第一系列	第二系列			
40		10	7	3	50		12	8	3
	42	10	7	3		52	12	8	3
44		12	7	3	55		14	9	3
	46	12	8	3		60	14	9	3
48		12	8	3					

注：应优先选择第一系列的直径，在每个直径所对应的诸螺距中优先选择粗黑框内的螺距。

附表 D-3　55°非密封管螺纹的基本尺寸和公差（GB/T 7307—2001）

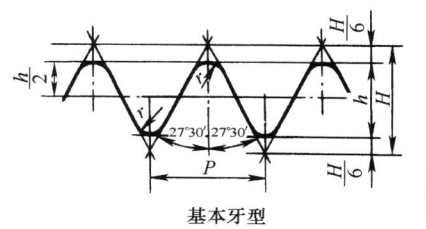

基本牙型

标记示例：

如 1½ 管螺纹标记为：G1½

1	2	3	4	5	6	7	8
尺寸代号	每25.4mm内的牙数 n	螺距 P/mm	牙高 h/mm	圆弧半径 $r \approx$/mm	基本直径		
					大径 $d=D$ /mm	中径 $d_2=D_2$ /mm	小径 $d_1=D_1$ /mm
1/2	14	1.814	1.162	0.249	20.955	19.793	18.631
5/8	14	1.814	1.162	0.249	22.911	21.749	20.587
3/4	14	1.814	1.162	0.249	26.441	25.279	24.117
7/8	14	1.814	1.162	0.249	30.201	29.039	27.877
1	11	2.309	1.479	0.317	33.249	31.770	30.291
1⅛	11	2.309	1.479	0.317	37.897	36.418	34.939
1¼	11	2.309	1.479	0.317	41.910	40.431	38.952
1½	11	2.309	1.479	0.317	47.803	46.324	44.845
1¾	11	2.309	1.479	0.317	53.746	52.267	50.788
2	11	2.309	1.479	0.317	59.614	58.135	56.656

1	9	10	11	12	13	14	15	16	17
	外 螺 纹					内 螺 纹			
尺寸代号	大径公差 T_d		中径公差 T_{d2}^*			中径公差 T_{D2}^*		小径公差 T_{D1}	
	下极限偏差/mm	上极限偏差/mm	下极限偏差 A级，mm	下极限偏差 B级，mm	上极限偏差/mm	下极限偏差/mm	上极限偏差/mm	下极限偏差/mm	上极限偏差/mm
1/2	-0.284	0	-0.142	-0.284	0		+0.142	0	+0.541
5/8	-0.284	0	-0.142	-0.284	0	0	+0.142	0	+0.541
3/4	-0.284	0	-0.142	-0.284	0		+0.142	0	+0.541
7/8	-0.284	0	-0.142	-0.284	0		+0.142	0	+0.541
1	-0.360	0	-0.180	-0.360	0		+0.180	0	+0.640

(续)

1	9	10	11	12	13	14	15	16	17
	外 螺 纹					内 螺 纹			
尺寸代号	大径公差 T_d		中径公差 T_{d2}^*			中径公差 T_{D2}^*		小径公差 T_{D1}	
	下极限偏差/mm	上极限偏差/mm	下极限偏差		上极限偏差/mm	下极限偏差/mm	上极限偏差/mm	下极限偏差/mm	上极限偏差/mm
			A级, mm	B级, mm					
1⅛	−0.360	0	−0.180	−0.360	0	0	+0.180	0	+0.640
1¼	−0.360	0	−0.180	−0.360	0	0	+0.180	0	+0.640
1½	−0.360	0	−0.180	−0.360	0	0	+0.180	0	+0.640
1¾	−0.360	0	−0.180	−0.360	0	0	+0.180	0	+0.640
2	−0.360	0	−0.180	−0.360	0	0	+0.180	0	+0.640

附表 D-4 55°密封管螺纹的基本尺寸（GB/T 7306.1~2—2000）

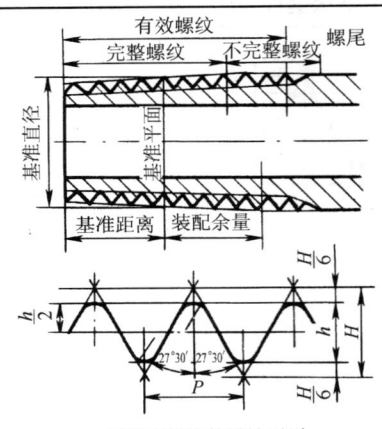

圆锥内螺纹的设计牙型

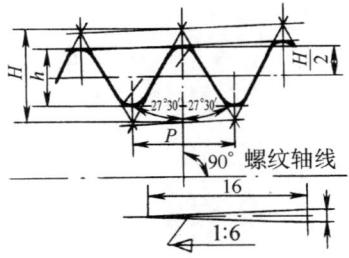

圆锥外螺纹的设计牙型

螺纹中径和小径的数值，按下列公式计算：

$$d_2 = D_2 = d - 0.640327 P$$
$$d_1 = D_1 = d - 1.280654 P$$

标记示例：如尺寸代号为 1½ 的右旋螺纹

圆锥内螺纹 Rc1½，圆柱内螺纹 Rp1½。

圆锥内螺纹与圆锥外螺纹的配合：Rc/R₂ 1½。

圆柱内螺纹与圆锥外螺纹的配合：Rp/R₁ 1½。

1	2	3	4	5	6	7	8	9	10
尺寸代号	每25.4mm内的牙数	螺距 P /mm	牙高 h /mm	圆弧半径 r≈/mm	基准平面内的基本直径			基准距离 /mm	有效螺纹长度 /mm
					大径（基准直径）d = D/mm	中径 $d_2 = D_2$ /mm	小径 $d_1 = D_1$ /mm		
1/16	28	0.907	0.581	0.125	7.723	7.142	6.561	4.0	6.5
1/8	28	0.907	0.581	0.125	9.728	9.147	8.566	4.0	6.5
1/4	19	1.337	0.856	0.184	13.157	12.301	11.445	6.0	9.7
3/8	19	1.337	0.856	0.184	16.662	15.806	14.950	6.4	10.1
1/2	14	1.814	1.162	0.249	20.955	19.793	18.631	8.2	13.2
3/4	14	1.814	1.162	0.249	26.441	25.279	24.117	9.5	14.5
1	11	2.309	1.479	0.317	33.249	31.770	30.291	10.4	16.8
1¼	11	2.309	1.479	0.317	41.910	40.431	38.952	12.7	19.1
1½	11	2.309	1.479	0.317	47.803	46.324	44.845	12.7	19.1
2	11	2.309	1.479	0.317	59.614	58.135	56.656	15.9	23.4
2½	11	2.309	1.479	0.317	75.184	73.705	72.226	17.5	26.7
3	11	2.309	1.479	0.317	87.884	86.405	84.926	20.6	29.8
3½	11	2.309	1.479	0.317	100.330	99.851	97.372	22.2	31.4
4	11	2.309	1.479	0.317	113.030	111.551	110.072	25.4	35.8
5	11	2.309	1.479	0.317	138.430	136.951	135.472	28.6	40.1
6	11	2.309	1.479	0.317	163.830	162.351	160.872	28.6	40.1

附表 D-5　普通螺纹收尾、肩距、退刀槽、倒角（GB/T 3—1997）　（单位：mm）

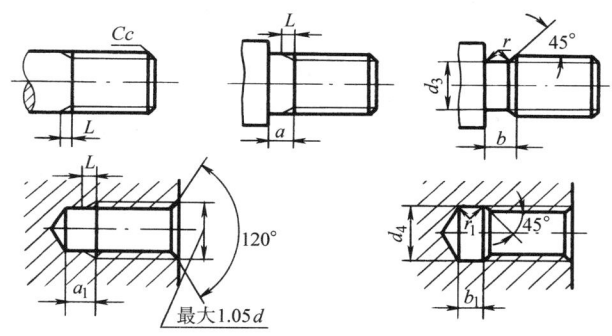

螺距 P	粗牙螺纹大径 D、d	外螺纹							倒角 c	内螺纹				
		螺纹收尾 L (不大于)		肩距 a (不大于)		退刀槽				螺纹收尾 L (不大于)		肩距 a_1 (不大于)		退刀槽		
		一般	短的	一般	长的	短的	一般	$r\approx$	d_3		一般	长的	一般	长的	一般	$r_1\approx$	d_4
0.2		0.5	0.25	0.6	0.8	0.4				0.2	0.4	0.6	1.2	1.5			
0.25	1,1.2	0.6	0.3	0.75	1	0.5	0.75				0.5	0.8	1.5	2			
0.3	1.4	0.75	0.4	0.9	1.2	0.6	0.9			0.2	0.6	0.9	1.8	2.4			
0.35	1.6,1.8	0.9	0.45	1.05	1.4	0.7	1.05		$d-0.6$		0.7	1.1	2.2	2.8			
0.4	2	1	0.5	1.2	1.6	0.8	1.2		$d-0.7$	0.4	0.8	1.2	2.5	3.2			
0.45	2.2,2.5	1.1	0.6	1.35	1.8	0.9	1.35		$d-0.7$		0.9	1.4	2.8	3.6			
0.5	3	1.25	0.7	1.5	2	1	1.5		$d-0.8$	0.5	1	1.5	3	4	2		
0.6	3.5	1.5	0.75	1.8	2.4	1.2	1.8		$d-1$		1.2	1.8	3.2	4.8			
0.7	4	1.75	0.9	2.1	2.8	1.4	2.1		$d-1.1$	0.6	1.4	2.1	3.5	5.6			$d+0.3$
0.75	4.5	1.9	1	2.25	3	1.5	2.5		$d-1.2$		1.5	2.3	3.8	6	3		
0.8	5	2	1	2.4	3.2	1.6	2.4		$d-1.3$	0.8	1.6	2.4	4	6.4			
1	6.7	2.5	1.25	3	4	2	3	0.5P	$d-1.6$	1	2	3	5	8	4	0.5P	
1.25	8	3.2	1.6	4	5	2.5	3.75		$d-2$	1.2	2.5	3.8	6	10	5		
1.5	10	3.8	1.9	4.5	6	3	4.5		$d-2.3$	1.5	3	4.5	7	12	6		
1.75	12	4.3	2.2	5.3	7	3.5	5.25		$d-2.5$	2	3.5	5.2	9	14	7		
2	14,16	5	2.5	6	8	4	6		$d-3$		4	6	10	16	8		
2.5	18,20,22	6.3	3.2	7.5	10	5	7.5		$d-3.6$	2.5	5	7.5	12	18	10		
3	24,27	7.5	3.8	9	12	6	9		$d-4.4$		6	9	14	22	12		$d+0.5$
3.5	30,33	9	4.5	10.5	14	7	10.5		$d-5$	3	7	10.5	16	24	14		
4	36,39	10	5	12	16	8	12		$d-5.7$		8	12	18	26	16		
4.5	42,45	11	5.5	13.5	18	9	13.5		$d-6.4$	4	9	13.5	21	29	18		
5	48,52	12.5	6.3	15	20	10	15		$d-7$		10	15	23	32	20		
5.5	56,60	14	7	16.5	22	11	17.5		$d-7.7$	5	11	16.5	25	35	22		
6	64,68	15	7.5	18	24	12	18		$d-8.3$		12	18	28	38	24		

附录 E 常用的标准件

附表 E-1 六角头螺栓—A 级和 B 级（GB/T 5782—2000）、
六角头螺栓—全螺纹—A 级和 B 级（GB/T 5783—2000）   （单位：mm）

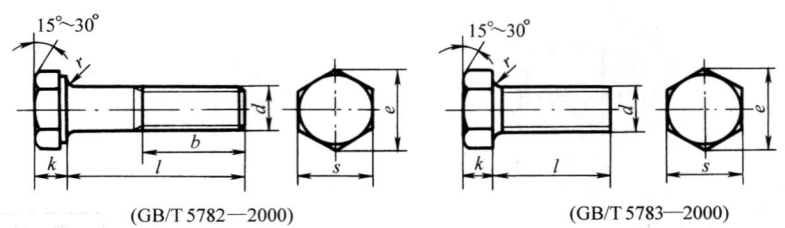

(GB/T 5782—2000)   (GB/T 5783—2000)

标记示例：
螺纹规格 d = M12，公称长度 l = 80mm，性能等级为 8.8 级，表面氧化，A 级的六角头螺栓：
螺栓　GB/T 5782　M12×80

螺纹规格 d		M3	M4	M5	M6	M8	M10	M12	(M14)	M16	(M18)	M20	(M22)	M24	(M27)	M30	M36	M42	M48
s		5.5	7	8	10	13	16	18	21	24	27	30	34	36	41	46	55	65	75
k		2	2.8	3.5	4	5.3	6.4	7.5	8.8	10	11.5	12.5	14	15	17	18.7	22.5	26	30
r		0.1	0.2	0.2	0.25	0.4	0.4	0.6	0.6	0.6	0.6	0.8	0.8	0.8	1	1	1	1.2	1.6
e		6.1	7.7	8.8	11.1	14.4	17.8	20	23.4	26.8	30	33.5	37.7	40	45.2	50.9	60.8	72	82.6
b（参考）	$l≤125$	12	14	16	18	22	26	30	34	38	42	46	50	54	60	66	78	—	—
	$125<l≤200$	18	20	22	24	28	32	36	40	44	48	52	56	60	66	72	84	96	108
	$l>200$	31	33	35	37	41	45	49	53	57	61	65	69	73	79	85	97	109	121
GB/T 5782 l		20~30	25~40	25~50	30~60	35~80	40~100	45~120	55~140	55~160	65~180	65~200	80~220	80~240	90~260	90~300	110~360	130~400	140~400
GB/T 5783（全螺纹）l		6~30	8~40	10~50	12~60	16~80	20~100	25~120	30~140	30~150	35~180	40~200	45~200	50~200	55~200	60~200	70~200	80~200	100~200
l 系列		6, 8, 10, 12, 16, 20, 25, 30, 35, 40, 45, 50, (55), 60, (65), 70, 80, 90, 100, 110, 120, 130, 140, 150, 160, 180, 200, 220, 240, 260, 280, 300, 320, 340, 360, 380, 400, 420, 440, 460, 480, 500																		

注：1. A 级用于 $d≤24$mm 和 $l≤10d$ 或 ≤150mm 的螺栓，B 级用于 $d>24$mm 和 $l>10d$ 或 >150mm 的螺栓（按较小值）。
　　2. 不带括号的为优先系列。

附表 E-2 双头螺柱 $b_m = d$（GB/T 897—1988），$b_m = 1.25d$（GB/T 898—1988），$b_m = 1.5d$（GB/T 899—1988），$b_m = 2d$（GB/T 900—1988） （单位：mm）

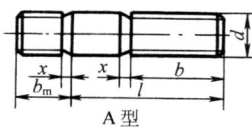

A 型

B 型

标记示例：

1. 两端均为粗牙普通螺纹。$d = 10$mm，$l = 50$mm，性能等级为 4.8 级，不经表面处理，B 型，$b_m = d$ 的双头螺柱：

螺柱 GB/T 897 M10×50

2. 旋入机体一端为粗牙普通螺纹，旋螺母一端为螺距 $P = 1$mm 的细牙普通螺纹。$d = 10$mm，$l = 50$mm，性能等级为 4.8 级，不经表面处理，A 型，$b_m = d$ 的双头螺柱：

螺柱 GB/T 897 AM10-M10×1×50

3. 旋入机体一端为过渡配合螺纹的第一种配合，旋螺母一端为粗牙普通螺纹。$d = 10$mm，$l = 50$mm，性能等级为 8.8 级，镀锌纯化，B 型，$b_m = d$ 的双头螺柱：

螺柱 GB/T 897 GM10-M10×50-8.8-Zn·D

螺纹规格 d	b_m GB/T 897 −1988	b_m GB/T 898 −1988	b_m GB/T 899 −1988	b_m GB/T 900 −1988	l/b
M2			3	4	(12~16)/6，(18~25)/10
M2.5			3.5	5	(14~18)/8，(20~30)/11
M3			4.5	6	(16~20)/6，(22~40)/12
M4			6	8	(16~22)/10，(25~40)/14
M5	5	6	8	10	(16~22)/10，(25~50)/16
M6	6	8	10	12	(18~22)/10，(25~30)/14，(35~75)/18
M8	8	10	12	16	(18~22)/12，(25~30)/16，(32~90)/22
M10	10	12	15	20	(25~28)/14，(30~38)/16，(40~120)/30，130/32
M12	12	15	18	24	(25~30)/16，(32~40)/20，(45~120)/30，(130~180)/36
(M14)	14	18	21	28	(30~35)/18，(38~45)/25，(50~120)/34，(130~180)/40
M16	16	20	24	32	(30~38)/20，(40~55)/30，(60~120)/38，(130~200)/44
(M18)	18	22	27	36	(30~40)/22，(45~60)/35，(65~120)/42，(130~200)/48
M20	20	25	30	40	(35~40)/25，(45~65)/38，(70~120)/46，(130~200)/52
(M22)	22	28	33	44	(40~45)/30，(50~70)/40，(75~120)/50，(130~200)/56
M24	24	30	36	49	(45~50)/30，(55~75)/45，(80~120)/54，(130~200)/60
(M27)	27	35	40	54	(50~60)/35，(65~85)/50，(90~120)/60，(130~200)/66
M30	30	38	45	60	(60~65)/40，(70~90)/50，(95~120)/66，(130~200)/72，(210~250)/85
M36	36	45	54	72	(65~75)/45，(80~110)/60，120/78，(130~200)/84，(210~300)/97
M42	42	52	63	84	(70~80)/50，(85~110)/70，120/90，(130~200)/96，(210~300)×109
M48	48	60	72	96	(80~90)/60，(95~110)/80，120/102，(130~200)/108，(210~300)/121
L（系列）	12，(14)，16，(18)，20，(22)，25，(28)，30，(32)，35，(38)，40，45，50，55，60，65，70，75，80，85，90，95，100，110，120，130，140，150，160，170，180，190，200，210，220，230，240，250，260，280，300					

注：1. $d_s \approx$ 螺纹中径。

2. $x_{max} = 1.5P$（螺距）。

附表 E-3 开槽圆柱头螺钉（GB/T 65—2000），开槽沉头螺钉（GB/T 68—2000），开槽盘头螺钉（GB/T 67—2008） （单位：mm）

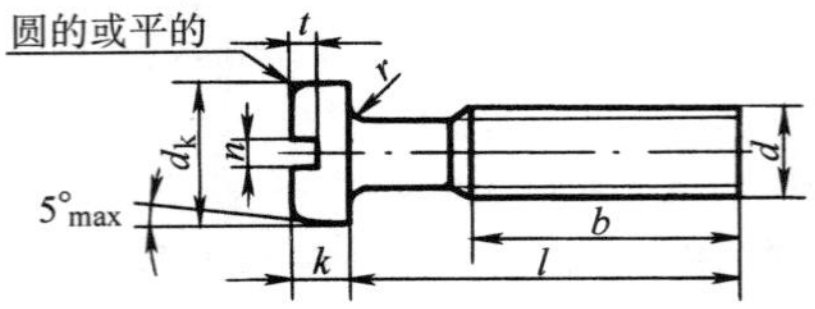

(GB/T 65—2000)

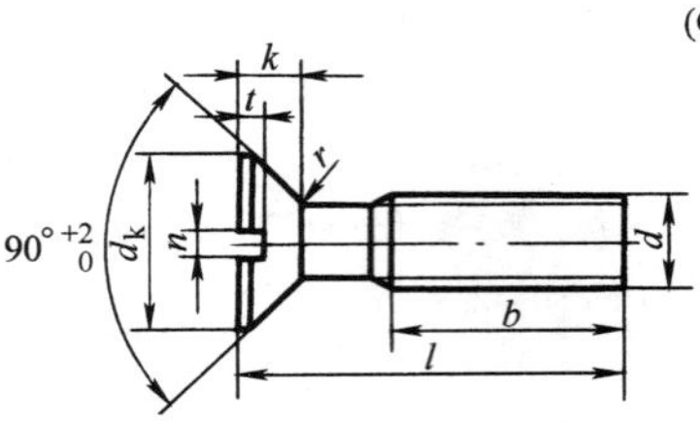

(GB/T 68—2000)

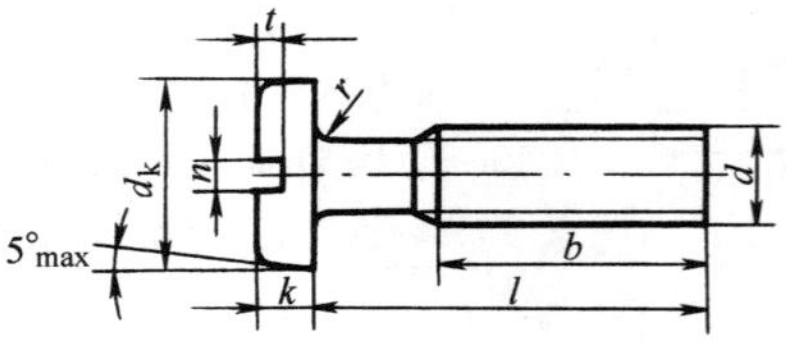

(GB/T 67—2008)

标记示例：

螺纹规格 d = M5，公称长度 l = 20mm，性能等级为 4.8 级，不经表面处理的开槽圆柱头螺钉：

螺钉 GB/T 65 M5 × 20

螺纹规格 d		M1.6	M2	M2.5	M3	M4	M5	M6	M8	M10
GB/T 65	d_k	3.0	3.8	4.5	5.5	7	8.5	10	13	16
	k	1.1	1.4	1.8	2.0	2.6	3.3	3.9	5	6
	t	0.45	0.6	0.7	0.85	1.1	1.3	1.6	2	2.4
	r	0.1	0.1	0.1	0.1	0.2	0.2	0.25	0.4	0.4
	l	2 ~ 16	3 ~ 20	3 ~ 25	4 ~ 30	5 ~ 40	6 ~ 50	8 ~ 60	10 ~ 80	12 ~ 80
	全螺纹时最大长度	16	20	25	30	40	40	40	40	40
GB/T 67	d_k	3.2	4	5	5.6	8	9.5	12	16	20
	k	1	1.3	1.5	1.8	2.4	3	3.6	4.8	6
	t	0.35	0.5	0.6	0.7	1	1.2	1.4	1.9	2.4
	r	0.1	0.1	0.1	0.1	0.2	0.2	0.25	0.4	0.4
	l	2 ~ 16	2.5 ~ 20	3 ~ 25	4 ~ 30	5 ~ 40	6 ~ 50	8 ~ 60	10 ~ 80	12 ~ 80
	全螺纹时最大长度	16	20	25	30	40	40	40	40	40
GB/T 68	d_k	3	3.8	4.7	5.5	8.4	9.3	11.3	15.8	18.3
	k	1	1.2	1.5	1.65	2.7	2.7	3.3	4.65	5
	t	0.32	0.4	0.5	0.6	1	1.1	1.2	1.8	2
	r	0.4	0.5	0.6	0.8	1	1.3	1.5	2	2.5
	l	2.5 ~ 16	3 ~ 20	4 ~ 25	5 ~ 30	6 ~ 40	8 ~ 50	8 ~ 60	10 ~ 80	12 ~ 80
	全螺纹时最大长度	16	20	25	30	40	45	45	45	45
n		0.4	0.5	0.6	0.8	1.2	1.2	1.6	2	2.5
b		25				38				
L（系列）		2，2.5，3，4，5，6，8，10，12，（14），16，20，25，30，35，40，45，50，（55），60，（65），70，（75），80								

附录 | 331

附表 E-4　内六角圆柱头螺钉的基本规格（GB/T 70.1—2008摘编）（单位：mm）

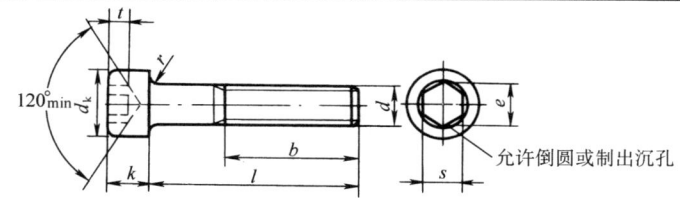

标记示例：

螺纹规格 d = M5，公称长度 l = 200mm，性能等级为8.8级，表面氧化的内六角圆柱头螺钉：

螺钉　GB/T 70.1　M5×20

螺纹规格 d	M1.6	M2	M2.5	M3	M4	M5	M6	M8	M10	M12	(M14)	M16	M20	M24	M30	M36
d_k	3	3.8	4.5	5.5	7	8.5	10	13	16	18	21	24	30	36	45	54
k_{max}	1.6	2	2.5	3	4	5	6	8	10	12	14	16	20	24	30	36
t	0.7	1	1.1	1.3	2	2.5	3	4	5	6	7	8	10	12	12.5	19
r	0.1	0.1	0.1	0.1	0.2	0.2	0.25	0.4	0.4	0.6	0.6	0.6	0.8	0.8	1	1
s	1.5	1.5	2	2.5	3	4	5	6	8	10	12	14	17	19	22	27
e_{min}	1.73	1.73	2.3	2.9	3.4	4.6	5.7	6.9	9.2	11.4	13.7	16	19	21.7	25.2	30.9
b（参考）	15	16	17	18	20	22	24	28	32	36	40	44	52	60	72	84
l	2.5~16	3~20	4~24	5~30	6~40	8~50	10~60	12~80	16~100	20~120	25~140	25~160	30~200	40~200	45~260	55~200
全螺纹时最大长度	16	16	20	20	25	25	30	35	40	45	55(65)	55	65	80	90	110
L 系列	2.5, 3, 4, 5, 6, 8, 10, 12, (14), (16), 20, 25, 30, 35, 40, 45, 50, (55), 60, (65), 70, 80, 90, 100, 110, 120, 130, 140, 150, 160, 180, 200															

注：1. 尽可能不采用括号内的规格。

2. e_{min} = 1.14s_{min}。

附表 E-5　开槽锥端紧定螺钉（GB/T 71—1985），开槽平端紧定螺钉（GB/T 73—1985），开槽凹端紧定螺钉（GB/T 74—1985），开槽圆柱端紧定螺钉（GB/T 75—1985）

（单位：mm）

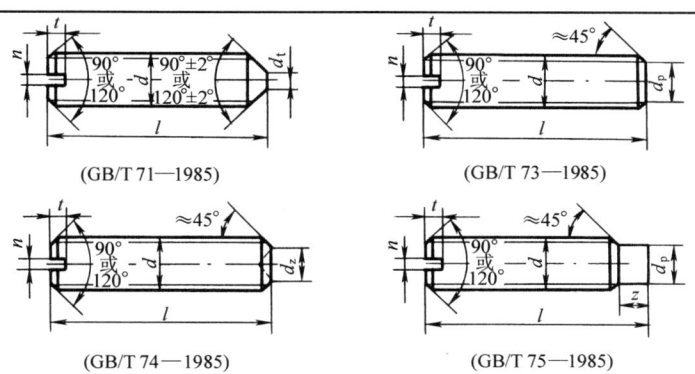

标记示例：

螺纹规格 d = M5，公称长度 l = 12mm，性能等级为14H级，表面氧化的开槽锥端紧定螺钉：

螺钉　GB/T 71　M5×12

(续)

螺纹规格 d		M1.2	M1.6	M2	M2.5	M3	M4	M5	M6	M8	M10	M12
n		0.2	0.25	0.25	0.4	0.4	0.6	0.8	1	1.2	1.6	2
t		0.5	0.7	0.8	1	1.1	1.4	1.6	2	2.5	3	3.6
d_z			0.8	1	1.2	1.4	2	2.5	3	5	6	8
d_t		0.1	0.2	0.2	0.3	0.3	0.4	0.5	1.5	2	2.5	3
d_p		0.6	0.8	1	1.5	2	2.5	3.5	4	5.5	7	8.5
z			1.1	1.3	1.5	1.8	2.3	2.8	3.3	4.3	5.3	6.3
公称长度 l	GB/T 71	2~6	2~8	3~10	3~12	4~16	6~20	8~25	8~30	10~40	12~50	14~60
	GB/T 73	2~6	2~8	2~10	2.5~12	3~16	4~20	5~25	6~30	8~40	10~50	12~60
	GB/T 74		2~8	2.5~10	3~12	3~16	4~20	5~25	6~30	8~40	10~50	12~60
	GB/T 75			2.5~8	3~10	4~12	5~16	6~20	8~25	8~30	10~40	12~50	14~60
公称长度 $l \le$ 右表内值时,GB/T 71 两端制成 120°,其他为开槽端制成 120°。公称长度 $l >$ 右表内值时,GB/T 71 两端制成 90°,其他为开槽端制成 90°	GB/T 71	2	2.5	2.5	3	3	4	5	6	8	10	12
	GB/T 73		2	2.5	3	3	4	5	6	6	8	10
	GB/T 74		2	2.5	3	4	5	5	6	8	10	12
	GB/T 75			2.5	3	4	5	6	8	10	14	16	20
l(系列)		2, 2.5, 3, 4, 5, 6, 8, 10, 12, (14), 16, 20, 25, 30, 35, 40, 45, 50, (55), (55), 60

附表 E-6　1 型六角螺母—C 级（GB/T 41—2000），**1 型六角螺母—A 级和 B 级**（GB/T 6170—2000），**六角薄螺母—A 级和 B 级倒角**（GB/T 6172.1—2000）（单位：mm）

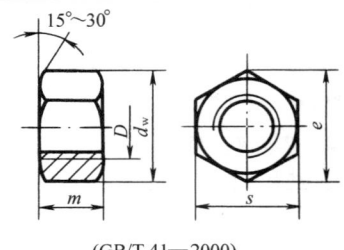

(GB/T 41—2000)

标记示例：
螺纹规格 D = M12，性能等级为 5 级，不经表面处理，C 级的 1 型六角螺母：
螺母　GB/T 41　M12

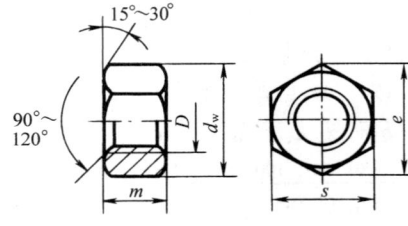

(GB/T 6170—2000)　(GB/T 6172.1—2000)

标记示例：
螺纹规格 D = M12，性能等级为 10 级，不经表面处理，A 级的 1 型六角螺母：
螺母　GB/T 6170　M12
螺纹规格 D = M12，性能等级为 04 级，不经表面处理，A 级的六角薄螺母：
螺母　GB/T 6172.1　M12

螺纹规格 D		M3	M4	M5	M6	M8	M10	M12	(M14)	M16	(M18)	M20	(M22)	M24	(M27)	M30	M36	M42	M48	M56	M64
e		6	7.7	8.8	11	14.4	17.8	20	23.4	26.8	29.6	33	37.3	39.6	45.2	50.9	60.8	72	82.6	93.6	104.9
s		5.5	7	8	10	13	16	18	21	24	27	30	34	36	41	46	55	65	75	85	95
m	GB/T 6170	2.4	3.2	4.7	5.2	6.8	8.4	10.8	12.8	14.8	15.8	18	19.4	21.5	23.8	25.6	31	34	38	45	51
	GB/T 6172.1	1.8	2.2	2.7	3.2	4	5	6	7	8	9	10	11	12	13.5	15	18	21	24	28	32
	GB/T 41	—	—	5.6	6.1	7.9	9.5	12.2	13.9	15.9	16.9	18.7	20.2	22.3	24.7	26.4	31.5	34.9	38.9	45.9	52.4

注：1. 表中 e 为圆整后的近似值。
　　2. 不带括号的为优先系列。
　　3. A 级用于 $D \le 16$mm 的螺母，B 级用于 $D > 16$mm 的螺母。

附表 E-7 圆螺母（GB/T 812—1988） （单位：mm）

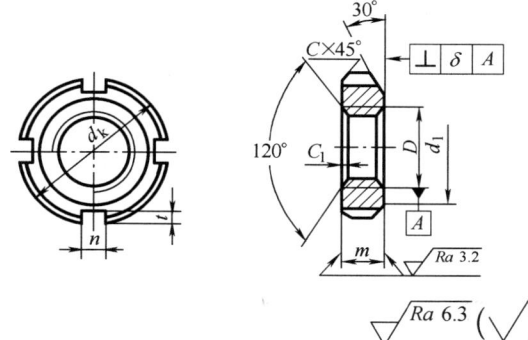

标记示例：

螺纹规格 D = M16 × 1.5，材料为 45 钢，槽或全部热处理后硬度 35～45HRC，表面氧化的圆螺母：

螺母 GB/T 812 M16 × 1.5

螺纹规格 $D \times P$	d_k	d_1	m	n_{min}	t_{min}	C	C_1	螺纹规格 $D \times P$	d_k	d_1	m	n_{min}	t_{min}	C	C_1
M10 × 1	22	16	8	4	2	0.5		M64 × 2	95	84	12	8	3.5		
M12 × 1.25	25	19						M65 × 2*	95	84					
M14 × 1.5	28	20						M68 × 2	100	88					
M16 × 1.5	30	22						M72 × 2	105	93	15	10	4		
M18 × 1.5	32	24						M75 × 2*	105	93					
M20 × 1.5	35	27		5	2.5			M76 × 2	110	98					
M22 × 1.5	38	30						M80 × 2	115	103					
M24 × 1.5	42	34						M85 × 2	120	108					
M25 × 1.5*	42	34						M90 × 2	125	112	18	12	5	1.5	1
M27 × 1.5	45	37				1		M95 × 2	130	117					
M30 × 1.5	48	40	10				0.5	M100 × 2	135	122					
M33 × 1.5	52	43						M105 × 2	140	127					
M35 × 1.5*	52	43						M110 × 2	150	135					
M36 × 1.5	55	46		6	3			M115 × 2	155	140					
M39 × 1.5	58	49						M120 × 2	160	145	22	14	6		
M40 × 1.5*	58	49						M125 × 2	165	150					
M42 × 1.5	62	53						M130 × 2	170	155					
M45 × 1.5	68	59						M140 × 2	180	165					
M48 × 1.5	72	61				1.5		M150 × 2	200	180	26				
M50 × 1.5*	72	61						M160 × 3	210	190					
M52 × 1.5	78	67	12	8	3.5			M170 × 3	220	200		16	7	2	1.5
M55 × 2*	78	67						M180 × 3	230	210					
M56 × 2	85	74						M190 × 3	240	220	30				
M60 × 2	90	79				1		M200 × 3	250	230					

注：1. 槽数 n：当 $D \leqslant$ M100 × 2 时，$n = 4$；当 $D \geqslant$ M105 × 2 时，$n = 6$。

2. 标有 * 者仅用于滚动轴承锁紧装置。

附表 E-8 平垫圈—C 级（GB/T 95—2002），大垫圈—A 级和 C 级（GB/T 96.1~2—2002），平垫圈—A 级（GB/T 97.1—2002），平垫圈倒角型—A 级（GB/T 97.2—2002），小垫圈—A 级（GB/T 848—2002）

（单位：mm）

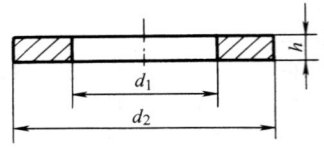

（GB/T97.2—2002）

（GB/T 95—2002）*，（GB/T 96.1~2—2002）*
（GB/T 97.1—2002），（GB/T 848—2002）

* 垫圈两端面无表面粗糙度符号

标记示例：

标准系列，公称尺寸 $d=8\mathrm{mm}$，性能等级为 100HV 级，不经表面处理的平垫圈：

垫圈 GB/T 95 8

标记示例：

标准系列，公称尺寸 $d=8\mathrm{mm}$，性能等级为 140HV 级，倒角型，不经表面处理的平垫圈：

垫圈 GB/T 97.2 8

公称尺寸（螺纹规格）	标准系列 GB/T 95—2002，GB/T 97.1—2002，GB/T 97.2—2002				大系列 GB/T 96.1~2—2002			小系列 GB/T 848—2002		
d	d_2	h	d_1（GB/T 95）	d_1（GB/T 97.1，GB/T 97.2）	d_1	d_2	h	d_1	d_2	h
1.6	4	0.3		1.7				1.7	3.5	0.3
2	5			2.2				2.2	4.5	
2.5	6	0.5		2.7				2.7	5	0.5
3	7			3.2	3.2	9	0.8	3.2	6	
4	9	0.8		4.3	4.3	12	1	4.3	8	
5	10	1	5.5	5.3	5.3	15	1.2	5.3	9	1
6	12	1.6	6.6	6.4	6.4	18	1.6	6.4	11	1.6
8	16		9	8.4	8.4	24	2	8.4	15	
10	20	2	11	10.5	10.5	30	2.5	10.5	18	
12	24	2.5	13.5	13	13	37		13	20	2
14	28		15.5	15	15	44	3	15	24	2.5
16	30	3	17.5	17	17	50		17	28	
20	37		22	21	22	60	4	21	34	3
24	44	4	26	25	26	72	5	25	39	4
30	56		33	31	33	92	6	31	50	
36	66	5	39	37	39	110	8	37	60	5

注：1. 表列 d_1、d_2、h 均为公称值。

2. C 级垫圈表面粗糙度要求为 ▽。

3. GB/T 848 主要用于带圆柱头的螺钉，其他用于标准的六角螺栓、螺钉和螺母。

4. 精装配系列适用于 A 级垫圈，中等装配系列适用于 C 级垫圈。

附表 E-9 弹簧垫圈（GB/T 93—1987，GB/T 859—1987） （单位：mm）

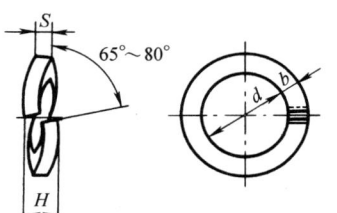
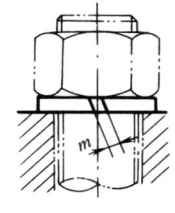

标记示例：

规格 16mm，材料为 65Mn，表面氧化的标准型弹簧垫圈：

垫圈　GB/T 93　16

规格 （螺纹大径）	d	GB/T 93—1987		GB/T 859—1987		
		S = b	m ≤	S	H	m ≤
2	2.1	0.5	0.25	0.5	0.8	
2.5	2.6	0.65	0.33	0.6	0.8	
3	3.1	0.8	0.4	0.8	1	0.3
4	4.1	1.1	0.50	0.8	1.2	0.4
5	5.1	1.3	0.65	1	1.2	0.55
6	6.2	1.6	0.8	1.2	1.6	0.65
8	8.2	2.1	1.05	1.6	2	0.8
10	10.2	2.6	1.3	2	2.5	1
12	12.3	3.1	1.55	2.5	3.5	1.25
(14)	14.3	3.6	1.8	3	4	1.5
16	16.3	4.1	2.05	3.2	4.5	1.6
(18)	18.3	4.5	2.25	3.5	5	1.8
20	20.5	5	2.5	4	5.5	2
(22)	22.5	5.5	2.75	4.5	6	2.25
24	24.5	6	3	4.8	6.5	2.5
(27)	27.8	6.8	3.4	5.5	7	2.75
30	30.5	7.5	3.75	6	8	3
36	36.6	9	4.5			
42	42.6	10.5	5.25			
48	49	12	6			

附表 E-10 圆螺母用止动垫圈（GB/T 858—1988） （单位：mm）

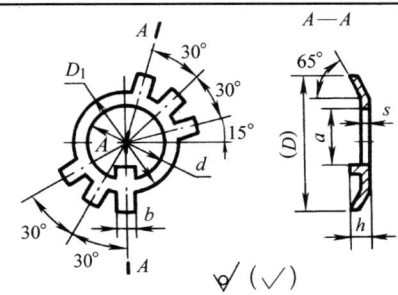

标记示例：

规格 16mm，材料为 Q235，经退火表面氧化的圆螺母用止动垫圈：

垫圈　GB/T 858　16

(续)

规格(螺纹大径)	d	(D)	D_1	s	b	a	h	轴端		规格(螺纹大径)	d	(D)	D_1	s	b	a	h	轴端	
								b_1	t									b_1	t
14	14.5	32	20	3.8	11	3	4	10		55*	56	82	67	7.7		6	52	8	—
16	16.5	34	22		13			12		56	57	90	74				53		52
18	18.5	35	24		15			14		60	61	94	79				57		56
20	20.5	38	27		17			16		64	65	100	84				61		60
22	22.5	42	30	1	4.8	4	5	18		65*	66	100	84				62		—
24	24.5	45	34		19			20		68	69	105	88	1.5			65		64
25*	25.5	45	34		21			—		72	73	110	93				69		68
27	27.5	48	37		22			23		75*	76	110	93		9.6		71	10	—
30	30.5	52	40		24			26		76	77	115	98				72		70
33	33.5	56	43		27			29		80	81	120	103				76		74
35*	35.5	56	43		30			—		85	86	125	108				81		79
36	36.5	60	46		32			32		90	91	130	112				86		84
39	39.5	62	49	1.5	5.7	5	6	35		95	96	135	117		11.67	7	91	12	89
40*	40.5	62	49		36			—		100	101	140	122	2			96		94
42	42.5	66	53		37			38		105	106	145	127				101		99
45	45.5	72	59		39			41		110	111	156	135				106		104
48	48.5	76	61		42			44		115	116	160	140		13.5		111	14	109
50*	50.5	76	61	7.7	45	6	8	—		120	121	166	145				116		114
52	52.5	82	67		47			48		120	126	170	150				121		119
					49														

注：标有 * 者仅用于滚动轴承锁紧装置。

附表 E-11　平键　键槽的剖面尺寸（GB/T 1095—2003），普通平键的形式和尺寸（GB/T 1096—2003）　　（单位：mm）

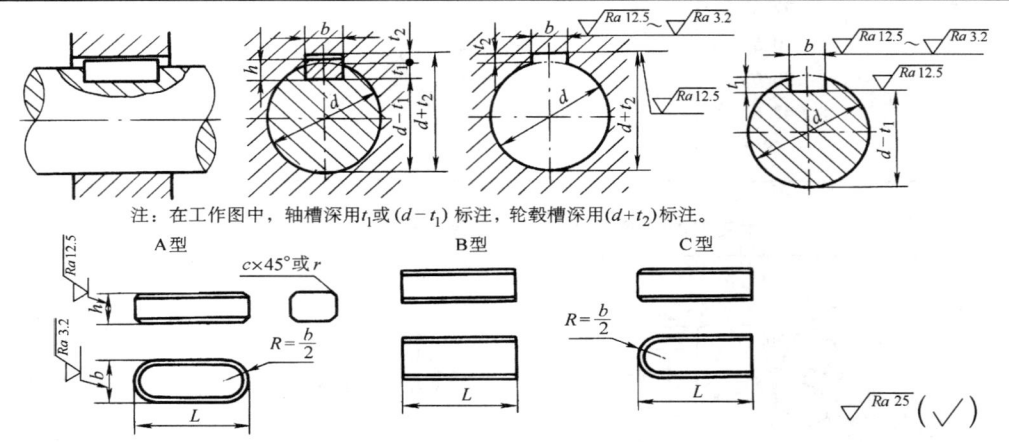

注：在工作图中，轴槽深用 t_1 或 $(d-t_1)$ 标注，轮毂槽深用 $(d+t_2)$ 标注。

标记示例：
圆头普通平键（A 型） $b=16$ mm, $h=10$ mm, $L=100$ mm：GB/T 1096　键　$16\times10\times100$
平头普通平键（B 型） $b=16$ mm, $h=10$ mm, $L=100$ mm：GB/T 1096　键 B　$16\times10\times100$
单圆头普通平键（C 型） $b=16$ mm, $h=10$ mm, $L=100$ mm：GB/T 1096　键 C　$16\times10\times100$

(续)

键		键槽										
键尺寸 $b \times h$	长度 L	宽度 b					深 度				半 径 r	
		公称尺寸	极限偏差				轴 t_1		毂 t_2			
			正常联接		紧密联接	松联接						
			轴 N9	毂 JS9	轴和毂 P9	轴 N9	毂 D10	公称尺寸	极限偏差	公称尺寸	极限偏差	min	max
2×2	6~20	2	−0.004 −0.029	±0.0125	−0.006 −0.031	+0.025 0	+0.060 +0.020	1.2	+0.1 0	1	+0.1 0	0.08	0.16
3×3	6~36	3						1.8		1.4			
4×4	8~45	4	0 −0.030	±0.015	−0.012 −0.042	+0.030 0	+0.078 +0.030	2.5		1.8			
5×5	10~56	5						3.0		2.3			
6×6	14~70	6						3.5		2.8			
8×7	18~90	8	0 −0.036	±0.018	−0.015 −0.051	+0.036 0	+0.098 +0.040	4.0		3.3		0.16	0.25
10×8	22~110	10						5.0		3.3			
12×8	28~140	12	0 −0.043	±0.0215	−0.018 −0.061	+0.043 0	+0.120 +0.050	5.0		3.3			
14×9	36~160	14						5.5		3.8			
16×10	45~180	16						6.0		4.3		0.25	0.40
18×11	50~200	18						7.0	+0.2 0	4.4	+0.2 0		
20×12	56~220	20	0 −0.052	±0.026	−0.022 −0.074	+0.052 0	+0.149 +0.065	7.5		4.9			
22×14	63~250	22						9.0		5.4			
25×14	70~280	25						9.0		5.4		0.40	0.60
28×16	80~320	28						10.0		6.4			
32×18	80~360	32						11.0		7.4			
36×20	100~400	36	0 −0.062	±0.031	−0.026 −0.088	+0.062 0	+0.180 +0.080	12.0	+0.3 0	8.4	+0.3 0	0.70	1.0
40×22	100~400	40						13.0		9.4			
45×25	110~450	45						15.0		10.4			

注：L 系列（单位为mm）：6，8，10，12，14，16，18，20，22，25，28，32，36，40，45，50，56，63，70，80，90，100，110，125，140，160，180，…，500。

附表 E-12　半圆键　键槽的剖面尺寸（摘录 GB/T 1098—2003）
　　　　　普通型　半圆键（GB/T 1099.1—2003）　　　　　（单位：mm）

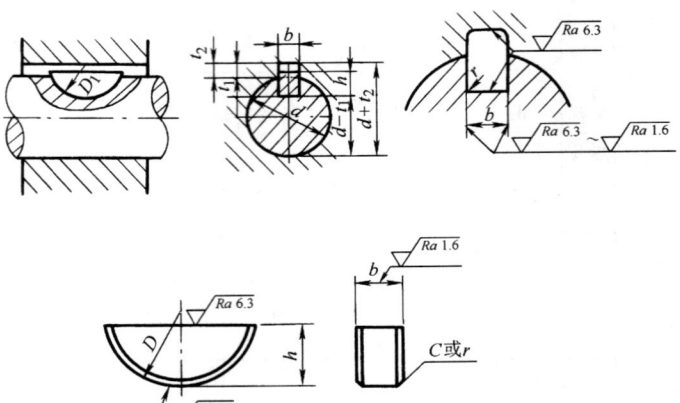

标记示例：

$b=6\text{mm}$，$h=10\text{mm}$，$D=25\text{mm}$ 的半圆键：

键 GB/T 1099　键 $6×10×25$

键尺寸 $b×h×D$	键 槽										
	宽 度 b					深 度				半径 R	
	公称尺寸	极 限 偏 差				轴 t_1		毂 t_2			
		正常联接		紧密联接	松 联 接						
		轴 N9	毂 JS9	轴和毂 P9	轴 H9	毂 D10	公称尺寸	极限偏差	公称尺寸	极限偏差	max	min
1.0×1.4×4	1.0						1.0		0.6			
1.5×2.6×7	1.5						2.0		0.8			
2.0×2.6×7	2.0						1.8	+0.1 0	1.0		0.16	0.08
2.0×3.7×10	2.0	−0.004 −0.029	±0.012	−0.006 −0.031	+0.025 0	+0.060 +0.020	2.9		1.0			
2.5×3.7×10	2.5						2.7		1.2			
3.0×5.0×12	3.0						3.8		1.4	+0.1 0		
3.0×6.5×16	3.0						5.3		1.4			
4.0×6.5×16	4.0						5.0		1.8			
4.0×7.5×19	4.0						6.0	+0.2 0	1.8			
5.0×6.5×16	5.0						4.5		2.3		0.25	0.16
5.0×7.5×19	5.0	0 −0.030	±0.015	−0.012 −0.042	+0.030 0	+0.078 +0.030	5.5		2.3			
5.0×9.0×22	5.0						7.0		2.3			
6.0×9.0×22	6.0						6.5		2.8			
6.0×10.0×25	6.0						7.5	+0.3 0	2.8	+0.2 0		
8.0×11.0×28	8.0	0 −0.036	±0.018	−0.015 −0.051	+0.036 0	+0.098 +0.040	8.0		3.3		0.40	0.25
10.0×13.0×32	10.0						10.0		3.3			

附表 E-13　圆柱销、不淬硬钢和奥氏体不锈钢（GB/T 119.1—2000）
圆柱销、淬硬钢和奥氏体不锈钢（GB/T 119.2—2000）　　　（单位：mm）

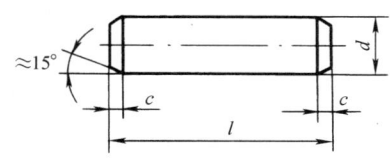
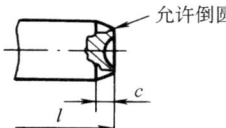

标记示例：

公称直径 d = 6mm，公差为 m6，公称长度 l = 30mm，材料为钢，不经淬火，不经表面处理的圆柱销：

　　销　GB/T 119.1　6m6×30

公称直径 d = 6mm，公差为 m6，公称长度 l = 30mm，材料为 A1 组奥氏体不锈钢，表面简单处理的圆柱销：

　　销　GB/T 119.1　6m6×30-A1

标记示例：

公称直径 d = 6mm，公差为 m6，公称长度 l = 30mm，材料为钢，普通淬火（A 型）、表面氧化处理的圆柱销：

　　销　GB/T 119.2　6×30

公称直径 d = 6mm，公差为 m6，公称长度 l = 30mm，材料为 C1 组马氏体不锈钢，表面简单处理的圆柱销：

　　销　GB/T 119.2　6×30-C1

d m6/h8	0.6	0.8	1	1.2	1.5	2	2.5	3	4	5	6	8	10	12	16	20	25	30	40	50
$c \approx$	0.12	0.16	0.2	0.25	0.3	0.35	0.4	0.5	0.63	0.8	1.2	1.6	2	2.5	3	3.5	4	5	6.3	8
商品规格 l	2~6	2~8	4~10	4~12	4~16	6~20	6~24	8~30	8~40	10~50	12~60	14~80	18~95	22~140	26~180	35~200	50~200	60~200	80~200	95~200
1m 长的质量/kg	0.002	0.004	0.006	—	0.014	0.024	0.037	0.054	0.097	0.147	0.221	0.395	0.611	0.887	1.57	2.42	3.83	5.52	9.64	15.2

附表 E-14　圆锥销（GB/T 117—2000）　　　（单位：mm）

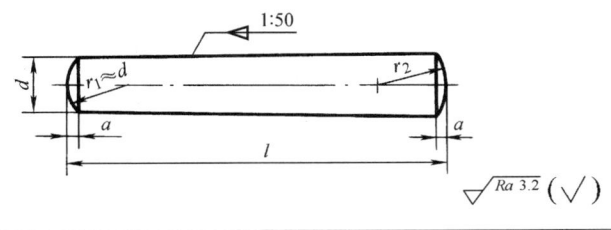

$$r_2 = \frac{a}{2} + d + \frac{(0.02l)^2}{8a}$$

标记示例：

公称直径 d = 6mm，公称长度 l = 30mm，材料为 35 钢，热处理硬度 28~38HRC，表面氧化处理的 A 型圆锥销：

　　销　GB/T 117　6×30

d h10	0.6	0.8	1	1.2	1.5	2	2.5	3	4	5	6	8	10	12	16	20	25	30	40	50
$a \approx$	0.08	0.1	0.12	0.16	0.2	0.25	0.3	0.4	0.5	0.63	0.8	1	1.2	1.6	2	2.5	3	4	5	6.3
商品规格 l	4~8	5~12	6~16	6~20	8~24	10~35	10~35	12~45	14~55	18~60	22~90	22~120	26~160	32~180	40~200	45~200	50~200	55~200	60~200	65~200

1m长的质量/kg	0.003	0.005	0.007	—	0.015	0.027	0.04	0.062	0.11	0.16	0.30	0.50	0.74	1.03	1.77	2.66	4.09	5.85	10.1	15.7
l 系列																				

l 系列	2, 3, 4, 5, 6, 8, 10, 12, 14, 16, 18, 20, 22, 24, 26, 28, 30, 32, 35, 40, 45, 50, 55, 60, 65, 70, 75, 80, 85, 90, 95, 100, 120, 140, 160, 180, 200
技术条件 材料	易切钢：Y12、Y15；碳素钢：35、45；合金钢：30CrMnSiA；不锈钢：12Cr13、20Cr13、14Cr17Ni2
技术条件 表面处理	①钢：不经处理；氧化；磷化；镀锌钝化。②不锈钢：简单处理。③其他表面镀层或表面处理，由供需双方协议。④所有公差仅适用于涂、镀前的公差

注：1. d 的其他公差，如 a11、c11、f8，由供需双方协议。
2. 公称长度大于 200mm，按 20mm 递增。

附表 E-15　开口销（GB/T 91—2000）　　　　　　　　（单位：mm）

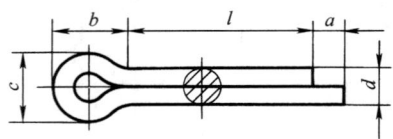

标记示例：
公称直径 d = 5mm，长度 l = 50mm，材料为低碳钢，不经表面处理的开口销：
销　GB/T 91　5×50

d（公称）	0.6	0.8	1	1.2	1.6	2	2.5	3.2	4	5	6.3	8	10	12
c	1	1.4	1.8	2	2.8	3.6	4.6	5.8	7.4	9.2	11.8	15	19	24.8
$b≈$	2	2.4	8	3	3.2	4	5	6.4	8	10	12.6	16	20	26
a	1.6	1.6	2.5	2.5	2.5	2.5	2.5	3.2	4	4	4	4	6.3	6.3
l	4~12	5~16	6~20	8~26	8~32	10~40	12~50	14~65	18~90	22~100	30~120	40~160	45~200	70~200
l（系列）	4, 5, 6, 8, 10, 12, 14, 16, 18, 20, 22, 24, 26, 28, 30, 32, 36, 40, 45, 50, 55, 60, 65, 70, 75, 80, 85, 90, 95, 100, 120, 140, 160, 180, 200													

注：销孔直径等于 d（公称）。

附表 E-16　深沟球轴承外形尺寸（GB/T 276—2013 摘编）　　　（单位：mm）

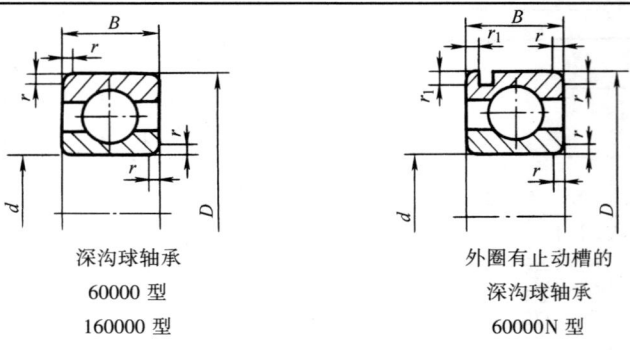

深沟球轴承　　　　　　外圈有止动槽的
60000 型　　　　　　　深沟球轴承
160000 型　　　　　　　60000N 型

标记示例：
滚动轴承 6012　GB/T 276—2013　　　02 系列

（续）

轴承代号		外形尺寸				
60000 型	60000N 型	d	D	B	r_{min}	r_{1min}
6202	6202N	15	35	11	0.6	0.5
6203	6203N	17	40	12	0.6	0.5
6204	6204N	20	47	14	1	0.5
62/22	62/22N	22	50	14	1	0.5
6205	6205N	25	52	15	1	0.5
62/28	62/28N	28	58	16	1	0.5
6206	6206N	30	62	16	1	0.5
62/32	62/32N	32	65	17	1	0.5
6207	6207N	35	72	17	1.1	0.5
6208	6208N	40	80	18	1.1	0.5
6209	6209N	45	85	19	1.1	0.5
6210	6210N	50	90	20	1.1	0.5
6211	6211N	55	100	21	1.5	0.5
6212	6212N	60	110	22	1.5	0.5
6213	6213N	65	120	23	1.5	0.5
6214	6214N	70	125	24	1.5	0.5
6215	6215N	75	130	25	1.5	0.5
6216	6216N	80	140	26	2	0.5

附表 E-17　推力球轴承外形尺寸（GB/T 301—1995 摘编）　　　（单位：mm）

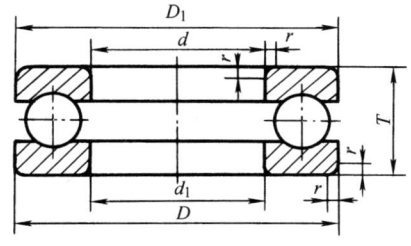

标记示例：

滚动轴承　51100　GB/T 301—1995

12 系列

轴承代号	d	D	T	D_{1min}	D_{1max}	r_{smin}
51200	10	26	11	12	26	0.6
51201	12	28	11	14	28	0.6
51202	15	32	12	17	32	0.6
51203	17	35	12	19	35	0.6
51204	20	40	14	22	40	0.6
51205	25	47	15	27	47	0.6
51206	30	52	16	32	52	0.6
51207	35	62	18	37	62	1
51208	40	68	19	42	68	1
51209	45	73	20	47	73	1

(续)

轴承代号	d	D	T	$D_{1\min}$	$D_{1\max}$	$r_{s\min}$
51210	50	78	22	52	78	1
51211	55	90	25	57	90	1
51212	60	95	26	62	95	1
51213	65	100	27	67	100	1
51214	70	105	27	72	105	1
51215	75	110	27	77	110	1
51216	80	115	28	82	115	1
51217	85	125	31	88	125	1
51218	90	135	35	93	135	1.1
51220	100	150	38	103	150	1.1

附表 E-18　圆锥滚子轴承外形尺寸（GB/T 297—1994 摘编）　　（单位：mm）

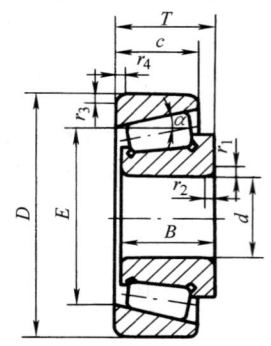

圆锥滚子轴承 30000 型

标记示例：

滚动轴承　30205　GB/T 297—1994

02 系列

轴承代号	外形尺寸								
	d	D	T	B	$r_{1\min}$ $r_{2\min}$	c	$r_{3\min}$ $r_{4\min}$	α	E
30204	20	47	15.25	14	1	12	1	12°57′10″	27.304
30205	25	52	16.25	15	1	13	1	14°02′10″	41.135
30206	30	62	17.25	16	1	14	1	14°02′10″	49.990
302/32	32	65	18.25	17	1	15	1	14°	52.500
30207	35	72	18.25	17	1.5	15	1.5	14°02′10″	58.844
30208	40	80	19.75	18	1.5	16	1.5	14°02′10″	65.730
30209	45	85	20.75	19	1.5	16	1.5	15°06′34″	70.440
30210	50	90	21.75	20	1.5	17	1.5	15°38′32″	75.078
30211	55	100	22.75	21	2	18	1.5	15°06′34″	84.197
30212	60	110	23.75	22	2	19	1.5	15°06′34″	91.876
30213	65	120	24.75	23	2	20	1.5	15°06′34″	101.934
30214	70	125	26.25	24	2	21	1.5	15°38′32″	105.748
30215	75	130	27.25	25	2	22	1.5	16°10′20″	110.408
30216	80	140	28.25	26	2.5	22	2	15°38′32″	119.169
30217	85	150	30.5	28	2.5	24	2	15°38′32″	126.685
30218	90	160	32.5	30	2.5	26	2	15°38′32″	134.901
30219	95	170	34.5	32	3	27	2.5	15°38′32″	143.385
30220	100	180	37	34	3	29	2.5	15°38′32″	151.310

(续)

轴承代号	03 系列 外形尺寸									
	d	D	T	B	r_{1min} r_{2min}	c	r_{3min} r_{4min}	α	E	
30304	20	52	16.25	15	1.5	13	1.5	11°18′36″	41.318
30305	25	62	18.25	17	1.5	15	1.5	11°18′36″	50.637
30306	30	72	20.75	19	1.5	16	1.5	11°51′35″	58.287
30307	35	80	22.75	21	2	18	1.5	11°51′35″	65.769
30308	40	90	25.25	23	2	20	1.5	12°57′10″	72.703
30309	45	100	27.25	25	2	22	1.5	12°57′10″	81.780
30310	50	110	29.25	27	2.5	23	2	12°57′10″	90.633
30311	55	120	31.55	29	2.5	25	2	12°57′10″	99.146
30312	60	130	33.5	31	3	26	2.5	12°57′10″	107.769

附录F 金属材料与热处理

附表 F-1 金属材料

标准	名称	牌号	说明	应用举例	
GB/T 700 —2006	碳素结构钢	Q215	"Q"为碳素结构钢屈服强度"屈"字的汉语拼音首位字母，后面数字表示屈服强度数值。如 Q235 表示碳素结构钢屈服强度为 235N/mm²	A级	金属结构件，拉杆、套圈、铆钉、螺栓、短轴、心轴、凸轮（载荷不大的）、垫圈，渗碳零件及焊接件
				B级	
		Q235		A级	金属结构件，心部强度要求不高的渗碳或氰化零件，吊钩、拉杆、套圈、气缸、齿轮、螺栓、螺母、连杆、轮轴、楔、盖及焊接件
				B级	
				C级	
				D级	
		Q275		轴、轴销、制动杆、螺母、螺栓、垫圈、连杆、齿轮以及其他强度较高的零件	
GB/T 699 —1999	优质碳素结构钢	10F 10	牌号的两位数字表示平均碳的质量分数，45 钢即表示碳的质量分数为 0.45% 碳的质量分数≤0.25% 的碳钢属低碳钢（渗碳钢） 碳的质量分数在 0.25% ~ 0.6% 之间的碳钢属中碳钢（调质钢） 碳的质量分数大于 0.6% 的碳钢属高碳钢 沸腾钢在牌号后加符号"F"；锰的质量分数较高的钢，须加注化学元素符号"Mn"	用作拉杆、卡头、垫圈、铆钉及焊接零件	
		15F 15		用于受力不大和韧性较高的零件、渗碳零件及紧固件（如螺栓、螺钉）、法兰盘和化工贮器	
		35		用于制造曲轴、转轴、轴销、杠杆连杆、螺栓、螺母、垫圈、飞轮(多在正火、调质下使用)	
		45		用作要求综合力学性能高的各种零件，通常经正火或调质处理后使用。用于制造轴、齿轮、齿条、链轮、螺栓、螺母、销、钉、键、拉杆等	
		65		用于制造弹簧、弹簧垫圈、凸轮、轧辊等	
		15Mn		制作心部力学性能要求较高且须渗碳的零件	
		65Mn		用作要求耐磨性高的圆盘、衬板、齿轮、花键轴、弹簧等	

(续)

标 准	名 称	牌 号	说 明	应用举例
GB/T 3077—1999	合金结构钢	30Mn2	钢中加入一定量的合金元素，提高了钢的力学性能和耐磨性，也提高了钢的淬透性，保证金属在较大截面上获得高的力学性能	用于起重机行车轴、变速箱齿轮、冷镦螺栓及较大截面的调质零件
		20Cr		用于要求心部强度较高、承受磨损、尺寸较大的渗碳零件，如齿轮、齿轮轴、蜗杆、凸轮、活塞销等，也用于速度较大、中等冲击的调质零件
		40Cr		用于受变载、中速、中载、强烈磨损而无很大冲击的重要零件，如重要的齿轮、轴、曲轴、连杆、螺栓、螺母
		35SiMn		可替代40Cr用于中小型轴类、齿轮等零件及在430°C以下工作的重要紧固件等
		20CrMnTi		强度、韧性均高，可代替镍铬钢用于承受高速、中等或重负荷以及冲击、磨损等重要零件，如渗碳齿轮、凸轮等
GB/T 11352—2009	铸钢	ZG230-450	"ZG"为铸钢汉语拼音的首位字母，后面数字表示屈服强度和抗拉强度。如ZG230-450表示屈服强度为230N/mm²、抗拉强度为450N/mm²	用于轧机机架、铁道车辆摇枕、侧梁、铁砧台、机座、箱体、锤轮，及在450°C以下工作的管路附件等
		ZG310-570		用于联轴器、齿轮、气缸、轴、机架、齿圈等
GB/T 9439—2010	灰铸铁	HT150	"HT"为灰铸铁的汉语拼音的首位字母，后面的数字表示抗拉强度。如HT200表示抗拉强度为200N/mm²的灰铸铁	用于小负荷和对耐磨性无特殊要求的零件，如端盖、外罩、手轮、一般机床底座、床身及其复杂零件，滑台、工作台和低压管件等
		HT200		用于中等负荷和对耐磨性有一定要求的零件，如机床床身、立柱、飞轮、气缸、泵体、轴承座、活塞、齿轮箱、阀体等
		HT250		用于中等负荷和对耐磨性有一定要求的零件，如阀壳、液压缸、气缸、联轴器、机体、齿轮、齿轮箱外壳、飞轮、衬套、凸轮、轴承座、活塞等
		HT300		用于受力大的齿轮、床身导轨、车床卡盘、剪床床身、压力机的床身、凸轮、高压液压缸、液压泵和滑阀壳体、冲模模体等

（续）

标 准	名 称	牌 号	说 明	应用举例
GB/T 1176—2013	铸造锡青铜	ZCuSn5Pb5Zn5	"Z"为铸造汉语拼音的首位字母，各化学元素后面的数字表示该元素含量的质量百分数，如 ZCuAl10Fe3 表示含 Al 的质量分数为 8.5% ~ 11%，含 Fe 的质量分数为 2% ~ 4%，其余为 Cu 的铸造铝青铜	耐磨性和耐蚀性均好，易加工，铸造性和气密性较好。用于较高负荷、中等滑动速度下工作的耐磨、耐腐蚀零件，如轴瓦、衬套、缸套、油塞、离合器、蜗轮等
	铸造铝青铜	ZCuAl10Fe3		力学性能好，耐磨性、耐蚀性、抗氧化性、焊接性好，不易钎焊，大型铸件自 700°C 空冷可防止变脆。用于制造强度高、耐磨、耐蚀的零件，如蜗轮、轴承、衬套、管嘴、耐热管配件等
	铸造铝黄铜	ZCuZn25Al6Fe3Mn3		有很好的力学性能，铸造性、耐蚀性较好，有应力腐蚀开裂倾向，可以焊接。适用于高强耐磨零件，如桥梁支承板、螺母、螺杆、耐磨板、滑块和蜗轮等
	铸造锰黄铜	ZCu58Mn2Pb2		有较好的力学性能和耐蚀性，耐磨性较好，可加工性良好。可用于一般用途的构件、船舶仪表等使用的外型简单的铸件，如套筒、衬套、轴瓦、滑块等
GB/T 1173—2013	铸造铝合金	ZL102 ZL202	ZL102 表示硅的质量分数为 10% ~ 13%、余量为铝的铝硅合金；ZL202 表示铜的质量分数为 9% ~ 11%、余量为铝的铝铜合金	耐磨性中上等，用于制造负荷不大的薄壁零件
GB/T 3190—2008	硬铝	2A12（LY12）	2A12 表示铜的质量分数为 3.8% ~ 4.9%、镁的质量分数为 1.2% ~ 1.8%、锰的质量分数为 0.3% ~ 0.9%、余量为铝的硬铝	焊接性好，适于制作中等强度的零件
	工业纯铝	1060（L2）	1060 表示杂质的质量分数 ≤0.4% 的工业纯铝	适合于制作贮槽、塔、热交换器、防止污染及深冷设备等

附表 F-2　非金属材料

标 准	名 称	牌 号	说 明	应用举例
GB/T 539—2008	耐油石棉橡胶板		有厚度 0.4 ~ 3.0mm 的 10 种规格	供航空发动机用的煤油、润滑油及冷气系统结合处的密封垫材料
GB/T 5574—2008	耐酸碱橡胶板	2707 2807 2709	较高硬度 中等硬度	具有耐酸碱性能，在温度为 -30 ~ +60°C 的 20% 浓度的酸碱液体中工作，用作冲制密封性能较好的垫圈

(续)

标准	名称	牌号	说明	应用举例
GB/T 5574—2008	耐油橡胶板	3707 3807 3709 3809	较高硬度	可在一定温度的机油、变压器油、汽油等介质中工作，适于冲制各种形状的垫圈
	耐热橡胶板	4708 4808 4710	较高硬度 中等硬度	可在 −30 ~ +100°C 且压力不大的条件下，于热空气、蒸汽介质中工作，用作冲制各种垫圈和隔热垫板

附表 F-3　常用的热处理名词解释

名词	代号	说明	应用
退火	511	将工件加热到临界温度以上，保温一段时间，然后缓慢冷却（一般在炉中冷却）	用来消除铸、锻、焊零件的内应力，降低硬度，便于切削加工，细化金属晶粒，改善组织，增加韧性
正火	512	将工件加热到临界温度以上 30 ~ 50°C，保温一段时间，然后在空气（或其他介质）中冷却，冷却速度比退火快	用来处理低碳和中碳结构钢及渗碳零件，使其组织细化，增加强度与韧性，减少内应力，改善可加工性
淬火	513	将工件加热到临界温度以上某一温度，保温一段时间，然后在水、盐水或油中（个别材料在空气中）急速冷却，使其得到高硬度	用来提高钢的硬度和强度极限。但淬火会引起内应力使钢变脆，所以淬火后必须回火
回火	514	回火是将淬硬的工件加热到临界点以下的某一温度，保温一段时间，然后冷却到室温	用来消除淬火后的脆性和内应力，提高钢的塑性和冲击韧性
调质	515	工件淬火并高温回火的复合热处理工艺	用来使钢获得高的韧性和足够的强度。重要的齿轮、轴及丝杠等零件必须调质处理
表面淬火	521	仅对工件表层进行的淬火，其中包括感应淬火、接触电阻加热淬火、火焰淬火、激光淬火、激光淬火、电子束淬火等	使零件表面获得高硬度，而心部保持一定的韧性，使零件既耐磨又能承受冲击。表面淬火常用来处理齿轮等
渗碳	531	将工件在渗碳介质中加热、保温，使碳原子渗入的化学热处理工艺	增加钢件的耐磨性能、表面强度、抗拉强度及疲劳极限 适用于低碳、中碳（$w_C < 0.40\%$）结构钢的中小型零件
渗氮	533	在一定温度下、于一定介质中，使氮原子渗入工件表层的化学热处理工艺	增加钢件的耐磨性能、表面硬度、疲劳极限和抗蚀能力 适用于合金钢、碳钢、铸铁件，如机床主轴、丝杠以及在潮湿碱水和燃烧气体介质的环境中工作的零件

(续)

名　词	代　号	说　　明	应　　用
时效	时效处理	低温回火后，精加工之前，加热到100～160°C，保持10～40h。对铸件也可用天然时效（放在露天中一年以上）	使工件消除内应力和稳定形状，用于量具、精密丝杆、床身导轨、床身等
发蓝、发黑	发蓝或发黑	将金属零件放在很浓的碱和氧化剂溶液中加热氧化，使金属表面形成一层氧化铁所组成的保护性薄膜	防腐蚀、美观。用于一般联接的标准件和其他电子类零件
硬度	HBW（布氏硬度）	材料抵抗硬的物体压入其表面的能力称为"硬度"。根据测定的方法不同，可分为布氏硬度、洛氏硬度和维氏硬度 硬度的测定是检验材料经热处理后的力学性能——硬度	用于退火、正火、调质的零件及铸件的硬度检验
硬度	HRC（洛氏硬度）		用于经淬火、回火及表面渗碳、渗氮等处理的零件硬度检验
硬度	HV（维氏硬度）		用于薄层硬化零件的硬度检验

参 考 文 献

[1] 中国纺织大学，等．画法几何及工程制图 [M]．4 版．上海：上海科学技术出版社，1997．
[2] 大连理工大学．机械制图 [M]．6 版．北京：高等教育出版社，2007．
[3] 何铭新，钱可强．机械制图 [M]．6 版．北京：高等教育出版社，2010．
[4] 侯洪生．机械工程图学 [M]．2 版．北京：科学技术出版社，2008．
[5] 方沛伦．工程制图 [M]．北京：机械工业出版社，2000．
[6] 孙培先．画法几何与工程制图 [M]．北京：机械工业出版社，2004．
[7] 王宗荣．工程图学 [M]．北京：机械工业出版社，2001．
[8] 谌康焘．机械制图 [M]．上海：上海交通大学出版社，2004．
[9] 中华人民共和国国家标准：技术制图与机械制图 [S]．北京：中国标准出版社，1999．
[10] 全国技术产品文件标准化技术委员会，中国标准出版社第三编辑室．技术产品文件标准汇编：机械制图卷 [M]．2 版．北京：中国标准出版社，2009．